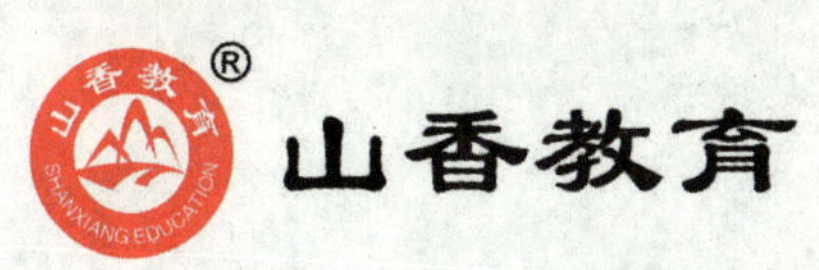

教师招聘考试专用教材

中学语文

山香教师招聘考试命题研究中心　主编

图书在版编目(CIP)数据

教师招聘考试专用教材. 中学语文 / 山香教师招聘考试命题研究中心主编. -- 北京 : 首都师范大学出版社, 2022.12

ISBN 978-7-5656-7262-0

Ⅰ. ①教… Ⅱ. ①山… Ⅲ. ①中学语文课—教学法—中学教师—聘用—资格考试—自学参考资料 Ⅳ. ①G451.1

中国版本图书馆CIP数据核字(2022)第204825号

教师招聘考试专用教材

ZHONGXUE YUWEN

中学语文

山香教师招聘考试命题研究中心　主编

策划编辑　张文强

责任编辑　杨林玉　曹亮亮　　　　封面设计　山香教育

首都师范大学出版社出版发行

地　　址　北京市海淀区西三环北路105号

邮　　编　100048

咨询电话　010-68418523(总编室)　　010-68982468(发行部)

网　　址　http://cnupn.cnu.edu.cn

印　　刷　河南黎阳印务有限公司

经　　销　全国新华书店

版　　次　2022年12月第1版

印　　次　2023年1月第2次印刷

开　　本　889mm×1194mm　1/16

印　　张　32

字　　数　783千

定　　价　59.00元

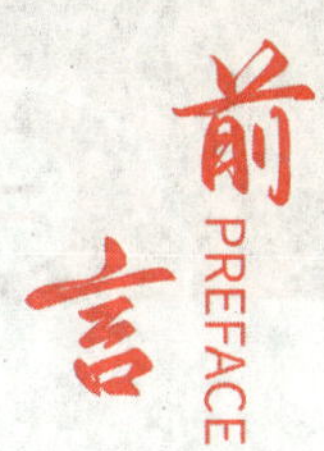

中学语文学科专业知识是各省市地区中学语文教师招聘考试的必考内容，主要考查考生作为准教师应具备的职业素养、专业水平、教学技能等。近年来，国家越来越重视教育行业的发展，教师成为令人羡慕的职业，然而教师招聘考试的难度逐渐加大。

针对中学语文学科专业知识内容多、复习难、要求高的特点，山香教育结合多年研究成果和教学反馈，深入分析制约考生得高分的因素，对教材进行精心编排，旨在帮助考生通过阅读和学习收到理想的备考效果。

3大特色 破解学科专业知识

特色1 立足考纲与真题，归纳核心知识

考情最能体现命题人的思想。通过对考纲与真题的分析梳理，整理出各部分的考点分布规律、命题特点和解题方法，以此作为教材的核心内容，做到“考什么，讲什么”。再对教材内容进行分析整理，通过文字、表格等的结合，知识结构清晰明了，在重要知识点后通过“考点再拔高”，整个知识体系成为一个闭环，帮助考生快速高效学习，做到真正的“字斟句酌，精益求精”。

特色2 融合教学经验，传授解题技法

考生要想在选拔性考试中顺利“圆梦”，途径只有一个：考高分。每一道题的正误都决定着是否能够顺利“吃面”。本书的编写摈弃了简单枯燥的说教模式，倡导大家进行互动式学习，融合山香老师多年教学经验，通过“真题面对面”“小香有话说”“记忆有妙招”等多模块设计，做到“有讲、有解、有练”，讲学练相结合，帮助考生快速掌握知识。

特色3 视频微课助学，强化巩固提升

鉴于传统文字讲解的局限性，本书针对重难点配备了微课视频，由山香名师进行视频讲解，实现“读”和“讲”的完美结合。同时，本书在章后设置“达标测评”，甄选典型试题，探索考试真谛，实现图书与考试的零距离。

愿诸君能够善用山香图书这件“利器”，在即将到来的教师招聘考试中打好有准备之战。望大家在有限的时间内选择最恰当最有效的方法备考。祝早日走上心目中的三尺讲台！

山香图书研发部

说　明

★：标星的知识点为重要考点，星星越多重要程度越高，最高为三颗星。

黑体字：知识点中需要重点掌握的词语。

波浪线：复习时需要重点掌握的句子。

红色句子：比画波浪线的句子更重要，需要着重掌握。

使用图解

思维导图
- 梳理知识脉络
- 勾勒认知地图

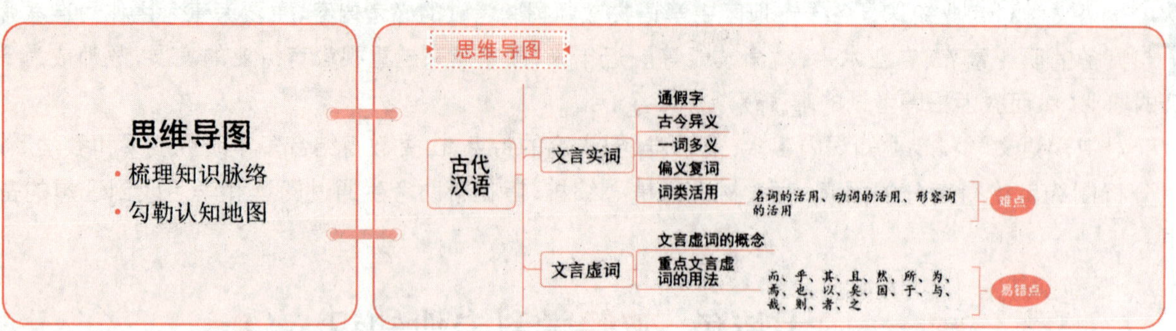

考向分析

本章主要介绍古代汉语，特点是内容较多，需要识记、理解和运用的知识多，在考试中多以客观题的形式考查。现对本章考向分析如下：

高频考点	常考题型	能力层级	考查热度
常见的古代文化常识	单选、判断	识记	★★★
词类活用	单选	运用	★★
重点文言虚词的用法	单选	识记	★★★
被动句	单选	理解	★★

考向分析
- 探究命题规律
- 精准预测考向

核心考点
- 立足真题考情
- 归纳核心考点

核心考点

第一节　现代汉语的基本概念

一、现代汉语的概念

汉语是汉民族的语言，现代汉语是现代汉民族所使用的语言。现代汉语包括多种方言和民族共同语。

语言是社会的产物，它随着社会的产生而产生，随着社会的发展而发展。

汉语作为一种语言，具有一切语言共同的属性。从结构上看，语言是以语音为物质外壳（形式），以词汇为建筑材料，以语法为结构规律而构成的一种音义结合的符号系统。从功能上看，语言是人最重要的交际工具，是认知世界的工具，是文化的载体。

达标测评

建议用时	实际用时	测评总分	实际得分
80分钟	____分钟	120分	____分

一、填空题（每空1分，共20分）

1. 普通话以________为标准音，以________为基础方言，以________著作为语法规范。
2. “知识”zhīshi这样的音节是________音节。

达标测评
- 精准模拟真题
- 详解答题思路
- 测评学习结果

真题面对面

- 再现历年真题
- 还原考场体验

真题面对面

[2022陕西特岗,单,2分]韩愈《师说》"六艺经传皆通习之","六艺"包括《诗》《书》《礼》《乐》和(　　)

A.《易》《中庸》　B.《春秋》《大学》　C.《春秋》《论语》　D.《易》《春秋》

答案:D。"六艺"也指"六经",包括《诗经》《尚书》《礼记》《周易》《乐经》《春秋》,简称《诗》《书》《礼》《易》《乐》《春秋》。

小香有话说

- 重难点解读
- 易错点提示
- 易混点辨析

易混点辨析

轻音不等于轻声。轻音即非重音,由此可知轻音与重音是相对的。轻声指轻读音节,有着区别意义的重要作用。轻音主要是音强问题,轻声则是音高问题。

记忆有妙招

- 编写速记口诀
- 高效趣味记忆

记忆有妙招

文言文翻译方法的口诀如下:

文言翻译重直译,把握大意斟词句。人名地名不必译,古义现代词语替。

倒装成分位置移,被动省略译规律。碰见虚词因句译,领会语气重流利。

考点再拔高

- 开阔考生视野
- 完善知识体系

考点再拔高

▼ 四书五经六经

"四书":《论语》《孟子》《大学》《中庸》。《大学》《中庸》是《礼记》中的篇目。

"五经":《诗经》《尚书》《礼记》《周易》《春秋》。汉武帝时置五经博士,始有"五经"之称。"五经"中的《礼》,汉时指《仪礼》,后世指《礼记》。《礼记》是儒家经典著作之一,是秦汉以前各种礼仪论著的选集,相传为西汉戴圣编纂。

"六经(六艺)":《诗经》《尚书》《礼记》《周易》《春秋》《乐经》。

视频二维码

- 山香名师录播
- 助力视频学习

考点3　儿化

儿化指的是一个音节中,韵母带上卷舌色彩的一种特殊音变现象,这种卷舌化了的韵母就叫作"儿化韵"。例如:普通话念"花儿"的时候,这个"儿"字不是一个独立的音节,也不是音素,而只是一个形容性符号。儿化这种语音现象,跟词汇、语法有密切的关系,它具有区别词义、区

目 录

高效备考从扫码开始……

扫码听讲的4个理由

1 海量真题免费刷！

2 参加模考体验佳！

3 时政打卡天天有！

4 备考咨询专业答！

第一部分　学科专业知识

第一章　现代汉语

本章考题约占试卷总分值的10%~20%，考查题型主要为单项选择题、填空题、判断题、简答题、积累与运用题、语言表达题。

第二章　古代汉语

本章考题约占试卷总分值的5%~10%，考查题型主要为单项选择题、判断题。

第三章　阅读与鉴赏

本章考题约占试卷总分值的20%~40%，考查题型主要为古诗词鉴赏题、文言文阅读题、现代文阅读题。

第四章　中外文学

本章考题约占试卷总分值的1%~10%，考查题型主要为单项选择题、填空题、判断题、简答题、名词解释题。

第五章　写　作

本章考题约占试卷总分值的30%~40%，考查题型主要为写作题。

第二部分　教材教法

第一章　课程知识

本章考题约占试卷总分值的0~5%，考查题型主要为单项选择题、填空题、简答题。

第二章 教学设计与实施

本章考题约占试卷总分值的0~35%,考查题型主要为教学设计题、案例分析题。

索 引

核心考点索引

专家微课视频索引

(扫描正文中下列知识点处的二维码,即可获取专家微课视频)

积累与拓展文档索引

(扫描正文中下列知识点处的二维码,即可获取积累与拓展文档)

教师招聘考试

考情分析与解读

考情分析

中学语文科目作为教师招聘考试科目之一，主要测查考生的语文水平和素养。题目的综合性和实践性较强，对考生综合能力要求高。中学语文科目的考试内容主要包括学科专业知识和教材教法，涵盖内容广泛，各省市考试内容不一，并没有统一的题型题量。各省市的教师招聘考试目前来看主要有全省统考、地市统考、地市或县区单独招考等几种形式。

近几年来，各省市中学语文教师招聘考试的命题呈现出稳中有变、力求创新的特点，彰显了考试命题的科学性和针对性，具体表现如下：

首先，考试题型基本稳定，常考题型多为单项选择题、填空题、判断题、简答题、阅读鉴赏题、教学设计题、案例分析题和写作题等，考试时间一般为120分钟或150分钟，大部分地区总分值为100分或120分，极少数地区总分值为150分，题型、题量、分值大致分布如下表。

题型	题量	每题分值	总分
单项选择题	0～50	1～3	100／120／150
填空题	0～10	1～3	
判断题	0～10	1～2	
简答题	0～3	4～6	
阅读鉴赏题	3～16	1～8	
教学设计题	0～2	4～20	
案例分析题	0～2	3～15	
写作题	0～1	15～50	

其次，从考试内容来看，教师招聘考试主要分为两类：第一类是单纯只考学科专业知识，第二类是学科专业知识与教材教法结合考查。综合分析可知，在教师招聘考试中学科专业知识内容占比较大，占总分值的60%～100%；教材教法占比较小，占总分值的0～40%。此外，考试内容除上述两类外，还有部分地区在考试中会将教育理论、公共基础知识等内容加入试卷中。

再次，从试题的难易程度上划分，容易题比例约占40%，中等难度题比例约占40%，较难题比例约占20%。

最后，每年各模块内知识点分值及考查方向也有一定规律可循。例如，现代汉语模块，绝大部分地区基本上每年都会考查字音辨析、字形辨析、成语辨析、标点符号运用、病句辨析、修辞手法辨析等知识点。考生需根据当地的历年真题抓住必考点和常考点，兼顾可能会考的知识点，有重点地复习。

题型解读

(一)单项选择题

单项选择题在中学语文教师招聘考试中主要考查现代汉语、古代汉语、中外文学、课程知识等内容的识记、理解与运用,考查知识点相对固定。在历年真题中,单项选择题的题量在0~50道。其中,大部分地区单项选择题稳定在5~15道,如江苏南京、广东广州、山西晋中等地区;极少数地区不考查单项选择题,如天津部分地区、广东部分地区;极少数地区会考查大量单项选择题,如江西统考、陕西特岗。

1. 现代汉语

现代汉语的常考知识点包括字音的辨析、字形的辨析、词语的使用、成语的辨析、病句的辨析、标点符号的用法、修辞手法的辨析、语言连贯等。少数地区会考查音变、汉字的结构、语法、复句、语言表达等相关知识点。

2. 古代汉语

古代汉语的常考知识点为文化常识、文言实词、文言虚词、文言句式的相关内容。其中,文言实词、文言虚词、文言句式在大部分地区的考试中往往以文言文阅读单项选择题的形式考查,只有部分地区会涉及独立的单项选择题。

3. 中外文学

中外文学常考的知识点为中外文学作家作品的相关内容,少数地区会考查文学理论的相关知识。

4. 课程知识

课程知识常考的知识点为《义务教育语文课程标准》(2011年版)、《普通高中语文课程标准》(2017年版)的相关内容。此外,由于2022年教育部新颁布了《义务教育语文课程标准》(2022年版),因此预计部分地区会将对《义务教育语文课程标准》(2011年版)的考查更换为对《义务教育语文课程标准》(2022年版)的考查,也有可能两者皆考。

此外,在现代汉语、古代汉语、中外文学、课程知识四章的考查中,现代汉语中的考点是高频考点且分值占比较高,中外文学中的考点是常考点但大多数地区分值占比较低(陕西特岗、江西统考、云南特岗等除外)。

真题示例 »

1. [2022安徽特岗]下列词语中,没有错别字的一组是(　　)

A. 养分　舶来品　消声匿迹　坐收渔翁之利

B. 渲泄　乐呵呵　珊珊来驰　迅雷不及掩耳

C. 简练　侃大山　揭杆而起　毕其功于一役

D. 潜心　座上客　扪心自问　敬酒不吃吃罚酒

解析：A项，“消声匿迹”应为“销声匿迹”。B项，“渲泄”应为“宣泄”，“珊珊来驰”应为“姗姗来迟”。C项，“揭杆而起”应为“揭竿而起”。

答案：D

2. [2022江西高中]下列句子中加点字的意思相同的一项是(　　)

A. ①五十年来，总成一梦　②其为痴人则一也

B. ①燕赵之君，始有远略　②至丹以荆卿为计，始速祸焉

C. ①当与秦相较，或未易量　②或曰：六国互丧，率赂秦耶

D. ①不顾恩义，畔主背亲　②寡助之至，亲戚畔之

解析：A项，①一场；②一样。B项，①最初，起初；②才，方才。C项，①也许；②代词，有人。D项，①②均通“叛”，背叛。

答案：D

3. [2022陕西特岗]下列有关《苏武传》的表述错误的一项是(　　)

A.《苏武传》出自《汉书》。

B. 苏武是忠君爱国的典范。

C. 苏武于汉武帝时期出使匈奴。

D. 苏武滞留匈奴长达29年。

解析：课文《苏武传》最后一段说：“武留匈奴凡十九岁，始以强壮出，及还，须发尽白。”说明苏武滞留匈奴长达19年。

答案：D

4. [2022江西初中]下列不符合《义务教育语文课程标准》(2011年版)第四学段(7~9年级)写字教学目标与内容要求的一项是(　　)

A. 写字姿势正确，有良好的书写习惯。

B. 能用毛笔书写楷书，在书写中体会汉字的优美。

C. 临摹名家书法，体会书法的审美价值。

D. 在使用硬笔熟练地书写正楷字的基础上，学写规范、通行的行楷字，提高书写的速度。

解析：B项，“能用毛笔书写楷书，在书写中体会汉字的优美”是第三学段写字教学目标与内容的要求。

答案：B

解题方法»

单项选择题解题方法

(1)审清题意，把握题眼。题意是题干的重要内容，审清题意就是要全面、准确地把握题干的特定内涵；题眼是具体体现题意的关键性字词或句子，它决定着题肢的取舍。因而，审清题意，把握题眼，是解题的关键。

(2)审视题肢，心中有数。四个题肢一般是四个毫无关联的内容(也有语言表达不同而内容一致的情况)，在审视题肢时就要对每项内容的正误有一个大致的判断。

(3)干肢结合，有所取舍。根据题干和题肢各自的内容，把与题干一致的题肢挑出来。

(4)理顺思路,注重复查。选出答案后,还应对各项的内容进行最后的确认,审视题干与题肢之间的内在逻辑关系是否成立,以确保选择的正确性。

(二)填空题

填空题在中学语文教师招聘考试中主要考查现代汉语、古诗文默写、中外文学、课程知识等内容的识记,考查知识点相对固定。在历年真题中,填空题的题量在0~10道。

1. 现代汉语

现代汉语常考的知识点为现代汉语中概念性的知识,需要考生背诵的较多。

2. 古诗文默写

古诗文默写常考的知识点为常见古诗文重点句,一般分为理解型默写和直接型默写。

3. 中外文学

中外文学常考的知识点为中外文学作家作品的相关内容。

4. 课程知识

课程知识常考的知识点为《义务教育语文课程标准》(2011年版)、《普通高中语文课程标准》(2017年版)的相关内容。此外,由于2022年教育部新颁布了《义务教育语文课程标准》(2022年版),因此预计部分地区会将对《义务教育语文课程标准》(2011年版)的考查更换为对《义务教育语文课程标准》(2022年版)的考查,也有可能两者皆考。

真题示例 »

1. [2022湖南长沙长沙县](1)《劝学》在阐述学习要专心致志的道理时,用“蚓”和“蟹”进行对比,后者虽“________________”却“________________”,是“用心躁也”。

(2)苏轼《赤壁赋》中用“________________,________________”感叹生命短暂而渺小,成语“沧海一粟”由此演化而来。

答案:(1)六跪而二螯;非蛇鳝之穴无可寄托者

(2)寄蜉蝣于天地;渺沧海之一粟

2. [2022山西特岗]编年体是中国史书的一种编写体制,按________顺序记述史实。例如《春秋》《左传》《资治通鉴》都是编年体史书。

答案:年代

3. [2022安徽统考]思维发展与提升是指学生在语文学习过程中,通过________,获得直觉思维、形象思维、逻辑思维、辩证思维和创造思维的发展,促进深刻性、敏捷性、灵活性、________和________等思维品质的提升。

答案:语言运用;批判性;独创性

解题方法

填空题解题方法

填空题小，跨度大，覆盖面广，形式灵活，可以有目的地综合一些问题，突出训练考生准确、严谨、全面、灵活地运用知识的能力和识记能力。填空题多考查考生的识记能力，考生备考时需用心记，答题时，不仅要正确填写答案，还不能有错别字，一旦出现错别字，即不得分。

（三）判断题

判断题在中学语文教师招聘考试中主要考查现代汉语、古代汉语、中外文学、课程知识等内容的识记，考查知识点相对固定。在历年真题中，判断题的题量在0～10道。

1. 现代汉语

现代汉语常考的知识点为现代汉语中概念性的知识及声母、韵母、汉字的结构等知识，需要考生背诵的较多。

2. 古代汉语

古代汉语常考的知识点为文化常识，偶有涉及文言实词、文言虚词、文言句式的相关内容。

3. 中外文学

中外文学常考的知识点为文学作家作品的相关内容，需要考生准确识记。

4. 课程知识

课程知识常考的知识点为《义务教育语文课程标准》（2011年版）、《普通高中语文课程标准》（2017年版）的相关内容。此外，由于2022年教育部新颁布了《义务教育语文课程标准》（2022年版），因此预计部分地区会将对《义务教育语文课程标准》（2011年版）的考查更换为对《义务教育语文课程标准》（2022年版）的考查，也有可能两者皆考。

真题示例

1. [2021浙江绍兴、金华诸暨]辛弃疾《破阵子·为陈同甫赋壮词以寄之》的体裁为词，“破阵子”为词牌名，“为陈同甫赋壮词以寄之”是题目，“八百里分麾下炙”中的“八百里”是形容路程很长，泛指酒食。（　　）

解析：“八百里分麾下炙”中的“八百里”指牛，这里泛指酒食。

答案：×

2. [2021山西临汾曲沃县]我国古代把夜晚分成五个时段，打更报时，所以叫五更，分为黄昏、人定、夜半、鸡鸣、平旦，其中人定是二更，相当于现代时间的19～21点。（　　）

解析：我国古代把夜晚分成五个时段，用鼓打更报时，所以叫作五更、五鼓，或称五夜。一更又叫黄昏、一鼓、甲夜，在19～21点；二更又叫人定、二鼓、乙夜，在21～23点；三更又叫夜半、三鼓、丙夜，在23～1点；四更又叫鸡鸣、四鼓、丁夜，在1～3点；五更又叫平旦、五鼓、戊夜，在3～5点。

答案：×

判断题解题方法

(1)结论必须明确,不可含糊。判断题中有的试题字词较多,语句很长,包含有很多各自可以独立存在的内容,其中有的地方表述正确,有的地方表述不正确。在这种情况下,应试者所作出的判断,应该是针对试题的整体内容来说的。只要有一部分是错误的,整个试题便应被视为错误。

(2)分辨表现形式,确定解答思路。判断题的表现形式一般分为直接结论式和间接结论式两种类型。间接结论式试题的特点是是非项的陈述在前,应试者在作答时,必须先对是非项进行推理,然后才能得出结论。直接结论式的试题本身的陈述就是一个判断句,考生可对此直接进行判断,无须经过推理便可得出结论。

(3)辨析设错方式。解答判断题的关键在于考生正确地找出或辨析试题的设错方式。命题人在编制试题时常采用多种多样的设错方法和技巧。如事实错、前提错、逻辑错、隶属关系错以及概念使用错、词语表达错等。总之,应试者在解答时必须仔细辨析命题的设错方式,以免被一些错综纷繁的干扰因素迷惑。

(四)简答题

简答题在中学语文教师招聘考试中主要考查现代汉语、中外文学和课程知识相关内容的识记和理解。在历年真题中,简答题的题量在0~3道。

1. 现代汉语

现代汉语常考的知识点以现代汉语中概念性的知识为主。

2. 中外文学

中外文学常考的知识点为对作家作品的分析与鉴赏以及对文学流派、团体的理解。

3. 课程知识

课程知识常考的知识点为对《义务教育语文课程标准》(2011年版)、《普通高中语文课程标准》(2017年版)相关内容中某一内容的识记与理解。此外,由于2022年教育部新颁布了《义务教育语文课程标准》(2022年版)的文件,因此预计部分地区会将对《义务教育语文课程标准》(2011年版)的考查更换为对《义务教育语文课程标准》(2022年版)的考查,也有可能两者皆考。

真题示例

1. [2021安徽亳州]简述《鲁滨逊漂流记》这一作品的主题。

参考答案:小说赞扬了新兴资产阶级的代表——鲁滨逊身上所表现的勤劳、智慧、勇敢、顽强和坚韧的美好品德,反映了处于资本主义原始积累时期的新兴资产阶级的要求——“个性自由”,发挥个人才智,勇于冒险,追求财富,不断进取的精神。作者借此歌颂了处在上升时期的资产阶级的个人奋斗精神。

2. [2021浙江金华、绍兴诸暨]追求语文课堂"有效教学",关注学生发展是课改热点问题,请简要说说有效的语文课堂应包含哪些基本要素。

参考答案:①以促进学生发展为中心。有效的语文课堂应充分体现学生是课堂的主人,促进全体学生全面发展。②有效的语文课堂,要求广大语文教师必须钻研教材,要正确、到位地理解和把握教材。钻研好教材之后,还要确定准确、适度的教学目标。③语文课程的基本特点是工具性与人文性的统一。所以有效的语文课堂,一定要体现语文课程工具性与人文性的统一。④积极倡导自主、合作、探究的学习方式,让学生由被动学习转变为主动学习,把课堂还给学生,让学生做课堂真正的主人。⑤学生是语文学习的主体,教师是学习活动的组织者和引导者。因此,教师在课堂上应该组织学生进行自主学习,引导学生学得快乐、学得高效。⑥要调动学生学习的积极性,让学生参与到学习中去,并充分发展学生的个性。(言之有理即可)

解题方法»

简答题解题方法

(1)开门见山,直截了当,切忌拖泥带水、啰啰唆唆。

(2)紧扣主题,简明扼要,言简意赅,不可长篇大论。

(3)要点齐全,层次分明,条理清楚,一目了然。

(4)注意回归教材,紧扣课本知识作答,不应随便发挥,力求使用科学用语。

(五)阅读鉴赏题

阅读鉴赏题在中学语文教师招聘考试中主要考查古诗词鉴赏、文言文阅读和现代文阅读与鉴赏的相关内容。在历年真题中,各模块题量基本稳定。其中,古诗词鉴赏0~3道,文言文阅读0~4道,现代文阅读3~10道。阅读鉴赏题总题量稳定在3~16道。

真题示例»

[2022山西特岗]阅读下面的文言文,完成(1)~(4)小题。

屈原者,名平。为楚怀王左徒。博闻强志,明于治乱,娴于辞令。入则与王图议国事,以出号令;出则接遇宾客,应对诸侯。王甚任之。怀王使屈原造为宪令,屈平属草稿未定,上官大夫见而欲夺之屈平不与因谗之曰王使屈平为令众莫不知每一令出平伐其功王怒而疏屈平。屈平疾王听之不聪也,方正之不容也,故忧愁幽思而作《离骚》。"离骚"者,犹离忧也。

时秦昭王与楚婚,欲与怀王会。怀王欲行,屈平曰:"秦,虎狼之国,不可信。不如毋行。"怀王稚子子兰劝王行:"奈何绝秦欢?"怀王卒行。入武关,秦伏兵绝其后,因留怀王,以求割地。怀王怒,不听。亡走赵,赵不内,复之秦,竟死于秦而归葬。

长子顷襄王立,以其弟子兰为令尹。楚人既咎子兰以劝怀王入秦而不反也。屈平既嫉之,虽放流,眷顾楚国,系心怀王,不忘欲反。其存君兴国,一篇之中三致志焉。令尹子兰闻之大怒,卒使上官大夫短屈原于顷襄王,顷襄王怒而迁之。

屈原至于江滨,被发行吟泽畔,颜色憔悴,形容枯槁。渔父见而问之曰:“子非三闾大夫欤?何故而至此?”屈原曰:“举世混浊而我独清,众人皆醉而我独醒,是以见放。”渔父曰:“夫圣人者,不凝滞于物,而能与世推移。举世混浊,何不随其流而扬其波?众人皆醉,何不餔其糟而啜其醨?”屈原曰:“人又谁能以身之察察,受物之汶汶者乎?宁赴常流而葬乎江鱼腹中耳,又安能以皓皓之白,而蒙世俗之温蠖乎?”乃作《怀沙》之赋。……于是怀石,遂自投汨罗以死。

太史公曰:“余读《离骚》《天问》《招魂》《哀郢》,悲其志。适长沙,观屈原所自沉渊,未尝不垂涕,想见其为人。”

(节选自《史记·屈原贾生列传》,有删改)

(1)下列对文中画波浪线部分的断句,正确的一项是(　　)

A. 上官大夫见而欲夺之/屈平不与因谗之/曰/王使屈平为令/众莫不知/每一令出平/伐其功/王怒而疏屈平

B. 上官大夫见而欲夺之/屈平不与因谗之/曰/王使屈平为令众/莫不知/每一令出/平伐其功/王怒而疏屈平

C. 上官大夫见而欲夺之/屈平不与/因谗之曰/王使屈平为令/众莫不知/每一令出/平伐其功/王怒而疏屈平

D. 上官大夫见而欲夺之/屈平不与/因谗之曰/王使屈平为令众/莫不知/每一令出平/伐其功/王怒而疏屈平

(2)下列对文中加点的词语相关内容的解说,不正确的一项是(　　)

A. 属,有“属于”“连缀”“撰写”的意思,也可与“嘱”通假,解释为“嘱咐”“叮嘱”。文中“屈平属草稿未定”的“属”就是通假字。

B. 父,在古代常用作对男性长辈的称呼,如文中的“渔父”,就是指打鱼的渔翁。

C. 太史公,一般指我国古代官方史料的专职记录者,在文中是司马迁的自称。

D.《天问》,通过对天地和人世等事物现象的发问,表现诗人探索真理的精神。

(3)下列对原文有关内容的概括和分析,不正确的一项是(　　)

A. 屈原富有才华,受到怀王赏识。他在为国家编写政令时,经常夸耀自己的功绩,招来同僚嫉妒,以致被流放。

B. 屈原明辨形势,反对秦国之行。怀王欲到秦国与昭王会面,屈原洞察秦国的虎狼实质,反对怀王前往秦国,但怀王不听,结果遭遇凶险。

C. 屈原品格高洁,不与世俗同流。对于自己的艰难处境,屈原有着清醒的认知,他不认同渔父要随世俗一同变化的看法,最后宁死守义,以身殉道。

D. 屈原自沉于汨罗江,以死殉国,他的作品感动了后人,他的殉国之事让后人流泪叹息,他高洁的品行让后人敬慕神往。

(4)把文中画横线的句子翻译成现代汉语。

①亡走赵,赵不内,复之秦,竟死于秦而归葬。

②屈原至于江滨,被发行吟泽畔,颜色憔悴,形容枯槁。

参考答案:(1)C。"不与"意为不给,"因"意为趁机,根据含义可知应在"因"之前断开,排除A、B两项。"使……为令"是固定搭配,应在"令"之后断开,排除D项。句子大意为:上官大夫看见了就想把草稿强取为己有,屈原不给。上官大夫就趁机谗毁他说:"君王让屈原制定法令,大家没有不知道的,每出一道法令,屈原就炫耀自己的功劳。"楚王听了很生气,因而疏远了屈原。

(2)A。A项,"属"在"屈平属草稿未定"中不是通假字,意为"撰写"。

(3)A。A项,"经常夸耀自己的功绩""以致被流放"错误,文中是说上官大夫想将屈原编写的政令占为己有,屈原不给他,他就诬陷屈原四处夸耀自己的功绩,导致楚王误会,疏远了屈原。

(4)①怀王逃往赵国,赵国不肯接纳。只好又到秦国,最后死在秦国,尸体被运回楚国安葬。

②屈原来到江滨,披散着头发,在水边缓步悲吟,脸色憔悴,模样消瘦干枯。

解题方法»

阅读鉴赏题解题方法

(1)整体阅读,粗略弄懂大意。可先参看题目的内容及其概括分析和表述,据此可助考生迅速弄懂原文内容大意。

(2)精读文本,把握主要信息。细心研读文本内容,正确理解文意,大胆判断取舍。在阅读过程中,对弄不懂的词语和句子,要学会"跳过去"(跳读法),不要在这些地方过多纠缠,以提高做题速度。

(3)反复揣摩,以求正确答案。做题时注意把题干句子代入原文中,仔细查看上下文语境,前后勾连,反复揣摩,以寻求正确答案。

(六)教学设计题

教学设计题在中学语文教师招聘考试中主要考查各内容要素的设计、阅读教学设计、写作教学设计的相关内容。在历年真题中,教学设计题的题量在0~2道。

真题示例»

[2022浙江杭州]根据你报考的初中岗位,完成该教学内容的教学目标和教学过程设计。

初一上册第六单元《赫耳墨斯和雕像者》。

赫耳墨斯和雕像者

《伊索寓言》

赫耳墨斯想知道他在人间受到多大的尊重,就化作凡人,来到一个雕像者的店里。他看见宙斯的雕像,问道:"值多少钱?"雕像者说:"一个银元。"赫耳墨斯又笑着问道:"赫拉的雕像值多少钱?"雕像者说:"还要贵一点儿。"后来,赫耳墨斯看见自己的雕像,心想他身为神使,又是商人的庇护神,人们对他会更尊重些,于是问道:"这个值多少钱?"雕像者回答说:"假如你买了那两个,这个算添头,白送。"

这故事适用于那些爱慕虚荣而不被人重视的人。

参考答案:

《赫耳墨斯和雕像者》教学设计

教学目标:

1. 了解寓言故事情节,体味蕴含在寓言中的寓意。

2. 多角度提炼寓意,培养发散性思维。

3. 展开联想和想象,续写寓言,领悟生活哲理。

教学过程:

一、导入

今天我们来学习一篇寓言。对寓言,同学们并不陌生,同学们能举几个你听过或读过的寓言吗?(中国的寓言大多凝成四言成语:同学们熟悉的如《拔苗助长》《刻舟求剑》《守株待兔》等,外国寓言如《狼和小羊》《乌龟和兔子》《农夫和蛇》等)

总结:寓言往往都通过一个故事告诉我们道理,那么如何从故事中提炼出寓言的寓意呢?今天让我们通过学习《伊索寓言》中的《赫耳墨斯和雕像者》,一起来探究。

二、初读课文,整体感知

1. 学生自由朗读课文,读准、读通课文。

2. 学生示范朗读,其他同学认真听,从字词读音、朗读节奏、语气表达等方面进行评价。

3. 全班齐读课文,读后用自己的话复述寓言故事的内容。

4. 总结寓言寓意。(课文最后一句话)

三、抓住联系,深入体悟

1. 找出课文中表现赫耳墨斯爱慕虚荣的语句,并朗读。

2. 注意文中词语的变化,讨论人物的心理变化。

3. 为什么赫耳墨斯先问宙斯和赫拉的?是看见了,还是特意找的?如果连赫耳墨斯的雕像都没有会怎么样?"笑着问道"赫耳墨斯笑的背后内心在想什么?

4. 多角度提炼寓言寓意。

四、发挥想象,续写故事

寓意来源于故事,那如果故事的结尾不一样,那寓言的寓意会不会改变呢?

思考:赫耳墨斯听说自己的雕像只能算"添头",白送后,内心会怎么想?他会说些什么?又会做些什么呢?请同学们发挥想象,为这则寓言续写一个结尾,并思考寓意是否发生变化。

五、拓展延伸

阅读《伊索寓言》中的《樵夫与赫耳墨斯》,从该故事中多角度提炼寓意。

六、总结

寓言是一个怪物，当它朝你走过来的时候，分明是一个故事，生动活泼；而当它转身要走开的时候，却突然变成了一个哲理，严肃认真。希望同学们走进寓言时能看到生动活泼的故事，离开时能带走更多属于自己的体验。

解题方法》

教学设计题解题方法

(1)认真审题，找准试题考查点，回忆相关知识点的概念或原理。

(2)答题时条理要清晰，要点要分明。阅卷老师一般都是按点给分，如果所给答案要点不明、条理不清，势必影响阅卷老师的给分。

(3)尽量多用专业术语，字体要工整、清晰、美观。

(七)案例分析题

案例分析题在中学语文教师招聘考试中主要考查中学语文教学设计与分析。在历年真题中，案例分析题的题量在0~2道。

真题示例》

[2021福建统考]教学文本为《滋味的记忆》一文，教学对象为高一年级学生。

滋味的记忆

记得在德国留学的第一年冬天，某一晚读到法国汉学家谢和耐写的《蒙元入侵前夜的中国日常生活》。书中对南宋临安城里各式小吃的生动描写，让我直流口水。回想起午饭时在食堂囫囵吞下的寡味土豆和油腻香肠，我顿觉饥肠辘辘。对我个人而言，那种思乡远比举头望明月来得直接和强烈。当时觉得，只有一碗热气腾腾、撒上葱花的阳春面，才能解开那乡愁。

小馄饨、卤肉饭、砂锅鱼头、海南鸡饭、云吞面、油墩子、冬阴功汤、臭豆腐——每一个人灵魂深处都藏着对家乡美味的记忆。然而，对滋味的记忆究竟是如何保存的，却少有人深究。滋味绝不只是味蕾的问题。

知识分子最关注的知识传承是以文字为基础的，他们往往容易忽略其他途径。由于原料和烹调方式的复杂性，亚洲的美食传统必须依靠“亲知”，而不是书本知识来传递——没有吃过手擀面，就很难品尝出它是否正宗；没有见过父母亲手做手擀面的过程，就很难掌握其中的诀窍。菜谱和菜肴的滋味之间只隔着一个人。

美国“网飞”公司的纪录片《街头绝味》用一种近乎人类学田野调查的方式，让大家明白了美味这样的“小传统”的价值及其脆弱性。美食不仅关乎食物。历史上很多亚洲城市的基础设施薄弱，一些社会底层人家根本不具备做饭的条件，街头食物就成为他们填饱肚皮的不二选择。因为摆街边摊所需本钱不多，不少街头大厨可以迅速自力更生。有些美味实在是出于无奈。曼谷街头有一位戴着摩托车眼镜炒菜的“痣姐”——年轻时一场大火烧光了她的所有家当，原本用来做活的缝纫机也没了。于是她不得不开始在市场上帮妈妈炒面，一直炒到了72岁，闻名东南亚。日本大阪街头的筑元丰次，原本想开家居酒屋。当他攒够了钱时，父亲过世，他拿出一大半钱用来安葬父亲，剩下的钱只能开街边店了。最开始他请不起伙计，为了应付络绎不绝的顾客，想出了用喷枪炙烤金枪鱼的办法。不料烤鱼异常美味，大受欢迎……每一道街头美食背后都有一个人、一个家、一个城市的人情冷暖与悲欢离合。

如今，街头美食在林立高楼的缝隙中勉强生存。卫生要求、地租上涨和政府规划等因素正在极大地考验着他们。我们很难想象，没有了煎饼果子的天津，缺少了热干面的武汉，失去了小面和抄手的重庆……没有了街头的"小人物"，一条街就没有了风情，一个城市也就丢失了灵魂。舌尖可以直达心底，忘却了一种滋味，也就失去了一份情义。

（选自《书城》2019年第9期，有删改）

[问题]阅读下面《滋味的记忆》教学导入语案例，评点其好处。

案例：今天我们学习《滋味的记忆》。这个题目是一个偏正结构的短语，中心词是"记忆"，修饰词是"滋味"，平白如话，谁都能看懂，但老师还是想请同学们就题目提出一个自己最想知道的问题，并且写下来。老师将会挑出几个有代表性的问题，由它们来组织今天的课堂。要找出问题，就必须选定一个角度，那么，就这个题目，有哪些角度呢？比如从"是什么""怎么样""为什么"的角度，都能提出问题，大家还可以跳出这些角度，提出问题。

参考答案：(1)该教师的教学立足于共同基础，重视日常语文积累，在导入语中该教师能够穿插语文基础知识的巩固学习，为学生巩固语法知识。

(2)先让学生就题目提出自己最想知道的问题，并在其中挑出代表性的问题组织课堂，充分尊重了学生的主体地位。同时，以学生自己的问题组织课堂也能增强学生的学习成就感，进而提高学生的学习兴趣，使课堂达到事半功倍的学习效果。

(3)该教师引导学生通过提出关于题目问题、从不同角度提出问题学习课文，不仅能引导学生学习课文，还为学生提供了学习的方法，提高了学生独立自主学习的能力。

解题方法

案例分析题解题方法

(1)审题。认真而仔细的审题是至关重要的。审题可逐字逐句地阅读，也可同时画出关键词。审题，重在快速、全面、准确地理解。

(2)看点。就是看题干最后提出的问题，弄清考什么。

(3)找规则。考生在审题后应根据题干所提出的问题和给定的案例，思考所要考查的知识点，回忆相关知识点的概念或原理。有必要的话，可将有关知识点或原理列在草稿上。

(4)答题。答题就是教学案例与教学理论的有机契合，是考生解决问题能力的体现。答题可分为三步：先组织解答提纲，再确定解答方式，最后落笔成文。

(八)写作题

写作题在中学语文教师招聘考试中主要考查考生的写作表达能力，多考查材料作文和议论文，也会考查命题作文、半命题作文、话题作文，记叙文、书信、演讲稿。在历年真题中，题量基本稳定在1道，偶尔有部分地区不考写作题，如江西。

真题示例

[2022山西特岗]阅读下面的材料，根据要求写作。

材料一　现代奥林匹克之父顾拜旦说："奥林匹克不是一场竞赛，而是一种源于内心的交流与融合。"

材料二　北京2022年冬奥会的奖牌命名为"同心"。五环同心，同心归圆，表达了"天地合·人心同"的中华文化内涵，也象征着奥林匹克精神将世界人民聚集在一起，共享冬奥荣光。

材料三　2022年北京冬季奥运会的吉祥物冰墩墩，将熊猫形象与冰晶外壳结合，体现了冬季冰雪运动和现代科技特点，表达出人与自然和谐共生的理念。冰墩墩一亮相，就赢得了人们的喜爱，常常"一墩难求"。

上述材料，引发了你怎样的思考和联想？请写一篇文章，表达你的看法和观点。

要求：选准角度，确定立意，明确文体，自拟标题；不要套作，不得泄露个人信息；不少于700字。

参考例文：

和合共生，美美与共

现代奥林匹克之父顾拜旦说："奥林匹克不是一场竞赛，而是一种源于内心的交流与融合。"中国古老的《周易》记载："保合太和，乃利贞。"中外古今之言均体现的是万物"和合共生"，就能"美美与共"的人类光辉理想。

当下，21世纪历史的车轮，正在5G的强大推动下，加速向未来狂奔，人类正沐浴在新一轮科技革命的霞光中。这霞光，氤氲着各民族璀璨的文明，正是这些不同文明的交融聚合，才造就了当今精彩纷呈的和平大势。

但正如阳光的背后总有阴影存在一样，在人类不可阻挡的和平大势洪流中，有些国家却逆势而为，挑起"贸易战"。这场没有硝烟的战争，就像是一支灰暗的逆流，与"和合"悖逆，与"美美"偕离。然而，回顾历史，无论中外，"和"才是大势所趋，"和"才能百味纷呈。

中国的历史，是一部"和合"的历史。放眼全球，世界的历史，也同样是一部"和合"的历史。

古代丝绸之路，不仅仅是商品的贸易，更是东西方文化的深度交融。陆上丝绸之路，由西汉张骞开辟，后联结欧洲各国。源源不断的货物贸易，促进了沿线各地的经济发展和繁荣。西方的葡萄、核桃等，通过丝绸之路融入大汉民族的食谱；中原的瓷器、丝绸饰品，丰富了西方人的生活情趣。陆上丝绸之路的深远意义，至今不灭。而如今的"丝绸之路"在中国的倡议和领导下，吸引了近20个亚欧国家的广泛参与，正谱写着"丝绸之路"新的时代光辉。

这种"和合共生"，不正是"美美与共"的鲜活体现吗？

在“中美贸易战”中，备受世人瞩目的华为创始人任正非先生，回答记者采访时曾说：“迟早我们要与美国相遇的，那我们就要准备和美国在‘山顶’上交锋……但最终，我们还是要在山顶上拥抱，一起为人类社会做贡献的。”不管贸易战如何激烈，在任正非先生的眼里，最后双方还要在山顶拥抱。“和合共生”，才能“美美与共”，才能“共建人类命运共同体”。这是中国人的胸怀和智慧，也是中国“和合”文化的现实写照。

我们青年一辈，无疑是幸运的。因为时代为我们铸就了奋斗拼搏的舞台，祖国为我们植入了和合共生的基因。我们唯有努力，才能不辜负时代和祖国的期待和召唤。

解题方法

写作题解题方法

(1)认真审题，明确考查内容，看考查的是哪种类型的写作。

(2)针对考查内容，整理做题思路，对症下药。针对文章写作的题目，要认真审题，确定写作范围和写作文体。

(3)组织语言，进行答题。文章写作类试题，在组织行文时，立意要积极、选材要新颖、表达要巧妙、感情要真切。

备考策略

在备考期间，时间是最宝贵的，通过合理安排学习时间和学习内容，不仅能使复习事半功倍，更能取得良好的学习效果。所以建议考生在备考时注意以下策略：

(一)立足真题，掌握考情

真题是掌握考情的关键。通过对历年真题进行分析整理，我们可以知道考试重点、命题特点和考查频次，能为全面备考及复习作铺垫。为此，我们特组织编写了“考情分析与解读”模块，通过题型解读，总结各部分的命题特点、具体考情，帮助考生把握命题趋势，明确备考目标。

(二)夯实考点，熟练技法

凡事都要从基础做起，基础抓得牢，才能追求更高层次的进步。所以，考生在复习中，一定要完善自己的知识体系，尽可能做到全面备考，不要图“多”和“快”，要把硬性知识点掌握牢固。同时，本书中总结了一些备考技巧和解题技法，有助于考生快速掌握考点，提升成绩。

(三)综合训练，巩固提升

综合训练要注意技巧和方法。考生在做完题后，要深入研究题目的内在规律，明白错误的选项为什么错，学会分析命题思路和考查方向。同时，考生切忌一味搞题海战术，要有针对性地训练，对易错薄弱内容，进行专门强化练习，注意分析和总结。

通过以上内容，大家应该对本科目的备考有了自己的认识和理解，接下来就是要整理心情，增强信心，踏实走好每一步，相信大家都会收到自己满意的结果。

第一部分
学科专业知识

内容导学

教师招聘考试学科专业知识部分，共五章。

第一章主要是对现代汉语相关知识的解读，考查题型多侧重于客观题，占试卷总分值的10%~20%；

第二章主要是对古代汉语相关知识的解读，考查题型多侧重于客观题，占试卷总分值的5%~10%；

第三章主要是对阅读与鉴赏题答题技巧的分析，考查题型侧重于主观题，占试卷总分值的20%~40%；

第四章主要是对中外文学的介绍，考查题型侧重于客观题，占试卷总分值的1%~10%；

第五章主要是对写作的内容、方法、文体等方面的系统阐述，考查题型侧重于主观题，占试卷总分值的30%~40%。

考生要重点掌握这五章的内容，并结合历年考题有针对性地进行复习。

第一章　现代汉语

思维导图

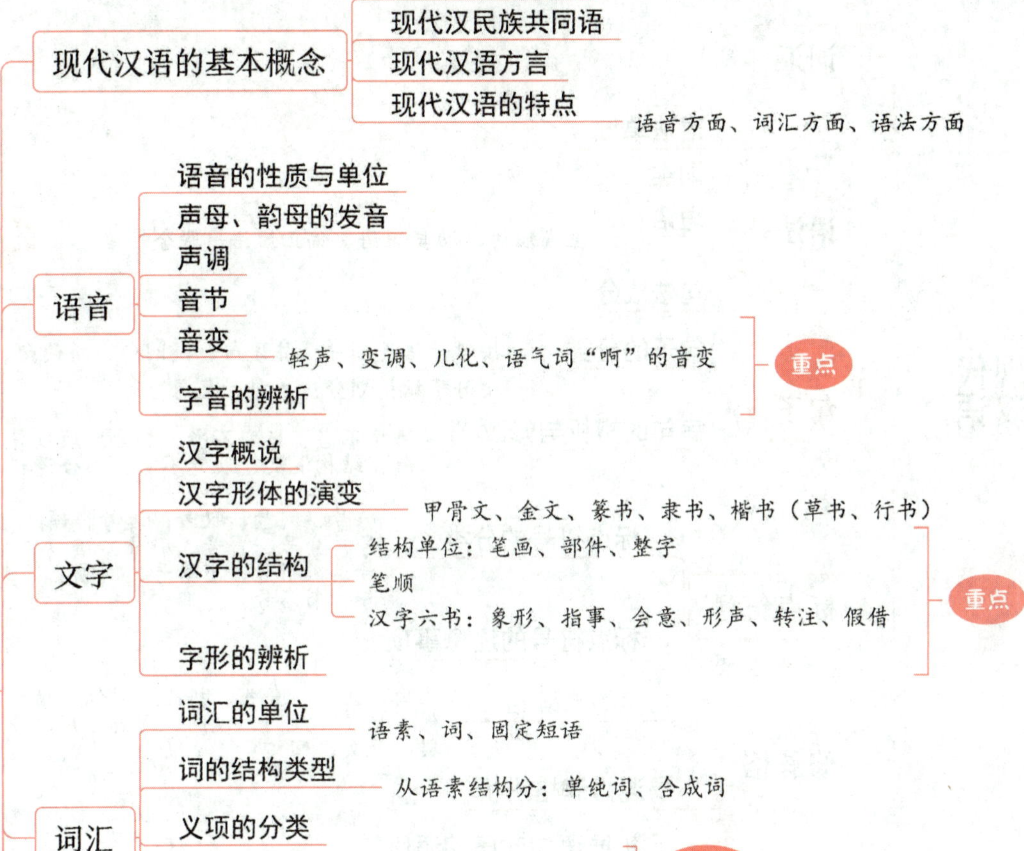

第一部分

现代汉语

- 现代汉语的基本概念
- 语音
- 文字
- 词汇
- 语法
  - 语法单位
  - 词类
  - 短语
    - 主谓短语、动宾短语、偏正短语、联合短语 —— 易混点
  - 句法成分
- 句子
  - 句子的分类
    - 按句子语气划分：陈述句、疑问句、祈使句、感叹句
    - 按句子结构划分：单句、复句
  - 病句的辨析与修改
    - 语序不当、搭配不当、成分残缺或赘余、结构混乱、表意不明、不合逻辑 —— 易混点
- 标点符号 —— 重点
  - 标点符号的分类
    - 句号、问号、叹号、逗号、顿号、分号、冒号、引号、括号、破折号、省略号、间隔号、书名号
  - 标点符号的注意事项
- 修辞格 —— 重点
  - 常见的修辞格
    - 比喻、比拟、夸张、排比、对偶、借代、反复、反问、设问、通感、用典、互文、回文
  - 易混修辞格辨析
- 语言表达
  - 扩展语句和压缩语段
  - 仿写句子和变换句式
  - 语言表达得体
  - 句子的选用 —— 重点
  - 句子的排序 —— 重点
  - 图文、表文转换

考向分析

本章主要介绍现代汉语，特点为内容较多、较琐碎，需要理解和运用的知识较多，在考试中常以客观题和主观题形式考查。现对本章考向分析如下：

高频考点	常考题型	能力层级	考查热度
现代汉民族共同语、现代汉语方言、现代汉语的特点	单选、填空、判断、简答	识记	★★
声母、韵母的发音，音变	单选	识记	★★
字音的辨析	单选	运用	★★★
汉字的结构	单选	理解	★★
字形的辨析	单选	运用	★★★
词的结构类型	单选	识记	★★
熟语，词语的辨析	单选	识记、运用	★★★
短语	单选	理解	★★
句子的分类	单选	理解	★★
病句的辨析与修改	单选	运用	★★★
标点符号的分类、标点符号的注意事项	单选	识记	★★★
常见的修辞格	单选	运用	★★★
扩展语句和压缩语段，仿写句子和变换句式，语言表达得体，图文、表文转换	单选、积累与运用、简答、语言表达	运用	★★
句子的排序	单选	运用	★★★

核心考点

第一节 现代汉语的基本概念

一、现代汉语的概念

汉语是汉民族的语言，现代汉语是现代汉民族所使用的语言。现代汉语包括多种方言和民族共同语。

语言是社会的产物，它随着社会的产生而产生，随着社会的发展而发展。

汉语作为一种语言，具有一切语言共同的属性。从结构上看，语言是以语音为物质外壳（形式），以词汇为建筑材料，以语法为结构规律而构成的一种音义结合的符号系统。从功能上看，语言是人最重要的交际工具，是认知世界的工具，是文化的载体。

现代汉语有口语和书面语两种形式。

二、现代汉民族共同语 【单选、填空、判断】 ★★

现代汉民族共同语是以北京语音为标准音，以北方话为基础方言，以典范的现代白话文著作为语法规范的普通话。

真题面对面

[2019重庆沙坪坝区，单，1分]下列关于现代汉语的定义描述，不正确的一项是(　　)

A. 现代汉语是现代汉民族使用的语言，仅指普通话，不包括方言。

B. 现代汉民族共同语言以北京语音为标准音。

C. 现代汉民族共同语言以北方话为基础方言。

D. 现代汉民族共同语言以典范的现代白话文著作为语法规范。

答案：A。现代汉语包括多种方言和民族共同语，现代汉民族共同语指普通话。

三、现代汉语方言 【简答】 ★★

考点1 现代汉语方言及其分布情况

汉语方言俗称地方话，只通行于一定的地域，它不是独立于民族语言之外的另一种语言，而是局部地区使用的语言。汉语方言主要分为**七大方言区**：

1. 北方方言。北方方言是现代汉民族共同语的基础方言，以北京话为代表，内部一致性较强。在汉语各方言中，它的分布地域最广，使用人口约占汉族总人口的73%。

2. 吴方言。分布在上海市、江苏省长江以南镇江以东地区(不包括镇江)、南通的小部分地区、浙江的大部分地区。典型的吴方言以苏州话为代表。

3. 湘方言。分布在湖南省大部分地区(西北角除外)，以长沙话为代表。

4. 赣方言。分布在江西省大部分地区(东北沿长江地区和南部除外)，以南昌话为代表。

5. 客家方言。分布在广东、福建、台湾、江西、广西、湖南、四川等地区，其中以广东东部和北部、福建西部、江西南部和广西东南部为主。以梅县话为代表。

6. 粤方言。分布在广东中部、西南部和广西东部、南部的约一百来个县以及香港、澳门特别行政区。以广州话为代表。

7. 闽方言。分布在福建省，海南省大部分地区，台湾地区，广东潮汕地区和雷州半岛等地区。以福州话和厦门话为代表。

考点2 普通话与现代汉语方言的关系

1. 广义上来说，普通话是方言的一种，方言和普通话是同一种民族语。方言是现代汉民族共同语(即普通话)的地域分支，它不是同普通话并列的独立语言，而是从属于民族共同语的地方变体。但是普通话和各种方言一样，都是人们日常生活中使用的语言变体，与方言是兄弟姐妹关系，而非一般与个别的关系。

2. 普通话是提炼多种方言，尤其是北方方言后的结晶，是方言的升华。普通话是高级形式（向心力），方言（地方话）属于现代汉语的低级形式。

四、现代汉语的特点 【简答】★★

现代汉语的特点

考点 1 语音方面

1. 元音占优势。一个汉语音节可以没有辅音，但不可以没有元音。元音是乐音，所以汉语语音乐音成分比例大。

2. 没有复辅音。一个汉语音节内没有两个或三个辅音连在一起的现象，因此汉语音节界限分明，结构形式较整齐。

3. 有声调。每个汉语音节都有几个固定音高型式的声调，可以使音节之间界限分明，又富于高低升降变化。

4. 音节整齐简洁。多数音节一个辅音在前，一个单元音或复元音在后，辅音在后头的很少，音节结构整齐而简洁，音节数目较少。

易错点提示

现代汉语语音音节界限分明，乐音较多，声调具有高低起伏的变化，语调抑扬顿挫，因而音乐性强。

考点 2 词汇方面

1. 构词广泛运用词根复合法。汉语运用复合法，使用词根语素构成的合成词最多，如“火车”“山峰”等。使用附加法，用词缀语素加词根语素构成的词较少，如“袜子”“石头”等。

2. 双音节词占优势。汉语词汇在发展过程中逐渐趋向双音节化。现代汉语词汇中，三音节词和多音节词也有所发展，但仍以双音节词为主。

3. 同音语素多。比如“yì”就有“亿、易、亦、义、意、益、艺、译、异、议”等232个古今语素和字。“shì”就有“是、市、示、事、室”等95个古今语素和字（根据《汉语大词典》）。这个特点使汉字能够长期适应于汉语。

考点 3 语法方面

汉语缺乏形态，即缺乏表示语法意义的词形变化。有一系列分析型语言的特点：

1. 语序和虚词是表达语法意义的主要手段。一般来说，现代汉语的语序不同，表示的意义也不一样，如“朋友的弟弟”和“弟弟的朋友”。现代汉语句子中使用的虚词不同，表示的语法关系和意义也不相同，如“爸爸和妈妈”与“爸爸的妈妈”。

2. 词、短语和句子的结构规则基本一致。无论是语素组成合成词，还是词组成短语，或是词和短语组成句子，都有主谓、动宾、补充、偏正、联合五种基本语法结构关系。

3. 词类和句法成分关系复杂。同一词类可以充当多种句法成分，同一句子成分又可以由几种词类充当，所以词类和句法成分之间不是简单的对应关系。

4. 量词和语气词十分丰富。现代汉语中，数词和名词结合时，一般需要在数词后加量词，而量词又随它后面的名词而不同，如“一个人”“一只鸡”“一把椅子”。现代汉语中的语气词经常出现在句末，表示各种语气的细微差别，如“你吃吗？”“你吃吧！”。

真题面对面

[2019浙江,简答,5分]请简述现代汉语语法有什么特点。

参考答案:参见上文。

第二节 语 音

一、语音的性质与单位

考点 1 性质

语音是语言的物质外壳。语音具有三种属性:

1. 语音的物理属性

音波是由物体振动而产生的,语音也不例外。语音同其他声音一样,具有音高、音强、音长、音色四个要素。

(1)音高是声音的高低,它取决于发音体振动的快慢。汉语字音之声调、句子之语调的不同,主要是音高的高低升降形成的格式造成的。

(2)音强指的是声音的强弱,它与发音体振动幅度的大小有关。语言中的重音、轻音是由音强的不同造成的。

(3)音长指的是声音的长短,它取决于发音体振动时间的久暂。有的语言用音的长短来区别意义。

(4)音色又叫"音质",指的是声音的特色,是一个声音区别于其他声音的根本特点。音色的差别主要取决于物体振动所形成的音波波纹的曲折形式不同。

2. 语音的生理属性

语音是由人的发音器官发出来的,发音器官及其活动决定语音的区别。

3. 语音的社会属性

语言是社会现象,作为语言的物质外壳,语音本质上也是一种社会现象。社会属性是语音的本质属性。

考点 2 单位

1. 音素

音素是构成音节的最小单位或最小的语音片段,是从音色的角度划分出来的最小的线性的语音单位。依据音节里的发音动作来分析,一个动作构成一个音素。音素分为元音、辅音两大类。例如:"啊(ā)"只有一个音素,"爱(ài)"有两个音素,"呆(dāi)"有三个音素。

考点 再拔高

▼ 辅音和元音的区别

1. 从受阻与否看:发辅音时,气流通过咽头、口腔的时候受到某个部位的阻碍;发元音时,气流通过咽头、口腔不受阻碍。这是元音和辅音最主要的区别。

2. 从紧张度看:发辅音时,发音器官成阻的部位特别紧张;发元音时,发音器官各部位保持均衡的紧张状态。

3. 从气流强弱看:发辅音时,气流较强;发元音时,气流较弱。

4. 从响亮度看:发辅音时,声带不一定振动,声音一般不响亮;发元音时,声带振动,声音比辅音响亮。

2. 音节

音节是由音素构成的语音片段,是听话时自然感到的最小的语音单位。一般分为两拼音节、三拼音节、整体认读音节和自成音节四种。音节由一个或几个音素组成,在汉语中一般一个汉字的读音即为一个音节,音节的韵母包含韵头、韵腹、韵尾三个部分。

第一部分

3. 声母、韵母、声调

按照汉语音韵学传统的字音分析方法,把一个音节分成声母和韵母两部分,把贯通整个声韵结构的音高型式叫声调。

(1)声母指音节中位于元音前头的那部分,大多是音节开头的辅音。例如,在“好”(hǎo)这个音节里,辅音h就是它的声母。有的音节不以辅音开头,元音前头那部分是零,习惯上叫作“零声母”。例如,“爱”(ài)开头没有辅音,就算是零声母音节。

声母和辅音不是一个概念。虽然声母由辅音充当,但有的辅音不作声母,只作韵尾,如“guāng”(光)中的ng。辅音n既可作声母,也可作韵尾,如“nán”(南)中的两个辅音n,在音节开头的是声母,在音节末尾的是韵尾。

(2)韵母指音节中声母后面的部分。例如,在“海”(hǎi)这个音节里,“ai”就是它的韵母。零声母音节,例如,“欧”(ōu),它的韵母就是“ou”。

韵母和元音不相等。韵母有的由单元音或复元音构成,如“tā(他)、xiā(瞎)、guài(怪)”中的“a、ia、uai”;有的由元音带辅音构成,如“gān(甘)、gēng(耕)、guān(关)”中的“an、eng、uan”。

(3)声调指的是音节中具有区别意义作用的音高型式。例如,“底”(dǐ)读起来先降低然后再升上去,这种先降后升的音高变化形式就是音节“底”的声调。

记忆有妙招

标调口诀如下:

a母出现不放过(即韵母中凡是有a的,标在a上),没有a母找o e(没有a,但有o或e的,标在o或e上)。i u并列标在后(i和u并列时,标在后面),单个韵母不必说(单个的韵母,就标在这个韵母上面)。

4. 音位

音位是一个语音系统中能够区别意义的最小语音单位,也就是按语音的辨义作用归纳出的音类。

二、声母、韵母的发音 【单选】★★

考点 1 声母的发音

普通话声母22个，其中辅音声母21个，零声母1个（还有一种说法认为普通话声母有21个，不包括零声母）。辅音声母发音的不同是由发音部位和发音方法不同决定的。声母发音时，气流受到阻碍的位置叫作发音部位；发音时，喉头、口腔和鼻腔节制气流的方式和状况即发音方法。

1. 声母发音部位和方法

划分方法		发音类型	发音声母
按发音部位的不同划分		双唇音	b、p、m
		唇齿音	f
		舌尖前音	z、c、s
		舌尖中音	d、t、n、l
		舌尖后音 / 卷舌音 / 翘舌音	zh、ch、sh、r
		舌面前音 / 舌面音	j、q、x
		舌面后音 / 舌根音	g、k、h
按发音方法的不同划分	从阻碍方式分	塞音	b、p、d、t、g、k
		擦音	f、h、x、sh、r、s
		塞擦音	j、q、zh、ch、z、c
		鼻音	m、n
		边音	l
	从声带是否振动分（发音时声带振动的是浊音，又叫带音；声带不振动的是清音，又叫不带音）	浊音 / 带音	m、n、l、r
		清音 / 不带音	（除浊音外的其他辅音声母）
	从气流的强弱分（塞音、塞擦音有送气音和不送气音的分别）	送气音	p、t、k、q、ch、c
		不送气音	b、d、g、j、zh、z

2. 声母发音的全面描写与例子

声母	发音	例子	声母	发音	例子
b	双唇、不送气、清、塞音	标兵、冰雹	zh	舌尖后、不送气、清、塞擦音	褶皱、忠贞
p	双唇、送气、清、塞音	乒乓、匹配	ch	舌尖后、送气、清、塞擦音	蟾蜍、惆怅
m	双唇、浊、鼻音	秘密、埋没	sh	舌尖后、清、擦音	赏识、闪烁
f	唇齿、清、擦音	芬芳、仿佛	r	舌尖后、浊、擦音	荏苒、荣辱
z	舌尖前、不送气、清、塞擦音	藏族、自尊	j	舌面前、不送气、清、塞擦音	军舰、究竟
c	舌尖前、送气、清、塞擦音	参差、苍翠	q	舌面前、送气、清、塞擦音	蜷曲、亲戚
s	舌尖前、清、擦音	色素、松散	x	舌面前、清、擦音	休息、闲暇
d	舌尖中、不送气、清、塞音	大地、导弹	g	舌面后、不送气、清、塞音	尴尬、桂冠

续表

声母	发音	例子	声母	发音	例子
t	舌尖中、送气、清、塞音	坍塌、淘汰	k	舌面后、送气、清、塞音	慷慨、坎坷
n	舌尖中、浊、鼻音	袅娜、泥泞	h	舌面后、清、擦音	红火、黄昏
l	舌尖中、浊、边音	靓丽、磊落			

真题面对面

[2019重庆沙坪坝区，单，1分]根据辅音的发音阻碍方式，可以把声母分为五类。下列辅音中，全部属于塞擦音的一项是（　　）

A. z　ch　j　q　　B. p　sh　h　j　　C. q　c　j　t　　D. h　sh　p　g

答案：A。根据辅音的发音阻碍方式，声母分为塞音、擦音、塞擦音、鼻音和边音五种。塞擦音包括：z、c、zh、ch、j、q。

考点2 韵母的发音

按口形分 / 韵母 / 按结构分	开口呼	齐齿呼	合口呼	撮口呼	按口形分 / 韵母 / 按韵尾分
单元音韵母	-i（前）-i（后）	i	u	ü	无韵尾韵母
	a				
	o				
	e				
	ê				
	er				
复元音韵母		ia	ua		
			uo		
		ie		üe	
	ai		uai		元音韵尾韵母
	ei		uei		
	ao	iao			
	ou	iou			
带鼻音韵母	an	ian	uan	üan	鼻音韵尾韵母
	en	in	uen	ün	
	ang	iang	uang		
	eng	ing	ueng		
			ong	iong	

所谓四呼就是按韵母开头的元音口形分的类，韵母开头的元音按唇形和舌位的不同，分为开口呼、齐齿呼、合口呼、撮口呼四类。韵母开头不是i、u、ü的韵母属于开口呼；韵母开头是i的韵母属于齐齿呼；韵母开头是u的韵母属于合口呼；韵母开头是ü的韵母属于撮口呼。

韵母根据结构特点可分为单元音韵母、复元音韵母和带鼻音韵母（鼻音尾韵母）三类。其中带鼻音韵母分为前鼻音韵母和后鼻音韵母，前鼻音韵母结尾为n，后鼻音韵母结尾为ng。

考点 再拔高

▼ 韵母的结构

韵母的结构可分为韵头、韵腹、韵尾。

①韵头只有i、u、ü三个，都是高元音，出现在韵腹前面。

②韵腹是韵母的主干，是韵母中不可缺少的，所有的元音都能出现在韵腹位置上。

③韵尾只限于韵腹后头的n、ng、i、u四个。

韵腹加韵尾或光是韵腹（无韵尾）都可叫韵身或韵。韵文押韵的“韵”主要是指韵头后面的部分。

三、声调

考点1 调值和调类

1. 调值

调值指依附在音节里高低升降的音高变化的固定格式，也就是声调的实际读音。调值是由音高决定的，这里的音高是一种相对音高，不是绝对音高。

描写调值一般采用赵元任创制的“五度标记法”。它将声调的相对音高分成五度，分别是低、半低、中、半高、高，依次用数字1、2、3、4、5表示。下图为普通话调值五度标记图：

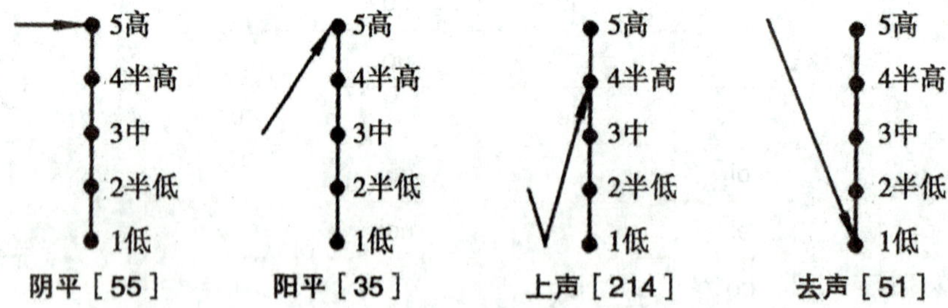

2. 调类

调类是声调的种类，就是把调值相同的字归纳在一起所建立的类。

考点2 普通话的声调

普通话的全部字音分属四种基本调值，分别为：阴平（第一声），调值55；阳平（第二声），调值35；上声（第三声），调值214；去声（第四声），调值51。

四、音节

音节是语音的基本结构单位，是自然感到的最小语音单位，发音时发音器官肌肉紧张一次就形成一个音节。音节由一个或几个音素组成。一般来说，一个汉字的读音就是一个音节，例外的是用作后缀的“儿”字，两个汉字读一个音节的是儿化词，例如“花儿”(huār)，“活儿”(huór)。

声调虽不是音节的组成成分，但却是汉语音节的必要成分。

考点 1 普通话的音节结构特点

1. 一个音节最多可以用四个音素符号来拼写(如“窗”)。

2. 元音在音节中占优势。每个音节总要有元音，元音符号可以多至三个，并且须连续出现，分别充当韵头、韵腹和韵尾(如“郊”)。如果一个音节只有一个音素，这个音素除极个别外都是元音。

3. 音节可以没有辅音(如“俄”)。辅音大都在音节的开头或末尾出现(如“窗”)，在音节末尾出现的辅音只限于n和ng。没有两个辅音相连的音节。

4. 汉语音节不能没有声调，不能没有韵腹(主要元音)；可以没有辅音声母、韵头和韵尾。

考点 2 整体认读音节

整体认读音节是指不经声、韵母拼读，可以直接读出的音节。对于这些音节，我们应该把它作为一个整体牢牢记住，读时不能现拼，而要直接读出音节的音来。

整体认读音节共有16个。分别是zhi、chi、shi、ri、zi、ci、si、yi、wu、yu、ye、yue、yuan、yin、yun、ying。

考点 3 音节的拼写规则

分类	具体使用方法	举例
y与w的使用	零声母音节中，如果韵头是i，u，则改i为y，改u为w。	iao—yao、ua—wa
	零声母音节中，如果韵腹是i，u，则前加y和w。	ing—ying、u—wu
	零声母音节中，如果韵头或韵腹是ü，一律在ü前加y，同时省掉ü上的两点。	üan—yuan
隔音符号的用法	以“a，o，e”开头的零声母音节，由于前面没有“y，w”等字母，音节的界限容易产生混淆，必要时可用隔音符号“ ' ”隔开。	xi'an(西安)—xian(先)
省写	iou，uei，uen在前面有声母的时候写成iu，ui，un。	d—iōu—diū(丢)
	n，l两个声母都能拼u和ü，所以，它们拼ü时不能省略上面的两点，其他声母拼ü时，都要省略上面的两点。	省略：j-ǚ→jǔ(举)，q-üè→què(却)，x-üān→xuān(宣) 不省略：nǚ(女)—nǔ(努)，lǘ(驴)—lú(炉)
标调法	声调符号一般要标在一个音节的主要元音(即韵腹)上。	miào(妙)、yǐn(引)
	在iu、ui这两个韵母中，声调符号规定标在后面的u或i上面。	chuíliǔ(垂柳)、qiúduì(球队)
	调号恰巧标在i的上面，那么i上的小点要省去。	yī(衣)、xīn(新)
	轻声音节不标调。	zhuōzi(桌子)、luóbo(萝卜)

第一部分

续表

分类	具体使用方法	举例
词的连写和大写	同一个词要连写，词与词一般分写。句子或诗行开头的字母要用大写。	Cànlàn yángguāng pǔzhào dàdì.（灿烂阳光普照大地。）
	专用名词和专用短语中的每个词开头字母要大写。	Sūn Zhōngshān（孙中山）、Běijīng（北京）
	标题中的字母可以全部大写，也可以每个词开头的字母大写；有时为了简明美观，可以省略声调符号。	JIEFANG SIXIANG JIANSHE ZHONGHUA Jiefang Sixiang Jianshe Zhonghua （解放　思想　建设　中华）

五、音变 【单选】 ★★

连音变化，在动态的语言序列中有些音节的结构受前后其他音节的影响而产生的变化，通常是由前后的音节结构和音素间的相互影响而引起的。

考点 1 轻声

轻声是指有些音节在特殊情况下，读音轻而短，它不同于四声中的任何一声，这样的音节叫轻声，如“衣服”的“服”，“桌子”的“子”。少数轻声有区别意义的作用，如“兄弟”一词，“弟”重读，表示哥哥和弟弟，“弟”读轻声表示“弟弟”。读轻声的有下列几种情况：

（1）名词后缀“子、头”和表示群体的“们”等。如“木头，刀子，同学们”。但是，“原子、光子、孢子、男子、窝窝头”等词的“子”“头”都是实语素，不读轻声。

（2）方位词或语素。如“屋里，天上，地下”。

（3）动词、形容词后面表示趋向的词读轻声。如“出来，进去，好起来”。

（4）部分重叠词的第二个音节。如“哥哥，看看”。

（5）双音动词重叠式的第二、四音节。如“修理修理，研究研究，打扫打扫”。

（6）助词“的、得、地、着、了、过”和语气词“吧、呢、嘛、啊”等。如“好得很，起来吧，多高兴啊”。

（7）部分双音词的第二个音节。如“糊涂，风筝，葡萄，云彩，消息，包袱，稀罕，钥匙”。

易混点辨析

轻音不等于轻声。轻音即非重音，由此可知轻音与重音是相对的。轻声指轻读音节，有着区别意义的重要作用。轻音主要是音强问题，轻声则是音高问题。

考点 2 变调

在朗读中，有些音节的声调起了一定的变化，与单念时调值不同，这种变化叫作变调。变调是一种自然的音变现象，对语言的表达没有影响。常见的变调主要有以下三种类型：

1. 上声的变调

（1）上声音节的字单念或在词语的末尾的时候，调值不变。

（2）两个上声相连，前一个上声调值变阳平（35）；在原为上声改读轻声的字音前，则有两种不同的变调，有的变阳平（35），有的变半上声（21）。例如：

在上声前　水果　了解　领导　演讲(变35)

在轻声前　a. 捧起　等等　讲讲　想起(变35)

b. 嫂子　姐姐　毯子　奶奶(变21)

(3)三个上声相连,前两个上声的变调视词语内部的语义停顿而定。可分两种:

①前两个上声音节语义紧凑,语义停顿在第二个音节后,则前两个音节都变成35,即(214+214)+214→35+35+214。例如:展览馆、手写体、洗脸水。

②后两个音节语义紧凑,语义停顿在第一个音节后,则前两个音节有21+35的变化,即214+(214+214)→21+35+214。例如:纸老虎、有理想、很勇敢。

这种类型如不产生歧义,也可读作"35+35+214",如产生歧义,则必须读作"21+35+214"。例如:李厂长(黎厂长)、鲁小姐(卢小姐)等。

(4)在非上声(阴平、阳平、去声)的前面,调值由214变21,在由非上声变读为轻声的音节前,变调情况也相同。例如:

在阴平前　首都　北京　统一　女兵

在阳平前　祖国　海洋　语言　改良

在去声前　解放　土地　巩固　鼓励

在轻声前　尾巴　起来　宝贝　里头

2. 去声的变调

两个去声相连,前一个如果不是重读音节则变读为半去声,如"信念、变化、办事"等。

3. 特殊字音"一、不"的变调

①"一、不"单念或用在词句末尾,以及"一"在序数中,声调不变,仍读原调:"一"念阴平,"不"念去声。如"第一""偏不"等。

②在去声前,一律读阳平。如"一样""不够"等。

③在非去声(阴平、阳平、上声)前,"一"读去声,"不"仍读去声。如"一般""不吃"等。

④"一、不"嵌在相同的动词的中间,读轻声。如"想一想""来不来"等。

真题面对面

[2019重庆沙坪坝区,单,1分]"图书馆你去不去?"中的"不"的声调为(　　)

A. 轻声　　B. 阳平　　C. 阴平　　D. 去声

答案:A。"不"字嵌在两个相同的动词中间,读轻声。

考点3 儿化

儿化指的是一个音节中,韵母带上卷舌色彩的一种特殊音变现象,这种卷舌化了的韵母就叫作"儿化韵"。例如:普通话念"花儿"的时候,这个"儿"字不是一个独立的音节,也不是音素,而只是一个形容性符号。儿化这种语音现象,跟词汇、语法有密切的关系,它具有区别词义、区

分词性和表示感情色彩的作用。

(1)区别词义。如"眼(眼睛)——眼儿(小孔)、火星(行星)——火星儿(极小的火)"。

(2)区分词性。如"画(名词、动词)——画儿(名词)、堆(动词)——堆儿(量词)"。

(3)表示细小、亲切、轻松或喜爱的感情色彩。如"皮球儿、红嘴唇儿、小王儿"。

考点4 语气词"啊"的音变

语气词"啊"(ā)发音时往往受前字读音的影响而产生音变。现举例列表如下:

前字音节末尾音素	读作	写作	举例
i、ü、o、e、ê、a	ya	呀	鸡呀、鱼呀、写呀、他呀
u	wa	哇	苦哇、好哇
n	na	哪	难哪、新哪、弯哪
ng	nga	啊	娘啊、香啊、红啊
-i(后)、er	ra	啊	是啊、店小二啊
-i(前)	[zA]	啊	真丝啊、儿子啊

第一部分

六、字音的辨析 【单选】★★★

考点1 字音的辨析方法

1.形声字读音辨析

(1)注意与声旁读音不同的字

常见易错字音集录

由于古今语音的变化和汉字写法的变化,现代汉语中已有大量的形声字不能根据其声旁确定读音。如果按照"读半边"的习惯去读,往往会造成形声字误读。

(2)以点连线记重点

"点"指形声字的声旁,"线"指声旁相同的形声字。以声旁为点向外扩散,可以将很多形声字连成一条线,形成一个整体记忆。

2.形近字读音辨析

汉语有的字字形相似,一旦对其字形识记不扎实,就会出现误读。如"赝品"的"赝(yàn)"误读为"yìng","床笫"的"笫(zǐ)"误读为"dì","庇护"的"庇(bì)"误读为"pì"。

3.多音字读音辨析

(1)根据字义辨析

一般情况下,字义不同,读音也不同。如"攒"字,表示"积聚,储蓄"的意义时读zǎn,如"积攒";表示"聚在一起,拼凑"的意义时读cuán,如"人头攒动"。

(2)根据词性辨析

词性不同,读音可能也不同。如"劲"字,作名词时应读jìn,如"干劲";作形容词时应读jìng,如"疾风劲草"。

(3)根据语体色彩辨析

有些多音字在书面语和口语中读音也有所不同。如“剥”字，剥(bō)削，剥(bāo)橘子。

(4)根据专用词语辨析

有些多音字，用于地名时，读音与其他不同。如“莞尔一笑”的“莞(wǎn)”，在“东莞”这一地名中读guǎn。

(5)设计语境辨析

有些读音较多的字，可根据字义，将其放在一定的语境中记忆。如“弄”字：我警告你，别在弄(lòng)堂里拨弄(nòng)是非，影响邻里关系。

(6)记少推多辨析

有的多音字往往有一种读音比较少见，可以用记少不记多的办法来辨析。如“胖”，在“心宽体胖”中读pán，其他情况下都读pàng。

考点2 字音的识记方法

1.据义记忆

古人认为“音生于义，义著于形”，对于多音字来说，往往是由于同一字有了不同的义，从而有了不同的音，所以我们应该在把握字义的基础上来确定多音字的读音。例如：

“曲”与“弯曲”意思相关时，读“qū”，如“弯曲”“曲折”；与“歌曲”意思相关时，读“qǔ”，如“歌曲”“曲调”。

2.特例记忆

特例记忆也叫“记少不记多”，多音字中有些音的词条很少，记住少量的特例，就能迅速掌握。例如：

“倔”只有在“倔强”中读“jué”，其余读“juè”。

3.联想记忆

学习应“告诸往而知来者”，也就是要善于联想，学会举一反三，形成“记忆串”。

(1)形似字联想

这是对形声字来说的，由一个字可以联想到与它偏旁相同的几个字，例如：

由“呕(ǒu)吐”可以联想到“讴(ōu)歌”“殴(ōu)打”“浮沤(ōu)”“沤(òu)肥”“怄(òu)气”。

(2)意象联想

一个字，我们可以根据它的字义或字形联想一个与其读音相关的意象，来帮助我们记忆。例如：

“戊”“戌”“戍”：“戊”中间“一无所有”，读“wù”；“戌”中间为“-”，可以联想到阴平，读“xū”；“戍”中间为“、”，让我们想到去声，读“shù”。

4.组词记忆

古人云：“字不离词，词不离句。”一个字的读音可能拿不准，但如果把它放入词组中，便会柳暗花明。例如：

“犄”与“掎”，两个字的读音很容易混，但如果将其放入词组中就简单多了——“犄(jī)角”“掎(jǐ)角之势”，我们记这两个词比单纯记两个字容易多了。

5. 语法记忆

这种方法适用于多音字。语法功能(词性)不同,读音也往往不同。例如:

"处",作名词时一般读"chù",如"住处""处所""政教处"等;作动词时一般读"chǔ",如"地处闹市""处变不惊""设身处地"等。

真题面对面

1. [2022浙江杭州,单,3分]下列词语中加点的字,读音全部正确的一项是(　　)

A. 吐槽(tù)　攥紧(zuàn)　潜移默化(qián)　厉兵秣马(mò)

B. 载体(zǎi)　不啻(chì)　嗤之以鼻(chī)　荆钗布裙(chāi)

C. 浆糊(jiàng)　河蚌(bàng)　书声琅琅(láng)　莘莘学子(shēn)

D. 卡点(kǎ)　龅牙(bào)　火中取栗(lì)　踔厉奋发(chuō)

答案:C。A项,吐槽(tǔ)。B项,载体(zài)。D项,卡点(qiǎ),龅牙(bāo)。

2. [2021山东菏泽,单,2分]下列加点字的读音全部相同的一项是(　　)

A. 题材　提案　啼鸣　瓜熟蒂落　　B. 缠绵　禅让　谗言　蟾宫折桂

C. 背包　疲惫　前辈　事半功倍　　D. 勉强　强迫　强求　强颜欢笑

答案:D。A项,加点字的读音分别为tí / tí / tí / dì。B项,加点字的读音分别为chán / shàn / chán / chán。C项,加点字的读音分别为bēi / bèi / bèi / bèi。D项,加点字的读音均为qiǎng。

第三节　文　字

一、汉字概说

考点1　文字的性质

文字是记录语言的书写符号系统,是最重要的辅助性交际工具。

考点2　汉字的特点

1. 汉字属于表意体系的文字。
2. 汉字是形体复杂的方块结构。
3. 汉字分化同音词能力强。
4. 汉字有超时空性。

二、汉字形体的演变 【单选】★

汉字在历史上出现过甲骨文、金文、篆书、隶书、楷书五种正式字体,以及草书、行书等辅助字体。

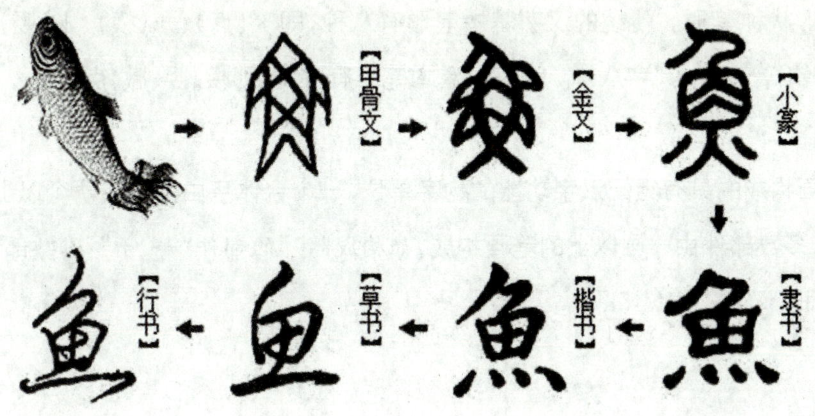

字体	产生	特点
甲骨文	通行于殷商时代，刻在龟甲、兽骨上的文字。	笔形是细瘦的线条，拐弯多是方笔，外形参差不齐、大小不一，异体字较多。
金文	通行于西周青铜器上的文字。	笔画丰满粗肥，外形比甲骨文方正、匀称，异体字也较多。
篆书	大篆：指春秋战国时代秦国的文字。	字形比金文整齐，笔画均匀，仍有少量异体字。
	小篆：指秦始皇统一六国后整理、推行的标准字体。	字形更匀称、整齐，笔画圆转、简化，异体字基本废除。
隶书	秦隶：产生于秦代的隶书。	把小篆圆转弧形的笔画变成方折平直的笔画，基本摆脱了古文字象形的特点。
	汉隶：在秦隶的基础上演变来的汉代通行的字体。	字形规整，撇、捺、长横有波磔，很少有篆书的残存痕迹。
楷书	兴于汉末，盛行于魏、晋，一直沿用至今。	字形方正，笔画没有波磔，书写方便。
草书	章草：隶书的草写体，东汉汉章帝时盛行。	笔画有汉隶的波磔，虽有连笔，但字字独立。
	今草：产生于东汉末。	形体连绵，字字顾盼呼应，贯通一气，笔形没有波磔。
	狂草：产生于唐代。	变化多端，极难辨认，变成了纯艺术品。
行书	产生于东汉末，一直运用至今。	形体近楷不拘，近草不放，笔画连绵，各字独立，易写好认。

真题面对面

[2020山西忻州，单，1.1分]（　　）是古今汉字的转折点，从此汉字字形变圆形为方形，线条变弧线为直线，笔画变繁杂为简省。

A. 小篆　　B. 隶书　　C. 行书　　D. 楷书

答案：B。A项，小篆字形更匀称、整齐，笔画圆转、简化，异体字基本废除了。B项，隶书是古今汉字的转折点，汉字字形变圆形为方形，线条变弧线为直线，笔画变繁杂为简省。C项，行书形体近楷不拘，近草不放，笔画连绵，各字独立，易写好认。D项，楷书字形方正，笔画没有波磔，书写方便。

三、汉字的结构 【单选】★★

考点1 结构单位

1. 笔画

笔画是构成汉字字形的最小单位。

笔画的具体形状称笔形。传统的汉字基本笔形有八种,即丶(点)、一(横)、丨(竖)、丿(撇)、㇏(捺)、㇀(提)、㇆(折)、亅(钩),又称"永"字八法。汉字的基本笔画有五种,即横、竖、撇、点、折。

2. 部件

部件是由笔画构成的具有组配汉字功能的构字单位,一个合体字由两个或两个以上的部件构成。部件是由笔画构成的,多数部件由一画以上的笔画构成,如构成"字"的部件"宀、子";少数部件是由一画构成的,如构成"亿"的部件"亻、乙"中的"乙"。

3. 整字

(1)间架结构

根据汉字部件的多少,汉字可分为独体字和合体字。由一个基础部件构成的字是独体字,如"人、也"等字。由两个或两个以上基础部件构成的字是合体字。合体字部件的组合方式主要有五大类:

组合方式	结构	举例
左右组合	左右结构	明、许、貌
	左中右结构	粥、辨、街
上下组合	上下结构	笔、姜、是
	上中下结构	器、曼、哀
包围组合	两面包围(分为上左包围、上右包围、左下包围)	庆、司、题
	三面包围(分为上三包围、下三包围、左三包围)	凰、山、巨
	四面包围	国、回、困
框架组合	—	巫、乘、爽
品字组合	—	晶、森、矗

(2)部首

部首具有字形归类作用,是字书中各部领头的部件或笔画。一般地说,部首是表意的偏旁。如"打"的部首为"扌","刊"的部首为"刂","店"的部首为"广"。

考点再拔高

▼ **偏旁与部首**

偏旁是构成汉字的最直接的单位。习惯上将左右上下内外的部件统称偏旁,如"湖"字的"氵"和"胡","崮"字的"山"和"固","园"字的"囗"和"元"。

偏旁是合体字进行第一次切分而产生的两个部分,即切分合体字而产生的一级部件;部首是字典中为了给汉字分类而确定的字类标目,可以是偏旁,也可以是笔画。复杂的汉字拆分,先拆成偏旁,再找部首;偏旁包括部首,部首是偏旁的一部分;笔画较少的汉字,可能没有偏旁,但不能没有部首。如"短"的部首是"矢",偏旁是"矢"和"豆";"劣"的部首是"力",偏旁是"少"和"力";"国"的部首是"囗",偏旁是"囗"和"玉"。

考点 2 笔顺

基本规则		补充规则	
基本规则	①先横后竖：十、干、丰。	补充规则	下三包围结构，先内后外：凶、函、凼、幽。
	②先撇后捺(点)：人、入、八。		左三包围结构，先上后内再竖折：区、医、臣、叵。
	③先左后右：从、什、和。		辶 廴包围结构，先内后外：造、进、建、延。
	④先上后下：花、皇、肯。		其他左下包围结构，先外后内：题、起、爬、昶、勉、旭。
	⑤先外后内：内、同。		上左包围结构，先外后内：厅、质、盾、库、庆、房、屋。
	⑥先开门后进入再关门：曰、四、因、园		由 ㇆ 勹 ⺄ 气等构成外框的上右包围结构，先外后内：刀、司、旬、匍、虱、氧。
	⑦先中间后两边：承、永、办。		由丁弋戈构成，或以弋戈为主件构成外框的上右包围结构，先上后内再右：可、式、戒、武、载。
			点在右上角，最后写点：书、尤、成、龙、钱。

记忆有妙招

书写汉字时，可记住如下口诀：

先横后竖，先撇后捺(点)。从上到下，从左到右。先外后里再封口，先中间，后两边。

真题面对面

[2021江西初中，单，1分]下列汉字说法不正确的一项是(　　)

A.“没”，右半边第二笔是横折弯，要与横折弯钩相区别。

B.“巨”，首笔横居上居中，末笔竖折的横段超出第一笔横。

C.“道”，先写“辶”，捺要长。“辶”三笔写成，第二笔是横折折撇。

D.“灾”，“一”稍扁，覆盖“火”，“火”字的第二笔是短撇。

答案：C。C项，“道”先写“首”，后写“辶”，捺要长。“辶”三笔写成，第二笔是横折折撇。

考点 3 汉字六书

象形、指事、会意、形声、转注、假借六种方式，即“六书”。象形、指事、会意、形声属于造字法，其中，转注和假借属于用字法。

1. 象形

《说文解字·叙》中指出：“象形者，画成其物，随体诘诎，日月是也。”象形造字法指用线条来描绘实物形状的造字法。象形字是独体字。比如“日”写成太阳的样子，“月”写成月亮的样子，“木”画成树的样子，“火”画成火苗的样子，复杂的如“象”字和“虎”字等，也属于象形字。

2. 指事

《说文解字·叙》中指出：“指事者，视而可识，察而见意，上下是也。”不管象形的笔画怎么简化，必须描画出事物之形。但客观事物纷繁复杂，而且具体的事物画得出来，抽象的事物却画不出来。于是人们就想出另一种造字的方法，就是“指事”。指事字是独体字。

指事字可分为两类：一类是纯符号性的字，比如“上”和“下”，就在一条长线的上下分别画一条短线来表示。另一类是在独体象形字的基础上添加或减少指事符号的字，如“本”和“刃”，树和刀好画，但树的根部和刀的锋刃却不好画，于是就在“木”下加一短线表示树根，在刀口处加一短线表示刀刃。

3. 会意

《说文解字·叙》中指出：“会意者，比类合谊，以见指撝，武信是也。”指事字已由单纯象形过渡到突出表意，这就给人们新的启发，把两个或两个以上象形字或指事字拼合在一起，并且把它们的意义结合成一个新的意义，这种造字法就是“会意”。会意字是合体字。比如“采”字，下边是个“木”字，表示树，上边画个“爪”，表示正在抓取东西的手，“采”的意思就一目了然了。再如“休”，由一个人字和一个木字组成，表示人靠在树上休息。

4. 形声

《说文解字·叙》中指出：“形声者，以事为名，取譬相成，江河是也。”用前面三种方法造出来的字总体来说都是表意的。但是语言毕竟是用声音来反映各种事物的，这些用表意的方法很难造出来。这也促使人们想出一种新的办法，即用一个字的一半符号表示意义，另一半符号表示声音，这种造字法就是“形声”。形声字是合体字。如“桃、梅、松、柳”等，其中的形符都是“木”，表示跟树有关，但是声符不同，就各自表示不同的树。由于形声字能区别同音字和多义字，而且很容易造出来，因此也就越来越多，最终成为汉字的主体。现代汉字中形声字的比例最高。

5. 转注

《说文解字·叙》：“转注者，建类一首，同义相受，考老是也。”转注属于用字法，是同一词根分化出来的同义的字，用来互相训释。例如：“老”字的解释是“考”，“考”字的解释是“老”。“考”“老”二字，本义都是长者。当两个字用来表达相同的东西，词义一样时，它们会有相同的部首或部件。如：“颠”“顶”二字，本义都是“头顶”；“穷”“空”二字，本义都是“孔”。

6. 假借

《说文解字·叙》：“假借者，本无其字，依声托事，令长是也。”假借也是用字法，是指语言中某些词有音无字，借用已有的同音字来表示。如：借当皮衣讲的“求”(即“裘”字)；借作黄昏讲的“莫”(即“暮”字)。

真题面对面

1. [2021江西统考，单，1分]下列造字法相同的一项是(　　)

A. 雨　泉　瓜　舟　　B. 本　朱　刃　从

C. 武　取　涉　绳　　D. 辫　耕　匣　森

答案：A。A项，“雨、泉、瓜、舟”均为象形字。B项，“本、朱、刃”为指事字，“从”为会意字。C项，“武、取、涉”为会意字，“绳”为形声字。D项，“辫、匣”为形声字，“耕”为形声兼会意字，“森”为会意字。

2.［2020山东威海荣成，单，1分］下列说法正确的一项是（　　）

A.“歪”字是会意字，“齿”字是形声字，“本”是象形字。

B.“舟、刀、车、雨、瓜”用了不同的构字方法。

C.“泪、明、甘、取、体”都是会意字。

D.“遥远、葱茏、蚂蚁、蜻蜓”中汉字都是形声字。

答案：D。A项，“齿”是象形字，“本”是指事字。B项，“舟、刀、车、雨、瓜”都是象形字，属于同一种构字方法。C项，“甘”为会意兼指事字。

四、字形的辨析 【单选】 ★★★

考点1 考试中常见的考查错字的重点类型

常见易错字形集录

1. 偏旁致误：狭溢（隘）　侧隐（恻）
2. 形近致误：宽敝（敞）　肆业（肄）
3. 音近致误：题纲（提）　供献（贡）
4. 义近致误：串插（穿）　略夺（掠）
5. 音同形近致误：急燥（躁）

注：括号内为正确字形。

重难点解读

对于形近字，我们可以从五个方面来辨别：

①笔画不同：如“天”和“夭”，“戍”和“戌”；

②笔画相同，结构安排不同：如“未”和“末”，“庆”和“厌”；

③笔画多少不同：如“侯”与“候”，“往”和“住”；

④部首、偏旁不同：如“寇”与“冠”，“垣”与“桓”；

⑤基本笔画相同而位置不同：如“由”“甲”“田”“申”，“己”“已”“巳”。

小香有话说

考点2 字形辨析的具体方法

1.归类析异法

有些字的字形十分相像，只是一笔之差，或是某一笔、几笔的长短曲直略有不同。如果把这些字集中起来加以比较，找出各自笔画的特点，是可以帮助记忆的。例如：“己”“已”“巳”，笔画的特点是左边竖笔的长短有所不同，可以概括为“开口己，半口已，闭口巳”。

2.形旁辨析法

汉字中绝大多数是形声字，许多音同音近的形声字都有共同的声旁，区别只在形旁。所以抓住形旁加以辨析，就可以避免用错字。例如：“澡”“噪”“燥”“躁”。形旁为“水”，就有“澡盆”“洗澡”；形旁为“口”，就有“噪声”“鼓噪”；形旁为“火”，就有“干燥”“燥热”；形旁为“足”，就有“急躁”“暴躁”。

3. 据义定形法

汉字的基本特点是音、形、义统一。要正字，就应从三者的关系入手，以义为纲，据义定形。例如："重（叠、迭）"，"叠"为"一层加上一层"之意，"迭"为"轮流、替换、屡次"之意，所以"重迭"是错误的，"重叠"才正确。

4. 结构推断法

对词语（包括成语）结构的分析，可以帮助我们准确而迅速地推断出字形的正误。例如："脉搏"这个词是主谓结构，指动脉的跳动，如果把"搏"换成"膊"，动词变成名词，其语法结构就被破坏了，由此可推断写成"膊"是错误的。

5. 语境辨析法

有些汉字应根据词语（包括成语）的组合情况或根据语句的意思来确定用字。例如："变换"与"变幻莫测"。"变换"是事物的一种形式或内容换成另一种，如"变换一下位置"。"变幻莫测"是变化多端，难以揣测，如"那变幻莫测的魔术表演，深深吸引了我们"。

6. 造字法分析法

了解汉字造字法知识，可以帮助我们准确识记汉字字形。例如："残羹冷炙"的"炙"不能写成"灸"。"炙"是会意字，是把肉放在火上烤，本义为用火烤肉，可组成相关的词语有"炙手可热""炙热"等。"灸"是由"久"和"火"构成的一个形声字，可组成相关的词语"针灸"。

7. 文化知识分析法

汉字的文化内涵非常丰富，很多字形可以从历史文化常识的角度加以分析。例如：不刊之论——古代把字刻在龟甲、兽骨或写在竹简上，有错误就得用刀一类的工具将错误笔迹刮掉，所以现代汉语还有"刊刻"的说法。发展到现在，"刊"就有"削除，修改"之意了。"不刊之论"用来形容不能改动或不可磨灭的言论。所以"刊"不能写成"堪"。

8. 典故分析法

很多词语特别是成语中都包含典故，弄清这些典故的出处，对于识记字形特别重要。例如："世外桃源"出自陶渊明的《桃花源记》，讲的是晋太元中，武陵人捕鱼时发现一个与世隔绝、没有战乱的地方的故事，所以是"桃花源"而非"桃花园"，是"世外桃源"而非"世外桃园"。

9. 生活经验分析法

语文学科是人文学科，语文与生活的联系非常密切，很多词语反映了实际生活，是对实际生活的总结，识记字形，可以充分调动生活经验。例如：书声琅琅——联想我们的生活经验，玉发出的声音美妙动听，"琅琅"形容金石相击声、响亮的读书声等，所以"琅琅"不能写成"朗朗"。

10. 情感认同分析法

任何民族对现实生活中的一些事物总会有褒贬好恶的情感态度，这些也会体现在语言中，我们可以据此识记字形。

真题面对面

1. [2022浙江杭州,单,3分]下列词语中,没有错别字的一项是(　　)

A. 砥砺　奔溃　戈壁滩　痛心疾首　　　B. 驰援　福祉　捉迷藏　仗义直言

C. 贻误　边陲　交谊舞　寥若晨星　　　D. 吆喝　绪论　舶来品　展露头角

答案:C。A项,“奔溃”应为“崩溃”。B项,“仗义直言”应为“仗义执言”。D项,“展露头角”应为“崭露头角”。

2. [2022江苏南京,单,2分]下面语段中加点字字音和空缺处的字形,全部正确的一项是(　　)

真正的知识分子应当能直面现实,针(　　)时弊,而不会在熙熙攘攘的尘世中为名利所挟持,摈弃原则,(　　)灭良心,蜕变成一个精致的利己主义者。

A. 贬　xiá　bǐn　抿　　　B. 砭　xié　bìn　泯

C. 贬　xié　bìn　泯　　　D. 砭　xiá　bǐn　抿

答案:B。针砭(biān):比喻发现或指出错误,以求改正,如针砭时弊。挟(xié)持:从两旁抓住或架住被捉住的人(多指坏人捉住好人);用威力强迫对方服从。摈(bìn)弃:抛弃。泯(mǐn)灭:(形迹、印象等)消灭。

第四节　词　汇

一、词汇的单位

考点1　语素

语素是语言中最小的音义结合体。例如“书”,是一个语素,它的语音形式是“shū”,它的意义是“装订成册的著作”等。现代汉语的语素绝大部分是单音节的,如“天、地、河、而、吗”等,也有两个、三个或三个以上音节的。

确定语素可以采用替代法:

(1)用已知语素替代有待确定是不是语素的语言单位。例如:“蜡烛”中的“蜡”和“烛”可以被别的已知语素替代,蜡可被替代组成火烛、花烛,烛可被替代组成蜡人、蜡纸,由此可见“蜡”和“烛”各是一个语素。

(2)两种替代缺一不可。例如:“蝴蝶”中的“蝴”,可以被其他语素替代,如“粉蝶”,“蝶”却不能被别的已知语素代替,因此“蝴蝶”只是一个语素。

(3)必须在替代中保持意义的基本一致,例如,“马虎”如果按下面的方式替代便是错误的:马可被替代组成老虎、猛虎,虎可被替代组成马鞍、马蹄。但因为“马虎”中的“马”与“虎”同“马鞍”“老虎”中的“马”与“虎”在意义上毫无关系。所以“马虎”中的“马”与“虎”都不能为别的已知语素所替代,都不能单独成语素,“马虎”只能是一个语素。

考点 2 词

词是由语素构成，比语素高一级的语言单位。词是语言中最小的能够独立运用的有音有义的语言单位。“独立运用”是指能够单说（单独成句）或单用（单独作句法成分或单独起语法作用），例如：

他又来送信了。

“他、来、送、信”都能够单说，可以单独作句法成分，余下的“又”能单独作句子成分，“了”能单独起语法作用，即可以单用，也是词。

词是造句的单位，语素是构词的单位。词是由语素构成的，记录它们的书写符号则是字。

考点 3 固定短语

固定短语是词和词的固定组合，一般不能任意增减、改换其中的成分。（与之相对的叫临时短语，临时短语是词与词按表达需要构成的临时组合）固定短语又可分为专名（专有名称）和熟语两类。

第一部分

考点再拔高

▼ 基本词汇与一般词汇

根据词语在词汇系统中的地位和作用不同，可以把词汇分为基本词汇和一般词汇两大类。

基本词汇是词汇中最主要的部分，它使用率高，生命力强，是一般交际中最必需的，具有稳固性、能产性（创造新词）和全民常用性。基本词汇之外的词汇称为一般词汇，一般词汇灵活性较大。基本词汇与一般词汇是相互依存、相互渗透的。基本词汇是构成新词的基础，它不断构成新词来扩充一般词汇，而一般词汇中某些词在发展过程中，逐渐转化为基本词。一般词汇包含古语词、方言词、外来词、行业词、隐语等。

二、词的结构类型 【单选】 ★★

考点 1 从语音结构分

从语音结构来考查，词语可分为单音节词和多音节词。

1. 单音节词就是由一个音节构成的词。这种词在书面上通常就是一个汉字，如“读”“书”等。古代汉语就是以单音节词为主，之后有相当一部分的单音节词直接进入了现代汉语；现代汉语的常用动词主要就是单音节词，而现代汉语里新造的词很少采用单音节形式。

2. 多音节词是由两个或两个以上音节构成的词。两个音节构成的词又叫双音节词，如“美好”“我们”“读书”“自由”等。在现代汉语中，多音节词占大多数，而在多音节词里，双音节词又占很大比重，这是现代汉语词汇在音节结构上的一个重要特点。

考点 2 从语素结构分

从语素结构来考查，词语也可分为两类：一类是单纯词，由一个语素构成；另一类是合成词，由两个或两个以上的语素构成。

1. 单纯词

分类		概念	举例
联绵词	双声联绵词	两个音节连缀成义而不能拆开，并且两个声母相同的词。	参差、忐忑
	叠韵联绵词	两个音节连缀成义而不能拆开，两个音节的“韵”相同的词。	彷徨、窈窕
	非双声叠韵联绵词	既非双声又非叠韵的联绵词。	蝴蝶、芙蓉
叠音词		由两个相同的不成语素的音节相叠构成的词。	皑皑、饽饽
音译外来词		直接按照原语言词汇的发音转换成的汉语词汇。	咖啡、沙发
拟声词		模拟自然界声响而造的词汇。	乒乓、哗啦

2. 合成词

分类		概念	举例
复合式	联合型	由两个意义相同、相近、相关或相反的词根并列组合而成，又叫并列式。	途径、关闭
	偏正型	前一词根修饰、限制后一词根。	冰箱、火红
	补充型	后一词根补充说明前一词根。	提高、车辆
	动宾型	前一词根表示动作、行为，后一词根表示动作、行为所支配关涉的事物，又叫支配式。	司机、管家
	主谓型	前一词根表示被陈述的事物，后一词根是陈述前一词根的，又叫陈述式。	地震、霜降
重叠式		由相同的词根相叠构成。	仅仅、哥哥
附加式	前加式	前缀+词根。	老虎、小李
	后加式	词根+后缀。	石头、瓶子
	三音节后加式	由词根和一个叠音后缀组成。	绿油油(的)、笑嘻嘻(的)

真题面对面

[2019重庆沙坪坝区，单，1分]下列词语结构不同的一项是(　　)

A. 提高　花朵　船只　合成

B. 主流　筛选　小说　蜡黄

C. 价值　眉目　反正　窗户

D. 地震　心慌　龟缩　年轻

答案：D。A项，均为中补型词语。B项，均为偏正型词语。C项，均为联合型词语。D项，“龟缩”为偏正型词语，其他为主谓型词语。

三、义项的分类

1. 词的基本义

词的基本义就是词在现代最常用和最主要的意义。一般在现代汉语的词典中列出的第一个义项就是该词语的基本义。基本义和本义可能一致，如“割”的本义和基本义都是“用刀截断”。基本义和本义也可能不一致，如“兵”的本义是“武器”，现在的基本义是“军人”。

2. 词的引申义

在基本义的基础上经过推演发展而产生的意义是引申义。例如：

“深”的基本义是“从水面到水底的距离大”，其他四种意义是从第一种意义发展出来的；“跑”的基本义是“两只脚或四条腿迅速前进”，继而推演为“为某种事务而奔走”（如“跑材料”“跑买卖”）的意思，再继之又推演出“物体离开了应该在的位置”（如“跑调儿”“跑题”）的意思。

3. 词的比喻义

借用一个词的基本义来比喻另一种事物，所产生并被固定下来的新的意义是比喻义。例如：

“帽子”的基本义是“戴在头上保暖、防雨、遮日光等或做装饰的用品”，后来用它比喻“罪名或坏名义”，如“对同志乱扣帽子是不对的”，这里的“帽子”就是用的比喻义。

考点再拔高

▼ 词汇的发展变化

1. 新词的产生。

2. 旧词的退隐和复出。

3. 词义的演变：扩大词所概括的对象范围，缩小词所概括的对象范围，表示甲类对象的词转用指称与之有关的乙类对象。

四、熟语 【单选】★★★

熟语，《现代汉语词典》解释为：固定的词组，只能整个应用，不能随意变动其中成分，并且往往不能按照一般的构词法来分析。它包括成语、谚语、惯用语和歇后语。

考点1 成语

成语就是人们长期以来习用的、简洁精辟的定型词组或短句。成语以四音节为基本形式，许多非四音节的成语也有四音节化的趋势。如“胸有成竹”“一蹴而就”“班门弄斧”“望梅止渴”“纷至沓来”等。

1. 特征

（1）意义的整体性。成语在表意上与一般固定短语不同，它的意义往往并非其构成成分意义的简单相加，而是在其构成成分意义的基础上进一步概括出来的整体意义。如“狐假虎威”，表面意义是“狐狸假借老虎的威势吓跑百兽”，实际含义是“倚仗别人的势力来欺压人”；“破釜沉舟”，表面意义是“砸破铁锅，弄沉船”，实际含义是“下决心，不顾一切干到底”；等等。由此可见，成语的实际含义具有整体性，是隐含于表面意义之后的，而表面意义则只是实际含义所借以表现的手段。

（2）结构的凝固性。成语的结构形式一般是定型的、凝固的。它的结构成分和结构形式都是固定的，不能任意变动词序或抽换、增减其中的成分。如“任重道远”，不能变更为“道远任重”“任重路远”或“任重又道远”；“提纲挈领”，也不能变更为“提领挈纲”“提纲举领”或“提纲带领”；等等。

（3）风格的典雅性。成语大都来自古代文献典故，其语体风格至今仍保留着庄重、典雅的特色。在构成上大都保留着古语词、历史词语和古代语法结构。这与惯用语和歇后语通俗、平易的风格不同。

2. 来源

成语的来源大体上有以下几种：

①神话寓言：例如“夸父追日”，语出《山海经·海外北经》。

②历史故事：例如“唇亡齿寒”，语出《左传·僖公五年》。

③诗文语句：例如“未雨绸缪”，语出《诗经·豳风·鸱鸮》。

④口头俗语：例如“利令智昏”“亡羊补牢”等都是古时的俗语俚词；“拐弯抹角”“七手八脚”等都是后世流传于民间的口语。

除以上所说外，也有一些是从外来语吸收来的。如“昙花一现”，源于佛经，从梵语来；“天方夜谭”，来自阿拉伯民间故事；“火中取栗”来自法国文艺作品。

3. 构造

成语以“四字格”为基本格式，也有非“四字格”的，如“莫须有、迅雷不及掩耳、牛头不对马嘴”等。

四字格的成语有下列几种最基本的结构：

联合结构：山清水秀　　光明磊落

偏正结构：世外桃源　　后起之秀

动宾结构：包罗万象　　顾全大局

补充结构：重于泰山　　逍遥法外

主谓结构：毛遂自荐　　百花齐放

此外还有连谓结构，如“画蛇添足、见风使舵”；兼语结构，如“引狼入室、请君入瓮”。有的成语今天已经无法分析出其结构，如“慢条斯理、乱七八糟”等。

考点 2　谚语

谚语就是在群众中流传的固定语句，往往用简单通俗的话反映出深刻的道理。如“三个臭皮匠，赛过诸葛亮”“三百六十行，行行出状元”“天下无难事，只怕有心人”“十年树木，百年树人”“湖广熟，天下足”“只许州官放火，不许百姓点灯”“月晕而风，础润而雨”等。从内容上分析，谚语大体上可以分为三类：一类是反映人生哲理的，一类是反映生产经验的，还有一类是反映阶级斗争的。

考点 3　惯用语

惯用语是指人们口语中短小定型的习惯用语，大都是三个字的动宾短语，也有其他格式的。如“走过场”“炒鱿鱼”“吹牛皮”等。简明生动，通俗有趣，是惯用语的主要特征。

易混点辨析

惯用语与成语的区别

①惯用语口语色彩浓，成语书面色彩浓；

②惯用语含义单纯，成语含义丰富；

③惯用语大都能拆开，而成语一般不能随意拆开插进别的成分。

考点 4 歇后语

歇后语是由近似于谜面、谜底的两部分组成的带有隐语性质的口头固定短语。前一部分是比喻，即说出一个事物来打比方，像谜语里的“谜面”；后一部分像“谜底”，是真意所在。歇后语可分为两类：

1. 喻意歇后语。它的前一部分是一个比喻，后一部分是对前一部分的解释。如“大海里捞针——无处寻”“石碑上钉钉子——硬碰硬”等。

2. 谐音歇后语。它的后一部分是借助同音字表达意思，这是一种“言在此而意在彼”，妙语双关的现象。如“旗杆顶上绑鸡毛——好大的掸(胆)子”“腊月里的萝卜——冻(动)了心”等。

五、词语的辨析 【单选】★★★

常见易错成语集录

考点 1 成语的辨析

1. 看成语含义与前后文的修饰、限制成分是否协调。例如：

从高处眺望，辽阔的绿色大草原上，几座白色的油井房星罗棋布，煞是好看。

成语“星罗棋布”的意思是像星星似的罗列着，像棋子似的分布着，形容多而密集，而“几座白色的油井房”则说明很稀少。这样，二者的意思相互矛盾，所以该成语使用有误。

2. 看成语意思与所处的语境是否吻合，是否造成大词小用或小词大用。例如：

由于没有明确的目标，又无系统的训练，小张的工作总是千疮百孔，让领导和同事很无奈。

成语“千疮百孔”犯了“大词小用”的错误。它本来形容破坏很严重或弊病很多，这里用来形容一个人的工作失误，词义过重，夸张失度。

3. 看成语的褒贬感情色彩是否适合所在的语境。例如：

班会上，他夸夸其谈，出众的口才使大家十分佩服。

成语“夸夸其谈”指说话或写文章浮夸，不切实际，是个贬义词，而本句是赞扬他出众的口才，显然，该成语不符合该句语境。

4. 看成语适用的对象、范围和场合是否造成张冠李戴。例如：

高速公路上，南来北往的汽车滔滔不绝。

成语“滔滔不绝”形容话多，连续不断。其适用对象是“人”，这里用来描述汽车，显然是不恰当的。

5. 看成语运用是否望文生义。例如：

去年暑假，妈妈领我去了桂林，那里的行云流水，让人感到美不胜收。

成语“行云流水”形容诗文、书画、歌唱等自然流畅。而句中把它理解成了优美的自然景色，犯了望文生义的错误。

6. 看成语运用是否因忽视构成语素的位置而造成混淆。例如：

在日常学习中，我们如果合理运用统筹方法，就会事倍功半。

成语“事倍功半”是形容花费的气力大，收到的成效小，而句中却把它跟与其语素位置不同、语意也完全相反的成语“事半功倍”混淆了。

7. 看成语运用是否因忽视成语的整体性，只断取其中个别语素的意义而造成成语意义与句意相悖。例如：

当我国羽坛健儿在芬兰举行的苏迪曼杯决赛中，以三比一战胜日本队勇夺冠军的那一刻，体育馆内爆发出振聋发聩的欢呼声。

成语“振聋发聩”的意思是发出很大的声响，使耳聋的人也能听见，比喻用语言文字唤醒糊涂的人。该句在使用中，只断取了“振聋”的意思，却忽视了“唤醒糊涂的人”之义，从而导致误用。

8. 看成语是否因画蛇添足而造成前后内容重复。例如：

听了这个幽默的故事，他忍俊不禁地笑了起来。

成语“忍俊不禁”的意思是忍不住笑，与后面的“笑了起来”意思重复，所以用在这里不合适。

总之，我们在解答成语运用题时，一定要认真揣摩句意，根据句意来判断成语使用正确与否。同时，在日常读书和写作中，要注意积累和正确使用成语，遇到拿不准的，要勤查词典。

第一部分

真题面对面

1. [2022湖南长沙岳麓区，单，2分]下列加点词的使用，不正确的一项是(　　)

A. 伴随着老龄化程度的加深，人社部将进行长期护理保险制度的顶层设计和实践探索，“子女带薪护理”方案呼之欲出。

B. 俄乌战争爆发以来，交战双方在战场上似乎已陷入僵持状态，俄罗斯经济薄弱，又受欧美经济制裁，俄罗斯后勤供给明显捉襟见肘。

C. 最近灾害天气频发，骤然就狂风大作，雷电交加，不一会儿就满城风雨。

D. 家风对家庭成员的行为、作风、操守等有着潜移默化的作用。

答案：C。A项，呼之欲出：形容人像等画得逼真，似乎叫他一声他就会从画里走出来，泛指文学作品中人物的描写十分生动；指某事即将揭晓或出现。B项，捉襟见肘：拉一下衣襟就露出胳膊肘儿，形容衣服破烂，也比喻顾此失彼，应付不过来。C项，满城风雨：形容事情传遍各处，到处都在议论着(多指坏事)。用在此处使用对象错误。D项，潜移默化：指人的思想或性格受其他方面的感染而不知不觉地起了变化。

2. [2022江苏南京，单，2分]下列语句中加点的成语，使用正确的一项是(　　)

A. 经过一段时间的认真准备，小赵在模拟考试中不孚众望，再一次取得了骄人的成绩。

B. 尽管生活条件十分艰苦，但小钱却不以为然，天天早出晚归，决心要为祖国做出贡献。

C. 老孙平日里与同事的关系相处融洽，也常热心助人，退休后，来看望他的人不绝如缕。

D. 老李喜欢吹牛，经常胡乱剪辑一些耸人听闻的假新闻视频，发在自媒体上吸引流量。

答案：D。A项，不孚众望：不能使大家信服，未符合大家的期望。用在此处不符合语境，可改为“不负众望”。B项，不以为然：不认为是对的，表示不同意(多含轻视意)。用在此处不符合语境，可改为“不以为意”。C项，不绝如缕：像细线一样连着，差点儿就要断了，多用来形容局势危急或声音细微悠长。用在此处不符合语境，可改为“络绎不绝”。D项，耸人听闻：使人听了非常震惊。符合语境。

考点 2 实词的辨析

1. 从意义方面辨析

(1)看词义的轻重

词义的轻重不同,词语的用法也就不一样。一组词语的意义基本相同,但是有的表示程度深、性质重,有的表示程度浅、性质轻。例如:

这么晚了,还放收音机,会________别人休息的。(妨碍　妨害)

"妨碍"指使事情不能顺利进行,词义较轻。"妨害"指有害于,词义较重。横线处应该填"妨碍"。

(2)看适用范围

有很多近义词的适用范围是不同的,有的大一些,有的小一些;有的概括的是事物的总体,有的概括的是其中的某一方面;有的指事物的集合体,有的指事物的个体。只有准确把握词语的使用范围,才能正确地辨别。例如:

美国警方称芝加哥南部一公园发生了一起枪击________。(事件　事情)

"事件"和"事情"都表示人类生活中的活动和社会现象。但"事件"指历史上或社会上发生的不平常的大事情,适用范围小;"事情"指人类生活中的一切活动和所遇到的一切社会现象,适用范围广。横线处应填"事件"。

(3)看词义的侧重

对近义词词义的辨析,关键是分析不同语素的意义。辨明了近义词中词义的侧重点,不同语素的意义也就清楚了。名词近义词的侧重点,往往在所指的事物和现象的特点方面;动词近义词的侧重点,往往在所指动作的方式、方法和动作的结果;形容词近义词的侧重点,往往在所指的状态和性质方面。例如:

家住黄金路的张师傅认为山体如此________,雨水一灌就容易发生坍塌。(陡峭　峻峭)

"陡峭"重在"陡直",指(山势等)坡度很大,"峻峭"重在"高峻"。横线处应填"陡峭"。

2. 从用法方面辨析

(1)看使用对象

很多实词有特定的使用对象,辨析使用对象的差异,也是区分实词的方法之一。主要看词语是用于自己还是用于他人,是表谦称还是表敬称,是用于一般对象还是用于特定对象。例如:

这位法官秉公执法,深得大家的________。(爱护　爱戴)

"爱护"多用于上级对下级、长辈对晚辈,"爱戴"多用于下级对上级、晚辈对长辈、一般人对模范人物等。横线处应填"爱戴"。

(2)看搭配习惯

在语言实践中,词语之间的搭配有一定的限制,不能随意组合。词语的搭配,一要合乎事理,二要合乎习惯。如:发扬——作风、传统;发挥——积极性、作用;改进——方法、工作。例如:

________命令,是为了把事情办好,是手段,不是目的。(执行　履行)

“执行”多与“任务”“命令”“协定”等搭配,“履行”多与“条约”“诺言”“义务”搭配。横线处应填入“执行”。

(3)看词性

根据词性可以判断某词在句子中充当的成分,确定该词的语法功能,从而准确辨析词义。例如:

诺基亚的失败________我们:仅有一时的高市场占有率是不够的。(启示　启事)

启示:①启发提示,使有所领悟。动词,可充当谓语。②通过启发提示而领悟的道理。名词,充当主语或宾语。启事:为了说明某事而登载在媒体上或张贴在墙壁上的文字。名词,充当主语或宾语。因此横线处应填“启示”。

(4)看是否重复

对词语意义理解不准确,经常会导致重复表达。辨析实词也可从判断表达重复与否的角度进行。如“忍俊不禁”,不能说成“忍俊不禁地笑”,“贻笑大方”不能说成“被人贻笑大方”。例如:

参加云南鲁甸抗震救灾的“铁军”________归来。(凯旋　胜利)

“凯旋”指战胜归来,本身就有“归来”的意思,所以只能说“胜利归来”,而不能说“凯旋归来”。横线处填“胜利”。

3.从色彩方面辨析

(1)看感情色彩

从感情色彩角度来说,词语可分为褒义词、贬义词和中性词。在使用时,应辨析其感情色彩。例如:

江苏一位区环保局局长因________排污不达标的造纸厂被判刑。(爱惜　庇护)

爱惜:因重视而不糟蹋,爱护珍惜,含褒义。庇护:袒护,含贬义。根据句意,横线处应填“庇护”。

(2)看语体风格

语体指为适应不同的交际需要而形成的语言体式。一般分为口语(通俗)和书面语(庄重文雅)两大类。书面语又可分为公文、科技、文艺、政论语体等。如:“见面”用于口语,“会见”用于书面语;生活中说“土豆”,在植物学中称为“马铃薯”。例如:

思考了一夜,爷儿俩决定明早________进城买粮种。(动身　启程)

“启程”书面语色彩浓,“动身”口语色彩浓。结合语境,应该填“动身”。

真题面对面

[2022浙江杭州,单,3分]下面语段中的画线处,应填的一组词语是(　　)

远读是数字人文的基石。大规模的文本集合上的远读,基本可以归为两类:一是对文本集合整体统计特征的描述,一是对文本集合内在结构特征的________。例如,数字人文学者米歇尔等人对数百万册数字化图书进行多种词汇和词频统计,以分析英语世界的语言________,这属于前者;莫莱蒂用地图、树结构来分别________文学作品的地理特征和侦探故事的类型结构,这属于后者。无论是宏观统计描述还是内在结构揭示,都是________文本具体内容的抽象表示,所得结果都是需要解读的。

A. 揭示　演变　展示　超越　　B. 揭晓　演变　描绘　超越

C. 揭示　善变　描绘　超过　　D. 揭晓　善变　展示　超过

答案:A。揭示:公布(公告等);使人看见原来不容易看出的事物。揭晓:公布(事情的结果)。文中是说将"文本集合内在结构特征"这一不容易被人发现的事物公布出来,应选用"揭示"。演变:发展变化(指历时较久的)。善变:心意摇摆不定,容易改变。用来形容"语言"变化,应选用"演变"。展示:清楚地摆出来;明显地表现出来。描绘:描画。根据句意应选用"展示"。超越:超出;越过。超过:由某物的后面赶到它的前面;高出……之上。用来形容抽象事物,应选用"超越"。

方法技巧 做此类试题时,可采用代入法和排除法相结合的答题方法。首先通读题干,将选项中的词语代入通读,用语感排除错误很明显的选项;然后再分析剩下选项中的词语,逐一排除,选出正确答案。

考点3 虚词的辨析

1. 辨析词性

例如:"他常常写小说,偶然也写写诗。"句中的"偶然"是形容词,表示事理上不一定要发生而发生的,用来形容"写写诗",显然不妥,应换用表示"间或,有时候"之意的副词"偶尔"。

2. 辨析表达语气

例如:"难道"和"大概",前者多用来加强反问语气,后者多用来表示猜测语气。

3. 辨析词义侧重点

例如:"未免"与"不免",前者表示委婉的否定,侧重于评价,如"你这样做,未免太过分了吧"。后者表示免不了,侧重于叙述,如"他第一次上台表演,心里不免有些紧张"。

4. 辨析使用对象、场合、范围

例如:同为介词的"对"和"对于",前者适用范围比后者广。一般而言,用"对于"的地方都能换用"对",但用"对"的地方却未必能换用"对于"。

5. 注意是否赘余或残缺

(1)介词"在、当、经过、由于"经常被滥用。例如:

经过我们仔细研读课文,终于弄懂了作者的思想感情。

句中"经过"即为多余,如果保留,那么原句就没有主语。

(2)连词的赘余通常表现为"而"一类连词的滥用。例如:

在纪念堂的北面是雄伟的人民英雄纪念碑,而在它的南面是古老的前门。

句子前后应是并列关系,而不是承接关系,更不是转折关系,所以"而"纯属多余。

(3)虚词的脱漏会导致成分的残缺,甚至会影响到语意的表达。例如:

科学工作者需要有开阔的心胸,就是和自己学术观点不一样的同行也应坦诚相待,精诚合作。

句中"自己"前脱漏介词"与",造成语意不连贯。

考点再拔高

▼ 同义词之间的差别

差别		举例
意义方面	意义轻重不同	轻:轻视、阻止、失望
		重:蔑视、制止、绝望
	范围大小不同	大:局面、战争、边疆
		小:场面、战役、边境
	集体个体不同	集体:树林、布匹、人口
		个体:树、布、人
	搭配对象不同	具体、范围小的:交换→礼物、意见
		抽象、范围大的:交流→思想、经验
色彩方面	感情色彩不同	褒义:爱护、成果
		中性:保护、结果
		贬义:袒护、后果
	语体色彩不同	口语、普通用语:脑袋、吓唬
		书面语、特殊用语:头部、恐吓
用法方面	词性不同	突然(形):作谓语、定语、状语、宾语
		猛然(副):作状语

考点4 关联词的辨析

1.关联词的种类

关联词大致可分为并列、递进、转折、因果、承接、条件、选择和假设八种。

种类	概念	常见关联词	例句
并列关系	表示两种或两种以上的情况都存在,且平行并列、程度相当。	"又……又……""一边……一边……""一会儿……一会儿……""一面……一面……""有时……有时……""既……又……""既……也……"	天安门广场西侧的人民大会堂既高大,又庄严。
递进关系	表示后一种情况的程度更深一层。	"不但……而且……""不仅……还……""不但不……反而……""连……也……""……何况……""……甚至……"	他不但成绩优秀,而且品德高尚。
转折关系	表示情况与预想相反,或者前后逻辑关系对立。	"虽然……但是……""尽管……可是……""即使……也……""……却……""……然而……"	这里的花虽然很多,但是没有奇花异草。

续表

种类	概念	常见关联词	例句
因果关系	表示一事物是另一事物出现的原因或结果。	①前因后果："因为……所以……""……因此……""既然……那么……"	因为我们年轻，正处在学习效率最高的黄金时段，所以我们更应该懂得珍惜时光，刻苦钻研。
		②因果颠倒："之所以……是因为……"	她之所以今天没到校，是因为生病了。
承接关系	表示事情或动作的发生前后连贯、有秩序。	"首先……然后……""一……便……""一……就……""……于是……""……接着……"	我一出门，就遇见了我的同学。
条件关系	表示事情或动作的发生需要或排斥某条件。	①充分条件："只要……就……""凡是……都……"	你只要在这签字，就能享受八折优惠购买本商场任何一款商品。
		②必要条件："只有……才……""除非……才……"	你只有在这签字，才能享受八折优惠购买本商场的一款特价商品。
		③充分必要条件："有且只有……才……"	你有且只有在这签字，才能免费领取本商场的一款特价商品。
		④排斥条件："无论……都(总)……""不管……也(总)……"	小时候，无论是什么花，我都不感兴趣。
选择关系	表示两种或两种以上情况不同时存在。	①表示前后两种或多种情况都有可能出现，但不会同时存在："不是……就是……""或是……或是……""要么……要么……"	这本书不是小明的，就是小红的。
		②表示对两种或两种以上情况哪种会存在或应该出现而产生的疑问："是……还是……"	这本书是小明的，还是小红的?
		③表示两种情况中，只有一种更合适："与其……不如……""宁可……也不……"	我比他身体强壮，这项任务与其交给他，不如让我去完成。
假设关系	表示假定某种情况出现了，就会引发另一种情况。	"如果……就……""要是……那么……""即使……也(不能，应该)……""假使……便……""就是……也……""就算……也……""纵使……也……""纵然……也……"	如果明天下雨，我就去栽树。

2. 关联词的注意事项

(1)同一个句子，运用不同的关联词语，作用就不同，表达的意思也就不一样，要懂得各类关联词语的作用。例如：

①因为我们共同努力，所以竞赛取得胜利。

②如果我们共同努力，竞赛就能取得胜利。

①句是因果关系，②是假设关系。做题时，一定要认真分析语境与语意。

(2)有些关联词语是要求配对使用的，不可随意改换，要注意配对使用关联词语。例如：

只要经常锻炼身体，才会增强体质。

"只要"应与"就"相配，"只有"应与"才"相配，应把"才"改为"就"，或把"只要"改为"只有"。

(3)关联词语的位置不能放错。例如：

虽然今天天气十分寒冷，却清洁工流下了汗水。

“却”表示转折的意思并没有错，但位置不对，应把“却”放在“清洁工”之后。

(4)该用关联词的地方不能缺少关联词，有一部分配对使用的关联词，可根据情况省略其中的前一个，但一般不能省去后一个。如“不但……而且……”，可省去“不但”；“虽然……但是……”，可省去“虽然”。如果只用前一个关联词，而省去了后一个关联词，句子间的关系就会不明确，句子的意思也会表达不清。例如：

自从开展“一帮一”的活动以后，不但加深了同学之间的相互了解，增进了同学之间的友谊。

该句在意思上有递进的关系，但缺少了一个与“不但”配对使用的关联词语，让人读了以后，感觉话没有说完，递进的关系也不清楚。

(5)特殊关联的种类需要根据语意确定。如“即使……也……”可能表示转折，也可能表示假设。后分句通常都为否定句，也可以转换成意义相近的肯定句。类似的还有“就是……也……”“就算……也……”“纵使……也……”“纵然……也……”等。

①如果所涉前提已经存在，则表示转折。通常搭配为：“即使……也没有……”，肯定句则为“即使……也……”。例如：

即使受了这么大的委屈，他也没有任何怨言！

即使受了这么大的委屈，他也一如既往地尽心尽责！

②如果所涉前提尚未存在或认为不应该存在时，则表示假设。通常搭配为：“即使……也不能……”，有时也用“即使……也没有……”，肯定句则为“即使……也应该……”。例如：

即使困难再大，我们也不能有任何松懈！

即使困难再大，我们也没有理由松懈！

即使困难很大，我们也应该鼓足干劲，一往无前！

真题面对面

[2022浙江杭州，单，3分]填入下面一段话中的关联词最恰当的一项是(　　)

好读书这个习惯的养成是很重要的。(　　)根本不读书或不喜欢读书，那么，(　　)说什么求甚解或不求甚解就(　　)毫无意义了。(　　)不读书就不了解什么知识，不喜欢读书也就不能用心去了解书中的道理。

A. 因为　无论　都　因为　　　B. 即使　无论　也　所以

C. 如果　无论　都　因为　　　D. 如果　尽管　也　因为

答案：C。根据后文的“那么”，第一空选择“如果”与其搭配。第二、三空所在的句子是一个条件复句，选择“无论……都……”。第四空选“因为”，对前文做解释。

第五节 语 法

一、语法单位

语法单位主要有四级:语素、词、短语、句子。它们都是语言中的音义结合体。

语素是语言中最小的音义结合体。语素可以组合成合成词,有的可单独成词。

词是语言中最小的能够独立运用的有音有义的语言单位,是组织短语和句子的备用单位。一部分词加上句调可以单独成句。

短语是由词组成的、没有句调的语言单位,是造句的备用单位。大多数短语可以加上句调成为句子。

句子是具有一个句调、能够表达一个相对完整的意思的语言单位,句子前后有隔离性停顿。

第一部分

二、词类 【填空】★

词类是词的语法性质的分类。分类的依据是词的语法功能、形态和意义三方面,就汉语来说,语法功能是主要依据,形态和意义是参考依据。三者合称为词性。

考点 1 实词

1. 名词

名词表示人、事物或时地的名称。主要包括以下几种:

<table>
<tr><th colspan="2">分类</th><th>举例</th><th>语法特征</th></tr>
<tr><td colspan="2">专有名词</td><td>鲁迅、中国、澳门</td><td rowspan="9">①经常放在动词前后分别作主语和宾语。
②名词前面一般能够加上表示名量的数量短语,一般不能加副词。
③名词不能用重叠式表示某种共同的语法意义。
④部分表人的名词(和代词)后面能够加“们”表示群体。不加“们”的名词可以是个体,也可以是群体。</td></tr>
<tr><td rowspan="4">普通名词</td><td>个体名词</td><td>朋友、作家、学生、牛、飞机、原子</td></tr>
<tr><td>集合名词</td><td>人民、人口、群众、物品、马匹</td></tr>
<tr><td>抽象名词</td><td>道德、思想、文化、政治、欲望、苦头</td></tr>
<tr><td>物质名词</td><td>水、油、肉、声音、风、阳光</td></tr>
<tr><td colspan="2">时间名词</td><td>秋天、早晨、明年、现在</td></tr>
<tr><td colspan="2">处所名词</td><td>河岸、东郊、周围、里屋(北京、亚洲等兼属专有名词和处所名词)</td></tr>
<tr><td colspan="2">方位名词</td><td>前、后、左、右、之上、以下、以西</td></tr>
</table>

2. 动词

动词表示动作、行为、心理活动或存现等。主要包括以下几种:

<table>
<tr><th>分类</th><th>举例</th><th>语法特征</th></tr>
<tr><td>动作动词</td><td>走、听、看、批评、宣传、保卫、学习</td><td rowspan="3">①动词能作谓语或谓语中心词,多数能带宾语。
②动词前能够加副词“不”,多数不能加程度副词。只有表心理活动的动词和一些能愿动词前能够加程度副词。
③动词多数可以后带“着、了、过”等表示动态。</td></tr>
<tr><td>心理活动动词</td><td>爱、怕、恨、喜欢、羡慕、希望、讨厌</td></tr>
<tr><td>存在、变化、消失动词</td><td>在、存在、有、发生、演变、发展、生长、死亡、消失</td></tr>
</table>

续表

<table>
<tr><th>分类</th><th>举例</th><th>语法特征</th></tr>
<tr><td>判断动词</td><td>是</td><td rowspan="5">④有些动词可以重叠，表示短暂、轻微（动作的动量少或时量短），限于表示可持续的动作动词。单音动词重叠是AA式，双音动词重叠是ABAB式。</td></tr>
<tr><td>能愿动词</td><td>能、会、愿意、敢、应该、要</td></tr>
<tr><td>趋向动词</td><td>来、去、上、下、进、出、回、开、过、起、上来、下去、起来</td></tr>
<tr><td>形式动词</td><td>进行、予以、加以</td></tr>
<tr><td>关系动词</td><td>姓、等于、像、似</td></tr>
</table>

3. 形容词

形容词表示形状、性质和状态等，分以下两类：

<table>
<tr><th>分类</th><th>举例</th><th>语法特征</th></tr>
<tr><td>性质形容词</td><td>好、坏、伟大、勇敢、优秀、聪明、大方、大、小、高、低、长、短、肥、瘦</td><td rowspan="2">①形容词能作谓语或谓语中心词和定语，多数能够直接修饰名词。
②性质形容词大都能受程度副词修饰。
③形容词不能带宾语。但是有些性质形容词兼属动词，作动词时能带宾语。
④有些性质形容词可以重叠，重叠后用法同状态形容词，可表示程度加深。</td></tr>
<tr><td>状态形容词</td><td>雪白、笔直、墨绿、火热、血红、绿油油、水灵灵、黑不溜秋、灰里叭叽</td></tr>
</table>

4. 数词

数词表示数目或次序。分基数词和序数词。

<table>
<tr><th>分类</th><th>举例</th><th>语法特征</th></tr>
<tr><td>基数词</td><td>表示数目的多少。可分为系数词（零或0、一至九）和位数词（十、百、千；万、亿、万亿、兆），两种基数可以组成复合数词</td><td rowspan="2">①数词通常要跟量词组合成数量短语，才能作句子成分。
②数量短语通常用作定语、补语或状语。
③一些数词有固定的用法。例如，倍数只能用来表示数目的增加，不能表示数目的减少；分数既可以表示数目的增加，也可以表示数目减少。表达数目的增减是用原来的数目作基准，不是用增减后的数目作基准。</td></tr>
<tr><td>序数词</td><td>表示次序前后。一般是在基数前加前缀“第”或“初”组成，例如“第一、第五、初一、初五”。有时可用“甲、乙、丙、丁”或“子、丑、寅、卯”等表示序数</td></tr>
</table>

5. 量词

量词表示计算单位。可分为名量词和动量词两大类。

<table>
<tr><th colspan="3">分类</th><th>举例</th><th>语法特征</th></tr>
<tr><td rowspan="5">名量词</td><td rowspan="3">专用名量词</td><td>个体量词</td><td>个、只、条、块、匹、根</td><td rowspan="5">①量词总是出现在数词和名词之间，同数词一起组成数量短语作定语、状语或补语等。
②单音量词大都可以重叠，重叠后能单独充当定语、状语、主语、谓语，不能作补语、宾语。由数词和量词组成的数量短语也可重叠。</td></tr>
<tr><td>集体量词</td><td>双、副、班、堆、批、套</td></tr>
<tr><td>度量衡量词</td><td>尺、厘米、斗、吨、亩、角、立方米、里</td></tr>
<tr><td rowspan="2">借用名量词</td><td>借自名词</td><td>一桶水、一碗饭</td></tr>
<tr><td>借自动词</td><td>一挑水、一堆土</td></tr>
</table>

续表

分类			举例	语法特征
动量词	专用动量词	动作数	次、回、趟、下、遍	③量词有时单独作句子成分。
		动作时量	去了两天、来了三分钟	
	借用动量词	借自名词	打了几枪、画一笔	
		借自动词	想了一想、摸了几摸	

6. 副词

副词限制、修饰动词、形容词性词语，表示程度、范围、时间等意义。分以下几类：

分类	举例	语法特征
表示程度	很、最、太、非常、十分、极其	①副词大都能作状语，程度副词“很、极”还可以作补语。 ②副词一般不能单说，附着性较强，只有“不、别、没有、马上、也许、一点儿”等在省略句中可以单说。 ③部分副词能兼有关联作用。有单用的，有成对使用的，“白、怪、净、老”等这些词修饰名词时是形容词，修饰动词、形容词时是副词。
表示范围	都、均、总共、仅仅、单、一齐	
表示时间、频率	已经、曾、才、刚刚、正在、将	
表示处所	四处、随处	
表示肯定、否定	必须、必定、准、的确、不必、没有、未必	
表示方式、情态	大肆、特意、忽然、连忙、悄悄	
表示语气	难道、岂、究竟、偏偏、索性、简直、也许、大约	
表示关联	便、也、又、却、再、就	

7. 代词

代词能起代替和指示作用。它跟所代替、所指示的语言单位的语法功能大致相当，就是说，所代替的词语能作什么句法成分，代词就作什么成分。如果按句法功能划分，代词可以分为代名词、代谓词、代数词、代副词。

代名词，它的功能同名词大体相同。代名词分四种：A. 一般代名词，包括人称代词、疑问代词、指示代词；B. 处所代词；C. 时间代词；D. 数量代词。

代谓词，它的功能同谓词大体相当，如“怎么、这样、那样”等。

代数词，它的功能同数词大体相当，如“多少、几”。

代副词，它的功能同副词大体相同，如“这么、那么”。

代词的语法特征主要包括：

(1)人称代词：第一人称、第二人称、第三人称和其他代词。

(2)指示代词用来指代人和事物。

(3)疑问代词的主要用途是表示有疑而问或无疑而问。

考点 2 虚词

1. 介词

介词，依附在实词或短语前面共同构成“介词短语”，主要用于修饰、补充谓词性词语。

分类	举例	语法特征
表示时间、处所、方向	自从、到、往、在、由、至、趁、沿着、顺着	①介词不能单独作句法成分，总要构成介词短语作状语，少数还可以构成介词短语作补语和定语。 ②在同一个句子里，可用特定的介词标明名词与动词之间特定的语义关系。 ③介词大都是由及物动词虚化而来的。不少介词处于过渡状态，有的介词与动词同形，只能根据语境和意义判别它是动词还是介词。
表示依据、方式、方法、工具、比较	按照、根据、靠、本着、通过、拿	
表示原因、目的	因为、由于、为了	
表示施事、受事	被、给、让、由、把(将)、管	
表示关涉对象	对于、关于、跟、和、同、给、除了	

2. 连词

连词起连接作用，连接词、短语、分句和句子等，表示并列、选择、递进、转折、条件、因果等关系。例如：

(1)和、跟、同、与、及、或(主要连接词、短语)；

(2)而、而且、并、并且、或者(连接词语或分句)；

(3)不但、不仅、虽然、但是、然而、如果、与其、因为、所以(主要连接复句中的分句)。

连词的语法特征主要包括：

(1)没有实在的词汇意义，只表示一定的语法意义。

(2)不能充当句子成分，只能连接词、短语、分句，表示被连接的两个语法单位之间的各种关系，不起任何修饰或补充的作用。

(3)不能单独回答问题。

3. 助词

助词的作用是附着在实词、短语或句子后面表示结构关系或动态等语法意义。可以分为以下几类：

分类	举例	语法特征
结构助词	的、地、得、之、者	①结构助词主要表示附加成分和中心语之间的结构关系。 ②动态助词反映的是一种动态，不是表示事件发生的时间。它可以表示事件在过去、现在或者将来的动态。 ③比况助词附着在名词性、动词性、形容词性词语后面，表示比喻。
动态助词	着、了、过	
尝试助词	看	
时间助词	的、来着	
概数助词	来、把、多、左右、上下	
比况助词	似的、一样、一般	
其他助词	所、给、连	

4. 语气词

语气词的作用在于表示语气。主要用在句子的末尾，也可以用在句中主语、状语的后面有停顿的地方，它本身念轻声。

分类	举例	语法特征
陈述语气	吧、呢、啊、嘛、呗、罢了、也好、啦、嘞、喽	①附着在全句后面或句中词语的后面有停顿的地方。 ②常常跟句调一起共同表达语气，有的语气词可以表达多种语气，如“啊”。反之，有的语气可以用多个语气词表达，内部有细微的区别，如陈述语气。
疑问语气	吗(么)、呢、吧、啊	
祈使语气	吧、了、啊	
感叹语气	啊	

真题面对面

[2019浙江，填空，2分]“这是我家的”中的“的”是________词。“我是不愿意去的”中的“的”是________词。

答案：结构助；语气

三、短语 【单选】★★

根据组成短语的词与词之间不同的结构关系，可以把短语分为：

1. 基本短语

类型		概念	举例
主谓短语		由有陈述关系的两个成分组成，前面被陈述部分是主语，表示要说的是谁或什么；后面陈述的部分是谓语，说明主语怎么样或是什么。	粮食丰收(名+动) 阳光灿烂(名+形) 明天星期三(名+名)
动宾短语		由有支配、涉及关系的两个成分组成，前面起支配作用的部分是动语，表示动作行为；后面被动作支配的部分是宾语，表示做什么、是什么。	想她(动+代) 盖被子(动+名) 增强信心(动+名) 买三碗(动+数量短语) 接受批评(动+动) 喜欢清静(动+形) 是苹果(动+名) 有书(动+名)
偏正短语	定中短语	由定语和名词性中心语组成，其间的修饰关系有时用“的”作定语的标记。	他的马(代+名) 江苏人(名+名) 昨天的事(名+名) 前进的步伐(动+名) 新书(形+名) 野生动物(区别+名) 十吨钢材(数量短语+名)
	状中短语	由状语和动词、形容词性中心语组成，其间的修饰关系有时用“地”作状语的标记。	刚回来(副+动) 今天回来(名+动) 花园里谈(方位短语+动) 绕道走(动+动) 一步一步地走(数量短语+动) 为人民服务(介词短语+动)

续表

类型	概念	举例
中补短语	由有补充关系的两个成分组成，前面被补充部分是中心语，由谓词充当；后面补充部分是补语，也由谓词充当，起述说的作用，能回答“怎么样”的问题。	学得好(动+形) 打死(动+动) 看了一次(动+数量短语) 高兴极了(形+副)
联合短语	由语法地位平等的两项或几项组成，其间是联合关系，可细分为并列、递进、选择等关系。	今天和明天(名+名，并列) 小张或者你(名+代，选择) 一个或两个(数量短语+数量短语，选择) 辱骂和恐吓(动+动，并列) 讨论并且通过(动+动，递进) 伟大而质朴(形+形，并列)

2. 其他短语

<table>
<tr><th colspan="2">类型</th><th>概念</th><th>举例</th></tr>
<tr><td colspan="2">连谓短语</td><td>由多项谓词性词语连用，谓词性词语之间没有语音停顿，没有上述五种基本结构关系，也不用任何关联词语。</td><td>上山采药(动+动)
出去闲逛(动+动)
看了心烦(动+形)
听了很高兴(动+形)</td></tr>
<tr><td colspan="2">兼语短语</td><td>动宾短语的宾语和主谓短语的主语套叠，合二为一，形成有宾语兼主语双重身份的一个“兼语”。</td><td>请他进来(动+代+动)
有人不赞成(动+名+动)
祝你健康(动+代+形)</td></tr>
<tr><td colspan="2">同位短语</td><td>多由两项组成，前项和后项的词语不同，所指是同一事物。</td><td>首都北京(名+名)
船长老张(名+名)
我们大家(代+代)
春秋两季(名+数量短语)</td></tr>
<tr><td colspan="2">方位短语</td><td>由方位词直接附在名词性或谓词性词语后面组成，主要表示处所、范围或时间，具有名词性。</td><td>大门外(名+方，表处所)
广场内(名+方，表范围)
三天前(数量短语+方，表时间)
喝酒以后(动宾短语+方，表时间)
天亮之前(主谓短语+方，表时间)</td></tr>
<tr><td rowspan="2">量词短语</td><td>数量短语</td><td>由数词加量词组成。</td><td>两个、一拳、三次、一堆</td></tr>
<tr><td>指量短语</td><td>由指示代词、疑问代词加(数)量词组成。</td><td>这件、那次、哪件</td></tr>
</table>

另还有介词短语、助词短语两大类，因不常考，在此不做赘述。

真题面对面

[2022江西初中，单，1分]下列短语结构类型完全相同的一项是(　　)

A. 伟大力量　直击人心　使命担当　　B. 同心合力　勇往直前　信心勇气

C. 自告奋勇　信心足够　坚不可摧　　D. 义无反顾　不可逾越　凝聚力量

答案:B。A项,“伟大力量”为偏正结构,“直击人心”为动宾结构,“使命担当”为并列结构。B项,“同心合力”“勇往直前”“信心勇气”均为并列结构。C项,“自告奋勇”“信心足够”为主谓结构,“坚不可摧”为偏正结构。D项,“义无反顾”为主谓结构,“不可逾越”为偏正结构,“凝聚力量”为动宾结构。

四、句法成分

构成句子的词或词组间有一定的语法关系,根据不同的语法关系可分成主语、谓语、宾语、定语、状语、补语等几种成分,此外还有独立成分。句子的基本成分是主语、谓语、宾语。

分类	定义	例句	说明
主语	谓语陈述的对象,指明说的是“什么人”或“什么事”。	①中国人民志气高。 ②去北大荒的就是他。	常作主语的有:名词、代词、数量短语、联合短语、“的”字结构。动宾短语、主谓短语、偏正短语、动词、形容词也可作主语。
谓语	陈述主语的,说明主语“是什么”“怎么样”。	①满天乌云顿时消散了。 ②明天星期日。	常作谓语的有:动词、形容词及由它们组成的联合短语。名词、数量词组、主谓短语也可作谓语。表示判断的动词“是”和它后边的名词、代词等组成动宾短语作谓语。 名词作谓语限于说明日期、天气等。
宾语	动词后,表示动作、行为所涉及的人或事物,回答“谁”或“什么”一类问题。	①什么叫作信息? ②门口围着一群看热闹的。	能作主语的词、短语,一般都能作宾语。最常见的是名词或名词性短语。
定语	名词前面的连带成分,用来修饰、限制名词,表示人或事物的性状、数量、所属等。	①那沉甸甸的稻谷,像一垄垄金黄的珍珠。 ②中国的历史有自己的特点。	除副词外,实词和短语一般都可以作定语。
状语	动词或形容词前面的连带成分,用来修饰、限制动词或形容词,表示状态、方式、时间、处所或程度等。	①他已经走了。 ②她们像姐妹一样亲密。	介词结构、副词、形容词,表示时间、处所的名词经常作状语,一般名词很少作状语。 动词中除能愿动词外,一般动词很少作状语。一般状语紧连在中心词的前边,但表示时间、处所、目的的名词或介词结构作状语时,可以放在主语的前边。
补语	动词或形容词后面的连带成分,一般用来补充说明动作、行为的情况、结果、程度、趋向、时间、处所、数量、性状等。	①他生于1918年。 ②颜色是那么浓,浓得好像要流下来似的。	能作补语的有:动词、形容词、数量词、介词结构和由动词、形容词组成的短语。
独立成分	在句子中不与其他成分产生结构关系,但意义上又是全句所必需的,具有相对独立性的一种成分。用来表示称谓呼叫,对事物的推测、估计、注释、补充、惊讶、感叹,模拟语气等。	①事情明摆着,你看,我们能不管吗? ②啊,多么使人心醉的绚丽灿烂的秋色!	充当独立成分的,有的是一个词,有的是短语。它在句子中的位置比较灵活,有的在句首,有的在句中。

记忆有妙招

记忆句法成分的口诀如下：

主谓宾、定状补，一般成分弄清楚。基本成分主谓宾，附加成分定状补。

主语讲谁或什么，陈述主要是谓语。动词涉及人或物，涉及成分叫宾语。

修饰限制算定状，补充说明就是补。定语用在主宾前，谓前为状谓后补。

还有标志的地得，帮助分清定状补。注意位置和关系，认真分析莫疏忽。

第六节　句　子

一、句子的分类 【单选】 ★★

考点 1 按句子语气划分

名称	分类	表达方式	举例
陈述句	表肯定	用“是”字句。	儿子是我一生的牵挂。
	表否定	用“不”“没”“没有”等否定词。	我们不能被困难吓倒。
疑问句	是非问句	提出问题，要求别人回答“是”或“否”，句中经常使用的疑问语气词有“吗、吧、啊”等，但不能使用“呢”。	这事你不知道吗？
	特指问句	用疑问代词代替未知的部分进行提问，要求对方针对未知的部分作出回答，只能使用“呢、啊”等语气词，不能使用“吗、吧”。	你在哪儿啊？
	选择问句	提出两种或两种以上的情况，让对方从中进行选择，经常使用“A还是B”“是A还是B”等固有格式，语气词常用“呢、啊”，一般不用“吗、吧”。	你是要喝威士忌，还是啤酒？
	正反问句	使用肯定和否定并列的方式进行提问，希望对方从肯定和否定的内容中作出选择，语气词常用“呢、啊”，不能用“吗”。	他应不应该受到奖励？
祈使句	表命令	带有强制性，要求对方必须服从，言辞肯定，态度严肃。	站起来！
	表请求	与表命令的祈使句相比，表请求的祈使句的语气要舒缓一些，可以使用语气词“吧、啊”。	这个问题你来回答吧！
	表禁止	明确表示禁止对方做什么事情，言辞强硬，态度坚决，不用语气词。	不许胡说！
	表劝阻	语调比较平缓，常用语气词“了、啊”。	别闭眼啊！
感叹句	—	表示快乐、惊讶、悲哀、厌恶、恐惧等浓厚的感情，一般用降调，句末用叹号。	那该有多好啊！

考点2 按句子结构划分

1. 单句

单句是由短语或词构成的句子，有特定的语调，能独自表达一定的意思，不可再分析出分句的句子。可分为**主谓句**和**非主谓句**两大类。

- 单句
  - 主谓句
    - 名词谓语句：明天国庆节。
    - 动词谓语句：你有课吗？
    - 形容词谓语句：这儿真好。
  - 非主谓句
    - 名词性非主谓句：谁？
    - 动词性非主谓句：下雨了。
    - 形容词性非主谓句：真妙！
    - 叹词句：哎呀！
    - 拟声词句：哗哗！

2. 复句

由两个或两个以上意义相关、结构上互不作句法成分的分句加上贯通全句的句调构成的句子称为复句。根据分句间的意义关系，可以把复句分为并列、顺承、解说、选择、递进、转折、条件、假设、因果、目的等类型。

分类	解释	例句
并列复句	①前后分句分别叙述或描写有关联的几件事情或同一事物的几个方面。 ②分句间或者是并列关系（分句间表示的几件事情或几个方面并存），或者是对举关系（前后分句的意义相反相对）。	①知识是积累起来的，经验也是积累起来的。 ②衡量人的尺度，不在职位的高下，而在成就的大小。
顺承复句	①前后分句按时间、空间或逻辑事理上的顺序说出连续的动作或相关的情况。 ②分句之间有先后相承的关系。	她进入这个世界，便奉献给这个世界以真诚。
解说复句	①分句间有解释或说明、总分的关系。 ②解说关系一般不用关联词语，也有少数在后一分句单用“即”“就是说”等关联词语。	调查有两种方法：一种是走马观花，一种是下马观花。
选择复句	①未定选择：分别说出两种或几种可能的情况，让人从中选择。 ②已定选择：说出选定其中一种，舍弃另一种。	不是鱼死，就是网破。
递进复句	①后面分句的意思比前面分句的意思更进一层。 ②一般由少到多，由小到大，由轻到重，由浅到深，由易到难，反之亦可。	他认识我，甚至连我的小名都知道。
转折复句	①前后分句的意思相反或相对。即后面分句不是顺着前面分句的意思说下去，而是突然转成同前面分句意思相反或相对的说法。 ②后面分句是说话人所要表达的正意。	麻雀虽小，五脏俱全。
条件复句	偏句提出条件，正句表示在满足条件的情况下所产生的结果。	只有春天到了，才能见到这种鲜花。

续表

分类	解释	例句
假设复句	偏句提出假设,正句表示假设实现后所产生的结果。	要是你不去,那么谁去?
因果复句	偏句说出原因或理由,正句表示结果。	他优柔寡断,以致坐失良机。
目的复句	偏句表示行为,正句表示行为的目的。关联词语都单用。	麻烦你把这本书捎给他,省得我再跑一趟。

注:复句类型的辨析可以和"关联词的辨析"中的关联词语结合复习,事半功倍。

真题面对面

[2021江西初中,单,1分]下列对复句类型解释不正确的一项是(　　)

A. 保护好传统街区,保护好古建筑,保护好文物,就是保存了城市的历史和文脉。(递进复句)

B. 学一点就要笃行一点,真正把"触动"变成"行动",才能从党史中汲取丰富营养。(条件复句)

C. 该书的突出特点是用权威史实讲鲜活故事,既注重了呈现历史脉络和趋势,又注重描述历史细节和场景。(并列复句)

D. 马克思主义是随着时代不断发展的开放体系,不是技术类真理,而是开辟了通向真理的道路。(选择复句)

答案:D。D项,该句为"不是……而是……"引导的对照并列复句,"技术类真理"和"开辟了通向真理的道路"是并列关系。

二、病句的辨析与修改 【单选】★★★

病句—语序不当

考点1 病句的类型

1. 语序不当

类型	注意事项	例子
定语顺序不当	定语排列顺序(距中心词由远及近)一般为:领属、指称、数量、动词(动词性短语)、形容词(形容词性短语)、名词。	她是一位优秀的有20多年教学经验的国家队的篮球女教练。(应为"她是国家队的一位有20多年教学经验的优秀的篮球女教练")
状语顺序不当	多项状语排列顺序(按照距中心词由远及近)一般是:①表目的的介宾短语;②表原因的介宾短语;③表时间的名词或介宾短语;④表处所的名词或介宾短语;⑤表程度、范围或频率的副词;⑥表情态的形容词或动词;⑦表对象的介宾短语。	在休息室里许多老师昨天都同他热情地交谈。(应为"许多老师昨天在休息室里都热情地同他交谈")
修饰语与中心词位置不当	①把两者弄反。 ②误把修饰语作中心词。	作为一种助学贷款的消费信贷,市场需求的潜力很大。("助学贷款"属于"消费信贷"的一种,应改为"作为一种消费信贷的助学贷款")
定语状语错位	①定语误放在状语位置上。 ②状语误放在定语位置上。	《三体》在广大读者中热烈地引起了讨论。("热烈"应作"讨论"的定语,而不是"引起"的状语)

续表

类型	注意事项	例子
虚词位置不当	①副词的位置不当。 ②关联词的位置不当(同前异后)。在复句中,如果两个分句的主语相同,那么主语应置于关联词之前;如果两个分句的主语不同,分句的主语应放在关联词之后。	他如果不能实事求是,事业就会受到损失。(关联词语"虽然"位置不当,应将"虽然"移至"他"前)
并列词语或短语位置不当	句子中的并列词语或短语之间,有先后、轻重、大小之别,不应违反其中的规律。	我国首座自主建造、设计、开发的第六代深水半潜式钻井平台在南海海域正式开钻。(并列词语顺序不当,应为"设计、开发、建造")
递进分句顺序不当	复句的各分句之间常有主次、轻重之分,存在因果、承接、递进关系等。如果颠倒了,就会造成分句间次序颠倒。	诚信不仅关系到国家的整体形象,而且体现了公民的基本道德素质。(两个分句为递进关系,应先"公民"后"国家")

第一部分

真题面对面

[2022陕西特岗,单,2分]下列句子中没有语病的一项是(　　)

A. 在中国传统文化中,家风是最为宝贵的一个家族的精神财富。

B. 在贵重物品展览期间,如何防止贵重物品免遭盗窃,是组织者深感头痛的事。

C. 目前疫情形势依然严峻,我们要引起足够的重视。

D. 无论干部还是群众,毫无例外,必须遵守社会主义法制。

答案:C。A项,语序不当,应将"是最为宝贵的一个家族的精神财富"改为"是一个家族最为宝贵的精神财富"。B项,不合逻辑,"防止……免遭盗窃"不合逻辑,可删去"免"。D项,不合逻辑,"法制"指法律制度体系,包括一个国家的全部法律、法规以及立法、执法、司法、守法和法律监督等。可将"法制"改为"法纪"。

2. 搭配不当

搭配不当是常见的病句类型,主要有五大类:

类型	表现形式	例句
主谓搭配不当	谓语不能陈述主语,有时主语或谓语由联合短语充当,其中一部分不能搭配	他的革命精神时刻浮现在我眼前。("精神"与"浮现"不能构成主谓关系,可将"精神"改为"形象")
动宾搭配不当	当动词带有两个以上宾语时,部分宾语与动词不搭配	纪念三八节的到来。("纪念"的只能是"三八节",不能是"到来")
修饰语和中心语搭配不当	句子的定语、状语、补语与其修饰、限制的中心语搭配不当	我们严肃地研究了职工们的建议,又虚心地征求了专家们的意见。("严肃"不能修饰"研究",可以改为"认真""慎重"等)

续表

类型	表现形式	例句
主宾搭配不当	主要出现在由“是”充当谓语的句子中	江西的瓷器是全国产量最高、质量最好的省份之一。(主语“瓷器”与宾语“省份之一”搭配不当,可以删去“省份之一”)
关联词语搭配不当	搭配使用的关联词不能随意改换	既然你来了,我也该走了。(“既然”和“也”不能搭配使用,应将“也”改为“就”)

3. 成分残缺或赘余

(1)成分残缺

成分残缺是因缺少应有的成分造成句子结构不完整、表意不明确的一种语病。

类型	表现形式	例句
主语残缺	滥用介词和“介词………方位词”格式或暗中更换主语造成的	当全球金融危机爆发,使我国出口遭遇寒冬。(应删去“当”)
谓语残缺	错把状语或宾语中的动词当作整个句子的谓语	旧社会,劳动人民吃不饱,穿不暖的生活。(或去掉“的生活”,或在“吃”前加“过着”)
宾语残缺	动词所带的宾语较长,在表述时,往往只写了宾语的修饰语,而丢失了宾语的中心语	虽然每天工作很忙,但他还是抓紧和同学研究或自己看书。(可在“抓紧”后加上宾语“时间”)
其他残缺	除了以上主、谓、宾三种主要成分的残缺外,还存在一些其他句子成分残缺的情况,如状语残缺、介词残缺、关联词语残缺等	这次学术会,我们收获很大,时间并不长。(应在“时间”前加“尽管”一词)

(2)成分赘余

类型	表现形式	例句
主语多余	前一个主语后紧跟一个较长、较复杂的状语,状语后又有一个主语,前后两个主语所指的是同一事物	我们的革命前辈,为了人民的利益,他们流了多少血,献出了多少宝贵的生命。(前边有了主语“革命前辈”,因而“他们”不必再有)
谓语多余	已经有了一个动词或动词性词语作谓语,又加进一个动词或动词性词语作谓语	习惯势力使他对罢黜百家感到习以为常。(谓语里的“感到”是多余成分,故应删去“感到”)
宾语多余	动词后本来有合适的宾语,可是还要硬加进不合适的词语,造成宾语有多余的成分	今天,我来到扬州瘦西湖的地方,游览了白塔、钓鱼台和五亭桥等风景点。(“的地方”多余,应删去)
其他多余	除了以上主、谓、宾三种主要成分的多余外,还存在一些其他句子成分多余的情况,如状语多余、补语多余、定语及定语中心语多余等	为精简字数,不得不略加删改一些。(“一些”与前面“略加”重复,可以删掉一个)

真题面对面

[2022浙江杭州,单,3分]下列句子没有语病的一项是(　　)

A. 支付宝发布公告表示,自3月26日起,针对综合经营成本上升较快,通过支付宝给信用卡还款将收取服务费。

B. 随着“嫦娥四号”成功登陆月球背面，使中国实现人类首次月球背面软着陆，这一成就让世界惊叹不已。

C. 来自铁路部门数据显示，杭黄高铁开通以来，富阳、桐庐、建德、千岛湖四个站点日均客流量达9800人次，高峰期突破3万人次。

D. 国产科幻电影《流浪地球》的上映，向全世界宣告了中国有能力拍出好莱坞式的科幻大片是毋庸置疑的。

答案：C。A项，成分残缺，“针对”缺少宾语，应在“较快”后加上“现象”。B项，缺少主语，删掉“随着”或者“使”。D项，句式杂糅，删掉“是毋庸置疑的”。

4. 结构混乱

分类	注意事项	例句
举棋不定	一个句子不能时而要用这种结构，时而要用那种结构，结果两种结构都用了	一切事物的发展都是有起有伏、波浪式前进的，这是由于事物的内部矛盾以及自然和社会的种种外围影响所决定的。（把“由于……的结果”和“……所决定的”两个结构套用在一起形成句式杂糅）
藕断丝连	不能把一个结构完整的句子的最后一部分用作另一句的开头	山鸡椒的花、叶和果实均含芳香油，从油中提取的柠檬醛，是配制食用香精和化妆品香精的主要原料，都离不开它。（删去“都离不开它”）
中途易辙	不能在一句话说了一半时，忽然另起炉灶，重来一句	“英语广播讲座”之所以能给我很大的帮助，我认为把讲课和练习结合起来是它突出的优点。（可改为“是因为它把讲课和练习结合起来的突出的优点”）
反客为主	不能把上半句主语以外的成分用来作下半句的主语	因此，当匪徒们偷袭游击队的时候，被游击队反包围，歼灭了无数匪军。（“被游击队反包围”的主语是“匪军”，但“歼灭了无数匪军”的主语是“游击队”）

5. 表意不明

表意不明是指句子有歧义，即一个句子存在两种或两种以上解释的现象。

类型	表现形式	例句
词的多义导致歧义	由句子中的多义词或多义短语造成的歧义	“依我看，这个考点最需要引起重视。”张老师补充道。（“考点”既可指“考试的地点”，也可指“考试的内容重点”）
停顿不同导致歧义	因句中停顿不明确而引起的歧义	柏林反对申办奥运的暴力活动升级。（既可理解为“反对／申办奥运的暴力活动升级”，也可以理解为“反对申办奥运的暴力活动／升级”）
指代不明导致歧义	句中的指示代词或人称代词指代不明确造成的歧义	“有偿新闻”应当受到批评，这是极其错误的。（“这”可以指“有偿新闻”，也可以指“有偿新闻受到批评”）
修饰语对象模糊导致歧义	由修饰语修饰的中心词不明确而造成的歧义	两个单位的代表都来到了现场。（“两个”既可理解为修饰“单位”，也可理解为修饰“代表”）

6. 不合逻辑

不合逻辑主要考查的是对事理逻辑的分析能力，主要包括：

类型	表现形式	例句
自相矛盾	前面的说法与后面的说法彼此冲突，主要涉及时间、数量、范围、动作、位置、状态等	他是多少个死难者中幸免的一个。（既然"幸免"，自然是没有死，怎么能说是"死难者中的一个"呢？应改为"多少人死去了，他是幸免的一个"）
范围不清	通常是由对词语所表达的概念内涵及概念间关系的误解造成的	从事业的发展上看，还缺乏各项科学专家和各项人才。（各项人才包括科学专家，不宜并列，可改为"各项科学专家和其他人才"）
主客倒置	颠倒了主体和客体之间存在着的主要与次要、认知与被认知、主动与被动等关系，造成表达的混乱	在那个时候，报纸与我接触的机会是很少的。（主体应该是"我"，应改为"我与报纸接触的机会是很少的"）
否定失当	句中有多个否定词，多重否定失当造成不合逻辑	几年来，他无时无刻不忘搜集、整理民歌，积累了大量的资料。（"无时无刻不"即"任何时候都"，句子表述的意思刚好相反，可将"忘"改为"在"）

第一部分

考点2 病句的辨析

1. 语感直觉扫描法

凭语言经验，读读句子是否顺畅，从而对语句是否有语病直接作出判断。可反复体会，快捷有效。

2. 语法分析法

从语法结构入手，进行主干枝叶梳理，先去定状补，看主谓宾是否有语病，再看定状补的语序及其与中心语的搭配是否有语病。

3. 句意分析法

先看句意是否明确（一个句子在具体语境中表达的意思是唯一的，有两种以上的理解是有歧义的），再看句意是否合理。

4. 造句类比法

仿照原句主结构造句，用一个常用的句子和原句比较，找出不同，再作分析。

5. 逻辑分析法

从概念的判断、推理、使用方面考虑，即进行逻辑意义上的分析。

6. 词语审视法

（1）看否定词。数清否定词，反问也算一次否定，双重否定为肯定。再看否定的具体含义，以防句意说反或前后矛盾，还要特别注意本身暗含否定的词语（拒绝、反对、禁止、避免、阻挡、忌、防止、无时无刻等）。例如：

我们并不是完全否定这首诗没有透露出希望（三重否定）而是说这希望非常渺茫。（"不""否定""没有"为三重否定，即表达"这首诗没有透露出希望之意"，与下文的意思不符）

(2)看两面词(是否、能否、优劣、好坏、高低、生死等)。例如:

成绩的好坏取决于学生的个人努力。("好坏"为两面,"个人努力"为一面,此处为两面对一面)

(3)看关联词。复句的病句,首看关联词是否呼应,次看有无这种关联,再看位置是否得当,最后看内容顺序是否合理。

(4)看介词。介词造成的病句类型有缺少主语,主客颠倒,搭配不当,结构混乱,漏用滥用,造成歧义等。

(5)看并列短语。易出现的病点是不完全搭配,并列成分之间有交叉或包容关系,语意不明导致有歧义。

(6)看数量短语。主要病点是歧义、位置不当、倍数用错、约数词重复等。

(7)看代词。病点是指代不明。

(8)看助词。"的""着""了"等使用时,易造成不合逻辑、漏用、句意不明等。

(9)看隐含词语的重复。例如:

"见诸于""这其间""涉及到""凯旋而归""差别悬殊""互相厮打""十分罕见""浑身遍体鳞伤""百姓生灵涂炭""被人贻笑大方"等都属于成分赘余。

(10)看特殊句式。注意"把"字句和"被"字句。

(11)看误用词语。有的病句为词语使用不当,因此要掌握词语的意义。

考点3 病句的修改

1. 增补

对成分残缺的病句用增补法,缺什么成分就补什么成分。

2. 删除

对成分"赘余"的病句,用删除法删去多余的;对自相矛盾的逻辑病句,依据实际情况删除矛盾的一方。

3. 调换

对搭配不当的病句,需调换词语;对语序不当的病句,需调换词语的位置;对前后失去照应的病句,需作调整,以使前后照应。

4. 精简

对句式杂糅、结构混乱的病句,用此法作精简,以使语句表达方式具有单一性。能用多种方法改的,选用最简便的一种。

记忆有妙招

病句修改五字诀:**增**(成分残缺的)、**删**(多余的)、**换**(用词不妥当的)、**简**(修改应简要)、**调**(不搭配、不照应的)。

第七节　标点符号

一、标点符号的分类　【单选】★★★

名称	符号	用法说明	举例
句号	。	1. 用于陈述句的末尾。	北京是中华人民共和国的首都。
		2. 用于语气舒缓的祈使句末尾。	请您稍等一下。
问号	？	1. 用于疑问句的末尾。	他叫什么名字？
		2. 用于反问句的末尾。	难道你不了解我吗？
叹号	！	1. 用于感叹句的末尾。	为祖国的繁荣昌盛而奋斗！
		2. 用于语气强烈的祈使句末尾。	停止射击！
		3. 用于语气强烈的反问句末尾。	我哪里比得上他呀！
逗号	，	1. 句子内部主语与谓语之间如需停顿，用逗号。	我们看得见的星星，绝大多数是恒星。
		2. 句子内部动词与宾语之间如需停顿，用逗号。	应该看到，科学需要一个人贡献出毕生的精力。
		3. 句子内部状语后边如需停顿，用逗号。	对于这个城市，他并不觉得陌生。
		4. 复句内各分句之间的停顿，除了有时要用分号外，都要用逗号。	阅读使人充实，会谈使人敏捷，写作和笔记使人精确。
		5. 用在带语气词的并列词语或较长的并列短语之间。	她兴趣很广，什么唱歌啊，跳舞啊，打球啊，她都喜欢。
		6. 用在独立语的前面或后面，或前后都用。	这个孩子的嘴多巧，你听。
		7. 用在倒装的两个句子成分之间。	起来，不愿做奴隶的人们！
顿号	、	用于句子内部较短的并列词语之间的停顿。	正方形是四边相等、四角均为直角的四边形。
分号	；	1. 用于复句内部并列分句之间的停顿。	语言，人们用来抒情达意；文字，人们用来记言记事。
		2. 用于分项列举的各项之间。	特聘教授的岗位职责为：一、讲授本学科的主干基础课程；二、主持本学科的重大科研项目；三、领导本学科的学术队伍建设；四、带领本学科赶超或保持世界先进水平。
冒号	：	1. 用于称呼语后边，表示提起下文。	同志们，朋友们：现在开会了……
		2. 用于“说、想、是、证明、宣布、指出、透露、例如、如下”等词语后边，提起下文。	他十分惊讶地说：“啊，原来是你！”
		3. 用于总提语的后边，表示引起下文。	北京紫禁城有四座城门：午门、神武门、东华门、西华门。
		4. 用于需解释的词语后，表示引出解释或说明。	日期：10月20日至11月10日 时间：上午8时至下午4时
		5. 用于总括性话语的前边，以总结上文。	张华考上了北京大学；李萍进了中等技术学校；我在百货公司当售货员：我们都有光明的前途。

续表

名称	符号	用法说明	举例
引号	“” ‘’	1. 用于行文中直接引用的部分。	“满招损,谦受益”这句格言,流传到今天至少有两千年了。
		2. 用于需要着重论述的对象。	古人对于写文章有个基本要求,叫作“有物有序”。
		3. 用于具有特殊含义的词语。	这样的“聪明人”还是少一点好。
		4. 引号里面还要用引号时,外面一层用双引号,里面一层用单引号。	他站起来问:“老师,‘有条不紊’是什么意思?”
括号	()	用于行文中注释的部分。注释句子中某些词语的叫句内括号。注释整个句子的,括注放在句末标点之后。句内括号内部可以有逗号或分号,但句末不能有句号,即使是一个完整的句子,也不能点句号,但是句外括号却可以有。	(1)中国猿人(全名为“中国猿人北京种”,或简称“北京人”)在我国的发现,是对古人类学的一个重大贡献。 (2)写研究性文章跟文学创作不同,不能摊开稿纸搞“即兴”。(其实文学创作也要有素养才能有“即兴”。)
破折号	——	1. 用于行文中解释说明的部分。	穿过宽敞的风门厅和衣帽厅,就到了大会堂建筑的枢纽部分——中央大厅。
		2. 用于话题突然转变。	“今天好热啊!——你什么时候去上海?”张强对刚刚进门的小王说。
		3. 用于声音延长的拟声词后面。	“呜——”火车开动了。
		4. 事项列举分承,各项之前也用破折号。	根据研究的对象的不同,环境物理学分为以下五个分支科学: ——环境声学; ——环境光学; ——环境热学; ——环境电磁学; ——环境空气动力学。
		5. 用于文章的副标题之前。	光辉的知识分子形象 ——谌容和她的《人到中年》
省略号	……	1. 用于引文的省略。	她轻轻地哼起了《摇篮曲》:“月儿明,风儿静,树叶儿遮窗棂啊……”
		2. 用于列举的省略。	在广州的花市上,牡丹、吊钟、水仙、梅花、菊花、山茶、墨兰……各种各样的鲜花都挤在一起啦!
		3. 用于话语中间,表示说话断断续续。	“我……对不起……大家,我……没有……完成……任务。”
		4. 用于语意的省略。	他们永远活在我们心中……
间隔号	·	1. 用于外国人和某些少数民族人名内各部分的分界。	列奥纳多·达·芬奇
		2. 用于书名与篇(章、卷)名之间的分隔。	《三国志·蜀书·诸葛亮传》
书名号	《》 〈〉	用于书名、篇名、报纸名、刊物名等。	(1)《红楼梦》的作者是曹雪芹。 (2)课文里有一篇鲁迅的《从百草园到三味书屋》。 (3)他的文章在《人民日报》上发表了。 (4)桌上放着一本《中国语文》。

真题面对面

[2022浙江杭州,单,3分]下列句子中标点符号使用正确的一项是(   )

A. 中国的自主创新战略有“两个翅膀”:一个是技术创新,一个是设计创新,而现在,许多本土企业却忽视了设计创新。

B. 快乐固然兴奋,苦痛又何尝不美丽?我曾读到一个警句,是“愿你生命中有够多的云翳,来造成一个美丽的黄昏。”

C. 杭州连续15年被评为“最具幸福感城市”。漫步杭州城,你仿佛与白居易徜徉绿杨白堤;与苏东坡共赏春晓烟柳;与黄公望同绘富春山居的独特韵味、别样精彩。

D. 假如我们都能对那些给我们提供“理所当然”的方便的人说声“谢谢”,我们这个社会还会不和谐吗?还会不温暖吗?还会让人感到人情冷漠吗?

答案:D。A项,冒号一般管到句末,可将“一个是设计创新”后的逗号改为句号。B项,引用部分不是独立部分,句号应在引号外。C项,分号一般表示复句内部并列关系分句之间的停顿,以及非并列关系的多重复句中第一层分句之间的停顿。此处没必要用分号,可将分号改为逗号。

第一部分

二、标点符号的注意事项 【单选】★★★

错误类型	例句	分析
非疑问句用问号	我不知道这条路谁能走通?但我一定要坚定不移地走下去。	“这条路谁能走通”虽然有疑问词,但它是“不知道”的宾语,整个句子是一个动宾结构的陈述句,故不能用问号。
倒装句中问号前置	到底去还是不去?我的小姑奶奶。	“我的小姑奶奶”是全句的主语。凡是倒装问句,问号应置于句末,才能准确表达出疑问或反问的语气。不能一看到发问就加问号。
分句之间用顿号	浦东展开了翅膀,它是那样欢快、昂扬、奋发、正在向辉煌的明天飞去。	这里实际上有三个分句,每个分句之间应用逗号,所以“奋发”后面的顿号应为逗号。
联合词组不同层次的词语之间用顿号	上海的越剧、沪剧、淮剧、安徽的黄梅戏、河南的豫剧,在这次会演中,都带来了新剧目。	“上海的越剧、沪剧、淮剧”是一个层次,“安徽的黄梅戏”和“河南的豫剧”又各是一个层次。不同层次之间都用顿号,必然层次不清。“淮剧”“黄梅戏”后的顿号均应为逗号。
连词前面用顿号	观众长时间地等待,只为一睹她的风采、或签上一个名。	“或”是连词。在不表并列关系的连词前面,无论是“或”“和”“及”还是“与”,均不能用顿号。可根据不同的句子的情况,或者删去顿号,或者改用逗号。
概数用顿号	他看上去十七、八岁,一副瘦骨伶仃的样子。	“十七八岁”是邻近两个数字连用,表示大概年龄。既然是概数,便不能加顿号。因为概数无须停顿,一加顿号便成了“十七”和“八”并列了,这不符合表述的原意。
集合词语用顿号	这次“严打”的成功,和广大公安干、警的努力是分不开的,和广大公安干、警家属的支持也是分不开的。	“公安干警”是集合词语,“干”指干部,“警”指警察。集合词语是紧密的结构,不能用顿号分隔开来。

错误类型	例句	分析
句中没有逗号直接用分号	虽然马雅可夫斯基生前遭到辱骂;他死后却被政府承认为伟大的诗人。	逗号、分号,虽同为句内点号,但停顿的时间有长短之分。应先选用停顿短的逗号,再用停顿长的分号。
句中已有句号再用分号	一、学习贵在自觉。要有笨鸟先飞的精神,自我加压;二、学习贵在刻苦。要有锲而不舍的精神,持之以恒……	句号是句末点号,分号是句中点号。既然已经用了句号,表明整个句子已结束,再用分号,便显得不伦不类。或者将句号改为逗号,或者将分号改为句号。
冒号后面提示范围不清	毛泽东有两句诗:"独有英雄驱虎豹,更无豪杰怕熊罴",我从中感受到了共产党人的大无畏精神。	从表面上看,冒号后面的内容全是提示的范围,其实不然,这里提示的只是两句诗。可将第二个逗号改为引号内句号。
句中短暂停顿用冒号	本市文坛三位女杰:王安忆、王小鹰、程乃珊在一起谈笑风生。	"三位女杰"和"王安忆、王小鹰、程乃珊"是同位词组,中间只需短暂停顿,不必用标点符号。如果一定要用,只宜用破折号,让王安忆、王小鹰、程乃珊作"三位女杰"的说明词语。
同一句中用两个冒号	晚上开大会,张书记宣布:厂里要实行两项改革措施:一是持证上岗,二是"脱产"培训。	"宣布"后面是冒号,"措施"后面又是冒号。在同一个句子中,冒号一般只能用一个。
引语之间"某某说"后用冒号	"大桥就要通车了,"他环视了一下会场说:"请大家咬紧牙关,作最后的冲刺。"	凡是在一段引语的中间插"某某说",这"某某说"后面只能用逗号,不能用冒号。冒号的作用是提示下文,用了冒号,前面的话便没有着落了。
引语中句末点号误置	李白的诗多豪迈:"君不见黄河之水天上来,奔流到海不复回"。	李白的诗是完整的两句,句末点号应放在引号内。
误用书名号	《丽达公寓》即日发售……	书名号只用于书名、篇名、报名、刊物名等。"丽达公寓"是商品房的名称,不能用书名号。不能为了突出某一表述对象便滥用书名号。

真题面对面

[2021山东菏泽,单,2分]下列句子中标点符号使用错误的一项是(　　)

A. 电影《夺冠》中,教练袁伟民的"中国女排,没有你,没有我,只有我们!"这句喊话,折射出祖国至上、团队协作、顽强拼搏的女排精神。

B. 选取优秀时评作为学习材料,从"道"的层面讲,有利于落实"立德树人"这一根本任务;从"术"的层面说,能够提高同学们写作议论文的能力。

C."寒门贵养"究竟是不是洪水猛兽?其实,问题的答案,取决于前提的解释。

D. 2021年5月22日,"杂交水稻之父"袁隆平病逝,举世悲痛。他研究的杂交水稻已在印度、越南、菲律宾、美国、巴西……等国大面积种植。

答案:D。D项,"……"和"等"不能同时使用,可删去"……"。

第八节 修辞格

一、常见的修辞格 【单选】★★★

修辞格—比喻

考点1 比喻

1. 概念

比喻就是“打比方”，即抓住两种不同性质的事物的相似点，用一事物来喻另一事物。比喻的结构一般由**本体**(被比喻的事物)、**喻体**(作比方的事物)和**比喻词**(比喻关系的标志)构成。

构成比喻必须具备的条件：①甲和乙必须是本质不同的事物；②甲乙之间必须有相似点。两者缺一不可。

第一部分

2. 种类

种类	典型形式	举例
明喻	甲像乙。本体喻体都出现，中间用比喻词“像、似、仿佛、犹如”等相联结。	月光如流水一般，静静地泻在这一片叶子和花上。(《荷塘月色》)
暗喻	甲是乙。本体喻体都出现，中间常用比喻词“是”“成了”“变成”或直接联结。	霎时间，东西长安街成了喧腾的大海。(《十月长安街》)
借喻	乙代甲。不出现本体，直接叙述喻体。	燕雀安知鸿鹄之志哉！(《陈涉世家》)
博喻	连用几个比喻。从不同角度，运用不同的相似点对同一本体进行比喻。	层层的叶子中间，零星地点缀着些白花，有袅娜地开着的，有羞涩地打着朵儿的；正如一粒粒的明珠，又如碧天里的星星，又如刚出浴的美人。(《荷塘月色》)

3. 表达效果

①使深奥的道理浅显化，帮人加深体会；②使抽象的事物具体化，使人便于接受；③使概括的东西形象化，给人鲜明的印象。

考点2 比拟

修辞格—比拟

1. 概念

把物当作人来写，或把人当作物来写，或把此物当作彼物来写，其形式特点是：事物“人化”，或人“物化”，或甲物“乙物化”。

2. 种类

种类	概念	举例
拟人	赋予人以外的他物以人的特征，使之具有人的思想、感情和行为。	青蛙唱着恋歌，嫩蒲的香味散在春晚的暖气里。(《月牙儿》)
拟物	把人当作物，或把此物当作彼物来写。	我到了自己的房外，我的母亲早已迎着出来了，接着便飞出了八岁的侄儿宏儿。(《故乡》)

3. 表达效果

比拟具有思想的跳跃性，能使读者展开想象的翅膀，捕捉它的意境，体味它的深意。正确地运用比拟，不仅可以使读者对所表达的事物产生鲜明的印象，还能使读者感受到作者对该事物的强烈的感情，从而引起共鸣。运用比拟表现喜爱的事物，可以把它写得栩栩如生，使人倍感亲切；表现憎恨的事物，可以把它写得丑态毕露，给人以强烈的厌恶感。

考点 3 夸张

1. 概念

为追求某种表达效果，对原有事物进行合乎情理的扩大或缩小。要求使用时不能失去生活的基础和根据，不能浮夸。

2. 种类

种类	概念	举例
扩大夸张	故意把客观事物说得“大、多、高、强、深”的夸张形式。	蜀道之难，难于上青天！(《蜀道难》)
缩小夸张	故意把客观事物说得“小、少、低、弱、浅”的夸张形式。	一个浑身黑色的人，站在老栓面前，眼光正像两把刀，刺得老栓缩小了一半。(《药》)
超前夸张	在时间上把后出现的事物提前一步的夸张形式。	愁肠已断无由醉，酒未到，先成泪。(《御街行·秋日怀旧》)

3. 表达效果

①深刻地表现出作者对事物的鲜明的感情态度，从而引起读者的强烈共鸣；②通过对事物的形象渲染，可以引起人们丰富的想象，有利于突出事物的本质和特征。

考点 4 排比

1. 概念

排比是把三个或三个以上结构相同或相似、内容相关、语气一致的短语或句子组合在一起的辞格。

2. 种类

种类		概念	举例
句法成分排比		即在一个句子中把结构相同或相似、意思密切相关、语气一致的词语或句子成串地排列。	它是黑夜的火把，雪天的煤炭，大旱的甘霖。(《歌声》)
句子排比	分句排比	即一个复句的各个分句构成排比。	他们的品质是那样的纯洁和高尚，他们的意志是那样的坚韧和刚强，他们的气质是那样的淳朴和谦逊，他们的胸怀是那样的美丽和宽广！(《谁是最可爱的人》)
	单句排比	排比的各分句为单句。	八路军穿草鞋，把日本鬼子赶下海；解放军穿草鞋，把蒋家王朝踢下台；如今八连穿草鞋，把香风毒雾脚下踩。
	复句排比	排比的各分句为复句。	如果我们能够研制出一种类似鹰眼的搜索、观测技术系统，就能够扩大飞行员的视野，提高他们的视敏度。如果能研制出具有鹰眼视觉原理的“电子鹰眼”，就有可能用于控制远程激光制导武器的发射。如果能给导弹装上小巧的“鹰眼系统”，那么它就可以像雄鹰一样，自动寻找、识别、追踪目标，做到百发百中。

3. 表达效果

在行文中，有的内容，不能总括叙述，只能列举叙述；有的虽然能够总括叙述，却故意列举叙述，构成排比，其目的就在于增强语势，增强表达效果。排比多用于说理或抒情。用排比说理，可以把论点阐述得更严密，更透彻；用排比抒情，可以把感情抒发得淋漓尽致。

考点5 对偶

1. 概念

对偶就是“对对子”，也称“对仗”。它必须是一对字数相等，词性相对，结构相同，意义相关的短语或句子。

2. 种类

分类依据	种类	概念	举例
形式	严式对偶	上下两句字数相等，词性相对，结构相同，平仄相对，不重复用字。	苔痕上阶绿，草色入帘青。(《陋室铭》)
	宽式对偶	严式对偶的五条要求达到一部分即可。	山重水复疑无路，柳暗花明又一村。(《游山西村》)
内容	正对	上下句表达的意思相似、相近、相补、相衬。	海内存知己，天涯若比邻。(《送杜少府之任蜀州》)
	反对	上下句表达的意思相反、相对。	锲而舍之，朽木不折；锲而不舍，金石可镂。(《劝学》)
	串对(流水对)	上下联内容根据事物的发展过程或因果、条件、假设等方面的关联，连成复句，一顺而下，也叫流水对。	即从巴峡穿巫峡，便下襄阳向洛阳。(《闻官军收河南河北》)
结构	成分对偶	—	山水本无知，蝶雁亦无情；但它们对待人类最公平，一视同仁，既不因达官显贵而承欢卖笑，也不因山野渔樵而吝丽啬彩。
	句子对偶	—	墙上芦苇，头重脚轻根底浅；山间竹笋，嘴尖皮厚腹中空。

3. 表达效果

从形式上看，音节整齐匀称，节律感强；从内容上看，凝练集中，概括力强。有鲜明的民族特点和特有的表现力，便于记诵，因而在抒情、叙事、议论等文章中广泛使用。

考点6 借代

1. 概念

不直接说出所要表述的人或事物，而是借用与这一人或事物有密切关系的名称来替代。它强调两事物间的相关点。

2. 借代的种类

种类	举例	分析
特征代本体	在这群光头、毡帽、长衫、马褂中间，他有种鹤立鸡群的气度。	用“光头、毡帽、长衫、马褂”代指那些商界头面人物。
具体代抽象	南国烽烟正十年。	用“烽烟”代指战争。

种类	举例	分析
专名代泛称	你们杀死一个李公朴,会有千百万个李公朴站起来!	用第二个"李公朴"代指不怕流血牺牲,为争取民主和平而战斗的人们。
人名代著作	我们要多读点鲁迅。	用"鲁迅"代指鲁迅的作品。
部分代整体	两岸青山相对出,孤帆一片日边来。	用"帆"代指船。
工具代本体	等到"惊蛰一犁土"的春播时节,十家已有八户亮了囤底,揭不开锅了。	用"揭不开锅"代指没饭吃。
结果代原因	令人捧腹。	用"捧腹"的结果代指笑。

3. 表达效果

可以引人联想,使表达收到形象突出、特点鲜明、具体生动的效果。

真题面对面

[2022江苏南京,单,2分]对下列语文知识的理解,不正确的一项是(　　)

A.“成功有三个重要因素:一是天时,二是地利,三是人和。”句中冒号的作用是总领下文。

B.“小学”这个词古今意义相同,都是指6~12岁儿童所经历的学习阶段。

C.“郊原草树正凋零,历历高楼见杳冥。”首联呼应诗题“岁暮登黄鹤楼”,营造出旷远幽寂的氛围。

D.“主人下马客在船,举酒欲饮无管弦”与“谈笑间,樯橹灰飞烟灭”有相同的修辞手法。

答案:B。B项,“小学”是古今异义词,古义指研究文字、训诂、音韵的学问;今义多为对儿童、少年实施初等教育的学校。D项,“主人下马客在船,举酒欲饮无管弦”与“谈笑间,樯橹灰飞烟灭”有相同的修辞手法——借代。

考点 7 反复

1. 概念

为了突出某个意思,强调某种感情,特意重复某个词语或句子。

2. 种类

①连续反复。例如:盼望着,盼望着,东风来了,春天的脚步近了。(《春》)

②间隔反复。例如:大堰河,是我的保姆。/她的名字就是生她的村庄的名字,/她是童养媳,/大堰河,是我的保姆。(《大堰河——我的保姆》)

考点 8 反问

反问是用疑问的形式来表达确定的意思,因此不需要回答。例如:难道中学教师和小姐骑自行车还成体统吗?(《装在套子里的人》)

表达效果:加强语气,发人深省,激发读者感情,加深读者印象,增强文章的气势和说服力,为文章奠定一种激昂的感情基调。

考点 9 设问

为了突出所说的内容，把它用问话的形式表示出来。设问是自问自答的。例如：谁是我们最可爱的人呢？我们的部队，我们的战士，我感到他们是最可爱的人。(《谁是最可爱的人》)

表达效果：应用于文章标题中，能吸引读者，启发读者思考，更好地领会文章的中心思想；用在段落或文章的开头或结尾，能起到承上启下的过渡作用；应用于说理文章中，能使论证更深入。不管设问出现在文章的哪个部分，不管以什么形式出现，总体来说，它的作用是：提醒注意，引导思考；突出某些内容，使文章起波澜，有变化。

考点 10 通感

叙事状物时运用词语，使不相通的感官感觉相互沟通起来。例如：我在蒙胧中，又隐约听到远处的爆竹声联绵不断，似乎合成一天音响的浓云，夹着团团飞舞的雪花，拥抱了全市镇。(《祝福》)

考点 11 用典

用典又称“用事”“援引”，即引用古代的历史故事或古人的言论或俗语、成语等来印证自己的论点或抒发自己的思想感情。

1. 分类

依据	分类	概念	举例
形式	明典	古典诗文在使用典故时，能使读者一看字面便知道使用了某个典故。	苏轼的《江城子·密州出猎》：“持节云中，何日遣冯唐?”这是明用《史记·冯唐列传》中的典故。
	暗典	古典诗词在使用典故时，表面上看用典处与上下文句融合为一，不细察则不知为用典。	苏轼的《江城子·密州出猎》末句是：“会挽雕弓如满月，西北望，射天狼。”表面看来好像是写“出猎”，描写猎人弯弓射向天狼星的情景。其实这是暗用了《九歌·东君》“举长矢兮射天狼”的典故。
内容	正用典故	依照所引故事或语句的原意来用它。	李白的《宣州谢朓楼饯别校书叔云》中“蓬莱文章建安骨，中间小谢又清发”，以典代人，通过诗句既赞李云，也自赞。
	反用典故	反用以前的典故，使其产生意外之效果，即“翻典”。	辛弃疾的《满江红·送李正之提刑入蜀》，极力鼓励李正之入蜀做一番事业，首句化用李白《蜀道难》中的“蜀道之难，难于上青天”，将其概括为“蜀道登天”。本来，李白在《蜀道难》中要突出的是蜀道的高危艰险，辛弃疾在《满江红》中却强调通过艰苦的攀登可以上达青天。

2. 表达效果

用典有用事和引用前人诗句两种。用事是借用历史故事来表达作者的思想感情，包括对现实生活中某些问题的立场和态度、个人的意绪和愿望等，属于借古抒怀。引用或化用前人诗句目的是加深诗词中的意境，促使人联想而寻意于言外。

具体来说，用典主要是为了达到以下效果：

(1)用来作为自己的理论根据和思想指导，使立论有依据，以增强文章的说服力；

(2)使语言典雅精练,富于表现力;

(3)使文辞妍丽,声调和谐,对仗工整,结构严谨,增加外形美,丰富内涵;

(4)委婉表意。

考点 12 互文

互文又叫互言、互辞、互文见义、互文对举。古文中对它的解释是"参互成文,合而见义",即上下两句或一句话中的两个部分,看似各说两件事,实则互相呼应,互相阐发,互相补充,说的是一件事。由此可知,互文就是由上下文义互相交错,互相渗透,互相补充来表达一个完整句子意思的修辞手法。概括起来,互文一般有四种类型:

分类	概念	举例
单句互文	在同一句子中,前后两个词语在意义上相互交错、渗透、补充。	"烟笼寒水月笼沙"应理解为:烟雾笼罩着寒水也笼罩着沙,月光笼罩着沙也笼罩着寒水。
对句互文	对(下)句中含有出(上)句已经出现的词,出(上)句里含有对(下)句将要出现的词,对句、出句的意义相互补充说明。	"明月别枝惊鹊,清风半夜鸣蝉"正确的翻译应为:(半夜里)明月升起,惊飞了树上的鸟鹊,惊醒了树上的眠蝉;轻拂的夜风中传来了鸟叫声和蝉鸣声。
隔句互文	两句互文之间,有其他句子相隔的互文句式。	"十旬休假,胜友如云;千里逢迎,高朋满座"中的"胜友如云"和"高朋满座"是互文。应解释为:"胜友如云,胜友满座;高朋满座,高朋如云。"
排句互文	这种互文的句子在两句以上,而且是互相渗透互相补充,来表达完整意思。	《木兰诗》中的"东市买骏马,西市买鞍鞯,南市买辔头,北市买长鞭"就是排句互文。意思是在集市各处购买马具,而不是在某一个集市上只买某一样东西。

真题面对面

[2019江西,单,1分]下列句子没有运用修辞手法的一项是(　　)

A. 东市买骏马,西市买鞍鞯,南市买辔头,北市买长鞭。

B. 我突然看见那树的顶端,高高的一枝儿上,竟然还保留着一个欲绽的花苞,嫩黄的,在风中摇着。

C. 他要给我们衰微的民族开一剂救济的文化药方。

D. 在故乡的土地上,我印下无数的脚印。在那田垄里埋葬过我的欢笑,在那稻棵上我捉过蚱蜢,在那沉重的镐头上有我的手印。

答案:B。A项,运用了互文的修辞手法。C项,运用了比喻的修辞手法。D项,运用了排比的修辞手法。

考点 13 回文

回文,也叫"回环",指把相同的词汇或句子,在下文中调换位置或颠倒过来,产生首尾回环的情趣。回环运用得当,可以表现两种事物或现象相互依靠或排斥的关系,即文字在句子中的相对位置不变,只是改变顺序,就能收到两句在结构上类似、语义上相反的效果。如:知者不言,言者不知;信言不美,美言不信。

二、易混修辞格辨析

考点 1 用比喻词的非比喻句

甲和乙必须是本质不同的事物，否则不能构成比喻。一个句子是不是比喻，不能单看有没有比喻词。例如：

每当看到这条红领巾，我就仿佛置身于天真烂漫的少年时代。

这句话虽有比喻词“仿佛”，但并没有运用比喻手法。

考点 2 比喻与比拟的不同

1. 比拟是仿照“拟体”（被模拟的事物）的特征摹写本体，重点在“拟”；比喻是用喻体比方本体，重点在“喻”。

2. 比拟中，本体和拟体彼此交融，浑然一体，本体必须出现，拟体一般不出现；比喻的本体和喻体一主一从，本体或出现或不出现，而喻体必须出现。

考点 3 借喻与借代的异同

1. 相同点：它们都是用一事物代替另一事物，事物本体不出现。

2. 不同点：借代的作用是“称代”，即直接把借体称为本体，只代不喻；借喻的作用是“比喻”，虽然也有代替的作用，但总是喻中有代。构成借代的基础是事物的相关性，即要求借体和本体有某种关系；构成借喻的基础是事物的相似性，即要求喻体和本体有某些方面的相似。另外，借喻可改为明喻或暗喻，而借代则不能。

考点 4 反问与设问的不同

1. 内容结构不同。设问多是自问自答，答案就在问句的后面；反问多是问而不答，人们可以从问句本身体会出答案。

2. 表现形式不同。设问本身不表示肯定什么、否定什么，一般是紧接着问句摆出答案；反问则明确表示肯定或否定什么，不是用肯定句表示否定内容，就是用否定句表示肯定内容。

3. 表达效果不同。设问主要是引起注意，引人思考，有其针对性和启发性；反问则主要是加强语气，抒发强烈的感情，增强文章的说服力和感染力。

考点 5 对偶与对比的不同

1. 对比的基本特点是“对立”，对偶的基本特点是“对称”。

2. 对偶主要是从结构形式上说的，它要求结构相称、字数相等；对比是从意义上说的，它要求意义相反或相近，而不管结构形式如何。

3. 对偶里的“反对”，就意义说是对比，就形式说是对偶。

考点 6 衬托与对比的不同

1. 对比的两个事物间的关系是并列的，不分主次；衬托可以明显地分出衬托事物和被衬托事物，有主次、偏正之分。

2. 对比常用于论述，衬托常用于描写。

考点 7 排比与反复的不同

1. 从语言单位的数量看，排比必须是由三个或三个以上的短语或句子构成；而反复只需两个或两个以上的部分反复，即可构成。

2. 从语言单位的文字看，排比和层递的各语句之间有时只有一些字相同，但反复必须是语句中所有的字都相同。

第九节 语言表达

一、扩展语句和压缩语段 【单选、积累与运用】★★

考点 1 扩展语句

“扩展语句”就是通过联想、想象等方式，丰富句子的内容，增强表达效果。这就要求做到中心明确、结构完整、文句通顺、以所给的词为重点，还要符合情境、有逻辑性等。

1. 常见的命题方式

(1)句意丰富式扩展

句意丰富式扩展，是指将几个词语或一句内容简单的话扩展为句意丰富的一句或一段话。这类扩写题，往往还会在语言形式中提出附加要求(如运用某种修辞)。

①指定词语按要求扩展

例如：将“山峦、春雨、小溪”扩展为一段生动形象、有文采的话。至少运用一种修辞手法，要求语意连贯，合乎情理，词语顺序可以调整，不超过60字。

②给出单句或复句按要求扩(补)写

例如：按要求把“面对文化的历史碎片，我们畅想”扩写成一段话。要求：语言要生动形象、丰富细腻，使用比喻和排比的修辞手法，不少于60字。

③指定中心按要求扩展

例如：按要求把“这个冬季，天气异常寒冷”扩写成一段话。要求：正面描写与侧面描写相结合，至少运用两种不同的修辞手法，不少于80字。

(2)情境演绎式扩展

情境演绎式扩展，是指根据试题规定的情境或相关信息，充分展开想象和联想，把情景、场面等具体描绘出来。在试题提供的情境的限制下对指定内容进行扩写也属于这一类试题。

例如：陆游的《临安春雨初霁》中说：“小楼一夜听春雨，深巷明朝卖杏花。”请你想象“深巷明朝卖杏花”的镜头，将其扩展成一段话。50字左右。

(3)中心阐发式扩展

中心阐发式扩展，是指围绕话题、中心句或一段新闻材料、一幅图画，对其进行深层次阐发。

例如：以"斜风细雨"为表达重点，辅以"小桥""小草""树"等景物，至少运用一种修辞手法，写一段话。要求不少于80字，能表现"忧郁"的心情。

2. 常用的答题方法

(1)修饰扩展法

这种方法主要适用于语法型扩展或创造发挥型扩展。它主要是对句子的主干进行修饰、限制、说明等附加成分的添加，从而使句子的定语、状语、补语丰富起来；或者将一个单句变成一个由多个分句组成的复句。

(2)运用修辞法

经常运用的修辞手法有比喻、拟人、夸张、排比、反问等。

(3)运用常见的表现手法

经常运用的表现手法有联想、想象、衬托、对比、象征、正侧面相结合等。

(4)运用举例法

运用事实或名言名句对原句(或中心句)进行举例。

考点2 压缩语段

"压缩语段"就是将内容丰富的长语段按要求浓缩成语言简洁、意思明了的短语段。其最基本的要求是在把握语段主旨的基础上筛选出主要信息，并将其按要求概括表达出来。压缩语段主要考查提炼、概括、压缩的能力及语言表达能力。

1. 常考题型

(1)下定义

给出一段文字，要求为其中某一概念下定义，是考查压缩语段能力的一种常见命题形式。下定义是揭示事物(概念)本质属性的一种逻辑方法，可以用"被定义概念(种概念)=事物的本质特征(种差)+属概念"的语言形式(格式)表达。

【示例】从下列材料中选取必要的信息，为"珍珠"下定义。

①珍珠是一种具有明亮艳丽光泽的固体粒状物。

②它是由像马氏珠母贝、三角帆蚌等海淡水贝类受到一定外界条件刺激后分泌并形成的。

③这种固体粒状物与贝壳珍珠层相似。

【分析】先找出属概念"固体粒状物"，确立①为主干句；接着把②③两个种差提炼出来排序合并，即可得出答案。

(2)概括信息

这是压缩语段题中较为常见的一种，主要是指提取所给材料的主要信息，对材料进行概括。

【示例】下面这段文字中画曲线的这句结论是从哪些方面推导出来的？请简要概括，总字数不要超过20个字。

钓鱼岛在日本染指之前并非“无主地”，中国早在明朝就发现和命名了钓鱼岛，发现意味着先占，先占即取得领土主权，这就是国际法则的“先占”原则。专家查阅相关资料发现，明朝已经将钓鱼岛纳入国家版图，一些使臣的笔记里还标明了中国渔民在钓鱼岛周围海域的航线。明以后的历代政府更是采取了开发、利用、管辖和保卫等措施，对钓鱼岛行使主权以有效统治。可以肯定，日本关于钓鱼岛主权的主张是站不住脚的。

【分析】语段共四句话。第四句是结论，前三句分别从三个方面谈原因。作答时应根据前三句话分别概括。

(3)提取关键词

关键词这一概念在撰写正规论文时经常涉及，指的是一篇文章或一段文字中最紧要的词语。提取关键词是压缩语段类题型中常见的一种考查方式，考查学生概括思想内容、提取关键信息的能力。提取关键词，说到底就是要提取有效信息，运用恰当的词语表达。

【示例】请从下面的一段话中提取三个反映其主要信息的关键词语。

此轮教育改革的重点之一是教育公平。对于那些农民工子女来说，教育公平的关键不是在哪里读书，而是他们在哪里都能享受跟城市同样质量的教育。这就主要靠教育资源的均衡分配来解决，即靠教育公平来解决。教育公平首先就是城乡关系角度的公平，教育资源要更多地向农村倾斜，把农村教育搞好。

【分析】先明确这段话的对象是“教育公平”，即“是什么”，然后确定“怎么样”，最后看限定条件。答案不难得出，关键是找准对象。

(4)填充式概括

这类压缩语段题，通常是给出一段材料，要求在指定的位置用总起句、总结句、评价句等对语段内容进行归纳概括。

【示例】请在下面画线处补写一句恰当的话，使它与后面的部分构成一个完整的文段。不超过20个字。

________。散文的“深度”有不同的表现形态。比较重要的形态通常有两种：一是“深刻”，二是“深邃”。大致说来，“深刻”是就作品的主题而言，“深邃”是就作品的意蕴而言。“深刻”诉之于意义，比较理性；“深邃”诉之于体验，比较感性。“深刻”如同在二维平面上的篆刻，是静态的；“深邃”却似三维空间中的景致，是动态的。有的散文以“深刻”见长；有的散文则以“深邃”著称。

【分析】该语段首句应有总括全段的作用，作答时，还应考虑连贯(与第二句的衔接)及简明(字数限制)的要求。

(5)新闻概写

新闻类压缩语段题旨在考查学生辨识、筛选、提炼所给新闻材料重要信息的能力，它是一种实用性、实践性较强的语言表达技能题，涵盖了多方面的知识点，体现了多方面的能力，并且较好地反映了命题贴近时代生活的走向。这种考查形式包括拟写一句话新闻、拟写标题、拟写导语、拟写结束语等。

【示例】为下面这则消息拟一个标题。(不超过18个字)

3月3日下午，澳门经济司、财政司和水警稽查队联合行动，公开销毁了最近两年中缉获并已完成了行政或司法检控程序的盗版光盘约100万张。这是澳门官方首次采取这种行动。

【分析】新闻标题中往往不需要标注时间(注重时效性的除外)，一般只要求出现消息所牵涉的对象("澳门官方")和事件("销毁盗版光盘")。标题往往用主谓句或对偶形式的语句来表达，句中通常不停顿，句末不用标点。

2. 答题技巧

(1)明确题意

做题前，必须先明确题干中是否包含保留信息的提示、压缩形式的要求、字数多少的限制，从而确立概括重点、方向，避免在答题时出现方向性偏差。

题干要求不同，解题的方法往往就有区别。如果是概括要点，那么就要注意要点的完备；如果是拟定题目，那么主要侧重中心内容的把握；等等。总之，解题时一定要紧扣题干要求。

第一部分

(2)分清文体

在压缩语段的题目中，把握语段的主要信息十分重要，而不同表达方式的语段所承载信息的特点也不相同。因此，对不同类型的语段的关注点也应有所区别。

①记叙性材料信息要点：时间、地点、陈述对象和中心事件(含结果或意义)等。

②议论性材料信息要点：论题、论点、论据和论证方法等。

③说明性材料信息要点：介绍事物的形状、构造、类别、成因、性质、特征、功能等；阐释事理的概念、含义等。

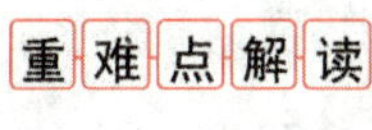

若是新闻材料，要根据新闻特点，把握导语，辅以主体，概括要点；若是一般材料，要辨析结构特点，看是总分式、层进式、并列式还是对照式，把握概括的重点或要点。

(3)分层提要

①分清层次。首先给段落划分层次，概括层意；其次辨别主次，留主舍次；最后压缩语段，连缀成句。

②提取要点。有些语段的信息是由中心句和关键句组成的。关键句是为中心句服务的，或从反面或从侧面论述观点，但都属旁敲侧击之句，而语段的中心句才是内容的核心。压缩时，只需将这个中心摘取出来，然后根据要求将多余的枝叶去掉即可。

③整合信息。有些语段中的信息不止一个，要点比较分散，筛选时便要分清相关信息、相同信息、不同信息，对相关信息进行补充，相同信息进行合并，不同信息进行分类。因此，在压缩语段时，要对原文信息要点加以整合，使得压缩全面、完整。

(4)审清材料

题目所提供的材料特点不同，概括重点就不同，表达方式就有别。

重难点解读

若是新闻材料压缩，就要紧扣陈述对象、中心事件和结果意义三要素概括，主要采用主谓结构或动宾结构的陈述句表述；若是一般材料的压缩，除采用主谓结构的陈述句外，还可采用并列结构、动宾结构、偏正结构的陈述句来表述；而给概念下定义，则需要按照下定义的格式表述，其格式多为"××（种概念）是××的××（属概念）"，多采用判断单句的形式。拟写完答案后要认真检查，主要看答案是否存在信息遗漏、信息交叉或超过规定字数等问题。

真题面对面

1.［2021江西初中，单，1分］下面不是这段新闻报道的主干信息的一项是（　　）

"科学也偶像"，科学家精神短视频征集活动由中国科协主办，于2019年5月启动，它以年轻人喜闻乐见的短视频形式，拉近公众和科学的距离。获奖的视频，真实地反映了科研工作者的工作和生活状态。视频中的主人公们，大多数并非传统意义上的科学名人，多是一线科研工作者。他们践行着"爱国、创新、求实、奉献、协同、育人"的科学家精神，向公众传递着他们的精神力量。经网友票选和线上线下两轮专家评审，确定了获奖名单。本次活动在全社会引起了弘扬科学家精神的宣传热潮，网友观看、投票、点赞已超过35亿次。

A."科学也偶像"科学家精神短视频征集活动启动。

B.主人公多为一线科研工作者。

C.经网友票选和线上线下两轮专家评审确定获奖名单。

D.活动主旨在于弘扬科学家精神。

答案：B。本段话讲了"'科学也偶像'科学家精神短视频征集活动"的主办方、开始时间、内容、意义、评审等内容。而B项的"主人公多为一线科研工作者"只是说了活动视频里的主人公，不属于主干信息。

2.［2020山东烟台莱州，积累与运用，1分］提取句子主干。

从宗教到哲学、从道德到法律、从文学到绘画、从戏剧到音乐、从城市到乡村，亚洲写下了传承千年的不朽巨著。

____

参考答案：亚洲写下了巨著。

二、仿写句子和变换句式 【简答】★★

考点1 仿写句子

模仿句子造句，表面上既是考查修辞手法，如比喻、排比等，也是考查句子的连贯承接。实际上这种题目涉及考生的分析审题能力、知识运用能力、遣词造句能力等，这就要求考生调动多方面的语文能力，如仔细审题、逻辑思考、联想表述等。

1. 常见题型

(1)续写式

例如:仿照句子,将句子补充完整。

(2)话题式

例如:仿照例句,以“××”为话题立意开头,并作为本体,写出两个句式相同的比喻句。

(3)开放式

例如:仿照例句的形式,写一个句子,内容自定。

2. 答题技巧

(1)根据句式、词性仿写

【示例】体会句式特点,在横线上写句子。

我们赖以生存的地球,自古以来就展开了绿色与黄色的殊死决战,哪儿充满绿色,哪儿必然水源充足,草木繁茂,那是生命滋衍的乐园;哪儿弥漫黄色,________,________,________。

【分析】前一句“哪儿充满绿色……”是从正面论述的,而且句子以六、八、四、九字组合内容,词性上以动宾短语、主谓短语为主,那么后一句就应该从反面进行阐述,不仅意思上要与前一句相对,而且要在字数、所用短语的类型上与上一句相对应。

(2)根据修辞仿写

这种仿写句先要分析所用的修辞,然后再用所要求的修辞去做。在不明确对象的前提下,切莫贸然做题。

【示例】仿照下面的句子续写一句话,构成排比句。

燕子去了,有再来的时候;杨柳枯了,有再青的时候;________,________。

【分析】前两句话中的事物“燕子”“杨柳”都是自然界中的事物,那么第三个句子就不能随便举别的事例,而要寻找一种相似的事物才能跟前面的句子形成内容及形式上的排比。

(3)根据内容仿写

【示例】仿照例句,将下面的句子补充完整。

没有理想的人,他的生活如荒凉的戈壁,冷冷清清,没有活力;没有理想的人,他的生活如________,________,________。

【分析】这个句子,前半句从生活的内涵方面举例,那么后面的句子可从生活的质量、情趣方面去仿写。

考点 2 变换句式

变换句式指根据题目要求在不改变句子意义的前提下,改变句子的表达方式。简言之,就是内容不变,形式变化。

1. 主动句与被动句的变换

(1)主变被动=宾语+被+主语+谓语。

(2)被变主动=被字结构(不含“被”字)+谓语+主语。

2. 陈述句与反问句的变换

(1)肯定陈述句变反问句=反问语气词+否定词+谓语+句号变问号。

(2)否定陈述句变反问句=去掉否定词+反问语气词+谓语+句号变问号。

3. 整句与散句的变换

(1)整句变散句的方法

①去掉重复内容,取消修辞手法:找出并去掉整句中各分句重复使用的词语;取消对偶、排比等修辞手法。

②调整句子:调整句子结构,使句子长短不一。

(2)散句变整句的方法

①确定参照句:分析语句特点,确定一个参照句,以此为基准句来调整改造其他句子。

②仿照参照句:仿写的句子要和参照句语法结构相同或相似,字数大体相等,整体构成对偶或排比。

4. 长句与短句的变换

(1)长句变短句的方法

①分散法:内容并列时,把每个分句的中心词作主语,再把定语移作谓语,分成几个独立的单句。

②反复法:内容同类性的,叠用修饰语,构成排比句或一般句式,分项陈说。

③分割法:内容呈现层次性的,把长句分割成几个不同层次的短句。

④借助法:即关联词法。去掉结构助词"的,所"之类,变偏正短语为主谓短语,然后借助关联词构成短句。

⑤提取主干法:先把长句主干提取使之成为一个短句,再将复杂的修饰语根据表达的意思化成几个短句。

(2)短句变长句的方法

与长句变短句的方法相反。先找出几个短语陈述的主要内容,再找出共有的部分做主干,然后把短语中的其他内容作为修饰语,或把短语中分别与中心语搭配的修饰语合并后再与中心语搭配。短句变长句常与下定义法结合考。

注:变换句式要确定主语,分清层次,组合成句不改变意义,不混淆句式分类的界限(对应变换),合乎语法逻辑。

真题面对面

[2019江苏扬州高邮,简答,5分]把下列长句改成几个较短的句子,可以改变语序,增删词语,但不得改变原意。

巴黎之行让我对法国作家和诗人维克多·雨果为建立法国文学创作者的著作权保护机构——法国文学家协会所做的工作,为促成制定保护文学艺术作品著作权的国际公约——《伯尔尼公约》做出的杰出贡献有了更深的了解。

参考答案:巴黎之行让我对法国作家和诗人维克多·雨果有了更深的了解。他在著作权保护方面做出了杰出的贡献。他促成了法国文学创作者的著作权保护机构——法国文学家协会的建立。他促成了保护文学艺术作品著作权的国际公约——《伯尔尼公约》的制定。

三、语言表达得体 【单选】★★

“得体”指的是能够恰当地使用语言，体现语境和语体的要求，选择恰当的词语、语体和语气。包括内容得体、目的合适、对象明确、手段得当、场合适宜等。

考点1 主要内容

1. 对象

(1)用语须符合说话者的地位、身份、教养、学识、生活阅历等特点。

(2)用语必须符合听话者的社会背景、文化知识、语言习惯、心理等特点。

(3)对象不同，措辞用语必须讲究说法和分寸，符合彼此在特定情境中的角色关系。

2. 场合

环境场合分为四种类型：(1)正式场合，说话要庄重、规范，用书面语；(2)工作场合，用语准确、简要，多用术语；(3)生活场合，说话自然、灵活，多用口语；(4)娱乐场合，说话风趣、生动。

3. 语体

语体指的是语言的特定表达方式，不同体裁类型的文体，在用语上往往有不同要求。语体辨别要注意以下几种情况：

(1)口语语体和书面语体不同。

(2)科学语体和文学语体不同。科学语体大量使用限定成分构成的长句，插入成分多；文学语体的特点是形象、生动，富于感染力，用语灵活。

(3)政治语体和事务语体不同。政治语体富于逻辑性，概念精确而严密，如报告、社论等；事务语体大都应用于公文，讲究简要、平实、程式化，常用习惯语。

4. 礼貌

用语要做到礼貌得体，主要注意两点：

(1)必须使用一些约定俗成的礼貌用语，例如：看望别人说“拜访”，陪伴朋友说“奉陪”，中途退席说“失陪”，求人帮忙说“劳驾”，请人指点说“赐教”，赞人见解说“高见”，等等。

(2)必须注意用准谦敬辞。谦辞只用于自己，敬辞只能用于他人。

考点2 常见的敬辞和谦辞

分类	字	组词	分类	字	组词
敬辞类	令	令尊、令堂、令郎、令爱	谦辞类	家	家父、家严、家母
	惠	惠顾、惠赠、惠存		舍	舍弟、舍妹
	垂	垂问、垂询、垂念、垂爱		愚	愚兄、愚见
	高	高见、高寿、高龄、高就、高朋		拙	拙作、拙见
	其他	久仰、劳驾、贵庚、斧正		其他	寒舍、见谅、鄙人

第一部分

真题面对面

1. [2022山西特岗,单,2分]下列交际用语使用得体的一项是( )

A. 我们美女帮你搬家,一定会让你的寒舍蓬荜生辉的。

B. 您的令郎和我的令爱,的确是一对佳偶。

C. 他一生专研,著作等身,享誉世界,今日从大洋彼岸回到母校,当年的同学大都已白发苍苍,执手相看,老泪纵横,“久仰了,久仰了!”。

D. 如果说黄某今日取得了什么成绩的话,那也是仰仗在座诸位的鼎力相助,承蒙厚爱,不胜感激。

答案:D。A项,寒舍:谦辞,对人称自己的家。不能用来称别人的家。B项,令爱:敬辞,称对方的女儿。称自己的女儿可以用“小女”,且应删去“您的”和“我的”。C项,久仰:客套话,仰慕已久,一般用在初次见面。形容老同学许久未见不合适。

2. [2020天津静海区,单,1分]下列各句中,表达得体的一句是( )

A. 李明将自己的作文交给文学社王老师,说:“奉上大作一篇,我才疏学浅,文中谬误一定不少,敬请老师批评指正。”

B. 我今天作为一个长者跟你们讲,也许有人会说这老家伙是在倚老卖老,但是我见得太多了,我有必要告诉你们一点人生的经验。

C. 令郎今年高考取得优异成绩,考上了他心仪的大学,多亏您悉心指导,我代表全家对您表示衷心的感谢。

D. 今天的活动也是两校师生交流的一个平台,我校文学院李教授也来到这里,并就今天的话题发表高见,请大家洗耳恭听。

答案:B。A项,“大作”为敬辞,此处形容自己的作文应用“拙作”。C项,“令郎”为敬辞,此处称呼自己的儿子应用“犬子”。D项,题干中的语境是“两校师生的一个交流平台”,因此我校教授发表讲话应用谦辞,而“高见”“洗耳恭听”均为敬辞,使用不当。

四、句子的选用 【单选】 ★

选用是根据不同对象、场合、目的等,为达到预期的表达效果而选择恰当的句子。

考点 1 选用连贯句式题的解题要点

1. 依据语境,依据需要,所选句式合乎语言简明、连贯、得体的要求。

2. 依据中心,根据侧重点来选择句式。

3. 依据题目要求来选择句式。

考点 2 解答语句衔接题的要求

①话题保持一致;②风格情调一致;③情理事理一致;④时间空间一致;⑤句式结构一致;⑥指代一致;⑦内容一致;⑧音节和谐一致。

真题面对面

[2021江西初中,单,1分]下列句子填在横线处最恰当的一项是(　　)

元代,年近八十的黄公望游历至富春江,感慨于这里的山水美景,于是长住下来,绘就了被誉为“画中之兰亭”的《富春山居图》。画卷上,天地静穆,远山微茫,江阔波渺,村舍茅亭之间,樵夫钓客的身影参差隐现,弥漫着萧散淡泊的诗意。________。

A. 凭借艺术的非凡力量,大自然之美获得了永恒的生命。

B. 艺术凭借非凡力量,使大自然之美获得了永恒的生命。

C. 大自然之美获得了永恒的生命,源于非凡的艺术力量。

D. 大自然之美获得了永恒的生命,释放出了非凡的艺术力量。

答案:A。这段话总的意思应该是:因为黄公望绘就了《富春山居图》,使得当时的富春江的山水美景永久地留存了下来。因此本题应选A项,“凭借艺术的非凡力量(黄公望绘就《富春山居图》),大自然之美获得了永恒的生命(至今留存)”。

五、句子的排序 【单选】 ★★★

考点1 句子排序的方法

1. 按逻辑顺序排列

事物本身都有着自己的发展规律,人们认识事物的一般规律或由易到难,或由浅入深,或由表及里,或由此及彼。考生要注意把握抽象意义在逻辑上的规律和顺序。

2. 按总分顺序排列

总分顺序包括分总、总分、总分总、先概括后具体等顺序。

3. 按空间顺序排列

空间顺序一般指的是由上到下、由左到右、由远及近、由外及里的顺序。有时候还会按照观察者的移步方位来写景。

记忆有妙招

排序题答题口诀:

排序题,并不难;通读题,前后看;有代词,往前串;同话题,连一连;找顺序,时空间;标志词,抓关键;内容上,要映现;排完了,先浏览;不通顺,再换换;对答案,笑开颜。

考点2 句子排序题的答题技巧

1. 认真阅读材料,明确体裁和中心

首先要认真阅读语段,明确体裁,把握语段特点。其次,明确材料的中心。思考语段是围绕什么中心展开的，抓住了中心，就抓住了要害。中心句常在段首，有时在段尾，极少在中间。最后，我们可以根据“中心句”或“总领句”来确定首句或尾句。对于描写性语段，一般要从描写对象、描写内容、描写角度、描写顺序、事物特点、段落结构等方面入手。

2. 理清思路

不同体裁的文章，思路也会有所不同：

（1）记叙文的句序常常以时间、空间或事情的发展过程（起因、经过和结果）为顺序。

（2）议论文的句序，常常把观点句放在前面，把材料句放在中间，把总结句放在后面，结构形式为提出问题、分析问题、解决问题。

（3）说明文同议论文一样，往往把事理句放在前面，把材料句放在后面，因为材料是用来说明事理的，材料的内部又遵循一定的顺序（时间、空间、逻辑）。

理清思路，有利于从整体上理顺句序。一段写景的顺序由观察的角度决定，是俯视、仰视、平视，还是从远到近、从上到下，是移步换景还是定点观察。写景的句子常用比喻、拟人等修辞手法，常采用整散结合的句式，讲究押韵、平仄、对称。

3. 抓语言标志，把握句子间的逻辑关系

从局部看，句与句之间往往呈现出并列、承接、解说、对比、递进、转折、因果、总分等逻辑关系。而这些关系往往体现在一些语言标志上。

（1）关联词语的呼应，或并列，或转折，或条件，或假设，或递进，或因果。

（2）暗示性词语的使用。①“同时”表并列，位置在后半句；②“与此同时”“与此相反”“反过来说”表示相反、相对关系，中间不可插入别的词语；③“首先”“其次”“再次”表示主次轻重的顺序，不可倒置；④“过去”“现在”“将来”表示时间先后；⑤“总之”“综上所述”“由此看来”表示要提出结论；⑥“诸如此类”表示综合。

（3）有指代意义的词语。有指代意义的词语往往紧跟在所指代的内容后面。

（4）句子之间的过渡、对应关系（内容上、形式上），也往往体现语言顺序的一致性。

（5）陈述对象前后一致。

抓住这些语言标志，可以把握句与句之间的逻辑关系，有利于尽可能多地确定出必然相连接的句子。

4. 联读语感检验

在完成前面三点后，将初步排成的段落连起来读一读，看语意是否连贯，有没有感觉不对的地方，如果有，给予调整，直到感觉流畅为止。

重难点解读

考生在作答句子排序题时，可按照以下答题步骤进行：

（1）根据语段内容确定首尾句；

（2）找出必须紧紧相连的句子；

（3）根据行文顺序进行排序。

真题面对面

1. [2022 湖南长沙岳麓区,单,2分]下列句子排序正确的一组是(　　)

①哲人说:你想的对象大,心就大;你想的对象小,心就小。

②空间小,心就会像小水洼,即使一阵微风,也能使之心神不宁;空间大,心就会像海一样,装得下十二级飓风,万丈狂澜。

③因此,从这个意义上来说,心灵空间的大小取决于一个人的思想、襟怀。

④宽容是一种美好的品行,它需要心灵有足够大的空间。

⑤也就是说心里想着绝望、仇恨与怀着向往、宽容,其心灵空间截然不同。

A. ④②①③⑤　　B. ①⑤②③④

C. ④②①⑤③　　D. ①②⑤④③

答案:C。③句句首为因果连词,前文与③句有因果关系且③句为总结句,当放文段末,故排除A、B两项。④句所提"宽容"与③句无法直接构成因果关系,所以排除D项。

2. [2021 山东菏泽,单,2分]将下列句子按顺序排列,正确的是(　　)

①人的一生要经历家庭教育、学校教育、社会教育。

②因此,家庭教育怎么开展,父母或者其他监护人应该做好哪些事情,这些需要在法律层面予以明确和规范。

③而家庭教育是每个人接受最早、时间最长、影响最深的教育;既是启蒙教育,又是终身教育。

④为家庭教育立法,是保护未成年人的需要。

⑤换言之,家庭是人生的第一所学校,家长是孩子的第一任老师,孩子接受什么样的教育,在很大程度上决定着他的人生底色和方向。

A. ①③⑤④②　　B. ③⑤①②④

C. ①②③⑤④　　D. ④①③⑤②

答案:D。通读每个句子可知,①句和③句是连在一起的,分别提出并解释了"家庭教育",排除B、C两项。而②句又与⑤句构成因果关系,应将⑤②连在一起,排除A项。

方法技巧　做此类试题时,首先要通读题干给出的句子,找出有利于排序的关键词,如关联词、标志词等,然后确定一定能相连的句子,再运用排除法选出正确的一项,最后将所有句子连读检验是否正确。

六、图文、表文转换　【语言表达】　★★

考点1　漫画类

1. 漫画的构成

漫画主要由标题、画面、寓意三个内容构成。

2. 命题角度

(1)描述画面

描述画面,具体来说就是用描述性的语言介绍画面的内容。

描述原则:整体意识,注意细节,注意对象,留意方位,按照顺序,采用恰当的表达方式。

例如:请说明下面漫画的画面内容,并揭示其中的寓意,不超过100字。

分析:画面上是一位妇女正在用水壶接水,从图上可以看出水龙头已经拧到最大了,但是流出的水很少,而且水滴成“SOS”形。“SOS”这个细节很重要,意在说明谁在向人类求救,同时也暗含呼吁人类保护水资源的寓意。

答案:①画面内容:一位家庭主妇,把水龙头拧到最大,流出的水却很少很少,一滴一滴呈现出“SOS”字形滴向下面的水壶。②寓意:淡水资源越来越匮乏,接近枯竭,向人类发出了求救信号;水情如此严峻,人类要珍惜水资源,否则,生存就会面临巨大困难。

(2)揭示寓意,拟写标题

例如:阅读下面的漫画,根据要求回答后面的问题。

①给这幅漫画拟一个标题。(不能用“无题”做标题)

②试用简洁的语言概括这幅漫画的寓意。(不超过20字)

分析:①读图,分析构图元素。图中是一只鸡,在吃着写有“公”字的碗里的粮食,却在为写着“私”字的筐下蛋。题目要求为漫画拟写标题、解释漫画主旨,主旨句可以是“下蛋有道”之类的句子。②联系现实,分析作者的创作目的。应是讽刺那些自私自利,损公肥私的社会现象。

答案:①下蛋有“道”。

②讽刺了社会上一些人损公肥私的不良现象。

考点 2 徽标类

解读徽标,要发挥自己的联想和想象能力,把抽象的徽标图案与其所属的活动组织联系起来,挖掘某些隐含性信息,从外形与内涵上来思考。徽标类解题方法有以下几点:

1. 观察分析徽标构图元素：外形、色彩。

2. 解说画面依一定的顺序：空间、逻辑。

3. 由表及里揭示象征意义：联想(行业特点)→象征义、寓意。

4. 语言表述正确规范得体：正确、简明、平实、清楚。(说明性语言)

例如：下面是“中国文化遗产”的徽标。请写出构图要素，并说明图像寓意。要求语意简明，语句通顺，不超过120字。

分析：徽标题要分析构图要素，要列举全面，尤其注意文字和图案。本题应将徽标里的所有构成要素，按照一定的顺序进行描述。看图可知，这一标志整体呈圆形。中心部分是一轮散发着光芒的太阳，太阳四周是四只神鸟，四只神鸟首尾相连，在绕着太阳飞舞。外围圆环上半部分是汉字“中国文化遗产”，下半部分是英文“China Cultural Heritage”的大写。

答案：中国文化遗产标志上方采用简体中文“中国文化遗产”，下方采用大写英文“China Cultural Heritage”；中间为“四鸟绕日”金饰图案。寓意：中国文化遗产标志代表着政府和人民对文化遗产的保护，表达的是追求光明、团结奋进、和谐包容的精神寓意。

考点3 图画类

描述时一定要仔细观察画面上的人或物的动作、表情、语言等，采用恰当的表达方式，按照一定的顺序描述。画面上有什么就描述什么，不要加入自己的看法，不宜进行想象虚构，只需把漫画内容客观地描述出来。

例如：《林教头风雪山神庙》一文，让我们真正感受到林冲身上的英雄气概。你对这一形象有怎样的认识？请结合下面这幅图画的内容对其进行描述。

要求：(1)侧重环境描写和肖像描写，并结合使用议论。(2)运用排比修辞和反问句式。(3)结构完整，语言简明、准确、生动。

分析：画面中的场景是一片白茫茫的雪地，林冲在雪地上行走，他的肩上有一条长枪，上面挑着一只酒葫芦，从披风的姿态看，还有风在吹动。由此展开联想和想象，可以通过环境描写和对人物动作等细节描写去丰富内容，也可以运用比喻、排比等修辞手法进行描述。

答案：林冲走在雪地里，凛冽的寒风吹动着他的英雄鬓，纷纷大雪烘托着他的英雄气，深仇大恨澎湃着他的英雄血。看，一条长枪，挑着一只酒葫芦，他的骨子里透着倔强。嗬，好一派英雄气概！鹅毛般的大雪，将大地铺成了一块辽阔的洁白地毯，这样的背景，难道不是在为英雄渲染一种悲壮的氛围吗？难道不是在为勇者烘托一种无畏的气概吗？

考点4 表文转换（图表类）

表文转换是指把图表内容转化成文字表述。表文转换有以下几个步骤：

1. 整体认读图表内容

关注图表题目、表头，把握图表大主题或方向。图表式的要兼顾图表的各个要素（比较对象、比较角度、项目、各种数据及其变化特点），坐标曲线图要抓住曲线变化的规律，柱状、饼式图要抓住各要素的比例分配及变化情况。

2. 归纳认读结果

注意在表达中不能出现语病。特别是在反映事物变化或规律时，选用词语要准确。如表明增长趋势的词语有“增长（加）了”“增加到”“增长了××倍”等；表明下降趋势的词语有“减少了”“减少到”“减少了（百分数、分数）”等，注意表下降趋势的词语后不能跟倍数词。又如表示程度范围概念的词语有“近一半（约50%）”“大部分（比例约在55%～70%）”“绝大多数（比例占70%以上）”“所有”“约××成”等。

此外，在做表文转换类型的题时，要重视数据的变化或数据之间的关系，尤其要重视数据相差较大的比较项。这些往往是问题的体现，是观点的源头。

例如：下面是中国烹饪协会发布的一项餐饮消费数据，请从中式快餐消费者的角度，简要说明柱状图的主要内容。要求语意简明，句子通顺，不出现具体数字，不超过85个字。

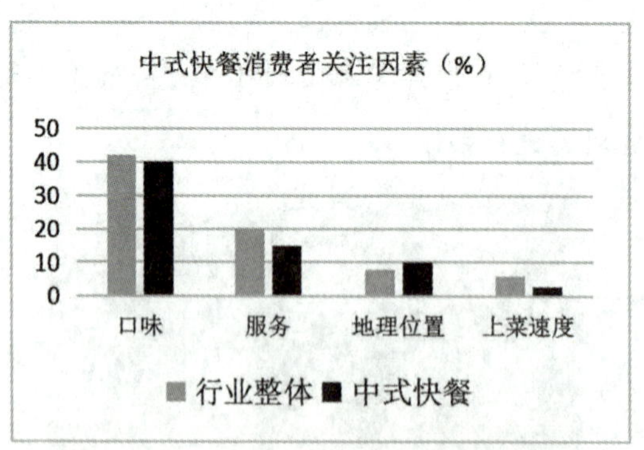

分析：本题中的柱状图，横坐标提供了四项消费者关注因素，每个关注因素中均包含两条不同图例的数据柱，分别代表“行业整体”和“中式快餐”；纵坐标则通过读数和数据柱的长短，表示消费者对上述四项关注因素的关注度高低。从“行业整体”和“中式快餐”各自的角度看，可以看出中式快餐消费者对中式快餐与行业整体的关注因素有相同的变化规律，关注度依次为口味、服务、地理位置和上菜速度；从“行业整体”和“中

式快餐”对比的角度看，可以得出中式快餐消费者对地理位置的关注度高于行业整体，对其他因素的关注度则低于行业整体。

答案：①中式快餐消费者对中式快餐与行业整体的关注因素相同，依次为口味、服务、地理位置和上菜速度；②对地理位置的关注度高于行业整体，对其他因素的关注度则低于行业整体。

考点 5 流程图

清晰交代流程，常用“首先”“其次”“然后”“主要”等用语。用好流程图中的关键信息词，做到不遗漏。连缀成句，做到流畅自然。

例如：下面是某校电子阅览室的阅读流程图，请把这个图转写成一段文字介绍，要求内容完整，表述清楚，语言连贯，不超过90字。

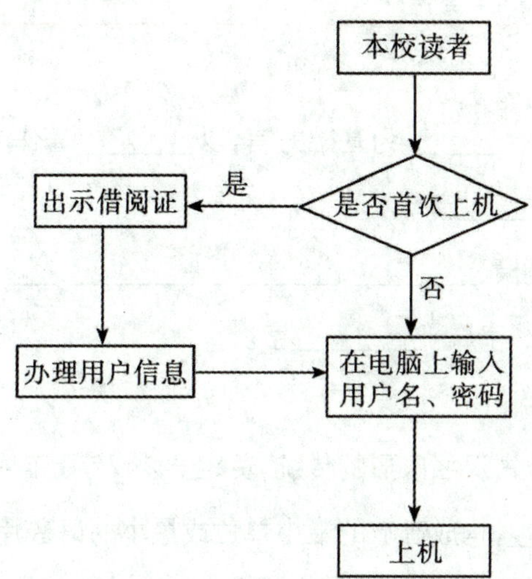

分析：读图，注意图中箭头的指示以及文字说明。根据箭头的指示应按照从上到下的顺序进行说明，本校读者上机可分两种情况，如果是第一次上机，就要出示借阅证，然后再办理用户信息，接下来在电脑上输入用户名和密码之后，就可上机阅读；如果不是，就在电脑上直接输入用户名和密码就可上机。

答案：本校读者如果是首次上机阅读，首先要出示借阅证，然后办理用户信息，在电脑上输入用户名和密码之后，就可上机阅读。如果不是首次上机阅读，只需在电脑上输入用户名和密码就可上机。

核心考点回顾

1. 现代汉语有哪些特点？（参见本书P21）
2. 变调有哪几种类型？（参见本书P28）
3. 字音的辨析方法与识记方法有哪些？（参见本书P30）
4. 汉字六书分为哪几种？（参见本书P35）
5. 字形辨析的具体方法是什么？（参见本书P37）
6. 从语素结构上分，词有哪几类？如何判断？（参见本书P40）
7. 词语要如何辨析？（参见本书P44）

8. 根据组成短语的词与词之间不同的结构关系，可以把短语分为哪几类？（参见本书P56）

9. 病句有哪几种类型，要如何辨析？（参见本书P61）

10. 标点符号的分类和注意事项有哪些？（参见本书P67）

11. 常见的修辞格有哪些特征？易混修辞格之间要怎么辨析？（参见本书P71）

达标测评

建议用时	实际用时	测评总分	实际得分
80分钟	____分钟	120分	____分

一、填空题（每空1分，共20分）

1. 普通话以________为标准音，以________为基础方言，以________著作为语法规范。

2. “知识”zhīshi这样的音节是________音节。

3. 汉字的基本笔画有五种，分别是横、________、________、________、________。

4. 从造字方法上看，“济、领、草、架”字属于________字。

5. “忐忑”是单纯词中的________。

6. 从汉字形体的演变历史看，打破古汉字象形的传统，奠定方块汉字基础的是________。

7. 语音的基本结构单位是________，构成音节的最小单位或最小的语音片段是________。

8. 成语的特征是________、________和________。

9. 现代汉语有________和________两种不同的形式。

10. 普通话的语流音变中，以轻声、________、________的音变最为重要。

二、单项选择题（每小题3分，共60分）

1. 下列词语中，加点字的读音完全正确的一项是（　　）

A. 羞赧(sè)　怃然(wǔ)　一哄而上(hòng)　魂不守舍(shè)

B. 休憩(qì)　隽永(juàn)　咸与维新(yù)　如法炮制(pào)

C. 箭镞(zú)　干瘪(biě)　惴惴不安(zhuì)　熏陶渐染(jiān)

D. 锃亮(zèng)　搁下(gě)　少不更事(gēng)　暴殄天物(tiǎn)

2. 下列词语中，加点字的读音完全相同的一项是（　　）

A. 楷书／铠甲　踽踽／越俎代庖　诀别／一蹶不振

B. 婢女／裨益　莽菜／暴殄天物　盘踞／前倨后恭

C. 沮丧／矩形　髀骨／刚愎自用　装潢／巧舌如簧

D. 绦虫／韬略　熨帖／长吁短叹　福祉／趾高气扬

3. 下列词语中,没有错别字的一项是(　　)

A. 签署　挑战　炉火纯青　义无反顾　　B. 疆域　浮燥　废寝忘食　脚踏实地

C. 检验　蕴藏　丰衣足食　身先仕卒　　D. 指责　详尽　无与论比　落荒而逃

4. 下列句子中,没有错别字的一项是(　　)

A. 我既刻伸手折断了蝴蝶的一只翅骨,又将风轮掷在地下踏扁了。

B. 在风中,她的脸是那么黝黑,她的手是那么粗糙,她的眼睛是那么黯淡。

C. 那个陈应达,据说已经在联系下学期的转学事宜。

D. 贾里把同学们的情况反应给了校董会。

5. 依次填入下面一段文字横线处的语句,衔接最恰当的一项是(　　)

在中国人眼里,人生有四件大事——衣、食、住、行。把衣放在首位,为什么? ________。________,________,________,________。

①古人常言"修身""齐家""治国""平天下"

②而它的起点"修身"当然不能缺少对身体的包装行为

③即必须首先从外表上塑造出具有儒家风范的形象

④因为在礼仪之邦,衣是脸面、包装,是身份的体现

⑤这是士人儒生的人生信念与行为准则

A. ①②⑤④③　　B. ③⑤④①②

C. ④①⑤②③　　D. ④①③②⑤

6. 下列加点的字属于单体字的是(　　)

A. 烂漫　B. 善良　C. 方圆　D. 摧毁

7. 下列词语中"一"字在朗读时,变调类型不相同的一项是(　　)

A. 一言为定　B. 一见如故　C. 一般　D. 一碗

8. 下列各句中加点成语使用正确的一项是(　　)

A. 今天,当阳市烟集花海天色碧蓝,格桑花、薰衣草盛放,引来大量游客赏花、观景并立此存照。

B. 一些直播平台,以猎奇低俗内容取悦观众、吸引眼球,这从长远看,是一种饮鸩止渴的错误路径,对于整个行业的健康发展无益。

C. 宜昌司机邓艾民舍己为人、忠于职守,受到省政府的表彰,给我们树立了榜样。长此以往,将有更多的人在他的激励下弘扬社会主义核心价值观。

D. 当飞机上的乘客和机组人员看到三位中国乘客出手施救的外籍女子苏醒后,都拍手称快,用掌声向参与救治的三名中国乘客致敬。

9. 下列句子中,加点成语使用恰当的一项是(　　)

A. 各位学员从哪所学校来,又实际编排在哪一兴趣班,他都洞若观火,一清二楚。

B. 合作小组协力攻关,无暇他顾,有人却趁机大肆侵吞攻关成果,坐收渔人之利。

第一部分

C. 如果美国政府对我方的严正申明仍然置若罔闻，一意孤行，最后必将自食其果。

D. 这一批年轻的科学家，正以无所不为的勇气不懈行进在追求科学真理的征程上。

10. 依次填入下列各句横线处的词语，最恰当的一组是(　　)

①摆脱了功利之争，田园山水诗人便有了一种恬静________的心境。

②由于公司上下精打细算，仅第一季度就________经费近百万元。

③过去，凡是作弊的行为，都令人________，可是今天，小到一般的考试作弊，大到学术科研的作弊，有的人竟然习见不惊。

A. 淡薄　　节余　　不耻　　　　B. 淡泊　　结余　　不耻

C. 淡薄　　结余　　不齿　　　　D. 淡泊　　节余　　不齿

11. 下列句子中，标点符号使用正确的一项是(　　)

A. 很多企业热衷于广告宣传，极力掩饰自己最终目的及商品缺点，大肆宣传那些微不足道的地方，从而让顾客认为企业宣传的都是优质产品，这就让顾客在心理上产生了放大镜效应。

B. 学习数学光靠制订考分目标是没有多少意义的，考量一下自己的基础知识究竟扎不扎实？反思一下自己的做题习惯到底符不符合规范？这对下一阶段的继续学习并提高考分才更有意义。

C. 所谓“望其项背”，意为能看见别人颈项和背脊，这说明距离不大；要强调距离悬殊，应采用否定式，说成“不能望其项背”“难以望其项背”，或者反问式，如“怎能望其项背”。

D. 议论文语言的鲜明性主要表现在两个方面：一是论点的表述要鲜明，决不含含糊糊、模棱两可。二是赞成什么，反对什么，爱憎分明，褒贬判然，使读者从字里行间即不难领会到作者的倾向性。

12. 下列各句中，标点符号使用正确的一项是(　　)

A. “且慢，让我来看一看罢，”他于是往来的摸了一回，直起身来说道，“偷我们的罢，我们的大得多呢。”

B. 随着年龄的增长，随着知识结构的变化，一个人读书的选择自然而然地会有所调整；但贯穿始终的应是兴趣。

C. “我几乎还不会作文呢?”他惊讶地叫道。

D. 哪一种办法省时间，我们能一眼看出第一种办法好，后两种办法都“窝了工”。

13. 下列各句中，没有语病的一句是(　　)

A. 大气污染防治行动计划实施以来，我国空气质量恶化趋势得到一定治理，京津冀等重点区域大气环境质量改善初见成效。

B. 考古工作者在发掘的大汶口文化遗物中，一幅太阳从山巅升起中间云烟缭绕的画格外引人注目，据说这是我国最古老的“旦”字的写法。

C. 近年来，虽然政府已经加大了对高校毕业生自主创业的扶持力度，但对于刚刚起步的毕业生来讲，减少税收额度和提供少量的借贷资金，并不能起到实质上的帮扶作用。

D. 未来的数字货币要在保护隐私和打击违法犯罪行为之间找到平衡点，尤其针对洗钱、恐怖主义等犯罪行为要保留必要的遏制。

14. 下列句子中没有语病的一项是(　　)

A. 近期,全国各地频发骗取客户密码、实施网银盗窃案件。网络金融安全遭到破坏,一时间高度引发广大网民关注。

B. 美国医疗协会出版的一份专门刊物中指出,一剂对人体无害的广泛使用的综合药物,在患者服用之后,会持续地破坏维生素C达3个星期以上。

C. 最近,北京的社区店除了食品、药物和日常零售外,又出现了一些家居品牌社区店,开始为居民提供各类家居用品。

D. 如果在公共领域可以没有证据地、恶意地怀疑普通公民的善行,行善者就会人人自危,社会就将出现无人行善的尴尬局面。

15. 下列各项句子中运用了"借喻"这一修辞手法的是(　　)

A. 野花遍地是:杂样儿,有名字的,没名字的,散在草丛里,像眼睛,像星星,还眨呀眨的。(《春》)

B. 空中,半空中,天上,自上而下全是那么清亮,那么蓝汪汪的,整个的是块空灵的蓝水晶。(《济南的冬天》)

C. 我似乎打了一个寒噤;我就知道,我们之间已经隔了一层可悲的厚障壁了。我也说不出话。(《故乡》)

D. 从未见过开得这样盛的藤萝,只见一片辉煌的淡紫色,像一条瀑布,从空中垂下,不见其发端,也不见其终极。(《紫藤萝瀑布》)

16. 下列诗句中所使用的修辞手法与其他三项不同的一项是(　　)

A. 不知细叶谁裁出,二月春风似剪刀。　　B. 江流宛转绕芳甸,月照花林皆似霰。

C. 霜禽欲下先偷眼,粉蝶如知合断魂。　　D. 吊影分为千里雁,辞根散作九秋蓬。

17. 下列各组汉字造字法完全相同的一项是(　　)

A. 本　末　刃　雨　　B. 神　舟　飞　跑

C. 休　尘　森　歪　　D. 鸟　水　学　山

18. 下列语句的复句关系与其他三项不同的是(　　)

A. 由于各拱相连,所以这种桥叫作联拱石桥。

B. 既然你犯错了,就应该主动承认。

C. 凉风,即使是一点点,也给了人们许多希望。

D. 由于一两个零件没完成,耽误了一台复杂机器的出厂时间。

19. 下列短语结构完全相同的一项是(　　)

A. 征服沙漠　变成荒漠　非常荒凉　　B. 地中海沿岸　充足的水分　西方文明的摇篮

C. 主要作用　狂风肆虐　垦荒伐木　　D. 特别强烈　空气干燥　地势平坦

20. 下列全部属于单纯词的一项是(　　)

A. 星星　眼看　秋千　　B. 胆怯　江湖　分寸

C. 坦克　沙发　奥林匹克　　D. 人物　国家　崎岖

三、判断题(每小题1分,共10分)

1. 汉语音素a和o的发音不同,造成这种发音差异的因素是音高。 (   )

2. 语素是语言中最小的音义结合体。 (   )

3. “澎湃”是单纯词,由一个语素构成。 (   )

4. 现代汉语包括多种方言和民族共同语,其中汉语方言主要分为七大方言区。 (   )

5. “芭”为形声字,“丝”为会意字,“山”为象形字,“国”为指事字。 (   )

6. “肺”的第六笔是“横”。 (   )

7. “他觉得不舒服”中的“他”是主语。 (   )

8. “你应该考虑一下自己的做法是否正确。”这句话是反问句。 (   )

9. “辛勤劳动”“资源匮乏”“空气污染”“道德高尚”这四个短语中,“辛勤劳动”与其他三个词结构不同。 (   )

10. “他们的心在战栗,只不过还想尽量安慰自己罢了——就像鲁滨逊在荒岛上发现陌生人的脚印时竭力想把它看作是自己的脚印一样。”句中的破折号表示话题转变。 (   )

四、简答题(每小题5分,共15分)

1. 什么是变调? 汉语中有哪些变调现象? 请简要说明。

2. 语音具有哪几种属性?

3. 简要分析汉字的特点。

五、语言运用题(共25分)

1. 下面文字有三处推断存在问题,请参照①的方式,说明另外两处问题。(5分)

“起跑线恐慌”是现在众多家长的心理感受。一到假期,甚至平时课余时间,有些家长盲目跟风给孩子报各种辅导班,因为在很多家长眼中,知识教育的起跑线已经提前,必须抢跑。孩子只有学了更多的知识才能开发智力,现在拓宽知识面,才能保证以后的学习成绩更好,将来也就一定能更好地适应渐趋激烈的社会竞争。

①学更多的知识不一定就能开发智力。

②________________________________

③________________________________

2. 阅读下面的问卷调查统计表,根据其中反映的情况,回答下面的问题。(不得出现数字)

某大学寝室成员关系调查

非常融洽	比较融洽	不好也不坏	不太融洽	非常糟糕
26.43%	56.07%	14.64%	1.43%	1.43%

影响寝室成员关系原因

心理因素	家庭背景	生活习惯	情感因素	个人价值观
26.47%	5.75%	21.92%	16.19%	29.67%

(1)请根据表一，概括该大学寝室成员相处情况。(4分)

(2)请根据表二，给即将迈入大学开始寝室生活的同学们提三条建议。(总数不超过50字)(6分)

3. 在下面一段文字横线处补写恰当的语句，使整段文字语意完整连贯，内容贴切，逻辑严密。每处不超过15个字。(6分)

考古学是利用古人遗迹遗物重建古代历史的学科，尽管先民的物质遗存作为古史研究的直接史料有益于重建古代物质文化的历史，但仅满足于人类物质文化历史的建设，①________。理由很简单，人类社会的历史不仅包括物质文化历史，也应包括精神文化历史，我们不仅要关心古人是如何生活的，②________。这意味着真正的考古学研究，③________，同时更要通过这些物质遗存研究先民精神文化的成果。

4. 下面是一段关于茶文化传播的文字，请予以压缩。要求保留关键信息，句子简洁流畅，不超过50个字。(4分)

我国茶文化自古经“茶马古道”传播。红茶是最早传入西方的贸易商品，广受青睐。小仲马《茶花女》中玛格丽特就十分喜爱红茶，玛格丽特·米切尔的《飘》中常出现品鉴红茶的场景。至今西方人对茶的认识仍以红茶为主，茶文化并未随着贸易往来而广泛传播。随着信息时代的到来，顺应文化的多元发展，寻求新的传播方式已成为弘扬传统茶文化的主要任务之一。

参考答案及解析

一、填空题

1. 北京语音；北方话；典范的现代白话文
2. 整体认读
3. 竖；撇；点；折
4. 形声
5. 双声联绵词
6. 隶书
7. 音节；音素
8. 意义的整体性；结构的凝固性；风格的典雅性
9. 口语；书面语
10. 儿化；变调

二、单项选择题

1. C [解析]A项，羞赧(nǎn)。B项，如法炮制(páo)。D项，撂下(liào)。

2. C [解析]A项，加点字分别读作kǎi / kǎi，jǔ / zǔ，jué / jué。B项，加点字分别读作bì / bì，tián / tiǎn，jù / jù。C项，加点字分别读作jǔ / jǔ，bì / bì，huáng / huáng。D项，加点字分别读作tāo / tāo，yù / xū，zhǐ / zhǐ。

3. A [解析]B项,“浮燥”应为“浮躁”。C项,“身先仕卒”应为“身先士卒”。D项,“无与论比”应为“无与伦比”。

4. C [解析]A项,“既刻”应为“即刻”。B项,“黝黑”应为“黝黑”。D项,“反应”应为“反映”。

5. C [解析]由前句中的“为什么?”可知下一句应是对问句的回答,④是对该问题的回答,故应接④,排除A、B两项。比较③⑤,可以看出⑤是对①的总结,而③是对整个语段的总结,排除D项。故选C。

6. B [解析]A、C、D三项的加点字都是合体字。

7. B [解析]B项是去声变调,“一”读阳平;其他三项都是非去声的变调,“一”读去声。

8. B [解析]A项,立此存照:立下这个(契约、字据),保存起来以备查考核对(旧时契约等文书中的习惯用语)。不符合语境。B项,饮鸩止渴:用毒酒解渴,比喻只求解决目前困难而不顾严重后果。符合语境。C项,长此以往:老是这样下去(多就不好的情况而言)。不符合语境。D项,拍手称快:多指仇恨得到消除。不符合语境。

9. C [解析]A项,洞若观火:形容看得清楚明白。这里指对各位学员的情况了解得非常清楚,不合语境。B项,渔人之利:借指第三方利用另外两方的矛盾冲突而取得的利益。这里“合作小组协力攻关,无暇他顾”与成语所说的语境不符,使用错误。C项,置若罔闻:放在一边儿不管,好像没听见一样,形容不重视,不关心。此处用于指责美国政府对我方的严正申明采取不理睬的态度,符合语境。D项,无所不为:没有什么不干的,指什么坏事都干。该词是贬义词,用来修饰科学家的勇气属于褒贬色彩失当。

10. D [解析]淡泊:恬淡,不追求、不热衷。淡薄:(感情、兴趣等)不浓厚,(印象)因淡忘而模糊。根据前文“摆脱了功利”,用“淡泊”更适合。结余:结算后余下。节余:因节约而剩下。由前文“公司上下精打细算”可知用“节余”。不齿:不与同列;不看作同类(表示鄙视)。不耻:不顾羞耻;不以为有失体面;不以为耻。语境是大家对作弊行为看法的过去和现在对比,由后文“竟然习见不惊”可知前面要用“不齿”。

11. C [解析]A项,“放大镜效应”是特定称谓,应加双引号。B项,两个问号所在的句子没有疑问语气,两个问号应改为逗号。D项,冒号一般管到句终,“模棱两可”后的句号改为分号。

12. A [解析]B项,整个句子是一个单重复句,分号应改为逗号。C项,没有疑问语气,表示惊讶用感叹号。D项,“哪一种办法省时间”是个问句,是设问,后面是回答,故应用问号。

13. C [解析]A项,搭配不当,“趋势”与“治理”不搭配,将“治理”改为“控制”。B项,中途易辙,第一分句主语是“考古工作者”,第二分句主语是“一幅……画”。D项,成分残缺,“遏制”后加“手段”。

14. D [解析]A项,语序不当,“高度”是修饰“关注”的状语,应放在“关注”之前。B项,“达”与“以上”语义矛盾,不合逻辑;“无害”与“破坏维生素C”语义矛盾。C项,不合逻辑,“食品、药物和日常零售”不能并列;整个句子中途易辙,“又出现了一些家居品牌社区店”的主语应该是“北京”,而前面句子的主语是“北京的社区店”。

15. C [解析]借喻是比喻的一种,是以喻体来代替本体,本体和喻词都不出现。A项,明喻,将野花比喻成眼睛、星星。B项,暗喻,将整个景色比喻成蓝水晶。C项,借喻,喻体是“厚障壁”,代指“我”和闰土之间形成的感情距离。D项,明喻,将紫藤萝比喻成瀑布。故选C。

16. C [解析]其他三项运用的修辞手法中都有比喻。C项，诗人把“偷眼”“断魂”等描写人的动作的词语用在“霜禽”“粉蝶”上，赋予其以人的灵性，故该句运用了拟人的修辞手法。

17. C [解析]A项，“本”“末”“刃”是指事字，“雨”是象形字。B项，“神”是会意字，“舟”“飞”是象形字，“跑”是形声字。C项均是会意字。D项，“鸟”“水”“山”是象形字，“学”是会意字。

18. C [解析]A、B、D三项均为因果复句。C项为假设复句。

19. B [解析]A项，“征服沙漠”“变成荒漠”为动宾短语，“非常荒凉”为偏正短语。B项，全部为偏正短语。C项，“主要作用”为偏正短语，“狂风肆虐”为主谓短语，“垦荒伐木”为并列短语。D项，“特别强烈”为偏正短语，“空气干燥”“地势平坦”为主谓短语。

20. C [解析]A项，“眼看”是合成词。B项均是合成词。C项均是单纯词。D项，“人物”“国家”是合成词。

三、判断题

1. × [解析]ɑ和o均属于舌面元音，但受舌头的升降伸缩、唇形的展扁圆敛、口腔的开闭等影响，其共鸣器形状各不相同，因而音色不同，发音相异。

2. √ [解析]语素是语言中最小的音义结合体，无法再分解成更小的意义单位。

3. √ [解析]“澎湃”拼音为“péngpài”，声母相同，为双声连绵词，为一个语素。

4. √ [解析]现代汉语是现代汉民族所使用的的语言，包括多种方言和民族共同语，汉语方言主要分为北方方言、吴方言等七大方言区。

5. × [解析]“国”为会意字。

6. × [解析]“肺”的第五笔是“横”，第六笔是“竖”。

7. √ [解析]略。

8. × [解析]反问句是用疑问的句式，表达肯定的观点，该句并没有明确表述自己的观点，因此为陈述句。

9. √ [解析]“辛勤劳动”属于偏正结构，其他三个属于主谓结构。

10. × [解析]句中的破折号起解释说明的作用。

四、简答题

1. [参考答案]在朗读中，有些音节的声调起了一定的变化，与单念时调值不同，这种变化叫作变调。常见的变调主要有以下三种类型：

(1)上声的变调。①上声音节的字单念或在词语的末尾的时候，调值不变。②两个上声相连，前一个上声调值变阳平(35)；在原为上声改读轻声的字音前，则有两种不同的变调，有的变阳平(35)，有的变半上声(21)。③三个上声相连，根据词语内部层次的不同有两种变调：一种是第一音节调值变读为半上声，第二调值变读为阳平；另一种是前两个音节调值都变读为阳平。④在非上声的前面和由非上声变读为轻声的音节前，调值由上声变为半上声。

(2)去声的变调。两个去声相连，前一个如果不是重读音节则变读为半去声。

(3)特殊字音“一、不”的变调。①“一、不”单念或用在词句末尾，以及“一”在序数中，声调不变，仍读原调：“一”念阴平，“不”念去声。②在去声前，一律读阳平。③在非去声(阴平、阳平、上声)前，“一”读去声，

“不”仍读去声。④“一、不”嵌在相同的动词的中间,读轻声。

2. [参考答案](1)物理属性。音波是由物体振动而产生的,语音也不例外。语音同其他声音一样,具有音高、音强、音长、音色四个要素。

(2)生理属性。语音是由人的发音器官发出来的,发音器官及其活动决定语音的区别。

(3)社会属性。语言是社会现象,作为语言的物质外壳,语音本质上也是一种社会现象。社会属性是语音的本质属性。

3. [参考答案](1)汉字属于表意体系的文字。

(2)汉字是形体复杂的方块结构。

(3)汉字分化同音词能力强。

(4)汉字有超时空性。

五、语言运用题

1. [参考答案]②现在拓宽知识面不一定就能保证以后的学习成绩更好。

③现在拓宽知识面不一定就能更好地适应渐趋激烈的社会竞争。

2. [参考答案](1)该大学寝室中,大多数学生相处融洽。

(2)①大学生要养成良好的生活习惯,培养良好的个人修养;②保持健康、平和的心态;③树立正确的价值观。(言之有理即可)

3. [参考答案]①显然不足以重建一段完整的历史;②更要关心他们是如何思考的;③既要揭示先民的物质创造

4. [参考答案]我国茶文化传播历史悠久,但传统传播方式有局限性,因此信息时代要寻求新的传播方式。

测评结果建议

亲爱的考生:

利用阶段测试,可以巩固复习成果,同时起到查漏补缺的效果,实现高效备考的目标。针对不同的测评成绩及时调整备考策略,是我们探索出的一套行之有效的备考方法。

以下应对方案适用于各章末尾的“达标测评”,期望您“对号入座”,科学备考。假如您的正确率在70%以下,说明目前您的基础知识还不达标,掌握得不太全面,建议您静下心来,保持空杯心态,若能结合山香教育“基础精讲班”系列网课协同复习,会为您的上岸考编打下更加坚实的基础;假如您的正确率在70%到90%之间,建议您再抓一下关键考点,若能结合山香教育全能备考“提升篇”系列图书协同复习,会使您的学习效率事半功倍;假如您的正确率在90%以上,那么恭喜您测评基本达标,建议您保持学霸的学习模式,开启下一章的学习。小香祝您早日圆梦!

——山香教育

第二章　古代汉语

思维导图

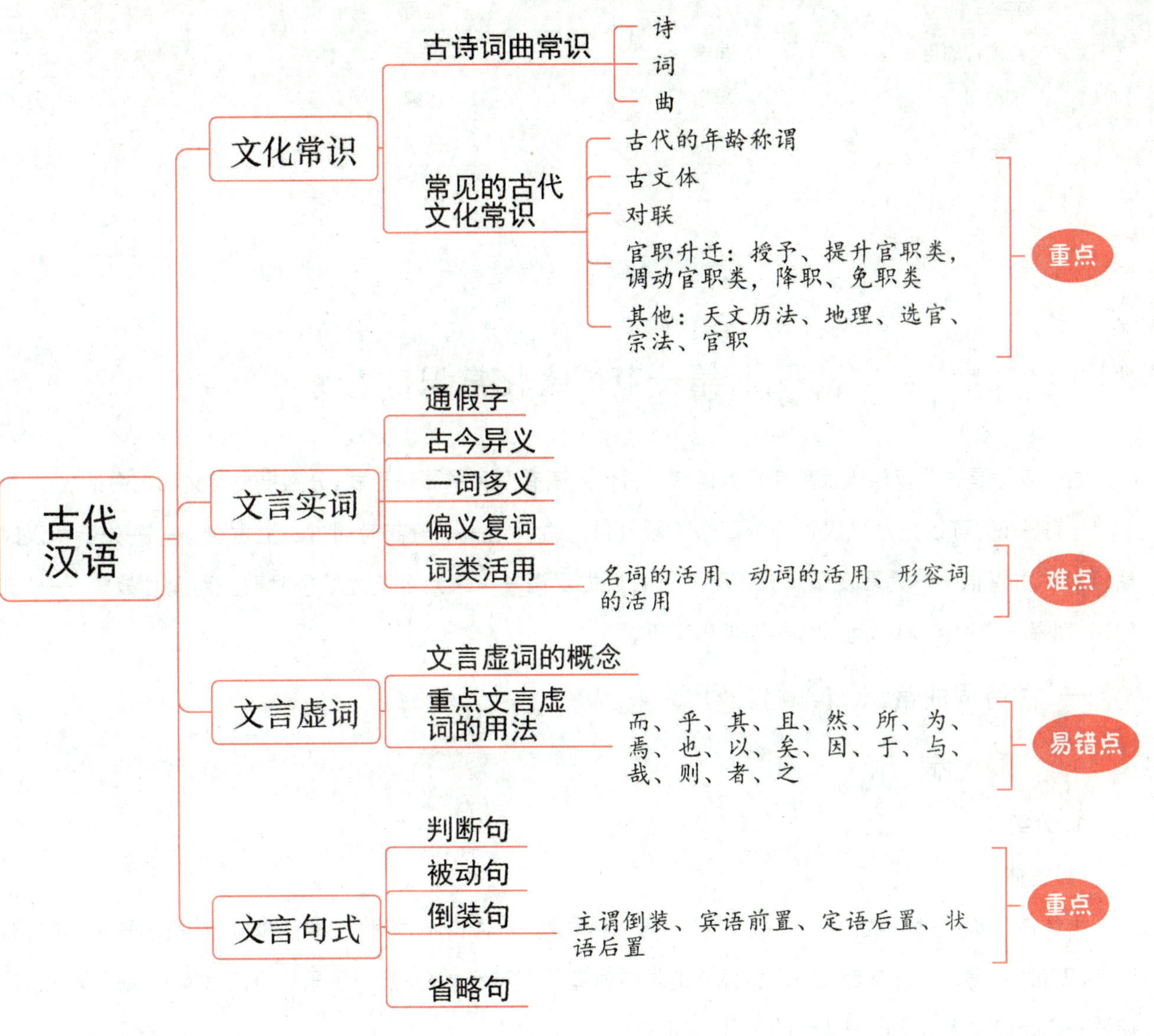

第一部分

考向分析

本章主要介绍古代汉语，特点是内容较多，需要识记、理解和运用的知识多，在考试中多以客观题的形式考查。现对本章考向分析如下：

高频考点	常考题型	能力层级	考查热度
常见的古代文化常识	单选、判断	识记	★★★
词类活用	单选	运用	★★
重点文言虚词的用法	单选	识记	★★★
被动句	单选	理解	★★
倒装句	单选	理解	★★★

第一节　文化常识

古代汉语是古代汉族人民所使用的语言。古代汉语有两种书面语形式，分别是文言文和古白话。

一般来说，可以把古代汉语分为四个阶段：(1)远古汉语——殷商时期；(2)上古汉语——先秦两汉时期；(3)中古汉语——魏晋及隋唐五代时期；(4)近古汉语——宋元至鸦片战争时期。而鸦片战争——“五四”时期是一个过渡阶段，可称作早期现代汉语。

一、古诗词曲常识 【判断】 ★

考点 1 诗

1. 分类

(1)古体诗

古体诗又称“古风”“古诗”，有“歌”“行”“吟”等体裁。古体诗不讲对仗，押韵较自由，篇幅长短不限，有四言、五言、六言、七言、杂言之分。古体诗的发展轨迹是：《诗经》→楚辞→汉乐府→魏晋南北朝民歌→建安诗歌→陶诗等文人五言诗→唐代的古风、新乐府。

(2)近体诗

与古体诗相对的近体诗又称“今体诗”“格律诗”，是初唐之后形成的一种诗歌体裁，其字数、句数、平仄、用韵等都有严格规定，讲究平仄对仗。主要分为以下两种：

①“绝句”每首四句，五言的简称五绝，七言的简称七绝。

②“律诗”每首八句，五言的简称五律，七言的简称七律，超过八句的称为排律(或长律)。

2. 诗律

(1)近体诗的押韵

近体诗的押韵是很严格的。一般是上句不用韵(首句可用可不用),下句用韵。用韵的地方在诗句的句末,称为韵脚。近体诗在用韵上有两个特点:一是只押平声韵,押仄声韵的极少,可视为例外。二是不能"出韵",必须一韵到底,中间不得换韵,并且邻韵一般不得通押。

(2)近体诗的平仄

平指平声,仄指上、去、入三声。五言律诗的四种基本平仄格式是:仄仄仄平平;仄仄平平仄;平平仄仄平;平平平仄仄。七言律诗是在五言律诗前加上相反的平仄构成它的基本平仄格式:平平仄仄仄平平;平平仄仄平平仄;仄仄平平仄仄平;仄仄平平平仄仄。

(3)近体诗的对仗

对仗就是按照字音的平仄和字义的虚实,以及词性、语法结构,成对偶的语句类型:工对和宽对,正对和反对,流水对,借对,等等。

考点2 词

词又称为诗余、长短句、曲子、曲子词、乐府等。其特点是调有定格,句有定数,字有定声。按字数不同可分为:**长调**(91字及以上)、**中调**(59~90字)、**小令**(58字及以内)。词有单调和双调之分,双调就是分两段,两段的平仄、字数是相等或大致相等的,单调只有一段。词的一段叫一阕或一片,第一段叫前阕、上阕、上片,第二段叫后阕、下阕、下片。

1. 词的用韵

词的用韵方式是多样的,有的一首一韵,有的一首多韵;押韵的位置也不固定,有的一句一韵,有的两三句一韵不等。词调不同,用韵方式也不同,一般有一韵到底和中间换韵两大类。

2. 词的平仄和句式

词同样讲究平仄,并且对平仄的要求比诗更加严格。要"字有定声",有些地方规定必平或必仄,不能违背。

3. 词的对仗

相连的两句字数相同时,词人经常用对仗手法,尤其是每篇开头的两句。同一作者,同一词调,在同一位置上不一定都用对仗,这主要看内容和表达的需要;词的对仗近于散文的对偶,可以不论字的平仄,既可以平对仄、仄对平,也可以平对平、仄对仄,还允许同字相对。

4. 词牌名

词牌名,又称词牌、词格,是填词用的曲调名。常见词牌名有"西江月""虞美人""卜算子""念奴娇""鹧鸪天""渔家傲""定风波""一剪梅""浪淘沙""水调歌头""忆秦娥"等。

考点3 曲

曲又称为词余、乐府。曲的体制具体表现为以下六个方面:

1. 宫调

宫调是指中国古代音乐的调式，南北曲常用的有五宫四调，通称九宫或南北九宫，曲的每一个宫调都有各自的风格，或伤悲或雄壮，或缠绵或沉重。元曲中的戏曲套数和散曲套数，是由两支以同一宫调的不同曲牌相连而成。

2. 曲牌

曲牌，俗称“曲子”，是对各种曲调的泛称，各有专名，如“点绛唇”“山坡羊”，每一个曲牌都有一定的曲调、唱法，同时也规定了该曲的字数、句法、平仄等。

3. 曲韵

曲在用韵上有以下特点：平仄通押，不避重韵，一韵到底。有借韵、暗韵、赘韵、失韵等。

4. 平仄

曲在用字的平仄上比诗词更加严格，且特别注重每首末句的平仄。

5. 对仗

曲的对仗要求比较自由，可平仄相对，也可平声相对，即平声对平声，仄声对仄声。曲的对仗形式有“两字对”“首尾对”“衬字对”等十三种，在语言的运用和词序组合上有许多特点，主要表现在：有工对也有宽对，但宽对的现象更普遍；句中自为对；错综成对或倒字为对，如“忠臣不怕死，怕死不忠臣”；以俗语入对。

6. 衬字

所谓“衬字”指的是在曲律规定的字数之外所增加的字，它不受音韵、平仄、句式等曲律的限制，衬字一般用于句首。曲与词最显著的区别是有无衬字，有衬字的是曲，没有衬字的是词。

真题面对面

[2019重庆沙坪坝区，判断，1分]《江城子·密州出猎》是苏轼的词，其中“江城子”是词牌名，“密州出猎”是题目；《山坡羊·潼关怀古》则是张养浩的曲，“山坡羊”是曲牌名，“潼关怀古”是题目。(　　)

答案：√。要注意词和曲、词牌名和曲牌名的区分。

二、常见的古代文化常识　【单选、判断】★★★

考点1　古代的年龄称谓

(1)汤饼之期：汤饼之期指婴儿出生三日。旧俗小儿出生三日，设筵招待亲友谓之“汤饼筵”，也作“汤饼宴”“汤饼会”。

(2)总角：古代儿童把头发分成左右两半，形如羊角，叫总角，后来用“总角”指代童年时代。

(3)黄口：古代户役制度称小孩为黄，隋代以不满三岁的幼儿为黄，唐代以刚生的婴儿为黄。后来，将十岁以下儿童皆泛称为“黄口”。

(4)垂髫：古代儿童犹未冠时头发自然下垂，因而就用“垂髫”指童年或儿童。

(5)豆蔻：指女子十三四岁。文人以未开的豆蔻花形容女子的娇柔清丽。如杜牧诗：“娉娉袅袅十三余，豆蔻梢头二月初。”故称女子十三四岁为“豆蔻年华”。

(6)及笄：古代女子一般到十五岁以后，就把头发盘起来，并用簪子绾住，表示已经成年。

(7)束发：古代男孩成童时束发为髻，因以“束发”为成童的代称，通常十五岁始称成童。

(8)弱冠：古代男子二十岁行冠礼，以示成年，但体犹未壮，故称“弱冠”。

(9)而立(而立之年)：孔子曰：“吾十有五而志于学，三十而立，四十而不惑，五十而知天命，六十而耳顺，七十而从心所欲。”后来用“而立”指人三十岁。

(10)艾：古代用为对老年人的尊称。《礼记·曲礼上》也有“五十曰艾”一说。

(11)花甲：花甲一词出自中国古代历法，古代历法以六十年为一循环，一循环称为一甲子，因干支名号繁多且相互交错，又称花甲。后称年满六十为“花甲”。

(12)耄耋：七十至九十岁的年纪，泛指老年。如：耄耋之年。

(13)期颐：指一百岁。“期颐”是人寿至“百岁”的特称。《礼记·曲礼上》：“百年曰期，颐。”

真题面对面

[2020山西忻州，判断，0.5分]“总角”指的是古时男子未成年时的发型，常用来指儿童时代。(　　)

答案：×。古代儿童把头发分成左右两半，形如羊角，叫总角，后来用“总角”指代童年时代。“总角”并不是单单指男童。

考点2　古文体

1. 表(议论文)：奏议的一种。奏议：古代臣属进呈帝王的奏章的统称。它包括奏、议、疏、表、对策等。

2. 说(议论文)：是一种议论性的古代文体，大多是就一事、一物或一种现象抒发作者的感想，写法上不拘一格，行文崇尚自由活泼，有波澜起伏，篇幅一般不长，跟现代杂文颇为相似。

3. 记(记叙文)：杂记。包括：①山川、景物、人事杂记。描写山川、景物和人事的。②笔记文。以记事为主，它的特点是篇幅短小，长的千字左右；内容丰富，有历史掌故、遗闻逸事、文艺随笔、人物短论、科学小说、文字考证、读书杂记等。

4. 铭(称颂功德，记叙文)：用于述功纪行或警戒劝勉，文辞精练，有韵，读来铿锵有力；体制短小，最短者不足十字，与格言颇相似。

5. 序(记叙文)：赠序。古代送别各以诗文相赠，集而为之序的，称为赠序。

6. 传(记叙文)：记述个人生平事迹的文章。一般来说多为记述那些在历史上较有影响而事迹突出的已死的人物生平事迹。多采取叙述、描写等手法，展示人物的生平风貌。这种文体，惯用于史书。

真题面对面

[2021浙江金华、绍兴诸暨，判断，1分]序是一种文体，有书序和赠序之分，《送东阳马生序》是文学家宋濂写给同乡后学马生的临别赠言。(　　)

答案：√

考点3 对联

对联，汉族的传统文化之一，是写在纸、布上或刻在竹子、木头、柱子上的对偶语句。对联形式多样，有正对、反对、流水对、联球对、集句对等。

1. 对联的特点

(1)字数相等，断句一致。除有意空出某字的位置以达到某种效果外，上下联字数必须相同，不多不少。还须注意的是，上下联一般不能出现相同的字。

(2)词性相对，位置相同。一般称为"虚对虚，实对实"，就是名词对名词，动词对动词，形容词对形容词，数量词对数量词，副词对副词，而且相对的词必须在相同的位置上。

(3)句式相同。主要有两大特征：上下联相对应的词性要相当；上下联的句型、短语结构要相应。

(4)语意相关。要求上下联的意脉必须相互关联，如同双峰对峙，二水分流，和谐统一在一个意境之中。

(5)平仄相对，音调和谐。传统习惯是"仄起平落"，即上联末句尾字用仄声，下联末句尾字用平声。现代汉语中，凡属"阴平""阳平"的字都为"平"，凡属上声和去声的字都为"仄"，平仄要求没有古代那么严格。但上联末尾用仄声，下联末尾用平声一定不能混淆。

2. 常考题型及解题方法

(1)补拟下联

给出一个上联，按照题干要求内容拟写下联。通常与课文名人名篇密切相关，具有同时考查文学常识与对联拟写的作用。

(2)诗文对句

将某一诗文名句作为上联，要求考生从指定诗文篇目中找出一个既意蕴相通又对仗工整的句子来作对。它具有考查考生修辞辨析和名句名篇识记的双重功能。

(3)对联分析

通常给出一副对联，让考生分析对联描写的人物或适用场景。

3. 解题方法

(1)细心审题

要写出符合要求的对联，不能忽视题干上明示或暗示的信息。如题干要求写节日相关的对联，必须要符合节日习俗；写特定场所的对联，也要体现场所的特点或功能等。

(2)联句工稳，合律流畅

根据对联的特点，找出平仄相对，结构相等，字数相同的对句。

(3)联想想象

联想，如由花朵联想到美人(相似)，由"旧习"联想到"新风"(相反)，由"园丁"联想到"桃李"(相关)，由自然联想到社会人生(具体与抽象)。

想象，如运用比喻、拟人、象征等方法，化静为动，化抽象为生命，让天地万物充满灵性与情感，让人与自然心意相通。

(4)以文作联,注重意境

要将一副对联当作一篇完整的文章对待,注意立意。对联形式很重要,但不能只重形式而损害对联的思想感情。

(5)注重积累

平时要注意积累相关知识,掌握足够的文学常识,在作答对联分析题时能事半功倍。

真题面对面

[2022浙江杭州,单,3分]绍兴兰亭景区有一副楹联,上联为:雅集鸿文传百代。从下列选项中找出它的下联是(　　)

A. 列坐放言无古今　　　　B. 流觞韵事足千秋

C. 流觞却异永和人　　　　D. 必至群贤泽万事

答案:B。题干中"雅集鸿文"是两个偏正词语组成的并列短语,"传"是动词,"百代"是数量词。根据对联要求对仗的规则判断,B项符合要求。

第一部分

考点4 官职升迁

1. 授予、提升官职类

(1)征:皇帝征聘社会知名人士充任官职。

(2)辟:由中央官署征聘,然后向皇帝推荐,任以官职。

(3)举、荐:由地方官向中央举荐品行端正的人,任以官职。

(4)赏:由皇帝特旨颁布,赐予官职、官爵或爵位。

(5)拜:任命、授予官职,多指帝王授臣下以官职。

(6)除:任命、授职。一般指免去旧职,授予新职。

(7)擢:在原官的基础上提拔。

(8)简、拔:提升本来没有官职的人。

(9)察:考察和推举。

(10)陟:升迁,指官吏的升迁和提拔。

2. 调动官职类

(1)迁:调动官职,一般指提升。(2)转、徙、调:调动官职。(3)补:补充空缺官职。

3. 降职、免职类

(1)贬:降职。(2)谪:被流放或降职。(3)放、出:京官外调。(4)左迁:降职。(5)罢、免:免去官职。(6)黜、废:罢官、贬退。

真题面对面

[2020山东威海荣成,单,1分]下列有关传统文化知识不正确的一项是(　　)

A. 古人称自己一方亲属朋友用家或舍,如家父、家母、家兄、舍弟、舍妹、舍侄。

B. 左迁为升职调动。

C. 刎颈之交指同生死共患难的朋友。

D. 古代百姓称谓有布衣、黎民、庶民、苍生和氓。

答案:B。B项,左迁为降低官职。考生易混淆“迁”和“左迁”。

方法技巧　“迁”指调动官职,一般指提升。“左迁”,犹言下迁,汉代贵右贱左,故将贬官称为左迁,将升官称为右迁。

第一部分

考点5　其他

类型	名称	解释
天文历法	二十八宿	又叫二十八舍或二十八星,是古人为观测日、月、五星运行而划分的二十八个星区,用来说明日、月、五星运行所到的位置。
	干支	干支是天干、地支的合称。天干:甲、乙、丙、丁、戊、己、庚、辛、壬、癸。地支:子、丑、寅、卯、辰、巳、午、未、申、酉、戌、亥。十干和十二支依次相配,组成六十个基本单位,古人以此作为年、月、日、时的序号,称为“干支纪年法”。
	朔	又称新月,指农历每月初一。
	望	即“望日”,指农历每月十五前后。既望指农历每月十六日,表示满月后一天。
	晦	晦指农历每月的最后一天,朔日的前一天。
	三元	三元是中国传统节日上元节、中元节、下元节的合称。三元节分别为农历正月十五、七月十五与十月十五。
	社日	古人祭祀土地神的节日。每年立春后的第五个戊日为春社日,立秋后的第五个戊日为秋社日。
	寒食	即寒食节,亦称“禁烟节”“冷节”“百五节”,相传是晋文公为了纪念介子推而设。在清明节前一或二日。在这一日,禁烟火,只吃冷食,所以叫作“寒食节”。在后世的发展中逐渐增加了祭扫、踏青、秋千、蹴鞠、牵勾、斗鸡等风俗。
	端午	亦称“端五节”“端阳节”,时间在每年农历五月初五。风俗有插艾蒲、吃粽子、饮雄黄酒和在小儿衣襟上系香袋等,以期禳灾疫,去虫毒。南方各省区节前还举行龙舟竞渡等娱乐活动。
	三伏	初伏(农历夏至后第三个庚日是初伏的第一天)、中伏(第四个庚日是中伏的第一天)、末伏(立秋后第一个庚日是末伏的第一天)。
	中秋	农历八月十五日,有祭月、赏月、吃月饼、玩花灯、赏桂花、饮桂花酒等民俗。
	重阳	农历九月初九,有登高的风俗,常在此日祭祖与推行敬老活动。重阳节与除夕、清明、盂兰盆节(即中元节)三节也是中国传统节日里祭祖的四大节日。
	除夕	农历一年最后一天晚上,“除”是除旧布新之意。一年的最后一天叫“岁除”或“除日”,所以那天晚上叫“除夕”。

续表

类型	名称	解释
地理	阴阳	古代以山南、水北为阳，以山北、水南为阴。
	江表	指长江以南地区。
	山东	战国、秦、汉时称崤山或华山以东的地区为山东，一说指太行山以东地区，或指战国时除秦以外的六国。
	朔漠	指北方的沙漠地区，也可单称“朔”，泛指北方。
	百越	居于长江中下游以南各个越族的合称。古文中常泛指南方地区。
	京畿	指国都及其周围千里以内的地区。
	三辅	西汉分治京畿地区三种职官(京兆尹、左冯翊、右扶风)的合称，也指其所辖地区。泛指京城附近地区。
	两都	汉代指长安、洛阳，又叫“两京”。
选官	乡试	明清两代每三年在各省省城(包括京城)举行的一次考试，因在秋八月举行，故又称秋闱。主考官由皇帝委派，考后发布正、副榜，正榜所取的叫举人，第一名叫解元。
	会试	明清两代每三年在京城举行的一次考试，因在春季举行，故又称春闱。考试由礼部主持，皇帝任命正、副考官，各省的举人及国子监监生皆可应考，录取三百名为贡士，其中第一名叫会元。
	殿试	科举制最高级别的考试，皇帝在殿廷上，对会试录取的贡士亲自策问，以定甲第。录取分为三甲：一甲三名，赐“进士及第”的称号，第一名称状元(鼎元)，第二名称榜眼，第三名称探花；二甲若干名，赐进士出身；三甲若干名，赐同进士出身。二甲第一名称传胪，一、二、三甲统称进士。
	及第	及第指科举考试应试中选，应试未中的叫落第、下第。
	连中三元	科举考试以名列第一者为元，在乡、会、殿三试中连续获得第一名，被称为“连中三元”。
	察举	汉代选拔官吏的一种制度。由侯国、州郡的地方长官在辖区内随时考察、选取人才，推荐给上级或中央，经过试用考核，再任命官职。
	征辟	汉代擢用人才的一种制度。征，是皇帝征聘社会知名人士到朝廷充任要职。辟，是中央官署的高级官僚或地方政府的官吏任用属吏，再向朝廷推荐。
	孝廉	汉代察举制的科目之一。孝廉是孝顺父母、办事廉正的意思。实际上察举多为世族大家所垄断，他们互相吹捧，弄虚作假。
宗法	考妣	旧时父亲死后称“考”，母亲死后称“妣”。
	丧服	旧时居丧穿戴的服饰。根据与死者关系的亲疏，分为五等，称作“五服”，包括“斩衰”“齐衰”“大功”“小功”“缌(sī)麻”。
	期功	古代丧服的名称。期，服丧一年。功，指大功和小功，服丧时间分别为九个月和五个月。
	七庙	历代帝王为维护宗法制度，设七庙供奉七代祖先，太祖庙居中，左三昭，右三穆。后以“七庙”为王朝的代称。
	太庙	天子的祖庙。
	伯仲叔季	古代兄弟或姊妹间依长幼排行时，习惯上以伯、仲、叔、季为序。一般来说，“伯”是老大，“仲”是老二，“叔”是老三，“季”是最小的。
官职	三省	三省为中书省、门下省、尚书省。隋唐时，三省同为最高政务机构，一般中书省管决策，门下省管审议，尚书省管执行，三省的长官都是宰相。中书省长官称中书令，下有中书侍郎、中书舍人等官职；门下省长官称侍中，下有门下侍郎、给事中等官职；尚书省长官为尚书令，下有左、右仆射等官职。

第一部分

续表

类型	名称	解释
官职	六部	尚书省下辖六部：吏部，管官吏的任免、考课、升降、调动等事；户部，管土地户口、赋税财政等事；礼部，管典礼、科举、学校等事；兵部，管军事；刑部，管司法刑狱；工部，管工程营造、屯田水利等事。各部长官为尚书，副职为侍郎。下设郎中、员外郎、主事等官职。
	九卿	汉时以太常、光禄勋、卫尉、太仆、廷尉、大鸿胪、宗正、大司农、少府为九卿。历代略有变动，迄于清皆因之。
	监谏官	监察官，代表君主监察各级官吏的官吏。秦汉掌管监察机构的御史大夫或御史中丞，明代的则为左右都御史。谏官，对君主的过失直言规劝并促使其改正的官吏。汉有谏议大夫，唐增设补阙、拾遗。
	文史官	一般分为翰林学士，侍读学士、侍讲学士，博士，太史。翰林学士，唐初设，是皇帝最亲近的顾问兼秘书官。侍读学士、侍讲学士，为帝王、皇子讲学之官。博士，学官名，战国始，秦汉相承，晋置国子博士，唐设太子博士等，后世沿置。太史，史官之长，掌修史及天文历法等。秦汉设太史令，汉代为太常之属官，掌管天文历法。
	州郡官	秦汉的主要行政区是郡。郡的长官，秦称郡守，汉称太守。隋唐的主要行政区是州，州官称刺史，属官有别驾、治中、长史、司马等。唐代司马一职常用来安排遭贬斥的官员，如柳宗元、白居易等。宋代州官称知州（欧阳修自称太守，其实是滁州知州）。明清改州为府，称知府。
	中央派员	汉代设州，全国分十几个州，中央派官员刺探情况，称刺史。隋唐时，全国分十几个道，中央派官员前往巡视，称黜陟使；又聚边境数州为一镇，设节度使。宋代时，全国分二十左右路，路中设转运使等官职。元代设省，地方最高行政机构叫行中书省。明代改称承宣布政使司。清代的中央派员则称巡抚、总督。

真题面对面

[2022江西高中，单，1.5分]下列有关古代文化常识表述正确的一项是（　　）

A. 五常：仁、义、礼、智、信。六礼：古代从议婚到结婚回娘家的六种礼节。

B. 青衿：代称学子。连中三元：在乡、会、殿三试中连续获得第一名。

C. 总角：指童年或儿童。期颐：指一百多岁老人，“期”是期待，“颐”是供养。

D. 众子：嫡长子以外的诸子。绶带：古代官员接受朝廷隆重表彰的服饰。

答案：B。A项，六礼是汉族传统的婚姻仪礼，指从议婚至完婚过程中的六种礼节，即纳彩、问名、纳吉、纳征、请期、亲迎。C项，期颐：指一百岁老人，“期”是期待，“颐”是供养。D项，绶带：古代用来系官印等物的丝带。

第二节　文言实词

一、通假字　【单选、判断】★★★

通假字是古人在书写时用同音代替的办法写成的别字，有三种情况：一是同音通假，如“以”通“已”；二是双声通假（两个字声母相同），如“莫”通“暮”；三是叠韵通假（两个字韵母相同），如“属”通“嘱”等。这是古汉语中特有的一种语言现象，常见的通假字表现形式为“×通×”（或“×同×”）。通假字与本字一定是音同

或音近的，联系上下文意思讲不通时，可考虑该字为通假字。值得注意的是，通假字是约定俗成的，不能随意指定某字为通假字。

下表为考试中常见的通假字：

句子	通假字	句子	通假字
尊君在不？（《陈太丘与友期行》）	“不”通“否”。	便要还家。（《桃花源记》）	“要”通“邀”，邀请。
不亦说乎？（《〈论语〉十二章》）	“说”通“悦”，愉快。	左手倚一衡木。（《核舟记》）	“衡”通“横”。
吾十有五而志于学。（《〈论语〉十二章》）	“有”通“又”，用于整数和零数之间。	北冥有鱼。（《北冥有鱼》）	“冥”通“溟”，海。
其人舍然大喜。（《杞人忧天》）	“舍”通“释”，解除、消除。	选贤与能。（《大道之行也》）	“与”通“举”。
对镜帖花黄。（《木兰诗》）	“帖”通“贴”。	四支僵劲不能动。（《送东阳马生序》）	“支”通“肢”。
荡胸生曾云，决眦入归鸟。（《望岳》）	“曾”通“层”。	食马者不知其能千里而食也。（《马说》）	“食”（第一个）通“饲”，喂。
两岸连山，略无阙处。（《三峡》）	“阙”通“缺”，空隙、缺口。	才美不外见。（《马说》）	“见”通“现”。
蝉则千转不穷。（《与朱元思书》）	“转”通“啭”，鸟鸣，这里指蝉鸣。	系向牛头充炭直。（《卖炭翁》）	“直”通“值”，价钱。
窥谷忘反。（《与朱元思书》）	“反”通“返”，返回。	百废具兴。（《岳阳楼记》）	“具”通“俱”，全、皆。
寒暑易节，始一反焉。（《愚公移山》）	“反”通“返”，往返。	属予作文以记之。（《岳阳楼记》）	“属”通“嘱”，嘱托。
曾益其所不能。（《生于忧患，死于安乐》）	“曾”通“增”。	玉盘珍羞直万钱。（《行路难》）	“羞”通“馐”，美味的食物；“直”通“值”，价值。
困于心，衡于虑。（《生于忧患，死于安乐》）	“衡”通“横”，梗塞、不顺。	故患有所不辟也。（《鱼我所欲也》）	“辟”通“避”，躲避。
仓鹰击于殿上。（《唐雎不辱使命》）	“仓”通“苍”。	万钟则不辩礼义而受之。（《鱼我所欲也》）	“辩”通“辨”，辨别。
往之女家，必敬必戒，无违夫子！（《富贵不能淫》）	“女”通“汝”，你。	为宫室之美、妻妾之奉、所识穷乏者得我与？（《鱼我所欲也》）	“得”通“德”，感恩、感激；“与”通“欤”，语气词。
甚矣，汝之不惠。（《愚公移山》）	“惠”通“慧”，聪明。	乡为身死而不受。（《鱼我所欲也》）	“乡”通“向”，先前、从前。
军士吏被甲。（《周亚夫军细柳》） 同舍生皆被绮绣。（《送东阳马生序》）	“被”通“披”，穿着。	矜、寡、孤、独、废疾者皆有所养。（《大道之行也》）	“矜”通“鳏”，老而无妻。
入则无法家拂士。（《生于忧患，死于安乐》）	“拂”通“弼”，辅佐。	孰视之。（《邹忌讽齐王纳谏》）	“孰”通“熟”，仔细。
暴霜露。（《六国论》）	“暴”通“曝”。	故不孝不慈亡。（《兼爱》）	“亡”通“无”。
知者不惑。（《〈论语〉十二章》）	“知”通“智”。	徐以杓酌油沥之。（《卖油翁》）	“杓”通“勺”。

真题面对面

1. [2021 江西初中,单,1分]下列句子加点字解释不正确的一项是(　　)

A. 不亦说乎　说:通"悦",愉快。

B. 略无阙处　阙:通"缺",缺少。

C. 军士吏被甲,锐兵刃　被:通"披",穿着。

D. 卜者知其指意　指:通"旨",意图。

答案:B。B项,阙:通"缺",空隙、缺口。

2. [2021 浙江金华、绍兴诸暨,判断,1分]"乡为身死而不受"中的"乡"是通假字,解释为"先前""以前"。(　　)

答案:√。乡:同"向",先前、从前。

第一部分

二、古今异义 【单选】 ★

所谓"古今异义"词,主要是指那些古今字形相同而意义用法已经不同的词,尤其是差别细微、容易被忽略的词。

考点1 古今异义的类型

类型	概念	举例
词义扩大	同样的词语在古代词义范围较小,而在现代词义范围扩大了。	"江"和"河"在古代是专有名词,指"长江"和"黄河";现在泛指一切河流。
词义缩小	同样的词语在古代词义范围较大,而在现代词义范围缩小了。	"金"在古代泛指一切金属;现在专指黄金。
词义转移	同样的词语在古代是一个意思,到了今天却变成另外一个意思。	"烈士"在古代指"有操守有抱负的男子";现在则专指为革命事业献身的人。
词义弱化	同样的词语在古代词义程度较深,而在现代词义程度较浅。	在古代"小病"称为"疾","大病"才称为"病";现在二者的意思相差无几。
词义强化	同样的词语在古代词义程度较浅,而在现代词义程度较深。	"恨"在古代是"遗憾、不满"的意思;现在则强化为"仇恨、怨恨、悔恨"的意思。
感情色彩变换	在词义演变过程中,部分词语所包含的感情色彩发生了变化。	"卑鄙"在古代指地位低下,见识浅陋,并没有贬义;现在的"卑鄙"则指品质恶劣,变为贬义词。
名称说法改变	在古代用来表示某一含义的词语,到现代已经不再使用,而是换用其他词语来表示。	"目"现在已改用"眼睛"一词,"寡不敌众"中的"寡"现在已改用"少"字。

考点2 常见的古今异义词

注:所举例子均为古义的例子。

字词	古今义	举例
走	今义:离开。 古义:跑。	双兔傍地走,安能辨我是雄雌?(《木兰诗》)

续表

字词	古今义	举例
但	今义：常用作转折词，但是。 古义：只是。	但少闲人如吾两人者耳。(《记承天寺夜游》)
谢	今义：感谢；脱落。 古义：道歉。	长跪而谢之。(《唐雎不辱使命》)
亡	今义：死。 古义：逃跑。	今亡亦死，举大计亦死，等死，死国可乎？(《陈涉世家》)
亲戚	今义：跟自己家庭有婚姻关系或血统关系的家庭或它的成员。 古义：内外亲属。	臣所以去亲戚而事君者，徒慕君之高义也。(《廉颇蔺相如列传》)
妻子	今义：男女两人结婚后，女子是男子的妻子。 古义：妻子和子女。	率妻子邑人来此绝境。(《桃花源记》)
非常	今义：异乎寻常的，特殊的；十分，极。 古义：意外的变故(名词)。	所以遣将守关者，备他盗之出入与非常也。(《鸿门宴》)
所以	今义：表示因果关系。 古义：用来……的，……的凭借。	师者，所以传道受业解惑也。(《师说》)
无论	今义：表示在任何条件下结果都不会改变。 古义：不要说，更不必说。	问今是何世，乃不知有汉，无论魏晋。(《桃花源记》)
卑鄙	今义：(语言、行为)恶劣，不道德。 古义：社会地位低微，见识短浅。	先帝不以臣卑鄙，猥自枉屈，三顾臣于草庐之中。(《出师表》)
牺牲	今义：为了正义的目的舍弃自己的生命；放弃或损害某些利益。 古义：指祭祀用的纯色全体牲畜。	牺牲玉帛，弗敢加也。(《曹刿论战》)
地方	今义：某一区域，空间的一部分，部位；部分。 古义：土地方圆。	今齐地方千里。(《邹忌讽齐王纳谏》)
故事	今义：真实的或虚构的用作讲述对象的事情，有连贯性，富吸引力，能感染人。 古义：旧事。	下而从六国破亡之故事。(《六国论》)
可怜	今义：值得怜悯；怜悯；不值得一提。 古义：可爱。	可怜体无比，阿母为汝求。(《孔雀东南飞》)
以为	今义：认为。 古义：把……当作。	虎见之，庞然大物也，以为神。(《黔之驴》)
可以	今义：表示可能或能够。 古义：可，可以；以，凭，靠。	忠之属也，可以一战。《曹刿论战》)

三、一词多义

“一词多义”有两层含义：一是指一个词具有多个义项，一是指一个词可能属于不同的词类。要掌握一词多义，首先要在阅读实践中不断地积累、归纳和整理，主要是要熟记典型例句(包括成语)，在阅读理解时类比推断；其次要借助词的本义、引申义、比喻义以及假借义的知识，在特定的语境中揣测其含义。

四、偏义复词

偏义复词指一个复音词由两个意义相关或相反的语素构成，但整个复音词的意思只取其中一个语素的意义，而另一个语素只起到构词的作用。例如："契阔谈讌，心念旧恩。""契阔"中的"契"是投合，"阔"是疏远，在这里是偏义复词，偏用"契"的意义。"契阔谈讌"就是说两情契合，在一处谈心宴饮。"此诚危急存亡之秋也"偏义在"亡"，"存"是衬字。

五、词类活用 【单选】 ★★

考点1 名词的活用

1. 名词的使动用法

名词的使动用法指宾语所代表的人或事物成为这个名词所代表的人或事物。例如：《鸿门宴》中"先破秦入咸阳者王之"，该句中的"王"译为"使……为王"。

2. 名词的意动用法

名词的意动用法指主语主观上把宾语所代表的人或事物看作这个名词所表示的人或事物。例如：《赤壁赋》中"况吾与子渔樵于江渚之上，侣鱼虾而友麋鹿"，该句中的"侣""友"分别译为"以……为伴侣""以……为朋友"。

3. 名词活用为动词

类型	例句	翻译
名词+宾语	籍吏民，封府库。（《鸿门宴》）	登记官吏、百姓，封闭了贮藏财物、兵甲的处所。
副词+名词	江水又东。（《水经注·江水》）	江水又向东流。
能愿动词+名词	假舟楫者，非能水也，而绝江河。（《劝学》）	凭借船桨的人，并不会游水，却能横渡江河。
名词+补语	沛公军霸上。（《鸿门宴》）	沛公在霸上驻扎军队。
名词充当连动式谓语的组成部分	孙讨虏聪明仁惠，敬贤礼士。（《赤壁之战》）	孙权聪明仁德，尊敬贤者，礼遇士人。
叙述句的谓语部分找不到动词或其他词语作谓语中心词，名词就活用为动词	如平地三月花者，深山中则四月花。（《采草药》）	如平原三月开花的，到深山中就得在四月开花。
两个名词连用，不存在并列、同位和修饰关系，不带计量意义时，第一个名词活用为动词	如曰今日当一切不事事，守前所为而已，则非某之所敢知。（《答司马谏议书》）	如果说现在什么事都不做，只是恪守前人的旧法，那就不是我敢知道的了。
名词在复句中充当一个叙述性独词分句时，就活用为动词	权，然后知轻重。（《孟子·梁惠王上》）	用称称一称，然后才能知道轻重。

4. 名词作状语

类型	例句	翻译
比喻性的	斗折蛇行，明灭可见。(《小石潭记》)	像北斗七星那样的曲折，像蛇爬行那样的弯曲，或隐或现，隐约可见。
表示对人的态度	君为我呼入，吾得兄事之。(《鸿门宴》)	您替我把他叫进来，我要像对待兄长那样对待他。
表示动作使用的工具	箕畚运于渤海之尾。(《愚公移山》)	用箕畚将泥土运到渤海边上。
表示动作行为发生的处所	卒廷见相如。(《廉颇蔺相如列传》)	终于在朝堂上召见相如。
表示动作行为所依据的道理	失期，法皆斩。(《陈涉世家》)	耽误了时间，按照法律都要砍头。
方位名词作状语	上食埃土，下饮黄泉。(《劝学》)	向上吃到尘土，向下喝到泉水。
时间名词作状语	日削月割，以趋于亡。(《六国论》)	天天削减，月月割让，以致走向灭亡。

考点2 动词的活用

1. 动词的使动用法

动词的使动用法指的是动词和它的宾语不是一般的支配与被支配的关系，而是宾语所代表的人或事产生这个动词所表示的动作行为。一般来说，使动用法的动词多数是不及物动词。例如：《过秦论》中“外连衡而斗诸侯”，该句中的“斗”译为“使……斗”。

2. 动词活用为名词

动词的主要作用是充当谓语，但有时也出现在主语或宾语的位置上，表示与这个动词的动作行为有关的人或事，这时动词就活用为名词了。例如：《卖油翁》中“吾射不亦精乎”，该句中的“射”译为“射箭的技术”。

考点3 形容词的活用

1. 形容词的使动用法

形容词的使动用法是指使宾语代表的人或事物具有这个形容词所表示的性质或状态。例如：《烛之武退秦师》中“阙秦以利晋，唯君图之”，该句中的“利”译为“使……得到好处”。

2. 形容词的意动用法

形容词的意动用法是主观上认为宾语具有这个形容词所具有的这种性质或者状态。例如：《邹忌讽齐王纳谏》中“吾妻之美我者，私我也”，该句中的“美”译为“认为……美”。

3. 形容词活用为名词

活用为名词的形容词一般位于主语或宾语的位置上，有时前面有“其”“之”或数词。活用的形容词在句中不是表示某一性质状态，而是表示具有这一性质状态的人或物。翻译时，一般要补出中心词(名词)，而以这个形容词作定语。例如：《陈涉世家》中“将军身被坚执锐，伐无道”，该句中的“坚”“锐”分别译为“坚固的铠甲”“锐利的武器”。

4. 形容词活用为动词

如果形容词带宾语，而又没有使动、意动的意味，就是用作一般动词。例如：《出师表》中“亲贤臣，远小人”，该句中的“亲”“远”分别译为“亲近”“疏远”。

真题面对面

[2021江西初中,单,1分]下列加点字的用法与其他三项不同的一项是(　　)

A. 无丝竹之乱耳,无案牍之劳形。

B. 必先苦其心志,劳其筋骨,饿其体肤,空乏其身。

C. 闻寡人之耳者。

D. 而不知太守之乐其乐也。

答案:D。A、B、C三项的加点字均为使动用法。D项,加点字为意动用法,意为“以……为乐”。

第三节　文言虚词

一、文言虚词的概念

文言虚词是相对文言实词而言的,在表达上各自具有不同的作用。如果不能很好地掌握文言虚词,就很难读懂一篇文言文。

文言虚词在文言文中一般不作句子成分,属于不表示实在的意义的词,主要的作用是组合语言单位。对文言虚词的理解要求既能够辨别词性和用法,又能够理解其意义。文言虚词复习时一定要抓重点,要求掌握的重点文言虚词,一定要个个落实,从常用意义和非常用意义方面比较区别,把握常用意义和用法,兼顾特殊意义和用法,可以采用多义比较的方法,以类相从,同类集中。

二、重点文言虚词的用法　【单选】★★★

考点1　连词

1. 而

(1)表示转折关系,相当于“但是”“却”。

例如:青,取之于蓝,而青于蓝。(《劝学》)

(2)表示因果关系,相当于“因而”“所以”。

例如:遏其生气,以求重价,而江浙之梅皆病。(《病梅馆记》)

(3)表示顺承关系,相当于“就”“才”,或不译。

例如:置之地,拔剑撞而破之。(《鸿门宴》)

(4)表示并列关系,相当于“与”“和”,或不译。

例如:故其国富而兵强。(《韩非子定法》)

(5)表示假设关系,连接主语和谓语,相当于“如果”“假使”。

例如:诸君而有意,瞻予马首可也。(《冯婉贞》)

(6)表示递进关系,相当于“而且”“并且”。

例如:君子博学而日参省乎己,则知明而行无过矣。(《劝学》)

(7)表示修饰关系,即连接状语和中心词,相当于“着”“地”,或不译。

例如:视成所蓄,掩口胡卢而笑。(《促织》)

2. 其

(1)表示选择关系,相当于“是……还是……”。

例如:呜呼!其信然邪?其梦邪?其传之非其真邪?(《祭十二郎文》)

(2)表示假设关系,相当于“如果”。

例如:其业有不精、德有不成者,非天质之卑,则心不若余之专耳。(《送东阳马生序》)

3. 然

表示转折关系,相当于“可是”“却”。

例如:然视其左右,来而记之者已少。(《游褒禅山记》)

4. 因

表示顺接上文,可译为“于是”“就”。

例如:以责赐诸民,因烧其券。(《战国策》)

5. 于

意为“和,与”。

例如:告汝德之说于罚之行。(《尚书康诰》)

6. 与

连接词与词,或词组与词组,表示并列关系,可译为“和”。

例如:独卿与子敬与孤同耳。(《赤壁之战》)

7. 以

(1)表示并列关系,相当于“而”“又”“而且”“并且”等。

例如:夫夷以近,则游者众;险以远,则至者少。(《游褒禅山记》)

(2)表示转折,有“但是”的意思。

例如:尧无百户之郭,舜无置锥之地,以有天下。(《淮南子》)

(3)表示后一行动是前一行动的目的,可译为“而”“来”“用来”“以致”等。

例如:东临碣石,以观沧海。(《观沧海》)

(4)表示结果,有“因而”的意思。

例如:孝公得商君,地以广,兵以强。(《韩非子》)

(5)表示修饰关系,连接状语和中心词,可译为“而”,或省去。

例如:木欣欣以向荣,泉涓涓而始流。(《归去来兮辞》)

8. 且

(1)连接两个形容词,表示并列关系,“又……又……”。

例如:河水清且涟猗。(《伐檀》)

(2)连接两个动词,表示并列关系,"一边……一边……"。

例如:又有若老人咳且笑于山谷中者。(《石钟山记》)

(3)表示递进关系,相当于"而且""况且"。

例如:且以一璧之故逆强秦之欢,不可。(《廉颇蔺相如列传》)

(4)表示让步关系,相当于"尚且"。

例如:臣死且不避,卮酒安足辞!(《鸿门宴》)

(5)表示承接关系,译为"那么"。

例如:闻姊家有阁子,且何谓阁子也?(《项脊轩志》)

9. 则

(1)表示承接关系,可译为"就""便""原来是""已经是"等。

例如:故木受绳则直,金就砺则利。(《劝学》)

(2)表示假设关系,可译为"如果""那么"。

例如:竭诚则吴越为一体,傲物则骨肉为行路。(《谏太宗十思疏》)

(3)表示转折关系,可译为"可是""却"。

例如:于其身也,则耻师焉。(《师说》)

第一部分

真题面对面

[2021青岛,单,3分]下列各项中加点的"以",用法和其他三项不同的是(　　)

A. 愿陛下托臣以讨贼兴复之效(《出师表》)

B. 徒以有先生也(《唐雎不辱使命》)

C. 以中有足乐者(《送东阳马生序》)

D. 不以物喜,不以己悲(《岳阳楼记》)

答案:A。A项,以:把。B项,以:因为。C项,以:因为。D项,以:因为。

考点2 代词

1. 其

(1)用作第三人称,表示领属关系,相当于"他/她/它(们)的"。

例如:郯子之徒,其贤不及孔子。(《师说》)

(2)用作第三人称,一般代人,用在动词或者形容词之前,是主谓短语中的小主语。相当于"他/她/它(们)"。

例如:秦王恐其破璧,乃辞谢,固请。(《廉颇蔺相如列传》)

(3)活用作第一人称。可用作定语或小主语,相当于"我(的)""自己(的)"。

例如:而余亦悔其随之而不得极夫游之乐也。(《游褒禅山记》)

(4)指示代词,表远指,作定语,可译为"那""那个""那些""那里"。

例如:问其深,则其好游者不能穷也。(《游褒禅山记》)

(5)指示代词，作定语，相当于“其中”“其中的”。

例如：于乱石间择其一二扣之。(《石钟山记》)

2. 者

(1)用于动词、形容词等词语后面，指人或事物。

例如：知之者不如好之者，好之者不如乐之者。(《〈论语〉十二章》)

(2)用于数词后面，指代事物。

例如：君请择于斯二者。(《孟子梁惠王下》)

3. 之

(1)第三人称代词，一般作宾语。可代人、代事、代物。

例如：我见相如，必辱之。(《廉颇蔺相如列传》)

(2)指示代词，表近指，可译为“这”。

例如：均之二策，宁许以负秦曲。(《廉颇蔺相如列传》)

(3)活用为第一人称，相当于“我”。

例如：鄙贱之人，不知将军宽之至此也。(《廉颇蔺相如列传》)

4. 而

表第二人称，一般作定语，相当于“你的”，偶尔也作主语。

例如：而翁归，自与汝覆算耳！(《促织》)

5. 然

相当于“这样”。

例如：虽有槁暴，不复挺者，使之然也。(《劝学》)

6. 焉

表疑问，“哪里，什么，怎么”。

例如：且焉置土石？(《愚公移山》)

真题面对面

[2020威海荣成，单，2分]阅读材料，完成后面的问题。

(1)陈太丘与友期行，期日中。过中不至，太丘舍去，去后乃至。元方时年七岁，门外戏。客问元方：“尊君在不？”答曰：“待君久不至，已去。”友人便怒曰：“非人哉！与人期行，相委而去。”元方曰：“君与家君期日中。日中不至，则是无信；对子骂父，则是无礼。”友人惭，下车引之。元方入门不顾。

(2)华歆、王朗俱乘船避难，有一人欲依附，歆辄难之。朗曰：“幸尚宽，何为不可？”后贼追至，王欲舍所携人。歆曰：“本所以疑，正为此耳。既以纳其自托，宁可以急相弃邪！”遂携拯如初。世以此定华、王之优劣。

(1)对下列加点字意思表述有误的是(　　)

A. 过中不至,太丘舍去(离开)　　B. 与人期行,相委而去(约定)

C. 元方入门不顾(顾及)　　D. 既以纳其自托,宁可以急相弃邪(接受)

(2)下列"之"与例句用法相同的一项是(　　)

例:友人惭,下车引之

A. 世以此定华、王之优劣　　B. 学而时习之,不亦说乎

C. 辍耕之垄上,怅恨久之　　D. 孔子云:"何陋之有?"

答案:(1)C。"顾"意为回头看。

(2)B。例句的"之"为代词,代指他(元方)。A项,"之"意为"的"。B项,"之"为代词,代指学到的知识或技能。C项,第一个"之"意为"到、去",第二个"之"为结构助词无实义。D项,"之"为宾语前置的标志。

考点3 介词

1. 乎

(1)表示动作发生的时间,可译为"在""从"。

例如:生乎吾前,其闻道也固先乎吾。(《师说》)

(2)表示动作涉及的对象,可译为"对""向"。

例如:君子博学而日参省乎己,则知明而行无过矣。(《劝学》)

(3)表示动作、行为发生的处所,"在"。

例如:千乘之国,摄乎大国之间。(《子路、曾皙、冉有、公西华侍坐》)

2. 为(wéi)

表示被动语气。

例如:身死人手,为天下笑者,何也?(《过秦论》)

3. 为(wèi)

(1)表示动作、行为的对象,可译为"给""替"。

例如:于是为长安君约车百乘,质于齐。(《触龙说赵太后》)

(2)表示动作、行为的目的,可译为"为此""为了"。

例如:愿为市鞍马,从此替爷征。(《木兰诗》)

(3)表示动作、行为的原因,可译为"因为"。

例如:百姓之不见保,为不用恩焉。(《齐桓晋文之事》)

(4)表示动作、行为的朝向,可译为"对""向"。

例如:不足为外人道也。(《桃花源记》)

(5)表示动作、行为发生的时间,可译为"在""当"。

例如:为其来也,臣请缚一人过王而行。(《晏子使楚》)

4. 焉

可理解为“于是”“于之”“于此”，代人、事或处所。

例如：率妻子邑人来此绝境，不复出焉。（《桃花源记》）

5. 以

(1)表示动作、行为直接涉及的对象，可译为“把”。

例如：秦亦不以城予赵，赵亦终不予秦璧。（《廉颇蔺相如列传》）

(2)表示动作、行为凭借的工具，可译为“拿”“用”等。

例如：必以长安君为质，兵乃出。（《触龙说赵太后》）

(3)表示动作、行为凭借的身份，可译为“凭借（用）……身份”。

例如：于是辞相印不拜，翌日，以资政殿学士行。（《〈指南录〉后序》）

(4)表示动作、行为发生的原因，可译为“因”“因为”。

例如：且以一璧之故逆强秦之欢，不可。（《廉颇蔺相如列传》）

(5)引进动作、行为发生的时间和处所，用法同“于”，可译为“在”“从”。

例如：余以乾隆三十九年十二月，自京师……至于泰安。（《登泰山记》）

6. 因

(1)表示动作、行为发生的原因，相当于“因为”。

例如：恩所加，则思无因喜以谬赏。（《谏太宗十思疏》）

(2)表示动作、行为旁及的对象，可译为“通过”“经由”。

例如：廉颇闻之，肉袒负荆，因宾客至蔺相如门谢罪。（《廉颇蔺相如列传》）

7. 于

(1)引出动作、行为发生的时间，可译为“到”“到……时”等。

例如：留待作遗施，于今无会因。（《孔雀东南飞》）

(2)引出动作、行为发生的处所，可译为“到”“在”“从”等。

例如：缙绅、大夫、士萃于左丞相府，莫知计所出。（《〈指南录〉后序》）

(3)引出动作、行为产生的原因，可译为“由于”。

例如：业精于勤，荒于嬉。（《进学解》）

(4)引出动作、行为的直接对象，可译为“和”“同”“跟”等。

例如：莫若遣腹心自结于东，以共济世业。（《赤壁之战》）

(5)引出动作、行为涉及的对象，可译为“对”“对于”。

例如：爱其子，择师而教之；于其身也，则耻师焉。（《师说》）

(6)引出动作、行为旁及的对象，可译为“向”。

例如：事急矣，请奉命求救于孙将军。（《赤壁之战》）

(7)引出动作、行为到达的地点，可译为“到”。

例如：从径道亡，归璧于赵。(《廉颇蔺相如列传》)

(8)引出事物比较的对象，可译为“比”。

例如：孔子曰：“苛政猛于虎也。”(《捕蛇者说》)

(9)引出动作行为的主动者，可译为“被”。

例如：故内惑于郑袖，外欺于张仪。(《屈原贾生列传》)

8. 与

介绍动作行为涉及的对象，相当于“和”等。

例如：陈涉少时，尝与人佣耕。(《陈涉世家》)

精准对点练

下列各组句子中加点词的意义和用法不相同的一组是(　　)

A. 君何不以此时归相印　以至晋鄙军之日北乡自刭

B. 秦王必相之而夺君位　而诸侯敢救赵者，已拔赵，必先移兵击之

C. 夫商君为孝公立威诸侯　公为我献之

D. 功已成矣，赐死于杜邮　得复见将军于此

答案：B。A项，均为介词，在。B项，连词，表顺承关系/连词，表假设关系。C项，均为介词，替。D项，均为介词，在。

考点4 助词

1. 乎

(1)用在句中，表示停顿语气。

例如：胡为乎遑遑欲何之？(《归去来兮辞》)

(2)形容词词尾，有时相当于“地”或“的”。

例如：故今之墓中全乎为五人也。(《五人墓碑记》)

2. 其

起调节音节的作用，可不翻译。

例如：霰雪纷其无垠兮，云霏霏而承宇。(《涉江》)

3. 且

作用相当于“夫”，表示以下要发表议论。

例如：且庸人尚羞之，况于将相乎？(《廉颇蔺相如列传》)

4. 然

用在形容词、副词之后，表示事物或动作的状态，可译为“地”“着”“……的样子”等。

例如：大石侧立千尺，如猛兽奇鬼，森然欲搏人。(《石钟山记》)

5. 所

(1)"所"作助词,只能与动词结合,构成一个名词性的"所"字结构,相当于现代汉语的"的"字结构。

例如:鱼,我所欲也;熊掌,亦我所欲也。(《鱼我所欲也》)

(2)与"为"相呼应,构成"为……所"格式,表示被动。

例如:今不速往,恐为操所先。(《赤壁之战》)

6. 于

(1)用于句首,并列用于动词前。

例如:于疆于理,至于南海。(《诗经江汉》)

(2)用于句末,表疑问,可译为"吗"。

例如:然则先生圣于?(《吕氏春秋》)

7. 之

(1)结构助词,定语的标志。相当于"的"。

例如:小大之狱,虽不能察,必以情。(《曹刿论战》)

(2)结构助词,补语的标志。相当于"得"。

例如:以其求思之深而无不在也。(《游褒禅山记》)

(3)结构助词,宾语前置的标志。

例如:句读之不知,惑之不解,或师焉,或不焉。(《师说》)

(4)结构助词,定语后置的标志。

例如:蚓无爪牙之利,筋骨之强。(《劝学》)

(5)放在主语和谓语之间,取消句子的独立性。

例如:师道之不传也久矣!(《师说》)

(6)音节助词,起补足音节的作用。

例如:毛先生以三寸之舌,强于百万之师。(《毛遂自荐》)

精准对点练

下列各句中,加点字用法与例句相同的一项是(　　)

例:感吾生之行休

A. 之二虫又何知　　　　B. 且举世誉之而不加劝

C. 汤之问棘也是已　　　　D. 奚以之九万里而南为

答案:C。例句中的"之"用于主谓之间,取消句子独立性。A项,指示代词,此。B项,人称代词,他。C项,用于主谓之间,取消句子独立性。D项,动词,到。

第一部分

考点 5 副词

1. 其

(1)在句中表示反问语气,相当于“难道”“怎么”。

例如:尽吾志也而不能至者,可以无悔矣,其孰能讥之乎?(《游褒禅山记》)

(2)在句中表示揣测语气,相当于“恐怕”“或许”“大概”“可能”。

例如:王之好乐甚,则齐国其庶几乎。(《庄暴见孟子》)

(3)在句中表示祈使语气,相当于“一定”。

例如:与尔三矢,尔其无忘乃父之志!(《伶官传序》)

2. 且

(1)表示动作、行为的时间状态,可译为“暂且”“姑且”。

例如:存者且偷生,死者长已矣。(《石壕吏》)

(2)表示动作、行为即将出现,可译为“将”“将要”。

例如:以为且噬己也,甚恐。(《黔之驴》)

(3)用于数词前,表示接近某一数字,“将近,大约”。

例如:北山愚公者,年且九十。(《愚公移山》)

3. 以

通“已”,“已经”。

例如:得鱼腹中书,固以怪之矣。(《陈涉世家》)

4. 因

表示动作、行为发生所借助的时机,可译为“趁机”。

例如:寿毕,请以剑舞,因击沛公于坐。(《鸿门宴》)

5. 则

用在判断句中,加强判断语气,可译为“就是”。

例如:此则岳阳楼之大观也。(《岳阳楼记》)

精准对点练

下列各组句子中,加点词的意义和用法相同的一项是(　　)

A. 暂次其别号也　吾其还也

B. 幼不喜纨绔之习　商君佐之,内立法度

C. 不以一钱自污　赵王岂以一璧之故欺秦邪

D. 入为云南道监察御史　为武置酒设乐

答案:C。A项,代词,他的/副词,表示商量的语气,还是。B项,结构助词,的/代词,他。C项,都是介词,因为。D项,动词,担任/介词,给。

考点 6 动词

1. 而

意为“如，如同”。

例如：溺死者千有余人，军惊而坏都舍。（《察今》）

2. 然

可译为“认为……正确”。

例如：“不如自行搜觅，冀有万一之得。”成然之。（《促织》）

3. 为（wéi）

（1）意为“做，干”。

例如：且立石于其墓之门，以旌其所为。（《五人墓碑记》）

（2）引申为“治理”“管理”。

例如：为国者无使为积威之所劫哉！（《六国论》）

（3）意为“成为，变成”。

例如：卒相与欢，为刎颈之交。（《廉颇蔺相如列传》）

（4）意为“担任”。

例如：陈胜、吴广皆次当行，为屯长。（《陈涉世家》）

（5）意为“作为，当作”。

例如：然后践华为城，因河为池。（《过秦论》）

（6）意为“算作，算是”。

例如：如今人方为刀俎，我为鱼肉，何辞为？（《鸿门宴》）

（7）意为“以为，认为”。

例如：窃为大王不取也！（《鸿门宴》）

4. 以

（1）意为“用”。

例如：忠不必用兮，贤不必以。（《涉江》）

（2）意为“以为，认为”。

例如：老臣以媪为长安君计短也。（《触龙说赵太后》）

5. 因

（1）意为“依靠，凭借”。

例如：益州险塞……高祖因之以成帝业。（《隆中对》）

（2）意为“遵循，沿袭”。

例如：孝公既没，惠文、武、昭襄蒙故业，因遗策。（《过秦论》）

6. 于

意为“往,去”。

例如:之子于归,宜其室家。(《诗经·桃夭》)

7. 与

(1)意为“给予”。

例如:我持……玉斗一双,欲与亚父。(《鸿门宴》)

(2)意为“结交”。

例如:失其所与,不知。(《烛之武退秦师》)

(3)意为“参加、参与”。此时读yù。

例如:蹇叔之子与师。(《蹇叔哭师》)

8. 之

意为“往,到……去”。

例如:吾欲之南海,何如?(《为学》)

真题面对面

[2021江西初中,单,1分]下列加点字与“送杜少府之任蜀州”中的“之”用法相同的是(　　)

A. 吾欲之南海　　B. 吾妻之美我者,私我也

C. 惩山北之塞　　D. 徐以杓酌油沥之

答案:A。“送杜少府之任蜀州”中的“之”意为“到,往”。A项,“之”意为“到,往”。B项,“之”用于主谓之间,取消句子独立性,可不译。C项,“之”意为“的”。D项,“之”为代词。

考点7 语气词

1. 乎

(1)表示疑问或反问语气,相当于“吗”“呢”。

例如:臣以为布衣之交尚不相欺,况大国乎?(《廉颇蔺相如列传》)

(2)表示推测语气,相当于“吧”。

例如:圣人之所以为圣,愚人之所以为愚,其皆出于此乎?(《师说》)

(3)表示感叹语气,相当于“啊”“呀”。

例如:嗟乎!燕雀安知鸿鹄之志哉!(《陈涉世家》)

2. 为(wéi)

放在句尾,表示疑问、感叹、反诘等语气,可译为“呢”。

例如:何故怀瑾握瑜,而自令见放为?(《屈原贾生列传》)

3. 焉

(1)常用在句末,根据情况可译为“啊”“呢”“了”等,有时也可不译。

例如:可远观而不可亵玩焉。(《爱莲说》)

(2)用于句中，表示停顿，不翻译。

例如：句读之不知，惑之不解，或师焉，或不焉。(《师说》)

(3)用在形容词或副词后面表示状态，相当于“然”。

例如：盘盘焉，囷囷焉，蜂房水涡。(《阿房宫赋》)

4. 也

(1)表示判断语气。

例如：不战而屈人之兵，善之善者也。(《谋攻》)

(2)表示陈述或解释语气。

例如：吾上恐负朝廷，下恐愧吾师也。(《左忠毅公逸事》)

(3)表示疑问语气。

例如：公子畏死邪？何泣也？(《信陵君窃符救赵》)

(4)表示感叹语气。

例如：君美甚，徐公何能及君也？(《邹忌讽齐王纳谏》)

(5)用在句中，表示停顿，以舒缓语气。

例如：是说也，人常疑之。(《石钟山记》)

5. 矣

(1)用于陈述句末，表肯定语气，有的可译为“了”，有的可不译。

例如：郑穆公使视客馆，则束载、厉兵、秣马矣。(《崤之战》)

(2)用于感叹句末，相当于“啊”“呀”“啦”等。

例如：甚矣，汝之不惠！(《愚公移山》)

(3)用于祈使句末，相当于“吧”。

例如：公子勉之矣，老臣不能从。(《信陵君窃符救赵》)

(4)用于句中，多在分句末，表示停顿。

例如：吾尝终日而思矣，不如须臾之所学也。(《劝学》)

6. 其

表示祈使，译为“可要，当”。

例如：子其勉之？(《左传·成公十六年》)

7. 与

通“欤”，可译为“吗”“吧”等，此时读yú。

例如：求！无乃尔是过与？(《季氏将伐颛臾》)

8. 哉

(1)表示反问语气，相当于“吗”“呢”。

例如：人之立志，顾不如蜀鄙之僧哉？(《为学》)

第一部分

(2)表示感叹语气,相当于“啊”“呀”。

例如:燕雀安知鸿鹄之志哉!(《陈涉世家》)

(3)表示疑问语气,相当于“呢”“吗”。

例如:予尝求古仁人之心,或异二者之为,何哉?(《岳阳楼记》)

(4)表示祈使语气,相当于“吧”“啊”。

例如:为国者无使为积威之所劫哉!(《六国论》)

9. 者

(1)用于时间词或否定词后,表示“……时候”或“……的话”。

例如:不者,若属皆且为所虏!(《鸿门宴》)

(2)用在主语后,引出原因、解释等。

例如:人所以谓尧贤者,以其让天下于许由。(《韩非子·外储说右下》)

(3)用于判断句,放在主语后,引出判断。

例如:廉颇者,赵之良将也。(《廉颇蔺相如列传》)

真题面对面

[2020云南特岗,单,1分]下列句中“其”字用作语气词的是(　　)

A. 今吾於人也,听其言而观其行

B. 君其问诸水滨

C. 二国图其社稷,而求纾其民

D. 管仲以其君霸,晏子以其君显

答案:B。A项,两个“其”均译为“他的”。B项,表示祈使语气,可译为“还是”“可要”。C项,两个“其”均为代词,可译为“自己的”。D项,两个“其”均译为“他的”。

考点8 名词

1. 所

表处所。

例如:成反复自念,得无教我猎虫所耶?(《促织》)

2. 因

机会。

例如:留待作遗施,于今无会因。(《孔雀东南飞》)

第四节　文言句式

一、判断句　【单选】★★★

判断句就是对事物有所肯定或有所否定的句子,可以分为两个系列:“……者,……也”系列和“乃、为”系列。

系列	分类	例句
“……者，……也”系列	……者，……也	廉颇者，赵之良将也。（《廉颇蔺相如列传》）
	……者，……	柳敬亭者，扬之泰州人。（《柳敬亭传》）
	……，……也	项脊轩，旧南阁子也。（《项脊轩志》）
	……，……	刘备，天下枭雄。（《三国志·吴书·鲁肃传》）
“乃、为”系列	文言文判断句，也常用“乃”“为”“即”“则”“是”“非”来表示，构成又一个系列。	①当立者乃公子扶苏。（《史记·陈涉世家》）
		②我为赵将，有攻城野战之大功。（《廉颇蔺相如列传》）

二、被动句 【单选】★★

在古代汉语中，主语是谓语所表示行为的被动者的句式叫被动句。古代汉语中表被动的句式主要有：

分类	形式	举例
用“为”表被动	为+主动者+动词。	而身死国灭，为天下笑。（《伶官传序》）
	为+主动者+所+动词。	有如此之势，而为秦人积威之所劫。（《六国论》）
用“见”表被动	见+动词。	动见瞻观，何时易乎？（《与吴质书》）
	见+动词+于+主动者。	吾长见笑于大方之家。（《庄子·秋水》）
用“于”表被动	动词+于+主动者。	六艺经传皆通习之，不拘于时，学于余。（《师说》）
	受+动词+于+主动者。	吾不能举全吴之地，十万之众，受制于人。（《赤壁之战》）
用“被”表被动	被+动词。	风流总被雨打风吹去。（《永遇乐·京口北固亭怀古》）
动词本身表被动	这是意念上的被动句，需要根据上下文来判断。	傅说举于版筑之间，胶鬲举于鱼盐之中。（《生于忧患，死于安乐》）
无标识的被动	需要根据文章的上下文来判断。	予羁縻不得还。（《〈指南录〉后序》）

三、倒装句 【单选】★★★

分类			例句
主谓倒装	在一些疑问句或感叹句中，为了强调和突出谓语的意义，就把谓语提前到主语前面。		甚矣，汝之不惠！（《愚公移山》）
宾语前置	动词宾语前置	①否定句中代词作宾语，宾语置于动词前。	古之人不余欺也！（《石钟山记》）
		②疑问句中，疑问代词作宾语，放在动词谓语之前。	沛公安在？（《鸿门宴》）
		③用“之”或“是”把宾语提到动词前，以加重语气。	夫晋，何厌之有？（《烛之武退秦师》）
	介词宾语前置	①疑问代词作宾语，一般放在介词前。	微斯人，吾谁与归？（《岳阳楼记》）
		②为了强调介词宾语，将其放在介词前，这种情况最常见的是介词“以”的宾语前置。	一言以蔽之。（《论语·为政》）
		③介词宾语是方位词，也放在介词前。	项王、项伯东向坐；亚父南向坐。（《鸿门宴》）
定语后置	文言文中，有时为了突出中心词的地位，强调定语所表现的内容，或使语气流畅，往往把定语放在中心词之后。		太子及宾客知其事者，皆白衣冠以送之。（《荆轲刺秦王》）

倒装句

续表

分类		例句
状语后置	①介词结构"以……"有时放在谓语后作状语。	形似酒尊，饰以篆文山龟鸟兽之形。(《张衡传》)
	②介词结构"于……"常放在谓语动词后作状语。	公与之乘，战于长勺。(《曹刿论战》)

四、省略句

古今汉语句式有成分省略，但又有所不同。不同之处表现在两方面：一是古代汉语中省略的情况更多，二是现代汉语习惯上不能省的古代汉语也可省。

注：句中括号内为省略的内容。

分类	举例
主语的省略	永州之野产异蛇，(蛇)黑质而白章；(蛇)触草木，(草木)尽死；(蛇)以啮人，(人)无御之者。(《捕蛇者说》)
谓语的省略	军中无以为乐，请以剑舞(为乐)。(《鸿门宴》)
修饰语的省略	吾妻之美我者，私我也；(吾)妾之美我者，畏我也；(吾)客之美我者，欲有求于我也。(《邹忌讽齐王纳谏》)
中心词的省略	即捕得三两头(蟋蟀)，又劣弱不中于款。(《促织》)
宾语的省略	竖子不足与(之)谋！(《鸿门宴》)
兼语的省略	杞子自郑使(人)告于秦。(《蹇叔哭师》)
介词的省略	臣与将军戮力而攻秦，将军战(于)河北，臣战(于)河南。(《鸿门宴》)
分句的省略	然力足以至焉，(而未至，)于人为可讥，而在己为有悔。(《游褒禅山记》)

真题面对面

1. [2021江西初中，单，1分]下列文言句式特点相同的一项是(　　)

①乃入见。问："何以战？"　②山峦为晴雪所洗。

③望之蔚然而深秀者，琅琊也。　④我无尔诈，尔无我虞。

⑤咨臣以当世之事，由是感激。　⑥本在冀州之南，河阳之北。

⑦当立者乃公子扶苏。　⑧惟兄嫂是依。

A. ①④⑧　B. ②⑥⑦　C. ②④⑧　D. ①③⑤

答案：A。①句为宾语前置句，②句为被动句，③句为判断句，④句为宾语前置句，⑤句为状语后置句，⑥句为陈述句，⑦句为判断句，⑧句为宾语前置句。

2. [2019浙江，单，1分]下列各句中，句式与其他各句不相同的一项是(　　)

A. 具告以事　B. 君何以知燕王

C. 而彼且奚适也　D. 然而不王者，未之有也

答案：A。A项为状语后置句。B、C、D三项均为宾语前置句。

核心考点回顾

1. 积累常见的通假字。(参见本书P113)
2. 词类活用有哪几种类型?(参见本书P116)
3. 重点文言虚词的用法有哪些?(参见本书P118)
4. 古代汉语文言句式有哪几种类型?(参见本书P130)

达标测评

建议用时	实际用时	测评总分	实际得分
35分钟	____分钟	80分	____分

一、单项选择题(每小题3分,共60分)

1. 与"以吾一日长乎尔"中的"以"用法相同的一项是(　　)

A. 树之以桑。　　B. 加之以师旅,因之以饥馑。

C. 不以物喜,不以己悲。　　D. 如其礼乐,以俟君子。

2. 下列句子中,加点字词的解释不正确的一项是(　　)

A. 尔卜尔筮　　筮:用蓍草的茎占卦

B. 隳名城,杀豪杰　　隳:毁坏

C. 因泣下霑衿,与武决去　　决去:坚决离开

D. 请奉盆缶秦王,以相娱乐　　奉:进献

3. 下列句子中没有词类活用现象的一项是(　　)

A. 假舟楫者,非能水也。　　B. 用心一也。

C. 于其身也,则耻师焉。　　D. 顺风而呼,声非加疾也。

4. 下列各项中句式特点相同的一项是(　　)

A. ①月出于东山之上　　②固一世之雄也,而今安在哉

B. ①客亦知夫水与月乎　　②君既若见录

C. ①此非孟德之困于周郎者乎　　②渐见愁煎迫

D. ①则物与我皆无尽也,而又何羡乎　　②高余冠之岌岌兮

5. 下列各句中没有通假字的一项是(　　)

A. 孰为汝多知乎?(《两小儿辩日》)

B. 当窗理云鬓,对镜帖花黄。(《木兰诗》)

C. 斯是陋室,惟吾德馨。(《陋室铭》)

D. 居十日,扁鹊望桓侯而还走。(《扁鹊见蔡桓公》)

第一部分

6. 下列句子中没有包含“古今异义”的是( )

A. 予观夫巴陵胜状。(《岳阳楼记》)

B. 居十日,扁鹊望桓侯而还走。(《扁鹊见蔡桓公》)

C. 少时,一狼径去,其一犬坐于前。(《狼》)

D. 芳草鲜美,落英缤纷。(《桃花源记》)

7. 下列句中加点字的意义和用法相同的一项是( )

A. 吾其还也　　不患其众之不足也

B. 父母宗族,皆为戮没　　吾属今为之虏矣

C. 臣之壮也,犹不如人　　夫晋,何厌之有

D. 樊将军以穷困来归丹　　若舍郑以为东道主

8. 下列句子中加点词的词类活用与其他三项不同的是( )

A. 元济于城上请罪,进城梯而下之。(《李愬雪夜入蔡州》)

B. 邑人奇之,稍稍宾客其父。(《伤仲永》)

C. 吾从而师之。(《师说》)

D. 后人哀之而不鉴之。(《阿房宫赋》)

9. 下列按用法把“之”分类正确的一项是( )

①公从之　②臣之壮也　③是寡人之过也　④许之

⑤邻之厚,君之薄也　⑥行李之往来　⑦君之所知也

⑧夫晋,何厌之有　⑨将焉取之　⑩唯君图之

A. ①②④⑥/③⑤⑦/⑨⑩/⑧　　B. ①④⑨⑩/②⑤⑥⑦/③/⑧

C. ②④⑧⑨/③⑤⑦/①⑥/⑩　　D. ②③⑤⑦/⑧⑨/①④⑥/⑩

10. 下列选项中,未使用互文的一项是( )

A. 大城铁不如,小城万丈余。(杜甫《潼关吏》)

B. 明主不晓。(司马迁《报任安书》)

C. 燕歌赵舞为君开。(卢照邻《长安古意》)

D. 秦时明月汉时关。(王昌龄《出塞》)

11. 下列句子中加点词用法不同于其他三项的一项是( )

A. 舞幽壑之潜蛟,泣孤舟之嫠妇。　　B. 侣鱼虾而友麋鹿。

C. 序八州而朝同列。　　D. 先破秦入咸阳者王之。

12. 下列句中加点词与“君为我呼入,吾得兄事之”的“兄”用法相同的一项是( )

A. 素善留侯张良　　B. 范增数目项王

C. 常以身翼蔽沛公　　D. 籍吏民,封府库

13. 下列各组句子中，句式不相同的一组是(　　)

A. 石之铿然有声者，所在皆是也。

此则岳阳楼之大观也。

B. 故今之墓中全乎为五人也。

刘备天下枭雄。

C.《诗》三百篇，大底圣贤发愤之所为作也。

妪，先大母婢也。

D. 屈平疾王听之不聪也。

城北徐公，齐国之美丽者也。

14. 下列句子不属于宾语前置句的一项是(　　)

A. 子卿尚复谁为乎？

B. 何以知之？

C. 求人可使报秦者。

D. 自书典所记，未之有也。

15. 下列句子中没有古今异义词的是(　　)

A. 各抱地势，钩心斗角

B. 燕赵之收藏

C. 韩魏之经营

D. 楚人一炬，可怜焦土

16. 以下关于我国古代年龄的称谓说法不正确的一项是(　　)

A. 襁褓：未满周岁的婴儿。

B. 耄耋：七八十岁。

C. 及笄：女子十五岁。

D. 期颐：一百岁。

17. 下列文学文化常识的表述有误的一项是(　　)

A. 铭，古代刻在器物上用来警诫自己或者称述功德的文字，后来成为一种文体。

B. 表，古代一种文体，是臣下给皇帝的奏章。

C. 近体诗分为律诗和绝句。律诗分四联，依次是首联、颈联、颔联、尾联。

D. 传，古代一种文体，是记述个人生平事迹的文章。

18. 下列句子按句式归类正确的是(　　)

①择其善者而从之，其不善者而改之　②信而见疑，忠而被谤　③躬耕于南阳，苟全性命于乱世

④求人可使报秦者　⑤农人告余以春及　⑥君何以知燕王　⑦桃之夭夭，灼灼其华

⑧而刘夙婴疾病　⑨微斯人，吾谁与归　⑩今臣亡国贱俘

A. ①/②③/④⑦⑧/⑤/⑥⑨⑩

B. ①⑤/②③/④⑥⑦⑧⑨/⑩

C. ①/②⑧/③⑤/④⑦/⑥⑨/⑩

D. ①⑥/②⑧/③⑤⑦/④⑨/⑩

19. 下列句子中，不属于省略句的一项是(　　)

A. 翱翔蓬蒿之间。

B. 声断衡阳之浦。

C. 豫章故郡，洪都新府。

D. 一鼓作气，再而衰，三而竭。

20. 下列各组句式相同的一项是(　　)

A. 夫晋,何厌之有?　　大王来何操?

B. 如今人方为刀俎,我为鱼肉。　　以其无礼于晋。

C. 父母宗族,皆为戮没。　　具告以事。

D. 邻之厚,君之薄也。　　而燕国见陵之耻除矣。

二、判断题(每小题2分,共10分)

1. "花甲"一词出自中国古代历法,古代以五十年为一循环,一循环称为一甲子。又因干支名号繁多且相互交错,又称花甲。(　　)

2. 说是一种抒情性的古代文体。(　　)

3. 古代汉语的第三阶段是中古汉语——魏晋及隋唐五代时期。(　　)

4. "知者不言,言者不知;信言不美,美言不信"运用的是互文的修辞手法。(　　)

5. 词又称为诗余、长短句、曲子、曲子词、乐府等。(　　)

三、阅读理解题(共10分)

归去来兮辞

陶渊明

归去来兮,田园将芜胡不归?既自以心为形役,奚惆怅而独悲?悟已往之不谏,知来者之可追。实迷途其未远,觉今是而昨非。舟遥遥以轻飏,风飘飘而吹衣。问征夫以前路,恨晨光之熹微。

乃瞻衡宇,载欣载奔。僮仆欢迎,稚子候门。三径就荒,松菊犹存。携幼入室,有酒盈樽。引壶觞以自酌,眄庭柯以怡颜。倚南窗以寄傲,审容膝之易安。园日涉以成趣,门虽设而常关。策扶老以流憩,时矫首而遐观。云无心以出岫,鸟倦飞而知还。景翳翳以将入,抚孤松而盘桓。

归去来兮,请息交以绝游。世与我而相违,复驾言兮焉求?悦亲戚之情话,乐琴书以消忧。农人告余以春及,将有事于西畴。或命巾车,或棹孤舟。既窈窕以寻壑,亦崎岖而经丘。木欣欣以向荣,泉涓涓而始流。善万物之得时,感吾生之行休。

已矣乎!寓形宇内复几时?曷不委心任去留?胡为乎遑遑欲何之?富贵非吾愿,帝乡不可期。怀良辰以孤往,或植杖而耘耔。登东皋以舒啸,临清流而赋诗。聊乘化以归尽,乐夫天命复奚疑!

1. 下列句子中句式与其他三项不同的一项是(　　)(3分)

A. 既自以心为形役　　B. 复驾言兮焉求

C. 胡为乎遑遑欲何之　　D. 乐夫天命复奚疑

2. 下列加点词语中,古今意义不同的一项是(　　)(3分)

A. 奚惆怅而独悲　　B. 恨晨光之熹微

C. 僮仆欢迎　　D. 悦亲戚之情话

3. 对下列各句中"以"字的用法分类正确的一项是(　　)(4分)

①舟遥遥以轻飏　②木欣欣以向荣　③乐琴书以消忧

④聊乘化以归尽　　⑤请息交以绝游　　⑥问征夫以前路

⑦农人告余以春及　⑧眄庭柯以怡颜

A. ①②⑧/③④⑤/⑥⑦　　B. ①②/③④⑧/⑤/⑥⑦

C. ①②④/③⑤⑧/⑥⑦　　D. ①②④/③/⑤⑧/⑥⑦

参考答案及解析

一、单项选择题

1. C [解析]例句中的"以"是介词,因为。A项,介词,表示动作、行为凭借的工具。B项,介词,用。C项,介词,因为。D项,连词,来。

2. C [解析]C项,"决"通"诀",辞别。决去:诀别而去。

3. D [解析]A项,"水"名词作动词,译为"游水"。B项,"一"数词作动词,译为"专一"。C项,"耻"为意动用法,译为"以……为耻"。

4. C [解析]C项,"于""见"表示被动,均是被动句。A项,第一句"于东山之上"表示地点,为状语后置句,第二句"安在"意为在哪儿,为宾语前置句。B项,第一句无特殊句式,第二句为宾语前置句。D项,第一句为宾语前置句,第二句"高余冠之岌岌兮",把倒装句还原——高余岌岌兮之冠,为定语后置句。

5. C [解析]A项,"知"通"智",意为"智慧"。B项,"帖"通"贴",意为"粘贴"。D项,"还"通"旋",意为"转身"。

6. A [解析]B项,"走"古义指跑;今义指行走。C项,"去"古义指离开;今义指到某一地方。D项,"鲜美"古义指鲜艳美丽;今义指(菜肴、瓜果等)滋味好。

7. B [解析]A项,语气词,还是/代词,自己的。B项,均表被动。C项,助词,取消句子独立性/宾语前置的标志。D项,介词,因为/介词,把。

8. A [解析]A项,使动用法,译为"使……下来"。B项,意动用法,译为"把……当作宾客"。C项,意动用法,译为"以……为师"。D项,意动用法,译为"以……为鉴"。

9. B [解析]①④⑨⑩是代词;②⑤⑥⑦是助词,用于主谓之间,取消句子独立性;③是助词,的;⑧是助词,宾语前置的标志。

10. B [解析]互文是指上下两句或一句话中的两个部分,看似各述一件事,两不相干,实则互相呼应、阐发或补充。B项,未使用互文的修辞手法。

11. B [解析]A项,使动用法,译为"使……跳舞"。B项,意动用法,译为"以……为朋友"。C项,使动用法,译为"使……来朝见"。D项,使动用法,译为"使……为王"。

12. C [解析]题干中的"兄"是名词用作状语,像兄长一样。A项,"善"是形容词用作动词,友好,交好。B项,"目"是名词用作动词,使眼色。C项,"翼"是名词用作状语,像翅膀一样。D项,"籍"是名词用作动词,登记。

13. D [解析]A、B、C三项都是判断句式。D项,第①句为陈述句,第②句为判断句。

14. C [解析]C项为定语后置句。

15. B [解析]A项,钩心斗角:古义指宫室结构的参差错落,精巧工致;今义比喻各用心计,互相排挤。B项,收藏:古义是指收藏的金玉珍宝等物,今义也有此含义。C项,经营:古义指金玉珠宝等物;今义指筹划、组织或管理。D项,可怜:古义指可惜;今义指怜悯,不值得一提。

16. B [解析]B项,"耄耋"指七十至九十岁。

17. C [解析]C项,律诗分四联,依次是首联、颔联、颈联、尾联。

18. C [解析]①为省略句,②为被动句,③为状语后置句,④为定语后置句,⑤为状语后置句,⑥为宾语前置句,⑦为定语后置句,⑧为被动句,⑨为宾语前置句,⑩为判断句。故选C。

19. C [解析]A、B两项,省略"于"。D项,省略"鼓"。

20. A [解析]A项,均为宾语前置句。B项,判断句/状语后置句。C项,被动句/省略句兼状语后置句。D项,判断句/被动句。

第一部分

二、判断题

1. × [解析]花甲一词出自中国古代历法,古代以六十年为一循环,一循环称为一甲子。又因干支名号繁多且相互交错,又称花甲。

2. × [解析]说是一种议论性的古代文体。

3. √ [解析]古代汉语分为四个阶段:(1)远古汉语——殷商时期;(2)上古汉语——先秦两汉时期;(3)中古汉语——魏晋及隋唐五代时期;(4)近古汉语——宋元至鸦片战争时期。

4. × [解析]"知者不言,言者不知;信言不美,美言不信"运用的是回文的修辞手法。

5. √ [解析]词最初称为"曲词"或者"曲子词",别称有诗余、长短句、乐府等。

三、阅读理解题

1. A [解析]A项为被动句。B、C、D三项均为宾语前置句。

2. D [解析]D项,"亲戚"古义指族内外的亲属,今义指与自己家庭有婚姻关系或血统关系的家庭或它的成员。

3. C [解析]①②④为连词,表修饰,不译。③⑤⑧为连词,表目的关系,译为"来"。⑥⑦为介词,译为"把、拿"。

第三章 阅读与鉴赏

思维导图

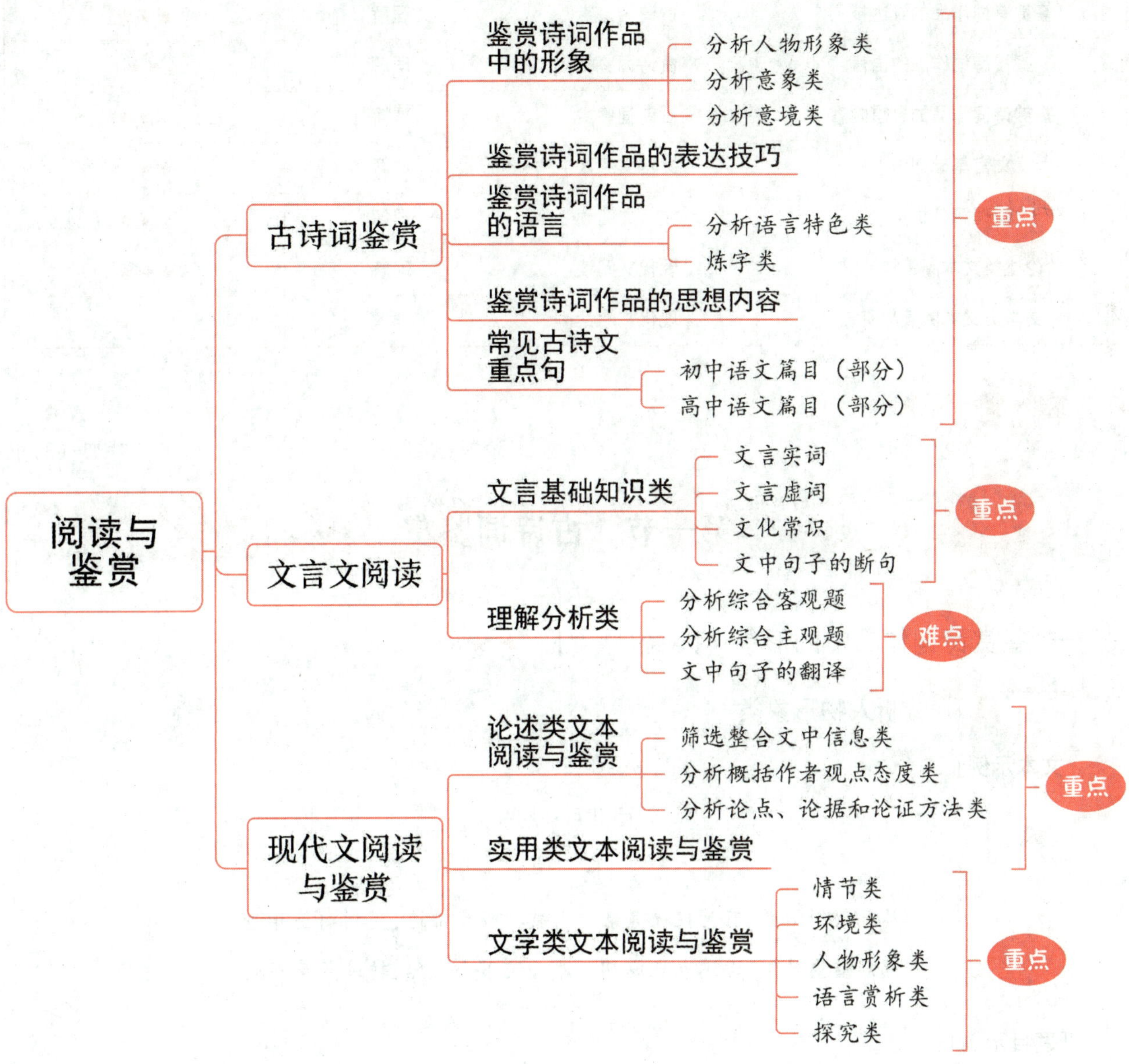

第一部分

考向分析

本章主要介绍阅读与鉴赏，特点是内容理论性强，理解运用性知识多，在考试中常以阅读题形式考查。现对本章考向分析如下：

高频考点	常考题型	能力层级	考查热度
鉴赏诗词作品中的形象	古诗词鉴赏	理解	★★★
鉴赏诗词作品的表达技巧	古诗词鉴赏	理解	★★★
鉴赏诗词作品的语言	古诗词鉴赏	理解	★★
鉴赏诗词作品的思想内容	古诗词鉴赏	理解	★★★
文言基础知识类	文言文阅读	理解	★★★
理解分析类	文言文阅读	理解	★★★
论述类文本阅读与鉴赏	现代文阅读	理解	★★★
文学类文本阅读与鉴赏	现代文阅读	理解	★★★

核心考点

第一节　古诗词鉴赏

一、鉴赏诗词作品中的形象　【古诗词鉴赏】 ★★★

考点 1　分析人物形象类

[文本示例]

西江月·秋兴

程　髯

尽日荷锄治圃，有时捉杖寻泉。山翁招我坐桥边，笑指菊花开遍。

隔岸重重竹树，近溪点点潭烟。滩头流下小鱼船，转过芦花不见。

[题目示例]

这首词通过"山翁"塑造了怎样的形象？(4分)

参考答案：(步骤一)这首词通过"山翁"塑造了一个恬然自安、超然自处的隐逸者的形象。(步骤二)通过"招"与"笑"二字，可以看出作者与山翁关系的亲密；从"笑指菊花开遍"中，可以看出二人共同的高雅情趣。(步骤三)作者正是通过山翁这一形象的塑造，传递出自己向往田园山水的隐逸情怀和高洁品性。

[解题秘籍]

1. 设问方式

(1)这首诗(词)塑造了什么样的形象?

(2)试说说这首诗(词)中的形象特点。

(3)通过诗(词)中的形象塑造,表现了诗(词)人怎样的情感?

2. 答题切入点

(1)结合背景了解人物当时的境遇。不同社会背景下创作的诗词感情色彩均不相同,在作答时,可根据所给注释或诗词大意联系作者的生平经历及当时的社会背景,整体感知人物当时的思想情感。

(2)抓住表露人物情感或思想的词句,分析人物的行为、语言、心理等,把握人物特征。

例如:"山翁招我坐桥边,笑指菊花开遍"一句,联系全词内容,可知整句的情感基调是怡然自得的,由此可分析出该句刻画了一位恬然自安、超然自处的隐逸者形象。

3. 常考人物形象

常见人物形象	示例
不慕权贵、豪放洒脱、傲岸不羁	安能摧眉折腰事权贵,使我不得开心颜?(李白《梦游天姥吟留别》)
心忧天下、忧国忧民	安得广厦千万间,大庇天下寒士俱欢颜!(杜甫《茅屋为秋风所破歌》)
寄情山水、归隐田园	采菊东篱下,悠然见南山。(陶渊明《饮酒》)
矢志报国、慷慨愤世	僵卧孤村不自哀,尚思为国戍轮台。(陆游《十一月四日风雨大作》)
友人送别、思念故乡	桃花潭水深千尺,不及汪伦送我情。(李白《赠汪伦》)
献身边塞、反对征伐	醉卧沙场君莫笑,古来征战几人回?(王翰《凉州词》)
爱恨情长	多情自古伤离别,更那堪,冷落清秋节!(柳永《雨霖铃》)
孤寂落寞、愁苦幽怨	忽见陌头杨柳色,悔教夫婿觅封侯。(王昌龄《闺怨》)
积极乐观、笑对人生	莫听穿林打叶声,何妨吟啸且徐行。(苏轼《定风波》)
爱民惜才	我劝天公重抖擞,不拘一格降人材。(龚自珍《己亥杂诗》)

4. 答题步骤

(1)总说形象:概说塑造了什么样的形象。

(2)具体分析:结合诗(词)句内容或表达技巧具体分析形象特点。

(3)形象意义:揭示形象表现的意义(情感、理想、追求、品性等)。

考点2 分析意象类

[文本示例]

浣溪沙·一曲新词酒一杯

晏　殊

一曲新词酒一杯,去年天气旧亭台。夕阳西下几时回?

无可奈何花落去,似曾相识燕归来。小园香径独徘徊。

[题目示例]

结合全词,谈一谈你对"夕阳"这一意象的理解及其作用。(4分)

参考答案:(步骤一)就其不变者而言,天气、亭台与去年毫无二致;就其变者而言,夕阳虽美好,但终究要沉没。好鸟相鸣似有意,落花流水却无情。词人在好鸟娇花中感叹人生虽美好,但终将消亡。(步骤二)"夕阳"这一意象奠定了全词的感情基调,抒发了词人对人事变迁的无比惆怅之情。

[解题秘籍]

1. 设问方式

(1)这首诗(词)写了什么样的意象?

(2)这首诗(词)中的意象有什么特点?

(3)诗(词)中某意象有什么作用?

2. 答题切入点

(1)分析诗词意象要根据诗词描绘的具体物象和画面识别其性质,并在读懂诗词的基础上概括出诗词意象的象征意义和社会意义。

(2)意象的作用主要包括:营造气氛、设置背景或环境、塑造意境、奠定情感基调、借景抒情、衬托(人物性格、品质,以景衬境、以景衬情)、诗歌线索。

3. 常考意象

诗人常常借助具有某种特定内涵的事物来表明自己的思想、情感,这些具有某种特定内涵的事物就是意象。"意"指的是诗人的思想、情感;"象"指的是客观事物(山川草木等)。以下是常考意象和情感内涵:

意象	表达情感	诗词
高山、奔流、雄关、沧海、大江、长风等	表达作者的豪情壮志	《念奴娇·赤壁怀古》《将进酒》《行路难》
沙漠、古道、寒风、冷雨、梧桐、芭蕉等	抒发凄凉悲伤的思绪和孤独惆怅的感情	《天净沙·秋思》《声声慢·寻寻觅觅》
冰、雪、松、菊、梅、竹	表达气节的忠贞、品格的高尚	《芙蓉楼送辛渐》《菊花》《卜算子·咏梅》
兰舟、长亭、关山(月)等	描写离别之苦	《雨霖铃·寒蝉凄切》
鸦、杜鹃、猿、蝉	传达衰亡、凄楚、哀婉之情	《永遇乐·京口北固亭怀古》《琵琶行(并序)》《在狱咏蝉》
鸿雁、青鸟、鱼(比目鱼)、鸳鸯、鹧鸪	传达相思相爱、离愁、孤寂的情思	《春江花月夜》《无题》
登高、凭栏	传达相思之情、报国之志和壮志难酬的悲伤与激情	《登高》《满江红·写怀》
柳	传达惜别怀远、思乡之情	《独柳》《雨霖铃·寒蝉凄切》
明月	蕴含思乡之愁,是情感的寄托	《从军北征》《静夜思》
流水	对时光流逝、愁绪绵长、历史变迁的感叹	《虞美人·春花秋月何时了》《石头城》
黄昏、夕照	感伤的心情意绪	《声声慢·寻寻觅觅》《忆秦娥·箫声咽》

记忆有妙招

古诗词意象识记口诀

松梅竹菊寓高洁,借月托雁寄乡思。杜鹃鹧鸪啼凄凄,梧桐叶落透悲意。

别时长亭柳依依,落花流水传愁绪。乌鸦燕子系兴衰,草木仍在人事移。

4. 答题步骤

(1)步骤一:找出作品描绘的意象。(如题干中已指出要分析的意象该步骤可省略)

(2)步骤二:分析意象的基本含义(表层含义+深层含义)或内涵。

(3)步骤三:指出描绘意象的作用或效果。

考点3 分析意境类

[文本示例]

秋 思

陆 游

乌桕微丹菊渐开,天高风送雁声哀。

诗情也似并刀[注]快,剪得秋光入卷来。

【注】并刀:并州出产的剪刀。并州,东汉州名,古时并州以产剪刀著名。

[题目示例]

这首诗描绘了何种景象? 表达了诗人怎样的思想感情?(4分)

参考答案:(步骤一)这首诗描绘了乌桕上面的树叶渐渐变成红色,秋天的菊花次第开放,天气晴朗,风声传送来大雁阵阵哀鸣的秋日景象。(步骤二)通过"乌桕""菊花""高天""鸿雁",写出天高气爽的金秋美景,营造了轻松愉悦的氛围。(步骤三)作者借物写景,以富有代表性的典型景物,生动明快地描绘出一幅有声有色、形象鲜明的秋景图,以"并刀"比喻"诗情"的敏锐,新颖别致,给人以清新的感觉;一个"剪"字,锤炼精当,化无形为有形,形象逼真,全诗洋溢着轻松愉悦之情。

[解题秘籍]

1. 设问方式

(1)这首诗(词)营造了一种怎样的意境? 表达了诗(词)人怎样的思想感情?

(2)这首诗(词)描绘了一幅怎样的画面? 表达了诗(词)人什么样的思想感情?

(3)某几句诗(词)描写了什么样的景物? 抒发了诗(词)人怎样的情怀?

2. 答题切入点

分析意境型是古诗词鉴赏题中最常见的题型。在作答时,可从景、境、情三方面入手。

(1)概括诗(词)中描绘的景象。

(2)概括该景象营造的氛围特点。

(3)分析作者想要表达的思想感情。

3. 常考意境

在考试中，意境类试题常考查的意境有：清幽明净、雄浑壮阔、旷远孤寂、凄苦悲凉、萧瑟凄凉、孤寂冷清等。

4. 答题步骤

(1)描绘诗词中展现的图景画面

考生应抓住诗中的主要景物，用自己的语言再现画面。描绘时一要忠于原诗，二要用自己的联想和想象加以再创造，语言力求优美。

(2)概括景物营造的氛围特点

一般用两个双音节词即可，例如孤寂冷清、恬静优美、雄浑壮阔、萧瑟凄凉、明净绚丽、幽静深寂等，注意要能准确地体现景物的特点和情调。

(3)分析作者表达的思想感情

切忌空洞，一定要答具体。比如，在作答时，可在答出“表达了作者感伤的情怀”之后重点回答作者为什么而“感伤”。

真题面对面

[2022山西特岗，阅读理解，9分]阅读下面这首唐诗，完成(1)~(2)小题。

过旧宅[1](其一)

李世民

新丰[2]停翠辇，谯邑[3]驻鸣笳[4]。

园荒一径新，苔古半阶斜。

前池消旧水，昔树发今花。

一朝辞此地，四海遂为家。

【注】①李世民生于武功别馆，后南征北战，统一全国，建立唐王朝。即位后，于三十五岁时重临武功旧宅，创作此诗。②新丰：刘邦仿老家丰地建城，并迁故旧居之，以娱太公，后更名为新丰。③谯邑：魏武帝曹操故里。④鸣笳：古代贵官出行，前导鸣笳以启路，这里指皇帝出巡到此。

(1)下列对这首诗的赏析，不恰当的一项是(　　)

A. 诗歌前两句扣题，同时用借代手法暗示作者帝王身份，又从视听角度在声色方面描绘出了帝王重归故里的荣耀气派。

B. 诗歌三四两句描绘了旧宅环境。渲染出荒寂古朴、破败肃杀的氛围，整体上给人一种岁月流逝、人事变迁的感觉。

C. 诗歌多处对仗，气脉相连，言辞质朴，表达简约，这首非专业诗人创作的五言律诗，已呈现出初唐律诗的风貌特征。

D. 诗中作者重游故地，回忆往昔，述怀言志，其慷慨畅达之风与其平乱统一、建立功绩的气概胸襟是完全相符相应的。

(2)同样写出了自然气象的生机更替，此诗颈联与王湾《次北固山下》中的"海日生残夜，江春入旧年"一联在选用意象、抒发情感方面有何不同？请结合相应诗歌简要分析。

参考答案：(1)B。B项，错误，上句的"园荒"，表明旧宅被闲置无人居住；"径新"透露出帝王旧宅平时有人守护整葺。下句则由"园荒"带出"苔古"，由"径新"带出"阶斜"。诗句给人以新旧交织的观感，并没有"渲染出荒寂古朴、破败肃杀的氛围"。

(2)①本诗选择的意象是作者出生地——武功旧宅中典型的自然风景：池水和老树。它们更新或生长，展现了宅园里一片欣欣向荣的景象。水清花开，因有源有根，而诗人的生长亦如此，这样，诗句便流露出作者对故里旧宅的深情厚谊。

②《次北固山下》一诗选择的意象则以时节为主，展现出时序的流逝交替，匆匆不可等待，强化了身在异地的诗人浓浓的思乡之情。

二、鉴赏诗词作品的表达技巧 【古诗词鉴赏】 ★★★

［文本示例］

临江仙·夜登小阁忆洛中旧游

［宋］陈与义

忆昔午桥桥上饮，坐中多是豪英。长沟流月去无声。杏花疏影里，吹笛到天明。

二十余年如一梦，此身虽在堪惊。闲登小阁看新晴。古今多少事，渔唱起三更。

［题目示例］

请指出上阕最突出的表现手法，并分析其表达效果。(4分)

参考答案：(步骤一)上阕运用了动静结合的表现手法。(步骤二)天空中，月色迷蒙(静)；花丛中，树影斑驳(静)；午桥上，豪英坐饮(动)；长河中，流水无声(有动有静)；杏花里，笛声阵阵(动)。诗人将长沟流月、杏花疏影这些视觉形象和笛声悠远的听觉形象结合在一起，构成一幅人与景、情与境相和谐的优美游乐图。(步骤三)表现了作者当年在良辰美景中与朋友相聚时的快乐和陶醉。

［解题秘籍］

1. 设问方式

(1)这首诗(词)用了怎样的表达技巧(表现手法、艺术手法、艺术技巧)？

(2)诗(词)人是怎样抒发自己的情感的？有何效果？

(3)这首诗(词)在写景(抒情、描写人物等)上有什么特点？

(4)本诗(词)布局颇具匠心，请简要分析其巧妙的艺术构思。

2. 答题切入点

这类题型注重的是诗(词)整体的艺术表现特色，应从诗(词)的整体构思、诗(词)整体的艺术技巧方面来解答。分析表达技巧可以从以下几个方面入手：

<table>
<tr><th colspan="2">分类</th><th colspan="2">内容</th></tr>
<tr><td rowspan="2">修辞手法</td><td>常用</td><td colspan="2">比喻/借代/夸张/对偶/双关/互文/比拟/……</td></tr>
<tr><td>其他</td><td colspan="2">排比/设问/反问/通感……</td></tr>
<tr><td>表现手法</td><td>—</td><td colspan="2">衬托→正衬+反衬/对比/对照/渲染/烘托/点染/象征/比兴/想象/联想/托物言志/……</td></tr>
<tr><td rowspan="10">表达方式</td><td>描写</td><td colspan="2">正侧结合(正面描写/侧面描写)/白描/细节描写/动静描写(以动衬静/以静衬动/动静相生)/虚实结合/色彩渲染/感官描写/角度变化</td></tr>
<tr><td rowspan="7">抒情</td><td colspan="2">直接抒情</td></tr>
<tr><td rowspan="6">间接抒情</td><td>触景生情</td></tr>
<tr><td>借景抒情/寓情于景/情景交融</td></tr>
<tr><td>借古抒怀/借古讽今</td></tr>
<tr><td>借事抒怀</td></tr>
<tr><td>用典抒怀</td></tr>
<tr><td>托物言志</td></tr>
<tr><td>记叙</td><td colspan="2">—</td></tr>
<tr><td>议论</td><td colspan="2">—</td></tr>
<tr><td rowspan="4">结构技巧</td><td>情景关系角度</td><td colspan="2">先景后情/以景结情</td></tr>
<tr><td>前后句角度</td><td colspan="2">重章叠句/铺垫(伏笔)/照应/过渡/承上启下/悬念</td></tr>
<tr><td>诗歌主旨角度</td><td colspan="2">开篇点题/卒章显志/以小见大/对比</td></tr>
<tr><td>诗歌情感变化角度</td><td colspan="2">抑扬→欲抑先扬、欲扬先抑</td></tr>
</table>

3. 鉴赏表达技巧"三步骤"

(1)步骤一:明手法。准确指出运用了何种手法。

(2)步骤二:释理由。结合诗(词)句阐释使用这种手法的原因。

(3)步骤三:抒感情。运用该手法表达了诗(词)人怎样的感情。

真题面对面

[2022安徽统考,阅读鉴赏,8分]阅读下面宋词,完成(1)~(2)小题。

念奴娇·过洞庭

张孝祥

洞庭青草,近中秋、更无一点风色。玉鉴琼田三万顷,著我扁舟一叶。素月分辉,明河共影,表里俱澄澈。悠然心会,妙处难与君说。

应念岭表经年,孤光自照,肝胆皆冰雪。短发萧骚襟袖冷,稳泛沧浪空阔。尽挹西江,细斟北斗,万象为宾客。扣舷独啸,不知今夕何夕。

(1)该词首句言"近中秋",尾句言"不知今夕何夕",这一矛盾性呼应,在写法和情感表达上有何不同?

(2)“玉鉴琼田三万顷，著我扁舟一叶”营造出了什么样的意境？请赏析。

参考答案：(1)这首中秋词是词人泛舟洞庭湖时即景抒怀之作。开篇直说地点与时间，然后写湖面、小舟、月亮、银河。“近中秋”点出时间，秋天天高气爽，为下文的景色描写作铺垫。尾句“扣舷独啸，不知今夕何夕”，扣着船舷，放声高歌，不知今夕何夕，则写出词人已忘情于这月白无风之夜，忘情于与大自然交融之中。

(2)“玉鉴琼田”形容湖水的明净光洁，“三万顷”说明湖面的广阔。著，犹着，或释为附着。船行湖上，是飘浮着、流动着的，怎么可以说附着呢？著者，安也，置也，容也。这句话描写的是在广阔的湖面上，安置“我”的一叶扁舟，颇有自然造化全都供“我”所用的意味。有力地衬托出词人的豪迈气概。

三、鉴赏诗词作品的语言 【古诗词鉴赏】 ★★

考点1 分析语言特色类

[文本示例]

又呈吴郎

杜　甫

堂前扑枣任西邻，无食无儿一妇人。

不为困穷宁有此？只缘恐惧转须亲。

即防远客虽多事，便插疏篱却甚真。

已诉征求贫到骨，正思戎马泪盈巾。

[题目示例]

简要分析这首诗的语言特色。(4分)

参考答案：(步骤一)这首诗以诗代书信，用词表义，语言明白如话却又含蓄委婉。(步骤二)诗中运用散文中常用的虚词来转接。如“不为”“只缘”“已诉”“正思”以及“即”“虽”“便”“却”等，将呆板化为活泼，既有律诗的形式美、节奏感，又有散文的灵活性，抑扬顿挫，耐人寻味。(步骤三)诗人说得有情有理，对吴郎是动之以情，又晓之以理。表现了诗人对西邻老妇的无限关怀和同情。

[解题秘籍]

1. 设问方式

(1)这首诗(词)在语言上有何特色？

(2)请分析这首诗(词)的语言风格。

(3)谈谈此诗(词)的语言艺术。

2. 答题切入点

这类题型在作答时不需要揣摩个别字词运用的技巧，而要品味整首诗(词)表现出来的语言风格。

常用的答题词语一般有：清新自然、明快清新、平淡自然、朴实无华、明快浅显、明快直露、明白晓畅、流畅自然、多用口语、通俗易懂、华美绚丽、辞藻华丽、深沉隽永、委婉含蓄、含蓄深沉、雄浑豪放、笔调婉约、缠绵哀怨、温婉悲凉、庄谐并重、简练生动、简练传神、准确精练、生动形象、准确传神等。

3. 常考语言特色题的类型

(1)语言的风格特色

古代诗词作品语言的风格特色是多种多样的,有的清新,有的古朴。人称李白的诗"清水出芙蓉,天然去雕饰",这便是一种清新美。有的诗词绚丽多彩,有的诗词却质朴无华;有的诗词语言明朗,有的却内容含蓄,言此意彼;有的诗词平易近人,有的却险怪奇特;如此等等,不一而足。体会其风格特色,就是要体会语言的美,体会其内蕴。

(2)分析修辞手法

古代诗词常用的修辞手法有比喻、比拟、夸张、借代、设问、反问、反语、双关等。如李煜《虞美人》最后两句写道:"问君能有几多愁?恰似一江春水向东流。"这里先用设问,后用比喻,两种修辞手法综合运用,形象地写出了作者绵长久远的愁思。分析修辞手法,就是分析其表情达意的作用。

第一部分

4. 答题步骤

(1)步骤一:明特色。用一两个词准确点明语言特色。

(2)步骤二:列例证。用诗(词)中有关语句具体分析这种特色。

(3)步骤三:析作用。指出表达了作者怎样的感情。

考点2 炼字类

[文本示例]

春日即事

李弥逊[1]

小雨丝丝欲网春,落花狼藉近黄昏。

车尘不到张罗地[2],宿鸟声中自掩门。

【注】①李弥逊(1085~1153):字似之,吴县(今江苏苏州)人。历任中书舍人、户部侍郎等职。因竭力反对秦桧的投降政策而被免职。②张罗地:指门可罗雀,十分冷落的地方。

[题目示例]

首句中最生动传神的是什么字?为什么?(4分)

参考答案:(步骤一)首句中最生动传神的是"网"字。"网"本是罗网,这里是网住的意思。(步骤二)作者由丝丝小雨想到了用丝织成的网,再由丝网及暮春,想到要把春天网住,即留住春天。(步骤三)作者用一个"网"字生动形象地表现出了想要留住春天的愿望,为后文抒发失落之情作铺垫。

[解题秘籍]

1. 设问方式

(1)某联中最生动传神的是什么字?为什么?

(2)某字历来为人称道,你认为它好在哪里?

(3)从某句诗(词)中找出最能体现诗人感情的一个字并作具体分析。

(4)对诗(词)中某个字,你认为写得好不好?为什么?

2. 答题切入点

(1)评析"题眼"

所谓"题眼",就是指诗词标题中提挈全篇、精练传神的字词。如李白《春夜洛城闻笛》:"谁家玉笛暗飞声,散入春风满洛城。此夜曲中闻折柳,何人不起故园情。"诗题中"闻笛"二字便是"题眼",所以全诗四句中的前三句全用来写笛声,把读者引入一个美妙的音乐境界中来,直到最后一句才透露了诗人的本意。又如杜甫的《春夜喜雨》中的"喜"字便是"题眼"。八句诗中虽然未用一个"喜"字,但字里行间处处透露着"喜"意。在阅读中,发现并评析"题眼",可以帮助体会诗词丰富的内涵。

(2)评析"诗(词)眼"

诗有"诗眼",词有"词眼"。这里的"诗眼""词眼",有时是精练传神的一个字,有时是传达主旨的关键词、关键句。如李清照的《醉花阴》写主人公多愁善感、怜花自怜的性格情态,结尾写道"莫道不销魂,帘卷西风,人比黄花瘦"。这一个"瘦"字便是全篇的"词眼"。它形象地概括了全篇的词意,画龙点睛,使人物形象与环境显得十分协调。

3. 答题技巧

组织答案时的常用词语有:深刻、含蓄、突出、生动、形象、传神等。

炼字的角度:动词、形容词(重叠运用的、活用作动词的、表色彩的)、数词、虚词。

4. 答题步骤

(1)步骤一:释含义。解释该字在句中的含义。

(2)步骤二:描景象。展开联想把该字放入原句中描述景象。

(3)步骤三:点作用。点出该字烘托了怎样的意境或表达了怎样的感情。

真题面对面

1. [2022陕西特岗,阅读鉴赏,10分]阅读下面这首词,回答第(1)~(3)小题。

采桑子

欧阳修

轻舟短棹西湖[注]好,绿水逶迤。芳草长堤,隐隐笙歌处处随。

无风水面琉璃滑,不觉船移。微动涟漪,惊起沙禽掠岸飞。

【注】西湖:指颍州西湖(今安徽阜阳西北)。

(1)欧阳修,字永叔,自号(　　),晚年又号六一居士。

(2)这首词词眼是什么?请简要分析。

(3)词的下片主要使用了哪种手法来写西湖景色?

参考答案:(1)醉翁

(2)这首词的词眼是"好"字。一个"好"字统领全词,描绘出了春色中的西湖。词人以轻舟的行进为线索,渐次写出堤岸和湖面的景物特征,并将游人之悠闲意趣融入其中,轻舟短棹、绿水芳草、游人笙歌与惊飞沙禽,西湖"好"在这一背景下得到了淋漓尽致的诠释。

(3)下片静中有动,动中显静,动静互衬。前三句以静写动,风平浪静时水面晶莹澄澈,如同琉璃,平滑似镜,游人不觉船移,只是看到船桨轻划,水上形成细小的波纹时,方感船身滑动。结句以动衬静,写涟漪微动难免惊动沙滩上的水鸟,使之掠过湖岸飞去,而西湖却愈显幽静。

2.[2020湖南长沙天心区,诗歌鉴赏,6分]

(甲)水调歌头

苏　轼

明月几时有?把酒问青天。不知天上宫阙,今夕是何年。我欲乘风归去,又恐琼楼玉宇,高处不胜寒。起舞弄清影,何似在人间。

转朱阁,低绮户,照无眠。不应有恨,何事长向别时圆?人有悲欢离合,月有阴晴圆缺,此事古难全。但愿人长久,千里共婵娟。

(乙)江城子

苏　轼

凤凰山下雨初晴,水风清,晚霞明。一朵芙蕖,开过尚盈盈。何处飞来双白鹭,如有意,慕娉婷。

忽闻江上弄哀筝,苦含情,遣谁听!烟敛云收,依约是湘灵。欲待曲终寻问取,人不见,数峰青。

(1)试比较两词中加点的"弄"字的含义和传达的感情有何不同。

(2)对两词词句的解说,不正确的一项是(　　)

A.说是"哀筝",是从乙词总的旋律来写的;说是"苦含情",是从乙词的感情来写的。

B.乙词的最后,没有正面描写人物,而是写弹筝人飘然远逝,只见青翠的山峰仍然静静地立在湖边,仿佛那哀怨的乐曲仍然荡漾在山间水际。

C.甲词中写天上和人间、幻想和现实、出世和入世,两方面同时吸引着他,词人的心绪是矛盾的。

D.甲词认为,"人有悲欢离合"同"月有阴晴圆缺"一样,两者都是自然常理,很值得伤感。

参考答案:(1)"起舞弄清影"的"弄"字意即"耍,玩弄",既反映了词人内心无法排遣的孤独感,也反映了词人孤芳自赏、矢志不渝的政治抱负,一个"弄"字,其实包含了词人惆怅之心、孤独之心和赤诚之心,情真意切,含蓄隽永,唤起了我们无限遐想,让读者获得了丰富的美感和无穷的诗意;"忽闻江上弄哀筝"的"弄"字意为"弹奏",它传达的是弹琴者漫不经心的情态。

(2)D。D项,人有悲欢离合,月也有阴晴圆缺,自古以来世上就难有十全十美的事,但作者实质上还是为了强调对人事的乐观,同时寄托对未来的希望,因为月有圆时,人也有相聚之时。

四、鉴赏诗词作品的思想内容 【古诗词鉴赏】 ★★★

[文本示例]

青玉案

欧阳修

一年春事都来几？早过了、三之二。绿暗红嫣浑可事。绿杨庭院，暖风帘幕，有个人憔悴。

买花载酒长安市，又争似、家山见桃李。不枉东风吹客泪。相思难表，梦魂无据，惟有归来是。

[题目示例]

这首词表达了作者怎样的情感？结合全词简要分析。(4分)

参考答案：(步骤一)这首词表达了作者对家乡和亲人的思念之情。(步骤二)上片叹春日之迟暮，春光不能留驻，引出个人的伤感。下片通过叙述在长安"买花载酒"想起家乡的桃李花，直抒胸臆，强化词人的思乡和思亲之情。

[解题秘籍]

1. 设问方式

(1)这首诗(词)的某句(某联、某片、某细节、某典故、某意象)表达了诗人怎样的感情？请简要分析。(局部考查)

(2)这首诗(词)表达了怎样的思想感情？请简要分析。(整体考查)

2. 分析思路

(1)把握诗歌思想感情的方法

看注解(作者、背景、词解)；抓意象、意境；抓诗眼、关键词；懂典故；懂手法。

(2)思想感情分类

分类	表达情感	例子
忧国伤时	①揭露统治者的穷奢极欲、荒淫误国。	杜牧《过华清宫》
	②反映离乱的痛苦。	杜甫《春望》
	③同情人民的疾苦。	白居易《卖炭翁》
	④对国家民族前途命运的担忧。	杜甫《登楼》
建功报国	①建功立业的渴望。	曹操《龟虽寿》
	②保家卫国的决心。	王昌龄《从军行》
	③报国无门的悲伤。	辛弃疾《永遇乐·京口北固亭怀古》
	④年华消逝、壮志难酬的悲叹。	苏轼《念奴娇·赤壁怀古》
	⑤理想不为人知的愁苦心情。	屈原《涉江》
	⑥山河沦丧的痛苦。	陆游《示儿》

续表

分类	表达情感	例子
思乡怀人	①羁旅愁思。	孟浩然《宿建德江》
	②思亲念友。	王维《九月九日忆山东兄弟》
	③边关思乡。	范仲淹《渔家傲·秋思》
	④闺中怀人。	王昌龄《闺怨》
生活杂感	①寄情山水、田园的悠闲。	王维《山居秋暝》
	②昔盛今衰的感慨。	姜夔《扬州慢·淮左名都》
	③借古讽今的情怀。	杜牧《赤壁》
	④青春易逝的伤感。	李清照《如梦令·昨夜雨疏风骤》
	⑤仕途失意的苦闷。	白居易《琵琶行》
	⑥表现喜悦心情。	杜甫《春夜喜雨》
送别	①依依不舍的留念。	柳永《雨霖铃》
	②情深意长的勉励。	王勃《送杜少府之任蜀州》
	③坦陈心志的告白。	王昌龄《芙蓉楼送辛渐》

3. 答题步骤

(1)分析诗歌(词曲)描写了什么内容。

(2)分析诗歌(词曲)表达了什么情感。(如果涉及艺术手法,需要指出运用的手法)

答题格式:本诗词通过×××的描写(叙述、回忆),抒发(表现)了诗(词)人×××的感情。

真题面对面

1.[2022湖南长沙长沙县,古代诗歌阅读,6分]

秋夜寄僧

欧阳詹

尚被浮名诱此身,今时谁与德为邻。

遥知是夜檀溪上,月照千峰为一人[注]。

【注】一人:指的是弘济上人。

本诗运用了什么表达技巧?表达了什么情感?请简析。

参考答案:①前两句运用设问的修辞手法,言明自己的处境,表达作者想脱离官场而不能的苦闷,并引导出作者对僧人的赞扬。

②后两句以借物言志、即景抒情的方式,把情与理置于形象的描写之中,在鲜明完整的意象中表现个人的思想和情感,刻画传神,细致入微。抒写了他对弘济上人的怀念情绪的同时,把老僧品德的感天动地、月为之明的情形写了出来,表现了诗人内心潜在的不需言明的感情。

③运用想象的表达技巧,诗歌最后两句通过描写诗人想象弘济上人立于檀溪之上,朗月清辉照拂他一人的情景,表达了诗人对友人的怀念和赞扬。

2.［2020广东惠州，诗歌鉴赏，9分］

大风留金山两日[①]

苏　轼

塔上一铃独自语，明日颠风当断渡。
朝来白浪打苍崖，倒射轩窗作飞雨。
龙骧万斛不敢过，渔舟一叶从掀舞。
细思城市有底[②]忙，却笑蛟龙为谁怒？
无事久留童仆怪，此风聊得妻孥许。
灊山道人[③]独何事，半夜不眠听粥鼓。

【注】①此诗是苏轼由徐州改知湖州赴任途中经镇江金山时作。②底：什么。③灊山道人：北宋诗僧，与诗人交好，诗人赴任途中与之相会，并载之同行。

(1)下列对这首诗的赏析，不正确的一项是(　　)

A. 开篇叙事，借塔铃自语预告大风将至、船只应当停渡的消息；"颠风"是全诗的诗眼。

B. 风无形，借浪以状写风大，"打""射""飞"三字，把疾风写得有力有形，可触可感。

C. 五、六两句无论是写大船不敢行走还是小舟任随风浪翻腾，都是为了突出风浪的险恶。

D. 诗分两部分，前六句写"大风"，后六句写人事，诗人一行因风浪被迫"留金山两日"。

(2)诗歌最后四句运用了怎样的抒情方式？抒发了作者怎样的情感？请结合内容简要分析。

参考答案：(1)A。A项，"颠风"是全诗的诗眼，表述有误。诗眼，应该是诗歌中最能开拓意旨和表现力最强的关键词句，本首诗"颠风"并非全诗诗眼；此外，开篇是在写景并非"叙事"。

(2)间接抒情(或"借事抒情""叙事抒情")。通过童仆"怪"、妻"许"和道人专心倾听金山寺粥鼓声的衬托，来表达诗人随缘自适、不以风浪为意的超脱情怀。

五、常见古诗文重点句 【古诗文默写】 ★★★

考点1　初中语文篇目(部分)

1. 杨花落尽子规啼，闻道龙标过五溪。我寄愁心与明月，随君直到夜郎西。(李白《闻王昌龄左迁龙标遥有此寄》)

2. 客路青山外，行舟绿水前。潮平两岸阔，风正一帆悬。海日生残夜，江春入旧年。乡书何处达？归雁洛阳边。(王湾《次北固山下》)

3. 枯藤老树昏鸦，小桥流水人家，古道西风瘦马。夕阳西下，断肠人在天涯。(马致远《天净沙·秋思》)

4. 学而时习之，不亦说乎？有朋自远方来，不亦乐乎？人不知而不愠，不亦君子乎？(《论语·学而》)

5. 吾日三省吾身：为人谋而不忠乎？与朋友交而不信乎？传不习乎？(《论语·学而》)

6. 吾十有五而志于学，三十而立，四十而不惑，五十而知天命，六十而耳顺，七十而从心所欲，不逾矩。(《论语·为政》)

7. 温故而知新，可以为师矣。（《论语·为政》）

8. 学而不思则罔，思而不学则殆。（《论语·为政》）

9. 知之者不如好之者，好之者不如乐之者。（《论语·雍也》）

10. 饭疏食，饮水，曲肱而枕之，乐亦在其中矣。不义而富且贵，于我如浮云。（《论语·述而》）

11. 三人行，必有我师焉。择其善者而从之，其不善者而改之。（《论语·述而》）

12. 逝者如斯夫，不舍昼夜。（《论语·子罕》）

13. 三军可夺帅也，匹夫不可夺志也。（《论语·子罕》）

14. 峨眉山月半轮秋，影入平羌江水流。夜发清溪向三峡，思君不见下渝州。（李白《峨眉山月歌》）

15. 正是江南好风景，落花时节又逢君。（杜甫《江南逢李龟年》）

16. 强欲登高去，无人送酒来。遥怜故园菊，应傍战场开。（岑参《行军九日思长安故园》）

17. 回乐烽前沙似雪，受降城外月如霜。不知何处吹芦管，一夜征人尽望乡。（李益《夜上受降城闻笛》）

18. 夫君子之行，静以修身，俭以养德。非淡泊无以明志，非宁静无以致远。（诸葛亮《诫子书》）

19. 自古逢秋悲寂寥，我言秋日胜春朝。晴空一鹤排云上，便引诗情到碧霄。（刘禹锡《秋词·其一》）

20. 君问归期未有期，巴山夜雨涨秋池。何当共剪西窗烛，却话巴山夜雨时。（李商隐《夜雨寄北》）

21. 僵卧孤村不自哀，尚思为国戍轮台。夜阑卧听风吹雨，铁马冰河入梦来。（陆游《十一月四日风雨大作·其二》）

22. 万里赴戎机，关山度若飞。朔气传金柝，寒光照铁衣。将军百战死，壮士十年归。（北朝民歌《木兰诗》）

23. 独坐幽篁里，弹琴复长啸。深林人不知，明月来相照。（王维《竹里馆》）

24. 谁家玉笛暗飞声，散入春风满洛城。此夜曲中闻折柳，何人不起故园情。（李白《春夜洛城闻笛》）

25. 故园东望路漫漫，双袖龙钟泪不干。马上相逢无纸笔，凭君传语报平安。（岑参《逢入京使》）

26. 草树知春不久归，百般红紫斗芳菲。杨花榆荚无才思，惟解漫天作雪飞。（韩愈《晚春》）

27. 苔痕上阶绿，草色入帘青。谈笑有鸿儒，往来无白丁。可以调素琴，阅金经。无丝竹之乱耳，无案牍之劳形。（刘禹锡《陋室铭》）

28. 予独爱莲之出淤泥而不染，濯清涟而不妖，中通外直，不蔓不枝，香远益清，亭亭净植，可远观而不可亵玩焉。（周敦颐《爱莲说》）

29. 前不见古人，后不见来者。念天地之悠悠，独怆然而涕下！（陈子昂《登幽州台歌》）

30. 岱宗夫如何？齐鲁青未了。造化钟神秀，阴阳割昏晓。荡胸生曾云，决眦入归鸟。会当凌绝顶，一览众山小。（杜甫《望岳》）

31. 不畏浮云遮望眼，自缘身在最高层。（王安石《登飞来峰》）

32. 莫笑农家腊酒浑，丰年留客足鸡豚。山重水复疑无路，柳暗花明又一村。箫鼓追随春社近，衣冠简朴古风存。从今若许闲乘月，拄杖无时夜叩门。（陆游《游山西村》）

33. 浩荡离愁白日斜，吟鞭东指即天涯。落红不是无情物，化作春泥更护花。（龚自珍《己亥杂诗·其五》）

34. 烟笼寒水月笼沙，夜泊秦淮近酒家。商女不知亡国恨，隔江犹唱后庭花。（杜牧《泊秦淮》）

35. 可怜夜半虚前席，不问苍生问鬼神。（李商隐《贾生》）

36. 莫言下岭便无难，赚得行人错喜欢。政入万山围子里，一山放出一山拦。（杨万里《过松源晨炊漆公店·其五》）

37. 黄梅时节家家雨，青草池塘处处蛙。有约不来过夜半，闲敲棋子落灯花。（赵师秀《约客》）

38. 东皋薄暮望，徙倚欲何依。树树皆秋色，山山唯落晖。（王绩《野望》）

39. 晴川历历汉阳树，芳草萋萋鹦鹉洲。日暮乡关何处是？烟波江上使人愁。（崔颢《黄鹤楼》）

40. 单车欲问边，属国过居延。征蓬出汉塞，归雁入胡天。大漠孤烟直，长河落日圆。萧关逢候骑，都护在燕然。（王维《使至塞上》）

41. 渡远荆门外，来从楚国游。山随平野尽，江入大荒流。月下飞天镜，云生结海楼。仍怜故乡水，万里送行舟。（李白《渡荆门送别》）

42. 孤山寺北贾亭西，水面初平云脚低。几处早莺争暖树，谁家新燕啄春泥。乱花渐欲迷人眼，浅草才能没马蹄。最爱湖东行不足，绿杨阴里白沙堤。（白居易《钱塘湖春行》）

43. 老骥伏枥，志在千里；烈士暮年，壮心不已。（曹操《龟虽寿》）

44. 亭亭山上松，瑟瑟谷中风。风声一何盛，松枝一何劲！冰霜正惨凄，终岁常端正。岂不罹凝寒？松柏有本性。（刘桢《赠从弟·其二》）

45. 富贵不能淫，贫贱不能移，威武不能屈。（《孟子·富贵不能淫》）

46. 结庐在人境，而无车马喧。/采菊东篱下，悠然见南山。山气日夕佳，飞鸟相与还。（陶渊明《饮酒·其五》）

47. 国破山河在，城春草木深。感时花溅泪，恨别鸟惊心。烽火连三月，家书抵万金。白头搔更短，浑欲不胜簪。（杜甫《春望》）

48. 黑云压城城欲摧，甲光向日金鳞开。角声满天秋色里，塞上燕脂凝夜紫。半卷红旗临易水，霜重鼓寒声不起。报君黄金台上意，提携玉龙为君死。（李贺《雁门太守行》）

49. 折戟沉沙铁未销，自将磨洗认前朝。东风不与周郎便，铜雀春深锁二乔。（杜牧《赤壁》）

50. 天接云涛连晓雾，星河欲转千帆舞。/我报路长嗟日暮，学诗谩有惊人句。（李清照《渔家傲》）

51. 一曲新词酒一杯，去年天气旧亭台。夕阳西下几时回？无可奈何花落去，似曾相识燕归来。小园香径独徘徊。（晏殊《浣溪沙》）

52. 关关雎鸠，在河之洲。窈窕淑女，君子好逑。（《诗经·关雎》）

53. 蒹葭苍苍，白露为霜。所谓伊人，在水一方。（《诗经·蒹葭》）

54. 鸾扇斜分凤幄开，星桥横过鹊飞回。争将世上无期别，换得年年一度来。（李商隐《七夕》）

55. 路曼曼其修远兮，吾将上下而求索。（屈原《离骚》）

56. 遥怜小儿女，未解忆长安。香雾云鬟湿，清辉玉臂寒。（杜甫《月夜》）

57. 沾衣欲湿杏花雨，吹面不寒杨柳风。（志南和尚《绝句》）

第一部分

58. 明月不谙离恨苦，斜光到晓穿朱户。（晏殊《蝶恋花》）

59. 唯有牡丹真国色，花开时节动京城。（刘禹锡《赏牡丹》）

60. 疏影横斜水清浅，暗香浮动月黄昏。（林逋《山园小梅·其一》）

61. 青青子衿，悠悠我心。（《诗经·子衿》）

62. 城阙辅三秦，风烟望五津。与君离别意，同是宦游人。海内存知己，天涯若比邻。无为在歧路，儿女共沾巾。（王勃《送杜少府之任蜀州》）

63. 八月湖水平，涵虚混太清。气蒸云梦泽，波撼岳阳城。（孟浩然《望洞庭湖赠张丞相》）

64. 故虽有名马，祗辱于奴隶人之手，骈死于槽枥之间，不以千里称也。（韩愈《马说》）

65. 安得广厦千万间，大庇天下寒士俱欢颜！风雨不动安如山。（杜甫《茅屋为秋风所破歌》）

66. 清晨入古寺，初日照高林。曲径通幽处，禅房花木深。山光悦鸟性，潭影空人心。万籁此都寂，但余钟磬音。（常建《题破山寺后禅院》）

67. 青山横北郭，白水绕东城。此地一为别，孤蓬万里征。浮云游子意，落日故人情。挥手自兹去，萧萧班马鸣。（李白《送友人》）

68. 缺月挂疏桐，漏断人初静。谁见幽人独往来，缥缈孤鸿影。惊起却回头，有恨无人省。拣尽寒枝不肯栖，寂寞沙洲冷。（苏轼《卜算子·黄州定慧院寓居作》）

69. 驿外断桥边，寂寞开无主。已是黄昏独自愁，更着风和雨。无意苦争春，一任群芳妒。零落成泥碾作尘，只有香如故。（陆游《卜算子·咏梅》）

70. 不以物喜，不以己悲，居庙堂之高则忧其民，处江湖之远则忧其君。/先天下之忧而忧，后天下之乐而乐。（范仲淹《岳阳楼记》）

71. 若夫日出而林霏开，云归而岩穴暝，晦明变化者，山间之朝暮也。野芳发而幽香，佳木秀而繁阴，风霜高洁，水落而石出者，山间之四时也。（欧阳修《醉翁亭记》）

72. 金樽清酒斗十千，玉盘珍羞直万钱。停杯投箸不能食，拔剑四顾心茫然。欲渡黄河冰塞川，将登太行雪满山。闲来垂钓碧溪上，忽复乘舟梦日边。行路难，行路难，多歧路，今安在？长风破浪会有时，直挂云帆济沧海。（李白《行路难·其一》）

73. 巴山楚水凄凉地，二十三年弃置身。怀旧空吟闻笛赋，到乡翻似烂柯人。沉舟侧畔千帆过，病树前头万木春。今日听君歌一曲，暂凭杯酒长精神。（刘禹锡《酬乐天扬州初逢席上见赠》）

74. 人有悲欢离合，月有阴晴圆缺，此事古难全。但愿人长久，千里共婵娟。（苏轼《水调歌头》）

75. 露从今夜白，月是故乡明。（杜甫《月夜忆舍弟》）

76. 云横秦岭家何在？雪拥蓝关马不前。知汝远来应有意，好收吾骨瘴江边。（韩愈《左迁至蓝关示侄孙湘》）

77. 晨起动征铎，客行悲故乡。鸡声茅店月，人迹板桥霜。槲叶落山路，枳花明驿墙。因思杜陵梦，凫雁满回塘。（温庭筠《商山早行》）

78. 一上高城万里愁，蒹葭杨柳似汀洲。溪云初起日沉阁，山雨欲来风满楼。鸟下绿芜秦苑夕，蝉鸣黄

叶汉宫秋。行人莫问当年事，故国东来渭水流。(许浑《咸阳城东楼》)

79. 相见时难别亦难，东风无力百花残。春蚕到死丝方尽，蜡炬成灰泪始干。晓镜但愁云鬓改，夜吟应觉月光寒。蓬山此去无多路，青鸟殷勤为探看。(李商隐《无题》)

80. 塞下秋来风景异，衡阳雁去无留意。四面边声连角起，千嶂里，长烟落日孤城闭。浊酒一杯家万里，燕然未勒归无计。羌管悠悠霜满地，人不寐，将军白发征夫泪。(范仲淹《渔家傲·秋思》)

81. 酒酣胸胆尚开张，鬓微霜，又何妨！持节云中，何日遣冯唐？会挽雕弓如满月，西北望，射天狼。(苏轼《江城子·密州出猎》)

82. 醉里挑灯看剑，梦回吹角连营。八百里分麾下炙，五十弦翻塞外声，沙场秋点兵。马作的卢飞快，弓如霹雳弦惊。了却君王天下事，赢得生前身后名。可怜白发生！(辛弃疾《破阵子·为陈同甫赋壮词以寄之》)

83. 莫听穿林打叶声，何妨吟啸且徐行。竹杖芒鞋轻胜马，谁怕？一蓑烟雨任平生。(苏轼《定风波》)

84. 身向云山那畔行，北风吹断马嘶声，深秋远塞若为情！一抹晚烟荒戍垒，半竿斜日旧关城。古今幽恨几时平！(纳兰性德《浣溪沙》)

85. 亲贤臣，远小人，此先汉所以兴隆也；亲小人，远贤臣，此后汉所以倾颓也。(诸葛亮《出师表》)

86. 北风卷地白草折，胡天八月即飞雪。忽如一夜春风来，千树万树梨花开。散入珠帘湿罗幕，狐裘不暖锦衾薄。将军角弓不得控，都护铁衣冷难着。瀚海阑干百丈冰，愁云惨淡万里凝。/山回路转不见君，雪上空留马行处。(岑参《白雪歌送武判官归京》)

87. 辛苦遭逢起一经，干戈寥落四周星。山河破碎风飘絮，身世浮沉雨打萍。惶恐滩头说惶恐，零丁洋里叹零丁。人生自古谁无死？留取丹心照汗青。(文天祥《过零丁洋》)

88. 三年羁旅客，今日又南冠。无限山河泪，谁言天地宽。已知泉路近，欲别故乡难。毅魄归来日，灵旗空际看。(夏完淳《别云间》)

89. 银烛秋光冷画屏，轻罗小扇扑流萤。(杜牧《秋夕》)

考点 2 高中语文篇目(部分)

1. 对酒当歌，人生几何！譬如朝露，去日苦多。慨当以慷，忧思难忘。何以解忧？唯有杜康。青青子衿，悠悠我心。但为君故，沉吟至今。呦呦鹿鸣，食野之苹。我有嘉宾，鼓瑟吹笙。明明如月，何时可掇？忧从中来，不可断绝。越陌度阡，枉用相存。契阔谈讌，心念旧恩。月明星稀，乌鹊南飞。绕树三匝，何枝可依？山不厌高，海不厌深。周公吐哺，天下归心。(曹操《短歌行》)

2. 少无适俗韵，性本爱丘山。误落尘网中，一去三十年。羁鸟恋旧林，池鱼思故渊。开荒南野际，守拙归园田。方宅十余亩，草屋八九间。榆柳荫后檐，桃李罗堂前。暧暧远人村，依依墟里烟。狗吠深巷中，鸡鸣桑树颠。户庭无尘杂，虚室有余闲。久在樊笼里，复得返自然。(陶渊明《归园田居·其一》)

3. 别君去兮何时还？且放白鹿青崖间，须行即骑访名山。安能摧眉折腰事权贵，使我不得开心颜？(李白《梦游天姥吟留别》)

4. 风急天高猿啸哀，渚清沙白鸟飞回。无边落木萧萧下，不尽长江滚滚来。万里悲秋常作客，百年多病独登台。艰难苦恨繁霜鬓，潦倒新停浊酒杯。(杜甫《登高》)

第一部分

5. 千呼万唤始出来，犹抱琵琶半遮面。/嘈嘈切切错杂弹，大珠小珠落玉盘。/别有幽愁暗恨生，此时无声胜有声。/东船西舫悄无言，唯见江心秋月白。/同是天涯沦落人，相逢何必曾相识！（白居易《琵琶行并序》）

6. 大江东去，浪淘尽，千古风流人物。/乱石穿空，惊涛拍岸，卷起千堆雪。/羽扇纶巾，谈笑间，樯橹灰飞烟灭。/人生如梦，一尊还酹江月。（苏轼《念奴娇·赤壁怀古》）

7. 寻寻觅觅，冷冷清清，凄凄惨惨戚戚。/梧桐更兼细雨，到黄昏、点点滴滴。这次第，怎一个愁字了得！（李清照《声声慢》）

8. 人生三境界：昨夜西风凋碧树。独上高楼，望尽天涯路。/衣带渐宽终不悔，为伊消得人憔悴。/众里寻他千百度，回头蓦见，那人正在灯火阑珊处。（王国维《人间词话》）

9. 故木受绳则直，金就砺则利，君子博学而日参省乎己，则知明而行无过矣。吾尝终日而思矣，不如须臾之所学也；吾尝跂而望矣，不如登高之博见也。/故不积跬步，无以至千里；不积小流，无以成江海。/锲而舍之，朽木不折；锲而不舍，金石可镂。（《荀子·劝学》）

10. 师者，所以传道受业解惑也。/是故无贵无贱，无长无少，道之所存，师之所存也。/句读之不知，惑之不解，或师焉，或不焉，小学而大遗，吾未见其明也。/是故弟子不必不如师，师不必贤于弟子，闻道有先后，术业有专攻，如是而已。（韩愈《师说》）

11. 举酒属客，诵明月之诗，歌窈窕之章。/纵一苇之所如，凌万顷之茫然。浩浩乎如冯虚御风，而不知其所止；飘飘乎如遗世独立，羽化而登仙。/其声呜呜然，如怨如慕，如泣如诉，余音袅袅，不绝如缕。舞幽壑之潜蛟，泣孤舟之嫠妇。/寄蜉蝣于天地，渺沧海之一粟。哀吾生之须臾，羡长江之无穷。挟飞仙以遨游，抱明月而长终。（苏轼《赤壁赋》）

12. 春花秋月何时了，往事知多少。小楼昨夜又东风，故国不堪回首月明中。雕栏玉砌应犹在，只是朱颜改。问君能有几多愁，恰似一江春水向东流。（李煜《虞美人》）

13. 纤云弄巧，飞星传恨，银汉迢迢暗度。金风玉露一相逢，便胜却人间无数。柔情似水，佳期如梦，忍顾鹊桥归路！两情若是久长时，又岂在朝朝暮暮。（秦观《鹊桥仙》）

14. 袅袅兮秋风，洞庭波兮木叶下。（《九歌·湘夫人》）

15. 闺中少妇不知愁，春日凝妆上翠楼。忽见陌头杨柳色，悔教夫婿觅封侯。（王昌龄《闺怨》）

16. 灞岸晴来送别频，相偎相倚不胜春。自家飞絮犹无定，争解垂丝绊路人。（罗隐《柳》）

17. 昔闻洞庭水，今上岳阳楼。吴楚东南坼，乾坤日夜浮。亲朋无一字，老病有孤舟。戎马关山北，凭轩涕泗流。（杜甫《登岳阳楼》）

18. 君子食无求饱，居无求安，敏于事而慎于言，就有道而正焉，可谓好学也已。（《论语·学而》）

19. 君子喻于义，小人喻于利。（《论语·里仁》）

20. 见贤思齐焉，见不贤而内自省也。（《论语·里仁》）

21. 士不可以不弘毅，任重而道远。仁以为己任，不亦重乎？死而后已，不亦远乎？（《论语·泰伯》）

22. 非礼勿视，非礼勿听，非礼勿言，非礼勿动。（《论语·颜渊》）

第一部分

23. 其“恕”乎！己所不欲，勿施于人。(《论语·卫灵公》)

24. 物格而后知至，知至而后意诚，意诚而后心正，心正而后身修，身修而后家齐，家齐而后国治，国治而后天下平。自天子以至于庶人，壹是皆以修身为本。(《礼记·大学之道》)

25. 知人者智，自知者明。胜人者有力，自胜者强。知足者富，强行者有志。不失其所者久，死而不亡者寿。(《老子·第三十三章》)

26. 合抱之木，生于毫末；九层之台，起于累土；千里之行，始于足下。(《老子·第六十四章》)

27. 春江潮水连海平，海上明月共潮生。滟滟随波千万里，何处春江无月明。/ 江天一色无纤尘，皎皎空中孤月轮。/ 玉户帘中卷不去，捣衣砧上拂还来。(张若虚《春江花月夜》)

28. 君不见黄河之水天上来，奔流到海不复回。君不见高堂明镜悲白发，朝如青丝暮成雪。人生得意须尽欢，莫使金樽空对月。天生我材必有用，千金散尽还复来。/ 钟鼓馔玉不足贵，但愿长醉不愿醒。/ 五花马、千金裘，呼儿将出换美酒，与尔同销万古愁。(李白《将进酒》)

29. 及至始皇，奋六世之余烈，振长策而御宇内，吞二周而亡诸侯，履至尊而制六合，执敲扑而鞭笞天下，威振四海。/ 胡人不敢南下而牧马，士不敢弯弓而报怨。/ 然秦以区区之地，致万乘之势，序八州而朝同列，百有余年矣；然后以六合为家，崤函为宫；一夫作难而七庙隳，身死人手，为天下笑者，何也？仁义不施而攻守之势异也。(贾谊《过秦论》)

30. 昆山玉碎凤凰叫，芙蓉泣露香兰笑。十二门前融冷光，二十三丝动紫皇。女娲炼石补天处，石破天惊逗秋雨。(李贺《李凭箜篌引》)

31. 锦瑟无端五十弦，一弦一柱思华年。庄生晓梦迷蝴蝶，望帝春心托杜鹃。沧海月明珠有泪，蓝田日暖玉生烟。此情可待成追忆，只是当时已惘然。(李商隐《锦瑟》)

32. 早岁那知世事艰，中原北望气如山。楼船夜雪瓜洲渡，铁马秋风大散关。塞上长城空自许，镜中衰鬓已先斑。出师一表真名世，千载谁堪伯仲间！(陆游《书愤》)

33. 民生各有所乐兮，余独好修以为常。虽体解吾犹未变兮，岂余心之可惩？(屈原《离骚》)

34. 蚕丛及鱼凫，开国何茫然！/ 西当太白有鸟道，可以横绝峨眉巅。地崩山摧壮士死，然后天梯石栈相钩连。上有六龙回日之高标，下有冲波逆折之回川。黄鹤之飞尚不得过，猿猱欲度愁攀援。青泥何盘盘，百步九折萦岩峦。扪参历井仰胁息，以手抚膺坐长叹。/ 连峰去天不盈尺，枯松倒挂倚绝壁。飞湍瀑流争喧豗，砯崖转石万壑雷。(李白《蜀道难》)

35. 映阶碧草自春色，隔叶黄鹂空好音。/ 出师未捷身先死，长使英雄泪满襟。(杜甫《蜀相》)

36. 悟已往之不谏，知来者之可追。实迷途其未远，觉今是而昨非。舟遥遥以轻飏，风飘飘而吹衣。/ 引壶觞以自酌，眄庭柯以怡颜。/ 策扶老以流憩，时矫首而遐观。云无心以出岫，鸟倦飞而知还。景翳翳以将入，抚孤松而盘桓。/ 悦亲戚之情话，乐琴书以消忧。农人告余以春及，将有事于西畴。/ 既窈窕以寻壑，亦崎岖而经丘。木欣欣以向荣，泉涓涓而始流。善万物之得时，感吾生之行休。/ 登东皋以舒啸，临清流而赋诗。聊乘化以归尽，乐夫天命复奚疑！(陶渊明《归去来兮辞并序》)

37. 舍南舍北皆春水，但见群鸥日日来。花径不曾缘客扫，蓬门今始为君开。盘飧市远无兼味，樽酒家

第一部分

贫只旧醅。肯与邻翁相对饮，隔篱呼取尽余杯。(杜甫《客至》)

38. 痴儿了却公家事，快阁东西倚晚晴。落木千山天远大，澄江一道月分明。朱弦已为佳人绝，青眼聊因美酒横。万里归船弄长笛，此心吾与白鸥盟。(黄庭坚《登快阁》)

39. 世味年来薄似纱，谁令骑马客京华。小楼一夜听春雨，深巷明朝卖杏花。矮纸斜行闲作草，晴窗细乳戏分茶。素衣莫起风尘叹，犹及清明可到家。(陆游《临安春雨初霁》)

真题面对面

1. [2022山西特岗，填空，4分](1)《蜀道难》以惊叹发端，未语先嗟，直抒情怀。接着，诗人并没有对蜀道作静态的描写，而是抛出了一个动态的比喻"________________，________________！"。

(2)杜甫《登高》抒发漂泊异乡、年老体衰的惆怅之情，也蕴含着与生命的衰弱顽强抗争的精神的诗句是"________________，________________"。

答案：(1)蜀道之难；难于上青天

(2)万里悲秋常作客；百年多病独登台

2. [2021福建统考，填空，12分](1)东临碣石，________________。(曹操《观沧海》)

(2)今当远离，________________，不知所言。(诸葛亮《出师表》)

(3)会当凌绝顶，________________。(杜甫《望岳》)

(4)相见时难别亦难，________________。(李商隐《无题》)

(5)斯是陋室，________________。(刘禹锡《陋室铭》)

(6)莫笑农家腊酒浑，________________。(陆游《游山西村》)

答案：(1)以观沧海；(2)临表涕零；(3)一览众山小；(4)东风无力百花残；(5)惟吾德馨；(6)丰年留客足鸡豚

第二节　文言文阅读

[文本示例]

阅读下面的文言文，完成问题。

杨氏万木图序

《万木图》者，翰林侍讲建安杨荣勉仁，昭其大父达卿先生之德，示其后之人也。

先生有孝行，于为善施义汲汲焉。然不喜以施名，以为受人之施者，恒有愧耻为辱之心。夫施于人而使其心愧耻为辱犹不施也必使受吾之施者如其所当得而即乎其心之安庶几可也。

元之季世，兵戈饥馑，民困穷冻馁无食，至相食以苟活。虽父子夫妇，相视不能相保恤，所在皆然。时先生藏谷甚富，将发廪赈之，指某山号于众曰："有能相吾力树木者乎？树一木，予谷若干。"于是争愿出力来请谷。既悉饭之，乃如所言。愿树木者予之谷，不籍识其姓名，卒亦不视其功，而所活不可胜记矣。先生之乐施,何其忠厚委曲而周备欤!

居数岁,木郁然崇茂,悉中于材。先生指以戒其子孙曰:“不自意今之盛如此也!其毋苟自为利,将有为学宫,为释老之宫,为桥梁及津渡之舟而需材者,给之;有贫欲为居室,没欲为棺而不得材者,给之。毋苟自利也!”于是所施利益多矣。

时福建行省左丞阮德柔闻而高之,命工作万木图表之。搢绅君子多为文若诗纪之咏之。既皆失于兵。而其子孙,佩服训戒,至于今不违。然欲其后世皆佩服不违,此图所以继作也。

呜呼!始先生知施谷而已,知求受施者即乎其心之安而已,岂计树之木后当何如哉!而受施者必尽力焉,不可以苟,盖天理之在人心,有不能已也。先生所存若此,惜乎其仅施于衰乱艰虞之际,畎亩之间,而徒布衣以终其身也。不然,使遇治平之时,得一命为所欲为,所施利不其博哉!如其后之人能世承其训,推广是心而行之不已焉,其于施利固又博也。是用告诸其来者。

(选自《明代散文名篇集粹》,有删改)

一、文言基础知识类 【文言文阅读】★★★

考点1 文言实词

[题目示例]

下列句子中,加点词语的解释不正确的一项是(　　)(3分)

A. 昭其大父达卿先生之德　昭:彰显。

B. 为释老之宫　为:建造。

C. 兵戈饥馑　饥馑:灾荒。

D. 悉中于材　中:中等。

答案:D

解析:D项,中:动词,符合。

[解题秘籍]

1. 结构分析法

文言文中排比句、对偶句等对举的语言现象很多,在两两、三三的对举句中,位置对称的词语一般词性相同、词义相近或相反,这样通过对已知词语词性、词义的分析,就可以推知未知词语的词性、词义。

例如:A项在文本中完整的是“昭其大父达卿先生之德,示其后之人也”。这里“昭”和“示”词义相近,“示”在句子中可翻译为“展示”,由此可推出“昭”在这里可翻译为“彰显”。

2. 语境分析法

文言实词绝大部分是一词多义的,词义是不定的,但上下文的语境是相对稳定的,可以结合上下文来判定某个实词的含义。实际上这里要求考生具备的是一种根据上下文推断词语含义的能力,在推断的过程中始终要注意:词不离句,句不离段。

例如:B项在文本中完整的是“将有为学宫,为释老之宫,为桥梁及津渡之舟而需材者”。通读全句可以发现本句在描述建筑，代入语境分析可知“为”在这里可以翻译为“建造”。

3. 联想推断法

我们要善于根据课内学过的知识举一反三，相互比照，辨其异同，以解决试题中的实词词义问题。

例如：B项依据课本中曾学过的课文《陈涉世家》中“为坛而盟，祭以尉首”的“为”当“修筑、修建”讲，可推断此处“为释老之宫”的“为”也当“修筑、修建”讲，可以判断该选项的解释是正确的。

4. 邻字帮助法

文言文中，有的合成词是由两个同义或反义的单音节语素合成的，它们可以分成两种情况：一是偏义复词，一是同义复词。偏义复词，用义偏在其中一个语素上，另一个语素只是起陪衬作用；同义复词是同义复用。

例如：C项“馑”指蔬菜歉收，泛指灾荒；“饥”本义为肚子饿，吃不饱，根据它与“馑”相邻的特点，可以推断出“饥”在这里的引申义为荒年。由此可得出“饥馑”在这里指“灾荒”。

5. 语法分析法

句子的结构是固定的，组合是有规律的，词在句中所处的语法位置，为我们推断词义提供了依据。

例如：D项“悉”在句中作副词，可翻译为“全都，都”；“于”在句中作介词，可翻译为“用”；“材”在句中作名词，结合上文“木郁然崇茂”可知，应翻译为“木材”。由此分析可知，本句缺少谓语，所以“中”在本句中应作动词，充当谓语成分，可翻译为“符合”。

6. 代入检验法

对于选择类的词语解释题，最简单的莫过于将所给的义项放入各自的具体语境中去贯通文意，解释准确而无滞碍者即为正确答案。

考点2 文言虚词

［题目示例］

下列各组句子中，加点字的意义和用法相同的一项是（　　）（3分）

A. 以为受人之施者　薄言采之

B. 至相食以苟活　慨当以慷

C. 而其子孙，佩服训戒　爱其子，择师而教之

D. 于为善施义汲汲焉　不拘于时，学于余

答案：C

解析：A项，助词，取消句子独立性，无意义；代词。B项，连词，来；相当于“而”，表并列。C项，均为代词，他的。D项，介词，对于；介词，向。

［解题秘籍］

1. 对照法

对照法，即对照比较法，就是熟记一些文言虚词的典型例子，将句子、意义和用法一同记住，在做题的过程中，将给定的句子与典型例句进行比较，推出文言虚词的意义和用法。

例如："之"的用法，我们可以熟记"石之铿然有声者，所在皆是也""句读之不知，惑之不解""子孙视之不甚惜"这三个句子，分清它们的用法分别是定语后置的标志、宾语前置的标志、代词。

2. 语境推断法

语境推断法，就是联系语境作具体分析，判定虚词的具体意义和用法的方法。

例如："针针丛棘，青麻头伏焉（蒲松龄《促织》）"。这句话的语境是一只"青麻头"（蟋蟀）藏匿在"针针丛棘"之中，由此可推断"焉"是兼词"于此"，"伏焉"即"伏在那里"。

3. 语法分析法

语法分析法就是根据语法知识判别虚词意义，首先将句子主干抽出，划分句子成分，然后看虚词的功能。一般来说，代词充当句子的主语、宾语和定语；副词充当句子的状语；介词往往与名词、代词组合构成介宾短语充当句子的状语、补语；连词在句子中只起连接作用，不作句子的成分，表动态或语气。

例如："吾妻之美我者，私我也（《邹忌讽齐王纳谏》）"。这句话中"吾妻"是主语；"美"是形容词的意动用法，作谓语。由此可确定"之"介于主谓之间，取消句子独立性。

4. 句式分析法

例如：①"多于南亩之农夫（杜牧《阿房宫赋》）"。这句话是介宾短语后置句，"于南亩之农夫"介宾短语，"于"是介词"比"的意思。

②"石之铿然有声者（苏轼《石钟山记》）"。这句话是定语后置句，"石"是中心语，"铿然有声者"是定语，"之"是助词，定语后置的标志。

③"何以战？（《曹刿论战》）"。这句话是宾语前置句，"何以"即"以何"，"以"是介词"凭借"的意思。

5. 对句互推法

语言结构相同或相似的词句构成的对文，其对应位置上词语的用法往往相同或相似。由此可从句中熟悉的虚词的用法，推断对应位置的疑难虚词的用法。

例如："舟遥遥以轻飏，风飘飘而吹衣（陶渊明《归去来兮辞》）"。这句话中"以"和"而"处于对应位置，"而"是表修饰的连词，可推断"以"也是表修饰的连词。

考点3 文化常识

［题目示例］

下列对文中加点词语相关内容的解说不正确是一项是（　　）（3分）

A. 翰林：古代官名。其由来可以一直追溯到汉朝。明朝时期，翰林学士作为翰林院的最高长官，主管文翰，并备皇帝咨询，实权已相当于丞相。

B. 大父：称祖父，称虺父。在母系社会，母亲的父亲叫大父，又称姥父、虺父、王父、姥爷、家公等；在父系社会，父亲的父亲叫大父，又称奶父、祖父、王父、奶爷、家公等。

C. 季世：指一个历史时代的末段。"元之季世"在文中的意思是"元朝末年"。

D. 左丞：古代官名。自汉成帝，历代沿置，为尚书令及仆射的属官，品级逐渐提高。

答案:A

解析:A项,翰林这一官职的由来可以追溯到唐朝。唐玄宗时,从文学侍从中选拔优秀人才,充任翰林学士,专掌内命,由皇帝直接发出的极端机密的文件,如任免宰相、宣布讨伐令等。

[解题秘籍]

1. 全面识记,突出重点

文化常识内容多而繁杂,识记是前提,可以对文化常识进行分类归纳记忆,如分为职官、礼俗、科举、地理、历法等。积累不是漫无目的的,要有选择地识记与人物传记有关的文化常识。具体来说,主要指与古代称谓习惯、历法、礼仪、科举制度、官职升迁等相关的一些文化常识。(具体内容可参见本书第二章第一节“古代汉语常识”)

2. 调动积累,认真推断

做题时要调动平常所学的知识,特别是课本中出现过的知识,以便触类旁通。要善于识破题中设置的陷阱,根据具体语境推出某词的确切文化意义。另外,考场上要避难就易,灵活使用排除法。

考点4 文中句子的断句

在考试中,断句类包括两种考查形式:(1)以单项选择题的形式考查文中句子的断句;(2)用“/”直接给文中画线的句子断句。两种形式的答题技巧相同,其中单项选择题的难度较低。

[题目示例]

用“/”给文中画波浪线的部分断句。(4分)

夫施于人而使其心愧耻为辱犹不施也必使受吾之施者如其所当得而即乎其心之安庶几可也

答案:夫施于人/而使其心愧耻为辱/犹不施也/必使受吾之施者/如其所当得/而即乎其心之安/庶几可也

解析:“施于人”是状语后置句,“于人”是后置状语,其后应断开;“犹……也”是固定句式,是对前面“施恩却让受施者内心感到惭愧羞辱”的评价,所以应断开;“受吾之施者”是“接受我的施舍的人”,作“使”的宾语,应在后面断开;“其所当得”是“如”的宾语,宾语后应断开;“庶几”的意思是“大约”,是对前面做法的评价,“庶几”前应断开。

[解题秘籍]

1. 根据常用词断句

(1)发语词领句断句。发语词“盖”“夫”“且夫”“今夫”等有领起句子的作用,可在其前断句。

例如:①夫人之相与,俯仰一世。(《兰亭集序》)

②且夫天下非小弱也,雍州之地,崤函之固,自若也。(《过秦论》)

(2)时间词语领句断句。“是时”“既而”“昔者”“俄顷”等。

例如:①是时以大中丞抚吴者为魏之私人。(《五人墓碑记》)

②昔者先王以为东蒙主。(《季氏将伐颛臾》)

(3)复音虚词领句断句。“岂独”“然且”“然则”“得毋”“何以”“何不”等。

例如:①夫祸患常积于忽微,而智勇多困于所溺,岂独伶人也哉?(《伶官传序》)

②是进亦忧,退亦忧。然则何时而乐耶?(《岳阳楼记》)

(4)谦辞领句断句。“窃”“寡人”“臣”“仆”“愚”“妾”等。

例如:①臣尝有罪,窃计欲亡走燕。(《廉颇蔺相如列传》)

②仆之先人,非有剖符丹书之功。(《报任安书》)

(5)“故”“然”领句断句。“故”常领起推论或结论,“然(而)”常领起转折。

例如:①是不为也,非不能也。故王之不王,非挟太山以超北海之类也。(《齐桓晋文之事》)

②然五人之当刑也,意气扬扬。(《五人墓碑记》)

(6)方位词领句断句。方位词在文言文中常连用或对用,有时可作为断句的依据。

例如:①内立法度,务耕织,修守战之具,外连衡而斗诸侯。(《过秦论》)

②南取汉中,西举巴、蜀,东割膏腴之地,北收要害之郡。(《过秦论》)

(7)语气词结句断句。“与(欤)”“耶(邪)”“乎”“哉”“也”“矣”“焉”“耳”等。

例如:①虽与俱学,弗若之矣。为是其智弗若与?(《学弈》)

②齐桓、晋文之事可得闻乎?(《齐桓晋文之事》)

(8)叹词独立断句。“嗟夫”“悲夫”“呜呼”“呜呼哀哉”“嘻”等。

例如:①呜呼!盛衰之理,虽曰天命,岂非人事哉!(《伶官传序》)

②悲夫!有如此之势,而为秦人积威之所劫,日削月割,以趋于亡。(《六国论》)

(9)对话标志断句。文言文中,有些对话的标志,如“曰”“云”“言”等。在这里应注意两点:一是对话中又有对话的情况,二是文中省略说话人和“曰”字的。

例如:庞葱与太子质于邯郸,谓魏王曰:“今一人言市有虎,王信之乎?”王曰:“否。”“二人言市有虎,王信之乎?”王曰:“寡人疑之矣。”“三人言市有虎,王信之乎?”王曰:“寡人信之矣。”(《战国策·魏策二》)

2. 根据修辞技巧断句

(1)比喻断句。比喻词“譬之若”往往是断句的标志。

例如:譬之若良药,病万变,药亦万变。(《察今》)

(2)对比断句。对比论述多出现于论说文中,可根据对比的起止断句。

例如:①爱其子,择师而教之;于其身也,则耻师焉。(《师说》)

②较秦之所得,与战胜而得者,其实百倍;诸侯之所亡,与战败而亡者,其实亦百倍。(《六国论》)

(3)对偶断句。对偶句字数、结构相同,可据此断句。

例如:①睢园绿竹,气凌彭泽之樽;邺水朱华,光照临川之笔。(《滕王阁序》)

②定乎内外之分,辩乎荣辱之境。(《逍遥游》)

(4)排比断句。排比句句子结构相同,每句字数大致相同,常常使用一些相同的虚词或重复的词语,可据此断句。

例如:①此四君者,皆明智而忠信,宽厚而爱人,尊贤而重士。(《过秦论》)

②明星荧荧,开妆镜也;绿云扰扰,梳晓鬟也;渭流涨腻,弃脂水也;烟斜雾横,焚椒兰也。(《阿房宫赋》)

(5)顶真断句。

例如:光召尚符玺郎,郎不肯授光,光欲夺之。(《汉书·霍光传》)

真题面对面

[2021江西初中,单,1分]文中画横线句子节奏划分正确的一项是( )

楚庄王欲伐越,庄子谏曰:"王之伐越,何也?"曰:"政乱兵弱。"庄子曰:"臣患智之如目也,能见百步之外而不能自见其睫。王之兵自败于秦晋丧地数百里此兵之弱也庄跻为盗于境内而吏不能禁此政之乱也。"

A. 王之兵自败于秦晋/丧地数百里/此兵之弱也/庄跻为盗于境内/而吏不能禁/此政之乱也。

B. 王之兵/自败于秦晋/丧地数百里/此兵之弱也/庄跻为盗于境内/而吏不能禁/此政之乱也。

C. 王之兵自败于秦晋/丧地数百里/此兵之弱也/庄跻为盗/于境内而吏不能禁/此政之乱也。

D. 王之兵自败/于秦晋丧地数百里/此兵之弱也/庄跻为盗/于境内而吏不能禁此政之乱也。

答案:A。这句话的意思是:"大王的军队被秦、晋打败后,丧失土地数百里,这说明楚国军队软弱;庄跻在境内作乱,而官吏却不能禁止,这说明楚国政事混乱。"由此可知本题应选A项。

二、理解分析类 【文言文阅读】 ★★★

考点1 分析综合客观题

[题目示例]

下列对原文有关内容的概括与赏析,不正确的一项是( )(3分)

A.《万木图》画有万木,这幅画是翰林侍讲杨荣为了让后人知晓他祖父的美德而创作的。

B. 元末,战乱饥荒,杨荣的祖父打算开仓救济饥民,而饥民领取救济的前提条件是帮杨荣的祖父种树。

C. 杨荣祖父的善行仅涉及方圆几里之内,如果他的祖父受到重任,那么就会让更多人受益。

D. 杨荣祖父热心公益事业,杨荣在字里行间充满了崇敬之情,所以本文不是一般的泛泛应酬之作。

答案:D

解析:D项,"杨荣在字里行间充满了崇敬之情"说法错误。本文是为杨荣所作的《万木图》写的序,作者并非杨荣。

[解题秘籍]

1. 设误类型

(1)时序错乱:在概括传记有关人物的典型事件时,常把时间顺序故意颠倒,从而造成叙述混乱。

(2)张冠李戴:即把乙人物所做之事、所说之话"嫁接"到甲人物身上;或将甲的观点态度说成是乙的观

点态度，东拉西扯，混乱不清。

(3)因果混乱：将毫无因果关系的人物、事物、事件强加因果关系，或者将原有的因果关系颠倒。

(4)曲解文意：即曲解个别字词句的含义，或者故意忽略关键词语，致使转述背离原文。

(5)以偏概全：将原文对某一方面的判断扩大成整体的判断，故意扩大判断对象的范围。

(6)无中生有：凭空捏造原文未提及的人物、事件、观点等信息，致使选项的分析概括于文无据。

(7)地点不合：指将不同空间的事糅合起来表述，故意在地点方面颠倒关系。

2. 解题关键点

(1)准确定位信息区间

分析综合题，通常按照文本内容的先后顺序设置选项。因此解答时，考生应依照选项内容，筛选出与选项相对应的语段或语句，锁定比对区间。

(2)从七大角度思考比对

比对就是把选项与原文进行细致的对照、分析，从中发现选项与原文意思不一致的地方，进而找出选项的干扰之处。比对的内容一般包括人物、时间、地点、关键词语、添加内容、因果关系、增删的范围词或程度词及其他类的词语等。比对的七大角度为：

①人物

分清主要人物和次要人物在不同时间不同地点做的不同事，产生的不同结果，防止张冠李戴、颠人物倒事实。辨析时应重点抓住“是谁，在何时何地，说过什么话，做过什么事”，尤其要看主语、谓语与原文是否一致。

②时间

命题者故意将事情发生的时间顺序颠倒、搞错。分析时特别注意选项中的时间词语，并与原文比对，理清人物在何时做了某事，识破“时间错误”的陷阱。

③地点

比对选项中人物行为、事件发生的地点与原文是否一致，防止地点概括错误。

④关键词语

命题者故意曲解文中某一关键词语的意义，从而制造干扰项干扰考生，这种方式是命题的主要陷阱。因为故意曲解的词语往往起关键作用，且不易把握，故要认真、细心比对。

⑤添加内容

比对选项中是否被命题者故意添加原文中未涉及的内容，防止无中生有或于文无据。

⑥因果关系

比对命题人是否将原因说成结果，或将结果说成原因，或给句子间施加因果关系，防止因果倒置或强加因果。

⑦增删的范围词或程度词

比对一些增删的表范围或程度及其他类的词语，看看有无以偏概全或归纳不完整等陷阱。

考点 2 分析综合主观题

[题目示例]

第三段引用杨达卿先生告诫子孙的话有什么作用?(3分)

参考答案:①表明了杨先生种树救灾的用意在保护饥民的自尊而不在树;②真实地表现了杨先生的善良、不自私且注重教育子孙;③引发下文"天理之在人心"之说。

[解题秘籍]

1. 六大命题角度

(1)概括特点

从命题实际来看,可分为人物形象特点和事物形象特点。

(2)概括主要情节

情节是作品展示人物性格、表现人物相互关系的一系列生活事件的发展过程。就文言文而言,要能在理解文意的基础上准确厘清相关人物在不同时段(或任职的不同时期)依次做了哪些事情,按照题干的指向概括相关情节。

(3)概括情感态度

情感态度是对所述事件或所说道理进行综合的判断和推理,它是文言文整体阅读的重点、难点。文言文中作者情感态度的表述常常借助文言虚词来表达,如"耳、耶、焉、岂"等语气词,或批评或赞赏或置疑,考生要结合具体的语境用心揣摩。

(4)探寻事件原因

原因与结果是无法割裂的。任何事物只要存在,就有它存在的原因。原因是造成某种结果或引起另一事情发生的条件。就文言文中某一现象或结果要求考生结合文本追溯原因几乎适用于所有类型的文言文本,应引起重视。

(5)提炼作者观点

对于议论类文言文而言,作者往往围绕一个中心来展开内容或阐发观点。因而阅读时,把握文本的中心内容是理解作者观点和态度的关键。

(6)探究写作目的

写作目的是文章写作的出发点,即作者通过写作活动以实现文章的社会价值。这种题型多见于带有议论色彩的阐释类文言文本。

2. 答题技巧

(1)审设问,明方向

认真审读题干,抓住关键词,明确提问方向,阅读文本及组织答案时始终扣住关键词,使思考和答案紧紧围绕提问方向,避免答非所问。

(2)读文本,定区间

明确提问方向之后,就要扣住文本,找准答题的区间。有的题目给出答题的区间,有的没有给出,考生就要扣住文本锁定区间，它可能是某一段，也可能分布在某几段。无论是某段还是某几段，都要找准，不要遗漏。

(3)用技巧，组答案

在确定答案的要点时，可依据赋分猜测有几个要点，比如赋分4分，答案要点一般为2个或4个；赋分3分，答案要点一般为3个。在组织答案时，可采取以下两种方法：

①摘录法

这是选摘原文词句作答的一种方法。解题时应抓住与答案有关的关键语句，如文中的观点句或抒情议论句。如果吻合题意，可直接摘录；如果只出现关键词，那还需要考生改写。如果题目要求用自己的话概括，考生就必须对文中的重要句子进行翻译，而不是照搬原文。

②句意(层意)提取法

需要概括的内容在文章或文段中并无明显的中心句时，考生要通过阅读文章，自己去感受、体会、把握和提炼大意，然后用自己的语言表达出来。这一方法的关键点是根据句意或层意提炼出这一层或这一句的内涵与本质，答题时一定要按关键点作答。

第一部分

考点3 文中句子的翻译

[题目示例]

把文中画横线的句子翻译成现代汉语。(6分)

(1)愿树木者予之谷，不籍识其姓名，卒亦不视其功，而所活不可胜记矣。

(2)而受施者必尽力焉，不可以苟，盖天理之在人心，有不能已也。

答案：(1)愿意种树的人给他们谷物，不登记他的姓名，最终也不看他的功劳大小(就给了他谷子)，因此救活的饥民多得数不胜数。

(2)那些接受救济的人一定是尽力种树，不随便应付了事，大概是世人心中都存有天理，(善心好事)不会停止吧。

[解题秘籍]

1. 翻译的原则

争取字字落实(此类题错误多表现为译错、译多、译少)；直译为主，意译为辅。

译文要忠于原文，要做到“信”。所谓“信”，也就是不能脱离原文语意，与原文语意要保持一致。

译文要符合现代汉语的语言习惯，要做到“达”。所谓“达”，也就是行文通顺，意思表达清楚明白。

译文要体现原文的语言风格和艺术风格，语言要“雅”。所谓“雅”，就是要注意语言的美化，尽量用最美的语言翻译原文。

(1)如何达到“信”的要求

要达到古文翻译“信”的要求，首先要忠于原文，不凭主观好恶随意增减意思，其次还要注意以下几方面的问题：

①注意古今词义、色彩的变化。

例如：先帝不以臣卑鄙，猥自枉屈，三顾臣于草庐之中。（色彩变化）

译文：先帝不因为我身份低微，见识短浅，委屈地自我降低身份，接连三次到草庐中来拜访我。

②注意词类活用现象。

例如：一狼径去，其一犬坐于前。（名作状）

译文：一只狼径直离开了，其中的（另一只）像狗一样蹲坐在屠夫的面前。

③注意有修辞手法的语句的翻译。

例如：乃使蒙恬北筑长城而守藩篱。（比喻）

译文：于是派蒙恬在北边修筑长城并守住边防。

④注意有委婉说法的语句的翻译。

例如：若从君惠而免之，三年将拜君赐。

译文：若依从晋君的好意而赦免了我们，三年之后一定来拜谢你们的恩赐。

⑤注意并提句的翻译，要分开表述。

例如：若有作奸犯科及为忠善者，宜付有司论其刑赏。

译文：如果有做坏事违犯法纪或尽忠心做善事的，应一律交给主管部门加以惩办或奖赏。

第一部分

（2）如何做到"达"的要求

古文翻译除了要忠于原文，准确翻译外，还在语言表达上提出了较高的要求，要我们做到意思明白易懂，不含糊不费解；语句通顺流利，衔接紧密，过渡自然。这就要处理好以下几方面的问题：

①符合现代汉语的表达习惯。

例如：庖丁为文惠君解牛。

译文：一个叫丁的厨师替文惠君分解牛。

②注意古汉语特殊的句式：省略句、倒装句和被动句。

例如：公之视廉将军孰与秦王？（省略句）

译文：你看廉将军与秦王相比谁更厉害？

（3）如何实现"雅"的目标

"雅"是对译文较高层次的要求。它要求译文在信实通顺的基础上能表达得生动、优美，再现原文的风格神韵。主要是指译文语言的艺术性，即要求锤炼译文的语言，以再现原文的语言风格，保持原文的语言特色，使译文的语言鲜明生动，惟妙惟肖，在表达上达到尽善尽美的境地。这就要注意到以下几方面的问题：

①不能脱离原文的思想内容和语言特色去追求外在的所谓"雅"。

例如：愬亲行视士卒，伤病者存恤之，不事威严。

译文一：李愬在军中，时常下去了解战士的情况，看见病号和受伤的人，总是亲切慰问，端汤捧药，一点架子也没有。（添加细节太多，有些文中根本就没有提到，不忠于原文。）

译文二：李愬亲自下去视察士卒，对伤病员亲切慰问，不耍威风。

②译文要力求反映原文的语气神韵和语言风格。

例如：沙鸥翔集，锦鳞游泳。

译文一：沙鸥飞散开去又停歇拢来，鳞片闪光的大鱼游来荡去。

译文二：自在的沙鸥飞翔群集，美丽的鱼儿游来游去。（以对偶句来翻译，情调风格与原文相近，因此比较合乎“雅”的要求。）

2. 翻译的方法

（1）“留”字法

对原文中的人名、官名、地名等专有名词，可以采取保留的办法进行处理，不必翻译。

例如：是时以大中丞抚吴者为魏之私人。

其中“大中丞”就是表示官职的专有名词，翻译时采取保留的办法处理。整句可以翻译成：在这时，凭大中丞的身份巡抚吴地的官员是魏忠贤的亲信。

（2）“对”字法

对于已由单音节词发展成双音节词语的，我们可以采用对译的办法处理。

例如：臣闻求木之长者，必固其根本。

其中“求”现在变成了“要求”，“木”现在变成“树木”，“固”是使动用法，意为“使……牢固”。整句就可以翻译成：我听说想要树木长得高大，就一定要使它的根稳固。

（3）“换”字法

对有些文言词语，现代汉语已经不用了，而是用别的词语来替换了。

例如：臣闻求木之长者，必固其根本。

“闻”字，现在已不单用，在这里表示“听说”的意思，就用“听说”一词来翻译。

（4）“增”字法

对文言句中的省略部分，翻译的时候为了使语句通顺，必须增补出来。

例如：公之视廉将军孰与秦王？

句子显然省略了“威”之类的词语，要补出来译为：你看廉将军与秦王相比谁更厉害？

（5）“删”字法

对于文言句中表示停顿或凑足音节的助词和部分表示陈述语气的助词，翻译的时候可以直接删除，不必译出。

例如：夫六国与秦皆诸侯，其势弱于秦。

“夫”是发语词，不翻译。

（6）“调”字法

对于文言倒装句，翻译的时候，必须按现代汉语的语言习惯顺句。

例如：凡人不能教子女者，亦非欲陷其罪恶。

这是一个定语后置句，首先顺句为：凡不能教子女者人，亦非欲陷其罪恶。再翻译之。

又如：甚矣，汝之不惠！

这是主谓倒装的句子，翻译时需颠倒过来，译为：你太不聪明了！

记忆有妙招

文言文翻译方法的口诀如下：

文言翻译重直译，把握大意斟词句。人名地名不必译，古义现代词语替。

倒装成分位置移，被动省略译规律。碰见虚词因句译，领会语气重流利。

另外，有些特殊的句子，译时需要扩充或凝缩。例如：“怀敌附远，何招而不至？”（《论积贮疏》）这类句子言简而义丰，如果不多用些笔墨，很难把句子意思表达清楚。我们可以翻译为：使敌人归顺，让远方的人归附，招抚谁，谁会不来呢？再如：“有席卷天下，包举宇内，囊括四海之意，并吞八荒之心。”这样的句子，是为了增强气势，故意用了繁笔，翻译时可凝缩为：（秦）有并吞天下、统一四海的雄心。

真题面对面

1. [2022江苏南京，文言文阅读，16分]阅读下面的文言文，完成（1）~（5）小题。

阚泽字德润，会稽山阴人也。家世农夫，至泽好学，居贫无资，常为人佣书，以供纸笔，所写既毕，诵读亦遍。追师论讲，究览群籍，兼通历数，由是显名。察孝廉，除钱塘长，迁郴令。

孙权为骠骑将军，辟补西曹掾；及称尊号，以泽为尚书。嘉禾中，为中书令，加侍中。赤乌五年，拜太子太傅，领中书如故。

泽以经传文多，难得尽用，乃斟酌诸家，刊约《礼》文及诸注说以授二宫，为制行出入及见宾仪，又著《乾象历注》以正时日。每朝廷大议，经典所疑，辄咨访之。以儒学勤劳，封都乡侯。性谦恭笃慎，宫府小吏，呼召对问，皆为抗礼。

人有非短，口未尝及，容貌似不足者，然所闻少穷。权尝问：“书传篇赋，何者为美？”泽欲讽喻以明治乱，因对贾谊《过秦论》最善，权览读焉。

初，以吕壹奸罪发闻，有司穷治，奏以大辟，或以为宜加焚裂，用彰元恶。权以访泽，泽曰：“盛明之世，不宜复有此刑。”权从之。又诸官司有所患疾，欲增重科防，以检御臣下，泽每曰“宜依礼、律”，其和而有正，皆此类也。

六年冬，卒。权痛惜感悼，食不进者数日。

（有删改）

（1）下列加点字的解释，不正确的一项是（　　）

A. 刊约《礼》文及诸注说以授二宫　刊约：颁布，约定

B. 又著《乾象历注》以正时日　著：撰写

C. 人有非短，口未尝及　非短：议论过失或指出短处

D. 权痛惜感悼　感悼：感伤哀悼

(2)下列对文中加点词语及相关内容的解说,不正确的一项是(　　)

A. 历数:古人通过观测天象以推算年时节候的方法,即历法。

B. 孝廉:汉代开始选拔官吏的科目之一,孝为孝悌,廉为清廉。

C. 尊号:古人除了名之外,还有字和号,文中指对别人字号的尊称。

D. 乾象:即天象。古人认为天象的变化与人事的变动有关联。

(3)下列对原文有关内容的概括和分析,不正确的一项是(　　)

A. 阚泽年轻时喜欢读书,但没有钱读书,就通过替人家抄书的方式来赚取纸笔的费用。

B. 阚泽一生历官多职,先后任钱塘长、郴州令、骠骑将军、西曹掾、尚书以及中书令、太子太傅等官职。

C. 阚泽为人谦虚、恭敬、忠厚、谨慎,即使与宫中府中小吏对话,也总是以平等的礼节相待。

D. 阚泽博览群书,学问深厚,朝堂上出现了大的纷争就会咨询他的意见,孙权也常听从他的建议。

(4)把文中画横线的句子翻译成现代汉语。

①泽欲讽喻以明治乱,因对贾谊《过秦论》最善,权览读焉。

②有司穷治,奏以大辟,或以为宜加焚裂,用彰元恶。

(5)文中哪些内容表现了阚泽"和而有正"的特点?请简要概括。

参考答案:(1)A。A项,刊约:删削。

(2)C。C项,文中指孙权称帝。

(3)B。B项,原文为"孙权为骠骑将军",他任命阚泽为西曹掾,阚泽并未做过骠骑将军。

(4)①阚泽想用讽刺譬喻来说明治理乱世的道理,就回答说贾谊的《过秦论》最好,孙权便览阅了这篇文章。

②有关部门纠察处置,奏请对他处以死刑,有人认为应施以火烧和车裂的刑罚,以昭示首恶。

(5)①阚泽性情谦逊恭谨、笃实慎重,宫廷官府的小官们他都以礼相应。②别人有错误短处,他嘴上从来不说。③朝中大事,孙权征询阚泽的意见,阚泽奏对中正平和。④孙权打算增添律令条例,以加强控制,阚泽每次都说"应依照礼仪、法律"。⑤节选《礼》教授两宫,拟定礼仪,著书纠正历法差误。

2. [2021江西初中,单,1分]下列语段画横线的句子翻译不正确的一项是(　　)

东阳马生君则,①在太学已二年,流辈甚称其贤。余朝京师,生以乡人子谒余,②撰长书以为贽,辞甚畅达。与之论辨,言和而色夷。③自谓少时用心于学甚劳,是可谓善学者矣。其将归见其亲也,余故道为学之难以告之。谓余勉乡人以学者,余之志也;④诋我夸际遇之盛而骄乡人者,岂知予者哉?

A. ①在太学里读书已经两年了,前辈们十分称赞他的才能。

B. ②写了一封很长的书信作为见面礼,言辞很顺畅通达。

C. ③自己述说少年时用心学习很勤奋,这可以说是善于学习的了。

D. ④他们诋毁我夸耀自己仕途得意在同乡面前表示骄傲。

答案:A。①句"流辈"意为"同辈",应译为"在太学里读书已经两年了,同辈人十分称赞他的贤能"。

第一部分

第三节　现代文阅读与鉴赏

一、论述类文本阅读与鉴赏　【现代文阅读】★★★

[文本示例]

阅读下面的论述文，完成后面题目。

①据我知见，姚名达《中国目录学史》是近代西学东渐以来第一部以“中国目录学史”命名，全面、系统研究中国目录学发展历史的学术专著。与传统的、具有目录学史性质的著作相比，显然受到西方现代学科理论建构的影响。《中国目录学史》以主题分篇，每篇之下各有若干小节，全书凡十篇。它不像通常写专史那样，从古到今划分几个发展时期，通过揭示各个时期的特点来展现历史全貌。姚名达把他组织中国目录学史的方法称作“主题分述法”，其义就是“特取若干主题，通古今而直述，使其源流毕具，一览无余”。

②为什么不用通常的叙述方法来写中国目录学史？因为在他看来，中国目录学虽然源远流长，但发展进程中“时代精神殆无特别之差异”，就是说二千年来目录学形态在本质上没有跳出刘歆开创的模式；硬要划分时期，区别特点，“强立名义，反觉辞费”。关于这个问题当然可以见仁见智，中国目录学史也未尝不可用“断代法”来编写（吕绍虞《中国目录学史稿》即用分期断代法论述），但我们对他敢于学术创新的肯定是无须见仁见智的。问题在于，姚名达的方法是能够、又怎么能够让中国目录学“源流毕具，一览无余”呢？其实作者知道这样做也有不足，他说：“盖既分题各篇，则不能依时代为先后，故忽今忽古，使读者迷乱莫明，尤其大患。”利弊相权，怎么处理？姚名达的理念是“体例为史事所用，而史事不为体例所困”，具体对策是“依史之所宜，采多样之体例”。就是说，各篇采用适宜各自主题的体制，而不强求一律。

③《叙论篇》《结论篇》两篇分居首尾。《叙论篇》首先对“目录”“目录学”等基本概念加以定义，并对古往今来的目录做了分类，在一一分析目录学与其他学科的关系后，又划定了目录学的研究范围，末了详细阐明本书框架结构的组织方法，及其所本的学术理念。提纲挈领，宣示宗旨，很符合现代学科的规范。《结论篇》以极短篇幅，阐述他对古代、现代和未来目录学的感想和希望，实际上也是其基本观点的提炼和总括。

④首尾两篇之间为全书的主体。其中，《溯源篇》追溯中国目录学的源头——刘向《别录》和刘歆《七略》。设立这个主题，出于他对中国目录学发展特点的基本认识：两书开创了目录体制和目录分类的基本模式，传统目录学既受两书庇荫，又长期笼罩在其阴影中，没有重大突破。该篇除详述两书分类、编目特点外，举凡书籍之产生、传述、整理、校勘等，莫不一一推寻原始，并上溯先秦目录之渊源，详详细细，原原本本。《溯源篇》以下各篇皆以主题为纲，通古贯今，看似“独立特行”，互不相干，其实却与传统纪传体史书体制暗合。比如，“志”在纪传体史书中统摄典章制度，《分类篇》《体质篇》都是讲目录基本制度，编撰体例相当于纪传体的“志”。

⑤《中国目录学史》的理论框架并非无懈可击，但确有创意。姚名达对此亦颇为自许：“对于编制之体裁，杂用多样之笔法，不拘守一例，亦不特重一家，务综合大势，为有条理之叙述，亦一般不习见者。”在我看来，这的确不是过分的自诩。

（选自严佐之《〈中国目录学史〉导读》，有删改）

[设题陷阱]

(1)偷换概念

命题者将两个概念内涵如属性、作用、发展趋势等进行调换,乍看与原文说法一样,但仔细推敲会发现实际上并不是一回事。

题干特征:选项句与原文中的句子往往相差很少,或增加或减少一两个词语,甚至是增减了“的”“了”等虚词;或者换了一个相近的词语或句子而改变了意思。

(2)无中生有

原文中并无此信息,在原文中找不到依据。命题者凭空捏造出某项选项,纯粹为了迷惑考生。选项意思往往与文章意思相近,或者几个词在原文中都有,但是与原文所在位置不同。

题干特征:①选项句的意思往往和文章的整体意思相近,但在原文中找不到具体依据;②选项句中的几个词在原文中都有,但在原文的不同位置。

(3)张冠李戴

指把甲的观点、发现、发明说成乙的观点、发现、发明。

题干特征:往往出现在选项句的主语或宾语的位置上,当选项中出现类似“××的观点是”这样的句子时,注意是否有此类情况。

(4)以偏概全

命题者故意删改文中表示范围大小或者程度轻重的词语干扰考生。

题干特征:选项句有一些关键词,如表数量多少的词语“少数”“部分”“几个”“大多数”,表范围大小的词语“凡”“全”“都”“所有”“部分”等,表程度轻重的词语“特别”“十分”“稍微”等,表频率高低的词语“通常”“总是”“有时”“偶尔”等。

(5)因果混乱

命题者故意把“因”错断成“果”,“果”错断成“因”,颠倒两者关系;或者强加因果,把没有因果关系的说成有因果关系。

题干特征:选项句与原文相似,但要注意选项句中的“因”与“果”在原文中是否在同一位置,也要注意一些改换因果关系的关键词,如“之所以”“是因为”等是否混乱因果。

(6)混淆是非

即肯定与否定颠倒,命题者有意将材料中肯定的事件加以否定,或将否定的事件加以肯定。

题干特征:选项句中往往会出现含有肯定和否定的关键词,如“没有”“无非”“拒绝”“妨碍”等。

(7)混淆时态

指命题者故意把原文中尚未确定或还未实现的设想或推测说成既成事实。

题干特征:选项句中会出现某些关键词,如“已经”“曾经”“目前”“将要”“尚未”“之前”“必将”“可能”“如果”“未必”“完成”等。同时也会出现一些与时间相关的内容,把这段时间做的事说成是另一段时间做的事。

(8)指代有误

选项句对原文中的“指代内容”阐述有误，或是类别上的，或是程度上的，或是范围上的。

题干特征：选项句中或原文中有表指代意义的关键词，如“这”“这些”“此”“与之相反”等。

考点1 筛选整合文中信息类

[题目示例]

下列关于原文内容的理解和分析，不正确的一项是(　　)(3分)

A.《中国目录学史》既受到西方现代学科理论建构的影响，又与传统史书体制暗合。

B.《中国目录学史》的各篇“采多样之体例”，好处是尊重史事，缺点是强立名义。

C.《叙论》《结论》两篇虽非《中国目录学史》的主体，但对理解全书内容却很关键。

D. 姚名达认为，《别录》《七略》有开创之功，而传统目录学长期因循没有重大突破。

答案：B

解析：B项，张冠李戴，混淆概念。“硬要划分时期，区别特点，‘强立名义，反觉辞费’”是“中国目录学”的特点，因此“强立名义”不是姚名达的《中国目录学史》的特点。

第一部分

[解题秘籍]

筛选信息，就是经过辨别把相关的信息提取出来；整合信息，就是将文中相关而又分散的信息集中起来，并加以处理。筛选整合题需要考生认真阅读文章内容，找出与选项一一对应的句子，需要注意的是：

1. 比较题干和选项，看选项是否答非所问。

2. 比较选项和原文，看选项表述是否全面；看选项有无偷换概念或交叉概念；看选项对原句意思的转述是否正确，注意副词、关联词语；看选项的逻辑关系与原文是否一致。

3. 比较选项和选项，选出最正确的或最错误的一项。

易混点辨析

整合信息，要特别注意以下几种情况：

文章往往在表述同一内容时会变换不同的说法，但这些不同说法体现的信息是一样的；或者命题人在设置选项时故意变换一种说法，其实这种说法和文本中的说法是一个意思。

考点2 分析概括作者观点态度类

[题目示例]

根据原文内容，下列说法不正确的一项是(　　)(3分)

A. 姚名达评估二千年来目录学传统，既立足于历史，又体现出学术批判的精神。

B. 与主题分述法相比，使用断代法来写中国目录学史，更能接近历史的本来面貌。

C.《中国目录学史》不墨守成规而有所创新，本文作者对该书的理论框架表示认可。

D. 在近代西学东渐的背景下，《中国目录学史》体现出传统学术向现代学术的转型。

答案：B

解析：B项，于文无据。文章第①②段只是客观地陈述“主题分述法”和“断代法”都是中国目录学史的编写方法，并没有比较优劣。

[解题秘籍]

1. 把握选项所陈述现象或事件背后隐含的观点

并非所有选项都能在文本中找到与之完全对应的文字（只能找到个别相关词句），做题时需要根据选项中的关键词句，在文中找到大体的对应区域。

2. 吃透文本观点

注意辨别作者观点与他人观点。作者常常会通过列出若干人的观点加以辨析，或赞同，或否定，要注意辨别哪些观点是他人的，哪些观点是作者的。

3. 选项与对比原文

将原文对观点的论证依据与选项进行比对，看选项的观点是否与原文的观点匹配。

考点3 分析论点、论据和论证方法类

[题目示例]

下列对原文论证的相关分析，不正确的一项是(　　)(3分)

A. 文章举吕绍虞著作作为对比，意在指出姚名达的方法存在争议，需要反思。

B. 文章多次征引姚名达的自述，通过对其理念的解释和评论，步步推进论述。

C. 文章对姚名达著作的评述，既有整体概括，又有具体举例，二者相互结合。

D. 文章以“据我知见”“在我看来”等语，对观点表述作出限制，立论审慎。

答案：A

解析：A项，曲解文意。“关于这个问题当然可以见仁见智”，“这个问题”指的是中国目录学通常的叙述方法，“见仁见智”并未表明“需要反思”。结合后面“但我们对他（姚名达）敢于学术创新的肯定是无须见仁见智的”，对姚名达的方法给予了鲜明的肯定。“对比”的说法也不正确，文章举吕绍虞的著作是为了说明有用“断代法”写目录学史的做法。

[解题秘籍]

1. 理清文章内容

(1)把握全文内容，厘清句意、段意、层意。

通读文本，对全文内容有大体的了解，阅读时要勾画圈点，标注关键词（观点、态度）、关键句（中心论点、分论点），并在整体把握文本的基础上，厘清文章的句意、段意、层意。

(2)分析结构特点，厘清内在逻辑关系。

整体阅读，把握中心论点或论题，找出文中所用论据，分析论证方法，明辨论据与论点之间的关系。

2. **基础知识**

(1)论述文三要素

①论点

论点是作者对所议论的问题(事件、现象、人物、观念等)所持的见解和主张。

论点应该是明确的判断,是作者看法的完整陈述,在形式上应该是完整的句子。常见位置有:文章标题、文章开头、文章结尾、文章中间,有的则需要读者概括。需要注意的是,反问句与比喻句不能作为论点。

②论据

论据是支撑论点的材料,是作者用来证明论点的理由和根据。

事实论据:事实在议论文中论据作用十分明显。要分析事实,看出道理,检验它与文章论点在逻辑上是否一致(代表性的事例、确凿的数据、可靠的史实等)。

道理论据:作为论据的道理应是读者比较熟悉的,或者是为社会普遍承认的,它们是对大量事实抽象概括的结果。

③论证

论证是运用论据来证明论点的过程和方法。议论文中的论点和论据是通过论证组织起来的。论证是论点和论据之间的逻辑关系纽带。

论点解决"需要证明什么"的问题,论据解决"用什么来证明"的问题,论证解决"怎样证明"的问题。

(2)论证方法

①举例论证:列举确凿充分、有代表性的事例证明论点。

②道理论证:用马列主义经典著作中的精辟见解、古今中外名人的名言警句以及人们公认的定理公式等来证明论点。

③对比论证:拿正反两方面的论点或论据作对比,在对比中证明论点。

④比喻论证:用人们熟知的事物作比喻来证明论点。

⑤引用论证:引用论证比较复杂,这与具体的引用材料有关,有引用名人名言、格言警句、权威数据、名人逸事、笑话趣闻等各种情况,其作用要具体分析。如引用名人名言、格言警句、权威数据,可以增强论证的说服力和权威性;引用名人逸事、奇闻趣事,可以增强论证的趣味性,激发阅读兴趣。

在论述文中,常见的错误论证方式主要有:论据与论点的论证关系错误和,论证结构关系判断错误。

真题面对面

[2022山西晋中榆次区,论述类文本阅读,6分]

这些年所讲述的中国故事中,普遍存在着两个误区。一是在讲故事的艺术上,20世纪80年代以来,我们一味求新,普遍学西方,但如何对待中国自身的叙事资源,如何在故事中建构起中国风格、中国语体的文化自觉还不明显;二是中国小说迷恋凡俗人生、小事已经多年了,这种写作潮流,最初起源于对一种宏大叙事的反抗,然而,反抗的同时,伴随而生的也是一种精神的溃败——小说被日益简化为欲望

的旗帜，缩小为一己之私，它的直接代价是把人格的光辉抹平，人生开始匍匐在地面上，并逐渐失去了站立起来的精神脊梁。

如何才能更好地完成中国故事的精神呢？我以为，最重要的是要公正地对待历史和生活。只看到生活的阴暗面，只挖掘人的欲望和隐私，而不能以公正的眼光对待人、对待历史，并试图在理解中出示自己的同情心，这样的写作很难在精神上说服读者。因为没有整体的历史感，不能以宽广的眼界看世界，作家的精神就很容易陷于偏狭、执拗，难有温润之意。这令我想起钱穆在《国史大纲》一书的开头所说的，他劝告我们要对本国的历史略有所知："所谓对其本国已往历史略有所知者，尤必附随一种对本国已往历史之温情与敬意"，"所谓对其本国已往历史有一种温情与敬意者，至少不会对其本国历史抱一种偏激的虚无主义……将我们自身种种罪恶与弱点，一切诿卸于古人"。钱穆所提倡的对历史要持一种"温情与敬意"的态度，既是他的自况之语，也是他研究历史的一片苦心。文学写作何尝不是如此？作家对生活既要描绘、批判，也要怀有温情和敬意，这样才能获得公正的理解人和世界的立场。可是，"偏激的虚无主义"在作家那里一直大有市场，所以，很多作家把现代生活普遍简化为欲望的场景，或者在写作中单一地描写精神的屈服感，无法写出一种让人性得以站立起来的姿势，写作的路子越走越窄，灵魂的面貌也越来越阴沉，慢慢地，文学就失去了影响人心的正面力量。

精神视野的残缺，很容易使作家沉陷于一己之私，而无法在作品中展示更广阔的人生、更高远的想象。而好的小说，不仅要写人世，还要写人世里有天道，有高远的心灵，有渴望实现的希望和梦想。有了这些，人世才堪称是可珍重的人世。中国不少当代小说惯于写黑暗的心，写欲望的景观，写速朽的物质快乐，唯独写不出那种值得珍重的人世——为何写不出"可珍重的人世"？因为在作家们的视野里，早已没有多少值得珍重的事物了。他们可以把恶写得尖锐，把黑暗写得惊心动魄，把欲望写得炽热而狂放，但我们何曾见到几个作家能写出一颗善的、温暖的、充满力量的心灵？那些读起来令人心惊肉跳的欲望故事中，有几个写到了灵魂深处不可和解的冲突？为现代人的灵魂破败所震动，被寻找灵魂的出路问题所折磨的作家，那就更少了。

很多小说都成了无关痛痒的窃窃私语，或者成了一种供人娱乐的肤浅读物，它不仅不探究存在的可能性，甚至拒绝说出任何一种有痛感的经验。作家们只要一开始讲故事，马上就被欲望叙事扼制，根本无法挣脱出来去关心欲望背后的心灵跋涉，或者探索人类灵魂中那些困境。

欲望叙事的特征是，一切的问题最后都可以获得解决的方案，也就是获得俗世意义上的和解；唯独灵魂叙事，它是没有答案的，或者说它在俗世层面是没有答案的——文学就是探究那些过去未能解答、今日不能解答、以后或许也永远不能解答的疑难，因为这些是灵魂的荒原，是每一个人的生存都无法回避的根本提问。只有勇敢面对这样的根本提问，人才有可能成为内在的人，文学才能称之为寻找灵魂的文学。木心说："五四以来，许多文学作品之所以不成熟，原因是作者的'人'没有成熟。"确实，作家如果没有完成精神成人，文学所刻画出来的灵魂就肯定是单薄的。

当下时代，写作门槛已越来越低，各种方式流行的中国故事实在太多了，有些是满足于读者一种阅读的趣味，有些是消费性写作潮流的产物，但最值得倡扬的，还是完成了一种精神的那些中国故事。毕竟，一味地展示欲望细节、书写身体经验、玩味一种窃窃私语的人生，早已不再是写作勇气的象征；相反，那些能在废墟中将溃败的人性重新建立起来的写作，才是有灵魂的、值得敬重的写作。我相信后者才是中国文学精神流转的大势。要讲好中国故事，必须看到这一精神大势的变化，也唯有如此，在中国故事中所创造的中国形象，才是健全的、成熟的、真正有中国气派的。

（摘编自谢有顺《如何完成中国故事的精神》）

(1)下列对材料相关内容的理解和分析，正确的一项是(　　)

A. 在艺术上一味求新，缺乏中国特色，在内容选择上过于狭隘，缺少人格的光辉，是这些年中国故事讲述时的普遍误区。

B. 文学失去了影响人心的正面力量是因为很多作家把现代生活普遍简化为欲望的场景，或者在写作中描写了精神的屈服感。

C. 作家要对生活抱有“温情与敬意”，也要描绘、批判，避免沉陷于一己之私，这样才是宽广的视野，才能展示更广阔的人生。

D. 中国当代小说不写值得珍重的人世，而写黑暗的心、欲望的景观、速朽的物质快乐，因为在作家们的视野里，已经没有多少值得珍重的事物了。

(2)根据材料内容，下列说法不正确的一项是(　　)

A. 优秀的文学作品可以写出人性的善良、人世的温暖，传达出人们美好的希望和梦想，通向深微的人心。

B. 如果一部文学作品的形象是丰富和复杂的，能带给读者痛感经验，那么就意味着该作家跳出了肤浅，完成了精神的成熟。

C. 重塑作家的灵魂，让其具有公正地对待历史和生活的眼光，才可能出现有灵魂的、值得敬重的写作，才可能讲出中国故事的风骨。

D. 讲故事的人应该认真思考如何以中国特色的艺术形式回应我们所处的时代，真正把握时代的潮流，直面人生的诸多难题。

(3)下列选项，最能准确概括原文主要观点的一项是(　　)

A. 讲故事的人以公正的眼光对待人、对待历史、对待生活，才能讲好中国故事。

B. 缺乏高远的心灵和希望、梦想，精神视野残缺，就无法讲好中国故事。

C. 讲故事的人要突破欲望叙事的扼制，上升为灵魂叙事，这样才能讲好中国故事。

D. 在废墟中将溃败的人性重新建立起来的写作，才是有灵魂，值得敬重的写作。

答案：(1)A。B项，因果逻辑表述绝对，由原文第二段结尾可知“文学就失去了影响人心的正面力量”是一个缓慢的过程，其间经过“无法写出一种让人性得以站立起来的姿势，写作的路子越走越窄，灵魂的面貌也越来越阴沉”。C项，由原文第三段可知选项曲解文意，逻辑关系错误，且表述绝对，视野狭窄容易“沉陷于一己之私”，但并非不沉陷于一己之私视野就宽广。D项，第三段说“中国不少当代小说惯于写黑暗的心，写欲望的最观，写速朽的物质快乐……因为在作家们的视野里，早已没有多少值得珍重的事物了”,可见选项遗漏了“不少”,导致扩大了范围且表述绝对。

(2)B。B项,文中第三段说“而好的小说,不仅要写人世,还要写人世里有天道,有高远的心灵,有渴望实现的希望和梦想”“我们何曾见到几个作家能写出一颗善的、温暖的、充满力量的心灵?那些读起来令人心惊肉跳的欲望故事中,有几个写到了灵魂深处不可和解的冲突?为现代人的灵魂破败所震动,被寻找灵魂的出路问题所折磨的作家,那就更少了”,可见选项表述绝对,曲解文意。

(3)D。A项,强调“公正”,是讲好中国故事的条件之一,即分论点,不是主要观点。B项,从反面阐释,并非对作者主要观点的准确概括。C项,属于次要观点。

二、实用类文本阅读与鉴赏 【现代文阅读】 ★

非连续性文本阅读

非连续性文本多以选择题的形式考查,其设题陷阱与论述类文本阅读的基本一致。考生在解题时首先要读懂文本,然后根据选项内容在文中找出一一对应的句子进行对比分析。

1. 选择题应对方法

这类客观选择题侧重对文本内容的把握,每个选项涉及的答题区域往往是一则材料或一则材料的局部,或四个选项的答题区域虽然来自多则材料,但也往往围绕一个共同方向。考生在解题时需要做到:

(1)会读

会读文(图表),会读选项。会读文(图表)指能读出文本的陈述重点,读出文本的信息点;会读选项就是阅读试题选项时能读出选项命题者命题的侧重点。

(2)细比对

精细对点,把读文或读图读出的信息点与选项的命题点进行细致对照。因为选择题的各个选项涉及的答题区域比较单一、明确。

(3)严排查

在细比对的基础上严格排查各个选项,看选项与原文信息是否有不一致的地方,进而确定答案。

2. 图文转换的注意事项

(1)整体认读图表内容

关注图表题目、表头,把握图表大主题或方向。图表式的要兼顾图表的各个要素(比较对象、比较角度、项目、各种数据及其变化特点),坐标曲线图要抓住曲线变化的规律,柱状、饼式图要抓住各要素的比例分配及变化情况,生产流程图要抓住事理的时空、先后逻辑顺序等。

(2)归纳确定认读结果

①重视数据变化。数据的变化往往说明了某项问题,这可能正是图表的关键处,也是得到观点的源头。要注意从横向、纵向两个维度进行解读。有时图表对角线的变化也是答题要点。

②注意图表细节。图表下“注”等细节起提示作用。

③注意关键词。选项表述语言中的关键词,要与图表的相应内容迅速挂钩定位,在反映事物变化或规

律时，选用词语要准确。如表明增长趋势的词语有“增长(加)了”“增加到”“增长了××倍”等；表明下降趋势的词语有“减少了”“减少到”“减少了(百分数/分数)”，等，注意表下降趋势的词语后不能跟倍数词。又如表示程度范围概念的词语有“近半(约50%左右)”“大部分(比例约在55%~70%)”“绝大多数(比例占70%以上)”“所有”等。

连续性文本阅读

连续性文本主要包括科普类文本、传记类文本、新闻类文本，在教师招聘考试中主要以客观题和主观题的形式出现。

[文本示例]

阅读下面的材料，完成后面的题目。

材料一：

冰雪运动，特别是大众冰雪运动在中国的普及开展，当然离不开我们独特的文化传统。但纵观目前各地冰雪文化活动中的展演形式，一些冰雪体验的建筑、庙会和礼堂等，或是民俗风情、生活起居等文化内容，大多都停留在表象的展示阶段，同质化现象比较严重，对冰雪文化的深度发掘和个性化展示还远远不够。

对于我国地域传统冰雪文化的建设来说，就是要将地域传统冰雪文化中的文明乡风、良好家风、淳朴民风等内容做实，活化为涵盖思想文化、哲学价值、历史传承、文创开发、遗产保护等在内的新内涵。“活化”不是简单的“回归”和“复旧”，而是在传承的基础上对文化进行创造性转化，增强传统文化基因的反应活力、吸引力和生命力。

首先，要唤醒地域传统冰雪文化自觉。费孝通先生曾言，文化自觉是当今时代的要求，是生活在一定文化中的人对其文化有自知之明，并且对其发展历程和未来有充分的认知。传统冰雪文化通常是由身体演绎的，很少有单纯性的文字记载，但可通过当地民众对传统文化基因的记忆，实践还原冰雪场景，以最大限度保持冰雪文化的原始性。同时，要吸纳与其冰雪相关联、与其文化相融合的多方主体参与，形成治理联盟，站在大国文化自信和民族认同的角度，宣传传统冰雪文化的时代价值，提升保护地域传统冰雪文化的自觉性。

其次，重构地域传统冰雪文化空间。地域冰雪文化是以传统的农耕文化为基础的，以血缘、地缘、业缘关系为联结的文化形态，是村落乡土文化的优质资源。正如费孝通先生所说，泥土是乡人的生命，乡愁对中国人来说，是延绵一生的文化记忆。因此，地域传统冰雪文化的开展能有效勾起村落内居民的乡愁追思。

传统冰雪项目的开展更多地依附于传统的节庆，对此，可重构地域传统冰雪文化空间，因地制宜建设乡土冰雪文化平台、冰雪陈列馆、冰雪大讲堂、冰雪民俗馆等，打造村落居民的精神家园。

最后，完善地域传统冰雪文化保护与管理政策，打造冰雪产业。村落的传统冰雪文化与居民的农业、生产和生活相关联，通常借助庙宇、祠堂、村落、建筑、生产器具等来表达文化生成的价值理念，我们应把保护、开发结合起来，地方政府要根据文物保护法制定冰雪遗产文物保护实施方案等细则，既完善地域传统冰雪文化保护政策，又促进当地经济的发展。

(选自张铁民《活化传统，赋予冰雪文化新生命》，有删改)

材料二：

我国冰雪运动历史悠久，我国北方地区生活的各民族，自古以来就开展了各项与冰雪共生共存的生产劳动和生活方式，在历史发展和变迁中，创造出了丰富多彩的冰雪运动文化。

据考古发现，我国新疆阿勒泰地区发现的距今一万年左右的岩画中，出现了“脚踏滑雪板，手持单杆滑雪人”图像，并伴有一些动物形象线条，现代阿勒泰地区的人们仍以此为雪地出行方式。这是人类发现最早的反应滑雪运动的考古资料，这个地区被学者认为是现代滑雪运动的发源地。

隋唐时期雪上活动在文献中的记录更为清晰，“室韦”“拔悉弥”等古代民族“以木为马，雪上逐鹿”，滑雪板的材质发生了明显变化，且滑雪板的形状前部演化为尖翘状。而宋代以后的滑雪运动更增添了竞技娱乐色彩，出现了拖冰凌（雪车）、堆雪人雪狮等休闲雪上活动，尤其是北方各民族发展出了各类雪上民俗体育活动，延续至今，成为极具民族特色的非物质文化遗产，目前都成为少数民族传统的雪上竞技运动项目。唐代时期，北方民族以滑冰开展狩猎活动，有些以木棍为杖滑行代步，也开始制作一些冰车、冰橇等，形成了原始的滑冰器具；宋代以后，滑冰运动被称为“冰嬉”，并且以人力牵拉的“冰床”作为滑冰工具已非常成熟；元代时期，冰床扩展为动物牵拉形式，著名的《马可·波罗游记》中记录了狗拉冰橇的情况；明代以后，冰上运动发展更为专业化、多样化，冰上活动广泛应用于军事活动中，清太祖努尔哈赤在统一女真部落时，依靠高超的滑冰技术赢得了数场战役，满族的“靰鞡滑子”（简易冰刀鞋）大大增加了冰上活动的技术。《满洲老档秘录》记载，努尔哈赤于1625年举办了冰上比赛，开展了冰上射箭、冰上武术、冰上舞蹈等活动，成为有文献记载的最早的“冰上运动会”；清朝是冰上运动的黄金时期，随着满族入关，“冰嬉”“冰床”等活动在中原地区得到广泛发展，冰上活动的竞技性、娱乐性得到了极大的丰富。

我国传统冰雪文化运动留下的各类古籍文献、文化遗迹、珍贵文物等遗产，是中华文化的宝贵财富，是中国智慧、中国精神的具象化表达。伴随着北京冬奥会的到来，以冰雪运动为代表的中华优秀传统文化将与奥林匹克运动相互促进、互为融合，在国际文化交流、世界文明互鉴中迸发出新风采。让我们从传统文化中汲取力量，讲好中国体育故事，弘扬中华体育精神，向世界交出一份冬季奥运会的中国答卷。

（选自覃琛《从中华传统冰雪文化中汲取力量》，有删改）

考点 1 材料内容理解分析类

[题目示例]

下列对材料相关内容的理解和分析，正确的一项是（　　）（3分）

A. 地域冰雪文化是以传统的农耕文化为基础的，这使得传统冰雪项目的开展要因地制宜，更多地依附于当地传统的节庆。

B. 我国地域传统冰雪文化所体现的家风、乡风、民风等文化传统的地位很重要，我们要传承它，还要活化其中的新内涵。

C. 我们对于传统冰雪文化要有文化自觉意识，要实现这一点，通过当地民众对传统文化基因的记忆还原冰雪场景是唯一途径。

D. 冰雪运动自诞生之初起就与人们的生产劳动和生活相连，而随着滑雪工具的改良，其娱乐性、竞技性则成了主要作用。

答案:B

解析:A项，因果关系不当。C项，“唯一途径”以偏概全。D项，“主要作用”分析不当。从文中可知，明代后冰上活动广泛地应用于军事活动中。

[解题秘籍]

第一步：读选项，切分层次，标出关键。

实用类文本选择题文字大都很多，表述较长，应先把选项切分出若干小层次，再将各个层次的关键词或重要的修饰语、限制词标出。

第二步：回归原文，找到对应区域。

第三步：两相比对，确定正误。

(1)比对词语。看选项与原文在词语的内涵、范围、程度、时态等方面有无偷换概念、曲解文意、缩小或扩大范围、颠倒时态、无中生有(于文无据)等问题。

(2)比对句子。看选项与原文在句意上的理解尤其是句间关系的判断上是否一致，有无条件绝对、因果失当等问题。

考点2 信息内容概括分析类

[题目示例]

根据材料一和材料二，下列说法不正确的一项是(　　)(3分)

A. 当前，我国大众冰雪运动发展步伐加快，各项冰雪文化活动的形式多样，但对冰雪文化内涵的挖掘不够，缺乏个性色彩。

B. 地域冰雪文化是村落乡土文化优质资源，它以血缘、地缘、业缘关系为联结纽带，因此它的开展会引发人们对乡愁的记忆。

C. 最早反映滑雪运动的考古发现是我国新疆阿勒泰地区发现的滑雪图像，其雪地出行方式目前在我国仍然广泛地使用。

D. 我国冰雪运动从地理位置来看北方地区的发展要优于南方地区，从历史朝代看清朝是其黄金时期，更为专业化、多样化。

答案:C

解析:C项，“目前在我国仍然广泛地使用”说法错误，应是在阿勒泰地区广泛地使用。

[解题秘籍]

第一步：“找”。

从原文分别找到与各选项对应的内容。

第二步：“辨”。

辨别题目各选项对原文的转述或概括方式，是概括式转述、具体式转述，还是同义变式转述。

第三步："判"。

(1)概括式转述：判断这一转述是否切合原文语意。一要注意这种从具体到一般的提升是否符合作者的观点，也就是这种一般性的结论是否可靠；二要看由抽取的关键词重新组织的句子是否符合原句的大意，是否符合原文中的词句之间的组合关系。

(2)具体式转述：判断这一转述是否恰当，主要是从观点和材料是否统一，材料是否切合原文表达意图的角度去思考。

(3)同义变式转述：判断同义变式转述是否正确，关键在于判断转述的句子与原文是否同义。

考点 3 分析论据类

[题目示例]

下列各项中，最适合作为论据来支撑材料一观点的一项是(　　)(3分)

A. 办好北京冬奥会、冬残奥会是我国对国际社会的庄严承诺，做好北京冬奥会、冬残奥会筹办工作使命光荣、意义重大。

B. 春节期间，游客来到秦皇岛市老君顶景区等地体验冰雪项目，感受冰雪运动带来的乐趣。随着冬奥会的临近，各种各样的冰雪运动渐受大众喜爱。

C. 各个地区的冰雪文化展演在设计上都力求立足地域传统文化特点，赋予地域传统冰雪文化新的生命，这让今天的大众冰雪运动显得更加丰富多彩。

D. 伊犁冬季开展的冰雪运动项目越来越多，内容更丰富多彩，通过这一系列活动的开展，大大提高了大美伊犁的知名度，促进了伊犁的经济发展。

答案：C

解析：材料一的观点是：冰雪运动离不开我们独特的文化传统。A项，表达的是办好北京冬奥会、冬残奥会的重大意义。B项，表达的是大众渐渐喜爱各种各样的冰雪运动。C项，表达的是各地的冰雪设计与地域传统文化相结合，从而使大众冰雪运动更丰富多彩。D项，体现的是冰雪运动项目带来的好处。A、B、D三项跟文化传统无关，只有C项能够证明材料一中的"冰雪运动离不开我们独特的文化传统"观点。

[解题秘籍]

第一步：确认论点。

(1)根据标题、每段开头、结尾关键句或文章结尾推出的结论，确定论点。

(2)分析论题找出论点。先明确作者议论的问题是什么，然后进一步理清层次，找出作者对所论问题的见解，这样就抓住了论点。

(3)通过分析论据来找论点。论点和论据的关系是被证明和证明的关系，通过分析论据证明了什么，也可以把握文章的论点。

第二步：分析论据作判断。

审读选项，抓住每个选项内容的关键信息点进行分析，辨析选项内容是否能证明文本论点。(也可用排除法)

考点 4 归纳概括信息要点类

[题目示例]

结合材料分析我国2022年举办北京冬季奥运会的意义。(6分)

参考答案:①有利于弘扬我国冰雪运动的历史与文化传统。②增强大国文化自信和民族认同感,提升文化自觉性,增强民族凝聚力。③打造村落居民的精神家园,引发乡民乡愁与追思,提升同心力。④打造冰雪产业,促进经济发展。⑤促进国际文化交流、世界文明互鉴。⑥以发展冰雪运动、举办冬季奥运会为契机,讲好中国体育故事,弘扬中华体育精神。

[解题秘籍]

第一步:审题干,明方向。

题干具有较强的限制性和指示性时,要认真审读题干,特别应关注题干中一些限制、划定范围的词语,防止筛选信息角度不明。

第二步:定区间,巧筛选。

应仔细阅读各则材料,通过寻找关键句或自我概括的方式把握每则材料的内容大意,这样才能根据题干的限制和指示确定信息区间,在有效的信息区间内筛选相关信息。

真题面对面

1. [2021年广东广州白云区,现代文阅读,12分]阅读下面材料,回答(1)~(3)题。

材料一:"宅经济"就是"宅"在家里的经济。在日本,特定群体的消费内容和模式不仅定义了一种居家消费文化,也直接推动了动漫、电子游戏及衍生产业的发展。在上世纪70年代的美国,由于环境污染和交通拥堵,人们希望借助远程办公摆脱通勤之苦。如今,互联网及信息技术的普及使得大众消费和工作模式发生根本转变,以往集中化的消费及工作被远程在线、分布式、个体化的模式所取代。至此,"宅经济"进入数字化时代。

居家消费中,网上购物火爆。据预测,2019~2023年全球在线餐饮外卖市场年均增长率将超过15%。远程办公市场同样可观。据调研,在全球范围内,有超过1/4的受访者表示,每周至少有部分时间远程办公,对亚太地区的受访者而言,这一比例更是高达37%。

技术是驱动"宅经济"持续增长的重要因素。互联网、社交媒体、移动应用打破物理空间界限,使得距离不再是问题。技术与产业相互作用,巨大的需求催生商业模式创新,推动产业变革,产业的发展则进一步促进技术优化和成熟。

"宅经济"的发展也面临挑战。企业需要平衡用户体验和效率之间的矛盾,避免因协同不足导致效率降低的问题。随着云计算、物联网、机器人、人工智能等技术应用日趋成熟,效率制约因素逐步消减,"宅经济"也将更受欢迎。

材料二:买菜靠配送、看病靠在线问诊、上课靠网络直播、健身也远程……疫情影响下,大家自觉"宅在家",带火了一批"宅经济"业态。

疫情期间，"宅经济"的快速增长，一类受益于巨大的市场需求，比如生鲜电商、在线医疗。此次疫情让生鲜电商脱颖而出，巨大的需求刺激销量暴涨；对疾病的担忧，去医院的风险，疫情带来的多重焦虑让很多人选择了新的途径——网上问诊。还有一些属于相关行业的自救叠加需求，比如在线教育、直播健身等。疫情期间，线下培训班全部暂停，借由延迟开学，多家教育培训机构以"停课不停学"的名义迅速推出了免费课程。在一定程度上补救了学员流失等带来的巨大损失。疫情过后，这些行业的火爆还会持续吗？业内人士认为，随着生活、工作逐步恢复调整，一些"宅经济"业态难免会有所降温。但此次疫情促使数字技术进入大规模应用阶段，也进一步培养了线上消费习惯，相关行业需要进一步提供更为优质的服务，将疫情期间的流量变现，才能实现可持续发展。

材料三：面对这段"静默期"，实体门店纷纷开始在艰难中寻求"自救"，借助"宅经济"占位突围，并慢慢恢复元气。

疫情的冲击，让实体商家们开拓了线上渠道。一位服装业商家努力将线下实体最大限度地"搬"到线上，通过"直播带货"加"微信群秒杀"的销售模式，短短数天他卖出去了1000多件衣服，并把店里的库存销售一空。餐饮业则在变换着经营模式，提供更优的服务，饭店由"聚餐"变"送餐"。某实体火锅店在疫情期间推出外卖订餐，为了方便食客过把"火锅瘾"，他们还提供电热火锅。市民一个电话，他们把饭菜送到家中。

同时也出现了有社会担当的单位、企业打造网上平台助商家"过冬"。疫情暴发以后，某传媒集团很快便推出"蔬菜同城免费配送"活动，蔬菜、瓜果、肉类、调料等生活用品一应俱全，以方便宅在家中的市民群众。该集团还依托自身的微信公众平台，为受新冠肺炎疫情影响的商家提供帮助，当日推出"饭店免费入驻平台，市民点餐免配送费"两免活动，一时间商家纷纷入驻。

(1)下列针对上述材料的概括分析，不正确的一项是(　　)

A."宅经济"的市场规模较大，疫情期间大部分人都在远程办公。

B.疫情倒逼了生鲜电商和在线医疗等行业发展，但疫情之后是否能保持业态恒温则还不能确定。

C.一些有社会担当的单位和企业的慷慨帮助直接使得部分实体门店在疫情期间实现了占位领先。

D."宅经济"在疫情期间尤为突出，其重点变现在社交游戏、视频、在线教育、线上电商、外卖等行业。

(2)请根据材料和你的理解，概括出"宅经济"的内涵。"宅经济"的走热折射出我国经济怎样的特点?

(3)在疫情影响之下，很多商铺关闭，大部分的小区都实行封闭管理，许多上班族、学生也在家进行线上办公和学习，带火了生鲜配送、在线医疗、在线办公、线上教育、游戏娱乐等"宅经济"。对于"宅经济"，你怎么看?

参考答案：(1)C。材料三中提到"实体门店纷纷开始在艰难中寻求'自救'，借助'宅经济'占位突围""同时也出现了有社会担当的单位、企业打造网上平台助商家'过冬'"，"有社会担当的单位、企业"只是为实体门店提供了平台，"实现占位领先"的是实体门店的"自救"。

第一部分

(2)内涵:“宅经济”是一种在家中利用网络办公、从事商务工作以及进行消费的经济模式。

特点:“宅经济”走热,折射出我国消费市场的强大韧性。疫情期间,居民外出减少,住宿、餐饮等行业的销售和客流明显下降,但与此同时,网上生鲜、远程办公、网络直播等逆势发展,展现了中国消费市场长期稳定和持续升级的大趋势。

(3)“宅经济”逆势火爆,疫情加速“宅经济”时代到来,成为推动经济增长的“硬核”力量。疫情之后的经济变化,增加了“宅经济”的跑道容量,更多消费者选择“宅经济”,“宅经济”能够满足生活的刚需,是安全的、新的选择;“宅经济”激发了消费潜力,激活了消费市场,推动了消费升级,引发行业进一步发展变革,推动企业加强线上服务、线上管理,推动服务业的数字化发展。我们应继续加强技术革新,推进5G网络、数据中心等基础设施建设,为智能经济的发展和产业数字化提供基础支持,促进数字化技术在各个领域渗透,激发“宅经济”获利;同时经营者也应着力提高发展核心技术,创新商业发展模式,进一步精准搭建消费平台,提供优质服务,保障消费者的消费体验和满意度;消费者应该努力尝试新型消费模式,积极参与,结合自身消费需求,宅在家里,合理购物。

2.[2021山西晋中祁县,阅读鉴赏,9分]阅读下面的文字,完成(1)~(3)小题。

传统中国文化中家的形象,蕴含了中国人关于人生和宇宙意义的基本解释。中国古代丰厚的“家”学为寻找安身立命之所,探寻终极幸福之源的人们,提供了可资借鉴的宝贵资源。

在古人看来,家是自我栖身的场所,没有家的庇护,身、心、灵将会漂泊无依。亲子关系、夫妻关系、代际关系、今生与后世和前世的关系,以及家人与社会及自然的关系,是支持自我成长、成人的必然前提。

家以沟通协调差异之间关系为起始,以实现“和而不同”“亲密差异”为旨归。家以保全生命、延续族类生存的方式汇合了一切可能的差异性,生成有机的生命共同体。诸如性别差异、姓际差异、年龄差异、身份差异、资源差异、自然与文明差异等,这些差异亦自然亦文化、亦个别亦整体地支持并维护着家的存在。在对待“身份差异”的“正名”中,规定与“名”相符的责任和义务之“实”;在对待性别差异中,视两性之和乃人伦之始,所谓“君子之道,造端乎夫妇,及其至也,察乎天地”;在对待姓际差异上,视两姓之和乃“附远厚别”,乃“万世之始”;在对待年龄差异上,其“尚齿”的文化,主张代际的“父慈子孝”、同代人之间的“孝悌”精神,显示出特有的智慧。这些共同构成现实家庭中的亲缘情理。

古人以身家一体为本,类推于天地自然和人类社会,构造出艺术化境域的亲缘情理。中国古代哲学中的身体,是基于血缘亲情的一体化的身体,所谓“父子一体也,夫妻一体也,昆弟一体也。故父子首足也,夫妻牉合也,昆弟四体也”。故有敬其身就是敬其亲,伤其亲即为伤身体的亲缘情理,这种以身为本根生发的亲缘情理,由亲爱之情类比类推于人类社会与天地万物之间,同时将个人的使命感与历史担当推及人类社会和自然。所谓“爱其亲,不敢恶人;敬其亲,不敢慢人。爱敬尽于事亲,光耀加于百姓,究于四海”,由此不难理解孟子的“孩提之童,无不知爱其亲者;及其长也,无不知敬其兄也。亲亲,仁也;敬长,义也。无他,达之天下也”。这种以身家为本的情感和义理,不仅“亲亲而仁民”,而且“仁民而爱物”,以一种艺术化的境域,充塞天地之间。

从原本意义上讲，人是栖身于亲缘共同体，并从中获得安定感和幸福感，唤起神圣使命感的居家之人。中国古代以身家一体为核心，将家的亲缘情理推及他人、社会和宇宙，符合生命本身的轨迹，以及人类历史的逻辑。

（摘编自程秋君《中国古代"家"学丰厚》）

(1)下列关于原文内容的理解和分析，正确的一项是(　　)

A. 在中国文化传统中，丰厚的"家"学是中国人安身立命和追求幸福的精神源泉。

B. 家是自我栖身的场所，中国古人于其中不断学习协调自我与外部的关系。

C. "尚齿"文化和"孝悌"精神是古人用于处理同代关系与代际关系的智慧。

D. 在孟子看来，人们从孩童时代起就懂得要敬爱父母，长大后懂得尊敬兄长。

(2)下列对原文论证的相关分析，不正确的一项是(　　)

A. 文章立足于传统中国文化中家的形象，阐述了古代"家"学的内涵及其价值。

B. 文章从两个维度论述家的亲缘情理，后一维度的阐述以前一维度为基础。

C. 文章由居家之人的安定感论起，推导出人的使命感与责任感的生发缘起。

D. 文章末段总结全文，强调了由人生命本身的轨迹唤起的社会神圣使命感。

(3)根据原文内容，下列说法不正确的一项是(　　)

A. 如果一个家庭的亲子关系出了问题，孩子的安定感和幸福感必然大打折扣。

B. 一个家族有好的"家"学传统，家族成员之间的差异性便容易协调，达成一致。

C. 因为古人重视血缘亲情，尊重亲缘情理，所以懂得敬重长辈、关爱呵护家人。

D. 如果没有古代丰厚的"家"学，中国人对于人生和宇宙意义的理解将受到影响。

答案：(1)B。A项，原文第一段说"丰厚的'家'学……提供了可资借鉴的宝贵资源"，不能说是"精神源泉"。C项，张冠李戴，原文"在对待年龄差异上，其'尚齿'的文化，主张代际的'父慈子孝'、同代人之间的'孝悌'精神，显示出特有的智慧"。D项，孟子的话是说如果一个人孩童时懂得爱父母，年长就会懂得敬兄长。

(2)D。D项，"社会神圣使命感"并非"由人生命本身的轨迹唤起"。

(3)B。B项，无须"达成一致"，原文说"家以沟通协调差异之间关系为起始，以实现'和而不同''亲密差异'为旨归"。

三、文学类文本阅读与鉴赏 【现代文阅读】★★★

小说、散文

［文本示例］

阅读下面的小说，完成问题。

逃　跑

铁　凝

①二十多年前，老宋从北部山区来到这个城市，这个剧团。

②老宋在团里的任务是传达、收发，兼烧一个开水锅炉。水烧开，老宋站在当院，亮起大嗓喊："水开了！"老宋所站的当院，正是这团一面为办公楼，一面为宿舍楼，一面为排练场的三面合围的中心地带。老宋一喊，果然人们都坐不住了，即使有的人家暖瓶正满着，老宋的喊也会让他们心动地再去打上一壶——一端回家可以把脏污的下水道冲冲，开水冲油污，有劲儿。再说，老宋的喊里是有称谓的，这称谓似更能激起人们对开水的热情。为了这称谓，老宋还颇费了心思：将全团干部演员职工家属统称为老师，这个称谓谁都不反感，无亲疏远近之嫌，无厚此薄彼之意。

③分外的事老宋也没少做。五楼的人们说，老宋，帮我把这罐煤气扛上去吧。三楼的人们说，老宋，我买的沙发来了，你给搭把手吧。一楼的妇女喜欢织毛衣，就喊，老宋，给我架着毛线。

④他沉默寡言的时候居多。唱小生的老夏算是老宋的好友，他只向老夏说一些家事。他的闺女，嫁的是一个更穷的地方的懒人。前几年那人忽然扔下老宋的闺女以及一个刚满月的孩子走了，不知去了哪里。闺女的日子很难，处处得老宋接济。

⑤光阴像箭一样。老夏要退了，老宋也更老了。他开始出错，但这团的人们念着他的为人和孤单，没有辞退他。直到有一天，老宋的腿不争气地真出了大毛病。老夏用自行车驮着老宋去医院，医生检查后说尽快手术吧，保腿要紧。老宋问得多少钱，医生说，一万五左右。老宋对老夏说，咱们回去吧。

⑥老夏走家串户，挨门敛钱，为老宋筹集到一万五千八百六十二元人民币。老宋激动得说不出话来，身子像坠入云中。老宋数了一夜钱，即便一张两块的旧票，压在掌上也沉甸甸的。老宋数完钱就开始想心事，难道真的要把刚刚数过的这些东西都扔给医院吗？他决心不再相信这条肿得檩梁似的腿是条病腿，为了证实自己的见解，他做起了演员练功的高难动作，形态虽然怪诞，却是悲壮。这些动作将老宋折腾得激动不已，直到他稀里哗啦摔在地上。

⑦传达室的灯亮了一夜。

⑧第二天，老宋从这个剧团和这个城市消失了。

⑨老夏终于气愤起来，团里的老师们也气愤起来，老宋的不辞而别显然是愚弄了他们。老夏想起当年老宋来是靠了一个亲戚的介绍，那亲戚住本市。亲戚说，不瞒你说，他回老家第二天就去县医院把腿锯了，那儿便宜，两千不到。剩下一万多又有什么不好？一个乡下人，又是穷闺女，又是穷外孙。老夏没有再矫情，只是愤怒难平，疑惑难平。

⑩不久，团里有人从北部山区演出回来，告诉老夏说在新开发的一个旅游景点看见老宋了，老宋坐在一个小铁皮房子里卖胶卷。老夏决心去目睹那逃逸的老宋之现状，用这目睹来刺激起对方的尴尬、难堪和愧疚。

⑪他很快就发现，在一个小铁皮屋子旁边，老宋拄着双拐，正指挥一个健壮的年轻人卸货，左腿那儿空着。老夏心中涌上一股酸涩，一时竟想不好到底该不该去和老宋打招呼。

⑫老宋也看见了老夏，木呆呆地愣在那里。突然间，老宋撒腿便跑，他那尚是健康的右腿拖动着全身，拖动着双拐奋力向前；他佝偻着身子在游人当中冲撞，如一只受了伤的野兽；他的奔跑使老夏眼花缭乱，恍惚之中也许跟头、旋子、飞脚全有，他跳跃着直奔一条山间小路而去，眨眼之间就没了踪影。

（有删改）

考点 1 情节类

[题目示例]

小说第②～④段对全文情节展开有什么作用？请具体说明。(6分)

参考答案：①表现老宋稳重、勤快，为下文团里不辞退他以及为他捐款作铺垫；②交代他和老夏的友谊，为下文老夏帮助他作铺垫；③交代老宋家境的困难，为下文逃跑提供情节依据。

[解题秘籍]

1. 概括情节型

提问方式	解题指导
概括主要故事情节。	常用答题模式：(用主谓句)“什么人在什么时间什么地点做了什么事”。
请用简明的语言梳理这篇文章的脉络。(实际就是概括文章的情节发展过程)	可从情节角度、人物角度、线索角度以及时间、空间角度等几个方面考虑。(情节发展前后环节要清楚，要舍去细节概括情节，语言要简洁明了)
文中共写了哪几件事，请依次加以概括。	完整叙述事件，按照“何时何地何人做何事”的格式概括。(注意事件涉及的对象要前后一致)
用填空的形式概括文章的部分内容(包括指出开端、发展、高潮和结局四部分中的某一方面)。	尽量用短语或简洁的语言概括，与前后内容保持一致。
简要概括人物的心理变化过程。(概括文章局部情节)	要抓住文章文本中相对应的内容来筛选、分析、概括。

注：①情节的发展变化是矛盾冲突发展的体现，分析文章的情节时必须抓住主要的矛盾冲突；②分析情节不是鉴赏文章的目的，而是手段，是为理解人物性格、把握文章主题服务的。所以，在分析情节的过程中，要随时注意体会它对人物性格的形成及对揭示文章主题的作用。

2. 情节的作用型

(1)某情景的作用

提问方式：文中××情景在文章中起到什么作用？请具体说明。

解题指导：A. 开门见山，开篇点题；B. 引出另一个情节；C. 制造悬念，引起读者阅读的兴趣；D. 为后面的情节发展作铺垫或埋下伏笔；E. 使情节波澜再起，情节更突出；F. 线索或推动情节的发展；G. 补充交代上文内容；H. 照应前文情节，照应题目，前后呼应；I. 卒章显志。

重难点解读

分析情节作用要从内容和结构两方面入手：

从结构(情节自身)方面：为下文情节作铺垫或埋下伏笔；照应前文；推动情节发展或转折；设置悬念，激起读者的阅读兴趣；作为线索，贯穿全文；等等。

从内容方面：点明了人物活动的环境；表现了(或突出了)人物性格；表现主旨或深化主题；等等。

(2)开头结尾的作用

内容	类型	表达效果
结尾	出人意料的结局	①情节结构上,它使平淡的故事情节陡然生出波澜,能猛烈撞击读者的心灵,产生震撼人心的力量。 ②表现手法上,与前文的伏笔相照应,使人觉得又在情理之中。 ③主题上,能更好地深化主题。
	令人伤感的悲剧结局	①主题上,能更好地深化主题。 ②塑造人物上,能更好地塑造人物性格。 ③效果上,这种结局令人感动,令人回味,引人思考。
	令人喜悦的大团圆结局	①表达效果上,给读者留下了广阔的想象空间,耐人寻味。 ②阅读者的情感体验,喜剧性的结尾与主人公、作者的意愿构成和谐的一体,给人以欣慰、愉悦之感。 ③主题上,显现的美好人性,反映出人类向往美好生活的愿望。
	戛然而止,留下空白的结局	给读者留下了想象空间,有言有尽而意无穷之感,还能让读者进行艺术再创造。
开头	设疑法(悬念法)开头	①造成悬念,引出下文的情节。 ②引起读者的思考,吸引读者把文章读下去。
	写景法开头	①交代故事发生的时间、地点。 ②暗示社会环境,揭示社会本质特征。 ③揭示人物心境,表现人物性格。 ④渲染气氛。 ⑤推动情节的发展,为刻画人物作铺垫,打基础。

(3)文章中间某个情节安排的作用

①考虑某个情节与全文中相关情节的关系。主要是照应和伏笔。照应就是文学作品前后文之间的互相呼应。照应能使情节连贯,脉络清晰,结构紧凑。伏笔是指文学作品中,在前段里为后段所作的提示或暗示。在文章中使用伏笔,能使文章情节曲折,结构紧凑,构思精巧,前后呼应。

②考虑情节与主题的关系。如《骆驼祥子》中暴雨狂泻,道路迷茫,"半死半活"的祥子,"低着头一步一步地往前拽"的情节,反映了旧社会人力车夫的凄苦生活和悲惨命运。

③考虑情节与人物性格的关系。如《水浒传》写武松打虎,多次提到哨棒,给读者以武松会依仗哨棒打虎的印象,接着安排哨棒打断,武松徒手打虎的情节,有力地彰显了武松徒手打虎的英雄本色。

(4)题目的作用

交代(突出)文章主题、主旨;交代了文章的写作对象;暗示情节;交代了写作顺序;是文章行文的线索;标题运用的修辞手法或写作手法的作用;设置悬念,激发读者的阅读兴趣。

考点 再拔高

▼ 情节作用题思考角度

角度	常用术语
情节与文章环境的关系	突出(烘托、交代)人物活动的环境,使环境更具典型性,等等。
情节与人物形象的关系	塑造了……的人物形象,表现了人物……的性格或精神,刻画了人物……的心理,等等。
情节与文章主题的关系	揭示(表达、寄托、暗示)了……的主题,深化主题,突出主题,等等
情节与其他情节的关系	埋下伏笔、设置悬念、铺垫照应、推动情节发展、对比衬托、承上启下等
情节与读者感受的关系	设置悬念、吸引读者注意力、引起读者的阅读兴趣、引发读者思考等。

3. 情节手法型

(1)提问方式

①文章通过哪些方式运行情节?②文章关于某某情节安排很有特色,请作简要分析。③文章在情节构思上的艺术特色有哪些?请结合文本分析。④本文情节"构思精巧,扣人心弦",请结合作品内容分析这一特点。

(2)答题指导

内容	类型	表达效果
人称	第一人称	叙述亲切自然,能自由地表达思想感情,给读者以真实生动之感。
	第二人称	增强文章的抒情性和亲切感,便于感情交流。
	第三人称	比较直接客观地展现丰富多彩的生活,不受时间和空间限制,比较灵活自由。
叙述方法	顺叙	情节发展脉络分明,层次清晰。
	倒叙	造成悬念,引人入胜。
	插叙	对主要情节或中心事件做必要的补充说明,使情节更加完整,结构更加严密,内容更加充实丰满。
	补叙	对上文内容加以补充解释,对下文做某些交代,照应上下文。
	平叙	使头绪清楚,照应得体。
情节安排	情节一波三折式	引人入胜,扣人心弦,增强故事的戏剧性、可读性,吸引读者的阅读兴趣。
	首尾呼应式	使结构紧密、完整,突出文章主旨。
	把结局放到开头写	制造悬念,吸引读者阅读兴趣。
	贯穿情节的线索	组织材料,贯穿全文;结构清晰,情节集中;揭示主题;使行文富于变化;有助于情节发展。
构思技巧	悬念	吸引读者,引人入胜。
	抑扬	使文势曲折多变,使文章产生峰回路转、跌宕起伏的效果,增强作品的可读性。
	对比	渲染气氛、表现人物或突出主题。
	衬托	可以使文章更生动,人物、事物形象更突出,主题更鲜明。
	铺垫	为了衬托主要人物或事物而铺叙另外的人物或事物以作衬垫。运用铺垫写法是为了蓄积气势,突出文章主旨。

此外,开头、中间、结尾、过渡、伏笔、照应等内容也可作为本知识点的答题方向。

考点2 环境类

[题目示例]

赏析第②段画横线句子的社会环境对情节发展描写的作用。(4分)

参考答案:①交代了老宋在剧团工作的重要性,突出老宋勤劳、稳重的性格特点;②推动情节的发展,为下文大家为老宋捐款作铺垫。

[解题秘籍]

1. 环境描写的作用

(1)社会环境描写的主要作用

①交代故事的时代背景。在小说的开头,一般有社会环境描写,交代事情发生的地点或背景。

②渲染气氛,烘托心情。往往用生动的社会环境描写来创造故事的特定氛围,从而增强故事的真实性。

③烘托人物的突出特点。社会环境描写能表现人物的身份、地位、性格。

④暗示人物的前途命运。社会环境描写本是为人物活动提供场所和背景的,故而社会环境描写往往是为塑造人物服务的。

考生在分析小说的社会环境描写时,要与中心联系起来,要和人物个性、命运联系起来,要与故事的背景和情感基调联系起来,要思路开阔,从不同的角度思考。

⑤推动情节的发展变化。情节发展与环境描写往往是相互依存、相互制约的,环境描写是以情节为依据,情节发展离不开环境描写。

⑥深化小说的主题思想。分析小说的主题,离不开对人物和情节的细致分析,也离不开对社会环境的认真考察。

(2)自然环境描写(景物描写)的主要作用

①表现地域风光,写明事件发生的时间、地点和环境特点。

②推动故事情节发展。

③渲染气氛,奠定基调。

④烘托人物形象(或人物心情、感情、性格等)。

⑤突出、深化主题。

2. 答题指导

(1)要善于从时间、地点、行动、季节、气候和景物等描写中揣摩人物的身份、地位、心境,揣摩出对主题的烘托作用。

(2)小说对某一景物进行描写,是为了通过景物描写来传达思想感情,或烘托环境,或渲染气氛,即描写是为主旨的表达服务的。

考点3 人物形象类

[题目示例]

请结合全文简要概括并分析老夏的人物形象。(4分)

参考答案:①热情善良。起初,老宋的腿出了毛病,老夏亲自带他去医院;后来,看到老宋"左腿那儿空着",老夏心中涌上一股酸涩,也没有执意去质问他。②乐于助人。老宋的腿出了大毛病,老夏用自行车驮着老宋去医院。老宋没钱治腿,老夏走家串户,挨门筹钱。

[解题秘籍]

1. 人物形象相关知识

(1)描写人物的方法

<table>
<tr><th colspan="2">表达技巧</th><th>表达作用</th></tr>
<tr><td rowspan="3">直接描写
(正面描写)</td><td>肖像、神态、动作描写</td><td>更好地展现人物的内心及性格特征。</td></tr>
<tr><td>语言描写</td><td>①刻画人物性格,反映人物心理活动,推动故事情节的发展。
②描摹人物的语态,使形象栩栩如生、跃然纸上。</td></tr>
<tr><td>心理描写</td><td>直接表现人物思想和内在感情(矛盾、焦虑、担心、喜悦、兴奋等),表现人物思想品质,推动情节发展。</td></tr>
<tr><td rowspan="3">间接描写
(侧面描写)</td><td>借助次要人物烘托</td><td rowspan="3">①通过环境描写映衬或塑造次要人物等来对比、烘托所要描写的主要对象,以使其鲜明突出。
②引发读者的联想和想象,含蓄曲折地表现人物形象;刻画人物的性格、爱好、追求;深化主题;推动情节发展;渲染时代气氛、地方特色。</td></tr>
<tr><td>借助物象烘托</td></tr>
<tr><td>借助环境烘托</td></tr>
</table>

注:侧面描写与正面描写相结合,可以丰富人物的形象,更有利于表现人物的性格。

(2)描写人物形象的作用

①主要人物作用

<table>
<tr><th>方向</th><th>答题指导</th></tr>
<tr><td>结构方面</td><td>分析主要人物的性格特点(变化),考虑其对情节的推进作用。有的主要人物还起到线索作用。</td></tr>
<tr><td rowspan="2">内容方面</td><td>对主题的作用:即作者塑造人物的用意——反映社会现实和寄托情感。</td></tr>
<tr><td>对社会的作用:即分析人物形象的社会意义,结合社会现实深切理解人物对当代社会的思想指导等方面的作用,以及分析人物形象的艺术价值给人们带来的某种启示,探究作品的真正写作意图。</td></tr>
</table>

②次要人物作用

自身作用+衬托主要人物+情节作用+主题作用。

A."自身作用"指次要人物不只是一个线索或情节上的关联人物,有的还具有鲜明的性格特点,其具有的作用首先是自身的作用。

B."衬托主要人物"是其主要作用,衬托有正衬和反衬两种,要指明是哪种衬托以及是怎样衬托的。

C."情节作用"主要是线索作用,推动(串起)故事情节发展。

D."主题作用"是指次要人物与主要人物一起丰富、深化了主题。

另外，文章中的“我”是个特殊人物，它不同于散文中的“我”，它是文章中的人物，不是作者自己。因为是第一人称，故具有作为见证人，增强文章的真实性的作用。

易混点辨析

分析文章中“我”的作用

①从情节上看，“我”是线索式的人物，通过“我”串联起文章的所有情节，增强了文章的真实性。

②从人物塑造上看，“我”是整个事件的见证者、陈述者，写“我”是为了更好地塑造主人公的形象。

③从主题上看，“我”的所见所闻所思，能引起读者的思考，有助于揭示文章的主题。

2. 提问方式

请简要分析文中主人公的形象（或请简要分析文中主人公的性格）。

3. 答题指导

按总分（分总）来回答。先用一句话对该人物做出一个整体的分析，然后再分别从几个方面做分析；也可以先从几个方面做分析，然后再用一句话总括。（非主人公在文中的作用：对比烘托，使主人公性格特征更加鲜明突出，推动情节发展）

考点 4 语言赏析类

1. 体会重要语句的含义

体会重要语句的含义包括：理解句子的表层意义，即字面意义；理解句子的语境义，即在一定的语境中句子的临时意义；理解句子的“言外之意”，如反语、双关、婉曲等。

（1）抓句子的关键词语

要确切地理解文中重要句子的意义，可从句子结构入手，在抓住主干的同时，特别留心那些修饰、限制成分。句子的修饰、限制成分在一定程度上起着揭示句子内涵的作用。

（2）抓句子的位置

如果是总领句，解释句意时要考虑其所领起的语段的内容；如果是过渡句，要密切关注上下文段的内容；如果是总结句，就需上溯，寻找相关信息，确定答案要点。

重难点解读

答这类题时要能够分析语句采用了什么手法，写出了什么内容，在文本架构、人物塑造、情感表达、主题呈现等方面产生了怎样的艺术效果。

（3）抓句子的手法

这些手法，既可以是人物描写手法，如语言描写、动作描写、神态描写、细节描写等；也可以是修辞手法，如比喻、拟人、借代等。对含有手法的句子的理解，应从手法本身的特点、作用入手，从而透视其深层意义。

（4）注重内容转换，确定语句内涵

①概括转换为具体。文学类文本的某些语句、关键词等比较抽象概括，体会句子的丰富含义时，要把这个概括的内容具体化；同时注重将代词（人称代词、指示代词等）转化为具体指代的内容。

②形象转换为质朴。文学作品中的语句大多十分形象、生动，多使用形象化的修辞手法和象征、对比、

衬托等表现手法。解释语句的含义时，要注重把使用修辞手法、表现手法的语句的含义用朴素、平实的语言表达出来。

③结果转换为原因。文学类文本的语言大多具有跳跃性，在表述形式上往往只有“今天(现在)”“结果(答案)”等，而没有“以前”“原因”等。把握这种语句的含义时，要注重结合上下文，补充出以前的内容或原因等。

2. 品味语言艺术

内容	答题指导
词语运用	经过千锤百炼的词语，其艺术效果是凝练、细腻、形象、逼真的，能够形象地表现人物形象、刻画人物心理，同时也能很好地表现文章的主题。
句式特点	长句与短句交错使用，形成一种交错美。整句(对偶句、排比句、四字格短语)与散句(句子参差不齐、长短不一)的运用，能够使文章在形式上整散有致、错综参差。
修辞方面	辨析作品运用的修辞手法及其表达效果，其中表达效果有通俗易懂、形象生动、言简意丰、含蓄隽永、平实质朴、准确精当、强调强化、惟妙惟肖、淋漓尽致、留有空白、情韵悠长、力透纸背、入木三分、诙谐有趣等。
语言特色	从语言的地域特色、时代特色、生活特色等角度思考。还可以根据文章的题材来分析语言特色。如乡村题材(包括人物语言)，常常通俗朴实，具有地方特色；城市小市民题材，常常细腻委婉，寓意深刻。
语言风格	如幽默、辛辣、平实、华丽、豪放、婉约、明快、简明、含蓄、深沉等。
语体色彩	口语：朴实、风趣、形象、生动、有地方色彩。 书面语：庄重、典雅、含蓄、深沉。

考点5 探究类

分类		提问方式	答题指导
探究人物	探究文章的主人公	你觉得这篇文章的主人公应该是谁？你认为本文的主要人物是哪一个？	要点明塑造人物角色所用到的描写手法，诸如正面、侧面描写，语言、动作描写，对比、衬托手法等；要分析对情节的发展、人物的出场与性格的展示所起的作用。
	探究人物的塑造意图	文章这样写××人物，有人认为×××，有人认为×××。你的看法呢？	探究的焦点在于人物形象的“写法”问题，其实就是要分析作者把笔下的主人公塑造成一个什么样的形象的问题。
	探究人物的个性品质	主人公的×××品质，对你有何启发？	主人公身上有哪些美好的品质，这种品质对现实(我)有什么好的引导作用。
探究情节	结尾的合理性	这篇文章的结尾这样处理是否合理。	这个结尾水到渠成；这个结尾升华了××主题；这个结尾很好地展现了人物的××形象。要特别注意空白式结尾及出人意料式结尾的作用。
	情节的合理性	有人认为，应该把×××删去，你觉得呢？作者在这里设置××情节，有何意图？	这情节能很好的表现人物的××形象；这个情节表现为下文描写××作铺垫；这个情节(结尾)突出了××主题。

续表

分类		提问方式	答题指导
探究主题	探究主题的丰富意蕴	对于文章的主题，你怎样看？文章意蕴丰富，结合文本，谈谈你的理解。	无论是探究深刻意蕴还是分析作者的情感取向，都要从不同角度出发，不能只局限于一点。
	探究主题的启示	文章的这句话给你什么启示？文中的××观点，你是否认同？学习本文后，你有什么新认识？	这句话是什么意思，文章中是如何叙述的，这句话让我产生××的感触。
探究题目	—	你觉得这个题目好吗？这个题目能否用××来替代？文章以这个为题有多重考虑，请结合文本谈谈。	赏析风格（简洁明了，含蓄隽永，直指主题）；特点手法（双关、象征、比喻、反问、反语、悬念）；作用（突出传主、线索、悬念、情感出发点、主旨）。

真题面对面

[2022江苏南京，现代文阅读，16分]阅读下面的文章，完成(1)~(3)题。

鹊　起

津子围

天气好的时候，老庞总是出现在街心公园，坐在斜角那条磨出本色的木椅上。从青草发芽到花瓣缤纷，从树叶遍地到雪地暖阳，时间长了，不仅很多人认识老庞，连梧桐树枝上的喜鹊，见到老庞都不停地欢叫。

椅子另一端坐的是苏颖奶奶，她和老庞谁都不瞅谁，眼睛望着前方，仿佛前方有无尽的景色和岁月。他们眼前是一片老街区，是整个城市最早生长的地方，难得地保留了下来。从空中俯瞰，那里成了四面围着高楼的"天井"，老建筑的年龄很大，外墙已经上了"包浆"，却有着温暖祥和的气场。

"喂喜鹊了吗?"苏颖奶奶问了一句。

老庞好一会儿才说话:"早晨喝的牛奶有点儿凉，烧心!"

"小不点儿去幼儿园了吗?"

"这个月的退休金昨天到账的!"

两人你一句我一句，前言不搭后语。

"生二女儿时你不在身边……"苏颖奶奶说。

"昨天下雨了吗？前天，前天好不好?"

"我说二女儿，你扯什么雨。"

"你老糊涂了？老二不是儿子嘛!"

"你才老糊涂了呢……那时候你一出海就三四个月……"

"我从没出过海……那是支援三线建设……"

"海上三线?"

“说你糊涂了还不服气，海上哪有三线？是西北，大西北！”

“编，老了老了，怎么还会编了呢？”

“我虽然不算铁骨铮铮，但也是一条硬汉，好几次要见到死神了，咬咬牙，还是回来了。”

“你是条硬汉，家里可苦了我了，一家老小，省吃俭用，那些日子都不知道是怎么挨过来的。”

“你是不容易，付出太多了，你劳苦功高，是这个家的大功臣总行了吧？”

“我可不图你表扬……要说苦累，你也苦累，我记恨你的是，你从不把我放在心上……一两个月也不写个信，好不容易盼到一封信吧，写得跟电报似的，就说生老二的时候吧……”苏颖奶奶开始唠叨了，一旦进入唠叨节奏就不容易停歇，还不免掺杂着抱怨。说到一半儿，一只喜鹊落在苏颖奶奶脚下，她连忙去照顾喜鹊，喜鹊飞走了，苏颖奶奶问：“我刚才说到哪儿了？”

老庞瞅了瞅她，沉着脸说：“说完了！”

夕阳暖融融地照在“口袋公园”的树上、草坪上，椅子和两位老人留下拉长的影子。苏颖奶奶过来搀扶老庞，她贴着老庞的耳边说：“我真是倒了八辈子霉，怎么偏偏嫁了你，受了一辈子罪！”老庞侧过脸偷笑着，如孩子般顽皮地伸了一下舌头。

一连几天，老庞没见到苏颖奶奶，他似乎找不到谁去问问，身边显得空空荡荡。“老东西，跑哪儿去了呢？”

不知什么时候，苏颖出现了，她有些迟疑地走到老庞身边。苏颖问老庞：“您是庞大爷吧？”

老庞愣愣地看着苏颖，他一时又记不起自己是谁了。

“我是苏颖，我奶奶让我来找您的。”

“你奶奶？”

苏颖似乎明白了，她蹲在老庞跟前，问：“大爷，您是不是总坐拐角这条椅子？”老庞摇了摇头，又点了点头。

“经常跟您坐在这条椅子上的老太太，是我奶奶。”

老庞点了点头，又摇了摇头。

“我奶奶周五进医院了，昨天晚上才醒过来，她让我给您捎个信儿。”

“你奶奶住院了？要紧吗？”

“现在没事儿了，已经过了危险期……”

“你刚才说你奶奶……也坐在这条椅子上？”

“是啊。”

“经常坐在这条椅子上？”

“是。”

“你确定？”

“以前，我从远处看见过您，见您和奶奶聊天，只是没这么近距离……”

“走！”老庞用力站起来，“……哪家医院？”

"我奶奶没想让您去探视,她只是让我给您传个话儿。"

"走,你带我去!"老庞拉住苏颖的胳膊。

苏颖不好违拗,只好拉着老庞的手,这时,他们身后传来清脆的铃声,驻足间,自行车锻炼者从他们身边快速闪过,铃声使得老庞的意识,水洗过一般清晰起来——老婆自行车车把上挂着尼龙绸菜袋子,站在街口对他微笑,那是她最后一个微笑,是的,他老婆在20年前就离世了。

老庞步履蹒跚,跟着苏颖向外马路走去,两只喜鹊倏地从草地上鹊起,跟随在老庞和苏颖身后,仿佛起舞。

(有删改)

(1)请赏析文中老庞与苏颖奶奶对话的艺术效果。

(2)小说以"鹊起"为题有何妙处,请简要概括。

(3)请结合小说情节分析老庞这一人物形象的特点。

参考答案:(1)①通过描写人物的语言,揭示人物性格特征。两位老人,老庞和苏颖奶奶,常年在公园一角的木椅上坐着,有一搭无一搭地闲聊,基本上是自说自话。前言不搭后语,苏颖奶奶爱唠叨埋怨,老庞耿直。在彼此孤寂的晚年生活里,"心曲相通,互诉衷肠"。②交代人物的不同经历、习惯爱好等。③推动情节发展。老庞和苏颖奶奶把各自大半生的经历,青春、爱情、事业以及酸甜苦辣之味,生死离别之苦,以对话的形式一一展示出来。

(2)①喜鹊代表着吉祥如意,它欢快的鸣叫,寓意为报喜之声。喜鹊是小说的线索,贯穿整个故事的发展。②交代了小说的情节。开头起于喜鹊,结尾终于喜鹊,中间又写到喜鹊,前后呼应推动情节发展。③设置悬念,激发读者的阅读兴趣。④奠定基调,整篇小说洋溢着积极向上的昂扬的生命力。⑤暗示了主题,"喜鹊"是促使人物获得幸福的媒介,牵线搭桥的红娘。

(3)①老庞深情内敛,有爱心。天气好的时候,老庞总是出现在街心公园,不时喂公园里的喜鹊,喜鹊也同他熟悉起来,同时也是为了陪伴苏颖奶奶。②耿直硬汉,温情脉脉。面对苏颖奶奶的唠叨抱怨,不以为意,夸奖对方是大功臣。③童心不老,苏颖奶奶同他说悄悄话的时候,会顽皮地偷笑伸舌头。④果断有担当,听闻苏颖奶奶住院,确定是对方之后,不顾自己身体年迈,拉着苏颖去医院探望。

诗 歌

[文本示例]

阅读下面的诗歌,完成后面的题目。

惠安女子

舒 婷

野火在远方,远方/在你琥珀色的眼睛里

以古老部落的银饰/约束柔软的腰肢/幸福虽不可预期,但少女的梦/蒲公英一般徐徐落在海面上/呵,浪花无边无际

天生不爱倾诉苦难/并非苦难已经永远绝迹/当洞箫和琵琶在晚照中/唤醒普遍的忧伤/你把头巾一角轻轻咬在嘴里

这样优美地站在海天之间/令人忽略了:你的裸足/所踩过的碱滩和礁石/于是,在封面和插图中/你成为风景,成为传奇

[题目示例]

有人说,诗的最后一句"于是,在封面和插图中/你成为风景,成为传奇"揭示了惠安女子的优美形象和真实命运。说说你对这一评价的理解。(4分)

参考答案:我认为这个评价是片面的。诗的最后一节虽然写了惠安女子的优美形象和真实命运,但诗人更是为了提醒人们:不要只注意到惠安女子立于海天之间,上了封面,成了插图,成为风景,成为传奇,而忽略了她的"裸足"和她"所踩过的碱滩和礁石"。在这里,诗人对那些把"苦难"作为对象来欣赏的人作出了淡淡的却又极为有力的讽刺。

[解题秘籍]

1. 鉴赏现代诗歌的内容

(1)抓意象,绘意境

所谓意境,就是作者调动生活积累,运用艺术表现手法,整合各种意象,使主观的思想感情与客观的物象相互融合而创造出来的境界。鉴赏现代诗歌的意境时,首先要对诗歌的直观形象和画面进行联想和想象。其次要从品味诗歌的语言入手,逐渐感悟到诗歌的意蕴之美。

答题指导:①抓住诗中主要景物,概括景物的氛围。②分析作者的思想感情。

(2)明手法,析作用

在诗歌鉴赏中,诗歌的形象性与抒情性要借助各种艺术手法来表现,因此考生要了解一些常见的艺术手法。

艺术手法	内容	答题指导
修辞手法	比喻、比拟、设问、反问、借代、对偶、夸张、反复、排比、双关等	①揭示何种手法。 ②分析表达作用。
表现手法	渲染与烘托、衬托与对比、动静结合、虚实结合、正侧结合、点面结合、声色结合、细节描写等。	①指出何种手法。 ②阐述表达作用。
篇章结构	首句领起下文、开门见山、曲笔入题、前后呼应,卒章显志、层层深入、过渡照应、伏笔铺垫、画龙点睛等。	①指出诗歌结构如何。 ②结合诗歌内容具体阐述。

(3)品语言,释含义

诗歌是语言的艺术。现代诗歌的语言精练、形象、富有音乐美。语言是诗歌表情达意的载体,在诗歌鉴赏中,品味语言是基础,考生应该联系全诗主旨,反复咀嚼品味,领略诗歌的深刻含义、隽永的字词语句。

分类	内容	答题指导
品味词语丰富的表现力	注意诗歌中的动词或者形容词的用法,结合语境加以分析。	①解释词语的意思。 ②阐述该词在诗歌中的作用。
分析语言风格	语言是诗歌的载体,分析语言是进行文学鉴赏的重要环节。只有准确地理解了作品的语言,才有可能对其进行更进一步的评价和鉴赏。	①指明何种语言风格。 ②有什么作用。

(4)感诗情,析爱憎

抒情是诗歌的主要特点之一。体会诗歌的感情要做到以下两点:

①品味词语,体会词语所蕴含的丰富感情。

②分析诗歌表达感情的方式和所运用的多种修辞手法。诗人往往是通过选取生活中典型的景物,最激动人心的时刻或场面,凭借具体鲜明的形象来抒发感情的。

答题指导:①指出抒发了诗人什么感情。②结合诗歌内容加以分析。

2. 解题技巧

(1)主旨赏析类:借技巧,抓关键,透过现象看本质

诗歌贵在形象思维,且讲究含蓄。当诗人描绘什么事物时,他的目的往往不在于说这事物怎样,而在于表达自己的思想感情;写景则是借景抒情,咏物则是托物言志。而这些形象也好,情感也好,无不依赖于诗歌语言的表述,如果我们能借助这一写诗技巧,抓住这些关键性的诗句,那么我们就能拨开迷雾,透过现象,把握全诗的主旨。

(2)词语运用类:按需要,看搭配,注意表达是否符合语境

与古典诗歌一样,现代诗歌也十分讲究语言的锤炼。对于词语运用类题目,一要看词语的搭配,二要看表现方法的需要,三要看是否合乎诗意、符合诗境。

(3)内容手法类:读原诗,据题干,综合思考

在诗歌赏析中,要能掌握诗歌常用的表达手段与艺术技巧。

①修辞方法:比喻、比拟、设问、反问、借代、对偶、夸张、用典、化用、反复、双关、列锦等。

②表现手法:

A. 表达方式:记叙、议论、描写、抒情。这其中描写、抒情是考查的重点。

抒情手法分为直接抒情(直抒胸臆)和间接抒情(分为借景抒情、托物言志、情景交融)两种。情景交融包括三种形式,一是景中寓情,二是以景结情,三是缘情写景。注意乐景与哀景的关系:一般情况下,是乐景写乐情,哀景抒哀情,但也有以乐景衬哀情或哀景写乐情的写法。描写技巧:渲染与烘托、衬托与对比、动静结合、虚实结合、点面结合、明暗结合、正侧结合、声色结合、细节描写、粗笔勾勒、白描工笔、诗中有画、观察角度(俯视、仰视、远眺、近看)、以少总多、以小见大等。

B. 文艺表现方法:赋、比、兴;抑扬变化、铺陈描写、象征、联想和想象、抑扬关系(欲扬先抑、欲抑先扬)褒贬关系(似贬实褒、似褒实贬)、借古讽今或借古抒怀等。

C. 篇章结构:首句标目、开门见山、曲笔入题、卒章显志、以景结情、总分得当、层层深入、过渡照应、伏笔铺垫、画龙点睛、浑然天成等。

D. 答题技巧

a. 赏析修辞方法:揭示手法+分析表达作用(句意+文意+主旨情感)。

b. 赏析表达方式:怎样叙(描写)+叙(描写)什么+抒什么情。

c. 赏析表现手法:手法+表达作用(句意+文意+主旨情感)。

注:现代诗歌的考查,一般侧重于诗歌的主题、意象、意境等方面。

真题面对面

[2021贵州特岗,现代文阅读,6分]

冬(之一)

穆　旦

我爱在淡淡的太阳短命的日子,
临窗把喜爱的工作静静做完;
才到下午四点,便又冷又昏黄,
我将用一杯酒灌溉我的心田。
多么快,人生已到严酷的冬天。

我爱在枯草的山坡,死寂的原野,
独自凭吊已埋葬的火热一年,
看着冰冻的小河还在冰下面流,
不知低语着什么,只是听不见。
呵,生命也跳动在严酷的冬天。

我爱在冬晚围着温暖的炉火,
和两三昔日的好友会心闲谈,
听着北风吹得门窗沙沙地响,
而我们回忆着快乐无忧的往年。
人生的乐趣也在严酷的冬天。

我爱在雪花飘飞的不眠之夜,
把已死去或尚存的亲人珍念,
当茫茫白雪铺下遗忘的世界,
我愿意感情的热流溢于心间,
来温暖人生的这严酷的冬天。

1976年12月

(1)文中“才到下午四点,便又冷又昏黄”中的“又冷又昏黄”指的是什么,有何作用?

(2)《冬(之一)》不仅是一首单色调的诗,还体现了现实生活和诗人感情世界的复杂性,甚至矛盾。请结合诗歌内容简要分析矛盾之处。

参考答案:(1)“冷”指天气寒冷,“昏黄”指阳光暗淡,突出了“严酷的冬天”的特征。“又冷又昏黄”与首句中的“短命”相呼应,季节的“冬”和生命的“冬”合而为一,传达出年衰岁暮之感;为下文的深沉感慨“多么快,人生已到严酷的冬天”作铺垫。

(2)①在“死寂的原野”上,小河却仍在冰下“低语”;②在“严酷的冬天”,“我”却享受着“人生的乐趣”;③诗人笔下,“严酷的冬天”与“感情的热流”并存,两者相辅相成,交叉渗透,丰富了诗歌意蕴。

核心考点回顾

1. 古诗词鉴赏有几个命题点？分别怎么解题？(参见本书P140)
2. 文言文句子的翻译有哪些原则与方法？(参见本书P169)
3. 论述类文本阅读与鉴赏的设题陷阱与命题分类有哪些？(参见本书P174)
4. 文学类文本阅读与鉴赏有几个命题点？分别怎么解题？(参见本书P189)

达标测评

建议用时	实际用时	测评总分	实际得分
70分钟	____分钟	120分	____分

第一部分

一、古诗文默写(每小题1分，共20分)

1. ________________，夜泊秦淮近酒家。(杜牧《泊秦淮》)

2. ________________，青草池塘处处蛙。(赵师秀《约客》)

3. 深林人不知，________________。(王维《竹里馆》)

4. 政入万山围子里，________________。(杨万里《过松源晨炊漆公店》)

5. 纸上得来终觉浅，________________。(陆游《冬夜读书示子聿》)

6. 不畏浮云遮望眼，________________。(王安石《登飞来峰》)

7. ________________，徙倚欲何依。(王绩《野望》)

8. 呜呼！________________，吾庐独破受冻死亦足！(杜甫《茅屋为秋风所破歌》)

9. ________________，柳暗花明又一村。(陆游《游山西村》)

10. 落红不是无情物，________________。(龚自珍《己亥杂诗》)

11. 《登幽州台歌》中，"________________，________________"体现作者独立于天地之间，孤独寂寞之情不禁油然而生。

12. 《望岳》近望泰山之景的句子是：________________，________________。

13. 《木兰诗》中体现战地环境恶劣的句子是：________________，________________。

14. 《醉翁亭记》中描写春夏景色的句子是：________________，________________。

15. 文天祥《过零丁洋》中的"________________，________________"两句把国家命运和个人命运紧紧相连。

16. 天南地北，别时容易见时难，即将与友人远隔千里的王勃以"________________，________________"(《送杜少府之任蜀州》)来宽慰友人。

17. 《次北固山下》中以时序的交替来传达新生事物终究要取代旧事物的哲理的句子是：________________，________________。

18. 李白在《闻王昌龄左迁龙标遥有此寄》中写景兼点明时令，借景抒情的句子是：________________，________________。

19. 孟浩然的《望洞庭湖赠张丞相》一诗，描绘洞庭湖壮阔澎湃气气势的诗句是：________________，________________。

20.《题破山寺后禅院》中描绘山寺幽深清寂的景色，意境深邃的诗句是：________________，________________。

二、古诗文阅读(共41分)

(一)阅读下面这首诗，完成后面的问题。

鲁山山行

梅尧臣

适与野情惬，千山高复低。

好峰随处改，幽径独行迷。

霜落熊升树，林空鹿饮溪。

人家在何许，云外一声鸡。

1. 这首诗描写的是何时的景色？请结合诗句的具体内容简要赏析。(4分)

2. 这首诗的尾联运用了什么写作手法？请结合诗句分析。(4分)

(二)阅读下面这首唐诗，回答后面的问题。

辋川闲居赠裴秀才迪

王　维

寒山转苍翠，秋水日潺湲。

倚杖柴门外，临风听暮蝉。

渡头余落日，墟里上孤烟。

复值接舆醉，狂歌五柳[注]前。

【注】五柳：陶渊明曾作《五柳先生传》以自况，文中有“宅边有五柳树，因以为号焉”。此诗中王维自称五柳。

3. 下面对这首唐诗的理解和分析，不正确的两项是(　　)(3分)

A. 首联中“转”和“日”用得巧妙，山本是静止的，着一“转”字，借颜色渐变而写出它的变化；水本是流动的，用一“日”字，令人感觉到它始终如一的守恒。

B. 颔联写诗人在柴门之外，倚杖临风，听日暮蝉鸣。柴门，指的是田园隐居的生活；倚杖临风，表现了诗人安闲潇洒的意态。

C. 颈联运用渲染的手法表现夕阳欲落、炊烟初升的情景，渡头临水，墟里在陆，落日属自然，炊烟属人事，景物的选取颇有匠心。

D. 尾联用典，王维自称五柳，以陶潜自况，又把裴迪与春秋时的楚国狂士接舆相比，写王、裴二人一起痛饮狂歌、相酬为乐的情景。

E. 首联、颈联侧重写景，描绘辋川附近的深秋暮色；颔联、尾联侧重写人，刻画诗人和裴迪两个隐士的形象，风光人物，交替行文，相映成趣。

4. 有人认为此诗“物我一体，情景交融”，你同意这种说法吗？请结合具体诗句说明理由。(4分)

(三)阅读下面的文言文，完成后面的问题。

松风阁记

(明)刘基

雨、风、露、雷，皆出乎天。雨露有形，物待以滋。雷无形而有声，惟风亦然。

风不能自为声，附于物而有声；非若雷之怒号，訇磕于虚无之中也。惟其附于物而为声，故其声一随于物，大小清浊，可喜可愕，悉随其物之形而生焉。土石赑屃[①]虽附之不能为声谷虚而大其声雄以厉水荡而柔其声汹以恧。皆不得其中和，使人骇胆而惊心。故独于草木为宜。

而草木之中，叶之大者，其声窒；叶之槁者，其声悲；叶之弱者，其声懦而不扬。是故宜于风者莫如松。

盖松之为物，干挺而枝樛，叶细而条长，离奇而宠嵸[②]，潇洒而扶疏，鬖髿[③]而玲珑。故风之过之，不壅不激，疏通畅达，有自然之音。故听之可以解烦黩，涤昏秽，旷神怡情，恬淡寂寥，逍遥太空，与造化游。宜乎适意山林之士乐之而不能违也。

金鸡之峰，有三松焉，不知其几百年矣。微风拂之，声如暗泉飒飒走石濑；稍大，则如奏雅乐；其大风至，则如扬波涛，又如振鼓，隐隐有节奏。

方舟上人[④]为阁其下，而名之曰松风之阁。予尝过而止之，洋洋乎若将留而忘归焉。盖虽在山林，而去人不远。夏不苦暑，冬不酷寒；观于松可以适吾目，听于松可以适吾耳，偃蹇而优游，逍遥而相羊，无外物以汩其心，可以喜乐，可以永日；又何必濯颍水而以为高，登首阳而以为清也哉！

予，四方之寓人也，行止无所定，而于是阁不能忘情，故将与上人别而书此以为之记。时至正十五年七月九日也。

【注】①赑屃(xìbì)：这里指石碑下的石雕赑屃。②宠嵸(lóngzōng)：高耸。③鬖髿(sānsuō)：针叶蓬松。④方舟上人：法号叫方舟的和尚。

5. 对下列句子中加点的词的解释，不正确的一项是(　　)(3分)

A. 潇洒而扶疏　　扶疏：枝叶残落貌。

B. 不壅不激　　壅：堵塞，阻止。

C. 无外物以汩其心　　汩：扰乱，干扰。

D. 而去人不远　　去：距离。

6. 下列对文中画波浪线部分的断句，正确的一项是(　　)(3分)

A. 土石赑屃虽附之／不能为声／谷虚而大／其声雄／以厉水荡／而柔其声汹以恧。

B. 土石赑屃／虽附之／不能为／声谷虚而大／其声雄／以厉水荡而柔／其声汹以恧。

C. 土石赑屃／虽附之不能为声／谷虚而大／其声雄以厉／水荡而柔／其声汹以恧。

D. 土石赑屃虽附之／不能为／声谷虚而大／其声雄以厉／水荡而柔／其声汹以恧。

第一部分

7. 下列各句对原文的理解与分析,不正确的一项是(　　)(3分)

A. 文章开头写雨、露、雷是为了衬托风无形有声、附物为声。风的声音是一直附着于其他物体上的。

B. 文章第二段至四段先写风吹他物之声令人“骇胆而惊心”,次写草木之声令人不快,最后写松风之声令人“旷神怡情”,层层推进,井然有序。

C. 第五段连用四个比喻,笔墨简练,形象真切地表现了金鸡峰三松随风势由弱而强,其声亦随之变化万端的特征,令人如临其境。

D. 本文描绘了松风阁的独特风声,抒发了对山间美景的钟爱之情,表达了作者融入自然、追求宁静生活但并不消极避世的意愿。

8. 把文中画横线的句子翻译成现代汉语。

(1)予尝过而止之,洋洋乎若将留而忘归焉。(2分)

(2)又何必濯颍水而以为高,登首阳而以为清也哉!(2分)

(四)阅读下面的文言文,完成后面的问题。

游师雄,字景叔,京兆武功人。学于张载,第进士。为仪州司户参军,迁德顺军判官。鄜延将刘琯与主帅议战守策欲自延安入安定黑水师雄以地薄贼境惧有伏请由他道。既而谍者言夏伏精骑于黑水傍,琯谢曰:“微君言,吾不返矣。”

赵卨帅延安,辟为属。

吐蕃寇边,其酋鬼章青宜结乘间胁属羌构夏人为乱,谋分据熙、河。朝廷择可使者与边臣措置,诏师雄行,听便宜从事。既至,谍知夏人聚兵天都山,前锋屯通远境。吐蕃将攻河州,师雄欲先发以制之,请于帅刘舜卿。舜卿曰:“彼众我寡,奈何?”师雄曰:“在谋不在众。脱事不济,甘受首戮。”议三日乃定,遂分兵为二,姚兕将而左,种谊将而右。兕破六逋宗城,谊破洮州,擒鬼章及大首领九人,斩首众多。捷书闻,百僚表贺,遣使告永裕陵。

将厚赏师雄,言者犹以为邀功生事,止迁一官,为陕西转运判官。入拜祠部员外郎,加集贤校理,为陕西转运使。内地移粟于边,民以辇僦[①]为病。师雄言:“往者边土不耕,仰给于内,今积粟已多,军食自足,宜令内地量转输致之直,以免大费。”报可。

召诣阙,哲宗劳之曰:“洮州之役,可谓隽功,但恨赏太薄耳。”对曰:“皆上禀庙算[②],臣何力之有焉?唯当时将士勋劳未录,此为欠也。”因陈其本末。拜卫尉少卿。哲宗数访边防利病,师雄具庆历以来边臣施置之臧否,朝廷谋议之得失,及方今御敌之要,凡六十事,名曰《绍圣安边策》,上之。未几徙知陕州。卒,年六十。

师雄慷慨豪迈,有志事功,议者以用不尽其材为恨。

(选自《宋史·游师雄传》,有删改)

【注】①辇僦:雇人用车辆运输。②庙算:战前朝廷确定的谋略。

9. 对下列句子中加点词的解释,不正确的一项是(　　)(3分)

A. 赵卨帅延安,辟为属　辟:征召。

B. 百僚表贺　表:表示。

C. 但恨赏太薄耳　恨:遗憾。

D. 哲宗数访边防利病　访:咨询。

10. 下列对文中画波浪线部分的断句,正确的一项是(　　)(3分)

A. 鄜延将刘琯与主帅议战守/策欲自延安入安定/黑水/师雄以地薄贼境/惧有伏/请由他道。

B. 鄜延将刘琯与主帅议战守策/欲自延安入安定/黑水/师雄以地薄贼境/惧有伏/请由他道。

C. 鄜延将刘琯与主帅议战守/策欲自延安入安定/黑水/师雄以地薄/贼境惧有伏/请由他道。

D. 鄜延将刘琯与主帅议战守策/欲自延安入安定/黑水/师雄以地薄/贼境惧有伏/请由他道。

11. 下列对原文有关内容的概括与分析,不正确的一项是(　　)(3分)

A. 游师雄有军事才能,运筹帷幄,任德顺军判官时显露出不凡的军事才能,吐蕃一战,他先发制人,以少胜多,大获全胜。

B. 游师雄不计较个人得失。与吐蕃熙河一战大获全胜,他起的作用很大却没有得到重赏,他也不为自己争辩。

C. 游师雄心系国事民生。针对从内地运粮到边境一事,他向朝廷提议应该核算费用,以免造成严重的浪费。

D. 游师雄一心为国。《绍圣安边策》中陈述了庆历以来边帅处置好坏,朝廷谋议得失,当前御敌关键,却没有被朝廷采纳。

12. 把文言文中画横线的句子翻译成现代汉语。

(1)将厚赏师雄,言者犹以为邀功生事,止迁一官,为陕西转运判官。(2分)

(2)臣何力之有焉?唯当时将士勋劳未录,此为欠也。(2分)

三、现代文阅读(共24分)

(一)阅读下面的科普文,完成后面的问题。

中医的未来发展之路

对于中医的发展,正确的主张是:坚守主体,发扬优势,融会新知,开拓创新。

实际上,中医应当也只能按照中医的规律去发展。中医的主体不能丢,这个主体就是中医的思维方式、价值观念。中医要发展,必须要重新确立自己的主体地位。中医本身自有一套理论体系与发展规律,中医在为自己的生存寻找依据时,不必要用另一套话语系统来证明自己的合法性。

我们必须要搞清楚中医的主体定位。中医学是基于人文和生命的医学。所谓基于人文,是说中医学不仅具有强烈的人文关怀、人文精神、人文品格,而且具有丰富的人文内涵,中医用阴阳五行等人文模式构建了自己的医学体系。人文关怀、人文精神、人文品格是无论中医还是西医都应该具备的,但阴阳五行的人文内涵却是中医所独有的。当代著名中医学家王永炎院士曾说过:“中医是基于生命的医学,西医是基于疾病的医学。”我非常赞同这一观点。中医关注人的整体生命,而不是具体的物质结构。中医将人看成形神合一、天人合一的整体,用整体动态思维看待生命的变化,人的健康就是整体生命的和谐,人的疾病就是整体生命的失衡;西医更关注疾病,用还原分析思维看待人的疾病变化,用物理和化学原理来解释病因、病理、病位。中医和西医各有优劣,各自解决了生命不同层面的问题。两者是“和而不同”的,如果抹杀了两者的不同,把中医简单地还原为物质结构,甚至把中医改造成以还原分析为基本方法的自然科学,中医也就不成其为中医了。

就目前情况而言，中医的当务之急不是去设法求证自己是否“科学”，不是去用还原论方法寻找自己的物质基础，而是要集中精力、认认真真地去研究一下自己的优势在哪里，劣势在哪里，是要制定临床评价标准，对中医治疗的疗效进行统计、评估，找出中医的优势病种，哪些病中医疗效超过西医，然后去发扬这一优势。千万不要处处与西医争短长，更不能包打天下，自欺欺人。在此前提下，要吸收现代科学的成果和方法，不断开拓创新。

中医在中华史化的传承与复兴中起着重要作用，中医学的复兴是中华文化伟大复兴的重要标志。中华文化是中华民族生生不息、绵延数千年的不竭动力，在中医中药的庇佑下，几千年来中华民族的生命得以繁衍，身体得以康健。中医药学体系融合了历代的人文、科学成就，较完整地保留了中国传统文化，其理论原理和方法在当今社会生活中仍具有非常重要的作用和价值。今天的中国国力增强，人民生活水平不断提高，已经有足够的自信来面对自己的历史文化。自然，我们也应有足够的勇气面对中医现实存在的问题，直面中医今天所处的困境，以理性的态度来继承和发展中医。

未来的世界应该是一个多样性的世界。文化是多元的，科学也应该是多元的。传统文化的发展应该与时俱进，与当代文化并行不悖，中医与西医应该和而不同，殊途同归，共同为人类的健康事业服务。

1. 下列对于“中医学”内涵的解说，不正确的一项是（　　）（3分）

A. 本身自有一套理论体系与发展规律，用不着另一套话语系统证明自己的合法性。

B. 关注人的整体生命而不是具体的物质结构，将人看成形神合一、天人合一的整体。

C. 独具阴阳五行的人文内涵，用阴阳五行等人文模式构建了自己的医学体系。

D. 对于人的健康和疾病，用整体动态思维看待：前者是生命的和谐，后者则是生命的失衡。

2. 下列理解和分析，符合原文意思的一项是（　　）（3分）

A. 中医具有强烈的人文关怀、人文精神、人文品格，西医用还原分析思维看待人的疾病变化，只关注疾病本身，缺少了人文关怀。

B. 中医、西医各自解决了生命不同层面的问题，不能简单地判断孰优孰劣，两者应是“和而不同”的。

C. 统计、评估中医的疗效，找出中医治疗的优势，然后发扬这一优势，就可以在疗效上超过西医。

D. 中医在发展的过程中，要吸收现代科学的成果和方法，用自然科学的基本方法改造自己，才能不断开拓创新。

3. 根据原文的内容，下列推断不正确的一项是（　　）（3分）

A. 中医要发展，就要在坚守主体、发扬优势的基础上，吸收现代科学成果和方法，不断开拓创新。

B. 几千年来中华民族的生命得以繁衍、身体得以康健，融合了历代人文、科技成就的中医学体系功不可没。

C. 面临着前所未有的困境的中医，尽管其理论原理和方法仍具有重要作用和价值，但要与西医争短长，还是自欺欺人的。

D. 中医的复兴是中华文化伟大复兴的重要标志，它的发展也将为人类健康带来福祉。

(二)阅读下面的文章,完成后面的问题。

生活需要蔬菜,也需要鲜花

若 蝶

①我家楼下有一小块空地,不知何时,开出了一株深红色的鸡冠花。

②每天出门和回家,都要路过这块空地,每次我都留恋地多看它几眼。周围是树木荒草,只有这一株盛开的鸡冠花,显得分外妖娆和美丽,看到它总让我精神一振。

③一天傍晚下班回家,路过那块空地,忽然发现没有看到那抹红,心下一惊,连忙在四周寻找,结果在一堆被铲掉的荒草丛中找到了它。它被连根拔出丢在了垃圾堆里。

④一楼的那位阿姨,正在这块空地上翻土锄地,想必是要开垦出一块菜地来。"阿姨,这花不要了吗?"我拾起鸡冠花问正在干活的阿姨。

⑤"不要了,留着也没用,还占地儿,我在这栽点蔬菜,你烧菜要是少根葱缺头蒜就下来摘呀。"阿姨热情地回答我。

⑥我一边道谢,一边暗暗地惋惜:多美的花呀!怎么就成了无用的呢?环顾四周,想找个空地,把它重新栽回去,可找了半天,也没找到多余的空地。心想:阿姨为什么就不能少栽两棵菜,给这个花留点空地呢?最后我在一棵桂花树下,挖了个洞,把它的根埋了进去,希望它还能活过来。

⑦晚上躺在床上,像被谁抽去了筋骨似的,一动也不想动了。想想这一天像机器一样地运转:早上急急忙忙地起床,做早饭,送孩子上学,马不停蹄地赶到店里上班,应对各路顾客,你吵我争,讨价还价。直到日落西山,赶着回家洗衣、做饭、抹灰扫尘,等孩子做好功课,忙完家务,已累得只想一头栽倒在床上。

⑧打开手机,正好看到好友珍向我诉苦说,自从大学毕业投入社会,就再没有握过画笔。结婚生子后,更是忙得连看画的时间都没有。整天忙忙碌碌,这样的日子每天都在重复,生活里似乎只剩下忙不完的家务,挣不完的金钱。

⑨是呀,想一想自己,有多久没有静下心来好好读一本书了?墙角的那把吉他已落满了灰尘,有多久没有去触动它的琴弦?那时我们有梦,关于文学,关于爱情,关于环绕世界的旅行。<u>什么时候这些梦想都被搅碎,拌进了柴米油盐里?</u>

⑩突然惊悟,我们已和楼下的阿姨一样,为了蔬菜丢掉了鸡冠花。她认为一枝花是没用的,不能充饥、不能当菜。我不也认为文学、旅行甚至爱情都已是没用的东西,我的眼睛盯着的都是有用的:工作、学业、升职、房子、车子……

⑪什么时候,我早已不再注意,有一片小草正在悄悄地冒芽,有一树花朵正绽放清香。"情怀"二字已成风花雪月的矫情。

⑫可是抓住了尘世中的利益,为什么我的心并没有满足呢?常常感到活在闷罐里,透不过气来。仔细想想,可能因为我的生活里少了一抹鲜红的色彩,像楼下的那株鸡冠花,已被我从生活的田园里拔除了。

⑬一位作家说过:一个人只有今生今世是不够的,他还应当有诗意的世界。

⑭一枝花、一场雨、一次远行,都是诗意的生活。可在每日的忙忙碌碌中,我们认为它们无用,而这些无

第一部分

用的一草一木，一书一曲，恰是灵魂的栖息地、心灵的平静台，是这些，给沉闷的生活，送来清风花香。

⑮物质的富足可以让你的脚步抵达想去的地方，精神的追求更能让心灵的水泽花香萦绕。偶尔停下脚步，将一些时间花在看似无用的小欢喜上，其实是毫不可惜的。赏花、读书、喝茶、听曲，是夹缝里的阳光，是生命中必不可少的诗意和点缀。

⑯翻身下床，打开书柜，抽出一本旧书，弹去微尘，认真地翻阅起来。从今天起，给自己的生活留一点空间，哪怕每天只有10分钟的时间，留给文学、留给音乐、留给茶艺、留给舞蹈、留给手工、留给梦想。毕竟生活里，我们需要蔬菜，也需要鲜花。

（选自2019年5月《大连晚报》，有删改）

4. 下列对本文相关内容和艺术特色的分析鉴赏，不正确的一项是（　　）（3分）

A. 散文开篇写到美丽的“鸡冠花”，由花的命运引出了作者对生活的思考，又借花寓指生活中的诗意和点缀。

B. 文中铲花栽菜的阿姨和作者的好友珍只知追求物质享受而毫无精神生活，二者都是现实生活中极具代表性的庸碌俗人。

C. 文章采用“以小见大”的表现手法，与中学课文《囚绿记》《小狗包弟》有异曲同工之处。

D. 本文语言富有浓郁的生活气息，即使是文中的议论文字也不是居高临下的说教，而是用贴近心灵的语言娓娓道来。

5. 请从修辞的角度，分析画横线句子的表达效果。（6分）

（1）什么时候这些梦想都被搅碎，拌进了柴米油盐里？

（2）精神的追求更能让心灵的水泽花香萦绕。

6. 文章结尾处画波浪线的部分一连用了六个“留给”，请分析其艺术效果。（6分）

（三）阅读下面的论述文，完成后面的问题。

①美方悍然将所谓“香港人权与民主法案”签署成法，公然为暴力犯罪分子撑腰打气，公然以国内法粗暴干涉中国内政，公然违反国际法和国际关系基本准则，充分暴露了美方毫无底线的双重标准和虚伪丑陋的霸权逻辑。中国政府和人民坚决反对，全世界正义力量也同声予以谴责。

②美方将所谓“香港人权与民主法案”签署成法，乱港之心昭然若揭。其目的根本无关“人权”“民主”，其现实影响更是与“人权”“民主”宗旨背道而驰。香港回归祖国以来，“一国两制”实践取得举世公认的成功，香港居民依法享有前所未有的民主权利。这样的基本事实，美国一些政客戴着意识形态有色眼镜，不仅视而不见，反而刻意诋毁、蓄意破坏。对于香港过去数月来持续发生的激进暴力犯罪行为，他们罔顾事实、颠倒黑白。在他们眼里，香港暴力犯罪分子疯狂打砸、肆意纵火、瘫痪交通、暴力袭警、残害市民，竟然成了“一道美丽的风景线”。他们公然为这种任何文明和法治社会所不容的暴力犯罪行为摇旗呐喊，已丧失了最起码的公义和良知。

③美国一些政客把“人权”“民主”口号喊得震天响，动辄指责他国侵犯人权，却对本国严重的人权问题熟视无睹。众所周知，美国人为制造的人权灾难早已比比皆是。眼前最典型的例子，便是美国移民政策骤

变在美墨边境酿出的人道灾难:成千上万的难民被强制骨肉分离,数万儿童被关押在肮脏狭小的房间,承受着可能给其幼小心灵造成严重损害的苦难。种族歧视、性别歧视、枪支暴力、暴力执法……大量人权痼疾在美国社会根深蒂固,且在美国社会政治极化的大背景下丝毫看不到解决希望。更加凸显美式“人权”“民主”虚伪本性的是,美方一再以霸道手段抵制、威胁联合国等国际组织对其人权状况的监督,甚至退出联合国人权理事会。美国自身的人权纪录如此劣迹斑斑,却摆出道貌岸然的模样,到处挥舞“人权”大棒,贼喊捉贼,造谣生事。

④美方拉着“人权”“民主”的橡皮尺,满世界招摇,在国际事务中主打“人权外交”“民主外交”,其真实用意根本不在于人权、民主,而是挂羊头、卖狗肉,以人权、民主的幌子掩盖其不可告人的险恶用心。世人看得很清楚,美式“人权”“民主”给阿富汗、伊拉克、利比亚、叙利亚等国带去的是什么,是战乱、动荡,是大量平民死亡、难民潮涌的人间惨剧,甚至导致恐怖组织借机坐大。事实一再证明,美方以“人权”“民主”之名,行破坏干预之实,是国际规则和秩序的破坏者,是全球人权民主事业的搅局者,是当今世界许多人道主义灾难的制造者。

⑤美方故伎重施,在香港操弄“人权”“民主”双重标准。这部遭到包括香港同胞在内的全中国人民声讨的法案,充斥着偏见和傲慢、恐吓和威胁。其根本目的就是要破坏香港繁荣稳定,破坏“一国两制”伟大实践,破坏中华民族实现伟大复兴的历史进程。美方的这一企图,纯属枉费心机,打错了算盘。美方的拙劣表演,只会让世人进一步认清其险恶用心和霸权本质,只会让中国人民更加人心凝聚、众志成城。香港的前途和命运始终掌握在包括香港同胞在内的全中国人民手中,没有任何力量能够阻挡中华民族实现伟大复兴的步伐。

(选自《人民日报》,有删改)

7. 下列关于原文内容的理解和分析,正确的一项是(　　)(3分)

A. 美方违反国际法和国际关系基本准则将所谓“香港人权与民主法案”签署成法,是对中国内政的粗暴干涉。

B. 香港回归祖国以来依法享有民主权利等基本事实,美国政客不仅视而不见,反而刻意诋毁、蓄意破坏。

C. 美方以“人权”“民主”之名,行破坏干预之实,是当今世界人道主义灾难的制造者。

D. 美方所谓的“香港人权与民主法案”之所以遭到包括香港同胞在内的全中国人民声讨,是因为充斥着恐吓和威胁。

8. 下列对原文论证的相关分析,不正确的一项是(　　)(3分)

A. 文章第一段以简练的语言指出了美方签署所谓“香港人权与民主法案”是双重标准和霸权逻辑,同时表明了中国政府和人民的鲜明态度。

B. 文章第二段分析了美方罔顾事实、颠倒黑白的乱港之心,丧失了最起码的公义和良知。

C. 文章第三、四自然段主要运用举例论证的方法着重论述了美方在“人权”“民主”幌子下的斑斑劣迹和险恶用心。

D. 文章按照提出问题、分析问题、解决问题的论证思路展开论述,结构思路清晰,逻辑性强。

9. 根据原文内容，下列说法不正确的一项是(　　)(3分)

A. 美方签署的所谓“香港人权与民主法案”，其根本目的是破坏香港繁荣稳定，“一国两制”伟大实践和中华民族实现伟大复兴的历史进程。

B. 美国移民政策骤变在美墨边境酿出的人道灾难，让数万儿童承受着会对幼小心灵造成严重损害的苦难。

C. 美国一些政客动辄指责他国侵犯人权，却对自身根深蒂固的人权痼疾熟视无睹，凸显了美式“人权”“民主”虚伪本性。

D. 美国在国际事务中主打“人权”“民主”外交，却在众多国家制造了许多人道主义灾难，其真实用意和险恶用心不可告人。

(四)阅读下面的文章，完成后面的问题。

西风胡杨

①胡杨生于西域。在西域，那曾经三十六国的繁华，那曾经狂嘶的烈马、腾燃的狼烟、飞旋的胡舞、激奋的羯鼓、肃穆的佛子、缓行的商队，以及那连绵万里直达长安的座座烽台……都已被那浩茫茫的大漠洗礼得苍凉斑驳。仅仅千年，只剩下残破的驿道，荒凉的古城，七八头孤零零的骆驼，三五杯血红的酒，两三曲英雄逐霸的故事，一支飘忽在天边如泣如诉的羌笛。当然，还剩下胡杨，还剩下胡杨簇簇金黄的叶，倚在白沙与蓝天间，一幅醉人心魄的画，令人震撼无声。

②胡杨，秋天最美的树，是一亿三千万年前遗留下的最古老树种，只生在沙漠。全世界90%的胡杨在中国，中国90%的胡杨在新疆，新疆90%的胡杨在塔里木。我去了塔里木。在这里，一边是世界第二大的32万平方公里的塔克拉玛干大沙漠，一边是世界第一大的3800平方公里的塔里木胡杨林。

③胡杨，是最坚韧的树。能在零上40摄氏度的烈日中娇艳，能在零下40摄氏度的严寒中挺拔，不怕侵入骨髓的斑斑盐碱，不怕铺天盖地的层层风沙。那种遇强更强，逆境奋起，一息尚存，绝不放弃的精神，使所有真正的男儿血脉偾张。

④胡杨，是最无私的树。胡杨是挡在沙漠前的屏障，身后是城市、村庄，喧闹的红尘世界，是并不了解它们的芸芸众生。可它们不在乎，它们将一切浮华虚名让给了所有的奇花异草，而将这摧肝裂胆的风沙留给了自己。

⑤胡杨，是最包容的树。胡杨林中，有梭梭、甘草，它们和谐共生。胡杨林是硕大无边的群体，是一荣俱荣一损俱损的团队。胡杨的根茎很长，穿透虚浮漂移的流沙，能深达20米去寻找沙下的泥土，并深深根植于大地。如同我们中国人的心，每个细胞，每个枝干，每个叶瓣，无不流动着文明的血脉，使大中国连绵不息的文化，虽经无数风霜雪雨，仍然同根同种同文独秀于东方。

⑥胡杨，是我平生所见最悲壮的树。胡杨生下来一千年不死，死后一千年不倒，倒下去一千年不朽。在塔里木我看见了大片壮阔无边的枯杨，它们生前为所挚爱的热土战斗到最后一刻，死后仍奇形怪状地挺立着。

⑦胡杨曾孕育了整个西域文明。两千年前，西域为大片葱郁的胡杨覆盖，塔里木、罗布泊等水域得以长

流不息，水草丰美，滋润出楼兰、龟兹等三十六国的西域文明。拓荒与征战，使水和文明一同消失在干涸的河床上。

⑧胡杨也有哭的时候，每逢烈日蒸熬，胡杨树身都会流出咸咸的泪，它们想求人类，将上苍原本赐给它们的那一点点水仍然留下。上苍每一滴怜悯的泪，只要洒在胡杨林入地即干的沙土上，就能化出漫天的甘露，让这批战士继续屹立在那里奋勇杀敌。

⑨我看到塔里木与额济纳旗的河水在骤减，我听见上游的人们要拦水造坝围垦开发，我怕他们忘记曾经呵护他们爷爷的胡杨，我担心他们子孙会重温那荒漠残城的噩梦。我站在这孑然凄立的胡杨林中，祈求上苍的泪，哪怕仅仅一滴；我祈求胡杨，请它们再坚持一会儿，哪怕几十年；我祈求所有饱食终日的人们背着行囊在大漠中静静地走走，哪怕就三天。我想哭，想为那些仍继续拼搏的战士而哭，为倒下去的伤者而哭，为那死而不朽的精神而哭，也许这些苦涩的泪水能化成蒙蒙细雨，再救活几株胡杨。然而我不会哭，胡杨还在，胡杨的精神还在，生命还在，苍天还在，苍天的眼睛还在。那些伤者将被疗治，那些死者将被祭奠，那些来者将被激励。

⑩直到某日，被感动的上苍猛然看到这一大片美丽忠直、遍体鳞伤的树种问：你们是谁？猎猎西风中有无数声音回答：我是胡杨。

（有删改）

10. 文章以“西风胡杨”为题，联系全文，说说“西风”的具体含义。(2分)

11. 文章第①段运用排比手法，将西域昔日的繁华与今天的滚滚黄沙进行对比，请简要说说，这样写有什么作用。(4分)

12. 第⑨段中画线的句子表达了作者怎样的情感?(4分)

13. “胡杨的精神还在”，联系全文，分条概述胡杨精神的具体内涵。(6分)

四、鉴赏题(共10分)

阅读《我用残损的手掌》，从诗歌主题、内容、描写方式和艺术手法的角度写一篇500字左右的赏析文章。

我用残损的手掌

戴望舒

我用残损的手掌／摸索这广大的土地：／这一角已变成灰烬，／那一角只是血和泥；／这一片湖该是我的家乡，／(春天，堤上繁花如锦幛，／嫩柳枝折断有奇异的芬芳)／我触到荇藻和水的微凉；／这长白山的雪峰冷到彻骨，／这黄河的水夹泥沙在指间滑出；／江南的水田，你当年新生的禾草／是那么细，那么软……现在只有蓬蒿；／岭南的荔枝花寂寞地憔悴，／尽那边，我蘸着南海没有渔船的苦水……／无形的手掌掠过无限的江山，／手指沾了血和灰，手掌沾了阴暗，／只有那辽远的一角依然完整，／温暖，明朗，坚固而蓬勃生春。／在那上面，我用残损的手掌轻抚，／像恋人的柔发，婴孩手中乳。／我把全部的力量运在手掌／贴在上面，寄与爱和一切希望，／因为只有那里是太阳，是春，／将驱逐阴暗，带来苏生，／因为只有那里我们不像牲口一样活，／蝼蚁一样死……那里，永恒的中国！

参考答案及解析

一、古诗文默写

1. 烟笼寒水月笼沙
2. 黄梅时节家家雨
3. 明月来相照
4. 一山放出一山拦
5. 绝知此事要躬行
6. 自缘身在最高层
7. 东皋薄暮望
8. 何时眼前突兀见此屋
9. 山重水复疑无路
10. 化作春泥更护花
11. 念天地之悠悠;独怆然而涕下
12. 造化钟神秀;阴阳割昏晓
13. 朔气传金柝;寒光照铁衣
14. 野芳发而幽香;佳木秀而繁阴
15. 山河破碎风飘絮;身世浮沉雨打萍
16. 海内存知己;天涯若比邻
17. 海日生残夜;江春入旧年
18. 杨花落尽子规啼;闻道龙标过五溪
19. 气蒸云梦泽;波撼岳阳城
20. 曲径通幽处;禅房花木深

二、古诗文阅读

1. [参考答案]这首诗写深秋时节诗人独行鲁山,以山野之景,表现诗人热爱山野之情。诗的首句写山中景物与人之性情相契合,直接表达对山中景物的喜爱之情,统领全篇。颔联写诗人在幽径中穿行,在行进中观山。"好"字体现诗人的欣悦之情,"迷"字写出独行赏景的陶然欲醉之态。颈联由静而动,突出了山野之幽静,亦可见山中之生机。尾联问得自然,答得高妙,以云外鸡声作答,缥缈云端尚有人家,激发想象,令人回味无穷。这首诗情景交融,物我相惬。意境宁静幽远,语言淡而有味。

2. [参考答案]尾联运用了设问的手法,写出了"空山不见人,但闻人语响"的意境,移步换景,一幅原生态的自然山景映入眼帘,表达出诗人超脱、淡泊的闲适恬静心态。

3. CD [解析]C项,颈联运用了动静结合的手法。D项,尾联诗人以接舆比裴迪,以陶潜自况,并没有用典。

4. [参考答案]我同意这种说法。(1)诗中选取寒山、秋水、落日、孤烟、暮蝉、晚风等山村自然之景,构成一幅和谐静谧的田园风景画。(2)诗人倚仗临风,听日暮蝉鸣,看寒山泉水、渡头落日、墟里孤烟,陶醉其中,安闲潇洒。(3)全诗写景写人,物我合一,景中寓情,情景交融,抒写了诗人辋川闲居之乐。(言之有理即可)

5. A [解析]A项,扶疏:枝叶繁茂的样子。

6. C [解析]"谷虚而大,其声雄以厉""水荡而柔,其声汹以怒"结构相同,中间可以停顿。故选C。

7. A [解析]A项,风的发声完全依据所吹到的物体而定。

8. [参考答案](1)我曾到访而住在那儿,舒畅得意得想要长住下来而忘了回去。

(2)又为何一定要像许由那样到颍水边洗耳才算高洁,像伯夷、叔齐那样隐居首阳山才算清廉呢!

9. B [解析]B项,表:上表。

10. B [解析]"战守策"作"议"的宾语,"贼境"作"薄"的宾语,不能和前面的动词断开。故选B。

11. D [解析]D项,“却没有被朝廷采纳”属无中生有。

12. [参考答案](1)皇上准备重重奖赏游师雄,谏官还认为他这是邀功生事,因而只升一级,升为陕西转运判官。

(2)我有什么功劳呢?只是当时将士的功劳没有得到记录,这是做得不足的地方。

三、现代文阅读

1. A [解析]A项,答非所问。并非对“中医学”内涵的解说,而是谈如何看待“中医学”。

2. B [解析]A项,“西医用还原分析思维看待人的疾病变化,只关注疾病本身,缺少了人文关怀”说法错误,原文无此意。C项,“就可以在疗效上超过西医”说法错误,原文表述的是“不要处处与西医争短长”。D项,“用自然科学的基本方法改造自己”说法错误,原文中说这样“中医也就不成其为中医了”。

3. C [解析]C项,“但要与西医争短长,还是自欺欺人的”说法错误。原文表述的是“千万不要处处与西医争短长,更不能包打天下,自欺欺人”;再者,说“面临着前所未有的困境的中医”,原文无此表述。

4. B [解析]B项,“毫无精神生活”于文无据,“庸碌俗人”评价过于苛刻,原文第⑧段表述“忙碌”而非“庸碌”,二者词义并不相同。此外作者对两个人物毫无贬低之意,只是由外人触发自省。

5. [参考答案](1)运用了比拟的修辞手法,化抽象为具体,写出失去梦想的无奈和惋惜。(或:运用了借代的修辞手法,用柴米油盐来代指世俗的生活,形象生动地写出曾经的梦想被生活琐事磨灭的无奈与失落。)

(2)运用了比喻的修辞手法,把心灵比作水泽,把精神享受比作花香,生动地写出受到精神滋润后的美好体验,形象地表达出人的心灵需要精神力量去支撑与滋养。

6. [参考答案](1)六个“留给”重复使用,运用了反复的手法。语句铿锵有力,起到强调的作用。(2)作者畅想了各种诗意的活动,呈现出精神生活方式的多样性和必要性,进一步强化了文章的主旨。(3)表达了作者对生活的无限热爱。

7. A [解析]B项,以偏概全,“美国政客不仅视而不见,反而刻意诋毁、蓄意破坏”错误。由文章第二段“这样的基本事实,美国一些政客戴着意识形态有色眼镜,不仅视而不见,反而刻意诋毁、蓄意破坏”可知,是“美国一些政客”。C项,绝对化,“是当今世界人道主义灾难的制造者”错误。由“事实一再证明,美方以‘人权’‘民主’之名,行破坏干预之实,是国际规则和秩序的破坏者,是全球人权民主事业的搅局者,是当今世界许多人道主义灾难的制造者”可知,原文是“许多人道主义灾难”。D项,强加因果,“是因为充斥着恐吓和威胁”错误。由“这部遭到包括香港同胞在内的全中国人民声讨的法案,充斥着偏见和傲慢、恐吓和威胁”可知,原文是“充斥着偏见和傲慢、恐吓和威胁”。

8. C [解析]C项,由“美国一些政客把‘人权’‘民主’口号喊得震天响,动辄指责他国侵犯人权,却对本国严重的人权问题熟视无睹”可知,主要运用的论证方法除举例论证外,还要包括对比论证。

9. B [解析]B项,绝对化,“美国移民政策骤变在美墨边境酿出的人道灾难,让数万儿童承受着会对幼小心灵造成严重损害的苦难”错误。由“眼前最典型的例子,便是美国移民政策骤变在美墨边境酿出的人道灾难:成千上万的难民被强制骨肉分离,数万儿童被关押在肮脏狭小的房间,承受着可能给其幼小心灵造成严重损害的苦难”可知,原文是“可能给其幼小心灵造成严重损害的苦难”。

10. [参考答案]既指摧残胡杨的自然界的西风(或恶劣的自然环境),也指人类摧残胡杨的行为。

11. [参考答案]①渲染一种悲壮、苍凉的气氛;②突出胡杨坚韧的品性和令人震撼的壮美;③警示人类要保护胡杨,保护自然环境;④为写胡杨坚韧、悲壮的特点作铺垫,增加文章的历史感(或"厚重感")。

12. [参考答案]①对胡杨由衷的赞美和喜爱;②对人为造成自然环境恶化的状况(或"人类文明的流失")深感忧虑;③期望人们能关爱胡杨,拯救人类文明孕育者,使人类文明连绵不息(或"持续发展")。

13. [参考答案]①遇强更强,逆境奋起,一息尚存,绝不放弃的坚韧顽强;②不贪虚名,无私奉献的精神;③宁死不屈的气节。

四、鉴赏题

[参考答案]《我用残损的手掌》是戴望舒在抗日战争催化下创作出的著名爱国诗作。"残损"是此诗的文眼,为整首诗奠定了情感基调。"残损"是诗人身陷囹圄的身心苦痛,更是祖国领土和中华民族灵魂惨遭战争蹂躏的现状。

从全诗内容上来看,诗歌在前半部分的意象是消极、悲痛的,诗人的手掌从生灵涂炭的角落摸索到诗人的家乡,沦陷的故乡的每一幕景色都吐露出诗人内心的寒冷与无助。全诗由冷到暖,由消极到积极,全然是两重境地,将诗人对祖国受到创伤的悲痛、对侵略者的痛恨和对祖国未来的积极态度表现得淋漓尽致,恰如其分地表达了作者对祖国的爱和对敌人的恨。

从描写方式上来看,诗歌前半部分实写沦陷地区,一系列冷色调的意象呈现出生灵涂炭、悲伤阴暗的景象。而后半部分则用写意的方式表现出解放区的生机勃勃,诗人怀着热爱和激动的心情抚摸这明朗的景色。"像恋人的柔发,婴孩手中乳",诗人运用温暖的比喻,满满的爱意溢于言表,感情色彩绚丽明媚。

这首诗虚实结合,运用对比手法将美好的回忆与支离破碎的现实进行对比,凸显对伤痕累累的祖国的痛心。整首诗的基调由消极晦暗转向积极向上,真挚的爱国情感贯穿全诗,带有情感色彩的意象与诗人情绪的转折融为一体,开始气氛深沉、低落,继而高亢、激动,衬托出诗人由担忧转变为对祖国可以取得胜利的坚定的信念,全诗将诗人与国家和人民的命运紧紧联系在一起。

第四章　中外文学

思维导图

- 中外文学
  - 中国古代文学
    - 先秦文学
      - 原始神话：《山海经》
      - 历史散文：《国语》《左传》（重点）
      - 诸子散文：《论语》《孟子》《庄子》（重点）
      - 先秦诗歌：《诗经》《离骚》《楚辞》（重点）
    - 秦汉文学
      - 汉文：《史记》《汉书》（重点）
      - 汉赋
      - 汉诗：乐府双璧、《古诗十九首》
    - 魏晋南北朝文学
      - 魏晋南北朝诗：建安文学、陶渊明
      - 魏晋南北朝辞赋、骈文与散文
      - 魏晋南北朝小说：志怪小说《搜神记》、志人小说《世说新语》
      - 魏晋南北朝文学理论：《文心雕龙》
    - 隋唐五代文学
      - 唐诗：初唐四杰、山水田园诗派、边塞诗派、李白、杜甫、元白诗派（重点）
      - 唐文：王勃、陈子昂、古文运动（重点）
      - 唐传奇
      - 唐五代词：花间词派、李煜
    - 宋代文学
      - 宋诗：江西诗派、陆游、文天祥
      - 宋文：唐宋八大家、范仲淹（重点）
      - 宋词：豪放派、婉约派
      - 宋话本小说
    - 元代文学
      - 元杂剧：关汉卿《窦娥冤》、马致远《汉宫秋》、王实甫《西厢记》
      - 元代南戏：高明《琵琶记》
      - 元代散曲：马致远《天净沙·秋思》
    - 明代文学
      - 明代小说：罗贯中《三国演义》、施耐庵《水浒传》、吴承恩《西游记》、《金瓶梅》（重点）
      - 明代传奇：汤显祖-临川四梦、临川派
      - 明代诗文：唐宋派、公安派
    - 清代文学
      - 清代小说：曹雪芹《红楼梦》、蒲松龄《聊斋志异》、吴敬梓《儒林外史》（重点）
      - 清代戏曲：洪昇《长生殿》、孔尚任《桃花扇》
      - 清代诗文：桐城派
      - 晚清文学："清末四大谴责小说"
  - 中国现当代文学
  - 外国文学
  - 文学理论知识

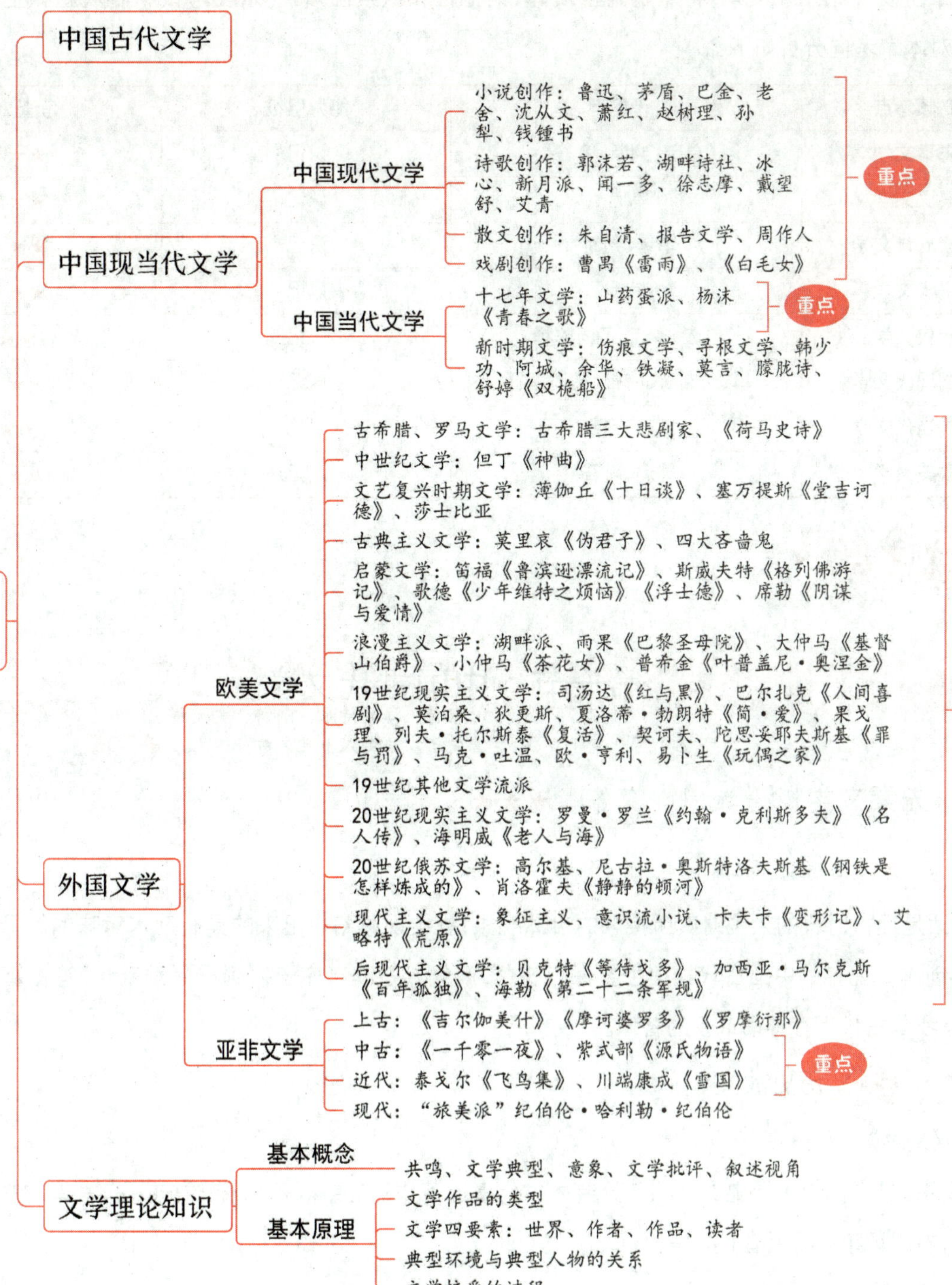
中外文学
中国古代文学
中国现当代文学
中国现代文学
小说创作：鲁迅、茅盾、巴金、老舍、沈从文、萧红、赵树理、孙犁、钱锺书
诗歌创作：郭沫若、湖畔诗社、冰心、新月派、闻一多、徐志摩、戴望舒、艾青
散文创作：朱自清、报告文学、周作人
戏剧创作：曹禺《雷雨》、《白毛女》
重点
中国当代文学
十七年文学：山药蛋派、杨沫《青春之歌》
重点
新时期文学：伤痕文学、寻根文学、韩少功、阿城、余华、铁凝、莫言、朦胧诗、舒婷《双桅船》
外国文学
欧美文学
古希腊、罗马文学：古希腊三大悲剧家、《荷马史诗》
中世纪文学：但丁《神曲》
文艺复兴时期文学：薄伽丘《十日谈》、塞万提斯《堂吉诃德》、莎士比亚
古典主义文学：莫里哀《伪君子》、四大吝啬鬼
启蒙文学：笛福《鲁滨逊漂流记》、斯威夫特《格列佛游记》、歌德《少年维特之烦恼》《浮士德》、席勒《阴谋与爱情》
浪漫主义文学：湖畔派、雨果《巴黎圣母院》、大仲马《基督山伯爵》、小仲马《茶花女》、普希金《叶普盖尼·奥涅金》
19世纪现实主义文学：司汤达《红与黑》、巴尔扎克《人间喜剧》、莫泊桑、狄更斯、夏洛蒂·勃朗特《简·爱》、果戈理、列夫·托尔斯泰《复活》、契诃夫、陀思妥耶夫斯基《罪与罚》、马克·吐温、欧·亨利、易卜生《玩偶之家》
19世纪其他文学流派
20世纪现实主义文学：罗曼·罗兰《约翰·克利斯多夫》《名人传》、海明威《老人与海》
20世纪俄苏文学：高尔基、尼古拉·奥斯特洛夫斯基《钢铁是怎样炼成的》、肖洛霍夫《静静的顿河》
现代主义文学：象征主义、意识流小说、卡夫卡《变形记》、艾略特《荒原》
后现代主义文学：贝克特《等待戈多》、加西亚·马尔克斯《百年孤独》、海勒《第二十二条军规》
重点
亚非文学
上古：《吉尔伽美什》《摩诃婆罗多》《罗摩衍那》
中古：《一千零一夜》、紫式部《源氏物语》
近代：泰戈尔《飞鸟集》、川端康成《雪国》
重点
现代：“旅美派”纪伯伦·哈利勒·纪伯伦
文学理论知识
基本概念
共鸣、文学典型、意象、文学批评、叙述视角
基本原理
文学作品的类型
文学四要素：世界、作者、作品、读者
典型环境与典型人物的关系
文学接受的过程

考向分析

本章主要介绍中外文学，特点是内容琐碎，记忆性和积累性知识多，在考试中客观题和主观题均有涉及。现对本章考向分析如下：

高频考点	常考题型	能力层级	考查热度
先秦文学	单选、判断、简答	识记	★★★
秦汉文学	单选	识记	★★★
隋唐五代文学	单选、判断	识记	★★★
宋代文学	判断	识记	★★★
元代文学	单选、多选、名词解释	识记	★★
中国现代文学	单选、判断、简答、名词解释	识记	★★★
中国当代文学	填空、判断	识记	★★
欧美文学	单选、简答	识记	★★★

核心考点

第一节　中国古代文学

一、先秦文学　【单选、判断、简答】★★★

考点1　原始神话

神话是远古时代的人民对其所接触的自然现象、社会现象幻想出来的具有艺术意味的解释和描述的集体口头创作。现存的中国古代神话主要保存在《山海经》《楚辞》《庄子》《列子》《淮南子》等古籍中，其中《山海经》是我国古代保存神话最多的著作。

考点2　历史散文

先秦文学——历史散文

1.《尚书》

《尚书》是中国上古历史文件和部分追述古代事迹著作的汇编。《汉书·艺文志》说，古者“左史记言，右史记事；事为《春秋》，言为《尚书》”。

2.《春秋》

《春秋》是我国现存的第一部编年体历史著作，相传是孔子依据鲁国史官所编《春秋》加以整理修订而成。

3.《国语》

《国语》是我国最早的一部国别史，分国记载八国史事。

4.《左传》

《左传》是我国第一部记事详赡完整的编年史。《左传》是《春秋左氏传》的简称，又名《左氏春秋》，相传是春秋末年鲁国史官左丘明为《春秋》做注解的一部史书。"春秋三传"包括《春秋左氏传》《春秋公羊传》《春秋穀梁传》。

《左传》保存了大量古代史料，尤其善于描写战争，行人辞令的记叙也相当生动。《烛之武退秦师》一文中生动地描绘了秦晋围郑之际，烛之武以一己之力使郑国免于灭亡的场景。

5.《战国策》

《战国策》，国别体史书，共十二国策。《战国策》的作者已不可考，后来经西汉刘向编校整理成书，定名为《战国策》。《荆轲刺秦王》等是其中的重要篇目。

真题面对面

[2019 重庆沙坪坝区，判断，1 分]我国最早的国别体、纪传体、断代体史书，分别是《国语》《史记》《汉书》。《左传》是我国第一部叙事详备的编年体史书。(　　)

答案：√。对于史书的体裁及其各自的最早的代表作，要注意区分并牢记。

第一部分

考点 3 诸子散文

先秦诸子是春秋战国时代各个学派的通称。

1.《论语》

(1)《论语》简介

《论语》是儒家学派代表作，由孔子弟子及再传弟子编撰而成的记载孔子及其弟子言行的书。作为语录体散文集，《论语》比较真实地记录了孔子及其弟子的言行，集中体现了孔子的政治主张、伦理思想、道德观念及教育原则等。

(2)《论语》的说理性

①《论语》是一家之说，虽然没有构成整篇的文章，集中地对某一问题进行剖析和论述，但把散在各章的有关某一问题的言论集中起来，其观点却有着内在的一致性，能从不同的方面、不同的角度说明一个中心问题。

②《论语》中论断的逻辑性较强，全书大部分章节属于说理性质，分别运用直言、假言、选言等复杂的判断形式和因果、类比、演绎、归纳等推理方法，表现深刻的思想。

③全书用当时的"雅言"写成，语言明白简练，生动活泼，使用多种修辞手法来说理。

真题面对面

[2019 吉林通化梅河口，单，1 分]《论语》的体裁是(　　)

A. 纪传体史书　　B. 长篇短文　　C. 杂记　　D. 语录体短文

答案：D。《论语》是由孔子弟子及再传弟子记录孔子及其弟子言行而编成的语录体短文。

2.《孟子》

(1)作者简介

孟子,名轲,战国时期邹国人(今山东邹城人),儒家代表人物。他受业于子思的门下,继承并发扬了孔子的思想,有"亚圣"之称,与孔子合称为"孔孟"。

(2)《孟子》简介

《孟子》主要记录了孟子的谈话,是孟子和其弟子共同著作的。该书发展了孔子的学说,中心思想是"仁义",主张行"仁政"、讲"王道",强调"民贵君轻"。孟子还在书中提出了"性善论",其"知人论世""以意逆志""知言养气"的学说也对我国文学批评有重大影响。

(3)《孟子》的散文特征

①缜密纯熟的论辩技巧。孟子灵活运用逻辑推理的方法,并善于在论辩中用比喻或穿插寓言故事,如"五十步笑百步""揠苗助长"等。

②气势浩然的文风。这是《孟子》散文的重要风格特征。

③明白晓畅又精练准确的语言。

第一部分

3.《庄子》

(1)作者简介

庄子,名周,战国时期道家学派代表人物。庄子与老子齐名,他们被并称为"老庄"。他的作品被称为"文学的哲学,哲学的文学"。

(2)《庄子》简介

《庄子》,又称《南华经》,系庄周及其后学所撰。《庄子》今存三十三篇,其中内篇七、外篇十五、杂篇十一,《逍遥游》被列为《庄子·内篇》的首篇。全书以"寓言""重言""卮言"为主要表现形式,行文汪洋恣肆,瑰丽诡谲,意出尘外,乃先秦诸子文章的典范之作。鲁迅先生评价庄子"其文则汪洋辟阖,仪态万方,晚周诸子之作,莫能先也"(《汉文学史纲要》)。

(3)《庄子》的艺术特色

①奇特的想象。在《庄子》一书中,天地鬼神、日月风云、鲲鹏蛇虫,甚至无影无形之物,都被赋予了某种人性,作者让它们来反映种种复杂的世态人情,从而显示出一种诡奇的特殊风格。

②极度的夸张。作者描写对象极度夸张,气势宏伟,意境开阔,想象的触角在宏观世界与微观世界里自由地延伸。

③生动的比喻。A. 作者常用比喻来作诠释;B. 善于用比喻化深奥的道理为浅显的道理,化抽象事物为具体事物,设喻生动,浅显易懂;C. 常用排比和博喻来增强文章的气势。

4. 其他

(1)老子即李耳,字聃,道家学派创始人。《老子》,又称《道德经》,传说为老子所著,但据后世学者考证,《老子》一书并非老子自著而是成于后学之手。

(2)墨子,名翟,墨家学派创始人,主张"兼爱""非攻"。《墨子》为墨子弟子及其后学记录、整理、汇编而

成，是墨家学说总集。

(3)荀子，名况，战国后期儒家代表人物，为我国先秦时期集大成的思想家。《荀子》多为荀子自作，间亦有弟子所作。

(4)韩非，荀子的学生，法家思想的集大成者。《韩非子》集中汇集了韩非的著作，是先秦法家集大成的著作，《扁鹊见蔡桓公》《五蠹》《南郭处士》等都出自此书。

(5)《吕氏春秋》又称《吕览》，是吕不韦组织门客集体创作的。

考点 再拔高

▼ 四书五经六经

"四书"：《论语》《孟子》《大学》《中庸》。《大学》《中庸》是《礼记》中的篇目。

"五经"：《诗经》《尚书》《礼记》《周易》《春秋》。汉武帝时置五经博士，始有"五经"之称。"五经"中的《礼》，汉时指《仪礼》，后世指《礼记》。《礼记》是儒家经典著作之一，是秦汉以前各种礼仪论著的选集，相传为西汉戴圣编纂。

"六经(六艺)"：《诗经》《尚书》《礼记》《周易》《春秋》《乐经》。

真题面对面

[2022陕西特岗，单，2分]韩愈《师说》"六艺经传皆通习之"，"六艺"包括《诗》《书》《礼》《乐》和(　　)

A.《易》《中庸》　　B.《春秋》《大学》　　C.《春秋》《论语》　　D.《易》《春秋》

答案：D。"六艺"也指"六经"，包括《诗经》《尚书》《礼记》《周易》《乐经》《春秋》，简称《诗》《书》《礼》《易》《乐》《春秋》。

考点 4 先秦诗歌

1.《诗经》

《诗经》是我国第一部诗歌总集，原名《诗》，或称"诗三百"，共有305篇，另有6篇笙诗，有目无辞。全书主要收集了西周初年至春秋中叶约五百年间的作品，是我国现实主义诗歌传统的源头及代表作，奠定了中国文学以抒情为主的发展方向。

(1)诗之"六义"

赋、比、兴与风、雅、颂旧时合称"六诗"或"六义"。

①风雅颂

《诗经》按风、雅、颂分为三类。"风"指音乐曲调，"国风"即各地区的乐调，共160篇。"雅"即"正"，指朝廷正乐，是西周王畿的乐调。"雅"分"大雅""小雅"，大雅31篇，小雅74篇。"颂"则是宗庙祭祀之乐，共40篇。

②赋比兴

《诗经》中常用赋、比、兴的表现手法，赋是直陈其事，比即打比方，兴是感物起兴。南宋朱熹认为：赋者，

敷陈其事而直言之者也;比者,以彼物比此物也;兴者,先言他物以引起所咏之词也。(《诗集传》)

(2)《诗经》的艺术特点

①强烈的现实主义精神。《诗经》主要描写了我国西周初年至春秋中叶数百年的社会现实生活,真实、深刻、广泛而多彩。

②赋、比、兴的艺术表现手法。《诗经》常常将三种手法结合运用。

③复沓的章法和以四言为主的句式。《诗经》的基本句式是四言,四句独立成章,常常采用叠章的形式,造成一唱三叹的效果。这是歌谣的一种特点,可以借此加深情感,在“国风”和“小雅”的民歌中使用最普遍。

④丰富、生动、简练、形象的语言。《诗经》中的语言丰富多彩、生动准确,除动词、形容词外还使用了大量的双声词、叠韵词,写景状物,拟形传声,细致传神,使诗歌富于形象美和音韵美,增强了诗歌语言的艺术魅力。

真题面对面

[2019吉林通化梅河口,单,1分]《诗经》中的“雅”是指(　　)

A. 民歌　　B. 宫廷音乐　　C. 祭祀乐歌　　D. 娱乐之歌

答案:B。《诗经》根据乐调的不同分为“风、雅、颂”三类,“风”是周代各地的民歌,“雅”是周王畿内乐调,包括宴享或朝会乐歌等,“颂”是宗庙祭祀的乐歌。

2. 屈原与“楚辞”

(1)屈原

屈原,名平,战国末期楚国人。屈原是我国伟大的浪漫主义、爱国主义诗人之一,也是我国已知最早的诗人。他创立了“楚辞”这种文体,开创了**“香草美人”**的传统。屈原的主要作品有《离骚》《天问》《九歌》《九章》等。《天问》是楚辞中一首奇特的诗歌,诗人在作品中提出一百七十多个问题,内容涉及天地万物、神话故事、历史传说、现实生活等,表现出诗人强烈的探索精神。

(2)《离骚》

《离骚》是屈原的代表作,是带有自传性质的一首长篇抒情诗,爱国和忠君是《离骚》的主旨。诗的基本内容就是表现诗人对崇高政治理想的热烈追求和不懈斗争。其艺术特色是:

①浓厚的浪漫主义特色。

②继承和发扬了《诗经》的比兴手法,开拓了我国古典诗歌史上以“香草美人”寄情言志的传统。

③诗体形式上,突破了《诗经》以四言为主的格式,创造了一种句式长短不齐、参差错落的新诗体。

④结构形式上,抒情和叙事结合,幻想和现实交织,气势磅礴,浑然一体。

⑤语言运用上,大量运用楚地方言和楚物名称,具有鲜明的地方特色。

《诗经》中的《国风》和《楚辞》中的《离骚》在文学史上并称“风骚”,它们共同开创了我国古代诗歌现实主义和浪漫主义并驾齐驱、融汇发展的优秀传统。

(3)“楚辞”

“楚辞”是战国后期产生于楚国的一种新诗体,是指以具有楚国地方特色的乐调、语言、名物而创作的诗

赋，具有浓厚的地方色彩。首创此体者为屈原，继作者有宋玉、唐勒等，都是楚人。“楚辞”之名，始见于西汉，到了汉代，文人竞相模仿这种诗体，“楚辞”便成为这种特定诗体的通用名称。由于屈原的《离骚》是《楚辞》的代表作，故“楚辞”又称为“骚体”。楚辞的艺术形式对中国文学史产生了深远影响：

①创造了一种新的诗歌样式，无论在句式还是结构上，这种诗歌样式都比《诗经》更为自由且富于变化。就句式而言，楚辞以杂言为主，突破了传统的四言句式。就语言描写而言，楚辞重视外在形式的美感，善于渲染、形容，词语繁复。

②突出表现了浪漫的精神气质，主要表现为情感的热情奔放，对理想的追求，抒情主人公形象的塑造等，通过幻想、神话等创造了雄伟壮丽的图景。

③楚辞中典型的象征性意象可以概括为香草美人，其象征手法对后世文学创作有重大影响。

(4)《楚辞》

西汉末年，刘向在前人基础上，辑录屈原、宋玉及后人模拟之作，编成《楚辞》一书。《楚辞》是中国文学史上第一部浪漫主义诗歌总集，全书以屈原作品为主，其余各篇也是承袭屈赋的形式。

记忆有妙招

先秦文学有两源，现实主义和浪漫。《诗经》分为风雅颂，反映现实三百篇；
手法牢记赋比兴，名篇《硕鼠》与《伐檀》。浪漫主义是《楚辞》，《离骚》作者为屈原。
先秦散文有两派，“诸子”史书要记全。儒墨道法属诸子，各有著作传世间；
儒家《论语》及《孟子》，墨家《墨子》见一斑；道家《老子》及《庄子》，法家韩非著名篇。
历史散文有两体，分为“国别”和“编年”；前者《国语》《战国策》，后者《春秋》与《左传》。

真题面对面

[2021浙江金华、绍兴诸暨，简答，5分]简述屈原作品在创作形式方面对后世文学所产生的影响。

参考答案：屈原创造的“楚辞”文体在中国文学史上独树一帜，与《诗经》中的《国风》并称“风骚”二体，对后世诗歌创作产生了积极影响，对后世古典诗歌的主要形式五、七言诗的诞生起了重要作用。屈原创造了一种新的诗歌样式。这种诗歌样式无论是在句式还是在结构上，都较《诗经》更为自由且富于变化，因此能够更加有效地塑造艺术形象和抒发复杂、激烈的感情。就句式而言，“楚辞”以杂言为主，突破了传统的四言句式。就语言描写而言，“楚辞”善于渲染、形容，词语繁复，很重视外在形式的美感，这为汉代赋体文学的诞生创造了条件。

二、秦汉文学 【单选】★★★

秦汉文学，以汉代为主。秦始皇统一六国后，建立统一的中央集权制度，但因思想钳制严酷，秦文学几乎是空白。李斯是秦代文学的重要代表人物，代表作有《谏逐客书》《狱中上书》等，秦统一后出自李斯之手的泰山等地刻石为我国最早的碑文体。

考点1 汉文

1. 贾谊

贾谊，世称贾生，《汉书·艺文志》记载贾谊散文共58篇，收录于《新书》，代表作有《过秦论》《论积贮疏》等。《过秦论》总结了秦王朝的经验教训，指出秦亡是因"仁义不施"，说理畅达，感情充沛，语言奔放。

2.《史记》

(1)作者简介

司马迁，字子长，西汉史学家，与司马光并称"史学两司马"，与班固并称"班马"。

(2)《史记》简介

《史记》，又名《太史公书》，是我国第一部纪传体通史，记载了上自上古传说中的黄帝时代，下至汉武帝共3000年左右的历史。《史记》首创的纪传体编史方法为后来历代"正史"所传承，同时，《史记》还具有很高的文学价值，被鲁迅誉为"史家之绝唱，无韵之离骚"。《廉颇蔺相如列传》《鸿门宴》《毛遂自荐》《屈原贾生列传》《信陵君窃符救赵》等都出于此书。

(3)《史记》体例

《史记》全书一百三十卷，包括十二本纪、十表、八书、三十世家、七十列传。"本纪"是全书提纲，按年月时间记述帝王的言行政绩；"表"是用表格来简列世系、人物和史事；"书"则记述制度发展，涉及礼乐制度、天文兵律、社会经济、河渠地理等诸方面内容；"世家"记述子孙世袭的王侯封国史迹和特别重要人物的事迹；"列传"是帝王诸侯以外其他各方面代表人物的生平事迹和少数民族的传记。

(4)《史记》的艺术成就

①使用文学手段记录历史。《史记》使用文学的手段即叙事艺术和人物形象塑造的艺术来记录历史。

②"实录"精神，同时带有故事性和戏剧色彩。为了追求艺术效果和感染力，司马迁运用了很多传说性的材料，在细节方面进行了虚构，这是典型的文学叙述方法。《史记》所创造的**"互见法"**，也同时具有史学与文学两方面的意义。

③从多个角度运用多种方法塑造人物形象，褒贬分明。《史记》注意并善于描写人物的外貌和神情，使得人物形象具有可视性。

④《史记》的语言艺术代表了骈文出现以前所谓"古文"的最高成就。《史记》总的风格是朴拙雄浑，有感情，有气势，有力量。各篇随着内容的不同又表现出不同的风格差异，时而雄姿悲壮，时而冷峻深刻，时而低回婉转。

真题面对面

[2021江西初中，单，1分]下列关于文学常识表述错误的一项是(　　)

A.《诗经》，我国第一部诗歌总集，由"风、雅、颂"三部分组成，使用"赋、比、兴"的手法。

B.《论语》，记录了孔子及其弟子的言论和行动，由孔子的弟子及再传弟子编撰。孔子，名丘，字仲尼，鲁国人，春秋时期思想家、教育家、文学家，儒家学派创始人。

C.《孟子》,儒家的经典著作之一,被列入“四书五经”,它记载了战国时期思想家孟子的言行,由孟轲及弟子编成。

D.《史记》,我国第一部编年体史书,记载了从黄帝到汉武帝长达三千多年的政治、经济、文化、历史,作者司马迁,字子长,西汉思想家、史学家、文学家。

答案:D。D项,《史记》是一部纪传体史书。

3.《汉书》

东汉著名史学家、文学家班固编纂,是中国第一部纪传体断代史,“二十四史”之一,与《史记》《后汉书》《三国志》并称为“**前四史**”。

考点2 汉赋

赋是汉代最具代表性、最能彰显时代精神的一种文学样式。汉赋有骚体赋、汉大赋和抒情小赋之分。

汉初以骚体赋为主。骚体赋承楚辞余绪,代表作有贾谊的《吊屈原赋》《鵩鸟赋》、司马相如的《长门赋》、淮南小山的《招隐士》等。

武帝时期,散体大赋成为赋文学的代表性文体。散体大赋辞藻华丽,气势恢宏,代表作有司马相如的《子虚赋》《上林赋》、扬雄的《长杨赋》《羽猎赋》、班固的《两都赋》、张衡的《二京赋》等。

东汉中叶以后,抒情小赋兴起。抒情小赋突破了沿袭已久的赋颂传统,以言志抒情为主,代表作有张衡的《归田赋》、蔡邕的《述行赋》、赵壹的《刺世疾邪赋》等。

此外,汉代较为著名的辞赋作品还有东方朔的《答客难》、张衡的《思玄赋》等。

考点3 汉诗

秦汉文学—汉诗

1. 乐府

(1)乐府简介

乐府原为汉武帝所设专门收集编撰各地民间音乐、整理改编与创作音乐、进行演唱及演奏的官署。后来人们就把这一机构收集并制谱的诗歌,称为乐府诗,或者简称为“乐府”。汉乐府是继《诗经》之后,古代民歌的又一次大汇集,不同于《诗经》(《诗经》亦是现实主义),它开创了诗歌现实主义的新风。

现在流传的两汉乐府民歌基本上被收入宋代郭茂倩《乐府诗集》中。南朝《孔雀东南飞》与北朝《木兰诗》合称“乐府双璧”,而南朝《孔雀东南飞》、北朝《木兰诗》和唐代韦庄《秦妇吟》又并称“乐府三绝”。

(2)《孔雀东南飞》

《孔雀东南飞》,原题为《古诗为焦仲卿妻作》,是我国古代最长的民间叙事诗,最早见于徐陵编纂的《玉台新咏》。主要讲述了焦仲卿、刘兰芝夫妇被迫分离并双双自杀的故事,控诉了封建礼教的残酷无情,歌颂了焦刘夫妇的真挚感情和反抗精神。王世贞在《艺苑卮言》中称赞其为“长篇之圣”。

(3)《木兰诗》

《木兰诗》又称《木兰辞》,是一首北朝民歌。全诗以“木兰是女郎”来构思木兰的传奇故事,富有浪漫色彩;详略安排极具匠心,富有生活气息;以铺陈、排比、对偶、互文等手法描述人物情态,刻画人物心理,生动细致,使作品具有强烈的艺术感染力。

真题面对面

[2022陕西特岗,单,2分]《孔雀东南飞》是一篇(　　)

A. 叙事诗　　B. 记叙性散文　　C. 政治抒情诗　　D. 北朝民歌

答案:A。《孔雀东南飞》是我国古代汉民族最长的叙事诗。

2.《古诗十九首》

《古诗十九首》为东汉末无名氏作品,作者并不是一个人,南朝梁萧统因这些诗风格相近,将其合在一起收入其所编《文选》中,题为《古诗十九首》。这十九首诗歌基本是游子思妇之辞,深刻地再现了文人在汉末社会思想大转变时期追求的幻灭与沉沦,心灵的觉醒与痛苦。《古诗十九首》不仅是汉末抒情文学复兴的产物,也代表了东汉文人五言的最高成就,刘勰称之为**"五言之冠冕"**(《文心雕龙》),钟嵘誉之为"一字千金"(《诗品》)。其艺术成就如下:

(1)言有尽而意无穷,是《古诗十九首》最鲜明的特点。

(2)质朴自然,没有雕饰的痕迹,感情诚挚,没有矫揉造作。

(3)运用白描、比兴、象征等手法,形成情景交融的境界。

(4)语言浅近自然,却又极为精练准确。

三、魏晋南北朝文学 【单选】★

魏晋南北朝时期,开始进入文学的自觉时代。诗歌、散文、辞赋、骈文、小说等文学样式都取得了显著的成就,是中国文学史上承前启后的重要时期。

考点1 魏晋南北朝诗

魏晋时期出现了建安文学、正始文学、太康文学等,陶渊明开创了田园诗派,南朝谢灵运开创了山水诗派,谢朓是永明体的代表诗人。

1. 建安文学

汉献帝建安年间,曹氏父子与七子、蔡琰形成了一个邺下文人集团。其时诗歌面向艰难时世,以风骨著称,悲凉慷慨,刚健有力,这种风格被称为"建安风骨"。

(1)三曹

"三曹"即曹氏父子曹操、曹丕、曹植。

曹操是建安文坛的领袖,在乐府诗进入到文人乐府诗的阶段,曹操是其中的典型代表。其代表作有《苦寒行》《龟虽寿》《短歌行》《观沧海》等。曹操是建安文学新局面的开创者,鲁迅称其为"一个改造文章的祖师"。

曹丕,曹操的次子,在文学上著作甚丰,成就卓著,是建安文学的积极创作者和热心倡导者。他的《典论·论文》是我国现存的第一部文学评论专著,其《燕歌行》是中国现存最早的文人七言诗。

曹植是第一位大力写作五言诗的文人,标志着文人五言诗的完全成熟,同时也是当时诗坛最杰出的代

表，代表作有《名都篇》《白马篇》《洛神赋》《七步诗》等。

(2)建安七子

曹丕在《典论·论文》中称孔融、陈琳、王粲、徐幹、阮瑀、应玚、刘桢为“七子”，其中，王粲为“七子之冠冕”，其《七哀诗》成就最高。

真题面对面

[2022陕西特岗，单，2分]下列不属于“建安七子”的是(　　)

A. 曹丕　　B. 王粲　　C. 徐幹　　D. 阮瑀

答案：A。曹丕在《典论·论文》中称孔融、陈琳、王粲、徐幹、阮瑀、应玚、刘桢为“七子”。

2. 正始文学

魏正始年间，社会黑暗，出现了号称“竹林七贤”的文人集团，包括嵇康、阮籍、向秀、阮咸、王戎、刘伶、山涛七人。

3. 太康文学

西晋太康年间，天下安定，文人们有时间和精力用于文学的创作和研究，又因为社会小康，文人多习惯于歌功颂德，故形式主义文风亦日趋严重，追求文学作品形式的华美，创作成就并不太高，文人自觉地追求作品的艺术表现，所以，这一时期趋于浮艳，诗尚雕琢，文崇骈俪，词采绮丽成为诗文的普遍特色。太康文学以潘岳、陆机、左思、刘琨等“二十四友”为代表。

4. 陶渊明

(1)作者简介

陶渊明，又名潜，字元亮，号五柳先生，世称靖节先生，东晋末至南朝宋初期诗人，田园生活是陶渊明诗歌的主要题材。他的代表作有《桃花源记》《归去来兮辞》《归园田居》《饮酒》等。明代文学评论家胡应麟说：“陶之五言开千古平淡之宗。”

(2)陶渊明诗歌的艺术特色

①恬淡自然、醇厚隽永的总体特征。

②高远拔俗、浑然天成的艺术境界。

③天然本色、精练传神的语言。

④情景交融艺术手法的运用。

5. 大谢、小谢

南朝宋著名的山水诗人谢灵运，世称“大谢”，与颜延之、鲍照并称“元嘉三大家”，著有《登池上楼》；南朝齐著名诗人谢朓，世称“小谢”，著有《晚登三山还望京邑》。

6. 乐府诗

乐府在南北朝时期也有发展，《西洲曲》堪称南朝乐府最成熟的作品，《敕勒歌》则是北朝民歌的杰出之作。

考点2 魏晋南北朝辞赋、骈文与散文

魏晋南北朝文坛出现了新格局，主要表现为学术性减少，文艺性增强和个性的张扬。

1. 散文

散文更注重抒情写志，形式丰富多样，代表作有嵇康的《与山巨源绝交书》、王羲之的《兰亭集序》、陶渊明的《五柳先生传》等。北朝也出现了三部优秀的散文著作，即郦道元的《水经注》、杨衒之的《洛阳伽蓝记》和颜之推的《颜氏家训》。

2. 骈文

骈文始于东汉而成熟于南北朝，此时期出现骈文创作的高潮，几乎统治着南朝散文文坛。骈文多用四字句和六字句，又称"四六文"。

3. 辞赋

辞赋也重抒情，题材变得十分广泛，如曹植的《洛神赋》和陶渊明的《闲情赋》写男女爱情；陶渊明的《归去来兮辞》写田园山水情趣；江淹的《别赋》《恨赋》写离愁别恨与哀伤怨恨，其他的还有庾信的《哀江南赋》和王粲的《登楼赋》等作。

考点3 魏晋南北朝小说

中国古代小说有文言小说系统和白话小说系统，魏晋南北朝时期，只有文言小说。他们还不是中国小说的成熟形态，但小说在这时已初具规模，奠定了中国小说的基础。魏晋南北朝小说可以分为志怪小说和志人小说两类。

魏晋南北朝小说

1. 志怪小说

志怪小说记载神仙方术、鬼魅妖怪、殊方异物、佛法灵异，以东晋干宝的《搜神记》为代表，它被称作中国志怪小说的鼻祖。

2. 志人小说

志人小说记述人物的逸闻轶事、言谈举止，以南朝刘义庆的《世说新语》为代表。《世说新语》，又称《世说》，是我国最早的一部文言志人小说集。《世说新语》的语言精练含蓄，隽永传神。明胡应麟说："读其语言，晋人面目气韵，恍然生动，而简约玄澹，真致不穷。"

真题面对面

[2020山东威海荣成，单，1分]《世说新语》是中国魏晋南北朝时期的一部文言志人小说集，作品的文学体裁是（　　）

A. 传奇小说　　B. 史传文学

C. 章回体小说　　D. 笔记小说

答案：D。《世说新语》是一部主要记述东汉后期到魏晋间的人物言谈轶事的笔记小说，据传是由南朝宋刘义庆组织一批文人编写的。

考点4 魏晋南北朝文学理论

魏晋南北朝文学理论和文学批评空前繁荣。曹丕的《典论·论文》是中国文学批评史上第一篇文学专论，陆机的《文赋》是我国文学理论史上第一篇系统阐述创作论的文章，刘勰《文心雕龙》的出现标志着中国古代文学理论和文学批评建立了完整的体系，是我国文学理论史上一部划时代的巨著。此外还有挚虞的《文章流别论》、钟嵘的《诗品》等著作。

魏晋南北朝时期还出现了文学总集，如萧统的《文选》、徐陵的《玉台新咏》等，其中萧统的《文选》是现存最早的文学总集。

记忆有妙招

两汉魏晋南北朝，诗歌成就比较高。"乐府双璧"人称赞，建安文学推"三曹"。

田园鼻祖是陶潜，"采菊"遗风见节操。《史记》首开纪传体，堪称绝唱于史家。

"出师"二表名后世，《桃花源记》乐逍遥。辞赋盛行多空洞，张衡"二京"似惊涛。

文学批评也兴起，《文心雕龙》真高超。骈文追求形式美，小说初起尚粗糙。

第一部分

四、隋唐五代文学 【单选、判断】★★★

隋唐五代文学以唐代文学为代表。隋代时间短，文学成就不大。

考点1 唐诗

1. 初唐四杰

"初唐四杰"是初唐文学家王勃、杨炯、卢照邻、骆宾王的合称。他们的诗歌扭转了唐朝以前萎靡浮华的宫廷诗歌风气，使诗歌题材从亭台楼阁、风花雪月的狭小领域扩展到江河山川、边塞江漠的辽阔空间，赋予诗以新的生命力。

2. 山水田园诗派

盛唐山水田园诗派以描写恬静悠然的自然风光为主，通过对自然景物的歌咏，或流露不愿同流合污的情绪，或表现隐逸避世的消极思想。其代表作家有王维、孟浩然、储光羲、常建、韦应物等。

(1)王维

①作者简介

王维，字摩诘，官至尚书右丞，故世称王右丞，有**"诗佛"**之称。其代表作有赠送亲友和描写日常生活的抒情小诗《送元二使安西》《九月九日忆山东兄弟》等，山水之作有《山居秋暝》《渭川田家》等，还有以军旅和边塞生活为题材的《从军行》《使至塞上》等。苏轼称赞他的作品"诗中有画，画中有诗"。

②王维诗歌的艺术特点

A. 结构。王维的诗往往采用组诗的形式来写，每首诗都可构成一个画面，合起来可以集结成一幅和谐的全景画面。

B. 炼材。指的是选材炼意，王维的诗善于捕捉形象和创造形象，在诗中体现出绘画的特点。

C. 语言。王维的诗善于运用词句描绘形象的声、色、光、态。

(2)孟浩然

①作者简介

孟浩然，字浩然，襄州襄阳(今属湖北)人，与王维齐名，并称“王孟”，主要作品有《过故人庄》《春晓》《望洞庭湖赠张丞相》等。

②孟浩然的诗歌风格

A. 自然景物的熏陶，于观赏自然中获得一种审美感悟。

B. 在孟诗众多的艺术魅力中，“清”是孟诗主要艺术特色之一。如《夏日南亭怀辛大》，诗人选择了“山光”“池月”“荷”“竹露”这些自然景物，使人感到清幽雅淡。

C. 孟诗的又一艺术特色，影响更为深远，那便是独特风格的“淡”。孟浩然诗作，力求平淡潇洒，对于初唐的华美藻饰，这也是一种创新，一种新的追求。孟诗之淡以很高的艺术技巧，呈现出超高的造诣。

第一部分

3. 边塞诗派

隋唐五代文学—唐诗—边塞诗派

边塞诗派指以盛唐诗人高适、岑参为代表，以写作边塞战争和边地风情为主的诗歌流派。属于这一诗派的诗人还包括李颀、王昌龄、崔颢、王之涣、王翰等。

(1)高适

高适，字达夫，与岑参并称“高岑”。《旧唐书》说：“有唐以来，诗人之达者，唯适而已。”高适的诗以边塞诗著称，风骨遒劲，气韵雄浑，尤长歌行。他的代表作为《燕歌行》《别董大》等。

(2)岑参

①作者简介

岑参，曾任嘉州刺史，世称岑嘉州，主要作品有《白雪歌送武判官归京》《逢入京使》等。

②岑参边塞诗的艺术特点

岑参边塞诗的诗风兼容了建安风骨和秾丽哀怨的齐梁笔致，形成了慷慨壮丽的风格，洋溢着昂扬奋发的时代精神，对后世诗歌的发展有较大影响。岑参作为边塞诗派的杰出代表，他开拓了边塞诗的广阔境界，取得了突出成就。

(3)王昌龄

王昌龄，字少伯，盛唐著名边塞诗人。其诗以七绝见长，尤以登第之前赴西北边塞所作边塞诗最为著名，有“诗家夫子王江宁”之誉，又被后人誉为“七绝圣手”。王昌龄诗绪密而思清，与高适、王之涣齐名。他的代表作有《从军行》《出塞》《芙蓉楼送辛渐》等。

(4)王之涣

王之涣，字季凌，盛唐时期的著名诗人，以善于描写边塞风光著称，“慷慨有大略，倜傥有异才”。其代表作有《登鹳雀楼》《凉州词》等。

真题面对面

[2021浙江金华、绍兴诸暨,判断,1分]边塞诗派是以描绘边塞风光,反应戍边战士生活为作品主要内容的诗派,代表诗人高适、岑参、李颀、王维。(　　)

答案:×。王维是山水田园诗派的代表诗人。

4. 李白

(1)作者简介

李白,字太白,号青莲居士,被后人誉为**“诗仙”**,是伟大的浪漫主义诗人,其作品代表着古典诗歌艺术的高峰,代表作品有《将进酒》《蜀道难》《梦游天姥吟留别》等。韩愈曾称赞说:“李杜文章在,光焰万丈长。”

(2)李白诗歌的艺术特色

①李白的诗歌创作带有强烈的主观色彩,侧重于抒写豪迈气概和激昂情怀,很少对客观物象和具体事件做细致的描述。

②强烈的感情色彩,喷发式的抒情方式。一旦感情兴发,就毫无节制地奔涌而出,让人直接感受到心灵的震撼。

③想象变幻莫测,随意生发,离奇惝恍,意象壮美而不乏清新明丽。一个想象与紧接着的另一个想象之间跳跃极大,意象的衔接组合也是大跨度的,纵横变幻,极尽才思敏捷之所能。

④壮美与优美的意象。李白诗中颇多吞吐山河、包孕日月的壮美意象,这与其作诗的气魄宏大和想象力丰富相关联。

⑤语言风格清新明快,明丽爽朗是其词语的基本色调。李白诗中常呈现出透明纯净而又绚丽夺目的光彩,反映出其不肯苟同于世俗的高洁人格。

(3)《渡荆门送别》

这首诗是李白离蜀东下时所作,描写了诗人乘舟自蜀中出荆门时的所见所感,表现出一种豪放不羁的情怀。荆门,即荆门山,在今湖北宜都西北长江南岸;送别,意指江水送自己离别蜀中。

这首诗将纪行、写景、抒情融为一体,绘景开阔,造句奇丽,且将原本是格律精严的律体写得气势浩荡,活泼生动,足见诗人驾驭语言的高超技艺,也表现出诗人豪迈不羁的个性气质。

5. 杜甫

(1)作者简介

杜甫,字子美,又称杜工部,自称少陵野老,被后人誉为**“诗圣”**,伟大的现实主义诗人,他的作品广泛而深刻地反映了时代现实,被后人称为**“诗史”**,他的诗歌众体兼备,艺术精到,被后人称为“集大成”。杜甫的名作有**“三吏”**(《潼关吏》《石壕吏》《新安吏》)、**“三别”**(《新婚别》《无家别》《垂老别》)以及《茅屋为秋风所破歌》《春望》《兵车行》《自京赴奉先县咏怀五百字》等。

(2)杜甫诗歌的艺术风格

①取材方面。杜甫的诗作趋向现实主义,内容广泛,富有时代性,取材于政治兴亡、社会动乱、战事徭

役、饥饿贫穷和贫富悬殊的社会现实。杜诗善于描写当时的历史实况，反映唐代由盛转衰的现况，故有“诗史”之称。从安史之乱至入蜀之前，杜甫经历了大时代的动乱，写下大量的实录式写实名篇。

②思想方面。杜诗中有儒家思想，悲天悯人，忧国忧民，洋溢着仁民爱物的情怀和浓烈的爱国主义色彩。杜甫善用理智去仔细观察人生社会的实况，亲身体会人民的苦乐，有强烈的政治意识，同时杜甫也继承并发扬了《诗经》、汉乐府民歌及建安文学的写实精神。

③手法方面。杜甫善写人物对话和独白，选取有典型意义的人物和事件来描写。杜甫也善于抒情，结合抒情和叙事，又结合抒情和写景，寄情于景。杜甫叙事注重客观描述，让故事本身直接感染读者，少发议论。

④语言方面。杜甫的作品语言精练，用字准确，形象生动，多姿多彩，并善于运用民间口语。

⑤体裁方面。杜甫众体兼善，五七言古体、律诗、绝句，无所不工。他往往用不同的诗体，表达不同的内容，叙事多用较少格律限制、便于铺叙描写的古体诗，抒情则多用近体诗。

⑥风格方面。风格多样，丰富多彩，或清新细腻，或沉郁悲凉，或辞藻富丽，或平易质朴，或通俗自然，其中最主要风格特征是沉郁顿挫。杜甫融合吸收前人艺术技巧，发展成一种新风格，表达自己的爱国思想。

第一部分

真题面对面

[2020云南特岗，单，1分]“沉郁顿挫”描述的是哪位诗人的艺术风格（　　）

A. 李白　　B. 韩愈　　C. 杜甫　　D. 柳宗元

答案：C。杜甫诗歌的风格为“沉郁顿挫”，“沉郁”指的是文章的深沉蕴蓄，“顿挫”则是指感情的抑扬曲折，语气、音节的跌宕摇曳。

6. 大历十才子

大历年间是盛唐诗风向中唐诗风演变的过渡期，这一时期的重要诗人有韦应物、刘长卿和“大历十才子”等。

“十才子”之名最初见于中唐诗人姚合编写的《极玄集》，包括钱起、卢纶、吉中孚、韩翃、司空曙、苗发、崔峒（一作“洞”）、耿湋、夏侯审、李端十人。

7. 元白诗派

中唐以元稹、白居易为代表的诗歌流派，他们重写实，尚通俗。他们发起新乐府运动，强调诗歌的惩恶扬善、补察时政的功能，语言方面则力求通俗易解。

（1）新乐府运动

新乐府运动指唐白居易、元稹等人倡导和推动的以创作新乐府为中心的诗歌革新运动。所谓新乐府，即指唐人自立新题而作的乐府诗。这类诗的特点是：自创新题，咏写时事，体现汉乐府的现实主义精神。其代表作品有白居易的《新乐府》五十首、《秦中吟》十首，元稹的《田家词》《织妇词》等。

（2）白居易

①作者简介

白居易，字乐天，号香山居士，被世人誉为**“诗魔”**，现实主义诗人。他是中唐新乐府运动的主要倡导者，

唐代三大诗人之一，与元稹合称“元白”。他的诗歌题材广泛，形式多样，语言平易通俗，有“诗魔”和“诗王”之称。白居易的主要作品有《秦中吟》《新乐府》《长恨歌》《琵琶行》等，是现实主义传统的继承者，主张“文章合为时而著，歌诗合为事而作”(《与元九书》)。

②白居易诗歌的艺术特色

A. 主题、题材集中。白居易在诗歌中一般只选择最典型的一件事，突出一个主题，而且主题非常明确。

B. 白居易诗歌的艺术特色还表现在刻画人物上，他能抓住人物的特征，用白描手法勾勒出鲜明生动的人物形象。如在塑造卖炭翁时，他只用“满面尘灰烟火色，两鬓苍苍十指黑”一句，一个活脱脱的沧桑老翁形象便跃然而出。白居易的讽喻诗多为叙事诗，在叙事时，他常要发议论，评价所述之事，以显其志。

C. 叙事与议论相结合是白居易讽喻诗的一大特色。

真题面对面

[2021贵州特岗，单，1分]中唐倡导新乐府运动的诗人是(　　)

A. 李白　　B. 李贺　　C. 白居易　　D. 杜牧

答案：C。新乐府运动指唐代诗人白居易、元稹等人倡导和推动的以创作新乐府为中心的诗歌革新运动。

8. 李贺

(1)作者简介

李贺，字长吉，被世人誉为“诗鬼”，浪漫主义诗人，是“长吉体”诗歌开创者，与李白、李商隐并称“诗中三李”。李贺是中唐浪漫主义诗人的代表，又是中唐到晚唐诗风转变期的重要人物，有《雁门太守行》《李凭箜篌引》等名篇。

(2)李贺诗歌的创新性

A. 在诗体方面既沿袭楚辞和古歌谣、古乐府等的艺术风格，又着力求变创新。如《猛虎行》《雁门太守行》，用旧题写新诗，又加入大量的阴间阳界、神鬼幽幻。

B. 想象丰富奇特、语言瑰丽奇峭，常以飘忽不定、跳跃跌宕的思路，把丰富奇特的想象串联起来，其诗构思跳跃性极大。

9. 小李杜

(1)李商隐

①作者简介

李商隐，字义山，号玉谿生，又号樊南生，祖籍怀州河内(今河南焦作沁阳)，晚唐著名诗人，和杜牧合称“小李杜”，与温庭筠合称“温李”，又与李贺、李白合称“三李”。李商隐的代表作品有《无题》《锦瑟》《马嵬》等。

②李商隐诗歌风格及成就

A. 李商隐的诗歌构思新奇，风格浓艳，文辞清丽，意韵深微，善于描写和表现细微的感情，尤其是一些爱

第一部分

情诗和无题诗，写得缠绵悱恻，优美动人，广为传诵。

B. 李商隐成就最大的是无题诗，其无题诗以男女之情为中心，深入开掘内心世界的丰富情感，表现出极大的艺术创造性。李商隐以“无题”为题的诗有14首。在艺术上，无题诗采用的诗体有五古、七古、五言六句小律、五律、七律等，但写得最成功的是六首七律。李商隐的无题诗开创了一种新的诗歌体式。

(2)杜牧

杜牧，字牧之，号樊川居士，唐代杰出诗人、散文家。主要作品有《阿房宫赋》《江南春》《清明》《泊秦淮》《秋夕》《山行》《赤壁》等，结为《樊川文集》。他尤擅七律七绝，且赋作的散文化倾向对后世影响较大。

10. 刘禹锡

(1)作者简介

刘禹锡，字梦得，因曾任太子宾客，世称刘宾客。他与柳宗元合称“刘柳”，与白居易合称“刘白”。他的主要作品有《陋室铭》《乌衣巷》《竹枝词》等。

(2)刘禹锡诗歌的艺术特色

刘禹锡的诗被分为讽喻诗、感遇诗、咏史诗和民歌体诗。他的诗歌创作典实而透脱不滞，词采丰美而笔致流利，造境明丽清远而风神俊爽，又有一种恢宏的气度，骨力豪劲。

A. 讽喻诗和感遇诗多作于被贬期间。讽喻诗主旨隐晦而寓意深刻，感遇诗寄慨遥深而正气凛然。

B. 咏史诗多为登临历史遗迹的怀古之作，借古喻今。一般采用五、七言律绝的形式，通过对与前朝史实有关的古迹风景的描写，抒发千古兴亡之感，含有精辟的议论和卓识。

C. 民歌体诗如《竹枝词》和《杨柳枝词》，注意吸收民间口语，并学习民歌悠扬婉转的情调，富有浓郁的生活气息和地方特色。

D. 刘禹锡的诗写得都比较明快，近体诗更含蓄精练，风格刚健爽朗，对唐诗的发展做出了独特的贡献。

考点2 唐文

1. 王勃

(1)作者简介

隋唐五代文学—唐文—王勃

王勃，字子安，“初唐四杰”之一，主要作品为《王子安集》，他的《送杜少府之任蜀州》《滕王阁序》最有名。王勃在“初唐四杰”中成就最高。

(2)《滕王阁序》写景特点

《滕王阁序》的写景颇有特色，作者精心勾画，运用灵活多变的手法描写山水，体现了一定的美学特征。《滕王阁序》写景的特点主要表现在以下四个方面：

①色彩变化。文章不惜笔墨，浓墨重彩，极写景物的色彩变化。如“潦水尽而寒潭清，烟光凝而暮山紫”一句，不囿于静止画面色彩，着力表现水光山色之变化，上句朴素淡雅，下句设色凝重，被前人誉为“写尽九月之景”之句。

②远近变化。作者采用恰当的方法，由近及远，构成一幅富有层次感和纵深感的全景图，体现了作者立

体化的审美观，把读者带进了如诗如画的江南胜境，读者和景物融为一体，人在景中，景中有人。

③上下浑成。“层峦耸翠”四句，借视角变化，使上下相映成趣，天上地下，城里城外，相与为一，不可分离，体现了作者整齐划一的审美观。而“落霞与孤鹜齐飞，秋水共长天一色”更是写景名句，水天相接，浑然天成，构成一幅色彩明丽的美妙图画。

④虚实相衬。“渔舟唱晚”四句，凭借听觉联想，用虚实手法传达远方的景观，使读者开阔眼界，视通万里。

2. 陈子昂

(1)作者简介

陈子昂，字伯玉，梓州射洪(今四川省射洪县)人，因曾任右拾遗，世称陈拾遗。陈子昂是初唐诗文革新人物之一，为诗力主恢复汉魏风骨，一变初唐浮靡诗风。

(2)陈子昂对文风的革新

①陈子昂比“初唐四杰”更明确地批判了齐梁之风，为唐代文学的发展指明了正确方向。他不但明确地批判了六朝以来“采丽竞繁”“逶迤颓靡”的不良风气，还大力提倡汉魏与正始之音，并准确地概括出它们主要的特色：风骨与兴寄。

②陈子昂切实地实践了自己的创作理念，其作品的面貌不但和齐梁及初唐宫廷诗人的面貌迥然不同，与“初唐四杰”也不相同，其中少了歌功颂德，多了对社会人生的感慨和个人情志的抒发，风格苍老雄健、沉着抑郁。

③陈子昂的散文尤其是古文在文学史上占有重要地位。陈子昂用朴实畅达的古文来写对策、奏疏等，开创了唐代散文创作的新纪元，被其他古文家公推为唐代古文运动的先导。

真题面对面

[2019重庆沙坪坝区，判断，1分]盛唐时期，诗歌创作繁荣，流派纷呈，山水田园诗派的代表人物有王维、孟浩然、陈子昂等，边塞诗派的代表人物有高适、岑参等。(　　)

答案：×。陈子昂不属于山水田园诗派，他是诗文革新人物之一，为诗力主恢复汉魏风骨，一变初唐浮靡诗风。

3. 古文运动

隋唐五代文学—唐文—古文运动

“古文运动”是一次重要的文体改革运动，由唐代韩愈、柳宗元倡导，主张废弃六朝以来华而不实的骈俪文，创作内容充实、形式自由的散文；到了宋代，得到了欧阳修、王安石、苏轼等人的提倡和发扬。

(1)韩愈

①作者简介

韩愈，字退之，官至吏部侍郎，谥文，世称韩吏部、韩文公，自言郡望昌黎，故后人多称韩昌黎。韩愈是唐代“古文运动”的领袖，宋代苏轼称他“文起八代之衰”，明人推他为“唐宋八大家”之首，与柳宗元并称“韩柳”。其主要作品为《师说》《马说》《原道》《进学解》《祭十二郎文》《早春呈水部张十八员外》《左迁至蓝关示侄孙湘》等。他主张恢复先秦两汉散文传统，摒弃南北朝以来的骈体文；主张文章内容的充实，并“唯陈言之务去”；在诗歌创作上主张“以文为诗”，力求新奇。

②韩愈诗歌的创新性

A. 以文为诗。韩愈的诗别开生面，勇于创新，工于长篇古风，把散文篇章结构用于诗歌写作，把少量的议论引进诗中，创造出“以文为诗”“以赋为诗”的独特风格，开创了李、杜之后的一个重要流派，纠正了大历以来的平庸诗风。

B. 构思、想象、意象都很特别，在艺术上蓄意追求怪奇、险劲的境界。

C. 着意搜罗奇语，但因有真情实感贯穿，仍不失诗的感染力。

D. 以丑为美，将生活中的丑陋事物写入诗中。

(2)柳宗元

①作者简介

柳宗元，字子厚，因是河东人，世称柳河东，曾任柳州刺史，又称柳柳州。柳宗元是唐代古文运动的倡导者之一，与韩愈并称“韩柳”，唐宋八大家之一。其主要作品为《捕蛇者说》《三戒》(包括《黔之驴》《临江之麋》《永某氏之鼠》)，“永州八记”等散文，《渔翁》《江雪》等诗，结为《柳河东集》。他是中国第一个把寓言正式写成独立的文学作品的作家，开拓了我国古代寓言文学发展的新阶段。

②柳宗元诗歌的艺术特色

A. 精密工巧的诗艺，诗句对仗工整。

B. 精细淡雅的诗风，很少使用奇特的意象以及华丽的词汇，也没有用夸张的手法，但其笔下的景物朴素之中足见其豪华，用字高雅。

C. 情景理相融。柳宗元在处理景与理的关系时，在写景的过程中不自觉地融入自己的感情，达到情景交融，看似简单的诗句后往往有诗人复杂的感情在里面。

D. 暗色清冷。柳宗元喜欢选取幽冷俊俏的景物，用字深沉，色调偏冷。

考点 3 唐传奇

唐传奇是指唐代流行的文言小说，作者大多以记、传名篇，以史家笔法，传奇闻逸事。唐传奇的出现，标志着我国文言小说发展到了成熟的阶段。

陈鸿的《长恨歌传》、元稹的《莺莺传》、白行简的《李娃传》、蒋防的《霍小玉传》、李朝威的《柳毅传》都是较成熟的文言小说。

真题面对面

[2019云南特岗，单，1分]下列作品不属于唐传奇的是(　　)

A.《李娃传》　　B.《莺莺传》

C.《张生彩鸾灯传》　　D.《霍小玉传》

答案：C。A、B、D三项均为唐传奇，C项是宋代话本。

考点4 唐五代词

五代文学主要使新的文学体裁“词”得到发展，以香而软为特色的“花间词派”占据整个词坛。“南唐二主”李璟、李煜成就较高，尤其是李煜，他后期的词哀婉深沉，抒发了他痛失故国的悲哀。词经五代的发展，到宋代成为文学主流。

1. 花间词派

花间词派是晚唐五代奉**温庭筠为鼻祖**而进行词的创作的一个文人词派，得名于赵崇祚编辑的《花间集》。《花间集》共收录了温庭筠、韦庄、牛希济、皇甫松等十八位文人的著作，是我国最早的一部文人词总集。花间词派产生于西蜀，多用华丽的字面和婉约的表达手法，写女性的美貌和服饰以及她们的离愁别恨。

2. 李煜

李煜，字重光，五代时南唐国主，世称李后主。李煜才华横溢，无奈命运弄人，也是刻于历史卷宗上的亡国之君。其主要作品为《虞美人》《相见欢》《浪淘沙》等，与其父李璟词合刻为《南唐二主词》。王国维说：“词至李后主而眼界始大，感慨遂深，遂变伶工之词而为士大夫之词。”

记忆有妙招

唐代鼎盛累如山，“初唐四杰”不平凡；王杨卢骆创格律，律诗绝句要记全。

浪漫诗人推李白，一路高歌《蜀道难》。现实主义有杜甫，“三吏”“三别”不一般。

乐天倡导新乐府，“琵琶”“长恨”留名篇。田园诗派有王孟，高岑诗歌唱塞边。

中唐李贺多绮丽，以旧写新多变换。晚唐崛起“小李杜”，此后衰败如尘烟。

韩柳古文创新体，内容形式后世传。唐代传奇已成熟，代表应推《柳毅传》。

五、宋代文学 【判断】★★★

考点1 宋诗

1. 宋初的唐三体

北宋初期，诗坛的风气主要是模仿唐人，主要有白体、晚唐体、西昆体三派。

“白体”诗人是宋初效法白居易作诗的一批诗人，代表作家有李昉、徐铉等人，内容多写流连光景的闲适生活，风格浅切清雅。王禹偁也被宋人看作白体诗人，但他更重视白居易的讽喻诗。

“晚唐体”诗人是指宋初模仿唐代贾岛、姚合诗风的一批诗人，由于宋人常常把这两人看作晚唐诗人，故名“晚唐体”，代表作有林逋的《山园小梅》等作。

宋初诗坛上声势最盛的一派是西昆体，以《西昆酬唱集》而得名。西昆体效法李商隐，讲究辞采，代表作家是杨亿、刘筠、钱惟演等。题材范围狭窄，缺乏创新。

2. 欧阳修与新变派

仁宗庆历年间，欧阳修、梅尧臣、苏舜钦在创作实践上创立新诗风，他们受韩愈的影响，将古文议论的作风移植到诗中，形成以文为诗的风貌；同时扩大诗歌的题材范围，是复古旗帜下的创新。

3. 江西诗派

宋徽宗初年，吕本中作《江西诗社宗派图》，将该诗歌流派取名为“江西宗派”。元方回在《瀛奎律髓》中又将杜甫与黄庭坚、陈师道、陈与义称为江西诗派的“一祖三宗”。诗派中人并非全为江西籍，而以其宗主黄庭坚乃江西人而得名。黄庭坚论诗歌创作应“以俗为雅、以故为新”，并提倡“点铁成金”。该派诗人在创作形式上刻意求新，努力探索，但不免有题材内容狭窄、以学问为诗、风格苦涩枯淡的弊端。

4. 中兴四大诗人

南宋中期，出现了“中兴四大诗人”，即尤袤、杨万里、范成大、陆游。

(1)陆游

陆游，字务观，号放翁。其主要作品有《关山月》《书愤》《示儿》《钗头凤》等，结集有《剑南诗稿》《渭南文集》。陆游是中国古代最高产的诗人(有九千多首诗)。

(2)陆游诗的爱国主题

A. 忠贞不渝的爱国情怀。

a. 借助幻想梦境寄托报国理想。陆游的一生命运坎坷，常常在梦境中幻想自己热血报国，起笔写下现实的冷酷，通过在日常生活中的联想来抒发自己的爱国情感。

b. 探寻自我理想的存在方式。陆游诗歌中深刻的爱国情感也源自他家庭生活的熏陶以及他所处时代的影响，诗歌中体现了护国杀敌的英雄气概和宁死报国的献身精神，无情地讽刺了南宋朝廷屈服、妥协的投降态度。所以其诗歌中爱国主题体现在探寻自我理想的存在方式上。

B. 对劳动人民生活的关注。

a. 陆游与劳动人民共同生活数年，前无古人后无来者。他将自己与人民进行对照，对老百姓倾注了深切的同情与关怀，表现了陆游悲天悯人的伟大爱国主义情怀。

b. 陆游与人民感情深厚，同甘共苦。他的诗中无比热情地歌颂着生活中的美好事物，流露着真实淳朴的感情。其诗作主题涉及的范围十分广泛，草木虫鱼无孔不入，纷纷被纳入诗中，正所谓“村村皆画本，处处有诗材”。

c. 忧国忧民、心系国家。

5. 爱国诗人

宋元易代之际，以文天祥为代表的民族英雄奋起抗敌，以死殉国；以谢翱、谢枋得、林景熙、郑思肖为代表的遗民诗人隐居守节。他们坚守民族气节，诗歌慷慨悲壮。

(1)文天祥

文天祥，字履善，一字宋瑞，号文山，南宋政治家、文学家。他的主要作品有《正气歌》《过零丁洋》《〈指南录〉后序》等。

(2)文天祥诗歌的特点

①从内容上看，文天祥前期诗歌约有三百余首，因为受生活环境的影响前期大部分都是酬唱赠答与抒

怀言志之作;后期的作品大多收录在《指南录》《〈指南录〉后序》《吟啸集》《集杜诗》中,这一时期文天祥被元兵囚禁,但他忠贞之心并未减少,创作量也很大,这一时期他的诗风主要是效法杜甫,以诗记时事,以诗记所遭。

②从语言上看,文天祥的诗歌大多直抒胸臆,能够以通俗易懂、口语化的语言表达出深刻的感情,使诗歌极富表现力。同时,文天祥的诗歌,对文学典故也使用较多。在宋代,由于当时的理学派倡导质直诗风,又由于文天祥从小便受到儒家思想的影响,所以此时代的文天祥赋比兴的手法在他的诗歌创作中运用的也较多。

宋文

1. 唐宋八大家

唐宋八大家包括唐代的韩愈、柳宗元和宋代的欧阳修、苏洵、苏轼、苏辙、王安石、曾巩。

真题面对面

[2022山西特岗,填空,5分]“唐宋八大家”除了“三苏”以外,还有________、________、________、________、________。

答案:韩愈;柳宗元;曾巩;欧阳修;王安石

(1)欧阳修

①作者简介

欧阳修,字永叔,号醉翁、六一居士,谥文忠。欧阳修是北宋诗文革新运动的领袖,唐宋八大家之一。其散文说理畅达,抒情委婉;诗风与其散文相近,语言流畅自然;而其词婉丽,承袭南唐词风。其主要作品为与宋祁合修的《新唐书》,独撰的《新五代史》(《伶官传序》出于此)。另有《醉翁亭记》《秋声赋》等,结为《欧阳文忠公集》。他写的《六一诗话》是我国第一部诗话。

②欧阳修的艺术成就

A. 内容充实,形式多样。无论是议论,还是叙事,都是有为而作,有感而发。在欧阳修笔下,古文的实用性质和审美性质得到了充分的显示,古文的叙事、议论、抒情三种功能也得到了很好的融合。

B. 体裁多样,各得其宜。除古文之外,辞赋和四六(骈文)也是他擅长的文体。一方面,欧阳修对前代的骈赋、律赋进行了改造,创造了文赋。另一方面,他对四六体也进行了革新,常参用散体单行之古文笔法,且少用故事成语,不求对偶工切,给骈四俪六的文体注入新的活力。

C. 语言简洁流畅,文气纡徐委婉,创造了一种平易自然的新风格,在韩文的雄肆、柳文的峻切之外别开生面。

(2)王安石

①作者简介

王安石,字介甫,号半山,封荆国公,谥文,世称王荆公、王文公,“唐宋八大家”之一。他的主要作品有

第一部分

《游褒禅山记》《伤仲永》《元日》《泊船瓜洲》等。

②王安石的散文成就

A. 把文学创作和政治活动密切地联系起来，强调文学的作用首先在于为社会服务，强调文章的现实功能和社会效果，主张文道合一。他的散文大致贯彻了他的文学主张，揭露时弊、反映社会矛盾，具有较浓厚的政治色彩。

B. 王安石的论说文，针对时政或社会问题，观点鲜明，分析深刻，长篇则横铺而不力单，短篇则纡折而不味薄，阐述政治见解与主张，结构严谨，说理透彻，语言朴素精练，具有较强的概括性与逻辑力量，为推动变法和巩固北宋诗文革新运动的成果起了积极的作用。

C. 王安石的短文，直陈己见，简洁峻切，短小精悍，形成了"瘦硬通神"的独特风貌，如史论《读孟尝君传》，全文不足百字，然而层次分明，议论周密，词气凌厉，势如破竹，具有不容置辩的逻辑力量。还有一部分山水游记散文，简洁明快而省力，亦记游，亦说理。

2. 范仲淹

(1)作者简介

范仲淹，字希文，谥文正，是北宋最为杰出的政治家之一，兼通文武，这在当时文人士大夫中极为罕见，尤其是范仲淹以名节自励，倡导"先天下之忧而忧，后天下之乐而乐"的以天下为己任的精神，成为宋代士大夫精神风貌的一种新写照。其主要作品为《岳阳楼记》《渔家傲·秋思》等，结为《范文正公集》。

(2)《岳阳楼记》的艺术特色

①文章的题目是"岳阳楼记"，作者却巧妙地避开楼不写，而去写洞庭湖，写登楼的迁客骚人看到洞庭湖的不同景色时产生的不同感情，以衬托最后一段所谓"古仁人之心"。

②记事、写景、抒情和议论交融在一篇文章中，记事简明，写景铺张，抒情真切，议论精辟。

③这篇文章的语言也很有特色。它虽然是一篇散文，却穿插了许多四言的对偶句，如"日星隐曜，山岳潜形""沙鸥翔集，锦鳞游泳"等，这些骈句为文章增添了色彩。作者锤炼字句的功夫也很深，把丰富的意义熔铸到"先天下之忧而忧，后天下之乐而乐"这短短的两句话中，字字有千钧之力。

考点3 宋词

1. 豪放派

"豪放派"是宋代词坛上的一大流派，其作品气势豪放，意境雄浑，充满豪情壮志，多给人一种积极向上的力量。代表词人以苏轼、辛弃疾为主，代表作品有苏轼的《念奴娇·赤壁怀古》和辛弃疾的《永遇乐·京口北固亭怀古》等。

(1)苏轼

①作者简介

苏轼，字子瞻，号东坡居士，谥文忠，是豪放词派的开创人，"唐宋八大家"之一。在书法上与黄庭坚、米芾、蔡襄并称"宋四家"。其《书吴道子画后》云："出新意于法度之中，寄妙理于豪放之外。"这其实倒不妨看作是他的自喻。在风格上，他前期的作品大气磅礴、豪放奔腾，如洪水破堤一泻千里；而后期的作品则空灵隽永、朴质清淡，如深柳白梨花香远益清。

②苏轼的豪放词创作

A. 气势雄浑，透露出不羁的英雄气概，将慷慨激昂、悲壮苍凉的感情融入词中。

B. 旷达洒脱，达观看待人生的得与失。

C. 在写人、咏景、状物时，善于以奔放豪迈的形象，飞动峥嵘的气势，阔大雄壮的场面取胜。

D. 善于创制铿锵的音调，一改过去的婉约缓拍节调，变成强音促节。

(2)辛弃疾

①作者简介

辛弃疾，字幼安，号稼轩，南宋词人。他出生时，中原已为金兵所占，二十一岁参加抗金义军，不久归南宋，一生力主抗金。曾上《美芹十论》与《九议》，条陈战守之策，显示出其卓越的军事才能与爱国热忱。其词抒发力图恢复国家统一的爱国热情，倾诉壮志难酬的悲愤，对当时执政者的屈辱求和颇多谴责；同时他也有不少吟咏祖国河山的作品。其作品题材广泛又善于化用前人典故入词，风格沉雄豪迈又不乏细腻柔媚。在苏轼的基础上，大大开拓了词的思想意境，提高了词的文学地位。他著有《稼轩长短句》。明代杨慎在《词品》中说："辛词当以京口北固亭怀古《永遇乐》为第一。"

②辛弃疾词的艺术成就

A. 艺术风格多种多样。豪放无疑是辛词的主要风格，除此之外，他有的作品有的秾纤华丽似花间体，有的明白通俗如白乐天体，有的轻巧尖新，有的婉丽清畅，有的缠绵婉约，更有将豪放与婉约两种风格融合在一起的作品。多样的风格表现了辛弃疾兼收并蓄的才情与胸怀。

B. 辛词的艺术境界阔大而充满流动感。这主要表现在豪放的情感、阔大的空间、久远的时间、富有力量和阳刚之气的意象等方面。

C. 语言上融会贯通，既从古代各种文体的不同作家作品中广泛地撷取精华，如《诗经》《史记》《庄子》《楚辞》《世说新语》等著作，使词具有典雅之气；同时又大胆地吸取民间口语，使词富有浓厚的生活气息。

D. 以文为词，以议论为词的特点。

2. 婉约派

宋代词坛上的另一大流派，其作品语言清丽、含蓄，词中抒发的感情婉转缠绵，但题材内容比较狭窄。其代表人物是李清照和柳永，另外还有晏殊、秦观、周邦彦等，代表作品有李清照的《武陵春》和柳永的《雨霖铃》等。

(1)李清照

①作者简介

李清照，号易安居士，主要作品有《武陵春》《如梦令·常记溪亭日暮》《声声慢·寻寻觅觅》等，结为《漱玉词》。李清照是中国古代文学史上创造力最强、艺术成就最高的女性作家，改变了男子一统文坛的传统格局。

②李清照词的独特性

李清照的词大致可以分为前后两个时期。早期的词主要表现她作为少女和少妇的生活与情怀。在她的笔下，少女生活是充满欢乐的；少妇之词的主旋律则是抒发离别相思的感受，与少女之作相比，明显多了一分沉重。后期的作品则主要表现她作为寡妇的身世之苦、故国之思以及孤寂无聊的心情，情调低沉，凄苦悲凉。

③李清照词作的艺术风格

李清照的词作在艺术上达到了炉火纯青的境界，在词坛中独树一帜，并形成了自己独特的艺术风格——“易安体”。她不追求华丽的藻饰，而是提炼富有表现力的“寻常语度入音律”，用白描的手法来表现对周围事物的敏锐感触，刻画细腻、微妙的心理活动，表达丰富多样的感情体验，塑造鲜明、生动的艺术形象。

在她的词作中，真挚的感情和完美的形式水乳交融，浑然一体。她将“语尽而意不尽，意尽而情不尽”的婉约风格发展到了顶峰，赢得了婉约派词人“宗主”的地位，成为婉约派代表人物之一。

第一部分

(2)柳永

①作者简介

柳永，原名三变，字景庄，后改名柳永，字耆卿，因排行第七，又称柳七。北宋著名词人，婉约派代表人物。其词多描绘城市风光和歌伎生活，尤长于抒写羁旅行役之情，创作慢词较多。他的作品铺叙刻画，情景交融，语言通俗，音律谐婉，在当时流传极广，对宋词的发展有一定影响。主要作品有《雨霖铃》《八声甘州》《望海潮》等。

②柳永词作的艺术成就

A. 慢词的发展，词调的丰富。柳永大力创作慢词，从根本上改变了唐五代以来词坛上小令一统天下的格局，使慢词与小令两种体式平分秋色，齐头并进。柳永还是两宋词坛创用词调最多的词人，词至柳永，体制始备。

B. 雅俗并陈。柳永不仅从音乐体制上改变和发展了词的声腔体式，而且从创作方向上改变了词的审美内涵和审美趣味，即变“雅”为“俗”，使词从贵族的文艺沙龙重新走回市井。而柳永的羁旅行役词，又相当典雅，使其词呈现出雅俗并陈的特色。

C. 表现手法。

a. 抒情的自我化。柳永词注重表现自我独特的人生体验和心态，注重自我情感的抒发。

b. 语言的通俗化。柳永在词的语言表达方式上也进行了大胆的革新，他充分运用现实生活中的日常口语和俚语，用富有表现力的口语入词，不仅生动活泼，而且使读者和听众既感到亲切有味，又易于理解接受。

c. 铺叙和白描的手法。小令由于篇幅短小，只适宜于用传统的比兴手法，而慢词则可以尽情地铺叙衍展，故柳永将“敷陈其事而直言之”的赋法移植于词，与铺叙相配合，还大量使用白描手法，写景状物，不用假借替代；言情叙事，不需烘托渲染，而直抒胸臆。

d. 结构巧妙。柳永巧妙利用时空的转换来叙事、布景、言情，自创出独特的结构方式。他将词一般的二重或三重时空构成的单线结构扩展为回环往复式的多重时间结构。在空间结构方式上，柳永也将一般的人我双方互写的双重结构发展为从自我思念双方又设想双方思念自我的双重空间结构。

考点 4 宋话本小说

中国白话小说成熟的形态是宋元话本。“话本”即说书艺人(宋代称为“说话人”)演出的底本。说话大致可分为小说、讲史、说经、合生与商谜,其中以小说与讲史两家最为发达也最有价值。小说话本可分爱情小说、社会问题小说、豪侠小说、神怪小说四类,以前两类成就最高,代表作有《错斩崔宁》《碾玉观音》《张生彩鸾灯传》等。讲史,亦称平话,专讲历代兴亡的历史故事,现存比较重要的宋代讲史话本有《五代史平话》《大宋宣和遗事》等。

记忆有妙招

宋代文学词泱泱,分成婉约与豪放。柳永秦观李清照,风花雪月多感伤。

苏轼首开豪放派,“大江东去”气昂昂。爱国词人辛弃疾,“金戈铁马”势高扬。

三苏王曾欧阳修,继承韩柳写文章。范公作品虽不多,《岳阳楼记》放光芒。

南宋诗人陆放翁,《示儿》犹念复家邦。人生自古谁无死?后世感怀文天祥。

六、元代文学 【单选、多选、名词解释】★★

元代文学的主要成就是曲,元曲包括杂剧和散曲。杂剧是戏曲,散曲属诗歌,两者均以曲辞为主,因而总称为曲。元曲在文学史上获得了与诗、词同样高的地位。而南戏和话本小说也有新发展,诗歌、散文则呈衰落趋势。

考点 1 元杂剧

元杂剧在前期出现了关汉卿、王实甫、白朴、马致远等一大批杰出的戏剧家,以及《窦娥冤》《救风尘》《望江亭》《西厢记》《梧桐雨》《墙头马上》《汉宫秋》《赵氏孤儿》等优秀的杂剧作品,这一时期是元杂剧的鼎盛期。

到了后期,杂剧的中心逐渐从大都移到南方的杭州。元杂剧后期成就较大的作家有郑光祖、秦简夫、乔吉等,其中郑光祖的《倩女离魂》一剧堪称后期杂剧最优秀的作品。

1. 关汉卿

(1)作者简介

关汉卿,号已斋叟,元杂剧奠基人,是中国古代戏曲创作的代表人物,“元曲四大家”之首。关汉卿的杂剧作品以《窦娥冤》成就最大,《救风尘》《望江亭》也是关汉卿的代表作,都同样反映了社会的黑暗,歌颂了人民的反抗精神。此外,他的作品还有《拜月亭》《鲁斋郎》《单刀会》《调风月》等。

(2)《窦娥冤》

《窦娥冤》题目为《秉鉴持衡廉访法》,正名为《感天动地窦娥冤》。它的故事源于《列女传》中的《东海孝妇》。但关汉卿并没有局限在这个传统故事里去歌颂为东海孝妇平反冤狱的于公的功德,而是紧紧扣住当时的社会现实,用这段故事真实而深刻地反映了元朝统治下中国社会极端黑暗、极端残酷、极端混乱的悲剧时代,表现了中国人民坚强不屈的斗争精神和争取独立生存的强烈要求。它成功地塑造了“窦娥”这个悲剧主人公形象，使其成为元代被压迫、被剥削、被损害的妇女的代表，成为元代社会底层善良、坚强而走向反抗的妇女的典型。

真题面对面

[2019吉林通化梅河口，单，1分]元代著名的散曲作家是(　　)

A. 陈寿　　B. 蒲松龄　　C. 关汉卿　　D. 曹雪芹

答案：C。A项，陈寿是三国蜀汉及西晋时期史学家。B项，蒲松龄是清代小说家、文学家。C项，关汉卿是元代散曲作家、戏剧家。D项，曹雪芹是清代小说家。

2. 马致远

(1)作者简介

马致远，号东篱，著名戏曲家、杂剧家，被后人誉为"马神仙"，还有"**曲状元**"之称，代表作品有杂剧《汉宫秋》、散曲《天净沙·秋思》等，其中《天净沙·秋思》被称为"**秋思之祖**"。马致远是元散曲作家中成就最高者之一。

(2)《汉宫秋》的特点

①把"和亲"之举作为国家衰弱的征象，写历史兴亡的感慨，借昭君之恨抒发了反抗民族压迫的情绪，并在一定程度上抨击了封建王朝的腐败无能。

②在剧情描写中，作者把悲剧的根源推到奸臣毛延寿及满朝文武身上，有意或无意地对汉元帝做了"美化"的处理，把他写成一个忠于爱情的风流才子式的人物，并在剧中以大量的篇幅表现汉元帝失去王昭君时的悲愁别恨。

③在艺术上，剧中许多唱词写得声情并茂，以塞北风光和宫中秋景衬托离别之恨和思念之苦，意境优美，音节嘹亮跌宕，极富艺术感染力。

3. 王实甫

(1)作者简介

王实甫，名德信，元代杂剧作家，所作杂剧今知有十四种，现存《西厢记》《破窑记》《丽春堂》三种，《芙蓉亭》《贩茶船》两剧各存一折曲词。他的代表作《西厢记》在戏剧结构、矛盾冲突、人物塑造等方面，都取得了很高的艺术成就，无论是思想性，还是艺术性，都达到了元杂剧的一个高峰，成为最具舞台生命力的一部佳作。

(2)《西厢记》

①作品简介

王实甫《西厢记》是元代杂剧中爱情题材的代表作，故事源于唐代元稹所著传奇《会真记》(即《莺莺传》)。《崔莺莺待月西厢记》简称《西厢记》，讲述了书生张生与相国小姐崔莺莺的爱情故事，表现了对封建礼教，特别是封建婚姻制度和门阀观念的批判，具有强烈的反封建思想。《西厢记》的戏剧冲突有两条发展线索：一是以老夫人为一方同以崔莺莺、张生、红娘为另一方之间的冲突线；一是崔莺莺、张生、红娘之间的冲

突线。这两条冲突线，互相制约，交错展开，形成了《西厢记》特有的戏剧性。

②艺术特色

A. 根据人物的性格特征，展开了错综复杂的戏剧冲突，完成了莺莺、张生、红娘等个性鲜明的形象塑造。

B. 善于描摹景物，酝酿气氛，衬托出人物的内心世界和心理活动，心理描写十分细腻，多数场次饶有诗情画意，形成作品独特的优美风格。

C. 选择和融化古代诗词中优美的词句，并提炼民间生动活泼的口语，熔铸成自然而华美的曲词。

真题面对面

[2019云南特岗，名词解释，5分]《西厢记》

参考答案：参见上文。

4. 其他

(1)郑光祖，元代著名的杂剧家和散曲家，代表作是《倩女离魂》。

(2)白朴，元代著名的杂剧作家，代表作有《墙头马上》《梧桐雨》。

考点 再拔高

▼ 元曲的"四大"

元曲四大家：关汉卿、马致远、郑光祖、白朴。(见于周德清《中原音韵》)

元曲四大悲剧：关汉卿的《窦娥冤》，白朴的《梧桐雨》，马致远的《汉宫秋》和纪君祥的《赵氏孤儿》。

元曲四大爱情剧：关汉卿的《拜月亭》，王实甫的《西厢记》，白朴的《墙头马上》和郑光祖的《倩女离魂》。

真题面对面

[2019重庆沙坪坝区，多，1.5分]下列文学流派描述正确的是(　　)

A."田园诗派"是盛唐时期一个重要的诗歌流派，代表诗人有王维、孟浩然。此派诗人善于描绘田园生活，著名诗作有《山居秋暝》《过故人庄》等。

B."元曲四大家"指关汉卿、马致远、白朴、王实甫，四者代表了元代不同时期的杂剧风格。

C. 豪放派是宋代词坛的一大流派，词作充满豪情壮志，代表词人有苏轼、辛弃疾，代表作品有《念奴娇·赤壁怀古》《永遇乐·京口北固亭怀古》。

D."唐宋八大家"即唐代的韩愈、柳宗元，宋代的"三苏"(苏洵、苏轼、苏辙)、欧阳修、王安石、曾巩。

答案：ACD。B项，"元曲四大家"是指关汉卿、马致远、郑光祖、白朴。(据《辞海》，该说法首见于周德清《中原音韵》，高中语文人教版必修四教师用书亦持此说。)

考点2 元代南戏

南戏是南曲戏文的简称，它结构宏大，形式自由，曲调柔婉悠扬。元前期，南戏远不如杂剧，但到了元代末年，以高明所作的《琵琶记》为代表，南戏全面兴起，逐渐取代杂剧而成为明清戏曲的主流并得到进一步的发展。

高明的《琵琶记》是元代南戏的代表作，写寒士蔡伯喈和赵五娘的故事。又有“四大南戏”，或称“四大传奇”，即《荆钗记》《白兔记》《拜月亭》《杀狗记》也较著名。

真题面对面

[2021安徽统考，单，3分]下列文学常识表述正确的一项是（　　）

A. 我国小说发展的历史悠久。刘义庆《世说新语》、干宝《搜神记》是魏晋南北朝时期的名著。蒲松龄《聊斋志异》、李汝珍《阅微草堂笔记》是清代文言短篇小说的杰作。

B. 许多外国小说有很大的影响。如塞万提斯《堂吉诃德》、巴尔扎克《巴黎圣母院》、列夫·托尔斯泰《安娜·卡列尼娜》、卡夫卡《变形记》、马尔克斯《百年孤独》等。

C. 王实甫《西厢记》、汤显祖《牡丹亭》、洪昇《琵琶记》、孔尚任《桃花扇》是我国古代戏曲四大名著。曹禺是现当代著名的话剧家，代表作有《雷雨》《日出》等。

D. 郭沫若《天上的街市》、闻一多《红烛》、戴望舒《雨巷》、艾青《我爱这土地》、舒婷《祖国啊，我亲爱的祖国》等都是我国现当代优秀诗歌作品。

答案：D。A项，《阅微草堂笔记》的作者是纪晓岚。B项，《巴黎圣母院》的作者是雨果。C项，我国古代戏曲四大名著是王实甫《西厢记》、汤显祖《牡丹亭》、洪昇《长生殿》、孔尚任《桃花扇》。《琵琶记》的作者是高明。

考点3 元代散曲

散曲是金元时期在北方兴起的一种合乐歌唱的诗歌新体式，形式自由活泼，语言通俗明快，风格爽朗，显示出强大的艺术活力。

马致远有“曲状元”之称，代表作品《天净沙·秋思》被称为“秋思之祖”。

记忆有妙招

元代散曲分两种，小令套数各不同。杂剧代表四大家，成就首推关汉卿；
窦娥悲剧传千古，人物形象最鲜明。其余三家郑马白，还有“西厢”留美名。

七、明代文学

考点1 明代小说

明代出现了长篇章回小说——一种由宋元讲史话本发展而来的小说形式，经常出现“话说”和“看官”等字样。章回小说的开山之作是明初罗贯中在民间流传的三国故事基础上整理加工而成的演义小说《三国演义》，它与英雄传奇小说《水浒传》一道总结历史，反映深刻现实。神魔小说内容涉及鬼神魔怪，充满奇异的幻想，代表作有《西游记》《封神演义》等。世情小说以社会现实为题材，多写家庭生活，以《金瓶梅》为代表。

明代短篇小说的主要形式是拟话本，这是一种文人模仿民间话本而创作的案头文学。著名的拟话本结集有冯梦龙的《喻世明言》《警世通言》《醒世恒言》，以及凌濛初的《初刻拍案惊奇》《二刻拍案惊奇》，它们合称“三言二拍”。

1. 罗贯中

(1)作者简介

罗贯中，名本，号湖海散人，元末明初著名小说家，中国章回体小说的鼻祖。今存署名罗贯中的作品，除《三国演义》(《三国志通俗演义》)外，还有《隋唐两朝志传》《残唐五代史演义传》《三遂平妖传》。《三国演义》为我国第一部长篇历史章回体小说，与《水浒传》《西游记》《金瓶梅》并称为明代的“四大奇书”。

在考试中有时会考查名著的片段，如曹操刘备“煮酒论英雄”、关羽华佗“刮骨疗伤”、诸葛亮“空城计”等，考生在复习备考时需要积累相关知识。

(2)《三国演义》

①内容上的特点

A. 真实地再现了三国时期中国的社会面貌。作品流露出对军阀罪恶的痛恨，对人民苦难的同情。

B. 明确地表现了作者的政治理想。书中体现了反对分裂、拥护统一的倾向，究竟应该由什么样的人或政治集团来统一天下，是全书思想内容的关键。

C. 热情歌颂了忠义、勇敢和智慧。作品成功塑造了一批活跃在政治、军事舞台上的杰出人物。

②艺术特色

A. 善于抓住人物基本特征，突出其某一特征，运用夸张、对比、衬托的修辞手法，使人物个性鲜明生动，形象丰富饱满。

B. 长于描述战争，充分体现了战争的复杂性和多样性；既写出了战争的激烈、紧张、惊险，又不显得凄惨，具有昂扬的格调。

C. 以蜀汉为中心，以三国的矛盾斗争为主线，来组织全书的故事情节，形成了既宏伟壮阔又严密精巧的结构。

D. 语言精练畅达。

2. 施耐庵

(1)作者简介

施耐庵，元末明初的文学家，主要作品为《忠义水浒传》，简称《水浒传》。《水浒传》是一部以农民起义为题材的长篇章回体小说。

(2)《水浒传》

①内容特点

A. 通过梁山泊的故事，正确地揭示了中国封建社会农民起义的最根本的原因——“官逼民反”。

B. 正确地反映了农民起义军由小到大逐步发展的过程。

C. 热情歌颂了农民起义的英雄人物。

②艺术成就

A.《水浒传》以北方口语为基础，经过加工，语言明快、洗练、准确、生动，具有浓郁的生活气息。

B. 通过对比等手法，塑造了众多个性鲜明、真实的人物形象。

C.《水浒传》的情节生动曲折，大小事件都写得腾挪跌宕，引人入胜。

D. 在塑造人物时，作者既根植于现实，又把自己的爱憎感情熔铸在人物身上，结合了现实主义和浪漫主义的写作手法。

E.《水浒传》善于把人物置身于真实环境中，紧扣人物的身份、经历和遭遇，成功地塑造了李逵、鲁智深、林冲、武松等众多鲜明的英雄形象。而在英雄人物的塑造上，总是把人物置于生死存亡的关头，以其行动和语言显示其性格特点。

F. 紧紧围绕“官逼民反”这一思想，采用串珠式的结构，把故事情节和人物性格融合在一起，在揭露贪官污吏的残暴腐败的同时，歌颂了梁山好汉的英雄气概，深刻反映了广阔的社会生活。

3. 吴承恩

(1)作者简介

吴承恩，字汝忠，号射阳山人，明代文学家，主要作品为《西游记》。《西游记》是著名的长篇章回神魔小说，是古典文学中最辉煌的神话作品，标志着浪漫主义文学的新高峰。

(2)《西游记》的艺术特色

①从环境来看，作者通过对奇异环境的描写，赋予了神魔世界迷人的浪漫色彩。

②巧妙结合故事情节，在尖锐的矛盾冲突中，充分地表现了人物复杂的内心世界，突出刻画了人物性格，使其有血有肉，栩栩如生。

③语言诙谐幽默，善于使用生动、贴切的对话来突出人物形象。

④浪漫主义与现实主义辩证统一。

4.《金瓶梅》

“第一奇书”《金瓶梅》相传为兰陵笑笑生所作，它以市井人物与世俗风情为描写中心，是古代第一部由文人独立创作的长篇白话小说。《金瓶梅》从描述英雄豪杰、神仙妖魔转向家庭生活、平凡人物。它是第一部以家庭生活和世态人情为题材的长篇小说，标志着我国古代小说艺术的渐趋成熟和现实主义创作方法的重大发展，为此后的世情小说开辟了广阔的题材世界，并使之成为此后小说的主流。

考点 2 明代传奇

明代戏曲有杂剧与传奇之分，其中主要样式是传奇。传奇即南曲戏文，明代开始兴盛。明代后期是传奇创作的繁盛时期，形成“临川”与“吴江”两大流派。这一时期最有代表性的作品就是汤显祖的《牡丹亭》。

1. 汤显祖

(1)作者简介

汤显祖，字义仍，号海若、若士、清远道人，江西临川人，明代戏曲家、文学家。汤显祖有多方面的成就，

其中以戏曲创作为最，其戏曲作品《牡丹亭》《紫钗记》《南柯记》和《邯郸记》合称“临川四梦”或“玉茗堂四梦”，其中《牡丹亭》(又叫《还魂记》)是他最重要的代表作。

(2)《牡丹亭》

《牡丹亭》具有强烈的时代气息，突出了明代后期人性解放的鲜明旗帜，反映了当时意识形态领域“情”与“理”的尖锐冲突。主要体现在：

A. 有意强调了双方门第的差异。

B. 小说里的杜丽娘是个典型的大家闺秀，作者在剧中则淡化这种淑女色彩，突出她的叛逆性格，并与杜宝和陈最良的卫道士形象形成鲜明对照，以强化反抗礼教、歌颂爱情自由的中心主旨。

C. 作者有意营造和描绘自由爱情实现的艰难历程。

2. 临川派

“临川派”因其领袖人物汤显祖为江西临川人而得名，代表作家有阮大铖、吴炳等。这一派注重传奇的文学性，讲究辞藻文采，主张“以意趣神色为主”。

3. 吴江派

“吴江派”因其领袖人物沈璟为江苏吴江人而得名，代表作家有吕天成、王骥德、冯梦龙等。这一派注重传奇的音乐性与戏剧性，主张作曲“协律”，语言“本色”。

考点 3 明代诗文

明代诗文领域出现的文学团体和流派较多，前期主要是台阁体和茶陵派；到了中期，掀起了一股文学复古思潮，前后七子及唐宋派是其代表；晚明出现了公安派和竟陵派。

1. 前七子

明代弘治、正德年间，前七子崛起于文坛，他们分别是李梦阳、何景明、徐祯卿、边贡、康海、王九思和王廷相七人。前七子主张**“文必秦汉，诗必盛唐”**，形成了声势浩大的诗文复古运动，意欲借助复古的手段，改变文坛现状，促使文学走上正常的发展道路。经过他们的努力，廓清了台阁体文风，清除了理学诗的影响，对明代中后期文学发展起了一定的推动作用。但他们由复古进而一味地摹古拟古，使得文学缺乏创新，又造成了很大负面影响。同时过多重视古人诗文法度、格调也或多或少地束缚了他们的创作，影响了作品中作家情感的自由充分表达。

2. 后七子

嘉靖中期，以李攀龙、王世贞为首的后七子重新在文坛上举起了复古的大旗，成员还有谢榛、吴国伦、宗臣、徐中行、梁有誉。后七子以王世贞影响最大。从总体上看，后七子的复古主张在很大程度上承接李梦阳等前七子的文学思想，而在学古问题上特别对法度格调的讲究更趋于强化和具体化，但他们过分注重对古体的揣度模拟，以至于难脱蹈袭的窠臼。

3. 唐宋派

明代嘉靖年间出现的散文流派，其代表人物有王慎中、唐顺之、茅坤、归有光等。期间出现的前后七子倡言复古，散文创作以模拟古人为事，缺乏思想性，文字佶屈聱牙，流弊甚烈。唐宋派力矫时弊，反对复古派“文必秦汉”的主张，认为唐宋散文是秦汉古文的继承和发展，主张“文道合一”，学习欧阳修、曾巩之文，一时影响颇大。

归有光是“唐宋八大家”与清代“桐城派”之间的桥梁，著有《震川先生集》，其中《项脊轩志》是其名篇。

4. 公安派

明代后期的文学流派，其代表人物为袁宗道、袁宏道、袁中道三兄弟，因其籍贯为湖广公安(今属湖北)，故称“公安派”。他们反对前后七子“文必秦汉，诗必盛唐”的主张，提出了**“独抒性灵”**的口号，影响很大。“独抒性灵”作为公安派理论的核心口号，融合了鲜明的时代内容，它和李贽的“童心说”一脉相通，和“理”尖锐对立。“性灵说”不仅明确肯定人的生活欲望，还特别强调表现个性，体现了晚明人的个性解放思想。

5. 竟陵派

明代后期的文学流派，因其主要人物钟惺、谭元春都是竟陵人，故被称为竟陵派。和公安派一样，竟陵派也主张“性灵说”，是明末反对诗文拟古潮流的重要一派。同时，他们认为“公安派”作品俚俗、浮浅，因而倡导以一种“幽深孤峭”的风格加以匡救。

八、清代文学 【单选】 ★

考点 1 清代小说

清代文学是中国封建社会总结时期的文学，样式繁多，各具特色，以小说成就最大。作者着意对社会现实、人生命运及其走向等作周密而又全面的剖析和反思，有着强烈的社会影响力。这时期的代表作品有曹雪芹的《红楼梦》、吴敬梓的《儒林外史》、蒲松龄的《聊斋志异》等。

1. 曹雪芹

(1)作者简介

曹雪芹，名霑，字梦阮，号雪芹，又号芹圃、芹溪。祖籍辽宁，先世原是汉人，明末入满洲籍，属满洲世家，其代表作品为《红楼梦》。

(2)《红楼梦》

①作品简介

《红楼梦》最初以80回抄本的形式在社会上流传，多题名《石头记》。《红楼梦》是一部具有高度思想性和高度艺术性的现实主义作品，代表了古典小说艺术的最高成就。鲁迅曾说：“自从《红楼梦》出来以后，传统的思想和写法都打破了。”(《中国小说的历史的变迁》)王国维曾断言红楼梦是“唯一的一部饱含悲剧精神的辉煌巨著”。

②艺术特色

A. 内容上，综合描绘了中国封建社会从制度、风俗到建筑、园林、金石、饮食、医药等多方面文化内容，被誉为我国“封建社会的百科全书”。

B. 结构上，突破了传统的单线结构方式，灵活转换叙事视角，形成浑然一体的网状叙事结构。

C. 手法上，打破了人物类型化、绝对化的描写，人物形象更加鲜明。

D. 语言上，采用接近口语、通俗浅显的北方官话，具有浓厚的生活气息和强烈的感染力。

真题面对面

[2019江苏南京，单，1分]下列文学常识中，表述错误的一项是（　　）

A. 孔子，名丘，字仲尼，儒家学派创始人，核心思想是"仁"。《论语》是记录孔子及其弟子言行的一本语录结集。

B. 司马迁，字子长，西汉史学家、文学家、思想家，编写了我国历史上第一部纪传体通史《史记》。

C. 苏轼，字子瞻，号东坡居士，北宋文学家、书画家，"唐宋八大家"之一。

D. 曹雪芹，字梦阮，号雪芹，清代小说家，创作了中国古典小说中最伟大的浪漫主义作品《红楼梦》。

答案：D。D项，《红楼梦》是现实主义作品。

2. 蒲松龄

(1)作者简介

蒲松龄，字留仙，一字剑臣，号柳泉居士，世称聊斋先生，山东淄川（今山东省淄博市淄川区）人，清代文学家。他的代表作为文言短篇小说集《聊斋志异》。郭沫若曾这样评价蒲松龄："写鬼写妖高人一等，刺贪刺虐入木三分。"

(2)《聊斋志异》的艺术特色

①采用传奇的方法来志怪。蒲松龄借用传奇的特长，写花妖狐魅，使小说内容精彩且充实，情节离奇而生动，展现出极其迷幻曲折的色彩。

②情节委曲，叙次井然。《聊斋志异》增强了小说的艺术素质，丰富了小说的形态、类型；使小说超出了以故事为本的窠臼，变得更加丰美，富有生活情趣和文学的魅力。作者反对"硬铺直陈"，许多作品情节怪异谲诡，变幻莫测，极尽腾挪跌宕之能事。同时，它们也有自身的逻辑性，合乎人情物理。

③描写丰美，形象生动。较之以前的文言小说，作品加重了对人物环境、行动状况、心理表现等方面的描写。

④语言精练，词汇丰富，句式富于变化。

3. 吴敬梓

(1)作者简介

吴敬梓，字敏轩，号粒民，因家有"文木山房"，所以晚年自称"文木老人"，又因自家乡安徽全椒移至江苏南京秦淮河畔，故又称"秦淮寓客"，清代最伟大的小说家之一。确立他在中国文学史上的杰出地位的是他成书于乾隆年间的长篇讽刺小说《儒林外史》，《范进中举》就是其中的节选。"机锋所向，尤在士林""虽云长篇，颇同短制"，鲁迅先生的这几句话，高度精确地概括了吴敬梓《儒林外史》的思想内容和结构特点。

(2)《儒林外史》的艺术特色

①结构形式

《儒林外史》将几代知识分子放在长达百年的历史背景中去描写，以心理的流动串联生活经验。作者摆脱了传统小说的传奇性，淡化故事情节，也不靠激烈的矛盾冲突来刻画人物，而是尊重客观再现，用寻常小事，通过精细的白描来再现生活，塑造人物。

②叙事特点

A.《儒林外史》所写的人物更贴近人的真实面貌，通过平凡的生活写出平凡人的真实性格。

B. 人物性格丰富化，摆脱了传统的类型化，并且写出了人物内心世界的复杂性，在有限的情节里，体现出人物性格的非固定性，即性格的发展变化。

C. 自然景物的描写舍弃了章回小说长期沿袭的模式化、骈俪化的韵语，运用口语化的散文，对客观景物作精确的、不落俗套的描写。

D.《儒林外史》改变了传统小说中说书人的评述模式，采取了第三人称隐身人客观观察的叙事方式，让读者直接与生活见面，大大缩短了小说形象与读者之间的距离。

③讽刺艺术

《儒林外史》对不和谐的人和事进行了婉曲而又锋利的讽刺，具有悲喜交融的美学风格。作者在探求理想的同时，对封建文化作了进一步的反思，其批判的锋芒指向封建礼教和社会习俗。作者既看到社会改造理想的难以实现，又不忍放弃对社会理想和完美人格的追求。

考点 2 清代戏曲

戏曲方面出现“**南洪北孔**”，洪昇和孔尚任是当时有名的传奇作家，他们分别创作的《长生殿》和《桃花扇》是传世的佳作，充满时代感。

孔尚任的《桃花扇》所写的是明代末年发生在南京的故事。全剧以侯方域、李香君的悲欢离合为主线，展现了明末南京的社会现实。同时也揭露了弘光政权衰亡的原因，歌颂了对国家忠贞不渝的民族英雄和底层百姓，展现了明朝遗民的亡国之痛。《桃花扇》是一部接近历史真实的历史剧，文中重大事件均属真实，只在一些细节上进行了艺术加工。以男女情事来写国家兴亡，是此剧的一大特色。

考点 3 清代诗文

诗歌方面，出现众多有影响的流派，有以王士禛为代表的“神韵派”、以沈德潜为代表的“格调派”、以翁方纲为代表的“肌理派”，词则有以朱彝尊为代表的“浙西词派”和以张惠言为代表的“常州词派”。在乾隆诗坛最有影响的当推提倡“性灵说”的袁枚。袁枚反对模唐拟宋，主张表现个人的“性情”，与晚明公安派“独抒性灵，不拘格套”的诗论息息相通。

散文方面，以“桐城派”影响最大，恽敬的“阳湖派”是其旁支。他们各有自己的主张和创作特色，影响一时。骈文以汪中较为有名，代表作为《哀盐船文》。

1. 桐城派

清代的散文流派，由方苞开创，其后刘大櫆、姚鼐等又进一步发展，因他们都是安徽桐城人，故名“桐城派”。

他们主张学习《左传》《史记》等先秦两汉散文和唐宋古文家韩愈、欧阳修等人的作品，讲究“义法”，要求语言“雅洁”，以阳刚阴柔分析文章风格。

真题面对面

[2022陕西特岗，单，2分]下列关于“桐城派”的叙述，错误的是(　　)

A. 是清代的一个散文流派。　　B. 由安徽桐城人方苞开创。

C. 主要成员有刘大櫆、姚鼐等。　　D. 文章创作上主要继承归有光“唐宋派”古文。

答案：D。桐城派是清代的散文流派，由方苞开创，其后刘大櫆、姚鼐等又进一步发展，因他们都是桐城人，故名“桐城派”。他们主张学习《左传》《史记》等先秦两汉散文和唐宋古文家韩愈、欧阳修等人的作品，讲究“义法”，要求语言“雅洁”，以阳刚阴柔分析文章风格。“唐宋派”的归有光是“唐宋八大家”与清代“桐城派”之间的桥梁，“桐城派”在文章创作上主要继承唐宋古文。

2. 阳湖派

嘉庆年间，当桐城派极盛之际，恽敬和张惠言接受桐城派理论的影响，又对桐城派的理论作了一些修正，产生了一定的影响。因他们二人及其大部分追随者都是阳湖人，故被称为“阳湖派”。

考点4 晚清文学

在梁启超“小说界革命”的倡导之下，谴责小说也盛行起来，代表作为**“清末四大谴责小说”**，有李宝嘉的《官场现形记》、吴沃尧的《二十年目睹之怪现状》、曾朴的《孽海花》和刘鹗的《老残游记》。

记忆有妙招

明清戏剧精品多，《牡丹亭》及《桃花扇》。长篇都是章回体，“四大名著”是高峰。
《儒林外史》不能忘，《聊斋志异》多流行。尚有短篇拟话本，编订“三言”冯梦龙。
方苞开创姚鼐继，散文流派叫桐城。

第二节　中国现当代文学

一、中国现代文学　【单选、判断、简答、名词解释】★★★

从时间概念上说，现代文学以1917年1月《新青年》第2卷第5号发表胡适《文学改良刍议》为开端，而止于1949年7月第一次全国文学艺术工作者代表大会在北京的召开。

文学革命发生于1917年初。1917年1月，胡适在《新青年》上发表了《文学改良刍议》，2月陈独秀发表了

《文学革命论》。文学革命旨在反对文言、提倡白话，反对旧文学、提倡新文学，标志着古典文学的结束，现代文学的起始。文学革命的倡导者有胡适、陈独秀、李大钊、蔡元培、郑振铎、钱玄同、刘半农、周作人、鲁迅等。

考点 1 小说创作

1. 20世纪20年代小说创作

“五四”以后，小说创作获得了丰收。鲁迅的《狂人日记》是中国现代小说的伟大开端，《呐喊》《彷徨》是中国现代小说的成熟之作，中国现代小说自鲁迅开始，又在鲁迅手中成熟。

(1)鲁迅

①作者简介

中国现代文学—鲁迅

鲁迅，浙江绍兴人，原名周樟寿，字豫才，南京求学时学名为周树人，1918年发表《狂人日记》时开始署名鲁迅。鲁迅是现代著名文学家、思想家，中国文化和思想革命的主将。“寄意寒星荃不察，我以我血荐轩辕”“横眉冷对千夫指，俯首甘为孺子牛”是其一生的真实写照。他在20世纪初中国“救亡图存”的大背景下，大声呼唤“精神界之战士”，提出“立人”主张。

②鲁迅作品的分类

A. 小说集：

《呐喊》(共14篇)：《狂人日记》《孔乙己》《药》《明天》《一件小事》《头发的故事》《风波》《故乡》《阿Q正传》《端午节》《白光》《兔和猫》《鸭的喜剧》《社戏》。

《彷徨》(共11篇)：《祝福》《在酒楼上》《幸福的家庭》《肥皂》《长明灯》《示众》《高老夫子》《孤独者》《伤逝》《弟兄》《离婚》。

《故事新编》(以古代神话、历史与传说为题材，共8篇)：《补天》(原名《不周山》)《铸剑》《奔月》《非攻》《理水》《采薇》《出关》《起死》。

B. 散文诗集：《野草》。

C. 散文集：《朝花夕拾》(鲁迅唯一一部回忆性的散文集，原名《旧事重提》，共10篇：包括《狗·猫·鼠》《阿长与〈山海经〉》《二十四孝图》《五猖会》《无常》《从百草园到三味书屋》《父亲的病》《琐记》《藤野先生》《范爱农》。)

D. 杂文集：《而已集》《二心集》《坟》《花边文学》《华盖集》《南腔北调集》《且介亭杂文》《热风》《三闲集》《伪自由书》等。

易混点辨析

在考试中有时会考查鲁迅作品中的人物，如《伤逝》中的涓生和子君，《药》中的华老栓、夏瑜和红眼睛阿义，《祝福》中的祥林嫂等。考生在复习备考时需要积累作品大致内容及主要人物。

③《狂人日记》

1918年5月，《新青年》第4卷第5号发表了鲁迅的《狂人日记》。这是鲁迅创作的第一个短篇白话日记体

小说，也是中国现代文学史上第一篇用现代体式创作的白话短篇小说，它标志着新文学创作的开端。小说通过被迫害者“狂人”的形象以及“狂人”的自述式的描写，揭露了封建礼教的“吃人”本质，表现了作者对以封建礼教为主体的中国封建文化的反抗；也表现了作者深刻的忏悔意识。作者以彻底的“革命民主主义”的立场对中国的文化进行了深刻的反思，同时表达了对中国的甚至是人类的前途的忧愤。

④《阿Q正传》

《阿Q正传》中作者通过对未庄流浪雇农阿Q的描写，揭示了当时社会的腐败黑暗，批判了国民的劣根性。鲁迅采用了悲喜交融的表现手法，用“传记”式结构，通过“杂取种种人，合成一个”的典型塑造方式，塑造了一个典型环境中的典型人物。《阿Q正传》通过对阿Q和他周围人的描写形象地揭示了中国农民的麻木和不觉悟，揭示了人性的弱点，也折射出中国资产阶级革命的致命弱点。小说还通过阿Q身上的**“精神胜利法”**揭露了中国的民族劣根性，这是对整个旧社会的批判，对整个旧的意识形态的批判。这体现了鲁迅深刻的启蒙主义思想。

第一部分

真题面对面

1.［2021贵州特岗，单，1分］下列鲁迅的作品中，属于杂文集的是（　　）

①《热风》　②《呐喊》　③《三闲集》　④《华盖集》　⑤《朝花夕拾》

A. ①③④　　B. ②③④　　C. ②④⑤　　D. ③④⑤

答案：A。鲁迅的杂文集有《而已集》《二心集》《华盖集》《南腔北调集》《且介亭杂文》《热风》《三闲集》等。《呐喊》为鲁迅的短篇小说集，《朝花夕拾》为鲁迅的散文集。

2.［2019云南特岗，名词解释，5分］《狂人日记》

参考答案：参见上文。

3.［2019重庆沙坪坝区，判断，1分］《阿Q正传》一文在人物形象刻画上，运用高度的艺术概括手法，采取了“杂取种种人，合成一个”的典型塑造方式，塑造了典型环境中的典型人物。（　　）

答案：√

（2）文学研究会

新文学运动中成立最早，影响和贡献最大的文学社团之一。文学研究会于1921年1月在北京成立，发起人有周作人、郑振铎、沈雁冰、王统照、许地山、孙伏园、叶绍钧等12人。由沈雁冰接编的《小说月报》经过全面革新成为其代用会刊。宗旨是“研究介绍世界文学，整理中国旧文学，创造新文学”。文学研究会注重文学的社会意义，被看作是“为人生而艺术”的一派，或现实主义的一派。该会组织比较松散，1932年《小说月报》停刊，文学研究会无形解散。

（3）文学创造社

新文学运动中成立最早，影响和贡献最大的文学社团之一。创造社1921年6月在日本东京正式成立，最初的成员有郭沫若、张资平、郁达夫、成仿吾、田汉、穆木天等人，他们都是当时在日本留学的学生，先后办有《创造》季刊、《创造周报》《创造日》《洪水》等十余种刊物。他们初期主张“为艺术而艺术”，强调作家内心的要求，注重作家的主观情感，提倡主观抒情的创作手法，强调文学的本质是感情，尤其注重灵感在创作中的作用，一定程度上体现了艺术至上的追求。创造社的文学活动以1925年“五卅”为界，分前后两期。随着革命形势的深入发展，后期创造社转向提倡“表同情于无产阶级”的革命文学。

(4)郁达夫

①作者简介

郁达夫，原名郁文，其主要作品有《沉沦》《春风沉醉的晚上》《薄奠》《故都的秋》等，其中小说集《沉沦》是现代文学史上第一部短篇小说集。在中国新文学史上，郁达夫对自我写真的抒情小说的体验，呼应了20世纪20年代文学思潮的一个侧面——浪漫而感伤的时代氛围，引领了一种以浪漫主义为风尚的小说流派，开创了与以鲁迅为代表的写实主义风格完全不同的小说创作方向。

②郁达夫小说的思想内容

突出表现了“五四”青年对个性解放的追求和对被挤出生活轨道的“零余者”的悲哀；鲜明地表达了爱国主义和人道主义的情怀；书中充满了颓废的气息，对色与欲的描写也是极为大胆的，是作者自觉反叛封建道德、抨击虚伪礼教的叛逆精神的惊世骇俗之举，他的创作态度是严肃的。

(5)其他

①庐隐，新文学时期女作家群中优秀的小说家之一，主要作品有《海滨故人》《象牙戒指》《丽石的日记》《女人的心》等。

②王统照，其早期作品属于问题小说的范畴，代表作有《沉思》《微笑》《湖畔儿语》等。1933年发表的《山雨》标志着他现实主义创作风格的成熟。

2. 20世纪30年代小说创作

中国现代小说发展到20世纪30年代进入成熟、繁荣阶段。由于政治和商业的介入，这一时期的文坛形成了以“左联”为核心的左翼、远离文学党派性和商业性的京派与最接近读书市场的海派这三个流派。

(1)茅盾

①作者简介

茅盾，原名沈德鸿，字雁冰，我国革命文艺奠基人之一，现代著名作家，“五四”新文学运动的先驱之一。其代表作品有《子夜》《林家铺子》，《蚀》三部曲(《幻灭》《动摇》《追求》)，“农村三部曲”(《春蚕》《秋收》《残冬》)等。

中国现代文学—茅盾

②《子夜》

《子夜》原名《夕阳》，以宏大的规模真实描画了20世纪30年代初上海的社会面貌，塑造了民族资本家吴荪甫的形象，标志着茅盾创作的一个高峰。吴荪甫是半殖民地半封建社会这一特定历史环境中的中国民族资产阶级的一个战败英雄的形象。他的性格充分显示出民族资产阶级的两重性：一方面是对帝国主义及买办资产阶级、封建主义的不满，另一方面又恐惧与仇视工农运动和革命武装；一方面对统治阶级的腐败制度与军阀混战局面的不满，另一方面又依靠当局势力镇压工人农民运动。这种两重性使他处在一个非常微妙的夹缝中，同时也决定了其命运必然的悲剧结局。瞿秋白评价茅盾的《子夜》是“应用真正的社会科学，在文艺上表现中国的社会关系和阶级关系”的扛鼎之作。

③《林家铺子》

A. 主题思想

《林家铺子》是一篇优秀的现实主义作品，以1932年“一·二八”事变前后的江浙农村为背景，那时外受日本帝国主义的军事、经济侵略；内有国民党官吏的敲诈，地主高利贷的剥削，社会动乱，民不聊生。作者敏锐地抓住了时代最基本的矛盾，通过林家铺子的悲剧命运，描绘了20世纪30年代中国社会生活的图景，反映了城镇小商业者及下层人民的悲惨遭遇，控诉了国民党反动派的罪恶统治。

B. 林老板人物形象分析

林老板精于生意，企图在“大鱼吃小鱼，小鱼吃虾米”的竞争中，力挽狂澜，维持生意。他贿赂党老爷，避过了“声讨日货”的惊险；模仿上海商店“大廉价照码九折”“大放盘”“一元货”，一天卖百元的办法开创了“镇上近二十年来未有的新纪录”；他还殷勤地巴结顾客……这一切显示出他颇善经营的小商人特点，同时也表现出他胆小怕事、委曲求全的性格。但同时，作者也描写他的唯利是图和损人利己等性格特点，反映了小资本家的阶级特征和性格特征。如他对抵制日货的浪潮波及他的铺子感到气愤；对“一·二八”沪战却颇为冷漠，“满街人人为上海的战争而没有心思顾及生意的时候，林先生始终在筹虑他的正事”。林老板精于生意，事业颇有发展前途，却在风雨飘摇的社会大动荡中遭受破产的厄运。

C. 艺术价值

《林家铺子》是茅盾短篇小说艺术成熟的标志。结构宏大严谨，全景观、多层次地反映出中国20世纪30年代的生活现实；人物众多，结构复杂；线索繁复交错但又严密完整，显示了长篇小说创作方法上的成熟；成功塑造了资本家的群像；运用了多种艺术手段和创造性的心理描写。

④茅盾的小说成就

A. 在题材的选取和主题的开掘上，注意题材和主题的时代性和重大性，自觉地追求具有“巨大的思想深度”与“广阔的历史内容”，能够反映时代面貌及其发展的史诗性。

B. 在人物形象的塑造上，着重表现人物性格的复杂性，追求“立体化”的油画效果。

C. 茅盾的小说在艺术结构上，追求宏伟而严谨的布局，人物众多，情节复杂，线索纷繁交错而又严密完整，形成一种立体交叉的结构。

D. 在艺术表现上，注重细腻的心理刻画，追求社会历史的剖析与社会人的心理剖析的统一。

考点 再拔高

▼ 中国左翼作家联盟

简称“左联”，是在第二次国内革命战争时期中国共产党领导的文学组织。1930年3月成立于上海，代表人物有鲁迅、蒋光慈、冯乃超、田汉、柔石、李初梨、郭沫若、茅盾、郁达夫等。“左联”根据“五四”以来新文学发展的经验，初步制定了为无产阶级革命事业服务的文学理论纲领，提倡文艺大众化，开展工农兵通讯员运动，建立马克思主义文艺理论研究会等组织。它的成立，对于团结和组织进步作家粉碎国民党文化“围剿”和推进革命文学运动，起过很大作用，标志着革命文学运动进入新阶段。中国左翼作家联盟主办刊物有《北斗》《文学月报》等。

真题面对面

1. [2021贵州特岗,单,1分]下列作品中,属于茅盾《蚀》三部曲的是(　　)

①《子夜》 ②《幻灭》 ③《动摇》 ④《雷雨》 ⑤《追求》

A. ①②③　　B. ②③④　　C. ②③⑤　　D. ①④⑤

答案:C。茅盾的《蚀》三部曲为《幻灭》《动摇》《追求》。《子夜》是茅盾的一部长篇小说,《雷雨》是曹禺的戏剧作品。

2. [2020山西忻州,单,1.1分]下列有关茅盾小说成就的表述,不正确的一项是(　　)

A. 在题材的选取和主题的开掘上,注意题材和主题的时代性和重大性,自觉地追求具有"巨大的思想深度"与"广阔的历史内容",能够反映时代面貌及其发展的史诗性。

B. 在人物形象的塑造上,着重表现人物性格的复杂性,追求"立体化"的油画效果。

C. 在艺术结构上,追求简明的布局,人物较少,情节简单但富有逻辑性。

D. 在艺术表现上,注重细腻的心理刻画,追求社会历史的剖析与社会人的心理剖析的统一。

答案:C。C项,茅盾的小说在艺术结构上,追求宏伟而严谨的布局,人物众多,情节复杂,线索纷繁交错而又严密完整,形成一种立体交叉的结构。

3. [2019浙江,简答,5分]请简析《林家铺子》中林老板的形象。

参考答案:参见上文。

(2)巴金

①作者简介

巴金,原名李尧棠,其主要作品有长篇小说**"激流三部曲"**(《家》《春》《秋》)、**"爱情三部曲"**(《雾》《雨》《电》)、《寒夜》,中篇小说《憩园》,散文集《随想录》等。1982年曾获意大利"但丁国际奖"。

②《家》

《家》是我国现代文学史上描写封建家庭历史的非常成功的作品。

A. 思想内容

巴金通过梅芬、鸣凤、瑞珏三个女子的悲剧,控诉了封建制度、礼教对年轻生命的摧残,揭露了封建大家庭和封建制度的罪恶,同时又歌颂了封建大家庭中青年一代民主主义的觉醒及其反封建斗争的精神,暴露了封建大家庭的腐朽及没落。它强烈的反抗和批判精神,包括对专制制度的否定以及那种热烈悲郁的抒情风格,既是《家》的风格,也是作家人格的写照。

B. 人物形象分析

高老太爷是封建家长制和封建礼教的代表,其主要的性格特征是专制,但也有慈祥、温和、富有人情味的一面,是封建制度行将崩溃时期封建家长制的代表人物,是典型环境中的典型形象。

高觉新是高家的长房长孙,是一个"有两重性格的人"。一方面,他是一个受到"五四"新文化运动影响的青年；另一方面，他又是一个深受封建伦理道德熏陶的地主少爷。高觉新这个形象具有复杂性和悲剧性，最终的结果是令人失望的，他不可能走出旧有的自我。

觉慧是封建大家庭中大胆而幼稚的叛逆者，是《家》中具有民主主义觉悟的年轻一代的代表。

C. 艺术特色

a. 抒发真挚浓郁的感情。

b. 意蕴丰富的日常生活细节描写及细腻的心理描写。

c. 舒缓自然、生活化的结构。

d. 朴素、自然、流畅的语言风格。

e. 典型化的写作手法。

f. 在人物形象的描写上，人物大多性格鲜明，面目殊异。

真题面对面

[2019安徽统考，基础知识，3分]下列有关文学常识的表述，不正确的一项是(   )

A. 古文运动是由韩愈、柳宗元倡导的文体改革运动，主张废弃六朝以来华而不实的骈体文，创作内容充实、形式自由的散文，得到了欧阳修、王安石、苏轼等人的继续提倡和发扬。

B. 巴金，我国现代著名作家，其主要作品有长篇小说爱情三部曲《家》《春》《秋》、激流三部曲《雾》《雨》《电》，中篇小说《寒夜》《憩园》，散文集《随想录》，短篇小说集《神·鬼·人》。

C. 古希腊三大悲剧作家分别是埃斯库罗斯、索福克勒斯和欧里庇得斯。“悲剧之父”埃斯库罗斯塑造的“普罗米修斯”形象被马克思称赞为“哲学的日历中最高的圣者和殉道者”。

D. 哥伦比亚作家加西亚·马尔克斯是20世纪拉丁美洲魔幻现实主义文学的杰出代表，他的代表作《百年孤独》完美地运用了“变现实为幻想而又不失其真”的艺术创作原则。

答案：B。“激流三部曲”是《家》《春》《秋》，“爱情三部曲”是《雾》《雨》《电》，《寒夜》为长篇小说。

(3)老舍

①作者简介

老舍，原名舒庆春，字舍予，满族人，是中华人民共和国第一位获得“人民艺术家”称号的作家。其主要作品有长篇小说《老张的哲学》《二马》《骆驼祥子》《四世同堂》，剧本《茶馆》《龙须沟》《西望长安》等。浓郁的地方色彩，生动活泼的北京口语的运用，通俗而不乏幽默，形成了老舍的风格，同时老舍也是**“京味小说”**的开创者。

记忆有妙招

《骆驼祥子》家中《四世同堂》，有一天他来到《龙须沟》的一个《茶馆》前《西望长安》，看见《二马》在与老舍探讨《老张的哲学》。

②《骆驼祥子》

A. 作品内容

《骆驼祥子》讲述的是中国北京社会底层人力车夫祥子三起三落的人生经历。祥子本是农村人，后来到城市谋生——拉洋车。他老实、健壮、坚忍，最大的梦想是拥有一辆自己的洋车，自己能养活自己，不受车厂老板的盘剥。但在当时的社会条件下，他的希望一次又一次地破灭了，他与命运的抗争最终以惨败告终。到小说结尾，祥子已经放弃了自己的理想，从一个诚实可爱的青年变成了麻木、潦倒、狡猾、自暴自弃的行尸走肉。

小说在描写祥子的同时，还描写了祥子周围的人物，如残忍霸道的车主刘四、大胆泼辣又有点儿变态的虎妞等，展示了一幅具有老北京风情的世态图。

B. 祥子悲剧原因

a. 社会悲剧：20世纪20年代后期的中国，军阀混乱、民不聊生，整个社会都是弱肉强食，一个无权无势的人想凭借自己辛勤劳动致富几乎不可能。

b. 文化悲剧：北平市民文化虽然有好的一面，但在社会黑暗的年代，其丑陋一面也充分展现，如虎妞和祥子周围那些有着各种恶习的车夫群体。

c. 性格悲剧：祥子是一个个人主义者，一直坚守自己的农村生活经验，拒绝接受城市的规则，希望靠自己的努力挣钱，但这种坚持在当时的环境中是不可行的。

(4)沈从文

①作者简介

沈从文，原名沈岳焕，笔名休芸芸、甲辰等，湖南凤凰县人。现代著名作家、历史文物研究家、京派小说代表人物。在中国文坛被誉为“乡土文学之父”。沈从文的主要作品有小说《边城》《长河》，散文集《湘行散记》等。

②《边城》

A. 思想内容

《边城》以湘西小山城茶峒及附近乡村为背景，描写了一个渡船老人和他的孙女翠翠的生活，以及翠翠与船总的儿子天保、傩送之间曲折的爱情故事。作品细腻地刻画了纯真的男女之爱、和美的亲属之情、质朴的邻里之睦，生动地展现了边城人民健康、优美、纯朴的民风和人情，讴歌了一种淳厚的象征着“爱”与“美”的人性与人生，表达了作者内心对理想人生的执着追求。

B. 人物形象

《边城》中的女主人公翠翠，是作者倾注“爱”与“美”的理想艺术形象。作者通过这一形象，特别是这一人物对爱情生活的态度，描绘出人世间一种纯洁美好的感情，讴歌了象征“爱”与“美”的人性与人生，“为人类‘爱’字作一恰如其分的说明”。

祖父是中国古代劳动人民的杰出代表，他善良、勤劳、朴实、憨厚、忠于职守、恪尽本分。他生活虽然清贫，但从不贪心；他乐善好施，却从不索取，终生为别人服务，却不图别人的一丝报答。

C. 艺术特色与风格

a. 作者擅长将人物的语言、行动描写与心理描写结合起来，以揭示人物的个性特征和丰富的内心世界。如对翠翠的描写，作者通过粗线条的外部刻画与细腻入微的心理描写，从而把翠翠羞涩、温柔的个性突显出来。

b. 小说结构寓严谨于疏放。全篇围绕翠翠的爱情故事这一中心逐步展开，情节集中、单纯；作品以傩送、天保两人钟情于翠翠为经线，以老船夫关心、撮合孙女的婚事为纬线，推动故事有节奏地向前发展。又以翠翠与傩送、天保的爱情纠葛为明线，以王团总想傩送当女婿为暗线。经纬交织，明暗结合，将情节的单纯性与复杂性完美结合。

c. 具有独异的乡土文学色彩。作者特意在故事的发展中穿插了对歌、提亲、赛龙舟等苗族风俗的描写，特别是关于端午节风俗的描写，来展示边城的自然环境、人文环境，既是"边城"乡土性的诗意揭示，又是扑朔迷离的诗意烘托。

d.《边城》是一首抒情的诗，一曲浪漫主义的牧歌。翠翠与傩送的爱情故事成为抒情的载体，抒情才是小说的目的。作者叙事的笔端，倾泻、流动着对"爱"与"美"的诗性的讴歌与咏叹，作者还在艺术上追求诗意化的表现。

第一部分

考点 再拔高

▼ 京　派

京派是指1930年前后新文学中心南移上海后继续在北平活动的一个自由主义作家群。其主要阵地有《骆驼草》《大公报·文艺副刊》《水星》《文学杂志》等。京派小说家在艺术观上标举健康与纯正，反对文以载道的陈陋，执意拉开与现实政治的距离，关注淳朴、原始的乡村世界，挖掘人性美和人情美。他们继承了新文学改造国民性的传统和人的观念，以人性的价值尺度严肃地表现着"民族道德的消失与重造"的主题。在审美趣味上，京派小说家崇尚和谐，追求情感的节制与艺术技巧的恰当。在京派小说作家中，沈从文的成就和影响最大，其他代表作家有废名、周作人、朱光潜等。

(5)萧红

①作者简介

萧红，中国现代女作家，"民国四大才女"之一，被誉为"20世纪30年代的文学洛神"。她的代表作有《弃儿》《生死场》《孤独的生活》《砂粒》《马伯乐》《呼兰河传》等。

②《呼兰河传》

《呼兰河传》完成于1940年，是一部自传体小说，也是一部充满童心、诗趣和灵感的"回忆式"长篇小说，描绘了东北边陲小镇呼兰河的风土人情，展示了女作家独特的艺术个性与特色。全书共七章，作者用舒展自如的巡视式艺术手法，以情感的起伏为脉络，为"生于斯、长于斯的呼兰河畔的乡镇作传，为这个乡镇的风土人情，为各种各样人的生与死、欢乐与悲哀作传"。全书七章可各自独立又浑然一体，尾声余响不绝。萧红以娴熟的写作技巧，抒情诗的意境，浑重而又轻盈的文笔，为中国文学奉献了一部不朽的经典。

考点 再拔高

▼ 东北作家群

“九一八”事变之后，一群从东北流亡到关内的文学青年在左翼文学运动推动下自发地开始文学创作。他们的作品反映了处于日寇铁蹄下的东北人民的悲惨遭遇，表达了对侵略者的仇恨、对父老乡亲的怀念及早日收回国土的强烈愿望。他们的作品具有粗犷宏大的风格，写出了东北的风俗民情，显示了浓郁的地方色彩。“东北作家群”的主要作家有萧军、萧红、端木蕻良等，代表作有萧红的《呼兰河传》《生死场》，萧军的《八月的乡村》等。

真题面对面

[2019重庆沙坪坝区，判断，1分]东北作家群指“九一八”事变后，一群从东北流亡到关内的文学青年在左翼文学的推动下共同自发地开始文学创作的群体，代表作有萧军的《呼兰河传》《生死场》和萧红的《八月的乡村》。(　　)

答案：×。《呼兰河传》《生死场》是萧红的作品，《八月的乡村》是萧军的作品。

(6)其他

①蒋光慈，代表作为《咆哮了的土地》。

②柔石，著有《二月》《为奴隶的母亲》等。

③叶圣陶，其于1928年创作的《倪焕之》被茅盾誉为“扛鼎”之作。

④丁玲，1928年发表了成名作**日记体短篇小说**《莎菲女士的日记》，主人公莎菲是“五四”落潮以后的反叛、苦闷的知识女性的典型代表。1930年参加中国左翼作家联盟后还出版了短篇小说《水》，革命文学小说《韦护》，长篇小说《母亲》等。

3. 20世纪40年代小说创作

抗战时期，沦陷区和国统区小说创作闪耀出光彩，张天翼的《华威先生》、艾芜的《山野》、老舍的《四世同堂》、巴金的《寒夜》等，从不同方面揭露了反动统治的黑暗和腐朽。在抗日根据地和解放区，作家们努力深入生活，与人民群众逐步结合，他们创作的中长篇小说，反映了在中国共产党领导下广大农村天翻地覆的革命性变革，着力刻画了前所未有的工农兵新人形象。丁玲的《太阳照在桑干河上》、周立波的《暴风骤雨》、赵树理的《小二黑结婚》《李有才板话》，孙犁的小说散文集《白洋淀纪事》都洋溢着群众生活和革命斗争新鲜活泼的生气。

(1)赵树理

①作者简介

赵树理，原名赵树礼，其主要作品有小说《小二黑结婚》《李有才板话》《李家庄的变迁》等。短篇小说《小

二黑结婚》被誉为“解放区文艺的代表作之一”，《李有才板话》被誉为“走向民族形式的里程碑”。其作品体现出民族化和大众化的特征，他是“**山药蛋派**”的代表作家。

②《小二黑结婚》

A. 思想内容

作品描写的是青年男女进行争取婚姻自由的斗争的故事，这是现代文学的老主题，但这一“老”主题是在新的历史条件下即在解放区发生的，因此老主题也就有了新的主题意义，作品写出了这一主题在解放区新的历史条件下的深刻含义。斗争最后以区长根据《婚姻法》为小二黑、小芹的婚姻做主，肯定了他们婚姻的合法性，否定了家长强加给他们的包办婚姻为结局，这一完美的结局说明了人民政府是人民实现自主婚姻的最可靠的保证。因此作品有了歌颂人民政权、歌颂解放区新社会的意义和价值。

B. 艺术特色

a. 在结构上，采用单线发展的手法。情节连贯、故事性强、结构严谨、首尾照应。

b. 在人物塑造上，以人物自身的行动和语言来显示性格；在情节开展中，运用白描手法和细节描写来刻画人物。

c. 通过人物的语言和行动展现人物的心理。在语言运用方面这部小说真正做到了大众化（群众化、口语化），不但在人物对话上，而且在一般叙述的描写上，都具口语化特征。

d. 人物的类型化。将主要人物分成三类，分别灌注了三种具有抽象理论特性的观念。

e. 具有山西的地方特色。运用给人物起诨号的手法，语言浓重、淳朴，幽默有趣。

(2)孙犁

①作者简介

孙犁，原名孙树勋，“荷花淀派”创始人，其作品充满诗情画意，有“诗体小说”之称。其主要作品有长篇小说《风云初记》，短篇小说《荷花淀》，小说集《白洋淀纪事》，等等。

②《荷花淀》

《荷花淀》创作于1945年抗战胜利前夕。通过对抗战时期冀中抗日根据地白洋淀人民斗争生活的描写，表现和赞颂了根据地人民在中国共产党领导下英勇抗战的爱国主义精神和乐观的革命主义激情，字里行间渗透着作者对祖国和人民真挚的爱。

③《白洋淀纪事》

孙犁的《白洋淀纪事》把一个个日常小故事串联起来，记录了白洋淀发生的故事。主要反映抗日战争、解放战争和中华人民共和国成立初期，冀中平原和冀西山区一带的人民在中国共产党的领导下进行战争、土地改革、劳动生产、互助合作以及移风易俗的生活情景。作品共刻画了六十多个性格鲜明的妇女形象，这些妇女勤劳、朴实、善良，识大体、顾大局，是在特定的战争年代成长起来的一代新人。作者通过塑造以水生嫂为代表的妇女群像，歌颂了冀中地区抗日军民在党的领导下英勇抗战的革命斗志以及爱国主义精神。

考点 再拔高

▼ 荷花淀派

荷花淀即白洋淀，这一流派得名不但源于白洋淀这个地方，也源于孙犁的短篇小说《荷花淀》。该派作品一般都充满浪漫主义气息和乐观精神，语言清新朴素，描写逼真，心理刻画细腻，抒情味浓厚，有诗情画意。代表作家有孙犁、刘绍棠、韩映山等人。

真题面对面

[2019浙江，简答，5分]请简述“荷花淀派”的概念。

参考答案：参见上文。

第一部分

(3)钱锺书

①作者简介

钱锺书，中国学者、作家，杨绛的丈夫。他长期致力于人文社会科学研究，形成贯通中西、古今互见的治学方法，并取得多方面的学术成就。代表作品有散文集《写在人生边上》，短篇小说集《人·兽·鬼》，长篇小说《围城》等。

②《围城》

A. 作品简介

《围城》是钱锺书所著的长篇小说，是中国现代文学史上一部风格独特的讽刺小说，被誉为“新儒林外史”。书中的男主人公方鸿渐性格和顺，有天赋，看穿恶劣环境而不能自拔，嘴上机敏而内心怯懦无能，是一个弱质的知识分子形象。“城外的人想冲进去，城里的人想逃出来”是对这部作品最好的诠释。

B. 思想内容

小说所反映的要远比它所命名的“围城”有更为深广的社会内容，它象征着当时的人生“一无可进的进口，一无可去的去处”的绝境。小说以留法回国的青年方鸿渐为中心，描绘了一群留学生与大学教授，在生活、工作、婚姻恋爱等问题上遇到的矛盾纠葛，以及由此表现出来的猥琐灵魂和灰色人生。

C. 艺术特色

a. 刻画了人物的群像，且人物性格鲜明。

b. 作品没有贯穿始终的故事情节，而是写了众多的小故事，通过方鸿渐这一人物将这些故事串联起来。

c. 出色的肖像描写和细腻的心理刻画。

d. 绝妙的讽刺。作者采用机智、幽默、夸张等艺术手段，使这部小说形成了绝妙的讽刺艺术风格。

真题面对面

[2019云南特岗，单，1分]方鸿渐是哪部作品中的人物(　　)

A.《围城》　　B.《边城》　　C.《生死场》　　D.《子夜》

答案:A。《围城》是钱锺书所著的长篇小说,是中国现代文学史上一部风格独特的讽刺小说,被誉为"新儒林外史",主人公是方鸿渐。

考点2 诗歌创作

1. 20世纪20年代诗歌创作

(1)早期白话诗

诗歌创作方面,胡适、刘半农、沈尹默等在《新青年》上发表了第一批白话诗,胡适的《尝试集》是"五四"新文化运动时期第一部白话诗集。

(2)郭沫若

①作者简介

郭沫若,原名郭开贞,号尚武,是我国杰出的作家、诗人和戏剧家,也是历史学家和古文字学家,是继鲁迅之后中国文化战线上的又一面旗帜。其主要作品有诗集《女神》,历史剧《棠棣之花》《屈原》《虎符》《高渐离》《孔雀胆》《蔡文姬》《武则天》等。

②《女神》

A. 作品简介

《女神》是郭沫若的第一本诗集,这些诗写于1916年至1921年,而绝大多数创作于新文学高潮时期,即1919至1920年。《女神》是一部杰出的浪漫主义诗集,是我国新文学史上第一部不朽的诗歌作品,开创了一代新诗风,堪称中国现代新诗的奠基之作。其中代表诗篇有《凤凰涅槃》《女神之再生》《炉中煤》《日出》《笔立山头展望》《地球,我的母亲!》《天狗》《晨安》《立在地球边上放号》等。在诗歌形式上,它突破了旧格套的束缚,创造了雄浑奔放的自由诗体,为"五四"以后自由诗的发展开拓了新的天地。

B. 艺术特色

a. 浪漫主义精神。浪漫主义重主观,强调自我表现。《女神》是"自我表现"的诗作,诗中的凤凰等意象,都是诗人的"自我表现"。诗中的"自我"主观精神,是强烈的反抗、叛逆精神,是追求光明的理想主义精神。

b. 喷发式宣泄的表达方式。浪漫主义以直抒胸臆为主要表达方式,诗中的直抒胸臆表现为喷发式的宣泄,《凤凰涅槃》等诗最典型地体现了这一表达特点。

c. 奇特的想象和夸张。如把天狗吞月,想象为天狗把全宇宙都吞了。这种极度夸张的奇特想象最能表现强烈的个性解放要求和对旧世界的反抗、叛逆精神。

d. 形象描绘的方式上,具有英雄主义的格调。

e. 语言方面,带有强烈的主观性色彩。

(3)湖畔诗社

湖畔诗社1922年在浙江杭州成立。作品以抒情短诗为主,表现了新文学运动初期刚刚挣脱封建礼教束缚的天真烂漫的青少年对美好自然的向往和对幸福爱情的憧憬,独具一种单纯、清新、质朴的美。湖畔诗社创造了真正的现代爱情诗。主要成员有冯雪峰、应修人、汪静之、魏金枝、潘漠华、谢旦如等。

易混点辨析

英国有湖畔派，中国也有湖畔诗社。中国的湖畔诗社创造了真正的现代爱情诗，英国的湖畔派则以歌颂大自然为主。

(4)冰心、宗白华的小诗体

小诗受到日本短歌、俳句和印度泰戈尔《飞鸟集》的影响，是一种形式短小、灵活而多变的诗体，在意象或意境的营造和构思上力求简洁、含蓄，表现作者刹那间的感性，寄寓人生哲理或美的情思。代表作是冰心的《繁星》《春水》和宗白华的《流云小诗》。

①冰心

冰心，原名谢婉莹，著名女作家。其主要作品有诗集《繁星》《春水》，散文集《寄小读者》等。她擅长用格言式的诗句咏唱母爱、童真、自然，表现"**爱的哲学**"，她的文章被誉为"美文"的代表。

②冰心的"爱的哲学"

自然、童真、母爱是冰心早期诗歌和散文的三个主要内容，其核心则是融会着东西方文明的"爱的哲学"。诗歌多以三言两语的短小体式，自由抒写内心瞬间的感触，或托物喻理，或借景抒情，追求诗意的纯真和意境的清新隽永。在明媚的画面中表现作者的思想感情，具有纯正的审美趣味与强烈的道德力量。

③《繁星》《春水》

A. 主要内容

《繁星》和《春水》都是冰心在印度诗人泰戈尔《飞鸟集》的影响下写成的诗集。主要内容是对母爱与童真的歌颂，对大自然的崇拜与赞颂，对人生的思考与感悟。

B. 艺术特色

兼采中国古典诗词和泰戈尔哲理小诗之长，善于捕捉瞬间的灵感，以三言两语抒写内心的感受与思考，形式短小而意味深长。语言上，清新淡雅而又晶莹明丽，明白晓畅而又情韵悠长。

(5)冯至

冯至，原名冯承植，他是浅草社、沉钟社的主要成员。1927年出版第一本诗集《昨日之歌》，1929年出版第二本诗集《北游及其他》。冯至抒情诗最大的特色是处处表现出艺术的节制，被鲁迅誉为当时"中国最为杰出的抒情诗人"。

(6)前期新月派及其代表诗人

①前期新月派

前期新月派是1928年以前，以北京《晨报》副刊"诗镌"为基本阵地的诗人群，主要诗人有闻一多、徐志摩、朱湘、饶孟侃等。前期新月派提倡新格律诗，又被称为"新格律诗派"，提出"理智节制情感"和"新诗格律化"的艺术主张。

②闻一多

闻一多，前期新月派的代表诗人。他的"新诗格律化"主张，即对"音乐美、绘画美、建筑美"的倡导与成功实践，指引新诗走出"绝端自由"的散文化误区。闻一多的诗歌大都收入《红烛》《死水》两本诗集中，爱国主义是他诗歌创作的一条红线。《七子之歌》是闻一多在美国留学期间创作的一首组诗，共七首，分别是《澳门》《香港》《台湾》《威海卫》《广州湾》《九龙》《旅顺，大连》。

③徐志摩

A. 作者简介

徐志摩，现代诗人。其主要作品有诗集《志摩的诗》《猛虎集》等，著名篇目有《再别康桥》《雪花的快乐》《在病中》《沙扬娜拉》《偶然》等，是新月派主要代表诗人。

B. 徐志摩诗歌的特色

a. 构思精巧，意象新颖。诗歌的意象化表达，对诗意的寻觅，多采用温馨、和谐的古典意境来表现现代感受。

b. 韵律和谐，富于音乐美。内在的音乐化为诗歌的旋律与节奏，诗歌具有内在音乐的和谐，旋律和节奏感与诗人情感、情绪彼此契合。

c. 辞藻华美，风格清丽，呈现出明显的色彩美。

d. 章法整饬，形式灵活。讲究诗歌的形式美，整齐中富于变化。

C.《再别康桥》

诗歌通过回忆、梦想与现实的交织，告别与怀念的缠绕，抒发了诗人的失落与忧郁，含蓄地表达了诗人“欲说还休，欲罢不能”的复杂情感。不自觉的怀想、理性的告别、深刻的依恋构成了诗人情感的矛盾性与复杂性。诗歌用自然的物象，细节化的陈述，显示了诗人情感的真挚、孤独与失落。诗人将伤感控制得非常恰当，伤感但不绝望，痛苦的失落中有内心的沉静。

(7)象征派

20世纪20年代中后期，涌现出了一个重要的新诗流派，即象征诗派，王独清、穆木天、冯乃超等是其中的重要诗人。象征派以法国象征主义诗歌为模式，喜欢捕捉朦胧的境界，追求诗歌音乐和形式的美，语言趋于欧化。李金发是早期象征派的代表诗人，也是中国第一个象征主义诗人，著有《微雨》《食客与凶年》《为幸福而歌》等。

(8)早期无产阶级革命派诗歌

蒋光慈是早期无产阶级革命派诗歌的代表诗人，这一时期出版诗集《新梦》《哀中国》。

2. 20世纪30年代诗歌创作

20世纪30年代初“左联”成立后，新诗的现实主义精神得到发扬，殷夫、蒋光慈、胡也频等诗人以极大的热情写作革命诗歌，讴歌无产者的光辉形象。殷夫有著名的诗集《孩儿塔》。在“左联”领导下，还出现了现代文学史上的第一个革命诗歌社团——中国诗歌会，成员有穆木天、杨骚等。

当时著名的诗人还有艾青、田间和臧克家等，艾青的《大堰河——我的保姆》、田间的《给战斗者》、臧克家的《罪恶的黑手》都是一时名作。

(1)中国诗歌会

现代诗歌团体，1932年9月成立于上海，由左联诗歌组发起组织，发起人有穆木天、杨骚、卢森堡(任钧)、

第一部分

蒲风(黄浦芳)等。中国诗歌会的任务是:“研究诗歌理论,制作诗歌作品,介绍和努力于诗歌的大众化。”其创作的共同特色是坚持革命现实主义的创作方法,紧紧“捉住现实”,以诗歌为武器,与帝国主义、封建主义进行坚决斗争;在艺术形式上,大力提倡和实践诗歌大众化,要使其诗歌成为大众歌调。

(2)后期新月派

后期新月派以1928年创刊的《新月》月刊新诗栏及1930年创刊的《诗刊》季刊为主要阵地,其基本成员除前期新月派的徐志摩、饶孟侃、林徽因等老诗人外,还有陈梦家、方玮德等人。后期新月派诗人主张纯粹的自我表现和为艺术而艺术,他们异于前期的特性可以概括为两个方面:一是向内朝着更为隐幽的精神领域的开掘,显示了与世界现代主义思潮的合流;二是向外的扩展,部分新月诗人显示出走向时代社会的新倾向。象征主义的纯诗理论使后期新月派诗歌超越了前期新月派诗歌的古典含蓄的风格特征。

(3)现代诗派

现代诗派是20世纪30年代中期臻于鼎盛的一个诗歌流派,由后期新月派和20世纪20年代的象征派演变而成。现代诗派得名于1932年5月创办的《现代》杂志,大体上是20世纪30年代到抗战前夕以《现代》为中心,以一些外围刊物相呼应并有大致相似的审美趣味、创作风格的众多诗人的统称,代表诗人有戴望舒、施蛰存、何其芳、卞之琳、废名等。现代诗派追求隐藏自己和表现自己巧妙结合的朦胧美,运用隐喻、象征、通感等手法实现情绪的意象化,创造了具有散文美的自由诗体。

(4)戴望舒

①作者简介

戴望舒,又称“雨巷诗人”,中国现代诗派象征主义诗人。其主要作品有《雨巷》《寻梦者》《单恋者》《我用残损的手掌》等。戴望舒的成名作是《雨巷》,被叶圣陶誉为“替新诗的音节开了一个新的纪元”。但《我的记忆》才是他的现代诗派诗歌创作的起点。

②《雨巷》的艺术特色

A. 运用象征手法进行抒情。诗的意象既具有古典情调又具有现代性。

B. 这首诗具有音乐美。作品音节优美,韵脚铿锵,每节押韵两到三次。运用复沓和重复的手法来强化全诗的音乐性。

C. 诗作意象既具有中国古典的美,又具有西方现代派的情韵。

真题面对面

[2019云南特岗,单,1分]“雨巷诗人”指的是(　　)

A. 徐志摩　　B. 艾青　　C. 穆旦　　D. 戴望舒

答案:D。戴望舒因其《雨巷》一诗而被称为“雨巷诗人”。

(5)艾青

①作者简介

艾青,原名蒋海澄,著名诗人。其主要作品有《大堰河——我的保姆》《黎明的通知》《雪落在中国的土地

上》《北方》《手推车》《光的赞歌》等。他的作品标志着“五四”以后自由体诗发展的一个重要阶段，给以后的新诗创作带来了很大的影响。土地和太阳以及与此相关的意象，是艾青诗的主导意象。“为什么我的眼里常含泪水？因为我对这土地爱得深沉”出自艾青的《我爱这土地》。

②《大堰河——我的保姆》

A. 诗歌的主题和思想意义

诗人以真挚的感情抒写了对哺育他长大的保姆“大堰河”的怀念，展现了一个勤劳的农村妇女的善良的灵魂，通过对她痛苦而悲惨的一生的描写，表达了对亲人的追忆和对劳动人民品质的赞美，控诉了社会的黑暗与不义。诗人把爱和恨、赞美和诅咒交织在一起，表达了他对当时罪恶社会的愤慨和不平。

B. 大堰河的形象及其意义

大堰河是一个贫苦的农妇。诗人赞美了她勤劳善良的崇高品质和灵魂，映现出她坚毅顽强的生活意志和纯朴善良的个性特征。大堰河的形象是千千万万勤劳忠厚的中国劳动妇女的形象，也是养育人类的母亲的形象。诗人通过大堰河和她一家的悲惨命运，深切感受到了广大农民的痛苦和社会的不公。他在赞美劳动人民的品质的同时，愤怒地诅咒旧世界，勇敢地宣告和自己的阶级决裂，唱出了一曲叛逆之歌，完成了诗人自我形象的塑造。

第一部分

3. 20世纪40年代诗歌创作

20世纪40年代，抗日根据地和解放区在毛泽东《在延安文艺座谈会上的讲话》的指引下，诗歌创作特别活跃，优秀的作品有李季的《王贵与李香香》、田间的《赶车传》等。国统区“七月派”的胡风等一批诗人也以诗歌为战斗武器，揭露和抨击国民党反动统治下的种种腐朽没落的社会现象，歌唱人民美好的明天。

(1)七月派

中国现代文学史上历时甚长、富有探索精神，而又具有沉重的悲剧命运的进步文学流派。其主要成就在诗歌上，代表作家有绿原、牛汉等。由于领导者胡风等的文艺思想在20世纪40年代起已受到有组织的批判，相应也形成了对这一诗派的巨大压力。在进入20世纪50年代之后，这些诗人的创作已明显减少。有的作品发表时就受到批评。其中，小说创作以阿垅、路翎、贾植芳为代表。

真题面对面

[2020山西忻州，单，1.1分]（　　）是中国现代文学史上历时甚长、富有探索精神而又具有沉重的悲剧命运的进步文学流派，主要成员有田间、路翎、阿垅等。

A. 新月派　　B. 论语派　　C. 象征派　　D. 七月派

答案：D。七月派是中国现代文学史上历时甚长、富有探索精神，而又具有沉重的悲剧命运的进步文学流派。

(2)中国新诗派(九叶诗派)

九叶诗派是抗日战争后期和解放战争时期形成的一个具有现代主义倾向的诗歌流派。主要成员有辛笛、穆旦、陈敬容、杜运燮、唐湜、唐祈、杭约赫、郑敏、袁可嘉等，他们于1981年出版了《九叶集》，因此被称为九叶诗人，主要刊物有《诗创造》《中国新诗》。九叶诗派强调反映现实与挖掘内心的统一，在艺术上，他们自觉追求现实主义与现代派的结合，注重在诗歌里营造新颖奇特的意象和境界。他们承接了中国新诗现代主义的传统，为新诗的发展做出了贡献。

考点3 散文创作

现代散文创作是在吸收外来思潮和接受中国优秀散文传统的基础上发展起来的。“五四”思想启蒙运动促使了大量议论散文的诞生，李大钊、陈独秀刊登在《新青年》杂志上的这类作品，短小精悍、锋芒毕露，兼有战斗性和文学性。现代散文以鲁迅的杂文最富有批判力量和艺术光彩。

1. 语丝派

“五四”文学革命后出现的散文流派，代表作家有鲁迅、周作人、林语堂、钱玄同、孙伏园等。语丝社办有刊物《语丝》周刊，多发表短小犀利的小品散文、思想杂感与社会批评随笔，开展社会批评和文化批评。其特色如鲁迅所说的“任意而谈，无所顾忌，要催促新的产生，对于有害于新的旧物，则竭力加以排击”，因而形成了风格泼辣幽默的“语丝文体”。

2. 朱自清

(1)作者简介

朱自清，原名自华，号秋实，后改名自清，字佩弦。中国著名散文家、诗人、学者。他的代表作品有《背影》《欧游杂记》《伦敦杂记》《你我》等。朱自清在文学研究会作家中以写散文著称，艺术风格比较多样。《桨声灯影里的秦淮河》写得绮丽纤浓，情景交融，而《背影》则写得本色真实，凄切动人。朱自清把新文学第一个十年的诗坛分为三派：自由诗派，格律诗派，象征诗派。

(2)《背影》

《背影》是一篇回忆性散文。这篇散文叙述的是作者离开南京到北京上大学，父亲送他到浦口火车站，照料他上车，并替他买橘子的情形。作者用朴素的文字，把父亲对儿子的爱表达得深刻细腻，真挚感动，从平凡的事件中，呈现出父亲的关怀和爱护。

记忆有妙招

徐志摩《再别康桥》时，郁达夫正在北平感受《故都的秋》，朱自清则踏着《春》的脚步，享受着《荷塘月色》的美丽，来到《桨声灯影里的秦淮河》找寻《绿》的《背影》，有幸观看了清代孔尚任的《桃花扇》，闻一多听说后，为他作了《最后一次讲演》《死水》。

注：与作品创作时间的先后顺序无关。

3. 报告文学

报告文学是现代产生的一个散文新品种，早期作者有瞿秋白、邹韬奋等，最有成绩的是夏衍。20世纪20年代初，瞿秋白的《饿乡纪程》和《赤都心史》开了中国报告文学的先河。《饿乡纪程》，亦名《新俄国游记》，是瞿秋白的著名散文集。夏衍的《包身工》揭露了帝国主义、封建主义势力对包身工进行压榨和蹂躏的罪行，是报告文学的示范性作品。

4. 周作人

(1)作者简介

周作人，原名櫆寿，号星杓，浙江绍兴人，现代散文家、诗人、文学翻译家，其中以散文成就最高，是中国新文化运动的代表人物之一。他是鲁迅的二弟，周建人的哥哥。其主要作品有散文集《自己的园地》《雨天的书》，诗集《过去的生命》，等等。

(2)《自己的园地》

《自己的园地》共分为三个部分，第一辑为“自己的园地”，这是周作人文艺批评观的总括；第二、三辑为“绿洲”和“茶话”，是周作人文艺批评观具体应用的范例。两者虽然类似，但略微有点区别，前者更接近于文艺批评，后者则类似于茶余饭后的谈天。在具体的写法上则是多抄书，然后由此阐发开来。这种写法似乎可以看作是周作人“文抄公”写法的发轫，其中期散文创作的特点即由此而肇始。

5. 丰子恺

(1)作者简介

丰子恺，原名丰润，浙江人，我国现代漫画的奠基者之一。其主要作品有散文集《缘缘堂随笔》《随笔二十篇》《车厢社会》《缘缘堂再笔》《率真集》等。

(2)丰子恺散文特点

丰子恺的散文处处洋溢着浓郁的生活气息，充满着人间关怀，表现出亲切幽默、平易近人的文风，具有如下特色：

①纯情率真，童心洋溢。儿童的天真是丰子恺在散文中始终赞美的主题。

②素朴亲切，处处含情。丰子恺散文的语言质朴自然，读来令人顿生亲切之感。

③琐屑平凡，以小见大。丰子恺散文善于从平凡琐屑的小事中挖掘独特的视角，睹微知著，以小见大，引发读者对人生、对社会的思考。

④浓郁禅意，启发人生。丰子恺散文包蕴着浓郁的禅意，在佛理的观照下追寻人生的意义，表达作者强烈的出世情怀。

⑤探求生命，关怀现世。丰子恺的散文有着严肃的社会、人生命题和与之相应的严肃庄重的表达。

考点 4 戏剧创作

现代戏剧文学以话剧为主体。

1. 20世纪20年代戏剧创作

“五四”时期即有一批先驱者开始做西方话剧创作的介绍和引进工作。20世纪20年代初，民众戏剧社、上海戏剧协社、南国社等先后成立，涌现出了一批专门从事现代话剧创作的戏剧家如欧阳予倩、熊佛西、田汉等，他们的作品浸润着对社会和人生问题的关心，具有鲜明的反帝反封建色彩。田汉是中国现代戏剧的奠基人，重要作品为《获虎之夜》。

2. 20世纪30年代话剧创作

随着民主革命的深入，戏剧家的队伍中又增添了曹禺、夏衍、阳翰笙、陈白尘等一批有才华的作者，他们创作了一批优秀戏剧作品。

(1)曹禺的话剧创作

①作者简介

曹禺，原名万家宝，中国现代杰出的戏剧家。其主要作品为剧本《雷雨》《日出》《原野》《北京人》《明朗的天》《胆剑篇》《王昭君》等，其中前四部被誉为**“四大名剧”**。人们称曹禺是“文明戏的观众，爱美剧的业余演员，左翼新文化运动影响下的剧作家”，这句话也大致概括了曹禺的戏剧人生。

②《雷雨》

A. 作品简介

《雷雨》是一个彻头彻尾的悲剧，它以1925年前后的半殖民地半封建的中国社会为背景，通过反动资本家周朴园与周围亲人所发生的错综复杂的矛盾冲突，揭露了有着严重封建性的资产阶级的虚伪、残忍及其精神危机，为不幸的人的命运发出了愤怒的控诉和雷雨般的呐喊。它深刻地揭示了历史的真实和生活的真理，标志着中国现代话剧的成熟。

B. 结构特色

a. 情节曲折，故事性强，富有传奇色彩。剧作所讲述的两个家庭的悲剧、两个荒唐的乱伦故事都与周公馆有联系；三十年前的旧事和三十年后的现实都与周朴园有关，而周、鲁两家复杂的矛盾冲突和人事纠葛又互相交叉在一起，使剧本充满戏剧性和传奇色彩，悬念迭起，扣人心弦。

b. 结构严密，集中紧张。剧作将进行中的事件和过去发生的事件巧妙地交织在一起，并以前部分的戏来推动后面的戏。而所有的矛盾冲突，都集中在周公馆的客厅和鲁贵的家中。周朴园与蘩漪矛盾冲突的主干线索十分突出，由此牵连出的其他线索将全剧八个人都卷入紧张的矛盾冲突之中，形成了牵一发而动全身的集中严密的结构。

c. 明暗双线，纵横交错，引人入胜。剧作中周朴园和蘩漪的冲突是一条明线，周朴园和侍萍的关系则是一条暗线。这两条线索同时并存，彼此交织，互为影响，交相钳制，使剧情紧张曲折，引人入胜。

d. 在三十年前旧景重现的基础上，将戏剧矛盾推向高潮，爆发了一连串的惨剧。这一结局具有很强的逻辑性，具有不可抗拒的说服力，它既生动地刻画了人物性格，又深刻揭示了作品的主题。

③《日出》

《日出》以抗战前的天津社会为背景，以交际花陈白露为中心人物，以陈白露住的某大旅馆华丽的休息室和三等妓院为活动地点，写了黎明、黄昏、午夜、日出四幕，描写了20世纪30年代初期受到资本主义世界经济恐慌影响下的半殖民地半封建的都市里，日出之前，代表腐朽势力的上层社会在黑暗中“损不足以奉有余”的种种活动，和下层社会的悲惨生活。该剧表达了作者对现实生活强烈的爱憎和迫切期待东方红日的心情。

真题面对面

1.［2019重庆沙坪坝区，判断，1分］《日出》揭露了资本主义社会制度的罪恶，暴露了资产阶级社会生活的腐朽和黑暗。(　　)

答案：√。《日出》是著名作家曹禺的一部话剧，描写了20世纪30年代受到资本主义影响的社会生活。

2.［2019吉林通化梅河口，单，1分］中国话剧成熟的标志性作品是(　　)

A.《雷雨》　　B.《日出》　　C.《原野》　　D.《北京人》

答案：A。曹禺《雷雨》的问世，使中国有了足以同世界优秀剧作相媲美的话剧作品，它是中国话剧艺术开始走向成熟的一个标志。

(2)其他作家话剧创作

夏衍的《上海屋檐下》，表现出作家对社会现实问题的强烈关切。在艺术上，曹禺的深沉、田汉的热烈、夏衍的朴实、洪深的执着都为话剧风格的多样化做出了有益的探求。其他有影响的剧作还有田汉的《回春之曲》、洪深的《五奎桥》等。其中，田汉、洪深和欧阳予倩并称为"中国现代戏剧三大奠基人"。

3. 20世纪40年代话剧创作

在革命根据地，在文艺为工农兵服务方向的指引下，出现了新秧歌运动和新歌剧创作的勃兴，贺敬之等人执笔的《白毛女》具有鲜明的斗争精神和为群众喜闻乐见的民族化风格，是新歌剧的典范作品。

《白毛女》具有鲜明的斗争精神和为群众喜闻乐见的民族化风格，是新歌剧的典范作品。《白毛女》起源于晋察冀边区白毛仙姑的民间传说。故事中的主人公"喜儿"，因饱受旧社会的迫害而成为少白头，顾名思义被称作"白毛女"。1945年延安鲁迅艺术学院贺敬之等人据此集体创作出歌剧《白毛女》，全剧情节极富传奇色彩，人物黑白分明，黄世仁的凶狠、杨白劳的善良、喜儿的不屈都被充分强化。20世纪40年代抗日战争末期在解放区创作的这部具有深远历史影响的文艺作品，后来被改编成多种艺术形式，经久不衰。中华人民共和国成立后，这一特殊时期创作的文艺作品成为中国非物质文化遗产瑰宝。

二、中国当代文学　【填空、判断】 ★★

1949年，中华人民共和国的成立，标志着中国文学新纪元的开始；1956年，三大改造完成，标志着我国从此跨入了社会主义社会。社会形态的变化，使新文学的内容与形式都发生了根本性的转折。1949年7月在北京召开的"第一次文代会"，标志着中国"当代文学"的开始，同时也是文学"为工农兵服务，为政治服务"的文学规范和方向确立的标志。

考点1　十七年文学(1949年—1966年)

1. 十七年时期的小说

"十七年"小说创作基本中断了20世纪上半叶相当程度上开展过的现代探索。在内容上，农村与革命历史题材具有特别的重大性。

（1）农村题材小说

从土改到农业合作化，从“大跃进”、人民公社到党对农村政策的调整，都在农村题材小说中得到充分表现。代表作品有赵树理的《三里湾》《“锻炼锻炼”》，柳青的《创业史》《铜墙铁壁》，周立波的《山乡巨变》，等等。

赵树理是“山药蛋派”的代表作家之一，他的《三里湾》发表于1955年，是当代文坛第一部反映合作化运动的长篇小说。

考点 再拔高

▼ 山药蛋派

以赵树理为代表的一个文学流派，形成于二十世纪五六十年代。其主要作家还有西戎、李束为、马烽、胡正、孙谦等，人称“西李马胡孙”，他们都是山西农村土生土长的作家，有比较深厚的农村生活基础。山药蛋派继承和发展了我国古典小说和说唱文学的传统，以叙述故事为主，将人物情景的描写融入故事叙述之中，结构顺当，层次分明，人物性格主要通过语言和行动来展示，善于选择和运用内涵丰富的细节描写，语言朴素、凝练，作品通俗易懂，具有浓厚的民族风格和地方色彩。

（2）革命历史题材小说

这里的“革命历史”专指在中国共产党领导下的革命斗争历史，三次国内革命战争和抗日战争构成了革命历史小说叙述的主要对象。

革命历史小说以长篇小说为主，其中，叙说革命战争的长篇小说占据突出的地位，代表作有杜鹏程的《保卫延安》、梁斌的《红旗谱》、吴强的《红日》和曲波的《林海雪原》等。地下斗争也是革命历史小说叙述的重要内容，并且反应地下斗争的长篇小说更多地展示了革命斗争年代日常生活的一面，代表作有杨沫的《青春之歌》，欧阳山的《三家巷》和罗广斌、杨益言合作的《红岩》等。

革命历史题材的中短篇小说创作是对革命历史叙事的重要补充，为这个题材增添了异样的人性内涵和人情色彩，代表作有茹志鹃的《百合花》、刘真的《长长的流水》、王愿坚的《党费》，等等。

①杨沫

A. 作者简介

杨沫，当代女作家。她的代表作《青春之歌》是一部描写中国共产党领导的爱国学生运动的优秀长篇小说，小说成功地塑造了知识青年林道静这一艺术典型。杨沫的作品还有中篇小说《苇塘纪事》，短篇小说集《红红的山丹花》，长篇小说《东方欲晓》《芳菲之歌》《英华之歌》，长篇报告文学《不是日记的日记》，散文集《自白——我的日记》，以及《杨沫文集》等。

B.《青春之歌》

《青春之歌》主要是通过对小知识分子林道静从不屈服于命运的对家庭和社会的个人反抗到最后投入时代洪流走上革命道路的艰难曲折的“苦难历程”的生动叙述，形象地展现“九一八”至“一二·九”这一特定

历史时期我国学生革命运动的历史风貌和形形色色的知识分子的精神风貌，从而提炼出一个革命的思想主题：一切知识分子，只有把个人前途同国家民族的命运、人民的革命事业结合在一起，投入到时代的洪流中去，在改造客观世界的同时不断改造自己的主观世界，才有真正的前途和出路，才有真正值得歌颂的美丽的青春。

作者善于将人物放在尖锐激烈的斗争旋涡中加以刻画，善于通过不同人物对同一事物的不同反应来展示各自的性格特征，善于将人物的外貌描写和心理刻画巧妙地结合起来，善于通过富有性格特色的细节来描写揭示人物的内心世界，善于将人物性格的变化与人物命运遭遇的变化结合起来描写。通过所有这些努力，不仅把林道静这一形象塑造得血肉丰满，真实感人，也使作品中的其他人物显得生动形象，性格鲜明，虽然这些形象都或多或少地存在着类型化的痕迹，但仍能显示出作家塑造人物形象的深厚艺术功力。形形色色人物的精神面貌得到了展示，这又使得小说包含了广阔、丰富的时代内涵。

②茹志鹃

A. 作者简介

茹志鹃，曾用笔名阿如、初旭，祖籍杭州，中国当代女作家。她的创作以短篇小说见长。笔调清新、俊逸，情节单纯明快，细节丰富传神，善于从较小的角度去反映时代本质。其主要作品有《百合花》《静静的产院》《如愿》《三走严庄》等。

B.《百合花》

《百合花》是茹志鹃的代表作。题目以借代的手法，既指印有百合花的被子，又指作者赋予它的丰富的象征意义：即小通讯员和新媳妇他们都有百合花一样高尚、纯洁、美好的心灵，军民之间的感情也像百合花一样高尚、纯洁、美好，战士和战士之间的情感也像百合花一样高尚、纯洁、美好。可以总结为一句话：百合花象征着人性美、人情美。

a. 作品的主题

作者在人民解放战争的广阔背景下，选择了前沿包扎所里的小通讯员和新媳妇这两个平凡人物精心描绘，从侧面表现了军民团结、生死与共的主题，讴歌了子弟兵对人民的忠诚和人民对子弟兵的敬爱，歌颂了人性美、人情美。

b. 人物形象

小通讯员：年轻的普通解放军战士，朴实、机灵（去包扎所）、憨厚、纯真（借被子事件）、热爱生活（枪筒里插上点缀性的树枝、野花）、腼腆、稚气（在女同志面前的拘谨之态）、关心同志。

新媳妇：普通的农村妇女，她美丽、善良、多情又羞涩。

（3）另一种探索

与主流意识形态配合，反映重大的时代主题，是二十世纪五六十年代文学的整体面貌。但在1956年至1957年的百花时期和20世纪60年代初的调整时期，由于思想文化规范相对松动，出现了一些对当代生活作出别样探索的作品。代表作品主要有王蒙的《组织部来了个年轻人》、路翎的《洼地上的“战役”》、宗璞的《红豆》以及陈翔鹤的《陶渊明写〈挽歌〉》和《广陵散》等。

2. 十七年时期的诗歌、散文和戏剧

(1)诗歌

激昂热烈的抒情,高唱对新时代、新生活的颂歌,成为二十世纪五六十年代诗歌的主潮。在颂歌中又以政治抒情为主向,政治抒情诗中最有代表性的诗人是贺敬之和郭小川。贺敬之将自我自觉融入"大我"之中,代表诗作有《放声歌唱》《雷锋之歌》《回延安》等。郭小川被称为"时代的歌手和号手""战士诗人",能在热烈的政治理念中注入个人思考,代表诗作有《投入火热的斗争》《望星空》等。

(2)散文

新中国成立初期,散文中客观的纪实或叙事代替了主观的抒情,其中魏巍的《谁是最可爱的人》是对抗美援朝战争的反映。

双百方针前后的20世纪50年代中期以及政策有所调整的20世纪60年代初,散文相对活跃,批评时弊的杂文一度活跃,抒情性散文兴起。

20世纪60年代,散文领域足以体现且能代表新中国散文风格的散文家是杨朔、刘白羽和秦牧,他们分别代表了"诗人""战士""学者"三种身份的散文写作"模式",让他们被称为"散文三大家"。秦牧的散文融思想性、知识性、趣味性于一炉,是本时期知识散文的代表,较有影响的作品有《社稷坛抒情》《潮汐和船》等。刘白羽追求诗意与政论的融合,注重思想观念对自然景物的升华,代表作有《日出》《长江三日》《红玛瑙》等。杨朔是诗化抒情散文最具代表性的作家,构思精巧,立意新奇,在很长一段时间内被树为样板。

(3)戏剧

20世纪50年代中后期至20世纪60年代前期,中国当代文学掀起了一个文学创作高潮,老舍、田汉分别创作的话剧《茶馆》《关汉卿》把话剧创作提高到新的高度。

老舍的《龙须沟》和《茶馆》开一代"京剧"话剧之风。反映北京城市巨变的《龙须沟》让老舍荣获"人民艺术家"称号。《茶馆》是话剧民族化的典范,使用侧面透漏法这种独特的艺术构思,突破传统的剧作法,用众多人物速写的"人像展览式"结构反映时代变化。郭沫若借历史"翻案"之名表达对领袖的赞颂,创作出《蔡文姬》《武则天》等历史剧。

1966年"文化大革命"的爆发,中国文学发展受阻。

考点 2 新时期文学

所谓"新时期文学",是指1976年粉碎"四人帮"后,文学禁锢被打破,伴随着"实践是检验真理的标准"的讨论,文学空间得以拓展,获得了自由生长的中国文学。"伤痕文学"和"反思文学"是新时期首先涌动的创作潮流。

1. 20世纪80年代小说

(1)伤痕文学

产生于20世纪70年代末至80年代初,开山之作为刘心武的《班主任》,因卢新华的短篇小说《伤痕》得名,主要展示"文革"给人民大众带来的精神与肉体的创伤。作品中描写了往昔的苦难岁月,其基调基本是

愤懑不平心声的宣泄。“伤痕文学”的代表作品有宗璞的《我是谁?》、周克芹的《许茂和他的女儿们》、张贤亮的《邢老汉和狗的故事》等。

(2)反思文学

反思小说所反映的社会内容比“伤痕小说”更全面,不再局限于对十年“文革”的揭露和反思,而是在一个更广阔的社会历史背景下揭示新中国成立以来“左倾”错误的思想根源,具有广阔的社会涵盖面和深厚的历史底蕴。“反思文学”的代表作品有王蒙的《布礼》《蝴蝶》、高晓声的《李顺大造屋》《陈奂生上城》、古华的《芙蓉镇》、路遥的《人生》、张贤亮的《灵与肉》《绿化树》《男人的一半是女人》、梁晓声的《今夜有暴风雪》等。

(3)改革文学

改革文学指反映中国共产党十一届三中全会以来所进行的社会改革,并以这一改革对旧的社会结构、社会生活方式与社会心理所带来的强烈冲击为基本主题的文学。开篇之作是1979年蒋子龙发表的短篇小说《乔厂长上任记》,其他代表作有贾平凹的《腊月·正月》、路遥的《平凡的世界》等。

路遥,中国当代作家,代表作有长篇小说《平凡的世界》、中篇小说《人生》等。《平凡的世界》一书以中国20世纪70年代中期到20世纪80年代中期十年社会生活为背景,以孙少安和孙少平两兄弟为中心,深刻地展示了普通人在大时代历史进程中所走过的艰难曲折的道路。1991年3月,《平凡的世界》获中国第三届茅盾文学奖。

(4)寻根文学

20世纪80年代中期,中国文坛上兴起了一股“文化寻根”的热潮,作家们开始致力于对传统意识、民族文化心理的挖掘,他们的创作被称为“寻根文学”。1985年,韩少功率先在一篇纲领性的论文《文学的根》中声明:“文学有根,文学之根应深植于民族传统的文化土壤中。”他提出应该“在立足现实的同时又对现实世界进行超越,去揭示一些决定民族发展和人类生存的谜”。在这样的理论之下作家们开始进行创作,理论界便将他们称之为**“寻根文学”**,代表作有韩少功的《爸爸爸》、阿城的《棋王》、王安忆的《小鲍庄》等。

①韩少功

A. 作者简介

韩少功,“寻根文学”的主将,发表《文学的根》提出“寻根”的口号,并以自己的创作实践了这一主张。他比较著名的作品有《爸爸爸》《女女女》等,表现了向民族历史文化深层汲取力量的趋向,饱含深邃的哲学意蕴,在文坛上产生很大的影响。

B.《爸爸爸》

《爸爸爸》以一种象征、寓言的方式,通过描写一个原始部落鸡头寨的历史变迁,展示了一种封闭、凝滞、愚昧落后的民族文化形态。作品以白痴丙崽为主人公,通过对他的刻画,勾勒出人们对传统文化的某种畸形病态的思维方式,表达了作家对传统文化的深刻反思与批判。

②阿城

A. 作者简介

阿城,原名钟阿城,1984年开始文学创作,处女作《棋王》荣获1984年全国优秀中篇小说奖,之后的《孩子王》《树王》也颇获好评，还有系列短篇小说《遍地风流》。阿城的小说深受中国传统文化影响。

B.《棋王》

《棋王》通过对知青“棋呆子”王一生只要在基本物质保障下，就痴迷于下棋的描述，表现了一代知青刻苦钻研棋艺的精神和正直的人品。

真题面对面

[2019浙江，填空，2分]二十世纪八十年代中期，文坛上兴起一股创作热潮，一些作家致力于对传统意识、民族文化心理的挖掘，其创作被称为“________”，代表作有________的《爸爸爸》、张承志的《黑骏马》、王安忆的《小鲍庄》等。

答案：寻根文学；韩少功

(5)先锋派

20世纪80年代中后期，马原、洪峰、余华、苏童、叶兆言等青年作家纷纷登上文坛，他们以独特的话语方式进行小说文体形式的实验，被评论界冠以**“先锋派”**的称号。毋庸置疑，先锋派是中国当代文学史进程中一个重要的文学派别。从最初的“先锋实验小说”到所谓的“返璞归真”，先锋派的作家们走出了一条饶有意味的文学创作之路，代表作有刘索拉的《你别无选择》、徐星的《无主题变奏》、余华的《一九八六年》等。

①余华

余华，中国大陆先锋派小说的代表人物，与苏童、格非等人齐名。他著有短篇小说《十八岁出门远行》，长篇小说《在细雨中呼喊》《活着》《许三观卖血记》《兄弟》等。在《活着》《一个地主的死》《许三观卖血记》中，余华放弃了先锋姿态，以写实手法叙述小人物的生存故事。

②《许三观卖血记》

这是余华1995年创作的一部长篇小说。它以博大的温情描绘了磨难中的人生，以激烈的故事形式表达了人在面对厄运时求生的欲望。小说讲述了许三观靠着卖血渡过了人生的一个个难关，战胜了命运强加给他的惊涛骇浪，而当他老了，知道自己的血再也没有人要时，精神却崩溃了。法国《读书》杂志在评论《许三观卖血记》时说道：“这是一部精妙绝伦的小说，是朴实简洁和内涵意蕴深远的完美结合。”

(6)其他

①铁凝，当代著名女作家，创作于20世纪80年代初期的《哦，香雪》《没有纽扣的红衬衫》，是她这一时期的代表作。《哦，香雪》以北方小山村台儿沟为背景，写的是改革开放之初火车的开通给边远山村带来的新鲜事儿，通过描绘香雪等几位姑娘的心理变化和情感波澜折射出山村生活的新变化。此外，她还有《六月的话题》《麦秸垛》等作。

②汪曾祺，江苏高邮人。他的创作是寻根小说的前奏，描摹民俗、民风和乡土气息，展示充满文化理想和文化碰撞的人伦、人情和人性，被誉为“抒情的人道主义者，中国最后一个纯粹的文人，中国最后一个士大夫”。主要作品有小说《受戒》《大淖记事》，散文《昆明的雨》，小说集《邂逅集》，等等。

③张承志，他的创作主要是在大自然的崇高和伟力的衬托下弘扬人的主体力量，主要作品有长篇小说

《金牧场》,中篇小说《北方的河》《黑骏马》等。其中,《北方的河》是一部主观抒情的小说,几乎没有故事,是以主人公“我”的意识流构成情节的。

真题面对面

1.[2021 浙江金华、绍兴诸暨,判断,1分]小说是一种侧重刻画人物,叙述故事情节的文学样式,可分为长篇小说、中篇小说、短篇小说,余华的《活着》和阿城的《棋王》都属于中篇小说。( )

答案:×。《活着》是长篇小说,《棋王》是短篇小说。

2 [2019 福建,填空,1分]长篇小说《活着》是当代作家________的代表作。

答案:余华

2. 20世纪90年代小说

刘恒、池莉、方方等作家的“新写实主义”小说,莫言、苏童、陈忠实的“新历史小说”,以王朔为代表的“新市民小说”,林白、陈染和宣称“身体写作”的更年轻的女性作家的“女性文学”,在新时期小说格局中也都占据着引人注目的位置。

(1)新写实小说

新写实小说是指20世纪80年代后期在寻根文学和先锋文学背景下回归写实的小说潮流。小说强调对生存欲望和生命本能的表现以及对生存状态和生活本相的还原,多选取普通人物日常生活场景进行原生态式的表述,表现出了不加修饰的原生态的生活层面,表达了消解崇高的世俗化的价值取向。新写实小说的代表作家作品有刘恒的《狗日的粮食》《伏羲伏羲》、方方的《风景》、池莉的《烦恼人生》《冷也好热也好活着就好》《太阳出世》、刘震云的《一地鸡毛》等。

(2)新历史小说

新历史小说是后现代主义思潮影响之下一种消解正史、重构个人小史的小说创作思潮。“新历史”意味着一种新的历史观念、历史意识开始走进文学的领域,不仅仅在于题材的独辟蹊径,也不单在历史人物的特别选取。新历史小说代表作家有莫言、刘震云、苏童、陈忠实等。

新历史小说的特点首先体现在一种个人理解下的奇观式野史的大量凸显,重在发掘复杂人性,以非正统行为拆解正统意识形态,代表作有苏童的《红粉》,莫言的《丰乳肥臀》,等等。其次,历史呈现出无序的状态,偶然性、不确定性的因素纷纷进入历史的视野,代表作如刘震云的《故乡天下黄花》。再次,性和暴力等陌生化的历史元素成为架构人性话语和商业话语的桥梁。20世纪90年代小说大写边缘小史和民间逸闻秘史,虚构心中的个人史和欲望史。苏童的小说《米》《我的帝王生涯》在理念上抵御消费社会的商业侵蚀,又在某些方面传达了消费文学的理念。

①苏童

苏童,原名童忠贵,代表作有《米》《园艺》《红粉》《妻妾成群》《离婚指南》等,是以先锋小说写作而成名的。但从发表《妻妾成群》以来,苏童的创作风格开始倾向于平静的故事叙述,甚至有意为自己的小说制造出一种历史情调、历史氛围。《妻妾成群》“假借了旧中国特有的封建家庭模式作小说框架”,通过描述颂莲由一个女学生变成大户陈家四姨太的过程，揭示了在男权文化的社会秩序中女性的命运及其处境。

②莫言与“诺贝尔奖”

莫言，本名管谟业，中国当代作家，其作品深受魔幻现实主义的影响。2011年莫言凭借作品《蛙》获得茅盾文学奖，2012年莫言获得诺贝尔文学奖。其代表作品有《檀香刑》《红高粱》《蛙》《丰乳肥臀》等。

(3)女性小说

进入20世纪90年代，女性写作异军突起，她们疏离男性作家所热衷的政治、历史、社会等命题，回归女性的经验领域。代表作有林白的《一个人的战争》、陈染的《私人生活》、张抗抗的《情爱画廊》、卫慧的《上海宝贝》、铁凝的《玫瑰门》和《大浴女》等。

(4)其他

①陈忠实，西安人，长篇小说《白鹿原》是他创作的高峰，1997年《白鹿原》的“修订本”获第四届茅盾文学奖，书中主要人物有白嘉轩、黑娃、田小娥、鹿三等。《白鹿原》在以关中人生存为大的文化背景下，展开了一系列的人物活动，粗野朴实的乡村习俗、慎独隐忍的儒家精神透过一个个鲜活的人物体现出来。

②王安忆，生于南京，是一个很难归于某种思潮或流派的作家。代表作品有《本次列车终点》《流逝》《小鲍庄》《长恨歌》等。《长恨歌》讲述了上海小姐王琦瑶平静的怀旧人生，被誉为**“现代上海史诗”**，获第五届茅盾文学奖。

③贾平凹，代表作有长篇小说《浮躁》《废都》《秦腔》，中短篇小说集《腊月·正月》《天狗》等，散文集《爱的踪迹》《商州三录》，等等。其中，《废都》于1997年获法国费米那文学奖，《秦腔》于2008年获第七届茅盾文学奖。

3. 新时期诗歌

诗歌在“文革”后期乃至20世纪80年代中国文学变革中，始终扮演着领潮者和先锋者的角色。20世纪80年代，诗歌在发展趋势上表现出一种鲜明的潮流化特征，不同诗人群体集体复归和崛起，其中最引人注目的是“归来”诗人群的诗歌、朦胧诗和新生代诗歌的崛起。20世纪90年代，市场经济和大众文化兴起，诗歌趋向边缘化，总体上呈现出无主潮的多元发展格局，个人化也因此取代了公共化和群体化写作。

(1)“归来者”的诗

“文革”结束以后，诗坛首先迎来的是一批“归来”的诗人。“归来”诗人就是指那些曾经由于不同原因被迫放弃诗歌习作，在“文革”结束之后重新恢复写作权利而复归文坛的诗人。首先是20世纪50年代中期由于胡风反革命集团而受牵连的七月派诗人绿原、牛汉、曾卓等，其次是艾青、公刘、流沙河等在反右派运动中受到处置的诗人，此外还包括艺术观念和诗歌风格与20世纪50年代至20世纪70年代文艺规范相矛盾的九叶派诗人穆旦、辛笛等人。他们在不同层面上恢复着诗歌的现实主义传统。一方面，他们从自己的切身体验出发，对历史进行理性的反思。另一方面，他们也借助诗歌充分表达了特殊年代和特殊环境中的个体情志和人性之思。代表作如曾卓的《悬崖边的树》、艾青的《鱼化石》等。

(2)朦胧诗

与“归来”诗人同时出现在诗坛的是年轻的朦胧诗人，朦胧诗是20世纪80年代最具有影响力的诗歌创作潮流。

①朦胧诗派

20世纪70年代末80年代初出现的诗派，其代表人物有北岛、舒婷、顾城、江河、杨炼等。作为一个创作群体，朦胧诗派并没有形成统一的组织形式，也未曾发表宣言，却以各自独立又呈现出共性的艺术主张和创作实绩构成一个"崛起的诗群"。朦胧诗派精神内涵的三个层面：一是揭露和批判社会的黑暗；二是在黑暗中寻找光明、反思与探求的意识以及浓厚的英雄主义色彩；三是在人道主义基础上建立起来的对"人"的特别关注。朦胧诗派改写了以往诗歌单纯描摹"现实"与图解政策的传统模式，把诗歌作为探求人生的重要方式，在哲学意义上达到了前所未有的高度。代表作品有北岛的《回答》、顾城的《一代人》、舒婷的《双桅船》等。

②舒婷

A. 作者简介

舒婷，原名龚佩瑜，当代诗人，朦胧诗派的代表作家之一，与北岛、顾城齐名。她著有《双桅船》《会唱歌的鸢尾花》《始祖鸟》，散文集《心烟》《真水无香》等。

B.《双桅船》

诗中"双桅船"和"岸"有多重象征含义，可以把它们理解为一对热恋中的情人，《双桅船》也就可以说是一首情诗。但这海岸又实在不只是一位情人的代表，还可以象征某种比情人更为阔大深厚的事物，甚至可以说它象征着祖国、民族以及其他许多令人起敬的东西。另外，假如我们不一定要把它具体归结为某一种事物，也可以说这首诗表达了诗人对一种远比自己更加博大深沉的力量的钦慕、呼唤和追求。无论是对一个饱经颠簸的民族，还是对一个在持续的风浪和动荡时期里成长起来的姑娘，这样的钦慕和呼唤都是非常自然的。在某种意义上甚至可以说双桅船的心境正是我们许多人共同的心境。也许正是这一点，使这首诗对历经劫难的中国人——无论老少——都产生了吸引力。

诗人借用一艘双桅船的语气，向那连绵的海岸倾诉了自己的思慕与理想。通过海上的风暴和岸上的灯使船与岸分分合合，揭示了社会与时代对人、对命运的影响以及个人人生的必要选择。

③顾城

顾城，原籍上海，生于北京，被誉为当代诗坛的"童话诗人"。主要作品有诗集《黑眼睛》《顾城童话寓言诗选》和与妻子谢烨合作的长篇小说《英儿》等。"黑夜给了我黑色的眼睛，我却用它寻找光明"这句诗出自顾城的《一代人》。

(3)新生代诗歌

新生代诗歌又称第三代诗歌、后朦胧诗、实验诗等，是继朦胧诗后的另一股诗歌创作潮流。它崛起于20世纪80年代中期，一直延续到20世纪90年代中期，一出场就表现出了鲜明的反朦胧诗倾向。但他们在诗歌主张和美学倾向上并不完全相同，由此形成了新生代诗歌的不同诗人群体，主要有"他们"诗派、"整体主义"和"非非主义"等。新生代诗人主要以海子、韩东、于坚等为代表。共同特征为：①在价值观念上，新生代诗歌具有鲜明的反崇高、反文化和平民化的特征。他们试图通过对理性的反叛、对文化意识的解构来完成自己的诗歌表达，如韩东的《有关大雁塔》。②在艺术上，新生代诗歌不再追求诗歌意象的暗示性和隐喻性，崇尚自然不加修饰的口语。

在新生代诗人中，海子较为独特，他既是第三代诗的终结者，又是20世纪90年代“个人化写作”的开启人。土地和太阳构成了海子诗歌的核心意象，其中，土地象征诗人对生命和文化根性的坚守，太阳则是他对理想和超越性精神的追求。由于海子诗歌与麦地之间的密切联系，人们也称其为“麦地诗人”。代表作有《面朝大海，春暖花开》《五月的麦地》《以梦为马》等。

4. 新时期散文

新时期散文的发展较为平缓，这一时期散文发展大体可以概括为：以怀人忆旧为发端，以对文化的体悟和反省而深化，以个人率性率情之作臻于盛境。为二十世纪八九十年代散文奠定思想与艺术基石的，是老一代作家的回忆反思散文，代表作有孙犁的《秀露集》、杨绛的《干校六记》、丁玲的《“牛棚”小品》等。集这类散文之大成者，是巴金的《随想录》，它被誉为“一部讲真话的大书”。

文化散文的代表作家有张中行、余秋雨等。《道士塔》是余秋雨《文化苦旅》中的一篇散文。

第三节　外国文学

一、欧美文学　【单选、简答】★★★

考点 1　古希腊、罗马文学

古希腊、古罗马是欧洲文化的发源地，古希腊、古罗马文学是欧洲文学的开端。古希腊位于地中海东北部，这一地区的文化史称“克里特—迈锡尼文化”。恩格斯说：“没有奴隶制，就没有罗马帝国。没有希腊文化和罗马帝国所奠定的基础，也就没有现代的欧洲。”

1. 古希腊悲剧

古希腊悲剧起源于祭祀酒神狄奥尼索斯的庆典活动。戏剧大都取材于神话、英雄传说和史诗，所以题材通常都很严肃。亚里士多德认为悲剧的目的是引起观众对剧中人物的怜悯和对变幻无常之命运的恐惧，由此使感情得到净化。古希腊时期，成就最高的悲剧作家是埃斯库罗斯、索福克勒斯和欧里庇得斯。

(1)埃斯库罗斯

埃斯库罗斯被称为“悲剧之父”，《被缚的普罗米修斯》是他的代表作。剧中塑造了普罗米修斯这一爱护人类、不屈服于暴力的光辉形象。马克思称赞普罗米修斯是“哲学日历中最高尚的圣者和殉道者”。该剧动作不多，但激烈的观念矛盾使剧中不乏戏剧冲突。剧本气势磅礴，具有独特的风格，至今仍是古典戏剧舞台上的演出剧目之一。

(2)索福克勒斯

索福克勒斯，古希腊三大悲剧作家之一，《俄狄浦斯王》是其代表作。

《俄狄浦斯王》取材于古希腊神话传说中关于俄狄浦斯杀父娶母的故事，展示了富有典型意义的古希腊悲剧冲突——人跟命运的冲突，这也是本剧的主题。

(3)欧里庇得斯

欧里庇得斯，中世纪以前对后世影响最大的诗人之一。他的代表作品包括《美狄亚》《希波吕托斯》《赫卡柏》《疯狂的赫拉克勒斯》《特洛伊妇女》等。其中，《美狄亚》通过一个血腥的复仇事件，描写了一出家庭悲剧，提出了"妇女地位"的社会问题，表现了剧作者对妇女命运的关切和同情，歌颂了主人公为夺取平等权利的反抗斗争精神，反映了奴隶主民主制衰落时期社会道德沦丧、妇女遭受压迫的生活现实。

2. 古希腊喜剧

古希腊喜剧的代表人物是阿里斯托芬，他被誉为"喜剧之父"，代表作品为《阿卡奈人》《骑士》《和平》等。

3.《荷马史诗》

《荷马史诗》包括《伊利亚特》(《伊利昂纪》)和《奥德赛》(《奥德修纪》)两部分，相传是由古希腊盲诗人荷马创作的两部长篇史诗。

(1)内容简介

《荷马史诗》是古希腊社会和生活的百科全书，它以一定的历史事实为依据，结合神话传说，广泛地反映出当时希腊社会从原始公社制向奴隶制过渡时期的经济、政治、军事等方面的情况。在史诗中，我们还可看到以人为本思想的反映：赞美人的智慧，嘲笑神的邪恶；赞美、歌颂人间，蔑视上天。这种以人为本的思想又常常同歌颂民族英雄主义相结合。史诗中已经出现了现实主义和浪漫主义这两种最基本的创作方法。柏拉图认为，《荷马史诗》属于悲剧的范畴，而荷马是"第一个悲剧诗人"。

《伊利亚特》和《奥德赛》叙述的是古代小亚细亚的特洛伊人与希腊人交战的故事。史诗《伊利亚特》取材于特洛伊战争的传说，集中描写战争第十年最后51天的事情，基本主题是歌颂与异族进行战斗的英雄。

另一部史诗《奥德赛》继续叙述这段故事，集中描写阿凯亚人的一位足智多谋的英雄奥德修斯，在攻下伊利昂城之后，乘船回乡，在海上经历了许多艰险，漂流了十年，最后才回到家乡同妻子团聚的故事，其基本主题是歌颂人与自然的斗争。

(2)人物形象

阿喀琉斯是青年勇士，力大无穷，所向无敌，极重个人尊严和友谊，他蛮勇、执拗、性如烈火、易怒，这些也最能体现原始英雄主义。赫克托耳不及阿喀琉斯雄强，但他的英雄主义建立在更自觉的社会责任感上。奥德赛英勇、顽强、战斗不息，具有惊人的毅力，是个智多星，有强烈的求知欲，但对奴隶残酷无情，极端自私贪婪，是正在形成中的奴隶主形象。

考点 2 中世纪文学

1. 骑士文学

骑士文学的主要体裁是骑士抒情诗和骑士叙事诗。骑士抒情诗最早产生于法国南部的普罗旺斯。骑士叙事诗按其题材来源可分为三个系统，即以古代凯尔特人的亚瑟王与圆桌骑士为中心的不列颠故事诗，以拜占庭流传的希腊晚期的传说为题材的拜占庭故事诗，还有模仿古代希腊、罗马文学作品的叙事诗。

2. 欧洲中世纪英雄史诗

"四大史诗":法国的《罗兰之歌》、西班牙的《熙德之歌》、德国的《尼伯龙根之歌》、俄罗斯的《伊戈尔远征记》。

3. 13世纪末

(1)但丁

但丁,意大利伟大诗人,文艺复兴运动的先驱。恩格斯称他是"中世纪的最后一位诗人,同时又是新时代的最初一位诗人"。但丁的主要作品为《神曲》。

(2)《神曲》

①思想内容

《神曲》全诗分为《地狱》《炼狱》《天堂》三部分,其主要内容是谴责教会的统治,但整体仍然未摆脱基督教神学的观点。这是一部充满隐喻性、象征性,同时又洋溢着非常鲜明的现实倾向性的作品。但丁他写作《神曲》的主旨是"为了对万恶的社会有所裨益"。也就是说,《神曲》虽然采用了中世纪特有的幻游文学的形式,其寓意和象征在解释上常常引发颇多争议,但它的主题却是异常明确的,即映照现实,启迪人心,让世人经历考验,摆脱迷雾,臻于善和真,使意大利走出苦难,寻得政治上、道德上复兴的道路。

②艺术特色

A. 梦幻与写实的交融; B. 工整与协调的结构; C. 象征、寓意、梦幻手法的运用; D. 摒弃中世纪文学作品习惯运用的拉丁语,采用俗语写作《神曲》,对促进意大利民族语言的统一、丰富意大利文学语言起到了重要的作用。

考点3 文艺复兴时期文学

14至17世纪初的文艺复兴,是一次新兴资产阶级反教会、反封建的思想启蒙运动。这个时期,古希腊、古罗马文化重新受到重视,因而有"文艺复兴"之名。但"文艺复兴"不是古代文化简单的复兴,而是标志着资产阶级文化的萌芽,反映了新兴资产阶级的要求。文艺复兴运动的中心思想是人文主义。人文主义主张以"人"为本,反对以"神"为本,以"人性"反对"神性",以"人权"反对"神权",以"人智"反对"神智"。他们借用古代文化的"外衣""演出世界历史的新场面"(马克思语)。

1. 意大利

意大利是人文主义的发源地,意大利人文主义作家是欧洲人文主义作家的先驱,最早的代表作家有彼特拉克、薄伽丘等。

(1)彼特拉克

彼特拉克,被认为是"人文主义之父",他与但丁、薄伽丘齐名,文学史上称他们为意大利的"文坛三杰",其代表作品有《歌集》《阿非利加》等。

(2)薄伽丘

薄伽丘,意大利文艺复兴先驱,人文主义杰出作家,其代表作有《十日谈》《菲洛柯洛》《苔塞伊达》等。其

中，《十日谈》是欧洲文学史上第一部现实主义作品。

2. 西班牙

(1)塞万提斯《堂吉诃德》

①作者简介

塞万提斯，西班牙作家。他的主要作品是《堂吉诃德》，这是一部描写堂吉诃德和侍从桑丘·潘沙的冒险经历，揭露封建势力的丑恶，讽刺骑士制度和骑士文学的小说，是文艺复兴时期西班牙小说的最高成就，也是欧洲最早的优秀现实主义长篇小说，标志着欧洲长篇小说一个新的发展阶段，被誉为“世界大同之作”和“人性《圣经》”。

②内容简介

《堂吉诃德》描绘了16世纪末、17世纪初西班牙社会广阔的生活画面，揭露了封建统治的黑暗和腐朽，具有鲜明的人文主义倾向，表现了强烈的人道主义精神，以犀利的讽刺笔触和夸张的艺术手法在世界文学史上占据着无可撼动的地位。**堂吉诃德**也成为世界文学宝库中最典型的人物形象之一。

③人物形象

堂吉诃德是作品中的主人公，他是一个性格复杂而矛盾的人物。一方面他耽于幻想，一切行动从主观出发，行为荒唐、鲁莽，不会吸取教训，如把风车想象成巨人，被风车摔打在地，却说中了魔法师的诡计。另一方面，他的所作所为的出发点却有着高尚的一面，他要做一个行侠仗义的骑士，要锄强扶弱、伸张正义，并为此而奋不顾身，具有自我牺牲的精神。他在主观上追求和维护真理，只是他所追求的是脱离实际、早已过时的“骑士道”，所以注定只能碰壁，害人害己。小说中的堂吉诃德可笑又可悲，可乐又可敬，在他身上，喜剧性和悲剧性奇妙地结合在一起，使他成为古往今来文学史上独一无二的艺术形象。

④艺术特色

A. 反映了广阔的社会生活图景，具有较强的现实性。作者将现实与虚幻结合起来，在看似荒诞不经的故事中描绘真实的社会现实。

B. 用喜剧性的手法塑造悲剧性的人物。用讽刺的笔调和夸张的手法在不同情景中描写人物的荒唐行动，造成喜剧性的效果；着重描写人物主观动机与它的客观后果的矛盾，在喜剧性的情节中揭示其悲剧性的内涵；运用了对比的手法塑造人物形象。

C. 讽刺手法的运用。小说以戏谑的笔调模仿骑士小说，以达到讽刺骑士小说的目的。

D. 小说采用了流浪汉小说、骑士传奇的结构模式，但是以崇高的理想和执着的追求提升了流浪汉小说的文学品格，以辛辣的讽刺和对社会的真实描写弥补了骑士传奇远离现实的不足。

E. 语言贴近生活，真实、质朴、明晰，叙述中融入了讥诮、幽默的成分，采用了大量的西班牙民间俗语和谚语，语言生动形象，具有丰富的寓意。

(2)流浪汉小说

流浪汉小说是在中世纪市民文学传统的影响下，16世纪中期出现于西班牙的一种文学样式。它以城市下层人物的活动为中心，从城市下层人物的角度去观察、分析社会上的种种丑恶。一般采用第一人称、自传体的形式，用人物流浪史的形式描写流浪主人公的所见所闻，反映广阔的社会生活。最早也是最优秀的一部流浪汉小说是《小癞子》（作者不详）。这部作品的写实性、简洁的笔法，以及通过主人公的丰富经历串联各种社会画面的结构方法，都具有独特性，对17、18世纪，乃至19世纪以后的欧洲小说产生了影响。

3. 英国

英国代表文艺复兴人文主义文学最高成就的是莎士比亚的戏剧创作。

（1）莎士比亚

莎士比亚，英国著名作家，欧洲文艺复兴时期最重要的作家、杰出的戏剧家和诗人，他在欧洲文学史上占有特殊的地位，被喻为“人类文学奥林匹克山上的宙斯”，马克思称其为“人类最伟大的戏剧天才”。莎士比亚的代表作品有**四大悲剧**（《哈姆莱特》《奥赛罗》《李尔王》《麦克白》），**四大喜剧**（《第十二夜》《仲夏夜之梦》《威尼斯商人》《皆大欢喜》），此外还有悲剧《罗密欧与朱丽叶》、历史剧《理查二世》《亨利四世》等。

（2）《哈姆莱特》

《哈姆莱特》是莎士比亚创作的一部著名悲剧作品。戏剧讲述了叔叔克劳狄斯谋害了哈姆莱特的父亲，篡取了王位，并娶了国王的遗孀乔特鲁德；哈姆莱特王子因此为父王向叔叔复仇的故事。其艺术特色主要有以下两点：

A. 塑造了一个性格复杂的、发展变化的人物形象。

B. 在发展中，在内外双重矛盾过程中展示人物性格的复杂性和演变过程，用独白和旁白表现人物的思想矛盾，表现思考、认识与自责、怀疑。

4. 法国

拉伯雷，文艺复兴时期法国人文主义作家之一，主要著作是长篇小说《巨人传》。《巨人传》共分五卷，取材于法国民间传说，主要写格朗古杰、高康大、庞大固埃三代巨人的活动史。

考点 4 古典主义文学

古典主义文学潮流最先出现在法国。法国文学在17世纪达到全欧洲的最高水平，产生了一批古典主义作家。这些作家主张向古希腊、罗马作家学习创作经验，从古典文学中寻找创作素材，甚至强调模仿古人。这就是古典主义名称的由来，也是其基本特点之一。

1. 法国

（1）莫里哀

①作者简介

莫里哀，欧洲最杰出的喜剧家、剧作家、导演之一，他是古典主义作家，但并不拘泥于古典主义法则。他的喜剧成就超过了古典主义悲剧，成为法国古典主义最杰出的代表。主要作品有《无病呻吟》《伪君子》《悭吝人》《贵人迷》等。

考点再拔高

▼ 世界名著中的四大吝啬鬼形象

莎士比亚《威尼斯商人》中的夏洛克；莫里哀《悭吝人》中的阿巴贡；巴尔扎克《欧也妮·葛朗台》中的葛朗台；果戈理《死魂灵》中的泼留希金。

②《伪君子》艺术特点

A. 古典主义创作原则与民间喜剧手法结合。剧情围绕揭露达尔丢夫的伪善性格而展开，在吸收了各种戏剧手法的基础上，创造了独具风格的近代喜剧，既严整均衡、单纯集中，又曲折活泼、富有情致。

B. 精巧紧凑、层次分明的情节结构。全剧五幕完全围绕塑造达尔丢夫的虚伪性格来安排。整个戏剧节奏急促，高潮迭起。

C. 打破古典主义关于悲、喜剧的严格界限，在喜剧中插入了悲剧的因素，把戏剧冲突一步步推向高潮。这使情节结构变化跌宕，层次分明，更具吸引力。

D. 戏剧的语言生动灵活，富有个性化色彩，个性化的语言和生动的对白大大增强了作品魅力。

(2)拉封丹

拉封丹是法国古典文学的代表作家之一，寓言诗人。他的作品经后人整理为《拉封丹寓言》，与古希腊著名寓言诗人伊索的《伊索寓言》及俄国著名作家克雷洛夫所著的《克雷洛夫寓言》并称为世界三大寓言。拉封丹被19世纪法国著名文学评论家泰纳誉为“法国的荷马”。雨果的《巴黎圣母院》以及莫泊桑的《一生》都提到他是法国古典文学作家中著名的诗人。

考点5 启蒙文学

启蒙文学是指盛行于18世纪欧洲启蒙运动时期的文学。启蒙思想对这一时期文学主流的流变产生了深远的影响。启蒙文学家们抛弃了17世纪以来在欧洲占据优势的、以忠君爱国为主要内容的古典主义文学，形成了以关注普通人生活和理想等方面内容为主的新的文学风格，这一风格具有许多新的特征。

1. 英国

(1)笛福

①作者简介

笛福，英国小说家，生于商人家庭，早年经商，到过欧洲大陆各国。他以写政论和讽刺诗著称，反对封建专制，主张发展资本主义工商业。晚年发表海上冒险小说、流浪汉小说和历史小说。他的代表作是长篇小说《鲁滨逊漂流记》，此外还有《辛格顿船长》《大疫年日记》等。

②《鲁滨逊漂流记》

小说赞扬了新兴资产阶级的代表——鲁滨逊身上所表现的勤劳、智慧、勇敢、顽强和坚韧的美好品德，反映了处于资本主义原始积累时期的新兴资产阶级的要求——“个性自由”，发挥个人才智，勇于冒险，追求财富，不断进取。作者借此歌颂了处在上升时期的资产阶级的个人奋斗精神。小说情节生动，细节逼真，描写细致，语言流畅，具有深刻的哲学和社会意义。

(2)斯威夫特

①作者简介

斯威夫特,英国作家。早期写有《一个澡盆的故事》,讽刺教会内部的宗派斗争。发表政论《布商的书信》和《一个温和的建议》等,抨击英国统治集团对爱尔兰人民的剥削和压迫,反映爱尔兰人民的反抗情绪。其代表作《格列佛游记》揭露英国社会的不合理现象。

②《格列佛游记》

《格列佛游记》是一部杰出的游记体讽刺小说,以格列佛船长的口气叙述周游四国的经历。通过格列佛在小人国、大人国、飞岛国、巫人岛、慧骃国的奇遇,反映了18世纪前半期英国统治阶级的腐败和罪恶。还以较为完美的艺术形式表达了作者的思想观念。作者用了丰富的讽刺手法和虚构的幻想写出了荒诞而离奇的情节,深刻地反映了当时的英国议会中毫无意义的党派斗争,统治集团的昏庸腐朽和唯利是图,对殖民战争的残酷暴戾进行了揭露和批判;同时它在一定程度上歌颂了殖民地人民反抗统治者的英勇斗争。

2. 法国

法国启蒙文学流行的是哲理小说,著名的作品有孟德斯鸠的《波斯人信札》,伏尔泰的《老实人》和《天真汉》,狄德罗的《修女》《拉摩的侄儿》,卢梭的《新爱洛伊丝》《爱弥儿》和《忏悔录》,其中《忏悔录》记载了卢梭从出生到被迫离开圣皮埃尔岛中间50多年的经历。

3. 德国

德国启蒙文学中出现的著名作品有歌德的《浮士德》《少年维特之烦恼》和席勒的《阴谋与爱情》。

(1)歌德

①作者简介

歌德,德国18世纪末19世纪初最伟大的诗人、作家和思想家。他的主要作品有小说《少年维特之烦恼》和诗剧《浮士德》。歌德早年尊重个性自由,崇尚激情,与人文主义者的思想较为一致;在创作中期,他崇尚古典美,渴望深入实际生活并试图在具体的工作中改造社会,具有17、18世纪资产阶级思想家与文学家的特点;而在晚年,他从思想体系的角度探讨人与世界的关系,又明显带有19世纪初黑格尔哲学和空想社会主义思想的特征。

②《少年维特之烦恼》

A. 思想内容

这是德国文学史上首部具有国际影响的书信体小说。作品描写了主人公维特跌宕起伏的感情波澜,在抒情和议论中真切而又详尽地展示了维特思想感情的变化。小说以浓郁的诗意和喷涌的激情叙写了维特的痛苦、憧憬和绝望,将他个人恋爱的不幸置于广泛的社会背景中,对封建的等级偏见、小市民的自私与守旧等观念作了揭露和批判,热情地宣扬了个性解放和情感自由。小说中也勇敢地喊出了那个时代的青年要求摆脱封建束缚、建立平等的人际关系、实现人生价值的心声。

B. 维特的形象分析

维特崇尚人性的自然与自由。他纯真执拗,独立不羁,向往自由,追求个性解放。因此,他遵从内心的

独立，不为功名利禄驱使，不掩饰自己的爱憎好恶；他鄙视世俗的等级，坚守人与人之间的平等；他推崇言真行诚，摒弃圆滑世故；他厌恶保守迂腐的官场、矫揉造作的贵族和庸俗屈从的市民。他认为爱情是做人的天然权利，是值得珍视的自然真诚的情感。他不仅代表了时代精神，而且代表了新时代的才智。

③《浮士德》

《浮士德》是一部关于梦想者和发展者的诗剧故事，是歌德根据德国民间传说写成。该作品写浮士德博士为寻求人生的意义，以自己的灵魂换得魔鬼靡菲斯特的帮助，经历了知识追求、爱情生活、政治生涯、艺术追求、事业追求五个阶段和变化，于生命的最后时刻，在与自然斗争中，领悟了人生的目的应当是为生活和自由而战斗。《浮士德》《荷马史诗》《神曲》《哈姆莱特》被誉为欧洲古典四大名著。

(2)席勒

席勒，德国18世纪著名诗人、作家、哲学家、历史学家和剧作家，德国启蒙文学的代表人物之一，代表作品为《阴谋与爱情》。席勒是德国文学史上著名的“狂飙突进运动”的代表人物(代表作品《强盗》)，也被公认为是德国文学史上地位仅次于歌德的伟大作家。

第一部分

考点6 浪漫主义文学

浪漫主义是18世纪90年代至19世纪30年代流行于欧美的一种文学思潮。它是法国大革命后，欧洲封建制度崩溃，资本主义制度逐步确立，“自由、平等、博爱”的思想深入人心，人们追求个性解放和抒发内心情感强烈愿望的体现。

1. 英国

(1)湖畔派

湖畔派是居住在英国北部昆布兰湖区的三大诗人华兹华斯、柯勒律治、骚塞结成的诗歌流派。他们都写过不少歌咏湖光山色的田园诗，都有“回到大自然中去”的思想倾向。在1817年8月的《爱丁堡评论》中，被他们的共同笔友弗朗西斯·杰弗里戏称为“湖畔派”或“湖畔学派”。在文学上，他们共同反对古典主义传统，向往唯情论，歌颂大自然，通过缅怀中古的淳朴来否定现实的城市文明。其中，华兹华斯的《抒情歌谣集·序言》成为英国浪漫主义的宣言。

(2)其他

英国第二代浪漫主义作家有：拜伦，代表作品为诗体小说《唐璜》；雪莱，代表作品为诗歌《西风颂》；济慈，代表作品为《夜莺颂》《希腊古瓮颂》《秋颂》。第二代浪漫主义作家在艺术上完成了由“湖畔诗人”开始的诗歌改革，丰富了诗歌的形式与格律。雪莱的政治抒情诗《西风颂》以“如果冬天来了，春天还会远吗?”结尾，被恩格斯称为“天才的预言家”。

2. 法国

法国最早的浪漫主义代表作家是夏多布里昂和史达尔夫人。雨果的《欧那尼》的上演是浪漫主义最后战胜古典主义的标志。

(1)雨果

①作者简介

雨果，法国作家，欧洲19世纪浪漫主义文学最卓越的代表，被人们称为**“法兰西的莎士比亚”**，他的浪漫主义代表作是他在19世纪30年代创作的长篇小说《巴黎圣母院》。此外，他的《悲惨世界》《海上劳工》和《笑面人》也都具有世界影响。

②创作特点

诗作方面：有着瑰丽的色彩，充满天马行空的想象力，以及绝妙的音乐性，通过巧妙的用韵法，使作品达到优雅、精美、雄伟、朴实的非常境界。

小说方面：多半以写社会小说、描写人生百态为主，融合现实主义与浪漫主义，情节生动、结构离奇、感情澎湃、气势磅礴、震慑人心、脍炙人口。

剧作方面：打破希腊悲剧的“三一律”框架，创作了悲喜交杂的浪漫剧。运用丰富的想象、强烈的情绪、无边的气魄、美丽的诗词，造成强烈而矛盾的戏剧效果。

画作方面：作品包括名著插画、人物画、风景画。内容多为描绘其作品中的情节，展现内心的思绪。在他十九年流亡期间，海成了其绘画的主题。

③艺术特色

A. 善于运用对照手法。善与恶、美与丑既体现在情节上，也体现在人物身上；既体现在人物与人物之间，也体现在人物自身之中。

B. 善于塑造下层人物形象。如芳汀、冉•阿让、笑面人、爱斯美拉达等。

C. 情节的传奇性。情节大起大落，悲欢离合，出人意料。如爱斯美拉达与卡西莫多死后尸骨一分开就化为了灰烬。

D. 十分注重心理描写。

E. 善于将无生命的事物描绘得如同有生命的物体一样神奇、动人心魄。如巴黎圣母院这一蔚为壮观的古建筑在他笔下仿佛有灵性。

F. 力图以史诗的气魄和规模去再现社会和历史。

④《巴黎圣母院》

A. 思想意义

a. 以巨大的艺术力量猛烈抨击了危害人类的恶势力，批判天主教会使具有人性的人异化为魔鬼，使其毁灭。

b. 无限同情被侮辱损害的下层人民，热情赞扬其善良、仁慈、团结友爱、坚贞不屈的高尚品质，赞扬其团结起来为营救爱斯美拉达举行武装暴动的英勇战斗精神。

c. 有力地控诉和鞭笞了封建贵族和教会残余势力，密切配合了法国人民埋葬封建王朝的七月革命，是对这一斗争的有力支持和鼓舞，时代感强烈。

B. 艺术特色

a. 人物塑造上追求独特性、非凡性，贯穿夸张、对比原则及“美丑对照”原则，所有的对比都尖锐强烈，经过了夸大渲染，并且运用了丰富的想象。

b. 在情节上强调奇人奇事，奇情奇境。

c. 夹叙夹议手法的运用，环境色彩鲜明，心理描写细腻。

C. 人物形象

爱斯美拉达是雨果塑造的理想人物，是人性美的象征。她纯洁善良，酷爱自由，热情豪爽，品格坚贞。她善良地去对待所有人。她挽救了误入乞丐王国的诗人甘果瓦的生命；她不计前嫌送水给受刑的卡西莫多；她对爱情抱着至死不渝的信念，丝毫不怀疑心上人的背叛，不允许别人说他一句坏话；面对克洛德的淫威，她宁死不屈。她的被毁灭是对封建专制残酷统治和教会邪恶势力的有力控诉，同时也唤起了人们对真善美的追求。

卡西莫多是雨果理想中“善”的化身，是雨果根据“**美丑对照**”原则创造的人物形象。他有着丑到极点的相貌，似乎上帝将所有的不幸都放在了他的身上。他虽受尽嘲弄，但内心崇高，是一个富有正义感、富于感情的人。他对爱斯美拉达的爱慕是一种混合着感激、同情和尊重的柔情，是一种无私的、永恒的、高贵质朴的爱，完全不同于克洛德那种邪恶的占有欲，也不同于花花公子弗比斯的逢场作戏。雨果通过这一形象，树立起一个人类灵魂美的典型。这一形象还体现了善战胜恶，真诚战胜虚伪的理论。

克洛德是宗教恶势力的代表，有着复杂的性格。他本来很有人性，但宗教生活和教义把他变成违反人性的禁欲主义者，其道德观使其自然的本能和欲望畸形化为疯狂的兽性。因此，他既是宗教恶势力的代表，又是宗教恶势力的牺牲品。这一矛盾更深刻地暴露出了宗教生活、教义、势力违反人性的特点，使一个本来正常的人，甚至是优秀的人陷入罪恶和痛苦的深渊。

真题面对面

[2019重庆沙坪坝区，单，1分]下列作家中，属于浪漫主义作家的是（　　）

A. 雨果　　B. 巴尔扎克　　C. 左拉　　D. 司汤达

答案：A。巴尔扎克、司汤达均为批判现实主义作家，左拉属于自然主义文学作家。

（2）大仲马

①作者简介

亚历山大·仲马，人称大仲马，法国19世纪浪漫主义作家。大仲马的代表作有《亨利三世及其宫廷》（剧本）、《基督山伯爵》（长篇小说）、《三个火枪手》（长篇小说）等。其小说大都以真实的历史作背景，情节曲折生动，往往出人意料，有历史惊险小说之称。结构清晰明朗，语言生动有力，对话灵活机智等构成了大仲马小说的特色。大仲马也因而被后人美誉为“通俗小说之王”。

②《基督山伯爵》

《基督山伯爵》，又名《基督山复仇记》，是通俗历史小说。故事讲述19世纪法国皇帝拿破仑“百日王朝”

时期，法老号大副爱德蒙·邓蒂斯受船长委托，为拿破仑党人送了一封信，遭到两个卑鄙小人和法官的陷害，被打入黑牢。狱友法利亚神父向他传授各种知识，并在临终前把埋于基督山岛上的一批宝藏的秘密告诉了他。邓蒂斯越狱后找到了宝藏，成为巨富，从此化名基督山伯爵，经过精心策划，报答了恩人，惩罚了仇人。故事情节曲折生动，奇特新颖，处处出人意料，引人入胜。《基督山伯爵》被公认为通俗小说中的典范，是大仲马小说中的经典之作，具有浓郁的传奇色彩和很强的艺术魅力。

真题面对面

[2020云南特岗，单，1分]《基督山伯爵》的作者是（　　）

A. 大仲马　　B. 小仲马　　C. 福楼拜　　D. 莫泊桑

答案：A。《基督山伯爵》是法国著名作家大仲马的代表作。

（3）小仲马

小仲马是法国著名作家大仲马与一个裁缝女工的私生子，这种身份使他童年时期受尽讥笑，成年后决心通过文学改变社会道德。他1848年发表小说《茶花女》，随后他本人把它改编成戏剧，一举成名。作品通过出身贫困的名妓玛格丽特和税务官之子阿芒的爱情悲剧，揭露了资产阶级道德的虚伪，塑造了一个不甘堕落、心地善良的茶花女形象，忠实地再现了七月王朝时期的社会现实。《茶花女》是法国戏剧由浪漫主义向现实主义演变时期的优秀作品。他的戏剧作品还有描写交际花的世态喜剧《半上流社会》、谴责富人始乱终弃的《私生子》、鼓励失足少女走上正道的《奥布雷夫人的见解》等。小仲马注重戏剧的道德效果，是法国现实主义戏剧的创始人，使戏剧摆脱了纯粹的幻想和激情，其创作实践和主张影响了整整一代人。

3. 俄国

（1）普希金

普希金，俄国著名诗人，主要作品有抒情诗《自由颂》《假如生活欺骗了你》，叙事诗《青铜骑士》，长篇诗体小说《叶甫盖尼·奥涅金》，童话诗《渔夫和金鱼的故事》，等等。普希金及其作品对19世纪俄国文学的发展起了开创和奠基的作用，是俄国文学语言的典范，享有世界声誉，被称为**“俄罗斯诗歌的太阳”**。他的《驿站长》是俄国第一篇描写小人物的作品，开俄国文学描写小人物命运之先河。

（2）《叶甫盖尼·奥涅金》简介

普希金的《叶甫盖尼·奥涅金》是长篇叙事诗体小说，它之所以被称为19世纪俄国现实主义奠基之作，是因为它不仅取材于现实，而且用现实主义写实手法广阔地描写了19世纪20年代至19世纪30年代俄国社会的方方面面，批判地反映了当时的制度、文明、传统和形形色色的风尚。别林斯基称它是“俄罗斯生活的百科全书和最富于人民性的作品”。

（3）奥涅金人物形象

奥涅金是俄国贵族革命时期开始觉醒但找不到出路的贵族知识分子典型。他受到西欧民主思想启蒙，具有人道主义和民主主义思想倾向，品格和气质远远高于周围贵族子弟。但他没有明确主张和社会理想，在令人窒息的社会现实中看不到出路和希望，所以他感到苦闷、彷徨、忧郁、痛苦。患了“俄国人的忧郁病”

的奥涅金，对生活极端冷漠、愤世嫉俗，他痛恨腐朽社会并希望改变现状，但又不可能与其决裂，所以他不会正面反抗，只会消极逃避。其矛盾性在于：与达吉雅娜的爱情表现了他对纯朴真爱的不理解、自我优越感和精神的空虚，与连斯基的决斗表现了他无力反抗上流社会的陋习，是一个“在他所安身立命的环境中的多余的人”，是俄国文学史上第一个“多余人”典型。

(4)艺术特色

①划时代的独创性。《叶甫盖尼·奥涅金》是俄国文学史上第一部现实主义的典范性的长篇诗体小说，是俄国现实主义文学的主要奠基作品之一。在古典主义和浪漫主义占有统治地位的时代，普希金着力描绘了现实生活，具有极大的独创性。

②重大严肃的主题。以奥涅金的形象，生动准确地概括了19世纪20年代俄国贵族青年脱离人民的基本特征。这个特征既是时代的产物又影响着那个时代。奥涅金是俄国文学史上第一个“多余人”的形象，以后的“多余人”形象既有他身上的这种特征，又各具时代特色。

③描绘的画面广阔，形式自由。作品由十四行诗构成，抒情和议论相结合的自由形式使诗人将形形色色的内容纳入其中，既包括诗人内心的感受，同时也有对俄国现实的描绘。“抒情插话”对于表达作品思想内容起到了重要作用。

第一部分

考点 再拔高

▼ 外国文学常考的典型形象

缪塞在小说《一个世纪儿的忏悔》中塑造了一个“世纪病”形象——奥克塔夫。

海明威在小说《老人与海》中塑造了一个硬汉形象——桑提亚哥。

普希金在《叶甫盖尼·奥涅金》中塑造了俄国文学史上第一个“多余人”形象——奥涅金。

冈察洛夫在《奥勃洛摩夫》中塑造了俄国文学史上最后一个“多余人”形象——奥勃洛摩夫。

普希金在《驿站长》中塑造了俄国文学中第一个“小人物”形象——维林。

4. 美国

惠特曼，美国著名诗人、人文主义者，创造了诗歌的自由体，其代表作品是诗集《草叶集》。

考点7 19世纪现实主义文学

现实主义文学是19世纪欧美主流的文学思潮，它揭露和批判社会的弊端，广泛地反映社会生活的矛盾，塑造了典型环境中的典型性格。由于具有强烈的批判性，高尔基称之为“批判现实主义”。

1. 法国

(1)司汤达

①作者简介

司汤达是19世纪法国杰出的批判现实主义作家，也是法国现实主义文学的奠基人之一。他在文艺论著《拉辛与莎士比亚》中提倡浪漫主义，反对古典主义，主张文学应“艺术地反映当代生活”，反对因循守旧。他的《红与黑》是法国第一部重要的批判现实主义作品。

②《红与黑》

A. 作品简介

小说以波旁王朝复辟的最后几年为背景，以个人野心家于连·索黑尔往上爬的故事为主线，描绘了1830年前后法国的社会面貌，真实地揭露了封建贵族和反动教会既勾结又争夺的复杂关系与罪恶阴谋，并预示了七月革命的政治形势，具有鲜明的时代特征和深刻的社会意义。

B. 于连人物形象分析

于连是一个充满矛盾的人物。他的内心世界深刻而复杂，他既卑怯又勇敢，既狡猾又诚实，既老练又天真，既复杂又单纯，所有这些水火不容的对立特征，使于连成为一种特殊的典型。从表面上看，于连蔑视当时法国社会的一切道德规范，他所践踏的，是那个腐败社会中的虚伪的道德信条。于连是一个大胆的说谎者，但这是因为欺骗和谎言已经成为那个腐败社会中人人借以谋生的手段。而最后于连的死亡，是他忠实于自己的信念和理想，把对人生的挑战坚持到底的表现。于连选择了死亡，也正是对于死的自主选择，充分体现了司汤达所塑造的这个叛逆性格的完整性。

第一部分

(2)巴尔扎克

①作者简介

巴尔扎克，法国19世纪现实主义文学的伟大代表，被称为现代法国小说之父。他的主要作品有《朱安党人》《人间喜剧》等。历史小说《朱安党人》是巴尔扎克用真名发表的第一部作品。他的《人间喜剧》被称为“资本主义社会的百科全书”，由91部小说组成，写了2400多个人物，展示了19世纪前期整个法国的社会生活。全书分为三部分：《风俗研究》《哲理研究》和《分析研究》。其中的名篇有《高老头》《欧也妮·葛朗台》《贝姨》《邦斯舅舅》《驴皮记》《交际花盛衰记》等。《人间喜剧》实现了作者的誓愿——“拿破仑用剑没有办到的，我要用笔来完成它”。

②《人间喜剧》

A. 思想内容

a. 深刻描写了封建贵族在资产阶级进攻下必然灭亡的历史。

b. 描写了与封建贵族的没落相对应而又相交织的资产阶级发迹史。

c. 对共和主义者的赞美和对理想社会的探索。

d. 十分注重揭露资本主义社会人与人之间的金钱关系。

B. 艺术特色

a. 面对现实，忠于现实，把艺术真实和历史真实高度统一起来。

b. 生活素材典型化，塑造不朽的典型人物。

c. 工笔描画环境，塑造典型人物(典型环境中的典型人物)。

d. 选择真实生动的细节，为塑造典型服务(细节的真实)。

③《高老头》中的人物形象塑造

A. 小说的几个主要人物形象鲜明。伏脱冷是《人间喜剧》中最有性格魅力的人物之一。拉斯蒂涅的刻画方法与伏脱冷不同，巴尔扎克写的是他作为野心家的形成过程，运用了心理描写。

B. 作品中不仅主要人物性格突出，而且次要人物也跃然纸上。伏盖太太的见钱眼开和浅薄，米旭诺的阴险和鬼鬼祟祟，都写得很生动，各有特色。

真题面对面

1. [2021贵州特岗，单，1分]《欧也妮·葛朗台》的作者是(　　)

A. 马丁·路德·金　　B. 司汤达

C. 莫扎特　　D. 巴尔扎克

答案：D。《欧也妮·葛朗台》是法国作家巴尔扎克的代表作品，收录于《人间喜剧》。

2. [2019云南特岗，简答，5分]简答巴尔扎克《高老头》中的人物形象塑造。

参考答案：参见上文。

(3)福楼拜《包法利夫人》

福楼拜是19世纪中期法国的重要作家，他起着承前启后的作用，对自然主义和20世纪作家产生了重大影响。他的代表作是著名长篇小说《包法利夫人》。

作品讲述的是一个受过贵族化教育的农家女爱玛的故事。她瞧不起当乡镇医生的丈夫包法利，梦想着传奇式的爱情。可是她的两度偷情非但没有给她带来幸福，反而使她自己成为高利贷者盘剥的对象。最后她积债如山，走投无路，只好服毒自尽。小说尖锐地抨击了外省贵族、地主、高利贷者、市侩的恶德丑行，揭露了资本主义社会腐朽堕落的社会风习及小市民的鄙俗、猥琐，真实地再现了资本主义发展初期在表面繁荣掩盖下的残酷现实。

(4)莫泊桑

①作者简介

莫泊桑，19世纪后半叶法国批判现实主义作家，被称为"世界短篇小说之王"，与俄国契诃夫和美国欧·亨利并称为"世界三大短篇小说巨匠(之王)"。莫泊桑作品的题材极为广泛，大致可分为：描写普法战争的，如《羊脂球》《菲菲小姐》《米隆老爹》《两个朋友》；反映资产阶级世俗生活和揭露资产阶级道德堕落的，如《项链》《我的叔叔于勒》《遗嘱》《勋章到手了》《雨伞》；描写下层人民的贫困痛苦和反映劳动人民优秀品质的，如《西蒙的爸爸》《一个儿子》。

②《项链》

《项链》是一篇短篇小说，它以结构的严谨精巧而著称于世。小说主人公玛蒂尔德是个小职员的妻子，为了参加部长家的晚会，她向一位有钱的女友借了一串"钻石项链"，但在晚会后回家的途中不慎丢失。为了赔偿这串项链，她过了10年艰苦的生活。到这时，才由那位朋友说出，借给她的项链是假的。作者巧妙而深刻地嘲讽了女主人公爱慕虚荣、追求享乐的思想，揭露了这种思想对妇女的毒害。

真题面对面

[2022浙江杭州,单,3分]下列关于文学文化常识的表述,不正确的一项是(　　)

A. 西汉史学家司马迁撰写的《史记》是中国历史上第一部纪传体通史,其中《陈涉世家》第一篇记载了中国历史上第一次大规模农民起义,"王侯将相宁有种乎"吼出被压迫者的心声。

B. 北宋哲学家周敦颐在《爱莲说》中将"莲"比作"君子",实际是托物言志,表明自己的人生志向是不同流合污,永远保持自己清白正直的操守。

C.《儒林外史》是清代小说家吴敬梓创作的一部长篇讽刺小说,反映科举制度下读书人与官绅的活动和精神面貌。语文教材中《范进中举》一篇节选自本书。

D.《我的叔叔于勒》的作者莫泊桑,是法国优秀的批判现实主义作家,他与俄国的契诃夫,美国的马克·吐温并称为"世界三大短篇小说之王"。

答案:D。D项,"世界三大短篇小说之王"分别是法国的莫泊桑、俄国的契诃夫和美国的欧·亨利。

(5)梅里美

梅里美,法国剧作家和短篇小说大师,19岁开始创作,作品有剧本集《克拉拉·加苏尔戏剧集》和历史剧《雅克团》,有长篇小说《查理第九时代轶事》和中、短篇小说《马特奥·法尔哥内》等。

梅里美的作品具有独特的艺术风格。他以平静、超脱的口气讲述惊心动魄的悲剧或事件。人物性格突出,结构精巧而紧凑,情节不落俗套,地方色彩鲜明,文笔简繁得当,语言优美晓畅。他的中、短篇小说享誉世界文坛。

(6)鲍狄埃

鲍狄埃是法国无产阶级诗人,少年时即开始诗歌创作。七月革命爆发,他写《自由万岁》歌颂起义英雄。1840年以后,他写诗歌反映法国的重大政治事件,向资产阶级做斗争。巴黎公社起义失败后,他创作了著名的《国际歌》,被誉为"全世界无产阶级的歌"。之后他流亡英国和美国,参加当地的工人运动,写诗缅怀巴黎公社,揭露资产阶级,启发无产阶级的觉悟。

2. 英国

(1)狄更斯

①作者简介

查尔斯·狄更斯,英国作家,主要作品有《大卫·科波菲尔》《匹克威克外传》《雾都孤儿》《老古玩店》《艰难时世》《我们共同的朋友》《双城记》等。

②《大卫·科波菲尔》

《大卫·科波菲尔》是狄更斯创作的长篇小说,被称为他"心中最宠爱的孩子",全书采用第一人称叙事,融进了作者本人的许多生活经历。小说讲述了主人公大卫从幼年至中年的生活历程,通过主人公大卫一生的悲欢离合,多层次地揭示了当时社会的真实面貌,突出地表现了金钱对婚姻、家庭和社会的腐蚀作用。语言诙谐风趣,展示了19世纪中叶英国的广阔画面,反映了狄更斯希望人间充满善良正义的理想。

③《匹克威克外传》

《匹克威克外传》是狄更斯的第一部长篇小说，英国第一部重要的批判现实主义作品。小说写老绅士匹克威克一行五人到英国各地漫游的故事。小说情节以匹克威克等人在旅途的见闻和遭遇展开，一些故事虽然有相对的独立性，但是故事的进展又能自然地衔接起来，散而不乱，线索明了。

(2)夏洛蒂·勃朗特

①作者简介

夏洛蒂·勃朗特，英国女作家，她与两个妹妹——艾米莉·勃朗特(《呼啸山庄》)和安妮·勃朗特(《艾格尼斯·格雷》)在英国文学史上并称为**"勃朗特三姐妹"**。1847年，夏洛蒂·勃朗特出版长篇小说《简·爱》，轰动文坛。另有作品《维莱特》和《教师》，这两部作品均根据其本人生活经历写成。

②《简·爱》

A. 作品简介

《简·爱》是一部具有浓厚浪漫主义色彩的现实主义小说，一部带有自传色彩的长篇小说。作品讲述了从小变成孤儿的英国女子简·爱在各种磨难中不断追求自由与尊严，坚持自我，最终获得幸福的故事。小说生动形象地展示了女主人公简·爱与男主人公罗切斯特曲折起伏的爱情经历，成功塑造了一个敢于反抗，敢于争取自由和平等地位的妇女形象。

B. 艺术特色

大量运用心理描写是这本小说的一大特色。全书构思精巧，情节波澜起伏，既给读者制造出一种阴森恐怖的气氛，又不脱离一个中产阶级家庭的背景。作者还以抒情的笔法描写了主人公之间的真挚爱情和自然风景，感情色彩丰富而强烈。在风景描绘上，作者以画家的审美角度去鉴赏，以画家的情趣去把握光和影的和谐，色彩斑斓的景物显得细致生动。

真题面对面

[2019江西，单，1分]下列关于文学名著的表述不正确的一项是(　　)

A.《钢铁是怎样炼成的》主人公保尔·柯察金是在朱赫来的影响下，走上革命道路的。他身上凝聚了那个时代最美好的品质——为理想而献身的精神，钢铁般的意志和顽强奋斗的品质。

B. 乔纳森·斯威夫特在《格列佛游记》中描写小人国利里浦特的党派之争，争权夺利，实际上是挖苦英国两个争斗不休的政党。

C.《童年》以一个小孩的眼光来描述，给一幕幕悲剧场景盖上童真的光，在邪恶中看到善良，在冷酷无情中看到人性的光芒，在悲剧的氛围中感受到人们战胜悲剧命运的巨大力量。

D.《简·爱》故事主要发生在桑菲尔德庄园，女主人公简·爱在庄园中做家庭教师，她的生活在桑菲尔德庄园与罗切斯特产生交集，但最终与罗切斯特分道扬镳。

答案：D。D项，《简·爱》中简·爱与罗切斯特最终步入婚姻殿堂，没有分道扬镳。

3. 俄国

(1)果戈理

①作者简介

19世纪40年代,果戈理追随普希金,确立了俄国文学新的流派"自然派",并凭借巨著《死魂灵》成为俄国19世纪批判现实主义的奠基作家。其主要作品有讽刺喜剧《钦差大臣》,长篇小说《死魂灵》,其中《死魂灵》中的泼留希金是世界名著中的"四大吝啬鬼"之一。

②《钦差大臣》

A. 思想内容

《钦差大臣》标志着俄国现实主义戏剧创作成熟阶段的开始。此剧描写了一个来自彼得堡的十二等文官赫列斯达科夫,被外省某市的市长——一个供职30余载、经验丰富的政客——错当成了上级派来的钦差大臣,于是一错再错,闹出了无数笑话的故事,充分暴露出了官僚们溜须拍马、贪污受贿、营私舞弊的嘴脸。

B. 艺术特色

《钦差大臣》不仅深刻地揭露和鞭挞了农奴制的腐朽和官僚统治的罪恶,而且在艺术上也极具特色。

a. 双重的戏剧冲突。一方面写了以市长为首的官僚集团和钦差大臣的矛盾,另一方面又有小市民和官僚的冲突。前者贯穿于全剧,后者则通过所有上场人物的语言来表现。这样的手法,使得情节更加引人入胜。

b. 鲜明真实的人物形象塑造。作者致力于典型人物内心世界的揭示,摒弃了外在的浅薄的滑稽,使剧中人物不是某种概念的化身,而是特定的、活生生的性格。

c. 哑剧收场。这种结尾新颖独到,别具匠心,加深了观众对喜剧人物的认识,强化了喜剧的讽刺效果。

③《死魂灵》

《死魂灵》是果戈理的长篇小说,小说描写专营骗术的商人乞乞科夫来到某偏僻省城,以其天花乱坠的吹捧成为当地官僚的座上客,并上门去向地主收购死农奴,企图以此作为抵押,买空卖空,牟取暴利。丑事败露后,他便逃之夭夭。《死魂灵》是俄国批判现实主义文学发展的基石,也是果戈理的现实主义创作发展的顶峰。

真题面对面

[2019云南特岗,单,1分]《死魂灵》的作者是(　　)

A. 哈代　　B. 海涅　　C. 果戈理　　D. 易卜生

答案:C。《死魂灵》是俄国作家果戈理创作的长篇小说。

(2)屠格涅夫

屠格涅夫《猎人笔记》《前夜》和《父与子》的出版,标志着其坚定地走上了现实主义的文学创作道路。他以独特的艺术风格和深刻的反农奴制思想,在俄国文学中首次表现了俄国农民的聪明才智和精神世界的美。

(3)列夫·托尔斯泰

①作者简介

列夫·托尔斯泰，19世纪俄国杰出的批判现实主义作家，是世界文学史上最杰出的作家之一，他被称为具有"最清醒的现实主义"的"天才艺术家"。其主要作品为长篇小说《战争与和平》《安娜·卡列尼娜》《复活》等。他的作品描写了俄国革命时期人民的顽强抗争，因此被列宁称为"俄国革命的一面镜子"。

②创作特点

A. 列夫·托尔斯泰创作最突出的特点是全景式的史诗性叙事艺术。这种特点不仅表现在他的小说材料广泛，所包含的内容丰富多彩，叙述具有多层次性上，还表现在他的小说能真实地展现现实生活中人的内心世界的千变万化上。叙事的惊人广度和人物内心世界的深刻刻画，对社会恶的大胆暴露以及对崇高道德的追求，对那些应当成为社会生活之基础的真正合乎人道的原则的揭示，使托尔斯泰的小说既具有再现生活的广阔性和丰富性，又具有表现人的心灵世界的深刻性和真实性。

B. 在心理描写上表现出了卓越的才华，这是他对现实主义文学作出的巨大贡献。

C. 善于把握人物性格与环境之间的辩证关系，特别注意揭示人物性格的内在力量和自主性。

③《复活》

A. 人物形象

男主人公聂赫留朵夫是一个为自己和本阶级的罪恶而忏悔的形象，玛丝洛娃的不幸遭遇深深震动了他，他决心用自己的行动来赎罪。聂赫留朵夫对人民苦难的同情，对本阶级罪恶的忏悔以及在忏悔过程中的矛盾、彷徨，既概括了当时一部分进步的贵族知识分子的精神状态，也反映了作家本人的思想矛盾。

女主人公卡秋莎·玛丝洛娃是一个从受欺凌的状态中逐步觉醒并走向新生的下层妇女的形象。如果说与聂赫留朵夫的重逢震撼了她麻木的灵魂的话，那么与政治犯的接触则使她开始了对新生活的探索。玛丝洛娃的形象已经越出了当时一般作家用同情的笔调描写下层人民不幸遭遇的格局，深刻地表现了下层人民不可摧毁的坚强意志。

B. 艺术特色

a. 在艺术上的突出特点是对俄国黑暗现实批判的深度和广度。

b. 单线索的情节。小说以聂赫留朵夫为玛丝洛娃申诉而四处奔走为主要情节线索，将全书的人物事件串成一体。

c. 鲜明的讽刺色彩。小说对神职人员、俄国宗教服务的反动本质的揭露充满讽刺意味。

d. 对比手法的运用。小说把人物的内心活动和行为进行对比，把人物精神变化的前后情形加以对比，突出人物性格及作品的主题思想。

e. 善于运用心理描写。小说主要运用心理独白刻画人物，此外，还通过其他方法表现人物心理。

考点 再拔高

▼ 忏悔贵族

忏悔贵族主要出现在19世纪的俄国文学中，一般是有理想的贵族知识分子，他们思想进步，有较高的精神追求。但由于腐败堕落的贵族生活环境对他们的影响，使得他们有意无意地会做一些恶事，伤害别人。当他们在特殊事件的触发下，认识到自己自私行为的恶果时，就会产生剧烈的心理变化，忏悔自己的所作所为，最终转变立场，批判本阶级的罪恶本质。

④《战争与和平》

《战争与和平》以1812年的卫国战争为中心，反映从1805年到1820年间的重大历史事件。以鲍尔康斯、别祖霍夫、罗斯托夫和库拉金四大贵族的经历为主线，在战争与和平的交替描写中把众多的事件和人物串联起来。作品的基本主题是肯定这次战争中俄国人民正义的抵抗行动，赞扬俄国人民在战争中表现出来的爱国热情和英雄主义。但作品的基调是宗教仁爱思想和人道主义，作家反对战争，对战争各方的受难都给予了深切的同情。

(4)契诃夫

①作者简介

契诃夫，俄国的世界级短篇小说巨匠及俄国19世纪末期最后一位批判现实主义艺术大师，与莫泊桑和欧·亨利并称为“世界三大短篇小说巨匠”，他的代表作品有《变色龙》《装在套子里的人》等，其中《樱桃园》是他的最后一部剧作。他的小说短小精悍，简练朴素，结构紧凑，情节生动，笔调幽默，语言明快，寓意深刻。

②契诃夫短篇小说艺术特色

A. 小说作品的主角普遍是一些生活在社会中下层且性格鲜明的小人物。

B. 题材大多选自日常生活中一些平凡但具有典型性和代表性的能打动人心、引起共鸣的小事件。

C. 语言简短精练、诙谐幽默。

D. 喜欢采用现实主义描写手法。

③《变色龙》

小说运用社会环境描写，烘托了冷清、凄凉、人情冷漠、势利的社会氛围，这正是军警宪兵当道的沙皇统治的真实写照。小说多次运用细节描写，形象具体地凸现了警察奥楚蔑洛夫的性格特征，揭露了沙皇统治下的社会的黑暗。本文最突出的特点是对话描写，它通过个性化的语言，鲜明地表现了人物的性格特征，具有十分强烈的讽刺效果。

(5)陀思妥耶夫斯基

①作者简介

陀思妥耶夫斯基是19世纪群星灿烂的俄国文坛上一颗耀眼的明星，与托尔斯泰、屠格涅夫等人齐名，是俄国文学的卓越代表，他所走的是一条极为艰辛、复杂的生活与创作道路，他是俄国文学史上最复杂、最矛

盾的作家之一。就如有人所说的“列夫·托尔斯泰代表了俄罗斯文学的广度，陀思妥耶夫斯基则代表了俄罗斯文学的深度”。

②《罪与罚》

A. 思想内容

《罪与罚》是一部卓越的社会心理小说，它的发表标志着陀思妥耶夫斯基艺术风格的成熟。小说以主人公拉斯柯尔尼科夫犯罪及犯罪后受到良心和道德惩罚为主线，广泛地描写了俄国城市贫民走投无路的悲惨境遇和日趋尖锐的社会矛盾。作者笔下的彼得堡是一派暗无天日的景象：草市场上聚集着眼睛被打得发青的妓女，污浊的河水中挣扎着投河自尽的女工，穷困潦倒的小公务员被马车撞倒在街头，发疯的女人带着孩子沿街乞讨……与此同时，高利贷老太婆瞪着凶狠的眼睛，要榨干穷人的最后一滴血汗，满身铜臭的市侩不惜用诱骗、诬陷的手段残害“小人物”，以达到利己的目的，而荒淫无度的贵族地主为了满足自己的兽欲，不断干出令人发指的勾当……作者怀着真切的同情和满腔的激愤，将19世纪60年代沙俄京城的黑暗、赤贫、绝望和污浊一起无情地展现在读者面前。

B. 艺术特色

a. 人物性格的塑造不是通过作者对人物由外入内的描写，而是通过人物意识由内向外的表述。

b. 在人物独立于作者的基础上，人物的思想及其对话中所表达的不同观点，和作家的声音处于平等地位，两者构成小说的复调。

c. 运用象征、梦境、典故、暗示等方法，扩展作品的思想容量。

真题面对面

[2020云南特岗，单，1分]拉斯柯尔尼科夫出自陀思妥耶夫斯基的哪部作品（　　）

A.《罪与罚》　　B.《地下室手记》

C.《群魔》　　D.《卡拉马佐夫兄弟》

答案：A。拉斯柯尔尼科夫是陀思妥耶夫斯基《罪与罚》的核心人物。

(6)其他

十九世纪五六十年代，俄国批判现实主义文学走向发展和繁荣，著名作家作品有冈察洛夫的《奥勃洛摩夫》、亚历山大·尼古拉耶维奇·奥斯特洛夫斯基的《大雷雨》、车尔尼雪夫斯基的《怎么办?》。

4. 美国

(1)马克·吐温

马克·吐温，美国批判现实主义文学的奠基人，代表作品有小说《百万英镑》《哈克贝利·芬恩历险记》《汤姆·索亚历险记》等。

(2)欧·亨利

①作者简介

欧·亨利，美国著名的短篇小说家之一，曾被评论界誉为“曼哈顿桂冠散文作家”和“美国现代短篇小说之父”。他善于描写美国社会尤其是纽约百姓的生活。他的作品构思新颖，语言诙谐，结局常常出人意料；又因描写了众多的人物，富有生活情趣，因此被誉为**“美国生活的幽默百科全书”**。他的代表作有小说集《四百万》《命运之路》等。其中一些名篇如《爱的牺牲》《警察与赞美诗》《带家具出租的房间》《麦琪的礼物》《最后的常春藤叶》（又叫《最后一片叶子》）等使他获得了世界声誉。

②《警察与赞美诗》艺术特色

A. 情节结构：在情节安排上最大的特点是既出人意料，又合乎情理。人们称其为**欧·亨利式结尾**。巧妙的情节安排，充分地表现了小说的主题。

B. 语言运用：这篇小说语言最大的特点是“幽默”，小说通过夸张、比喻、拟人、反语等修辞手法，使语言达到幽默的艺术效果。有些幽默的语言看似轻松，实则沉重；有些幽默的语言直接讽刺社会现实，看似风趣，实则辛辣尖利。借反语和借代的修辞手法，辛辣地讽刺了达官富豪们穷奢极欲的腐朽生活，与广大下层劳动人民的艰辛生活形成鲜明的对比，突出了资本主义社会的贫富悬殊，也揭示了苏比等下层劳动人民生活艰辛的社会根源，从而增强了小说的社会意义。

5. 挪威

易卜生，挪威戏剧家，欧洲近代戏剧的创始人。他的作品强调个人在生活中的快乐，无视传统社会的陈腐礼仪。最著名的有诗剧《彼尔·京特》，社会悲剧《玩偶之家》《群鬼》《人民公敌》；其象征性剧作《野鸭》《当我们死而复醒时》等反映其“精神死亡”的思想。

《玩偶之家》是一部典型的社会问题剧，主要围绕过去被宠的女主人公娜拉的觉醒展开，最后以娜拉的出走结束全剧。作品通过描写女主人公娜拉与丈夫海尔茂之间由相亲相爱转为决裂的过程，探讨了资产阶级的婚姻问题，暴露了男权社会与妇女解放之间的矛盾冲突，进而向资产阶级社会的宗教、法律、道德提出挑战，激励人们尤其是妇女挣脱传统观念的束缚，为争取自由平等而斗争。

考点 8 19世纪其他文学流派

1. 自然主义

自然主义是19世纪中后期出现在法国的一种创作倾向，着重描写现实生活的个别现象和琐碎细节，追求事物的外在真实，并企图用自然科学规律特别是生物学规律解释人和社会，其代表作家为龚古尔兄弟。左拉的作品中也有较多的自然主义成分。

2. 唯美主义

唯美主义是19世纪末流行于欧洲的一种资产阶级文艺思潮，是以艺术的形式美作为绝对美的一种艺术主张。唯美主义追求建议性而非陈述性，追求感官享受，大量使用象征手法，追求事物之间的关联感应，即探求语汇、色彩和音乐之间内在的联系。它的口号是“为艺术而艺术”。唯美主义代表人物有济慈、雪莱、戈蒂耶、王尔德等。

考点 9 20世纪现实主义文学

20世纪现实主义文学既是19世纪现实主义文学的继续和发展，也书写着新时代的新历史。从总体上看,20世纪现实主义文学具有以下基本特征:第一,继承性。20世纪现实主义文学继承了19世纪现实主义文学对社会真实的再现。第二,反映无产阶级的生活和斗争。第三,艺术手法的革新。20世纪现实主义文学具有一定的现代化色彩,挖掘人物性格的多重性而非塑造典型环境中的典型人物,情节越来越淡化,但艺术形式越来越多样化,借鉴了现代主义文学的表现技巧。第四,向内转的趋势。注重挖掘人物的内心世界,关注人的内心活动和潜意识领域,具有主观化、内向化的特点。

1. 法国

(1)罗曼·罗兰

①作者简介

罗曼·罗兰,19世纪末20世纪初法国著名的现实主义作家。其主要作品有长篇小说《约翰·克利斯朵夫》和《名人传》(《米开朗琪罗传》《贝多芬传》《托尔斯泰传》)。

②《约翰·克利斯朵夫》

A. 思想内容

作品描述了一颗坚强刚毅的心是如何战胜自己心灵深处怯懦卑鄙的阴暗面,由幼稚走向成熟的故事。它是描述心灵历程的史诗,又是一部音乐的史诗。作者用克利斯朵夫对音乐精神的深刻理解,描述了健康奋进的音乐与病态堕落的艺术之间的斗争,歌颂了一种充满生命力的音乐理念。该书同时又通过音乐折射了不同民族精神的碰撞与融合,把20世纪初那一代人的奋斗与激情,用宏大优美的艺术手法表现得淋漓尽致,是时代精神的真实写照。

B. 艺术特色

《约翰·克利斯朵夫》是一部独具特色的"音乐小说",它最显著的艺术特点在于具有交响乐一样的宏伟气魄、结构和色彩。小说着重描绘了一个音乐家的内心世界,描绘人物的心理状态和心理感受,既反映了主人公的音乐天赋,同时又表现了他倔强的个性。这部小说的艺术风格是朴素中隐含着绮丽,流畅中蕴含着精粹。

C. 约翰·克利斯朵夫的形象

约翰·克利斯朵夫是一个为追求真诚的艺术和健全的文明而顽强奋斗的平民艺术家的形象。

a. 克利斯朵夫是从逆境中成长起来的天才音乐家。在他的成才道路上受到了两个人的影响:祖父培养了他的音乐才能;舅舅教导他创作要真诚,还引导他去野外聆听大自然的音乐。

b. 克利斯朵夫个性倔强坦率,又有点鲁莽。他逃亡到法国后,发现巴黎的文艺界像个杂耍市场,于是他对法国的文艺界乃至整个法国社会都进行了抨击。他要使自己的音乐成为人类相互沟通的桥梁。他开始到民间去,和平民交朋友,还想办一所平民音乐学校。

c. 奋斗失败后的克利斯朵夫认为解决复杂的社会问题的唯一手段就是艺术,唯一的思想武器是"爱"。他晚年最大的乐趣就是在下一代中传播爱的种子。在创作上,他潜心于宗教音乐,而他的艺术境界也变得清明恬静,没有了往昔的战斗气息。

2. 美国

(1)海明威

①作者简介

海明威，是美国“迷惘的一代”作家中的代表人物，被认为是20世纪最著名的小说家之一，是1954年度诺贝尔文学奖获得者。其代表作品有《老人与海》《太阳照常升起》《永别了，武器》等。

②创作特征

A.“迷惘的一代”——“迷惘”的文学主题。海明威被称为“迷惘的一代”的代表作家，“迷惘”是海明威创作个性的显著特征，是笼罩他全部作品的统一风格。他的许多作品、许多主人公都给人以迷惘、怅然若失的印象。

考点 再拔高

▼“迷惘的一代”

“迷惘的一代”是一战后出现于美国的一个文学流派。这一流派的作家大多参加过一战，他们普遍有一种被出卖的感受，精神遭受了巨大创伤，同时又因找不到出路而苦闷彷徨，心灰失望，迷惘不知所措，对当时的美国文学乃至世界文坛产生过很大影响。其代表作家有海明威、福克纳等。

B.“硬汉子”——个性鲜明的人物形象。在海明威的作品里，最富有魅力和打动人心的，是他塑造了众多的在迷惘中顽强拼搏的“硬汉子”形象。

C.“冰山”风格——独特的形式美。“冰山在海里移动很庄严宏伟，这是因为它只有八分之一露在水面上。”海明威就是根据“冰山”原理来创作他的作品，形成他别具一格的艺术特色。具体表现在他作品的文体和结构上：他的文体风格具有简洁性、含蓄性等特点；作品结构上，海明威反对传统的史诗式的小说结构，也从不写恢宏的长篇巨著，往往只是截取故事的一个时间段或一个时间点，以集中反映重大的主题或历史事件，至于故事的经过和历史背景，则当作“冰山”的八分之七隐匿在洋面之下，但他又要让读者强烈地感受到它的存在。

③《老人与海》

A. 思想内容

小说描写的是老渔夫桑提亚哥在海上捕鱼的经历，描写了老人制服大鱼后，在返航途中又同鲨鱼进行惊险搏斗的故事。这部小说作品中的形象具有很强的象征意蕴，作者用马林鱼象征人生的理想，用鲨鱼象征无法摆脱的悲剧命运，用大海象征变化无常的人类社会，狮子是勇武健壮、仇视邪恶、能创造奇迹的象征，桑提亚哥则是人类中勇于与强大势力搏斗的“硬汉子”代表，他那不幸的捕鱼遭遇象征人类总是与厄运不断抗争。

B. 人物形象

桑提亚哥是海明威所崇尚的完美的人的象征：坚强、宽厚、仁慈、充满爱心，即使在人生的角斗场上失败了，面对不可逆转的命运，他仍然是精神上的强者，是“硬汉子”。（“硬汉子”是海明威作品中经常表现的主题，也是作品中常有的人物。他们在受到外界巨大的压力和厄运打击时，仍然坚强不屈，勇往直前，甚至视死如归，尽管他们失败了，却保持了人的尊严和勇气，有着胜利者的风度。）

C. 艺术成就

a. 将富有艺术魅力的形象同抽象深远的寓意融会在一起，形成了独特的风格。

b. 成功地采用寓意象征和现实主义相结合的手法。

c. 精练的语句，发挥“冰山原则”，将作品的意义隐藏在情节中。

真题面对面

［2020山西忻州，单，1.1分］“迷惘的一代”是指第一次世界大战前后成长起来的一代美国作家，代表作品是（　　）

A.《太阳照常升起》　　B.《百年孤独》

C.《战争与和平》　　D.《第二十二条军规》

答案：A。B项，《百年孤独》是魔幻现实主义作品。C项，《战争与和平》是批判现实主义作品。D项，《第二十二条军规》是黑色幽默派的代表作。

3. 英国

（1）劳伦斯

①作者简介

劳伦斯，20世纪英国小说家、批评家、诗人、画家，代表作品有《儿子与情人》《虹》《恋爱中的女人》和《查泰莱夫人的情人》等。

②《虹》

《虹》通过一家三代人的遭遇，描述了工业革命给传统的乡村带来的巨大变化，同时以巨大的热情和深度，探索有关性的心理问题。

第一代人的生活带有田园诗的色彩，同时也预示古老文明即将结束。第二代人精神的苦闷和呆滞的目光，是令人窒息的工业化社会的最好注解。第三代人的探索具有积极的社会意义，表达了人们要冲破狭窄的生活圈子，渴望一种自然和谐生活的愿望。

（2）毛姆

威廉·萨默赛特·毛姆，英国小说家、戏剧家。他的主要成就是小说创作，代表作有长篇小说《月亮和六便士》《人生的枷锁》（也叫《人性的枷锁》）等。

4. 爱尔兰

爱尔兰代表作家主要是萧伯纳。他1885年开始创作戏剧，主要作品有《巴巴拉少校》《皮格马利翁》《伤心之家》《圣女贞德》和《苹果车》等。萧伯纳的社会问题剧创作受易卜生影响很深，但他对社会问题的揭发和批判，对知识分子和孤独的反抗者的推崇，常常以接近闹剧的形式表现出来。其作品中夸张幽默的语言蕴含着深刻的真理，他也因此成为现代英国资产阶级社会最辛辣的讽刺者。

考点 10 20世纪俄苏文学

20世纪俄苏文学的发展受到深厚的文学传统的影响。同时，它又有着自己的特殊品格，表现出鲜明的个性，在理论和创作上都自成体系，独树一帜。

1. 高尔基

(1)作者简介

马克西姆·高尔基，苏联著名代表作家，是社会主义现实主义文学的奠基人，政治活动家，苏联文学的创始人。高尔基的代表作品有“自传体三部曲”《童年》《在人间》《我的大学》，还有长篇小说《母亲》和剧本《小市民》，等等。1927年10月22日苏联科学院决定就高尔基开始写作35周年授予他无产阶级作家的称号。

(2)创作时期及风格

①前期创作。高尔基前期的作品带有浓厚的社会批判色彩。前期作品在形式上是多种多样的，有特写、寓言、故事、诗歌、小说等短篇作品，也有剧本和长篇小说。在风格上则是浪漫主义和现实主义两种格调并存，这反映了他探索新的艺术方法的尝试。

②中期创作。高尔基这一时期的创作，仍然关注俄国当代社会和人民的命运，评价各种社会思潮。他观察俄国社会的历史主义立场没有改变，但是，对现实的审美把握方式正在发生变化，从以社会批判为主转向以心理分析、精神揭示为主，特别重视对俄罗斯民族心理的分析。

③晚期创作。苏维埃政权建立，高尔基在新政权下从事大量的文化组织工作，同时进行文学创作。他主张更全面地认识生活，更多样地表现生活，强调把握生活的全部复杂性和多样性。

(3)《童年》

《童年》讲述了阿廖沙(高尔基的乳名)三岁到十岁这一时期的童年生活，生动地再现了十九世纪七八十年代沙俄下层人民的生活状况，写出了高尔基对苦难的认识，对社会人生的独特见解，字里行间涌动着一股生生不息的热望与坚强。

主人公阿廖沙是一个坚强、勇敢、正直和充满爱心的孩子。给他讲故事的外祖母，还有乐观纯朴的小茨冈、正直的老工人格里戈里、献身于科学的知识分子“好事情”，都给过阿廖沙力量和帮助，使他在黑暗污浊的环境中仍保持着生活的勇气和信心，并逐渐成长为一个坚强、勇敢、正直和充满爱心的人。

2. 尼古拉·奥斯特洛夫斯基

(1)作者简介

尼古拉·奥斯特洛夫斯基，前苏联著名无产阶级革命作家，苏维埃“优秀的共产主义战士”，代表作品为《钢铁是怎样炼成的》。

(2)《钢铁是怎样炼成的》

这部作品通过描写保尔从一个工人子弟锻炼成长为无产阶级战士的过程，告诉人们，一个人只有在革命的艰难困苦中战胜敌人也战胜自己，在把自己的追求和祖国、人民的利益联系在一起的时候，才会创造出奇迹，才会成长为钢铁战士。革命者在斗争中百炼成钢，这是这部小说的一个重要主题。

3. 肖洛霍夫

(1)作者简介

肖洛霍夫是苏联时代最杰出的作家之一,他以描写顿河哥萨克的生活和命运而闻名于世。他的创作构成了一个独特的艺术世界,是贯穿整个苏维埃时代从孕育诞生到解体前不久百年世事的宏伟篇章。他在苏联叙事文学中开创了悲剧史诗的艺术先河。1965年他的作品《静静的顿河》获得诺贝尔文学奖。

(2)《静静的顿河》

《静静的顿河》展示了1912到1922年间,俄国社会的独特群体——顿河地区哥萨克人在第一次世界大战、二月革命和十月革命以及国内战争中的苦难历程。主人公格里高利,是生长在顿河岸边的哥萨克人,他动摇于妻子娜塔莉亚与情人阿克西妮亚之间,徘徊于革命与反革命之间,他既是英雄,又是受难者,他有着哥萨克人的一切美好品质——勇敢、正直、不畏强暴,而同时,格里高利身上又带有哥萨克人的种种偏见和局限,在历史急变的关头,他徘徊于生活的十字路口。作者用悲剧手段,塑造了一个个性鲜明的男子汉形象,从格里高利身上,读者能感觉出作者对人的尊重。

真题面对面

[2022江苏南京,单,2分]下列作家、作品和作品人物对应正确的一项是(　　)

A. 孔尚任—《桃花扇》—侯方域

B. 肖洛霍夫—《静静的顿河》—聂赫留朵夫

C. 莫言—《许三观卖血记》—大乐、二乐、三乐

D. 莎士比亚—《叶甫盖尼·奥涅金》—奥菲利亚

答案:A。A项,《桃花扇》的作者是孔尚任,以侯方域、李香君的悲欢离合为主线。B项,《静静的顿河》的作者是苏联作家肖洛霍夫,主人公是格里高利,聂赫留朵夫是列夫·托尔斯泰小说《复活》的男主人公。C项,《许三观卖血记》的作者是余华,大乐、二乐、三乐是主人公许三观的孩子。D项,《叶甫盖尼·奥涅金》的作者是俄国作家普希金,奥菲利亚是莎士比亚《哈姆雷特》中的女性角色。

4. 列昂诺夫

列昂诺夫,苏联作家,早在20世纪20年代就享誉文坛,与肖洛霍夫齐名。处女作短篇小说《布雷加》发表于1922年。一生著作浩繁,有长篇小说《猫》《贼》《索溪》(又译《索契河》)、《斯库塔列夫斯基》《通向海洋之路》《俄罗斯森林》等,其作品深刻反映了各阶段苏联社会生活及其矛盾,歌颂了苏联人民的伟大历史功勋和崇高品质,堪称表现苏联社会发展历程的艺术编年史。

考点11 现代主义文学

从19世纪下半叶到20世纪初,科学技术飞速发展,物质生活得到了极大丰富,人们对世界的认识更加深刻和多元。现代主义用自身心理上的真实来代替社会观察的真实,用不断的怀疑、反思,寻找人本来的尊严,抵御荒诞的外部世界。

1. 19世纪50年代

象征主义是19世纪后期至20世纪初流行于欧美的重要文学流派之一。1886年，年轻诗人莫雷亚斯在《费加罗报》上发表了一篇文学宣言，主张用"象征主义者"来称呼当时的前卫诗人，这份宣言标志着象征主义流派的诞生。他们认为现实的物质世界是虚幻而痛苦的，只有隐匿在背后的内在的世界才是真实的。作品中运用大量的暗示和象征来隐喻表现人的内心世界。

象征主义的代表作品主要有：法国作家波德莱尔的《恶之花》；美国作家爱伦·坡的小说《黑猫》《厄舍府的倒塌》，诗歌《乌鸦》《安娜贝尔·丽》等。

2. 20世纪初

(1)未来主义

未来主义是20世纪初从意大利流行到欧洲各国的现代主义文学流派。它的基本特征是：否定传统文化，主张彻底抛弃艺术遗产和传统文化；歌颂机械文明和都市混乱，赞美"速度美"和"力量"；主张打破旧有的形式规范，用自由不羁的语句随心所欲地进行艺术创造。意大利的马里奈蒂是未来主义的创始人和理论家，代表作家还有法国诗人阿波利奈尔。

(2)超现实主义

超现实主义是产生于法国的文学艺术流派，源于达达主义，并且对于视觉艺术影响深远，于1920年至1930年间盛行于欧洲文学及艺术界中。它的主要特征是以所谓"超现实""超理智"的梦境、幻觉等作为艺术创作的源泉，认为只有这种超越现实的"无意识"世界，才能摆脱一切束缚，最真实地显示客观事实的真面目。其代表作家有法国的布勒东、艾吕雅、阿拉贡等。

(3)意识流小说

意识流小说是二十世纪二三十年代流行于英、法、美等国的一种现代主义文学流派。意识流小说不重视描摹客观世界，而着力表现人的内心真实，特别是着力于表现人的意识流程，从而打破了传统小说的叙事模式和结构方法，用心理逻辑去组织故事。在创作技巧上，意识流小说大量运用内心独白、自由联想和象征暗示的手法。意识流小说的代表作家有爱尔兰的乔伊斯，英国的伍尔夫(《墙上的斑点》)，美国的福克纳，法国的普鲁斯特(《追忆似水年华》)等。

3. 两次世界大战期间

(1)表现主义文学

表现主义是20世纪初至20世纪30年代盛行于欧美一些国家的文学艺术流派。其诗歌的主题多为厌恶都市的喧嚣，或暴露大城市的混乱、堕落和罪恶，充满了隐逸的伤感情绪，或是对"普遍的人性"的宣扬。它的特点是不重视细节的描写，只追求强有力地表现主观精神和内心激情。其代表作家有奥地利小说家卡夫卡和美国戏剧家尤金·奥尼尔。

①卡夫卡

卡夫卡，奥地利著名小说家，西方现代主义文学奠基人之一。他创造了被称为"表现主义"的艺术方法，深受尼采、柏格森哲学影响，把荒诞无稽的情节与绝对真实的细节描绘相结合，用以表现现代人的困惑，揭示现代西方社会的危机，他的作品成为席卷欧洲的“现代人的困惑”的集中体现，并在欧洲掀起了一阵又一阵的“卡夫卡热”。他的代表作品为《美国》《城堡》《变形记》《判决》等。

②卡夫卡作品的艺术特色

A. 无具体时间、地点和背景，不求故事明晰、人物性格的典型化、环境描写的具体性。化奇异为平凡，把难以置信的、无法解释的事件置于日常生活中，让荒谬与合理、虚幻与现实结合为一个整体，展现一幅神秘的、梦魇般的、非现实的又像是处处可见的超现实的图画，这是其最基本的艺术特点。

B. 通过奇妙的构思，荒谬、独特的讽刺和简洁、平淡、冷漠的叙述等艺术方法把现实与非现实、合理与悖理、常人与非人并列，把虚妄的荒诞现象与现实的本质有机结合，构成“卡夫卡式”的风格。

③《变形记》

《变形记》描述了小职员格里高尔·萨姆沙突然变成一只使家人都厌恶的大甲虫的荒诞情节，借以揭示人与人之间——包括家庭伦常之间——表面上亲亲热热，内心里却极为孤独和陌生的实质，生动而深刻地再现了资本主义社会人与人之间的冷漠，在荒诞的不合逻辑的世界里描绘“人类生活的一切活动及其逼真的细节”。

(2)后期象征主义文学

后期象征主义产生于20世纪20至40年代，继承并发展了前期象征主义传统，使象征主义内涵更深广，更富有现代主义的特征。在创作方法上，从简单象征发展到意象象征，从个别象征发展到普遍象征，从情感象征发展到情感与理智并举，具有思辨性与哲理性。后期象征主义在文学上的主要成就是诗歌创作，代表作家有爱尔兰诗人叶芝、法国诗人瓦莱里等。

4. 其他

托马斯·艾略特，英国著名现代派诗人和文艺评论家，也是英国20世纪影响最大的诗人。他著有诗集《四个四重奏》和长诗《荒原》。

当代著名诗人兼评论家阿伦·塔特说，他第一次读《荒原》时，一个字也看不懂，不过他已意识到这是一首伟大的诗篇。“枯萎的荒原——庸俗丑恶，虽生犹死的人们——复活的希望”作为一条主线贯穿了全诗阴冷朦胧的画面，深刻地表现了人欲横流、精神堕落、道德沦丧、卑劣猥琐、丑恶黑暗的西方社会的本来面貌，

传达出第一次世界大战后西方人对世界、对现实的厌恶以及普遍的失望情绪和幻灭感，表现了一代人的精神病态和精神危机。同时，诗歌把西方社会的堕落归之于人的“原罪”，把恢复宗教精神当作拯救西方世界、拯救现代人的灵丹妙药。

考点12 后现代主义文学

第二次世界大战期间，特别是战后，出现了许多新的文学思潮和新的文学流派。他们一方面继续反对19世纪的现实主义传统，另一方面也反对新的“传统”，即流行于20世纪前期的现代主义，反对现代主义将文学变成了精神贵族的深奥、晦涩的文字迷宫，主张把文学拉回到现实——变成普通人的轻松通俗的文字游戏。这些被称为“后现代主义”的思潮和流派，其实在表现生活的异化和人生的迷惘方面，与前期现代主义一脉相承。

1. 20世纪30年代

存在主义又称生存主义，是20世纪30年代末40年代初兴起于法国的一个文学流派。存在主义以人为中心，尊重人的个性和自由，认为人是在无意义的宇宙中生活，人的存在本身也没有意义，但人可以在存在的基础上自我造就，活得精彩。其代表作家有萨特、加缪等。

①让-保罗·萨特，法国著名文学家、哲学家和社会活动家，二战后西方存在主义文学的主要代表。以他为代表的存在主义文学流派，诞生于法国，流行于欧美，波及全世界，许多文学新流派都受它的启发和影响。他的代表作品为《禁闭》《恶心》《存在与虚无》等。

②阿尔贝·加缪，法国作家、哲学家，存在主义文学、"荒诞哲学"的代表人物。主要作品有《局外人》《鼠疫》等。

2. 第二次世界大战后

(1)荒诞派戏剧

荒诞派戏剧是第二次世界大战后不久产生于法国，而后流行于许多西方国家的戏剧流派。荒诞派戏剧使荒诞本身戏剧化，使戏剧形式荒诞化，它突破了传统戏剧的一切基本规律，完全丢弃传统戏剧中必不可少的情节和结构，以破碎的舞台形象代替性格鲜明生动的人物，以荒诞的语言甚至"梦呓"代替传统戏剧中机智的应答和犀利的对话等。荒诞派戏剧代表作家有尤内斯库、贝克特等。

①贝克特

贝克特，爱尔兰作家，荒诞派戏剧的领袖。贝克特在创作上深受乔伊斯、普鲁斯特和卡夫卡的影响，在戏剧方面的成就尤为突出，主要剧本有《等待戈多》《剧终》等。

②《等待戈多》

A. 思想内容

作品通过两个流浪汉永无休止而又毫无希望的等待，揭示了世界的荒诞与人生的痛苦，意在表述人与外部的客观世界是处于一种无法感知的隔绝状态。因为所处客观世界荒诞不经，所以，剧中人常为荒诞的现实所吓倒，而人与人之间是既无法分开而又相互隔绝的关系，这也体现了一种人生的荒诞，表现了现代西方人希望改变自己生活处境而又难以如愿的绝望心理。这是一部反传统、反理性的剧作。

B. 艺术特色

a. 完全抛开传统戏剧中必不可少的完整的情节和结构，用"直喻"的方法强化了"纯粹戏剧性"。

b. 摒弃正常的语言形式，通过非理性的夸张，以达到使人物感情外化的目的。

c. 大量运用"怪诞"手法，具有浓重的寓意象征意味。"怪诞"是贝克特等荒诞派剧作家戏剧创作的基本手法，它在一种超过极限的夸张中，使普通形而下的现象或事物扭曲变形，得到一种高度概括的、抽象的形而上的意义。

(2)"垮掉的一代"

"垮掉的一代"在第二次世界大战后出现于美国，在思想倾向上，"垮掉的一代"深受欧洲存在主义的某些观念的影响，他们关心的中心问题是个人在当代社会中的生存状态，抗议社会对他们的压抑，但往往以颓废、堕落、犯罪来表现他们的“脱俗”，与传统的价值观和行为规范抗衡；在艺术上，他们否定高雅文化，追求无节制的自我放纵，作品的结构无拘无束乃至杂乱无章，语言粗糙甚至粗鄙。“垮掉的一代”代表作家有杰克·凯鲁亚克、艾伦·金斯堡等。

真题面对面

[2021浙江金华、绍兴诸暨，简答，5分]从情节角度，分析荒诞派戏剧《等待戈多》的荒诞性特征。

参考答案：《等待戈多》的情节大大异于传统戏剧，没有矛盾冲突，没有开端高潮，没有紧凑的结构，也没有期待的结局。语言上也是前言不搭后语，毫无逻辑章法，让人莫名其妙。贯穿整个情节的都是一些看上去无聊之极荒诞不稽的场景，比如无聊的动作，人物语无伦次的唠叨，毫无情节可言的小故事和人物没有章法可言的杂耍。戈多总是等不来，天天如此，可是剧中人仍然等待，他们的等待不免显得荒诞。第一天树木光秃秃的，第二天却长出四五片叶子；波卓第二天变成了盲人，而幸运儿变成了聋人，剧本没有作任何说明；人物无缘无故摔跤，爬不起来；口中说要离开，却原地不动，等等。这些细节表明世间事物的变化是没有缘由的，不可预测的，因而是荒诞的。人物无法主宰自己的行动，只是像木偶一样动作。这一切都具有荒诞的特点。

3. 20世纪50年代

(1)新小说

新小说，20世纪50年代形成于法国，该流派想要彻底打破传统小说模式，全面革新小说艺术。新小说家贬低文学的思想性和倾向性，对文学的社会意义和道德功能没有兴趣，他们关切的是技巧和表现手法。新小说代表作家有萨洛特、西蒙等。

(2)魔幻现实主义

魔幻现实主义是20世纪50年代前后在拉丁美洲盛行起来的一种文学流派。这一流派的作家，执意于把现实投放到虚幻的环境和气氛中，给予客观、详尽的描绘，使现实披上一层光怪陆离的魔幻的外衣。既在作品中坚持反映社会现实生活的原则，又在创作方法上运用欧美现代派的手法，插入许多神奇、怪诞的幻景，使整个画面呈现出似真非真、似假非假、虚虚实实、真假难辨的风格。

①马尔克斯

加西亚·马尔克斯，哥伦比亚作家、记者，是20世纪拉丁美洲魔幻现实主义文学的杰出代表。其代表作为《百年孤独》。

②马尔克斯的创作风格

A. 马尔克斯继承了拉丁美洲本土文学传统，同时也从阿拉伯东方神话故事中汲取养料，从而形成了他特定的审美心理品格与艺术思维方式。

B. 他以“魔幻”的方式观察生活，把神奇的事物作为日常生活的一部分来描写。他的小说世界源于现实，但又以夸张的手法渲染拉美生活中的神奇性，常常借助象征、影射、夸张、意象、神话典故等方式描绘人鬼混淆、时空纵横穿插的神秘世界，但又和现实生活有质的联系。

C. 既充满神秘魔幻的色彩，又是对本身充满神奇性的现实生活的真实再现。他的小说中占主导地位的并给人以深刻印象的东西，就是人们对现实生活神秘的看法，既是“魔幻”的、又是真实的。正是马尔克斯的这种创作，把魔幻现实主义文学推向了高峰。

③《百年孤独》

A. 思想内容

作者在《百年孤独》中通过布恩地亚家族七代人充满神秘色彩的坎坷经历，反映哥伦比亚乃至拉丁美洲的历史演变和社会现实，要求读者思考造成马贡多百年孤独的原因，从而去寻找摆脱命运捉弄的正确途径。他把读者引入这个不可思议的奇迹和最纯粹的现实交错的生活之中，不仅让人感受到许多血淋淋的现实和荒诞不经的传说，也让人体会到最深刻的人性和最令人震惊的情感。书中的每一个人物都深刻得让人觉得害怕。

B. 艺术特色

《百年孤独》是魔幻现实主义的经典之作。马尔克斯将“变现实为幻想而又不失其真”这一艺术原则，完整且完美地运用到这部小说的创作上，使读者在色彩斑斓、风格独特的画面中，获得一种“似真非真、似假非假”的艺术享受。其主要特征如下：

a. 现实主义与现代主义完美结合。作家将现实与神话、传说及梦幻合成神奇多变的情节，打破人间与鬼域、主观与客观世界的界限，使作品具有跨时空的极大容量。

b. 那些荒诞离奇的描写与亦真亦幻的马贡多融为一体，传奇而又真切地写出了拉丁美洲封闭、愚昧、落后的历史真实。

c. 象征、暗示手法的大量运用令读者耳目一新且过目不忘。

4. 20世纪60年代

(1)黑色幽默

黑色幽默是二十世纪六七十年代主要流行于美国的文学流派。该流派的基本特征是：在思想上，深受存在主义的影响，大多数黑色幽默作家都关注现实，对现实的荒诞有一种深层的痛苦和恼怒。黑色幽默以表面上轻松、调侃、玩世不恭，实则无可奈何的语调叙述沉郁而可怖的故事，从而产生荒诞不经、滑稽可笑的喜剧效果。黑色幽默的代表作家有海勒、冯尼格特等。

①海勒

海勒，美国黑色幽默代表作家，其代表作品是《第二十二条军规》。

②《第二十二条军规》

A. 思想意义

a.《第二十二条军规》中通过尤索林的遭遇，反映了战争和官僚机器的疯狂、荒诞，并通过“第二十二条军规”的象征义，达到一种形而上的艺术境界。

b.《第二十二条军规》本身是一种“高度的抽象和集中，象征着冥冥中统治世界的神秘力量，变化无常，令人莫测高深”。它的本质就在于它是一个圈套。

c. 这条军规是一个放之四海而皆准的圈套，是一个永远无法摆脱的困境。

B. 艺术特色

a. 小说结构散乱。作者采用的是一种类似戏剧"人像展览式"的结构。

b. 从叙述方式上看,全书只是以若干小故事、小情节若断若续地进行拼接,而没有一个贯穿首尾的故事情节。

c. 小说是一出疯狂的喜剧。喜剧效果中又透着黑色,对死亡的恐惧、对疯狂世界的绝望态度,都使人心情沉重。

二、亚非文学 【单选、填空】★

考点1 上古

1. 巴比伦文学

史诗《吉尔伽美什》代表着上古巴比伦文学的最高成就,对世界文学的影响至为深远。

2. 印度文学

印度的两大史诗《摩诃婆罗多》和《罗摩衍那》规模宏大,内容丰富。

3. 希伯来文学

希伯来文学的总汇———《旧约》,在思想、题材和风格上对西方文学产生了持久的影响。

考点2 中古

中古亚非文学以阿拉伯民间故事集《一千零一夜》和日本紫式部的《源氏物语》为代表。

考点再拔高

▼ 物语文学

平安时代,日本文学产生了一种新的文体——物语,所谓"物语"就是"讲故事、日常杂谈","物语"可分为传奇物语、和歌物语、历史物语、军记物语等。日本物语文学的代表作即为《源氏物语》。

考点3 近代

1. 印度

(1)泰戈尔

泰戈尔,印度著名诗人、作家、艺术家、哲学家、教育家和社会活动家。1913年凭借抒情诗集《吉檀迦利》成为亚洲第一位获得诺贝尔文学奖的人。他的代表作品为《飞鸟集》《新月集》《吉檀迦利》《戈拉》。

(2)泰戈尔诗歌创作的特色

泰戈尔在诗歌的体裁、语言及表现方法上能够大胆创新,别具一格。体裁上把现实题材处理成冥想因素,把冥想体裁处理为现实成分;创造出"故事诗"和"政治抒情诗"的形式;致力于创造自由体诗。泰戈尔善于学习和运用人民生活中的口头语言,使诗歌的语言清新活泼;在创作方法上,他把现实主义和浪漫主义有机地结合起来,只是在抒情诗中,浪漫主义成分较重,在叙事性作品中,现实主义成分较多。

真题面对面

1. [2019江西,单,1分]下列有关文学名著内容的表述不正确的一项是(　　)

A.《繁星》《春水》是冰心在英国诗人泰戈尔《飞鸟集》的启发下,表达对大自然的崇拜和赞颂,对人生的思考和感慨等。

B.《水浒传》中杨志因杀死泼皮牛二投案自首被判重刑,走投无路,之后到梁山落草。

C.《儒林外史》写于清代乾隆年间,对"儒林"做出了深刻的批判。

D.《呼兰河传》是作家萧红的一部自传体小说,表达了对扭曲人性、损害人格的社会现实的不满。

答案:A。A项,泰戈尔是印度诗人。

2. [2018福建,填空,1分]《吉檀迦利》是印度诗人________最著名的一部诗集。

答案:泰戈尔

第一部分

2. 日本

(1)川端康成

①作者简介

川端康成,日本新感觉派作家,世界文学巨匠,1968年获诺贝尔文学奖,也是日本第一个获得诺贝尔文学奖的作家,此奖表彰他"以卓越的艺术手法,表现了道德性与伦理性的文化意识",并"在架设东方与西方的精神桥梁上作出了贡献"。他的代表作有《伊豆的舞女》《雪国》《千只鹤》《古都》等。

②作品分类

从内容上看,他的作品大致可归为三类:

A. 描写自己孤儿的生活和初恋的失意,集中表露其孤寂的心灵和悲哀的情绪。

B. 描写社会下层,特别是妇女的爱情的伤痛和悲惨的命运,其中寄予了作家深切的同情。

C. 作为其不懈地进行艺术和思想探索的成果,部分作品从人性和性爱的层面上来展现一种极致("烂熟")的"美"的理念,其中蕴涵着某些虚无和颓废的情绪,常被批评为是一种病态美。

③艺术特点

A. 川端式的美的文学。纵观川端康成一生的小说创作,人们感受、印象最为深刻的,就是他始终都在坚持不懈地进行着美的追求,形成了一种风格独特的川端式的美的文学。

B. 明显的孤独的主观色彩。由于早年孤独悲伤的生活经历和他对于政治的淡漠与超然的态度,川端文学所反映的生活面比较狭窄,这使得他的文学具有明显的孤独的主观色彩,并且总是渗透着忧郁伤感凄凉的情绪,这也使他的小说充满了抒情色彩的特有之美。

④《雪国》

《雪国》是川端康成的第一部中篇小说,也是作者在被授予诺贝尔文学奖时被评奖委员会提到的三部小说之一,被海外翻译最多,先后被译介到很多国家和地区。小说描写了东京一位名叫岛村的舞蹈艺术研究

家，三次前往雪国的温泉旅馆，与当地一位名叫驹子的艺妓、一位萍水相逢的少女叶子之间发生的感情纠葛。《雪国》的艺术手法如下：

A. 抒情味浓郁，富有诗意。作家运用多种艺术手法，营造出一种优美的具有日本古典文学的“余情美”特征的意境。

B. 文笔简洁、含蓄、凝练。这部小说并没有严密的结构和生动的情节，它的艺术魅力主要来自作家那看似平淡，实为意味深长的文笔，他善于捕捉人物对于事物的刹那间的感觉和印象，既揭示出人物瞬间的心理波动，又暗示了事物自身的象征意味，自然平淡又韵味无穷。

C. 在继承传统审美价值的同时，充分地借鉴西方现代派艺术技巧，大胆地运用意识流手法，将对于人物感觉的描写与象征暗示和自由联想等技法有机地结合起来，让作品的内容根据人物流动的意识和波动的情感而徐徐展开。

D. 运用了象征与比喻的艺术手法。作品中许多景物的描写，都具有象征意味和寓意性质，如镜中的映像和玻璃窗上的幻象，无不与岛村的人生虚幻感有着内在的联系。

考点 再拔高

▼ 新感觉派

新感觉派是20世纪20年代初出现在日本的一个文学流派，主张追求新的感觉和对事物的新的感受方法，然后再给现实做精美的加工。他们认为艺术家的任务是描写人的内心世界，而非表面的现实；他们强调主观和直感的作用，认为文学的象征远比现实重要；他们否定一切旧的传统形式，主张进行所谓文体改革和技巧革新。

(2)夏目漱石

日本著名小说家，原名夏目金之助，别号漱石。1905年发表处女作《我是猫》，一举成名。这部长篇小说也因其强烈的讽刺精神和批评现实主义精神，成了“余裕派”文学的奠基之作。此外，他还创作了三部曲《三四郎》《其后》《门》和自传体小说《道草》。这些作品剖析了知识分子忏悔、绝望的心理，具有揭露性和批评精神。夏目漱石的作品充满了强烈的现实主义精神，显示了作家高度的社会责任感和精湛的艺术技巧，为日本近代文学带来了世界声誉。

考点4 现代

20世纪初到20世纪50年代出现了“旅美派”文学，这一派中的领袖是黎巴嫩诗人、作家和画家纪伯伦·哈利勒·纪伯伦，代表作品是散文诗集《先知》，另外还有努埃曼的小说集《往事》、艾敏·雷哈尼的诗集《雷哈尼亚特》、拉希德·胡里的诗集《风暴》等。

日裔英国小说家石黑一雄也是现代移民文学的优秀作家，其主要作品有《群山淡景》《浮世画家》和《长日将尽》等，与鲁西迪、奈保尔被称为“英国文坛移民三雄”。

考点 再拔高

▼ 亚洲诺贝尔文学奖获得者

从1901年第一届诺贝尔文学奖至今,在这个以西方作家为主的得奖者行列中,除了获奖的中国作家莫言,还有几位亚洲其他国家作家的身影,他们是印度诗人泰戈尔、以色列作家阿格农、日本作家川端康成和大江健三郎。

1. 泰戈尔(1913年):世界的东方诗哲

获奖理由:"由于他那至为敏锐、清新与优美的诗;这诗出之于高超的技巧,并由于他自己用英文表达出来,使他那充满诗意的思想业已成为西方文学的一部分。"

2. 约瑟夫·阿格农(1966年):优秀的现实主义作家。

授奖理由:"因为他的深刻而具有特色的叙事艺术,能从犹太人民的生活中汲取主题",并且其作品的影响超越了希伯来文的范围。

3. 川端康成(1968年):美丽日本的咏叹者

获奖理由:"由于他高超的叙事性作品以非凡的敏锐表现了日本人精神特质。"

4. 大江健三郎(1994年):暧昧日本的批判者

获奖理由:"通过诗意的想象力,创造出一个把现实与神话紧密凝缩在一起的想象世界,描绘现代的芸芸众生相,给人们带来了冲击。"

5. 莫言(2012年):杰出的写实主义者

获奖理由:"用魔幻现实主义将民间故事、历史与当代社会融合在一起。"

第四节 文学理论知识

一、基本概念 【简答】★

文学理论	具体内容
文学	一种以语言为手段塑造形象来反映社会生活、表达作者思想感情的艺术。起源于人类的生产劳动,是显现在话语蕴藉中的审美意识形态。它有四个门类:诗歌、小说、散文、戏剧。
话语蕴藉	对文学活动的特殊语言状况的概括,指文学作为社会性话语活动所包含的丰富的意义生成可能性。文学的审美意识形态性质存在于其话语系统的蕴藉中。
文本	由作者写成而有待阅读的单个文学作品本身。
叙述接受者	与叙述者相对应的概念,是叙述者的交流对象,文本里的听众。
大众文学	与高雅文学相对而言的一种浅近、通俗、平易、流行的文学类型。其特点是:思想内容浅易、艺术形式简明和富于消遣娱乐功能。

续表

文学理论	具体内容
共鸣	文学接受进入高潮阶段的重要标志，是指在阅读文学作品时，读者被作品中的思想情感、理想愿望及人物的命运遭际打动，从而形成的一种强烈的心灵感应状态。共鸣现象的产生一般有以下两个方面的原因：①作品本身具有的审美价值和艺术特质。一般来说，艺术上具有较高水准的文学作品，能产生强烈的艺术感染力，让读者在阅读时不知不觉地进入作品中的境界、氛围和情调，并被作品的情感所打动、征服和支配。②读者对作品内容的期待与文本欣赏对象达成某种心灵的感应和认同。
创作动机	驱使作家投入文学创造活动的一种内在动力。
文学典型	文学形象的高级形态之一。文学典型是文学言语系统中显出特征的富于魅力的性格。在叙事性作品中，又称典型人物或典型性格。
意象	主要指审美意象，是文学形象的高级形态之一，是指以表达哲理观念为目的，以象征性或荒诞性为基本特征的达到人类审美理想境界的表意之象。
意境	文学形象的高级形态之一，是指抒情性作品中呈现出的那种情景交融、虚实相生的形象系统及其诱发和开拓的审美想象的空间。
象征	以具体事物（意象）间接表现思想感情的一种修辞方式，具体表现为不是用词语直接表现而是暗示情感意义的纯意象性抒情话语。
文学风格	作家的创作个性在文学作品的有机整体中通过言语组织所显示出来的、能引起读者持久审美享受的艺术独创性。
创作个性	作家在创作实践中养成并表现在其作品中的性格特征。这种性格特征，是作家个人独特的世界观、艺术观、审美趣味、艺术才能及气质禀赋等因素综合形成的一种习惯性的行为方式的表现，它制约和影响着文学风格的形成和表现。
艺术构思	作家在材料积累和艺术发现的基础上，在某种创作动机的驱动下，通过回忆、想象、情感等心理活动，以各种艺术构思方式，孕育出完整的呼之欲出的意象序列的思维过程。
文学批评	对以文学作品为中心兼及一切文学活动和文学现象的理性分析、评价和判断。
文学消费	广义的文学消费是指人们用文学作品来满足自己的精神需求的过程，即文学阅读或文学欣赏。这种意义上的文学消费是自有文学以来就存在的。狭义的文学消费则是在近代以来出现的，指的是在商品经济充分发展，印刷出版等传播媒介得到广泛运用的条件下，在文学成为一种特殊的商品以来，人们对它的消费、阅读和欣赏。
文学传播	传播者借助于一定的物质媒介和传播方式，将文学信息或文学产品传递给文学消费者的过程，即人们通常所说的文学的出版发行与社会流通活动。
实境	逼真描写的景、形、境，又称“真境”“事境”“物境”等。
虚境	由实境诱发和开拓的审美想象空间。
叙述视角	叙述语言中对故事内容进行观察和讲述的特定角度。叙述视角的特征通常是由叙述人称决定的，主要是四种：第一人称叙述，第二人称叙述，第三人称叙述和人称或视角变换叙述。

真题面对面

[2018浙江，简答，5分]在文学鉴赏中，产生“共鸣”的原因有哪些？

参考答案：参见上文。

二、基本原理 【判断】★

考点1 文学作品的类型

类型	侧重点	基本特征
现实型文学	侧重以写实的方式再现客观现实的文学形态。	再现性,逼真性。
理想型文学	侧重以直接抒情的方式表现主观理想的文学形态。	表现性,虚幻性。
象征型文学	侧重以暗示的方式寄寓审美意蕴的文学形态。	暗示性,朦胧性。

考点2 文学四要素

文学四要素是美国当代艺术学家艾布拉姆斯在《镜与灯——浪漫主义文论及批评传统》中提出的,他认为,文学活动应由四个要素构成:**世界、作者、作品、读者**。这四个要素在文学活动中形成相互渗透、相互依存和相互作用的整体关系。文学四要素的关系如下:

(1)世界是文学活动产生、形成和发展的客观基础,它不仅是作品的反映对象,也是作者与读者的基本生活环境,是他们通过作品产生对话的物质基础。

(2)作者是文学生产的主体,是把自己独特的审美体验通过作品传达给读者的主体,文学活动也是一种作者的感情表现活动。

(3)作品是文学活动的中介,它作为作家的创造物和读者的对象,既是作者本质力量对象化的显现,又是读者接受的对象。

(4)读者是文学接受的主体,与作者通过作品进行潜在的精神沟通。只有经过读者阅读鉴赏,作者创作的文本才能实现其价值。

真题面对面

[2020山西忻州,判断,0.5分]艾布拉姆斯提出的文学四要素是情感、作家、作品和读者。(　　)

答案:×。艾布拉姆斯提出的文学四要素是:世界、作者、作品、读者。

考点3 典型环境与典型人物的关系

恩格斯的"真实地再现典型环境中的典型人物"的命题,科学地揭示了典型人物与典型环境的辩证关系。

首先,典型环境与典型人物是**相互依存的关系**。一方面,没有典型环境,典型人物就不能形成;另一方面,典型环境也以典型人物的存在而存在。

其次,典型环境与典型人物是**互动性关系**。一方面典型环境是形成典型人物性格的基础;另一方面,典型人物也并非永远在环境面前无能为力,在一定条件下,典型人物又可以对环境发生反作用。

考点4 文学接受的过程

1. 期待视野

所谓期待视野,是指接受者在进入接受过程之前已有的对于接受客体的预先估计与期盼,是读者原先

各种经验、趣味、素养、理想等综合形成的对文学作品的欣赏水平与接受要求在具体阅读中的表现，是文学接受活动的基础。

期待视野可以具体分为文学的期待、生活的期待与价值的期待三个层次。文学的期待是指读者对作品的艺术形式与审美特质方面的期待，包括作品的文学性、文体、表现方法、结构技巧、语言特点、艺术感染力等。生活的期待是指读者对作品生活内蕴与思想意义方面的期待，包括作品的题材、主题、情节、故事的发展、作家的意图等。价值的期待是指读者从接受动机与需求中产生的对作品价值的整体期待。

2. 预备情绪

所谓预备情绪，是接受者从现实关注向文学接受过程跃进的中间环节，是读者受作品基本特质的激发而产生的一种特殊的情绪，是一种“审美前”的心理状态。预备情绪具有三个特征，即审美性、朦胧性与期望性。

第一部分

核心考点回顾

1. 先秦文学、隋唐五代文学、宋代文学、元代文学中有哪些重要的作家作品?(参见本书P220)

2. 中国现代文学中有哪些重要的作家作品?(参见本书P255)

3. 欧美文学分为哪几个阶段? 有哪些重要的作家作品?(参见本书P284)

达标测评

建议用时	实际用时	测评总分	实际得分
100分钟	____分钟	154分	____分

一、单项选择题(每小题3分，共72分)

1. 下列有关文学常识的表述不正确的一项是(　　)

A.《诗经》分为风、雅、颂三部分，诗中多用赋、比、兴的手法。

B. 宋词是古代诗歌发展的又一高峰，按艺术风格划分，宋词有“婉约派”和“豪放派”。柳永、秦观、姜夔等都属于婉约派，而苏轼、辛弃疾则是豪放派的典型代表。

C. 明、清两代的戏曲得以迅速发展，著名作品有王实甫的《西厢记》，高则诚的《琵琶记》，汤显祖的《牡丹亭》。

D. 我国的白话小说始于唐代，但现在所能见到的最早的白话小说，则是宋代的“话本”——说书人讲述故事的底本。

2. 下列属于桐城派的诗人是(　　)

A. 李东阳　　B. 彭民望

C. 何孟春　　D. 方苞

3. 以下古文与作者、出处对应不正确的一项是(　　)

A. 威加海内兮归故乡,安得猛士兮守四方—刘邦—《大风歌》

B. 君不见沙场征战苦,至今犹忆李将军—高适—《燕歌行》

C. 虎鼓瑟兮鸾回车,仙之人兮列如麻—屈原—《九歌》

D. 君不见高堂明镜悲白发,朝如青丝暮成雪—李白—《将进酒》

4. 下列有关文学常识的表述不正确的一项是(　　)

A.《女神》热情歌颂了反帝反封建的人民革命,以及人民大众的理想,表现了反帝反封建的强烈的爱国主义精神,又是一曲歌唱工农群众及劳动创造的颂歌,表现了乐观向上的进取精神。

B. 为了复仇,哈姆莱特杀死了恋人的父亲,失去了深爱的恋人,对软弱的母亲冷言相向,忍受失去友情的痛苦,最后虽然杀死了新王和不忠于父亲的母亲,自己也在决斗中丧生。戏剧的情节充满了悲剧感。

C.《雷雨》受西方古典主义戏剧观的影响,结构十分讲究,四幕戏的时间集中在一天之内(从上午到深夜),地点也集中在周、鲁两家的范围内,出场的八个主要人物全都有着千丝万缕的关系。

D. 沈从文的代表作《边城》以兼具抒情诗和小品文的优美笔触,表现自然、民风和人性的美,是一幅富有诗情画意的乡村风俗画,充满牧歌情调和地方色彩,构成了别具一格的抒情乡土小说。

5. 被王国维称作“唯一的一部包含悲剧精神的辉煌巨著”的是(　　)

A.《窦娥冤》　　B.《孔雀东南飞》

C.《水浒传》　　D.《红楼梦》

6. 下列作品中的人物哪个不是世界文学作品中四大吝啬鬼形象(　　)

A. 莎士比亚《威尼斯商人》中的夏洛克　　B. 果戈理《死魂灵》中的乞乞科夫

C. 巴尔扎克《欧也妮·葛朗台》中的葛朗台　　D. 莫里哀《悭吝人》中的阿巴贡

7. 下列关于文学常识的表述,正确的一项是(　　)

A.“风”和“骚”是《诗经》和《楚辞》的代称,是我国现实主义和浪漫主义文学的源头。

B.《春秋》《诗经》《尚书》《礼记》《周易》统称为“五经”,是儒家经典著作。

C. 苏武是北宋文学家、书画家,他的词开豪放一派,《念奴娇·赤壁怀古》是其代表作。

D.《红楼梦》《水浒传》《三国演义》《聊斋志异》有中国古典长篇小说四大部之称。

8. 下列说法不正确的一项是(　　)

A. 但丁是“中世纪的最后一位诗人,同时又是新时代的最初一位诗人”,其代表作是《神曲》。

B. 高尔基是俄国文学的奠基人,是俄国浪漫主义文学的代表,也是现实主义文学的先驱。

C. 歌德是德国民族文学的最杰出的代表,其代表作品是诗剧《浮士德》。

D. 贝克特是爱尔兰著名剧作家,是荒诞派戏剧的领袖,其代表作是《等待戈多》。

9. 下列有关文学常识的表述,不正确的一项是(　　)

A. 李白的绝句《望天门山》,杜甫的律诗《春夜喜雨》,白居易的词《忆江南》都充满了对现实生活和祖国河山的热爱。

B.《诗经》开创了现实主义诗歌的先河，其后主要的现实主义诗人有杜甫、白居易和陆游，他们使现实主义诗歌得以继承和发扬。

C. 十九世纪世界文坛上涌现了许多有才华的作家，如英国的狄更斯、丹麦的安徒生、法国的雨果等。

D. 鲁迅的《阿Q正传》是我国现代文学第一篇反封建白话小说，《呐喊》是鲁迅的第一部小说集。

10. “老当益壮，宁移白首之心？穷且益坚，不坠青云之志”出自(　　)

A. 范仲淹《岳阳楼记》　　B. 王勃《滕王阁序》

C. 庾信《哀江南赋》　　D. 陶渊明《归去来兮辞》

11. 对下列作家、作品及其国别的表述，不正确的一项是(　　)

A. 巴尔扎克是19世纪法国著名作家。他创作的主要小说总称为《人间喜剧》，其中包括长篇小说《欧也妮·葛朗台》和《高老头》。《人间喜剧》是一部“包罗万象的社会史”。

B. 19世纪法国著名诗人、小说家和戏剧家雨果的代表作是长篇小说《巴黎圣母院》《悲惨世界》。

C. 阿·托尔斯泰是俄国伟大的批判现实主义作家，也是世界著名的文学家。他的主要作品是长篇小说《战争与和平》《安娜·卡列尼娜》《复活》。

D. 19世纪英国批判现实主义文学的创始人和杰出代表查里斯·狄更斯的代表作是长篇小说《匹克威克外传》《艰难时世》《双城记》。

12. 下列有关文学常识的表述不正确的一项是(　　)

A. 庄子是继老子之后，战国时期道家学派的代表人物。他以其代表作《庄子》阐发了道家思想的精髓，发展了道家学说，使之成为对后世产生深远影响的哲学流派。

B. 陶渊明，又名潜，字元亮，自号靖节先生，东晋著名诗人。著有《桃花源记》《五柳先生传》等优美散文。其田园诗对后世影响极大。

C. 王勃，字子安，初唐诗人，与杨炯、卢照邻、骆宾王同以诗文齐名，并称为“初唐四杰”。其诗作多为五言律诗和绝句，名作有《送杜少府之任蜀州》等，《滕王阁序》被认为是“当永垂不朽”的天才之作。

D.《边城》以20世纪30年代川湘交界的边城小镇茶峒为背景，描绘了湘西边地特有的风土人情；以撑渡老人的外孙女翠翠与船总儿子傩送的爱情为线索，展现了人性的善良和心灵的纯净。

13. 下列说法不正确的一项是(　　)

A. 文学一方面是无功利的，因为它是以审美为目的的一种情感活动；文学另一方面又是有功利的，因为它在满足人们审美需要的同时，也实现了其社会功能。

B. 文学既是形象的，也是理性的。这是因为文学的直接呈现方式是艺术的审美形象，而在审美形象的深层结构中又包含着人类的理性和思考。

C. 文学既是情感的，也是认识的。这说明文学最初的目的是认识和了解世界，之后才被赋予表达情感的功能。

D. 文学具有审美和意识形态双重功能，这种双重功能总是存在于其特有的具体语言组织所形成的话语蕴藉之中，并通过具体的话语蕴藉呈现出来。

14. 下列对文学作品体裁的表述，不正确的一项是(　　)

A. 诗是一种语词凝练、结构跳跃、富有节奏和韵律、高度集中反映生活和表达思想感情的文学体裁。诗的基本特征是凝练性、跳跃性、音乐性。

B. 小说是一种侧重刻画人物形象、叙述故事情节的文学样式。小说的基本特征是深入细致的人物刻画、完整复杂的情节叙述、具体充分的环境描写。

C. 散文是与诗歌、小说、剧本并列的一种文学样式。它的基本特征是题材广泛多样、结构灵活自由、书写真实感受。一般科学著作、论文、应用文等都不在散文之列。

D. 剧本是一种侧重以人物台词为手段、集中反映矛盾冲突的文学体裁。剧本可以分为悲剧、喜剧和正剧。它的基本特征是浓缩地反映现实生活，集中地表现矛盾冲突，以人物台词推进戏剧动作。

15. 明代拟话本小说《蒋兴哥重会珍珠衫》开篇有这样几句话："假如你有娇妻爱妾，别人调戏上了，你心下如何？古人有四句道得好——人心或可昧，天道不差移。我不淫人妇，人不淫我妻。——看官，则今日我说《珍珠衫》这套词话，可见果报不爽，好叫少年弟子做个榜样。"这段话中的"看官"即文学活动中的(　　)

A. 叙述者　　B. 叙述接受者　　C. 叙述欣赏者　　D. 叙述声音

16. 下列有关文学常识的表述，不正确的一项是(　　)

A. 被称作"前四史"的史书是：《史记》《汉书》《后汉书》《三国志》。

B. 关汉卿、白朴、马致远和郑光祖是著名的元曲作家。

C. 被鲁迅称为"晚清四大谴责小说"的是：《官场现形记》《儒林外史》《老残游记》《孽海花》。

D. 莎士比亚所著的四大悲剧是：《哈姆莱特》《李尔王》《奥赛罗》《麦克白》。

17. 下列有关文学常识的表述，不正确的一项是(　　)

A. 冯梦龙编订的《喻世明言》《警世通言》《醒世恒言》合称"三言"，其中保存了不少宋元"话本"，也有不少明人的"拟话本"。

B. 冰心是"五四"新文学运动中涌现的著名女作家，她的《笑》《往事》《寄小读者》等作品，被认为是当时具有典范意义的"美文"。

C. 新诗是现代诗歌的主流，而反映现代生活和思想感情的旧体诗，也被认为是现代诗歌。

D. 法国的莫泊桑和俄国的契诃夫是欧洲文学史上少数几个只写短篇小说的杰出作家。

18. 下面有关文学常识的表述，不正确的一项是(　　)

A. 印度著名诗人泰戈尔和阿根廷魔幻现实主义代表作家加西亚·马尔克斯都是诺贝尔文学奖获得者，其代表作分别为《吉檀迦利》和《百年孤独》。

B. 白居易，字乐天，号香山居士，唐代伟大的现实主义诗人，新乐府运动的倡导者。他主张"文章合为时而著，歌诗合为事而作"，代表诗作有《长恨歌》《琵琶行》等。

C.《阿Q正传》以辛亥革命前后闭塞农村未庄为背景，塑造了阿Q这一典型形象。阿Q是一个质朴、愚昧而又沾染上一些不良习气的落后农民，他擅长精神胜利法。

D. 哈姆莱特是文艺复兴时期人文主义思想者的典型，他曾经对天地万物、人与社会都充满了美好的希

望，但是现实的严酷与丑恶打破了他的美好理想，他在复仇道路上犹豫不决，错失良机。他是那个时代的悲剧，也是人文主义者的悲剧。

19. 下列作家、作品、年代、体裁搭配有误的一项是（　　）

A. 曹操—《观沧海》—东汉末年—古诗　　B. 王湾—《次北固山下》—唐朝—五律

C. 白居易—《钱塘湖春行》—唐朝—古诗　　D. 马致远—《天净沙·秋思》—元代—曲

20. 在文学研究中提出文学活动由世界、作家、作品、读者四个要素构成的理论家是（　　）

A. 亚里士多德　　B. 黑格尔

C. 英伽登　　D. 艾布拉姆斯

21.《简·爱》的作者是（　　）

A. 艾米莉·勃朗特　　B. 安妮·勃朗特

C. 夏洛蒂·勃朗特　　D. 勃兰威尔·勃朗特

22. 下列作家、作品、体裁或国别搭配有误的一项是（　　）

A. 老舍—《骆驼祥子》—小说

B. 冰心—《繁星》—诗集

C. 莎士比亚—《威尼斯商人》—法国

D. 尼古拉·奥斯特洛夫斯基—《钢铁是怎样炼成的》—苏联

23. 下列有关文学常识的表述，错误的一项是（　　）

A. 笛福是18世纪英国著名小说家，他的主要作品有小说《鲁滨逊漂流记》《辛格顿船长》《杰克上校》等。

B. 被马克思称为“人类最伟大的戏剧天才”的莎士比亚是文艺复兴时期剧作家，他一生创作了37部戏剧，《仲夏夜之梦》是他的著名的悲剧作品。

C. 拜伦是19世纪英国积极浪漫主义诗歌的杰出代表，著名的长篇叙事诗《唐璜》是他的代表作。

D. 抒情短诗在英国积极浪漫主义诗人雪莱的创作中占有极为重要的地位，《西风颂》和《致云雀》都是脍炙人口的名篇。

24. 下列有关文学常识的表述，错误的一项是（　　）

A.《再别康桥》《雨巷》《大堰河——我的保姆》《乡愁》，分别是徐志摩、戴望舒、艾青、余光中的诗作。

B. 雨果和卡夫卡都是著名小说家，前者是浪漫主义文学运动领袖，后者是西方现代主义文学奠基人。

C. 东晋的陶渊明和谢灵运分别是我国山水诗和田园诗的开山鼻祖。

D. 人称“小杜”的唐代诗人杜牧，工诗善文，《过华清宫》和《阿房宫赋》都是他的名作。

二、填空题（每空1分，共25分）

1.《论语》是儒家思想的重要著作，与________、________、________合称为“四书”。

2. 法国作家________创作的《人间喜剧》展开了19世纪前期法国社会生活的画卷，被称为“资本主义社会的百科全书”。

3. 奥地利作家卡夫卡的小说《________》叙述了主人翁格里高尔变成大甲虫的荒诞故事。

4.《史记》是我国第一部________体通史，全书由________、表、书、________、列传五种体例构成。

5. “六经”指的是《________》《________》《礼》《春秋》《________》《________》六部儒家经典，也叫“儒学六艺”。

6. 鲁迅的《________》是中国最早的现代白话小说。

7. ________被尊为“现代童话之父”。

8. 被恩格斯评价为“中世纪的最后一位诗人，同时又是新时代的最初一位诗人”的是________。

9. ________是古希腊社会和生活的百科全书，以一定的历史事实为依据，并结合神话传说。

10. ________在中国文坛上被称为“乡土文学之父”。

11. 我国第一部现实主义诗歌总集是《________》，第一部浪漫主义诗歌总集是《________》。

12. ________被钟嵘《诗品》评为“古今隐逸诗人之宗”，他在作品中常常表达热爱田园生活的情怀。

13. 刘勰是南朝梁文学理论批评家，他的主要著作是《________》，这部作品发展了前人进步的文学理论批评，体系比较完整，是我国古代文学理论批评的巨著。

14. 伤痕小说的开篇之作为刘心武的《________》，因________的短篇小说《伤痕》而得名。

15. 被称为“史家之绝唱，无韵之离骚”的是________的《________》。

三、判断题（每小题1分，共20分）

1.《漱玉词》《稼轩长短句》的作者分别是李清照和苏轼。 （ ）

2.《范进中举》中的胡屠户，和契诃夫笔下的奥楚蔑洛夫一样具有“变色龙”的特点。 （ ）

3.《水浒传》中的英雄性格各不相同，但在“义”这一点上却是共同的：晁盖劫取生辰纲是“义”，宋江私放晁盖是“义”，鲁提辖拳打镇关西也是“义”。 （ ）

4. 莫泊桑是法国作家，被称为“世界短篇小说之王”，他的作品《我的叔叔于勒》选自短篇小说集《羊脂球》。 （ ）

5.《史记》是我国第一部编年体通史，作者是西汉史学家、文学家司马迁。 （ ）

6.《战国策》由西汉末年刘向整理编辑，《唐雎不辱使命》选自其中。 （ ）

7. 明清四大古典小说是《红楼梦》《三国演义》《儒林外史》《西游记》。 （ ）

8.《罗兰之歌》是中世纪德国著名的英雄史诗。 （ ）

9.《智取生辰纲》选自《水浒传》，这是一部以农民起义为题材的长篇章回体小说，作者施耐庵，元末明初人。 （ ）

10. 蒲松龄的《儒林外史》是清代的一部长篇讽刺小说。 （ ）

11.《堂吉诃德》是近代欧洲文学中第一部真正意义上的长篇小说。 （ ）

12. 郁达夫写的自传体小说为《春风沉醉的晚上》。 （ ）

13. 余华是山药蛋派的代表作家，《活着》《许三观卖血记》是他的代表作品。 （ ）

14.《源氏物语》是日本作家川端康成的代表作品。 （ ）

15.《玩偶之家》的作者是挪威剧作家易卜生，他被称为“现代戏剧之父”。 （ ）

16. 普希金的作品《叶甫盖尼·奥涅金》是一部中篇小说。 （ ）

17. 高晓声的小说创作中最具影响力的人物典型是陈奂生。 （ ）

18. 贾平凹的《浮躁》开了"改革文学"的先河。 （ ）

19. 北岛、顾城、舒婷是朦胧诗的代表人物。 （ ）

20.《浮士德》中，浮士德经历了知识追求、爱情生活、政治生涯、艺术追求、事业追求五个阶段。 （ ）

四、名词解释（每小题3分，共21分）

1. 朦胧诗派

2. 魔幻现实主义

3. 象征主义

4. 迷惘的一代

5. 山水田园诗派

6. 豪放派

7. 伤痕文学

五、简答题（每小题4分，共16分）

1. 简述《离骚》中的人物形象。

2. 简要分析《复活》中聂赫留朵夫的人物形象。

3. 简述典型环境与典型人物的关系。

4. 简要分析孙犁的《荷花淀》的艺术特色。

参考答案及解析

一、单项选择题

1. C [解析]C项，元、明两代的戏曲得以迅速发展，著名作品有王实甫的《西厢记》，高则诚的《琵琶记》，汤显祖的《牡丹亭》。元代是戏曲发展的高峰，王实甫、高则诚是元代曲作家，汤显祖是明代曲作家。

2. D [解析]桐城派的代表人物有方苞、刘大櫆、姚鼐等人。

3. C [解析]C项，出自李白的《梦游天姥吟留别》。

4. B [解析]B项，哈姆莱特杀死母亲的说法错误，他的母亲是服了毒酒而死的。

5. D [解析]在最初一批将西方思想运用于中国文学研究的中国人中，大学者王国维毫不含糊地断言，《红楼梦》是"唯一的一部包含悲剧精神的辉煌巨著"。

6. B [解析]果戈理《死魂灵》中的吝啬鬼形象是泼留希金。

7. B [解析]A项，"风"和"骚"是《诗经》中的《国风》和《楚辞》中的《离骚》的代称。C项，苏轼是北宋文学家、书画家，他的词开豪放一派，不是苏武。D项，不是《聊斋志异》，是《西游记》。

8. B [解析]高尔基是苏联无产阶级的代表作家。

9. D [解析]D项，鲁迅的《狂人日记》是我国现代文学第一篇反封建白话小说。

10. B [解析]题干诗句出自王勃《滕王阁序》中的："所赖君子见机，达人知命。老当益壮，宁移白首之心？穷且益坚，不坠青云之志。"

11. C [解析]C项，《战争与和平》《安娜·卡列尼娜》《复活》的作者是列夫·托尔斯泰。阿·托尔斯泰的代表作是《苦难历程》。

12. B [解析]"靖节先生"不是陶渊明自号，"靖节"是其死后友人给予他的"私谥"。

13. C [解析]文学既是情感的，也是认识的。在二者中，情感性是文学的首要目的。因此C项错误。

14. C [解析]一般科学著作、论文、应用文属于广义的散文。因此C项错误。

15. B [解析]作者在作为叙述者讲述故事的同时，必然在心目中有一个潜在的叙述接受者。我国古代话本中出现的"看官"即叙述接受者。故事的语境和道德意义只有对合乎作者要求的"看官"来说才是真正有意义的。

16. C [解析]C项，鲁迅认为的晚清四大谴责小说是中国清末四部谴责小说的合称，即李宝嘉的《官场现形记》、吴沃尧的《二十年目睹之怪现状》、刘鹗的《老残游记》、曾朴的《孽海花》。

17. D [解析]D项，莫泊桑和契诃夫都是世界文学史上创作短篇小说的杰出代表，但并非仅创作短篇小说。

18. A [解析]A项，加西亚·马尔克斯是哥伦比亚作家。

19. C [解析]C项，《钱塘湖春行》的体裁是七律。

20. D [解析]美国现代学者艾布拉姆斯在《镜与灯——浪漫主义文论及批评传统》中提出文学四要素理论，即世界、作家、作品、读者。

21. C [解析]夏洛蒂·勃朗特、艾米莉·勃朗特和安妮·勃朗特在英国文学史上有"勃朗特三姐妹"之称。《简·爱》是夏洛蒂·勃朗特的代表作，艾米莉·勃朗特和安妮·勃朗特分别写了长篇小说《呼啸山庄》和《艾格尼斯·格雷》。

22. C [解析]C项，莎士比亚是英国作家。

23. B [解析]B项，《仲夏夜之梦》是莎士比亚创作的喜剧，不是悲剧。

24. C [解析]C项，陶渊明的诗质朴平淡，语言以白描为主，是田园诗的开山之祖；谢灵运的诗辞采华丽，是山水诗的开山鼻祖。

二、填空题

1.《大学》;《中庸》;《孟子》

2. 巴尔扎克

3. 变形记

4. 纪传;本纪;世家

5. 诗;书;易;乐

6. 狂人日记

7. 安徒生

8. 但丁

9.《荷马史诗》

10. 沈从文

11. 诗经;楚辞

12. 陶渊明

13. 文心雕龙

14. 班主任;卢新华

15. 司马迁;史记

三、判断题

1. × [解析]《稼轩长短句》的作者是辛弃疾。

2. √ [解析]"变色龙"在契诃夫《变色龙》一文中用来形容奥楚蔑洛夫的虚伪逢迎、见风使舵。胡屠户也有这种性格特征。

3. √ [解析]在《水浒传》中的众好汉眼里,义高于一切,人人都在讲义气,即使是抗命、犯杀头的罪过也在所不惜。

4. × [解析]《我的叔叔于勒》是莫泊桑的短篇小说,《羊脂球》是莫泊桑的中篇小说。

5. × [解析]《史记》是我国第一部纪传体通史。

6. √ [解析]《唐雎不辱使命》是《战国策·魏策四》中的一篇史传文。

7. × [解析]明清四大古典小说即中国古典文学四大名著,分别为《红楼梦》《三国演义》《水浒传》《西游记》。

8. × [解析]《罗兰之歌》是中世纪法国著名的英雄史诗,是欧洲中世纪四大史诗之一。

9. √ [解析]《水浒传》是元末明初施耐庵编著的章回体长篇小说,《智取生辰纲》出自《水浒传》第十六回"杨志押送金银担,吴用智取生辰纲"。

10. × [解析]《儒林外史》的作者是清代吴敬梓。

11. √ [解析]《堂吉诃德》揭露了封建势力的丑恶,讽刺了骑士制度和骑士文学,是文艺复兴时期西班牙小说的最高成就,也是欧洲最早的优秀现实主义长篇小说,标志着欧洲长篇小说一个新的发展阶段,被誉为"世界大同之作"和"人性《圣经》"。

12. × [解析]郁达夫的《沉沦》以其自身为蓝本,讲述了一个日本留学生的苦闷以及对国家弱小的悲哀。《春风沉醉的晚上》是一部短篇小说。

13. × [解析]余华是先锋派的代表作家。

14. × [解析]《源氏物语》的作者是日本的紫式部,川端康成的代表作品是《雪国》《伊豆的舞女》。

15. √ [解析]易卜生的创作对十九世纪末到二十世纪初的欧美戏剧产生了深远影响,因而被称为"现代戏剧之父"。

16. × [解析]普希金的作品《叶甫盖尼·奥涅金》是一部长篇诗体小说。

17. √ [解析]高晓声的代表作品为《陈奂生上城》,其主人公陈奂生是高晓声小说创作中最具影响力的人物典型。

18. × [解析]蒋子龙的《乔厂长上任记》开了"改革文学"的先河。

19. √ [解析]朦胧诗兴起于20世纪70年代末80年代初,是伴随着文学全面复苏而出现的一个新的诗歌艺术潮流,以诗人舒婷、北岛、顾城、江河、杨炼等先驱者为代表。

20. √ [解析]《浮士德》是德国作家歌德创作的一部诗剧,全剧以浮士德思想的发展变化为线索,叙述了浮士德经历的知识追求、爱情生活、政治生涯、艺术追求、事业追求的五个阶段,是一部现实主义和浪漫主义结合得十分完好的诗剧。

四、名词解释

1. [参考答案]朦胧诗派是20世纪70年代末80年代初出现的诗派，其代表人物有北岛、舒婷、顾城、江河、杨炼等。作为一个创作群体，朦胧诗派并没有形成统一的组织形式，也未曾发表宣言，然而却以各自独立又呈现出共性的艺术主张和创作实绩构成一个“崛起的诗群”。朦胧诗派精神内涵体现在三个层面：一是揭露和批判社会的黑暗；二是在黑暗中寻找光明、反思与探求的意识以及浓厚的英雄主义色彩；三是在人道主义基础上建立起来的对“人”的特别关注。朦胧诗派改写了以往诗歌单纯描摹“现实”与图解政策的传统模式，把诗歌作为探求人生的重要方式，在哲学意义上达到了前所未有的高度。

2. [参考答案]魔幻现实主义是20世纪50年代前后在拉丁美洲盛行起来的一种文学流派。这一流派的作家，执意于把现实投放到虚幻的环境和气氛中，给以客观、详尽的描绘，使现实披上一层光怪陆离的魔幻的外衣。既在作品中坚持反映社会现实生活的原则，又在创作方法上运用欧美现代派的手法，插入许多神奇、怪诞的幻景，使整个画面呈现出似真非真、似假非假、虚虚实实、真假难辨的风格。其代表作家有哥伦比亚的加西亚·马尔克斯。

3. [参考答案]象征主义是19世纪末20世纪初流行于欧美的重要文学流派之一。1886年，年轻诗人莫雷亚斯在《费加罗报》上发表了一篇文学宣言，主张用“象征主义者”来称呼当时的前卫诗人，这份宣言标志着象征主义流派的诞生。他们认为现实的物质世界是虚幻而痛苦的，只有隐匿在背后的内在的世界才是真实的。作品中运用大量的暗示和象征来隐喻表现人的内心世界。法国诗人波德莱尔和美国诗人爱伦·坡是象征主义的先驱。

4. [参考答案]迷惘的一代是第一次世界大战之后出现于美国的一个文学流派。这一流派的作家大多参加过一战，他们普遍有一种被出卖的感受，精神蒙受了巨大的创伤，同时又因找不到出路而苦闷彷徨，心灰失望，迷惘不知所措。其代表作家有海明威、福克纳等。

5. [参考答案]山水田园诗派以描写恬静悠然的自然风光为主，通过对自然景物的歌咏，或流露不愿同流合污的情绪，或表现隐逸避世的消极思想。其代表作家有晋代的陶渊明、谢灵运和唐代的王维、孟浩然等。

6. [参考答案]豪放派是词坛上的一大流派，其作品气势豪放，意境雄浑，词中充满豪情壮志，给人一种积极向上的力量。其代表词人以苏轼、辛弃疾为主，代表作品有苏轼的《念奴娇·赤壁怀古》和辛弃疾的《永遇乐·京口北固亭怀古》等。

7. [参考答案]伤痕文学产生于20世纪70年代末至80年代初，开山之作为刘心武的《班主任》，因卢新华的短篇小说《伤痕》而得名，主要展示“文革”给人民群众带来的精神与肉体的创伤。作品中描写了往昔的苦难岁月，其基调基本是愤懑不平心声的宣泄。代表作品有张贤亮的《邢老汉和狗的故事》、周克芹的《许茂和他的女儿们》等。

五、简答题

1. [参考答案]《离骚》为我们塑造了一个坚贞高洁的抒情主人公形象。《离骚》最引人注目的是它的两类意象：美人、香草。美人的意象或是比喻君王，或是自喻。“路曼曼其修远兮，吾将上下而求索”既是对理想的执着追求，又是其人格的外在显现。从香草的装饰中，我们可以看到其奋发自励、遗世独立的人格。探求

的热情和功业未就的焦虑，对有限时间的珍视在诗中很明显。恶劣的政治环境，使屈原陷入极端艰难的处境之中，但他却以生命的挚诚来捍卫自己的理想。屈原的形象在《离骚》中十分突出，他那傲岸的人格和不屈的斗争精神，激励了后世无数的文人，并成为我们民族精神的一个重要象征。

2. [参考答案]《复活》中的聂赫留朵夫是一个为自己和本阶级的罪恶而忏悔的形象，玛丝洛娃的不幸遭遇深深震动了他，他决心用自己的行动来赎罪。聂赫留朵夫对人民苦难的同情，对本阶级罪恶的忏悔以及在忏悔过程中的矛盾、彷徨，既概括了当时一部分进步的贵族知识分子的精神状态，也反映了作家本人的思想矛盾。

3. [参考答案]①典型环境与典型人物是相互依存的关系。一方面，没有典型环境，典型人物就不能形成；另一方面，典型环境也以典型人物的存在而存在。

②典型环境与典型人物是互动性关系。一方面典型环境是形成典型人物性格的基础；另一方面，典型人物也并非永远在环境面前无能为力，在一定条件下，典型人物又可以对环境发生反作用。

4. [参考答案]①小说通过对话、动作和典型的生活细节细致入微地表现人物的内心世界，生动逼真地刻画人物性格。

②景物描写清新自如，情景交融，意境优美，富有诗情画意。抒情的笔调，乐观的画面，使小说充满诗情画意。小说中的景物描写，既饱含着作者强烈的爱国情感，又为人物的活动提供了典型环境。

③小说语言朴素无华，清丽畅达，富有浓郁的乡土气息。作品融小说、散文、诗歌为一体，具有散文诗式的独特小说风格。

④作品构思新颖，情节开展疏密相间，详略得当，富有节奏感。作者把紧张的战斗和日常生活细节糅合起来，按照生活的顺序，自然地展开故事。在动作、对话和细节中细致入微地刻画人物心理，形象传神。作品以富有感情的笔触，揭示了人物和生活的美，揭示了劳动和战斗的诗意。

第五章 写 作

思维导图

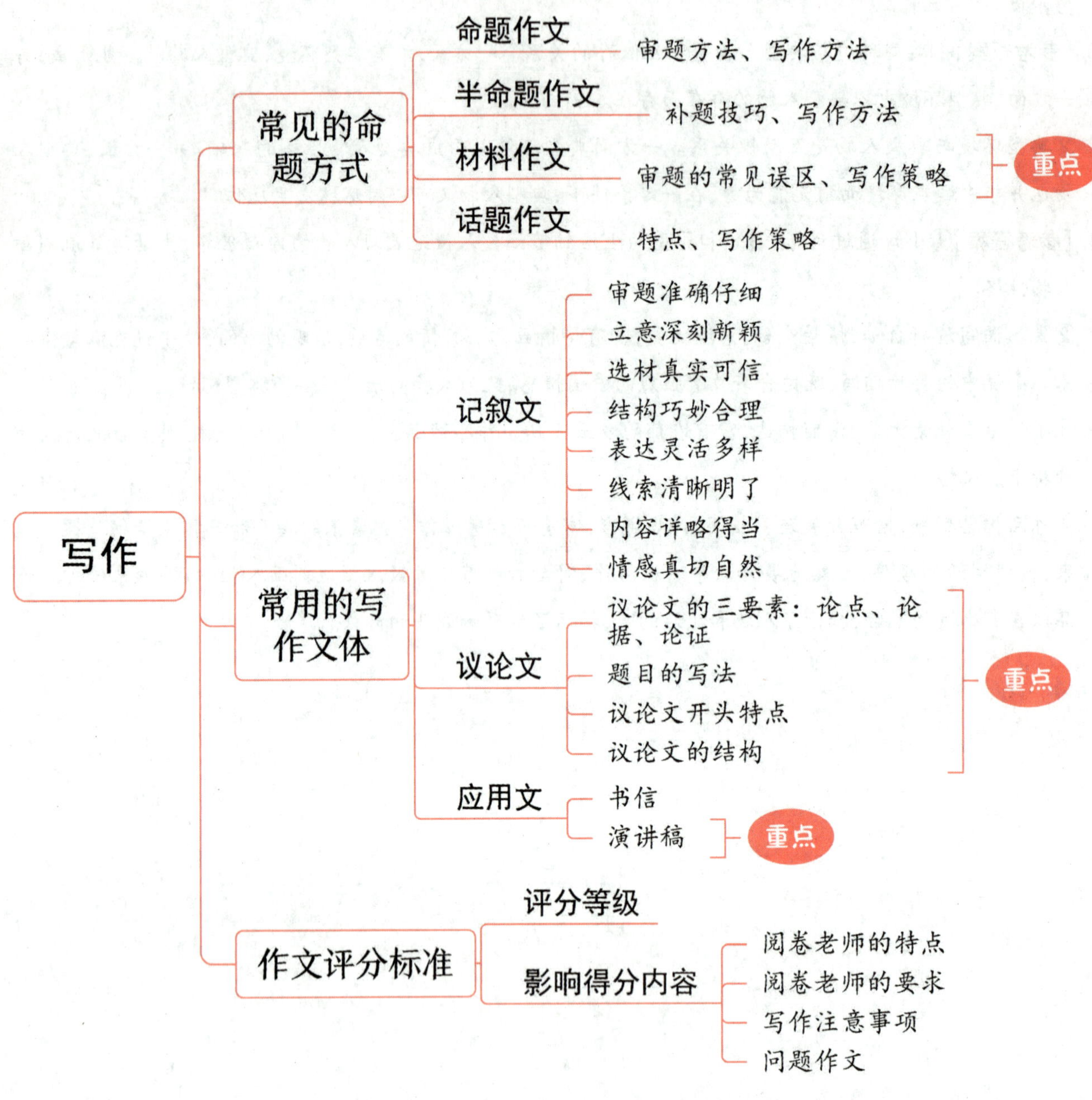

第一部分

考向分析

本章属于学科专业知识的运用性章节，也是中学语文教师招聘考试重点考查的章节，需要理解运用的知识较多。在考试中常以写作题的形式考查。现对本章考向分析如下：

高频考点	常考题型	能力层级	考查热度
话题作文	写作	运用	★★
命题作文	写作	运用	★★
材料作文	写作	运用	★★★
议论文	写作	运用	★★★
应用文	写作	运用	★★

核心考点

第一节　常见的命题方式

一、命题作文

命题作文，一般是出题者给出一个既定的题目，要求应试者根据这个既定题目进行写作。它包含事件、人物、场面等要素。

1. 审题方法

(1)挖掘题蕴

我们对题意的理解不能仅限于表层含义，应认真体会其深层的比喻义、引申义或语境义。如《我想握住你的手》就是一个比喻型标题，除表层意义外，我们还应探究其深层的比喻义和象征义。

(2)吃透题眼

题眼一般针对那些短语式或单句式的文题而言，要对文题的关键词或限制词进行甄别。如《掌声又响起来》中的“又”，在次数上予以要求；《十六岁的天空》中的“十六”，意味着特别的年龄；《架起一座桥》中的“架起”，隐含着原先缺失之意。只有抓住题眼进行构思，行文才能体现题目预设的内涵。

(3)抽象概念形象化，形象文题哲理化

命题作文的题目大致可分为抽象型和形象型两大类。抽象题目要形象化，就要围绕所给词语用形象具体的人和事反映它，避免空洞的说教。如《谦让》，不能单写什么是谦让、谦让的作用等内容，而要通过对某人、某事的形象描绘使文章显得更有力量。对《门》这样形象化的题目，我们可以使之哲理化，在具体的描绘之后，上升到理性层面，力求体现出对它更深层的认识。

2. 写作方法

(1)大中取小法

如作文题《追求》,从字面上看,题目很虚、很大,审题时不知如何下手。这类题目在审题时就要从小处来写,可以写一个教师的追求、一个普通工人的追求、一个边防战士的追求、一个中学生的追求,也可以写自己的追求,总之,各种典型人物的追求都可以写。

(2)揭示本体法

如果文题是喻体或象征体,就应该揭示它的本体。如《红叶》,不是写经霜的枫叶,而是要赞颂老干部、老工人、老教师、老革命家等老同志争献余热的高尚精神。也就是说,《红叶》喻体是树老叶红,本体是人老心红。

(3)扩大范围法

有的文题内容很窄,无法取材,可以扩大范围来写。如《在今天的课堂上》,可以将发生在"今天课上的所见所闻"作为文章的线索,穿插回忆昔日课堂内外的事;也可以把"今天"作为广义的今天来理解,写最近一个时期课堂上的事。

(4)瞬间升华法

如《考场》,可叙写发生在考场一瞬间的事情经过,结尾道出从中悟出的哲理。

二、半命题作文

1. 补题技巧

(1)展示自我特长

巧妇难为无米之炊,下笔能否成功,有无感人的素材入文至关重要。而半命题作文正是在动用生活储存方面为我们提供了自由,补题时一定要充分加以利用。如《________让我陶醉》,该如何补题呢?俗话说:"尺有所短,寸有所长。"如果你是一位音乐迷,对动听的歌词与优美的旋律自然会情有独钟;如果你是一位文学迷,对诗词典故与文坛逸事或许可以信手拈来……结合自己的"音乐""文学"等特长下笔,也许并不是一件难事。满分作文《乐曲让我陶醉》便是出自一位音乐爱好者之手,文章以歌词开篇,在乐曲中收束。作者以激扬、婉转、典雅的旋律,营造出美不胜收的意境。

(2)突出个性风采

半命题作文写作容易受到两方面的局限:一是受提示语的影响。如《让________走进心灵》,试题中提示:可填入"勇敢""宽容""善良""快乐""音乐""幸福""正直""感恩""明月清风""灿烂的阳光"等词语。不少考生便不假思索,随意挑个词开始写作。二是受日常习惯的影响。如《把________带给________》,考生不是"把幸福带给父母",就是"把快乐带给同学",立意平平,千篇一律,毫无新意。

提示语起到的只是"引"或"导"的作用,我们要学会在这条看似普通的"横线"上做文章。首先,在内容的选择上要尽量摆脱提示语的束缚,学会从提示语之外寻找更适合自己写作的内容。如《让江南烟雨走进心灵》《让历史走进心灵》,前者满载诗情画意,后者文化底蕴深厚,这就使得立意与选材两方面都与众不同,胜出一筹。另外在角度上也要讲究出新。从反面立意,如《把失败带给同学》,便极具悬念感;《把欢乐带给

自然》，用童话展开，给人新颖脱俗之感。

(3)紧扣题旨做文章

半命题作文在提供中心词的同时，往往还有一个画龙点睛的题眼。因此，补好题目之后还得有一个仔细的审题过程，以便抓住题眼，紧扣题旨。如《我多么想________》，所写的内容应该着重写出自己充满渴望的内心世界；《寻找________》则要尽量突出"不平凡"的"寻找"过程。

2. 写作方法

(1)寻找关键词

关键词是试题中的重点，文章该写什么，该怎么写，都可以从这个词中看出。如《我终于________》，如果在审题时，忽视了"终于"两个字，所写作文只有"终于"产生的结果而没有写"终于"之前的经过情况就偏离了题意。

(2)化大为小

化大为小就是选择一个比较小的切入点，从一个具体的角度切入题目，将一个相对"大"的题目缩小为一个相对"小"的题目。如《走近________》，如果把题目补为《走近科学》《走近自然》《走近名著》等，题目过大，文章容易写得空泛、笼统，难以写出真情实感。所以，在补题的时候尽量把题目具体化，贴近自己的生活实际，像《走近扬州剪纸》《走近大观园》《走近东关街》等，就能用真实的生活细节来写活名著等对自己的深刻影响，生动形象地展现自己的体验与观感。

(3)力求新颖

由于半命题作文有一定的限制，考场作文补题很容易雷同，写出来的作文也有很大的"撞题率"，因此，半命题作文写作时一定要力求新颖、别致，选出最有代表性的材料，用恰当的表现手法和生动的语言来表达文章的主题。

三、材料作文

材料作文是根据所给材料和要求来写文章的一种作文形式。材料作文要求考生依据材料来立意、构思，材料所反映的中心就是文章中心的来源，不能脱离材料所揭示的中心来写作，故材料作文又叫"命意作文"，即出题者已经把作文的"基本中心"提供给考生了。一般来说材料作文由材料和要求两部分组成，材料按形式分，有记叙性材料(故事、寓言等)、引语式材料和图画式材料。材料作文比命题作文、半命题作文更有利于考生发挥自己的作文水平，考生可以通过自己对材料的理解和解读，选择适合自己的文体进行写作。

1. 审题的常见误区

(1)误把材料作文的材料当作话题作文的材料。

(2)误把材料作文的材料看作命题作文的提示。

材料作文的材料是命题的有机组成部分，往往很具体，有完整的意思，命题从材料中来，作文的内容也离不开材料。而命题作文有时附有提示，一般来说，或说明或阐述，并不含有具体内容。话题作文的主题则不必从材料中提炼，而是从话题引发出来的，材料的作用在于阐发话题，启发考生写作思路，就材料本身而言，既可以运用到写作之中，也可以不加采用。

剖析材料作文立意时，往往可以采用互补完善法。

例如：①意大利诗人但丁的名言："走自己的路，让别人去说吧！"

②波兰谚语："常问路的人不会迷失方向。"

剖析：材料①"走自己的路"强调要有坚定的信念；材料②"常问路的人不会迷失方向"是讲要有虚心求教的精神。两者具有很强的互补性，若将两者结合起来，就既全面又合理。因此，可以提炼这样的观点：只有既有"走自己的路"的坚定信念，又有"常问路"的虚心精神，才能走好自己的人生之路。

2. 写作策略

(1)读懂材料，全面把握

读懂材料是材料作文写作的重要前提，没有读懂材料必然会导致偏题或者离题。读懂材料必须全面把握，切不可断章取义，执其一端，而要抓住重点，明白内容，理清关系，理解中心，为立意奠定一个较好的审题基础。全面把握材料和理解材料，不可从某一局部入手，抓住只言片语不放，这样做容易跑题。要抓住材料中的关键词语或语句，深刻理解其本质意义，这对于把握材料的中心是很有帮助的。

如某作文的材料为：一位雕塑家完成了一座非常美丽的雕塑，有人问他："你是怎样雕出这座完美的雕塑的？"雕塑家回答："这座雕像原来就在那里，我只是将它多余的边边角角去掉而已。"其实，在人生中，你就是那座雕像，只要去掉外面的边边角角，就能获得完美的自我！而那位出色的雕塑家，就是你自己。整体上看是讲"雕塑"与"个人成长"之间的一个类比关系，关键词是"边边角角"，但要注意联想到自己成长过程当中多余的可以去除的一些东西，可以是行为、习惯、语言、穿着等。如果把重点放在如何"获得完美的自我"则没有抓住材料的中心，显然是跑题了。

(2)立意求准，力求新颖

材料作文也是"命意作文"，立意的好坏会直接影响到作文的深刻与否以及创新程度，因此，写材料作文，要在读懂材料的基础上，尽量在立意上求准求新。所谓求准，就是要把握住材料的内容，牢记主题必须从材料中得来的前提，切不可脱离材料，否则就容易写出失败之作。所谓求新，就是要努力突破思维定式，超越一般人的惯常思路，应该发人之所未发，言人之所不能言，力争做到"人无我有，人有我优"，在"新"字上下功夫，这样写成的文章才有能焕发光彩。

(3)使用材料，恰当巧妙

在材料作文中，材料在文章中的使用，也是一个不可忽视的问题。一般来说，引用材料有两种形式，即直接引用和间接引用(化用)。根据文体的不同，使用材料也有不同，一般而言，写成议论文，开头最好引述材料，以便更好地提出自己的观点；其他文体也不能完全脱离材料，要在恰当的地方直接或间接地引用一下材料，否则容易与材料疏远。

真题面对面

[2022陕西特岗,作文,20分]阅读下列文字,自选角度,联系实际,自拟题目,写一篇600~1000字的议论文。

千里之行,始于足下;行成于思,毁于随;绝知此事要躬行……古人留下许多关于"行"的箴言,至今对我们仍有价值。

为者常成,行者常至,青年的成长进步与中华民族的伟大复兴、中国梦的实现紧密相连,我们要踔厉奋发,笃行不怠。

参考例文:

千里之行,始于足下

"不积跬步,无以至千里;不积小流,无以成江海",不管多远的路,只要一步步走就可以到达。

千里之行,始于足下,不忘初心,方得始终。不忘记自己的目标和方向,不忘记自己的责任和使命,方能永远向前。"达则兼济天下"是中国人自古至今最美的情怀,从汉唐的声声驼铃到如今的"一带一路",中华民族不忘初心,砥砺前行,始终做"路"的开辟者、引领者。跨越千年的丝绸之路的开拓并不是一蹴而就,张骞出使西域一路波折,满腹辛酸,在春风不度的玉门关外过了十多年惊心动魄的生活,这个铁骨铮铮的汉子,矢志不渝,为丝绸之路的开拓做出了卓越贡献。而如今,"一带一路"的伟大构想和历史交相辉映,同样为各国人民带来福祉。

千里之行,始于足下,艰难困苦,玉汝于成。中国古代虽有四大发明闻名于世,但也曾一度饱受外侮、倍经摧残,如今却又以崭新的姿态屹立于世界民族之林,以新四大发明刷新世界速度。虽然重生的过程可能会有痛苦和磨难,但是在这个过程中你会看见更好的自我,达到行千里的目标。用踏破铁鞋的决心,用愚公移山的意志,使奋斗终有成果,梦想照进现实。

千里之行,始于足下,坚持自我,执着前行。不疯魔,不成活,人生就像一条独立的单行轨道,每一个人都要走不同的路,哪怕路上有他人的不屑和嘲笑,也要坚持走自己的路,要让自己成为生活的主宰。坚强不屈、百折不挠的中国人,不管域外干扰有多少,阻力有多大,都排除万难、勇敢面对,终于我们的高铁走出了国门,我们的"天河一号"运算速度闻名世界,"天眼"建成,"玉兔"上天,港珠澳大桥成了新的世界奇迹。不疯魔,不成活,中国活出了自己独有的方式和风格。

千里之行,始于足下,不忘初心,方得始终。中国人在努力、坚持、创新中无限地接近实现伟大复兴的中国梦。按我们自己认定的路走下去,走向光辉灿烂,走向属于我们中华民族的辉煌明天。

四、话题作文

话题作文是一种用一段导引材料启发思考,激发想象,用话题限定写作范围的作文题型。"话题"指谈话的中心,以所给的话题为中心,并围绕这个中心内容进行选材而写出的文章就是"话题"作文。这类作文题表面上一般不含有观点,内容上不予限制,形式上往往也是体裁不限。"话题"作文其实是只提供了一个话题,即规定了表达的中心内容,而不限制取材范围和表达方式的作文形式。以话题为内容的开放式命题与以往的命题作文相比较，它的好处是给考生写作的空间更大，发挥的余地更大。

1. 特点

(1)相关性

话题作文必须与话题相关，一般情况下，话题作文的要求只规定话题的范围，而不限定作文的主旨。

(2)自由性

自由性是话题作文最大的特点。考生在题目、选材、文体、想象空间上有极大的自由性和自主性。具体表现为：

①题目自由

所给话题可以不作题目，考生可以自拟题目，但所拟题目最好能体现文体的特点。

②选材自由

只要选择与话题相关的内容进行写作，均可。

③文体自由

话题作文大都要求除了诗歌外，考生可自由选择记叙文、说明文、议论文等文体。

(3)形象性

“话题”式作文还能让考生驰骋于形象思维的空间，表现考生丰富的联想与想象能力。因为“话题”式作文更有利于形象思维的涌动，考生尽可以放开手脚，海阔天空，任意翱翔，可以充分展示自己的想象空间，也可以任意展开联想的翅膀，“海阔凭鱼跃，天高任鸟飞”。

2. 写作策略

(1)把握文体

话题作文往往不限文体，允许考生自由发挥。但是，不限文体并不等于不需要文体。话题作文的“文体不限”其实是指不限于一种文体，让考生有选择文体的自由。当你选定了一种文体时，还是得按照这种文体的特点来谋篇布局进行写作。有的考生观察能力强，生活积累丰富，不妨将生活中精彩的片段撷取出来写成一篇生动感人的记叙文；有的考生想象丰富，擅长编写故事，不妨写写童话、寓言或科幻小说；有的考生逻辑思维能力强，擅长推理，不妨写一篇论据充分的议论文；有的考生感情细腻丰富，不妨写一篇优美抒情的散文。

(2)缩小范围

话题作文只提供写作的话题，而没有中心、材料、结构、文体、语言等的限制，这给了考生一个比较开放的构思空间，使考生能最大限度地发挥想象力和创造力。但是，如果不注意把握话题，缩小写作的口子，就会“下笔千言，离题万里”。因此，不管所给的话题多么宽泛，考生都要善于缩小“包围圈”，要选择一个小小的切入口，如一件事、一个人、一样物品、一种感受、一点看法等，集中笔力加以突破，把自己所选择的话题角度写细写深写透，做到“以小见大”。

(3)拟好题目

标题是文章的“眼睛”。俗话说：“题好文一半。”话题作文允许自己拟题目，因此，考生要努力提高拟写题目的水平，力争让自己拟的题目准确、凝练、含蓄、新奇，使阅卷老师“一见钟情”。

(4)善于联想

话题作文是一种开放性的作文形式，要求考生放开手脚，尽情地驰骋在想象的空间里，善于多方位地展开联想，这样，才能生发出丰富多彩的思路。比如话题“风”，可以联想到自然界的风，如微风、大风、狂风、飓风、龙卷风等；也可以联想到社会风气，如拍马风、送礼风等；还可以联想到一种像风一样的流行时尚，如金庸热、韩寒热等；甚至可以联想到假如自己是风，假如自己遇到风等。

(5)写出新意

话题作文既然是应试作文，那么想要博得阅卷老师的好感，得到高分，写出新意和特色是十分重要的。考生在写作时，要善于“独辟蹊径”，也就是要求考生在立意上要有独特的感悟，不能人云亦云；选材上要有独到的眼光，不能陈题旧话；构思上要独具匠心，不能四平八稳、波澜不惊；语气上要有独到的魅力，不能平铺直叙、泛泛而谈。

真题面对面

[2021广东广州花都区，写作，25分]阅读下面材料，按要求作文。

井里的青蛙向往大海，请求大鳖带它去看大海，大鳖欣然同意。青蛙见到一望无际的大海，惊叹不已，急不可待地扑进大海的怀抱，却被一个浪头打回沙滩，摔得晕头转向。大鳖见状，就叫青蛙趴在自己的背上，背着青蛙游海。青蛙逐渐适应了海水，能自己游一会儿了。过了一阵子青蛙有些渴了，但喝不了又苦又咸的海水；它有些饿了却怎么也找不到一只可以吃的虫子。青蛙对大鳖说：“大海的确很好，但以我的身体条件，不能适应海里生活。看来我还是要回到我的井里去，那里才是我的乐土。”

于是，青蛙向大鳖告别，回到了自己的井中，过着平安快乐的生活。

要求：(1)自选角度，写一篇不少于800字的议论文。(2)题目自拟。(3)不得出现真实信息。

参考例文：

没有最好

有最好的花吗？陶潜以菊为挚友，周敦颐以荷为至爱，王子猷却以竹为知己。

有最好的女子吗？宝玉钟情于柔弱纤细的黛玉，贾母偏爱端庄贤淑的宝钗，焦大喜欢的却是健康壮实的村姑。

有最好的庭院吗？中原王侯以黄瓦红墙的皇城为傲，江南文人以曲径通幽的园林为佳，深林隐士却以柳荫柴门的茅屋为美。

人各有志趣，各有长短，适合自己的才是最好的，在适合自己的天空，我们才可以把翅膀张开到最大限度，飞到最高的高度。马克·吐温在成为知名作家之前曾立志做一名商人，像当时的成功商人一样“腰缠万贯”，但他先后两次惨败，债台高筑。最终，他清醒认识到自己的天赋在于文学创作，经商并不适合自己。

每个人都有自己最好的天空，都有不同的长处短处。试想若让余秋雨打篮球，让科比搞文学创作，其结果会怎样？社会上有人一心寻找“最好”的专业，学一门“最好”的文学，找“最好”的学习方式，这样只会造成盲从盲动，浪费光阴且收效甚微。大文豪高尔基在凌晨思维活跃，文思泉涌，难道在凌晨写作对大多数人都适用吗？偌大一个世界，漫长历史长河中又有几人如此？盲目追求最好，只能是邯郸学步，东施效颦。

没有最好，只有更好，我们对“最好”的追求没有极限。没有绝对的纯金，只有百分比更大的含金混合物；没有纯硅，科学家竭力提纯了几十年仍是枉然，但它们的纯度却随技术进步不断地提升。

人类的大脑是最急需开发的隐藏资源，它可以存储大量的信息，常人一辈子只用了其存储功能的2%，闻名于世的爱因斯坦也只用了15%，正如牛顿所说，人类面对着知识的海洋，常常为拾到沙滩上较为光洁的卵石而沾沾自喜。人类前进的道路漫漫，作为社会的一分子，唯有竭力寻找“更好”，而不能满足于所谓的“最好”。

没有最好，人人各有不同的眼光，怀藏着不同的天赋，适合自己的才是最好！

第二节　常用的写作文体

一、记叙文 【写作】 ★

一般考场上的记叙文主要是指以记人、叙事、写景、状物为主，对社会生活中的人、事、景、物的情态变化和发展进行叙事和描写，并借此表达出作者对于生活的真切感受的一类文章。

优秀的记叙文，在切合题意的前提下，应该有一个相对完整的事件，有一个具体鲜明的形象，要以记叙、描写为主；语言要生动活泼，特别要强调巧妙机智的构思、生动传神的细节描写和真挚动人的情感表达。

要写好应试命题记叙文，需解决好以下几个问题：

考点1 审题准确仔细

审题时，应该认真思考，准确理解文题所提示的写作要求，包括文体特点、选材范围、写作重点以及表现手法等方面。既要认真审读题目字面上的要求，又要注意审读题目的隐含信息，还要分析题目的引申义、比喻义和象征义。如《谢谢您给我的爱》，文题中就隐含着三个重要信息：一是“您”的指代对象应该是长辈或自己特别尊重的人；二是“谢谢您”三个字告诉我们，写作时应在记叙的基础上抒情议论，表达出自己的感激之情；三是最好用第一人称叙述事件，就好像在与一位长者倾心交谈，娓娓道来，给人一种亲切自然之感。

考点2 立意深刻新颖

1. 文章的中心思想正确，感情健康，能激励读者斗志，鼓舞读者奋发进取。

2. 文章不局限于单纯的记人叙事，而是要通过所叙述的人物和事情来反映当前社会生活的本质特征，给人以启迪。道别人所未道，讲别人所未讲，用不同的角度，站在不同的侧面去发掘新意，既给人以教育和美感，又给读者耳目一新之感。如《乐在其中——记一堂××课》，如果只是将“乐”理解为有趣或好玩就太肤浅了，如能结合素质教育的实质，表现生动活泼、和谐民主的教学氛围，并使听课人有“得”有“悟”，立意就新颖深刻多了。

考点 3 选材真实可信

写作前，应对材料进行严格的筛选，选择真实可信的材料，才能让读者信服，让读者接受，因为只有真实的东西才可爱，只有真实的东西才能以情动人。选择材料还要注意时代特征，因为只有时代感强，才能给人耳目一新之感。

考点 4 结构巧妙合理

1. 时间顺序结构

(1)**顺叙**。这种结构方法的特点是脉络清楚，自然有序，便于组织材料，容易贯通事理，和读者的“接受心理”也更贴近、更合拍。写这类文章时，要注意使用时间词语，文章层次段落的安排要与事情发展的过程基本一致。

(2)**倒叙**。所谓倒叙，就是将事件的结局或高潮提前写，然后再依照自然顺序进行叙述。倒叙结构实际上是顺叙的变形用法，即把结果提到开头来写，然后再从头按事情的起因、经过写起，如果除去开头部分，文章仍然是顺序结构。

(3)**插叙**。插叙是在顺叙的过程中插入一段话，交代一些必要的情况，再接着前面的顺序写下去的方法。写作时运用这种方法，能增添文章的起伏不平之感。

2. 空间顺序结构

这种结构法要注意使用方位词，还要选择一个观察点。空间顺序结构的特点是内容安排井然有序，读者有章可循。

3. 逻辑结构

逻辑结构的基本写法是:在每类事例的开头要用精辟的话语对该类事例进行概括，接着再用一些事例加以具体叙述，以充实首括句，然后再将各类事件的首括句连起来共同地表现主题。

考点 5 表达灵活多样

记叙文的表达方式主要是叙述和描写，兼用议论和抒情。叙述的任务是把人和事写清楚，这应该说是记叙文的基础。描写是把事或人物写生动，写“活”，即我们平常说的栩栩如生、活灵活现、如临其境、如闻其声、如见其人。议论和抒情的位置，既可在篇首、段首，也可在篇末、段末，还可夹叙夹议。

考点 6 线索清晰明了

无论是以人物为主还是以叙事为主的记叙文，写作时，都应有一条贯穿全文始终的线索。线索的种类较多，可以以人物为线索，也可以以时间为线索，还可以以物或景或情感为线索。尽可能将“我”写入文章中，或作线索，或作陪衬，或作主人公，即用第一人称的方法写作，便于行文，使文章内容显得真实可信。

考点 7 内容详略得当

写作时，一定要善于对材料进行裁剪，哪些材料先写、哪些后写、哪些详写、哪些略写等，都要安排好，要借助线索处理好“红花绿叶”的关系。如果是写群体，要重点突出一个或两个人，其余的人物作陪衬。选取事例时，一个事例反映人物的某个侧面或某个特点，要做到具有典型性，只有典型的材料才能反映人物的典型性格，切忌面面俱到。

考点 8 情感真切自然

文章感人在于作者倾注在文章中的感情。要想使读者读完文章后受到感染或激励，其前提是文章的内容要真实，只有真实的东西才感人。写文章也是这样，写人、叙事、写景、状物等，都应该倾注作者的思想情感，所写的情感必须真实、自然、可信、可感。情感的真切抒发有助于凸显人物性格，深化文章主题。

二、议论文 【写作】★★★

考点 1 议论文的三要素

1. 论点

无论写什么文章都必须立论。立论就是针对客观事物或问题，直接提出自己的见解和主张，阐明理由，表明自己的态度。

2. 论据

论据是支撑论点的材料，是作者用来证明论点的理由和根据，通俗说，就是"摆事实、讲道理"，所以，论据主要有事实论据和理论论据。事实论据包括代表性事例（名人故事等），确凿的数据，可靠的史实等；理论论据主要是指文中使用的名言警句、谚语格言以及作者的说理分析等。论据使用要注意以下几点：

论据必须为论点服务，即观点和材料要统一，能证明论点；论据要典型，要丰富；论据要新颖；论据丰富时，事例排列的顺序应为：古—今—中—外。

3. 论证

论证是运用论据来证明论点的过程和方法，是论点和论据之间的逻辑关系纽带。论点是解决"需要证明什么"，论据是解决"用什么来证明"，论证是解决"怎样证明"。

考点 2 题目的写法

题目一定要反映出文章的体裁，切不可起一些类似散文或者记叙文的题目。一般有两种拟题方法：

1. 指明文章论述范围。比如《论友爱》《谈理想》《说勇气》等。

2. 题目就是论点。这种写法很特别也很醒目，大多数情况下效果很好，读到下文会给阅卷人一种紧扣题目的大局感。比如《团结就是力量》《重理轻文可以休矣》等。

考点 3 议论文开头特点

1. 短——简洁，最好三两句成段，引出论点。

2. 快——入题要快，最好三言两语就点明文章的基本观点或议论的话题。因为评分标准中有"中心明确"的要求。开篇确定中心，有利于阅卷老师按等级计分，也有利于考生展开论述，不至于出现主旨不清、中途转换论题等作文大忌。

3. 靓——精彩，这也是传统文论中所说的"凤头"。精彩的开头，最突出的效果是吸引阅卷老师，给阅卷老师留下好的印象。文章开头要精彩，可用比喻、类比、排比等修辞引入论点，还可引述名言，讲述寓言故事切入话题。

考点 4 议论文的结构

每段150到200字，有必要的话，可以多写一段，则每段字数相应缩减。每段开头的句子均为一个分论点，这三个分论点之间可以有两种关系：

1. 并列关系

比如一篇谈论尊老爱幼的文章，分论点可以是：我国自古就有尊老爱幼的优良传统；当今社会依然提倡尊老爱幼；世界各国都把尊老爱幼当作一种道德准则。

这三个分论点从古今中外各个方面论述了论点，它们之间是平行关系。

2. 递进关系

同样以尊老爱幼举例，递进的分论点可以是：尊老爱幼是个人道德水准高低的体现；尊老爱幼是社会风气好坏的体现；尊老爱幼是人类文明进步与否的体现。

这种设置分论点的方法依照从个人到社会再到人类的层次递进，体现了逻辑的准确与思路的清晰，给人一种高水平认知的感觉。分论点最好使用统一的句式，例如排比。

每段的分论点写完后，就进入使用论据进行论证的阶段。论证方法有举例论证、引用论证、比喻论证等几种。可以写一些事例作为事实论证，引用相关的名人名言作为引用论证……

第一部分

真题面对面

[2021天津南开区，写作，40分]读《在延安文艺座谈会上的讲话》选段，按要求作文。

我们决不可拒绝继承和借鉴古人和外国人，哪怕是封建阶级和资产阶级的东西，但是继承和借鉴决不可以变成替代自己的创造，这是决不能替代的。文学艺术中对于古人和外国人的毫无批判地硬搬和模仿，乃是最没有出息的最害人的文学教条主义和艺术教条主义。

根据选文的主题，结合你对继承、借鉴和创造的体会和思考，写一篇文章。

要求：(1)自选角度，自拟标题；

(2)文体不限(诗歌除外)；

(3)不少于800字；

(4)不得抄袭，不得套作，不得透露个人信息。

参考例文：

继承与创新

对于传统文化，我们需在批判性继承的基础上创新，在创新的过程中继承。

所谓“继承”，并不是让我们盲目地去继承所有的传统文化，而是在传统文化的基础上，取其精华，去其糟粕，批判继承。

就像习主席说的：“对历史文化特别是先人传承下来的价值理念和道德规范，要坚持古为今用、推陈出新，有鉴别地加以对待，有扬弃地予以继承。”

在台湾城乡，祭祀孔子的文庙随处可见。闽剧、歌仔戏、梨园戏、木偶戏等地方戏剧深受台湾同胞的喜爱。至于清明祭祖，中秋赏月，重阳登高，除夕守夜等民俗，无不是两岸同胞同根同祖的文化证明。对于这些优秀的传统文化，需要我们青少年去继承。而传统儒家所提倡的重男轻女，三纲五常等阻碍社会进步，妨碍人的发展的落后思想，则必须抛弃。

所谓“创新”，并不是在传统文化的表面添砖加瓦，而是需要我们继承传统，推陈出新，面向世界，博采众长。

不同特色的文化好似不同的美食，经过人们的调制，最终带有新的风味，新的特质。这种创新的方式，既表现在思想、理论的发展上，也表现在文学艺术形式的变迁中。从我国先秦时期的诗经、楚辞到汉赋、唐诗、宋词、元曲及明清小说，从古希腊神话、罗马史诗到欧洲中世纪的十四行诗、文艺复兴时期的名作，以及18、19世纪浪漫主义和现实主义的作品，都体现了一种不断创新的精神。20世纪50年代，我国音乐学院学生创作出了感动世界的经典曲目——小提琴协奏曲《梁山伯与祝英台》。这首反映中国古老而美丽传说的乐曲，展现了中华文化鲜明的风格和特点，成为通过文化融合实现文化创新的艺术典范。

继承与创新是相辅相成的，二者不可分割。一方面我们不能离开传统文化，空谈文化创新。任何时代的文化，都离不开对传统文化的继承；任何形式的文化，都不可能摒弃传统文化而从头开始。另一方面我们也不能只继承，不创新。一个民族和国家如果只知道继承文化，却不知道创新，故步自封，就会失去文化原有的活力。

因此，这就需要我们在批判继承的基础上创新，在创新的过程中继承，共同将中华文化发扬光大！

三、应用文 【写作】★★

考点 1 书信

书信是指个人与个人、个人与集体，或者集体与集体之间，运用文字来交流思想、互通信息的一种应用文体，是人们日常生活、工作、学习中不可缺少的一种交际工具。

书信一般可由称呼、正文、祝颂语、署名和日期五个部分组成。

1. 称呼一般写在信纸的第一行，顶格写，后面用冒号。有的在称呼后面还要加上一句问候语如“你好”“近好”等。称呼要得体，并符合身份，不能乱用。例如：对亲近的长辈可以用“尊敬的”“敬爱的”等，但对平辈和晚辈就不宜用这种词语；“××同志”可用在平辈、关系一般的长辈或晚辈身上，但用来称呼父母或亲人就成了笑语；长辈对晚辈可以直呼其名，但晚辈对长辈直呼其名，就不够礼貌；“亲爱的”在书信中经常用到，但对异性通信者则不能乱用。

2. 正文是书信的主体部分，写信人想要告诉对方的所有事情全在这里面。写作时，既要把话说清楚，又要简明扼要。一般要先答复对方来信中的问题，再谈自己的事情。在谈自己的事情时，要根据所说事情的轻重缓急，一一分段写清。正文一般要空两个字写。

要求：要考虑收信人的身份、经历、文化水平等特点，做到得体、明白；要针对写信目的，做到重点突出、详略得当，要避免啰唆、雕琢，做到语言简洁、平直。

3. 祝颂语又叫致敬语、祝愿语或结束语，主要是写一些表示祝愿性的话，如“此致敬礼”“祝你健康”“祝大安”“再见”等。这里需要注意身份，分清长辈、平辈和晚辈，根据不同的对象选择不同的祝颂词语，不能乱用。例如：对长辈可用“长寿”“安康”，对朋友可用“此致敬礼”“祝你健康”“祝幸福”之类，对晚辈可用“身体好”“学习好”“工作好”“进步”等。不能把祝愿长辈、平辈的词语用在晚辈身上，或者把祝愿晚辈的词语用在长辈身上。一般把祝愿语中的“此致”“谨祝”“愿”“盼”等词放在内容结束之后的句号后面，也可以另起一行空两格写，不加标点。祝词则必须另行顶格写。

4. 署名应写在祝颂语下一行的右方，后面一般要空两格。名字前有的要根据开头的称呼加上对应的谦称，名字后面有的还写上署名语，例如：对长辈可用“叩”“叩上”“叩禀”等，给上级可用“谨上”“谨禀”等，给平辈可用“手启”“鞠躬”“顿首”等，给晚辈可用“手谕”“手示”“手草”等。

5. 日期即写信的时间，要写在署名下行，靠右写，后面一般留两格。最好写上年、月、日，以免年代久了，无法查考。

考点 2 演讲稿

演讲稿也叫演说辞，是在较隆重的集会和会议上发表的讲话文稿。可以用来交流思想、感情，表达主张、见解，具有宣传、鼓动和教育作用。

1. 格式

演讲稿的结构由标题、称呼和正文三部分构成。

(1)标题

常见的演讲稿标题有五种，分别是：提要式、寓意式、警句式、设问式、抒情式。提要式指的是概括演讲的核心内容，如《劳动，是神圣的》；寓意式指的是运用修辞手法把抽象的哲理具体化，如《扬起生命的风帆》；警句式指的是引用名言警句设置标题，如《忧劳可以兴国，逸豫可以亡身》；设问式指的是通过设问来提示演讲涉及的内容，用演讲来回答标题的提问，如《人生的价值何在》；抒情式指的是标题具有强烈的感情色彩，达到以情动人的效果，如《真情，让我一生守候》。

(2)称呼

提行顶格加冒号，根据受听对象和讲演内容需要决定称呼。常用“同志们：”“朋友们：”等，也可加定语渲染气氛，如“年轻的朋友们：”。

(3)正文

正文由开头语、主体和结语三部分构成。

①开头语。开头语的任务是吸引听众、引出下文。有六种形式：

A. 由背景和问候、感谢语开始；

B. 概括演讲内容或揭示中心论点；

C. 从演讲题目谈起；

D. 从演讲缘由引起；

E. 从另一件事引入正题；

F. 用发人深思问题开头。

第一部分

②主体。主体即中心内容。一般有三种类型：

A. 记叙性演讲稿。以对人物事件的叙述和生活画面描述行文；

B. 议论性演讲稿。以典型事例和理论为论据，用逻辑方式行文，用观点说服听众；

C. 抒情性演讲稿。用热烈的抒情性语言表明观点，以情感人，说服听众，寓情于事、寓情于理、寓情于物。

③结语。结语是演讲能否走向成功的关键，常用总结全文，加深印象；提出希望，给人鼓舞；表示决心，誓言结束；照应题目，完整文意等方法在激动人心的结语中结束全文。

2. 写作要求

(1)了解对象，有的放矢

演讲稿是讲给人听的，因此，写演讲稿首先要了解听众对象：了解他们的思想状况、文化程度、职业状况如何；了解他们所关心和迫切需要解决的问题是什么，等等。否则，演讲稿写得再好，说得再天花乱坠，听众也会感到索然无味，无动于衷，也就达不到宣传、鼓动、教育和欣赏的目的。

(2)观点鲜明，感情真挚

演讲稿观点鲜明，显示着演讲者对一种理性认识的肯定，显示着演讲者对客观事物见解的透辟程度，能给人以可信性和可靠感。演讲稿观点不鲜明，就缺乏说服力，就失去了演讲的作用。演讲稿要有真挚的感情，才能打动人、感染人，有鼓动性。因此，它要求在表达上注意感情色彩，把说理和抒情结合起来。既有冷静的分析，又有热情的鼓动；既有所怒，又有所喜；既有所憎，又有所爱。当然这种深厚动人的感情要发自肺腑，就像泉水喷涌而出。

(3)行文变化，富有波澜

构成演讲稿波澜的要素很多，有内容，有安排，也有听众的心理特征和认识事物的规律。如果能掌握听众的心理特征和认识事物的规律，恰当地选择材料，安排材料，也能使演讲在听众心里激起波澜。换句话说，演讲稿要写得有波澜，主要不是靠声调的高低，而是靠内容的有起有伏，有张有弛，有强调，有反复，有比较，有照应。

(4)语言流畅，深刻风趣

要把演讲者在头脑里构思的一切都写出来或说出来，让人们看得见，听得到，就必须借助语言这个交流思想的工具。因此，语言运用得好还是差，对写作演讲稿影响极大。要提高演讲稿的质量，不能不在语言的运用上下一番功夫。

真题面对面

[2021山西晋中祁县，写作，40分]“手机该不该进校园”一直存在争议。有人说，学生玩手机会分散注意力，干扰教学秩序，影响学习和集体生活质量，还可能接触到不良信息。也有人说，手机可以作为学习工具，辅助教师教学，培养学生的自控能力是学校职责之一，不能一禁了之。还有人认为，课堂上和课余时间应该区别对待。对此，文德中学准备召开座谈会，广泛听取学生、教师、家长代表的意见，然后再决定是否出台相关规定。

结合材料，以教师的身份，写一篇发言稿，阐述你的观点与思考，并提出希望与建议。要求：自拟标题，自选角度，确定立意；不要套作，不得抄袭；不得泄露个人信息；不少于800字。

参考例文：

莫让美好年华萎于手机之下

尊敬的各位老师、各位家长，亲爱的同学们：

今天我们聚在这里，对“手机是否应该进入校园”问题展开讨论。身为教师，我认为：手机进校园，着实不应当。

前几天我看到一幅中国百年对比图，画面上的两位青年人，均是侧卧的姿势。只不过左边百年前的青年拿着烟枪吸食鸦片，眼神空洞，右边百年后的青年手捧手机不停翻阅，竟也没有半点朝气与活力。手机对日常生活的影响之大，想必大家心知肚明。相较于晦涩的文言，烧脑的计算，手机里的奇幻世界可谓勾人心魄。君曾见，多少学生因迷恋手机而熬过夜。高中生的自制力终究有限，绝大部分学生在手机面前无半点招架之力。百年前列强用鸦片损毁我们的心智，百年后我们的孩子却又臣服于手机。相比于被迫的屈从，自愿的堕落岂不是更加可怕！

此外，校内科技已足够便利。想与家人联系，座机悬挂在楼道内，插卡即拨号；想用网络查询资料，电脑在班内，开机即可用。若这样都满足不了学生对外界的向往，硬要带手机才能实现便利，那我看这是醉翁之意不在酒。这便利到底指什么，不必多说，大家也清楚。

学校既然学字开头，就当以学业为重。学生在校学习、生活，好不容易有了脱离手机的时间。虽说手机害的是自制力不强的人，但又有多少学生拥有强大的自制力呢？手机进校园，对于大部分的孩子都是弊大于利的。学习生活本应繁忙于晨兴，戴月于归途，何必以孩子们的前途作为赌注呢？

手机不是不能用，只是应区分正确使用手机的时间、地点及方式，其应用不应打破校园的良好氛围。既然明知难以自控是孩子们的通病，何不先断了这个祸根，为校园书香之气保驾护航？

除了禁止学生带手机入校，学校更应注重增强学生的自控能力。科技的发展不是毁灭人类而是造福人类，科技的“正确打开方式”应从源头抓起。校方不妨加强对手机应用方面的科普，重点宣传网络游戏、不良信息对孩子们的身心危害，向他们推荐一些有益于他们成长的App、公众号，给孩子们树立正确使用手机的意识。若每个学生都能以学习为目的使用手机，即使携带也不会影响他们的日常生活，那么手机入不入校将不再是一个令人争论不休的问题。

青春少年，请让他们出彩绽放；电子产品，请让它们远离校园。

我的发言到此完毕，谢谢大家。

第三节 作文评分标准

一、评分等级

以满分40分为例。

等别	内容	语言	结构	书写
一等作文 (30~40分)	思想健康,感情真实,立意深刻,内容充实,中心突出,能联系实际。	文从字顺,语言准确生动,有文采。	结构严谨,层次清楚。	字体工整,书写规范,卷面整洁。
二等作文 (20~29分)	思想健康,感情真实,立意较深刻,内容具体,中心明确,能联系实际。	文从字顺,表达较好,较有文采。	结构完整,层次比较清楚。	字体较工整,书写较规范,卷面较整洁。
三等作文 (10~19分)	思想健康,感情较真实,立意不够深刻,内容尚具体,中心基本明确,联系实际不够。	语句基本通顺,病句少。	结构不够完整。	字迹清楚,错别字较少。
四等作文 (0~9分)	思想基本健康,感情不够真实,立意不当,内容不具体,中心不明确,没有联系实际。	语句不通顺,病句多。	结构混乱。	字迹不易辨认,错别字多,卷面很不整洁。

二、影响得分内容

考点1 阅卷老师的特点

阅卷老师工作量大,易产生疲劳,因此他们没有时间仔细看。主题不清,立意不明的,直接打入低等。看得费力,主题句没找到或不好找到的,打低分;字迹模糊,老师看得吃力影响打分。这就要求考生:

1. 必须用专用笔答题,浓淡适度;少涂抹、轻涂改,即使涂改,也要按规定(将所修改的内容用双横线划掉,然后在其上或下写上应改成的内容)轻轻地涂,清晰地改。

2. 字不要写得太大、太松散,有格的也不要写得太饱满,字体要端正,不要太歪斜(斜度大的扫描出来很朦胧,模糊不清),字距行距也不要太大。

注:模糊不清难以辨识的无论简答题还是作文一律判低分。

考点2 阅卷老师的要求

1. 必须体现积极的人生观,切忌低俗或偏激。

2. 不要写危险题材。校园恋情、社会黑暗、抨击考试制度。

3. 卷面要整洁美观。字迹不清,卷面模糊,勾画较多,会降低分数。字可以不漂亮,但必须好认。

4. 阅卷老师批阅作文的平均时间是九十秒,故作文必须主题鲜明,必须优点突出。

考点3 写作注意事项

1. 偏题跑题，划入四等作文。

2. 没有题目，题目不合要求，扣2～5分。

3. 400～800字的，可根据作文分项正常打分，每少50字扣1分；不足400字的，只给总分，不再分项打分。

4. 每错1字扣1分，重复的不计，扣满5分为止。

5. 标点符号错误较多的（如句号点实点，一逗到底等）的情扣分，最高扣2分。

6. 没有结尾，不得高分。结尾一定要扣题、照应开头。

7. 机械套用考前作文或范文，最高进入三等作文。

8. 文体不要四不像。

9. 不要写与考试无关的话。如写阅卷老师多么辛苦，请多给自己一些分，请多同情考生，手下留情之类。

10. 写作基础不牢的考生，不要盲目创新。

11. 作文基础好的考生，力求做到以题目贯穿始终，形象具体，感情真挚，主题鲜明。

12. 作文有困难的考生，力求做到文通字顺，立意准，掌握技巧，制造亮点。

13. 字丑或字太小影响阅卷老师评阅，平均低6分左右。

14. 作文没写完的最高进入三等作文。

15. 大段影响阅读速度，影响评分。

考点4 问题作文

1. 内容上有严重政治倾向性错误。

2. 作文雷同。

3. 前后笔迹不一致。

4. 在文中有特殊记号。

注：问题作文一般划入四等作文。

核心考点回顾

1. 命题作文、半命题作文、材料作文、话题作文的审题技巧及写作策略是什么？（参见本书P333）

2. 记叙文、议论文、书信、演讲稿要怎么写？（参见本书P340）

3. 作文评分时哪些是影响得分的？（参见本书P348）

达标测评

建议用时	实际用时	测评总分	实际得分
200分钟	____分钟	150分	____分

写作题(每小题30分,共150分)

1. 子曰:"温故而知新,可以为师矣!"故,指的是旧有的学问;新,指的是新鲜的知识和道理。根据这句话的启发,请以"旧学与新知"为题,谈一谈你对二者关系的认识,写一篇不少于800字的议论文。

2. 阅读下面的材料,根据要求写作。

辛夷坞说:"在时间和现实的夹缝里,青春和美丽一样,脆弱如风干的纸。"

席慕蓉说:"青春是一本太仓促的书,我们含着泪,一读再读。"

雨果说:"谁虚度年华,青春就要褪色,生命就会抛弃他们。"

习近平主席寄语青年学生:"青春不是靠天马行空的幻想,青春是要靠脚踏实地的奋斗;青春的成长不是一蹴而就,青春是靠在事上打磨的成长,青春是心中永远不凋零的花朵。"

你是如何理解、体验"青春"的?请结合上述名言写一篇文章,文体不限,不得套作,不得抄袭,不少于800字。

3. 阅读下面的材料,根据要求写作。

日前,某地一辆公交车上,一位四年级的小学生在短短12分钟内连续四次让座。他的暖心行为被拍成视频,获得几百万人点赞。

近日,某地一位在大学门口做生意的老爷爷,为7元一份的小吃做了个二维码。没想到有些人欺负他年纪大了不会用手机,付款转账都是1元,还有0.1元甚至0.01元的!老人对记者说:"我本来以为这里的人有文化、素质高,都靠得住。"

那所大学的一位教授知道了老爷爷的事后,感到过意不去,他专门去向老人道歉并送上100元,说:"不管是不是我的学生,我都有责任,我们应该教育好这些孩子。"老人没有收钱,但被感动得落了泪。

某著名演员在一次访谈节目中谈及他的母亲:"她常对我们说:'好事给人家传,坏事不要给人家传,遇到人有难处,能帮一把就帮一把……'她没有文化,却有美德。"

我们谈论一个人品德时,常常会联想到他(她)的文化水平——受教育程度、学力程度。一个人的品德水准与文化水平有何关联?请以"品德与文化"为话题,写一篇不少于800字的文章。

4. 阅读下面的材料,根据要求写作。

在中华民族伟大复兴的历史进程中,"1840—2020""1921—2021""2020—2035—2050"这几组数字让我们百感交集,心潮澎湃!每一个重要的历史阶段,都有无数有志青年勇立时代潮头。

不忘初心,接力使命。征途漫漫,唯有奋斗。2021年,我们又踏上了新的征程!你对未来有着怎样的憧憬与畅想?又有怎样的准备和行动?

第一部分

请根据“新时代，新青年”主题，结合上述材料写一篇演讲稿，谈谈你的感受与思考。

要求：选好角度，确定立意，自拟标题；不要套作，不得抄袭；不得泄露个人信息；不少于800字。

5. 阅读下面的材料，根据要求写作。

人能走多远？这话不是要问两脚，而是要问志向；人能攀多高？这话不是要问双手，而是要问意志。这段话引发了你怎样的联想和思考？请联系现实生活，自选角度，自拟题目，写一篇议论文。

要求：观点明确，论据充实，论证合理；不少于800字。

参考答案及解析

写作题

1. ［参考例文］

旧学与新知

“温故而知新”，孔子的话语充满智慧，至今仍发人深省，使人受益匪浅。

善于将已有知识和新知识联系起来，探索“旧学与新知”二者之间的联系，以归纳出事物的一般规律，从而使自己拥有从容应对新情况、新事物，以求得新知。随着我们阅历的不断丰富，理解能力的逐渐提高，当我们再次回头看以前学过的知识或以往的经历时，总能体会到更多以前没有体会到的东西。

从一幅画或一本书中，我们可以看见什么？曾看过毕淑敏的一篇文章，其中写到她几次阅读《海的女儿》。8岁时阅读，她伤心于美人鱼变为泡沫，18岁时，她感动于美人鱼的爱；28岁时，她已成为母亲，她想到美人鱼的家人，尤其是最疼爱她的祖母，在得知孙女的死亡后，该是何等伤心；在她38岁时……48岁时……每次阅读都有不同体会。学海无涯，书是一个巨大的宝库，常读常新。

面对人生，对待“旧学与新知”，在不同时期回首过往，人们也有不同的感受与体会。宋代的蒋捷分别在少年、壮年和暮年皆有一番感受，最后叹道：悲欢离合总无情。现代著名作家杨绛在一百岁感言中写道：“我们曾如此渴望命运的波澜，到最后才发现：人生最曼妙的风景，竟是内心的淡定与从容……我们曾如此期盼外界的认可，到最后才知道：世界是自己的，与他人毫无关系。”人生变幻无穷，一时难以言之，一言难以蔽之。

对于旧学与新知，我们要温之故，知其新。当我们对过去的历史进行不断温习，回味时，就可以预见一些未来可能会出现的问题，并且在遇到时能很好地解决。从古至今，中国的官员们深谙此道。古时，当大臣向君王进言但意见不同时，往往引经据典；如今，政府总结世界金融危机的经验，宏观调控，从而极大程度上避免重大金融危机的爆发。

以史为鉴，可以明目。而我们以近代中国百年惊人的耻辱为鉴，也可避免重蹈覆辙，紧随时代发展，以开放的态度面向世界，实现繁荣富强。

知新之旧，于旧中得新，更寻新之中别于旧的部分，使新事物发挥其引领时代前进的能力。

2. ［参考例文］

青春易逝，珍惜青春

青春的舞步圆滑且优雅，每个人在这个舞曲里悠然起舞，书写着人生的舞步。青春亦是短暂如烛，火红

第一部分

的耀眼，悄然泯灭后只剩下淡淡蜡油。正如席慕蓉所说：“青春是一本太仓促的书，我们含着泪，一读再读。”

我们的青春经不起等待，就宛如夜市灯火明媚璀璨了夜晚却度不过白日。我们的青春精彩如公园里的百花齐放，千姿百态，各展千秋。我们的青春美好如天空上的云朵，洁白地印在淡淡蓝天上。

我们的青春需要我们笔墨的谱写，谱写出的也许是辉煌的第三交响曲，也许是悠扬宁静的小夜曲，也许是平平淡淡的小提琴曲。青春苦短，你有什么理由带着心里的烦闷度过？青春是一位美丽的少女，纯洁如白绸，让人无时无刻不思恋向往。青春是一片寂静的湖泊，印着夜晚最皎洁的月光，让人移不开眼，偏不了头。青春更是一个人的信念，信念有多长，青春就有多长。

当你用着青春，挥洒血汗，当你用着青春，翱翔蓝天，当你用着青春，克服困难，完成心中梦想时，你的青春宛如一首唱不完的动人歌曲，而当你挥霍着青春，沉浸于欲乐，当你挥霍着青春，蒙头大睡，当你挥霍着青春，误入歧途时，千万别忘记，你的青春早已如被酸雨腐蚀的大理石石雕一般，黯淡无光，也许只差一步就摇摇欲坠。辛夷坞说：“在时间和现实的夹缝里，青春和美丽一样，脆弱如风干的纸。”

再次看见你，你在草原上奔跑，冲着太阳微笑，阳关明媚，心如明镜。你的青春无悔，你总与青春赛跑，争分夺秒的书写着你的未来，你的信念坚不可摧，诱惑面前能将其拒之门外。你经历嘲讽，受过委屈，展望未来，却仍能谈笑风生，人生苦短，青春可贵。没有理由不被你震撼，没有理由不钦佩。

我走在街头巷尾，你穿梭在大街小巷。我在不停地追赶你，可是我依然不希望你慢下你那永远前进的脚步，我在不停地寻找你，却不希望你驻足原地，我在天空中寻找你的影子，在大地上，探寻你的脚印，我追随，你奔跑，多希望永无止境。

青春经不起等待，就像玫瑰不能错过花期，就像不能跳过一座桥，跨过一条路。青春经不起等待，不要让理想化为梦想，梦想化为蓝图，最后化作一江春水只是淡淡的流过你的心田……

3. [参考例文]

品德与文化

文胜质则史，质胜文则野，文质彬彬，然后君子。品德与文化正犹如车之两轮，唯有相互益进，彼此相辅才能“八音合奏，终和且平”，在真理与道德的双重意义上成就一个人乃至一个社会。

文化应以道德为基础，才能“大效于世”。二十世纪的世界是一个科技成果、文化成就迅速飞升的时代，电磁学、光学、相对论、量子力学的成就使人们对自然世界的认识变得前所未有的清晰、深刻。但那个世界给我们留下了什么呢？第一次世界大战，第二次世界大战，生物达尔文主义转为社会达尔文主义转为有计划的种族灭绝与屠杀。当满脑子都是科学优生主义的高级知识分子对贫弱的犹太人挥起屠刀的时候，他是不会痛心的，因为他只有科学文化而没有道德素养——科学技术、文化知识与思想道德的巨大落差使一个本能对人类社会做出贡献的人和国家变成了不知疲倦的杀戮机器，使他们失掉了仁爱，失掉了恻隐之心、善恶之情，而在这样的情况下，即使他们文化水平再高，对所谓真理洞彻得再明了，又有什么用呢？

道德虽好，但也应以文化为保障。追求真理意义上的是非是人的本能，试想我们如果用罗马教廷的道德律令去污蔑伽利略，把《天体运行论》列入禁书目录，那只会造成人民愚昧不堪和世界陷入漫漫长夜的死寂之中的悲剧。《老子》中说，“虚其心，弱其志，实其腹”，让人民的心灵像婴儿一样纯洁，社会“鸡犬相闻,民至老死不相往来”,天下无为而治。看似是一个道德完美,没有丝毫罪恶、杀戮的理想世界,但这种理想的本质是反智的、是知识与文化的荒漠,其背后是无尽的愚昧和黑暗。试想,这样的人,是“人”应该成为的吗?这样的世界是我们想要的吗?答案显然是否定的。

只有让品德与文化和衷共济,相辅相成,人才能真正健全,社会才会真正美好。这其实也是自古以来,世界各地的智者、仁者一直追求的目标。怎样才能使品德与文化“和平共处”呢?怎样使一个事物,甚至整个世界既真且善呢?说到底,这是一个把握两者间的平衡和度的关系的问题,前人已给我们做了范例。闻一多先生被称为“西南联大的完人”,因为他一方面是一个古典学者,研究离骚、古代神话等,且取得了巨大的成就;另一方面,他是一个民主斗士,他用他的生命去反对独裁,争取民主,为后世竭尽全力,去创造一个更有温度、更光明的世界。在闻一多身上,深厚的文化素养与一颗至死不渝的赤子之心结合在了一起,同时驾驭文化、道德两轮而最终成为联大的完人。由此及彼,想到古今中外无数的智者、仁者,那个至死还在渴望“更多光明”的歌德,那个以洞穴之喻警醒世人的苏格拉底又何尝不是如此呢?

保持对世界的惊讶、好奇,不断追求真理,人和社会的文化水平才会提高;保持对生命的珍重、敬畏、热爱,保有赤子之心,道德才不会落于文化之后而造成惨剧。世界若要更美好,人若要更像人,就必要有有志之士来承担此两种重任,吾辈重任在肩,岂可不勉乎哉?

4. [参考例文]

使命在肩,奋斗在我

各位同学:

大家好。一百多年前,以陈独秀为代表的一批有志青年创办了《新青年》,成为他们那个时代的弄潮儿,为让国家摆脱半殖民地半封建社会的深渊奋斗不止。匆匆百余年倏然而逝,时至今日,一代代青年早已完成了先辈遗志,中华民族正昂首阔步走在伟大复兴、实现中国梦的快车道上。2021年,我国有了新的目标和挑战,而此时,使命应担在我辈肩头,奋斗当在我心。

肩负使命,奋斗不息,这是身为“后浪”应有的觉悟。我有幸曾看到前辈何冰时而语重心长、时而激情澎湃的《后浪》演讲视频,感受到前辈们对我们年轻一代的激励与称许,倍觉振奋。初心不改,薪尽火传。“前浪”已然不负青春和使命,走过了漫漫征途,用自己的心血和汗水,为我们创造了如此之盛世。而我辈作为“后浪”,理应接过前辈手中的接力棒,在时代的浪潮中做最灿烂的那一朵浪花。

“幸福都是奋斗出来的”,中华民族的伟大复兴,绝不是轻轻松松、敲锣打鼓就能实现的。新时代的青年要把奋斗作为青春最亮丽的底色,脚踏实地、努力学习、知行合一,以青春之我、奋斗之我,书写勇于创新、善于创造、艰苦创业的答卷。在2020年的新冠肺炎疫情防控中,我们看到了许多青年义无反顾奔赴抗疫一线的身影,他们是医护人员,是党员干部,是中国人民解放军指战员,是武警官兵,是公安干警,是消防人员,是社区工作者,是公益志愿者……他们中有的人要直面生与死的考验,有的人在承担艰巨繁重的任务。但青年最好的成人礼不就是艰苦的磨砺吗?很多人以为他们还只是“父母的孩子”,可他们在疫情防控这一“大考”面前摆脱了稚气,奋斗成中国新一代的脊梁。新时代的青年,当以他们为榜样,用实际行动回报社会和国家。

无论我们在未来是成为在手术台上救死扶伤的医生,还是在三尺讲台上教书育人的教师;无论我们选择做保家卫国的人民子弟兵，还是埋头创新攻关的科研人员……我们的青春都应该用“奋斗”二字书写。不同的选择，千万种忙碌，都应该有同一种热爱，都要用同一种姿态向着美好生活奋力奔跑。新时代最美的风景，就是我辈青年以积极乐观的人生态度，尽心尽力地做好自己的本职工作，即使平凡，也全力以赴！

5. [参考例文]

志向更明了，意志更坚定

红日初升，其道大光；河出伏流，一泻汪洋。青年，是崖底的花开，氤氲的茶息。身处于时代的风口浪尖，我们更当朝碧海而暮苍梧，以己之薄力，助国之昌盛。立鸿鹄志，成大事业，是青年人价值取向永恒的银白底色。

古有少年范仲淹，分粥而食，焚膏继晷，终不负初心，成为一代文坛大师；青年陈胜，胸怀大志，无惧讥讽，终功成名就，推翻严酷大秦帝国。正所谓志之所趋，无远弗届，穷山距海，不能限也。成就自身价值的前提，是先立下鸿鹄之志，任凭他人冷嘲热讽又何妨？吾辈自当坚守理想，埋头赶路，莫问前程。去路迢迢，终将抵达。

修行正道，志在四方，是青年人奋斗拼搏不变的赤红基调。且看青年周恩来，刻苦读书，只为中华之崛起；青年鲁迅，弃医从文，以手中之笔，唤醒沉睡着的中国人。我有明珠一颗，久被尘劳关锁。今朝尘尽光生，照破山河万朵。青年人应当修行正道，心系众生，以国之前途为己任，在时代的变化中一展抱负。能做事的做事，能发声的发声，不驰于空想，不骛于虚声。

人生就像一场旅行，有起点也有终点，也许终点相同，但每个人在人生旅途中的收获却不尽相同。圆圈式的旋转，不如波浪式的前进，因留恋某处风景而止步不前，不如收拾行装，看准方向出发。人生最重要的不是我们置身何处，而是我们将前往何处。因为，我们一直在路上。

然而，路曼曼其修远兮，远方总给人以虚无与迷茫，没有人能预见未来，也无从观测前方。可是我们要就此放弃前行吗？难道前路茫茫我们的心也要彷徨？所谓西伯拘而演《周易》，孔子厄而著《春秋》，屈原赋《离骚》，孙子论《兵法》，人生最重要的不是我们站在何处，身陷何种困难，而是要有拨开迷雾向前进的信念，即使站在深渊也要有直指苍天的激昂斗志，即使被黑暗笼罩也要心向光明。既然已经选择踏上征程，就应一路向前，风雨兼程。低头走路，只能被现实羁绊住手脚，撞得头破血流。抬头向着阳光前进，把阴影留在身后，现在决定不了将来，你的前方才是你的将来，你的希望。

不沉浸于现在，而时刻心系未来，就注定不到生命的最后一刻，永不停止奋斗。然而，这世上能做到生命不息奋斗不止的又有几人？也许这就是强者与弱者的差别吧，强者有着不屈不挠的意志力和执着的忍耐力，即便因为失败而遍体鳞伤，他们仍然痴心不改，坚持到底。莱尼雷芬斯塔尔百岁高龄才达到人生巅峰，一部《水下印象》成了纪录片历史的里程碑，也为她传奇的一生画上了完美的句号。成功没有时间表，只要时刻保持一腔自信、一颗不息的奋斗雄心，终将摘取生命的硕果。

人生就像旅行，最重要的不是我们到了哪里，而是我们将要去哪，只有找准方向并坚持前进，才能一次又一次的欣赏从未见到的美景。

因为我们一直在路上。

第二部分

教材教法

内容导学

教师招聘考试教材教法部分，共两章。

第一章主要讲课程知识，考查题型偏重于客观题，占试卷总分值的0～5%；

第二章主要介绍教学设计与实施，主要为教学设计与案例分析的相关内容，考查题型主要为主观题，占试卷总分值的0%～35%。

考生要根据所考学段重点掌握这两章的内容，并结合历年考题有针对性地进行复习。

第一章 课程知识

思维导图

- 课程知识
  - 《义务教育语文课程标准》新旧对比
    - 结构变化
    - 内容变化
  - 《义务教育语文课程标准》（2022年版）节选
    - 课程性质
    - 课程理念
    - 课程目标（重点）
      - 核心素养内涵
      - 总目标
      - 学段要求
    - 课程内容（难点）
      - 主题与载体形式
      - 内容组织与呈现方式
    - 学业质量
    - 课程实施（重点）
      - 教学建议
      - 评价建议
      - 教材编写建议
      - 课程资源开发与利用
      - 教学研究与教师培训
  - 《义务教育语文课程标准》（2011年版）节选
    - 前言（重点）
      - 课程性质
      - 课程基本理念
    - 课程目标与内容（易错点）
      - 总体目标与内容
      - 学段目标与内容（7～9年级）
    - 实施建议（重点）
      - 教学建议
      - 评价建议
  - 《普通高中语文课程标准》（2017年版》节选
    - 课程性质与基本理念（重点）
      - 课程性质
      - 基本理念
    - 学科核心素养与课程目标（重点）
      - 学科核心素养
      - 课程目标
    - 课程结构
    - 课程内容（易错点）
      - 学习任务群
      - 学习要求
    - 学业质量
      - 学业质量内涵
      - 学业质量水平
      - 学业质量水平与考试评价的关系
    - 实施建议
      - 教学与评价建议（重点）
      - 课程资源的利用与开发

考向分析

本章属于教材教法的基础性章节，是部分地区中学语文教师招聘考试必考的章节，需要识记、理解的知识较多。在考试中常以单选、填空等客观题和简答等主观题的形式考查。现对本章考向分析如下：

高频考点	常考题型	能力层级	考查热度
《义务教育语文课程标准》(2022年版)：课程性质、课程理念、课程目标、课程内容、课程实施	单选、填空、简答	识记	★★★
《义务教育语文课程标准》(2011年版)：课程性质、课程基本理念、小学各学段目标与内容、教学建议、评价建议	单选、填空、简答	识记	★★★
《普通高中语文课程标准》(2017年版)：课程性质与基本理念、学科核心素养与课程目标、课程结构、课程内容	单选、填空、简答	识记	★★★

注：在中学语文教师招聘考试中，并不是每个地区都会考查课程标准的相关内容。且教育部在2022年4月印发了《义务教育语文课程标准》(2022年版)，故在2023年的考试中个别地区可能会将对《义务教育语文课程标准》(2011年版)的考查更新为对《义务教育语文课程标准》(2022年版)的考查，或者两者兼有。考生在复习备考时，一定要密切关注当地的教师招聘考试公告，结合当地实际考情有选择性地学习本部分内容。

核心考点

第一节 《义务教育语文课程标准》新旧对比

编者按：2022年4月，教育部印发义务教育课程方案和语文等16个课程标准(2022年版)。新修订的义务教育课程明确了义务教育阶段培养目标。

语文课程基于培养目标，将党的教育方针具体化细化为学生核心素养发展要求，明确本课程应着力培养的正确价值观、必备品格和关键能力。进一步优化了课程设置，九年一体化设计，注重幼小衔接、小学初中衔接。

新修订的义务教育课程增强了思想性，系统强化社会主义先进文化、革命文化、中华优秀传统文化等方面的教育；增强了科学性，遵循学生认知规律，注重与学生生活、社会实际的联系；增强了时代性，注重体现马克思主义中国化最新成果，反映经济社会发展新变化、科学技术进步新成果；增强了整体性，注重学段纵向衔接、学科横向配合；增强了指导性，加强了课程实施指导，做到好用管用。

由于2022年版课标内容改动较大，故设置本节内容，从“结构变化”和“内容变化”两方面对两版课标进行对比分析，以此帮助考生理解2022年版的内核。

一、结构变化

2022年版	2011年版
前言(新增,与课程性质、课程理念分开,独立于正文内容) 一、课程性质(表述略有变动) 二、课程理念(整体表述全变)	第一部分　前言 一、课程性质 二、课程基本理念 三、课程设计思路(已删)
三、课程目标 (一)核心素养内涵(新增) (二)总目标(取消三维目标,内容有变化) (三)学段要求(有新增,模块划分改变,表述有变动) 四、课程内容(新增) (一)主题与载体形式 (二)内容组织与呈现方式	第二部分　课程目标与内容 一、总体目标与内容 二、学段目标与内容
五、学业质量(新增) (一)学业质量内涵 (二)学业质量描述	—
六、课程实施 (一)教学建议(全变) (二)评价建议(有新增,内容全变) (三)教材编写建议(大部分内容有变动) (四)课程资源开发与利用(内容变动) (五)教学研究与教师培训(新增)	第三部分　实施建议 一、教学建议 二、评价建议 三、教材编写建议 四、课程资源开发与利用建议
附录 附录1　优秀诗文背诵推荐篇目(个别有变动) 附录2　关于课内外读物的建议(个别有变动) 附录3　关于语法修辞知识的说明(有新增内容) 附录4　识字、写字教学基本字表(有改动) 附录5　义务教育语文课程常用字表	附录 附录1　优秀诗文背诵推荐篇目 附录2　关于课外读物的建议 附录3　语法修辞知识要点 附录4　识字、写字教学基本字表 附录5　义务教育语文课程常用字表

二、内容变化

考点1　前言

2022年版的前言部分整体发生变化,其内容2011年版没有。

备考建议:2022年版前言阐述的是课标编写的整体理念,并未涉及重要的知识点。预计在考试中,前言部分不会作为考点出现,复习时了解大意即可。

考点2　课程性质

2022年版围绕“核心素养”展开,包括四个方面:①文化自信、②语言运用、③思维能力、④审美创造。在2011年版的基础上增加了部分内容。

备考建议:2022年版在“课程性质”方面增加了有关马克思主义思想的内容,这部分内容是对“课程性质”的延伸解读,不属于重点。预计在之后的考试中考查重点仍是“工具性”和“人文性”。

考点 3 课程理念

本部分为全新内容与2011年版完全不一样。

备考建议:2022年版的“课程理念”的中心是“核心素养”,该内容是新课标考试的重中之重。预计在考试中,该部分会成为重点考查对象。

考点 4 课程目标

1. 核心素养内涵

新增核心素养内涵,明确了义务教育语文课程培养的核心素养,包括“文化自信”“语言运用”“思维能力”“审美创造”四个方面。

2. 总目标

总目标不再按三维目标划分,内容有所调整。

3. 学段要求

对比角度	2022年版	2011年版
学段划分 (提出“六三”和“五四”两种学制)	依据“六三”学制设定学段要求。“五四”学制第二学段(3~5年级)主要参照“六三”学制第三学段(5~6年级)确定,适当降低要求。“五四”学制第三学段(6~7年级)在“六三”学制第三学段(5~6年级)基础上合理提高要求,并结合“六三”学制第四学段(7~9年级)确定,使“五四”学制6~9年级进阶更加科学。	划分为:第一学段(1~2年级)、第二学段(3~4年级)、第三学段(5~6年级)、第四学段(7~9年级)
划分模块 (有改变)	【识字与写字】【阅读与鉴赏】【表达与交流】【梳理与探究】	“识字与写字”“阅读”“写作(话)”“口语交际”“综合性学习”
具体内容 (有改变)	有整合、增加,每学段目标后增加总结部分。	

备考建议:2022年版的“课程目标”从结构和内容两方面进行了大幅度调整。该部分内容不管是在2011年版,还是2022年版,都是复习的重中之重。不仅会以单项选择、填空、判断等客观题形式出现,还是教学设计和案例分析的答题依据。考生在复习备考时,一定要认真复习本部分内容,做到熟记。

考点 5 课程内容

本部分为新增内容,2011年版没有该部分,主要内容涉及:

1. 主题与载体形式

中华优秀传统文化、革命文化、社会主义先进文化。

2. 内容组织与呈现方式

分三个层面设置学习任务群,其中第一层设“语言文字积累与梳理”1个基础型学习任务群,第二层设“实用性阅读与交流”“文学阅读与创意表达”“思辨性阅读与表达”3个发展型学习任务群,第三层设“整本书阅读”“跨学科学习”2个拓展型学习任务群。

基础型学习任务群	语言文字积累与梳理	每个任务群贯穿四个学段
发展型学习任务群	实用性阅读与交流	
	文学阅读与创意表达	
	思辨性阅读与表达	
拓展型学习任务群	整本书阅读	
	跨学科学习	

备考建议:2022年版的“课程内容”是完全新增的部分,关键点是“学习任务群”。这部分内容的设置体现了义务教育与高中课标的衔接,体现了语文教学的整体理念。对此,编者预测在之后的考试中,这部分内容会有所涉及。

考点6 学业质量

本部分为**新增内容**,2011年版没有该部分,主要内容涉及学业质量内涵、学业质量描述。

备考建议:2022年版的“学业质量”是完全新增的部分,但该部分内容对教师教学实践有指导性,在之后的考试中可能会涉及案例分析类试题。

考点7 课程实施

1. 教学建议

2022年版(整体全变)	2011年版
1. 立足核心素养,彰显教学目标以文化人的育人导向 2. 体现语文学习任务群特点,整体规划学习内容 3. 创设真实而富有意义的学习情境,凸显语文学习的实践性 4. 关注互联网时代语文生活的变化,探索语文教与学方式的变革	(一)充分发挥师生双方在教学中的主动性和创造性 (二)教学中努力体现语文课程的实践性和综合性 (三)重视情感、态度、价值观的正确导向 (四)重视培养学生的创新精神和实践能力 (五)具体建议 1. 关于识字、写字与汉语拼音教学 2. 关于阅读教学 3. 关于写作教学 4. 关于口语交际教学 5. 关于综合性学习 6. 关于语法修辞知识

2. 评价建议

2022年版(整体全变)	2011年版
1. 过程性评价 (1)过程性评价原则 (2)课堂教学评价建议 (3)作业评价建议 (4)阶段性评价建议 2. 学业水平考试 (1)命题原则 (2)命题规划 (3)命题要求	(一)充分发挥语文课程评价的多种功能 (二)恰当运用多种评价方式 (三)注重评价主体的多元与互动 (四)突出语文课程评价的整体性和综合性 (五)具体建议 1. 关于识字与写字的评价 2. 关于阅读的评价 3. 关于写作的评价 4. 关于口语交际的评价 5. 关于综合性学习的评价

3. 教材编写建议

本部分表述全部调整，提出了整本书阅读和跨学科学习的内容。

4. 课程资源开发与利用

本部分表述全部调整，提了4条建议：坚持目标导向，精选优质课程资源；调动多元主体，丰富课程资源类型；建立合作开发机制，实现课程资源的共建和共享；充分发挥课程资源的育人功能，优化教与学活动。

5. 教学研究与教师培训

本部分为新增内容，2011年版没有该部分。

备考建议：2022年版的"课程实施"相比较2011年版变动较大。在安徽省历年考试中，2011年版的"教学建议"和"评价建议"考查频次极高，由此推测2022年版该部分仍是考试重点，需要重点复习。

考点8 附录

1. 附录1优秀诗文背诵推荐篇目

(1)1～6年级

31～34、74～75篇目仅个别顺序调整，内容没有变化。

(2)7～9年级

①《〈孟子〉三则》中增加"得道多助，失道寡助"，删除"富贵不能淫"。

②《〈礼记〉一则》(虽有佳肴)改为《〈礼记〉一则》(虽有嘉肴)。

③《〈列子〉一则》(伯牙善鼓琴……吾于何逃声哉?)替换为《〈吕氏春秋〉一则》(伯牙鼓琴……世无足复为鼓琴者。)

④删除《河中石兽》。

2. 附录2关于课内外读物的建议

①增加方志敏《可爱的中国》、埃德加·斯诺《红星照耀中国》、《十万个为什么》。

②删除笛福《鲁滨逊漂流记》。

③"儒勒·凡尔纳的系列科幻小说"具化为"儒勒·凡尔纳《海底两万里》"。

3. 附录3关于语法修辞知识的说明

增加"常用标点符号：句号、问号、感叹号、逗号、顿号、分号、冒号、引号、括号、破折号、省略号、书名号"。

4. 附录4识字、写字教学基本字表

①300字由"按音序排列"改为"按笔画排列"。

②"17字附带部首变体"改为"13字附带部首变体"，删除"犬(犭)、示(礻)、言(讠)、食(饣)"。

5. 附录5义务教育语文课程常用字表

内容无变化。

备考建议：2022年版的"附录"部分相比较2011年版有所变动，但该部分是对义务教育阶段语文基础知识的统计，并不是考试的重点，考生了解即可。

第二节 《义务教育语文课程标准》(2022年版)节选

一、课程性质

《义务教育语文课程标准》(2022年版)

编者按:本部分内容的表述与2011年版相比略有改动,增添部分内容。

语言文字是人类社会最重要的交际工具和信息载体,是人类文化的重要组成部分。语言文字的运用,包括生活、工作和学习中的听说读写活动以及文学活动,存在于人类社会的各个领域。

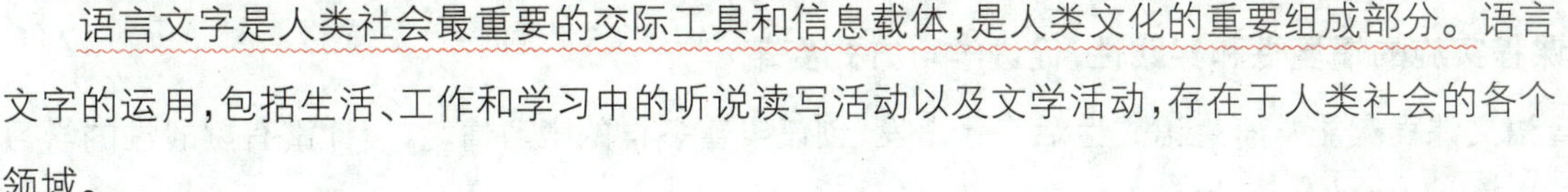

语文课程是一门学习国家通用语言文字运用的综合性、实践性课程。工具性与人文性的统一,是语文课程的基本特点。语文课程应引导学生热爱国家通用语言文字,在真实的语言运用情境中,通过积极的语言实践,积累语言经验,体会语言文字的特点和运用规律,培养语言文字运用能力;同时,发展思维能力,提升思维品质,形成自觉的审美意识,培养高雅的审美情趣,积淀丰厚的文化底蕴,继承和弘扬中华优秀传统文化、革命文化、社会主义先进文化,增强对习近平新时代中国特色社会主义思想的理解和认识,全面提升核心素养。

语文课程致力于全体学生核心素养的形成与发展,为学生学好其他课程打下基础;为学生形成正确的世界观、人生观、价值观,形成良好个性和健全人格打下基础;为培养学生求真创新的精神、实践能力和合作交流能力,促进德智体美劳全面发展及学生的终身发展打下基础。语文课程在推广普及国家通用语言文字、增强凝聚力、铸牢中华民族共同体意识,建立文化自信、培育时代新人,实现中华民族伟大复兴等方面具有不可替代的优势。语文课程的多重功能和奠基作用,决定了它在九年义务教育中的重要地位。

二、课程理念

编者按:本部分内容完全不同于2011年版,整体围绕核心素养展开。

1. 立足学生核心素养发展,充分发挥语文课程育人功能

义务教育语文课程围绕立德树人根本任务,充分发挥其独特的育人功能和奠基作用,以促进学生核心素养发展为目的,以识字与写字、阅读与鉴赏、表达与交流、梳理与探究等语文实践活动为主线,综合构建素养型课程目标体系;面向全体学生,突出基础性,使学生初步学会运用国家通用语言文字进行交流沟通,吸收古今中外优秀文化成果,提升思想文化修养,建立文化自信,德智体美劳得到全面发展。

2. 构建语文学习任务群,注重课程的阶段性与发展性

义务教育语文课程结构遵循学生身心发展规律和核心素养形成的内在逻辑,以生活为基础,以语文实践活动为主线,以学习主题为引领,以学习任务为载体,整合学习内容、情境、方法和资源等要素,设计语文学习任务群。学习任务群的安排注重整体规划,根据学段特征,突出不同学段学生核心素养发展的需求,体现连贯性和适应性。

3. 突出课程内容的时代性和典范性，加强课程内容整合

义务教育语文课程突出内容的时代性，充分吸收语言、文学研究新成果，关注数字时代语言生活的新发展，体现学习资源的新变化。强调内容的典范性，精选文质兼美的作品，重视对学生思想情感的熏陶感染作用，重视价值取向，突出社会主义先进文化、革命文化、中华优秀传统文化。注重课程内容与生活、与其他学科的联系，注重听说读写的整合，促进知识与能力、过程与方法、情感态度与价值观的整体发展。根据“六三”学制和“五四”学制各自特点，合理组织与安排课程内容。

4. 增强课程实施的情境性和实践性，促进学习方式变革

义务教育语文课程实施从学生语文生活实际出发，创设丰富多样的学习情境，设计富有挑战性的学习任务，激发学生的好奇心、想象力、求知欲，促进学生自主、合作、探究学习；引导学生注重积累，勤于思考，乐于实践，勇于探索，养成良好的学习习惯；关注个体差异和不同的学习需求，鼓励自主阅读、自由表达；倡导少做题、多读书、好读书、读好书、读整本书，注重阅读引导，培养读书兴趣，提高读书品位；充分发挥现代信息技术的支持作用，拓展语文学习空间，提高语文学习能力。

5. 倡导课程评价的过程性和整体性，重视评价的导向作用

义务教育语文课程评价要有利于促进学生学习，改进教师教学，全面落实语文课程目标。课程评价应准确反映学生的语文学习水平和学习状况，注重考察学生的语言文字运用能力、思维过程、审美情趣和价值立场，关注学生学习过程和学习进步。根据不同年龄学生的学习特点和不同学段的学习目标，选用恰当的评价方式，抓住关键，突出重点，加强语文课程评价的整体性和综合性。注重评价主体的多元与互动，以及多种评价方式的综合运用，充分利用现代信息技术促进评价方式的变革。

三、课程目标

编者按：本部分内容与2011年版相比变化较大，新增了核心素养内容，取消了2011年版中三维目标的划分，对学段要求进行了重新划分和归纳。

语文课程围绕核心素养，体现课程性质，反映课程理念，确立课程目标。

考点1 核心素养内涵

核心素养是学生通过课程学习逐步形成的正确价值观、必备品格和关键能力，是课程育人价值的集中体现。义务教育语文课程培养的核心素养，是学生在积极的语文实践活动中积累、建构并在真实的语言运用情境中表现出来的，是文化自信和语言运用、思维能力、审美创造的综合体现。

1. 文化自信

文化自信是指学生认同中华文化，对中华文化的生命力有坚定信心。通过语文学习，热爱国家通用语言文字，热爱中华文化，继承和弘扬中华优秀传统文化、革命文化、社会主义先进文化，关注和参与当代文化生活，初步了解和借鉴人类文明优秀成果，具有比较开阔的文化视野和一定的文化底蕴。

2. 语言运用

语言运用是指学生在丰富的语言实践中，通过主动的积累、梳理和整合，初步具有良好语感；了解国家

通用语言文字的特点和运用规律，形成个体语言经验；具有正确、规范运用语言文字的意识和能力，能在具体语言情境中有效交流沟通；感受语言文字的丰富内涵，对国家通用语言文字具有深厚感情。

3. 思维能力

思维能力是指学生在语文学习过程中的联想想象、分析比较、归纳判断等认知表现，主要包括直觉思维、形象思维、逻辑思维、辩证思维和创造思维。思维具有一定的敏捷性、灵活性、深刻性、独创性、批判性。有好奇心、求知欲，崇尚真知，勇于探索创新，养成积极思考的习惯。

4. 审美创造

审美创造是指学生通过感受、理解、欣赏、评价语言文字及作品，获得较为丰富的审美经验，具有初步的感受美、发现美和运用语言文字表现美、创造美的能力；涵养高雅情趣，具备健康的审美意识和正确的审美观念。

核心素养的四个方面是一个整体。语言是重要的**交际工具**和**思维工具**，语言发展的过程也是思维发展的过程，二者相互促进。语言文字及作品是重要的审美对象，语言学习与运用也是培养审美能力和提升审美品位的重要途径。语言文字既是文化的载体，又是文化的重要组成部分，学习语言文字的过程也是学生文化积淀与发展的过程。在语文课程中，学生的思维能力、审美创造、文化自信都以语言运用为基础，并在学生个体语言经验发展过程中得以实现。

考点 2 总目标

1. 在语文学习过程中，培养爱国主义、集体主义、社会主义思想道德，逐步形成正确的世界观、人生观、价值观。

2. 热爱国家通用语言文字，感受语言文字及作品的独特价值，认识中华文化的丰厚博大，汲取智慧，弘扬社会主义先进文化、革命文化、中华优秀传统文化，建立文化自信。

3. 关心社会文化生活，积极参与和组织校园、社区等文化活动，发展交流、合作、探究等实践能力，增强社会责任意识。感受多样文化，吸收人类优秀文化的精华。

4. 认识和书写常用汉字，学会汉语拼音，能说普通话。主动积累、梳理基本的语言材料和语言经验，逐步形成良好的语感，初步领悟语言文字运用规律。学会使用常用的语文工具书，运用多种媒介学习语文，初步掌握基本的语文学习方法，养成良好的学习习惯。

5. 学会运用多种阅读方法，具有独立阅读能力。能阅读日常的书报杂志，初步鉴赏文学作品，能借助工具书阅读浅易文言文。学会倾听与表达，初步学会用口头语言文明地进行人际沟通和社会交往。能根据需要，用书面语言具体明确、文从字顺地表达自己的见闻、体验和想法。

6. 积极观察、感知生活，发展联想和想象，激发创造潜能，丰富语言经验，培养语言直觉，提高语言表现力和创造力，提高形象思维能力。

7. 乐于探索，勤于思考，初步掌握比较、分析、概括、推理等思维方法，辩证地思考问题，有理有据、负责任地表达自己的观点，养成实事求是、崇尚真知的态度。

8. 感受语言文字的美，感悟作品的思想内涵和艺术价值，能结合自己的经验，理解、欣赏和初步评价语言文字作品，丰富自己的情感体验和精神世界。

9. 能借助不同媒介表达自己的见闻和感受，学习发现美、表现美和创造美，形成健康的审美情趣。

考点 3 学段要求

依据“六三”学制设定学段要求。“五四”学制第二学段（3～5年级）主要参照“六三”学制第三学段（5～6年级）确定，适当降低要求。“五四”学制第三学段（6～7年级）在“六三”学制第三学段（5～6年级）基础上合理提高要求，并结合“六三”学制第四学段（7～9年级）确定，使“五四”学制6～9年级进阶更加科学。

第四学段（7～9年级）

【识字与写字】

1. 能熟练地使用字典、词典独立识字，会用多种检字方法。累计认识常用汉字3500个左右。

2. 写字姿势正确，保持良好的书写习惯。在使用硬笔熟练地书写正楷字的基础上，学写规范、通行的行楷字，提高书写的速度。临摹、欣赏名家书法，体会书法的审美价值。

【阅读与鉴赏】

1. 能用普通话正确、流利、有感情地朗读。养成默读习惯，有一定的速度，阅读一般的现代文，每分钟不少于500字。能较熟练地运用略读和浏览的方法，扩大阅读范围。

2. 在通读课文的基础上，理清思路，理解、分析主要内容，体味和推敲重要词句在语言环境中的意义和作用。对课文的内容和表达有自己的心得，能提出自己的看法，并能与他人合作，共同探讨、分析、解决疑难问题。

3. 在阅读中了解叙述、描写、说明、议论、抒情等表达方式。能区分写实作品与虚构作品，了解诗歌、散文、小说、戏剧等文学样式。

4. 欣赏文学作品，有自己的情感体验，初步领悟作品的内涵，从中获得对自然、社会、人生的有益启示。能对作品中感人的情境和形象说出自己的体验，品味作品中富于表现力的语言。

5. 阅读简单的议论文，能区分观点与材料（道理、事实、数据、图表等），发现观点与材料之间的联系，并通过自己的思考，作出判断。阅读新闻和说明性文章，能把握文章的基本观点，获取主要信息。阅读科技作品，还应注意领会作品中所体现的科学精神和科学思想方法。阅读由多种材料组合、较为复杂的非连续性文本，能领会文本的意思，得出有意义的结论。

6. 诵读古代诗词，阅读浅易文言文，能借助注释和工具书理解基本内容。注重积累、感悟和运用，提高自己的欣赏品位。背诵优秀诗文80篇（段）。

7. 每学年阅读两三部名著，探索个性化的阅读方法，分享阅读感受，开展专题探究，建构阅读整本书的经验。感受经典名著的艺术魅力，丰富自己的精神世界。

8. 随文学习基本的词汇、语法知识，用以帮助理解课文中的语言难点；了解常用的修辞手法，体会它们在课文中的表达效果。了解课文涉及的重要作家作品知识和文化常识。

9. 能利用图书馆、网络搜集自己需要的信息和资料，帮助阅读。学会制订自己的阅读计划，广泛阅读各种类型的读物，课外阅读总量不少于260万字。

【表达与交流】

1. 注意对象和场合，学习文明得体地交流。耐心专注地倾听，能根据对方的话语、表情、手势等，理解对方的观点和意图。

2. 自信、负责地表达自己的观点，做到清楚、连贯、不偏离话题。注意表情和语气，根据需要调整自己的表达内容和方式，不断提高应对能力，增强感染力和说服力。

3. 讲述见闻，内容具体、语言生动。复述转述，完整准确、突出要点。能就适当的话题作即席讲话和有准备的主题演讲，有自己的观点，有一定说服力。讨论问题，能积极发表自己的看法，有中心，有根据，有条理；能把握讨论的焦点，并能有针对性地发表意见。

4. 多角度观察生活，发现生活的丰富多彩，能抓住事物的特征，为写作奠定基础。写作要有真情实感，表达自己对自然、社会、人生的感受、体验和思考，力求有创意。

5. 写作时考虑不同的目的和对象。根据表达的需要，围绕表达中心，选择恰当的表达方式。合理安排内容的先后和详略，条理清楚地表达自己的意思。运用联想和想象，丰富表达的内容。正确使用常用的标点符号。

6. 写记叙性文章，表达意图明确，内容具体充实；写简单的说明性文章，做到明白清楚；写简单的议论性文章，做到观点明确，有理有据；能根据生活需要，写常见应用文。能从文章中提取主要信息，进行缩写；能根据文章的基本内容和自己的合理想象，进行扩写；能变换文章的文体或表达方式等，进行改写。尝试诗歌、小小说的写作。

7. 注重写作过程中搜集素材、构思立意、列纲起草、修改加工等环节，提高独立写作的能力。根据表达的需要，借助语感和语文常识修改自己的作文，做到文从字顺。能与他人交流写作心得，互相评改作文，以分享感受，沟通见解。作文每学年一般不少于14次，其他练笔不少于1万字，45分钟能完成不少于500字的习作。

【梳理与探究】

1. 按照一定的标准分类整理学过的字词句篇等语言材料，梳理、反思自己语文学习的经验，努力提高语言文字运用能力，增强表达效果。

2. 学习跨媒介阅读与运用，体会不同媒介的表达特点，根据需要选用合适的媒介呈现探究结果。

3. 自主组织文学活动，在办刊、演出、讨论等活动过程中体验合作与成功的喜悦。关心学校、本地区和国内外大事，就共同关注的热点问题搜集资料，调查访问，相互讨论，能用文字、图表、图画、照片等展示学习成果。

4. 能提出学习和生活中感兴趣的问题，共同讨论，选出研究主题，制订简单的研究计划。能从书刊或其他媒体中获取有关资料，讨论分析问题，独立或合作写出简单的研究报告。掌握查找资料、引用资料的基本方法，分清原始资料与间接资料，学会注明所援引资料的出处。在落实以上要求过程中，注重理解中华优秀传统文化蕴含的核心思想理念、中华人文精神和传统美德，表达自己作为中华民族一员的归属感和自豪感；体会中国共产党在长期奋斗历程中培育形成的崇高精神和人格风范，体认英雄模范忠于祖国和人民的优秀品质，培育民族气节和爱国主义情怀。

四、课程内容

编者按：本部分为新增内容，2011年版没有涉及。

考点 1 主题与载体形式

1. 中华优秀传统文化

围绕创造性转化和创新性发展要求，确定中华优秀传统文化内容主题，注重弘扬讲仁爱、重民本、守诚信、崇正义、尚和合、求大同等核心思想理念；弘扬有利于促进社会和谐、鼓励人们向上向善的中华人文精神；弘扬自强不息、敬业乐群、扶危济困、见义勇为、孝老爱亲等中华传统美德。

主要载体为汉字、书法，成语、格言警句，神话传说、寓言故事、历史故事、民间故事、中华民族团结一家亲的故事，古代诗词、古代散文、古典小说，古代文化常识、传统节日、风俗习惯等。

2. 革命文化

围绕伟大建党精神，确定革命文化内容主题，注重反映理想信念、爱国情怀、艰苦奋斗、无私奉献、顽强斗争和英勇无畏等革命传统。

主要载体为老一辈无产阶级革命家和革命英雄人物的代表性作品及反映他们生平事迹的传记、故事等作品，反映党领导人民革命的伟大历程和重要事件的作品，有关革命传统人物、事件、节日、纪念日活动等方面的作品，阐发革命精神的作品，革命圣地、革命旧址和革命文物等。

3. 社会主义先进文化

围绕社会主义核心价值观，确定社会主义先进文化内容主题，突出爱党、爱国、爱社会主义相统一。

主要载体为反映社会主义建设事业中取得的重大成就、涌现出来的模范人物与先进事迹的作品；反映当代中国从站起来、富起来到强起来的奋斗历程和重大事件，以及体现中国式现代化新道路和人类文明新形态的相关作品；反映和谐互助、共同富裕、改革创新、劳动创造美好生活等方面的作品。

在突出上述主题的同时，还应选择反映世界文明优秀成果、科技进步、日常生活特别是儿童生活等方面的主题。主要载体为外国文学名著、科普科幻作品、实用性文章、中外优秀儿童文学作品等。

各类主题的主要载体还应包括口头和书面交流与沟通、跨媒介阅读与表达等语文实践活动。

根据不同学段特点，统筹安排各类主题的相关学习内容。体现中华优秀传统文化、革命文化、社会主义先进文化的作品，应占60%～70%；反映科技、自然、生活等方面的应用、说明、记叙类作品，以及外国优秀文化作品，占30%～40%。

考点 2 内容组织与呈现方式

义务教育语文课程内容主要以学习任务群组织与呈现。设计语文学习任务，要围绕特定学习主题，确定具有内在逻辑关联的语文实践活动。语文学习任务群由相互关联的系列学习任务组成，共同指向学生的核心素养发展，具有情境性、实践性、综合性。

义务教育语文课程按照内容整合程度不断提升，分三个层面设置学习任务群，其中第一层设“语言文字积累与梳理”1个基础型学习任务群，第二层设“实用性阅读与交流”“文学阅读与创意表达”“思辨性阅读与

表达”3个发展型学习任务群，第三层设“整本书阅读”“跨学科学习”2个拓展型学习任务群。根据学段特点，学习任务群安排可有所侧重。

1. 基础型学习任务群

语言文字积累与梳理

本学习任务群旨在引导学生在语文实践活动中，积累语言材料和语言经验，形成良好语感；通过观察、分析、整理，发现汉字的构字组词特点，掌握语言文字运用规范，感受汉字的文化内涵，奠定语文基础。

【学习内容】

第四学段（7～9年级）

（1）在语言文字运用情境中，发现、感受和表现语言文字的魅力。围绕汉字、书法、成语典故、对联、诗文等方面内容，策划并开展语文学习、展示和交流活动，加深对语言文字及其文化内涵的认识和理解。

（2）梳理学过的语言现象，欣赏优秀作品的语言表达技巧，初步探究语言文字的运用规律。学习按照词类梳理字词，学习整理典型的语法、修辞应用实例。

（3）继续丰富自己的积累。分类整理、欣赏、交流所积累的词语、名句、诗文等，并在日常读写活动中积极运用，提升自身的中华文化修养。

【教学提示】

（1）根据学生的**年龄特点**和**认知规律**，紧密联系学生的生活实际，结合识字内容，选择适宜的学习主题，创设学习情境；激发学生识字、写字、诵读、积累、探究的兴趣，并注意将语言积累、梳理与体认社会主义先进文化、革命文化、中华优秀传统文化相结合；引导学生在识字、写字、语言积累中感受中华文化的魅力，激发热爱中华文化的情感。

（2）识字与写字是阅读和写作的基础，是第一学段的教学重点，也是贯串整个义务教育阶段的重要教学内容。识字与写字教学应结合学生的生活经验，采用形象直观的教学手段，创设丰富多彩的学习情境，综合运用随文识字、集中识字、注音识字、字理识字等多种识字方法，逐步发展学生的识字、写字能力。

（3）诵读、积累与梳理，重在培养兴趣、语感和习惯。引导学生增强语言积累和梳理的意识，教给学生语言积累和梳理的方法，注重积累、梳理与运用相结合。诵读材料要选择脍炙人口的千古名篇和名言名句，既要有文化内涵，又要短小精悍，朗朗上口。提倡日积月累，不要贪多求快；提倡熟读成诵，不要死记硬背。引导学生借助信息技术等多种方式汇总、梳理自己积累的语言材料，建立自己的创意语言资料库，并能学以致用。

（4）语音、文字、词汇、语法、修辞等方面的知识，要避免围绕相关知识的概念、脱离实际运用进行机械训练。在教学中应根据语言文字运用的实际需要，从遇到的具体语言实例出发进行指导。

（5）识字评价要考察学生认清字形、读准字音、掌握汉字基本意义的情况，在具体语言环境中运用汉字的能力，借助字典、词典等工具书查检字词的能力，帮助学生养成写规范字的习惯，减少错别字。第四学段要重视考察学生独立识字的能力。写字评价要考察学生对要求“会写”的字的掌握情况，重视书写的正确、端正、整洁，在此基础上，逐步要求书写流利。语文知识的概念不作为考试内容。

2. 发展型学习任务群

实用性阅读与交流

本学习任务群旨在引导学生在语文实践活动中，通过倾听、阅读、观察，获取、整合有价值的信息，根据具体交际情境和交流对象，清楚得体表达，有效传递信息，满足家庭生活、学校生活、社会生活交流沟通需要。

【学习内容】

第四学段（7～9年级）

（1）阅读叙事性和说明性文本，发现、欣赏、表达和交流家庭生活、学校生活、社会生活和大自然的美好，热爱生活，感恩生活。

（2）阅读科技作品，欣赏人类的科学创造，关注祖国的科技创新和社会主义建设成就，交流自己的发现与体会；学习为创造人类美好生活作出重要贡献的杰出人物的事迹，激发创造精神。

（3）学习跨媒介阅读与交流。通过多种媒介关注国内外政治、经济、社会、科技、文化等方面的新鲜事，比较不同媒介的表达效果，尝试探究不同媒介的表达特点；阅读新闻报道、时事评论等作品，关注社会主义建设新成果，就感兴趣的话题与同学进行线上线下讨论，根据目的与对象选择合适的媒介进行交流沟通。

【教学提示】

（1）应紧扣"实用性"特点，结合日常生活的真实情境进行教学。第四学段可以围绕"拥抱大千世界""创造美好生活""科学家的故事""数字时代的生活""家乡文化探究"等主题，开展阅读与探究活动，引导学生关注社会，表达和交流自己在生活中的发现和感受。

（2）学习活动可以采用朗读、复述、游戏、表演、讲故事、情景对话、现场报道等学生喜闻乐见的形式，将识字、写字、阅读、写作、口语交际、搜集处理信息等融为一体；应加强对跨媒介阅读与交流的指导，充分利用数字资源和信息化平台，引导学生提高语言理解与运用能力，逐步增强语言表达的准确性、规范性。

（3）评价应注重学生在真实生活情境中语言运用的实际表现，围绕个人生活、学校生活、社会生活中阅读与交流的实际任务，评价学生实用性阅读与交流的能力。在评价中，应引导学生注意实用性阅读与表达的目的、对象、情境，以及交流效果，注意内容明确、条理清晰、语言简洁明了，注意应用文的基本格式和行文规范。

文学阅读与创意表达

本学习任务群旨在引导学生在语文实践活动中，通过整体感知、联想想象，感受文学语言和形象的独特魅力，获得个性化的审美体验；了解文学作品的基本特点，欣赏和评价语言文字作品，提高审美品位；观察、感受自然与社会，表达自己独特的体验与思考，尝试创作文学作品。

【学习内容】

第四学段（7～9年级）

（1）阅读反映中国革命各个时期的重大事件、伟大成就、代表性人物及其感人事迹的优秀文学作品，感悟革命领袖、革命英雄、模范人物的理想信念和奋斗精神，运用多种方式交流自己的阅读感受。

（2）阅读表现人与自然的优秀文学作品，包括古诗文名篇，体会作者通过语言和形象构建的艺术世界，借鉴其中的写作手法，表达自己对自然的观察和思考，抒发自己的情感。

（3）阅读表现人与社会、人与他人的古今优秀诗歌、散文、小说、戏剧等文学作品，学习欣赏、品味作品的语言、形象等，交流审美感受，体会作品的情感和思想内涵；尝试写诗歌、小小说等。

（4）领略数字时代精彩的文学世界，欣赏由经典文学作品改编的影视作品，感受不同媒介的艺术魅力。

【教学提示】

（1）可以根据学段学习要求，围绕多样的学习主题创设阅读情境。比如，第四学段"光辉历程""精忠报国""社会万花筒""人与自然和谐共生"。在主题情境中，开展文学阅读和创意表达活动，引导学生感受文学之美、表达自己的独特感受，促进学生的精神成长。

（2）注意整合听说读写，引导学生综合运用朗读、默读、诵读、复述、评述等方法学习作品。重视古代诗文的诵读积累，感受文学作品语言、形象、情感等方面的独特魅力和思想内涵，提升审美能力和审美品位；鼓励学生在口头交流和书面创作中，运用多样的形式呈现作品，发挥自己的创造性；引导学生成长为主动的阅读者、积极的分享者和有创意的表达者。

（3）评价应围绕学生阅读文学作品的过程性表现进行。第四学段，侧重考察学生对语言、形象、情感、主题的领悟程度和体验，评价学生文学作品的欣赏水平，关注研讨、交流以及创意表达能力。

思辨性阅读与表达

本学习任务群旨在引导学生在语文实践活动中，通过阅读、比较、推断、质疑、讨论等方式，梳理观点、事实与材料及其关系；辨析态度与立场，辨别是非、善恶、美丑，保持好奇心和求知欲，养成勤学好问的习惯；负责任、有中心、有条理、重证据地表达，培养理性思维和理性精神。

【学习内容】

第四学段（7～9年级）

（1）阅读关于生活感悟、生活哲理方面的优秀作品，学习思考与表达的方法，结合生活经验和阅读材料，阐述自己的感悟和观点。

（2）学习关于科学探究方面的文本，联系自己的科学学习经历，围绕问题提出、探究过程、解决方法等进行专题式的研讨、演讲和写作。

（3）阅读诗话、文论、书画艺术论的经典片段，尝试运用其中的观点欣赏、评析作品。

（4）学习革命领袖的理论文章、经典的思辨性文本（包括短小的文言经典），理解作者的立场、观点与方法。围绕社会热点问题，以口头或书面方式参与讨论。

【教学提示】

（1）应根据学生**思维发展的特点**，在不同学段创设适宜的学习主题和学习情境。比如，第四学段"生活的感悟""探究与创造""艺海拾贝""理性的声音"。将文本阅读和自主探究结合起来，为学生提供广阔的思考、表达和交流空间。

（2）应设计阅读、讨论、探究、演讲、写作等多种学习活动，引导学生学习发现、思考、探究问题的思路和方法。应注意不同学段的特点，避免操之过急、求之过深。第四学段，注意引导学生客观、全面、冷静地思考问题，识别文本隐含的情感、观点、立场，体会作者运用的思维方法，如比较、分析、概括、推理等，尝试对文本进行评价。引导学生基于阅读和生活实际，开展研讨等活动，表达要观点鲜明、证据充分、合乎逻辑。

(3)应鼓励学生借助现代信息技术，自主搜集和利用学习资源，拓展思路，支持自己的思考和论说。应引导学生学习搜集和选择信息的基本方法，关注信息的可靠性和权威性。能区分原始资料与间接资料，学会注明所援引资料的出处。

(4)评价要关注学生在问题研究过程中的交流、研讨、分享、演讲等现场表现，以及活动过程中产生的文字、表格、统计图、思维导图等学习成果，要特别关注学生思考的过程和思维的方法。

3. 拓展型学习任务群

整本书阅读

本学习任务群旨在引导学生在语文实践活动中，根据阅读目的和兴趣选择合适的图书，制订阅读计划，综合运用多种方法阅读整本书；借助多种方式分享阅读心得，交流研讨阅读中的问题，积累整本书阅读经验，养成良好阅读习惯，提高整体认知能力，丰富精神世界。

【学习内容】

第四学段(7～9年级)

(1)阅读革命文学作品，如《革命烈士诗抄》《红岩》《红星照耀中国》等，体会、评析革命领袖、革命英雄的爱国精神和人格魅力。

(2)独立阅读古今中外诗歌集、中长篇小说、散文集等文学名著，如《朝花夕拾》《骆驼祥子》《艾青诗选》《西游记》《格列佛游记》《钢铁是怎样炼成的》等。根据阅读进度完成读书笔记，针对作品的语言、形象、主题等方面的话题展开研讨。

(3)开展多样的读书活动，丰富、拓展名著阅读。借助多种媒介讲述、推荐自己喜欢的名著，说明推荐理由；尝试改编名著中的精彩片段；结合自己的阅读体会，尝试撰写文学鉴赏文章。

【教学提示】

(1)应统筹安排课内与课外、个人与集体的阅读活动，宜集中使用每学期整本书阅读课时，兼顾教师指导和学生自主阅读，保证学生在课堂上有时间阅读整本书。指导学生认识不同类型图书的特点和价值，根据自身实际确定阅读目的，选择图书和适宜的版本，合理规划阅读时间。应创设自由阅读、快乐分享的氛围，善于发现学生阅读整本书的成功经验，及时组织交流与分享；善于发现、保护和支持学生阅读中的独到见解。

(2)整本书阅读教学，应以学生自主阅读活动为主。引导学生了解阅读的多种策略，运用**浏览**、**略读**、**精读**等不同阅读方法；通读整本书，了解主要内容，关注整体与局部、局部与局部之间的关系；重视序言、目录等在整本书阅读中的作用。设计、组织多样的语文实践活动，如师生共读、同伴共读，朗诵会、故事会、戏剧节，建立读书共同体，交流读书心得，分享阅读经验。

(3)根据开展读书活动的实际需要，合理推荐和利用适宜的学习资源，如拓展阅读的书目、参考资料，以

及相关音频、视频作品等，激发学生的阅读兴趣，丰富阅读体验，拓宽阅读视野。借助信息技术为学生拓展学习空间，提供写作、展示、研讨和交流的平台。

(4)注意考察阅读整本书的全过程，以学生的阅读态度、阅读方法和读书笔记等为依据进行评价。教师可以围绕读书的主要环节编制评价量表，制作阅读反思单，引导学生从阅读方法、阅读习惯等方面进行自我反思、自我改进。

跨学科学习

本学习任务群旨在引导学生在语文实践活动中，联结课堂内外、学校内外，拓宽语文学习和运用领域；围绕学科学习、社会生活中有意义的话题，开展阅读、梳理、探究、交流等活动，在综合运用多学科知识发现问题、分析问题、解决问题的过程中，提高语言文字运用能力。

【学习内容】

第四学段(7～9年级)

(1)结合数学、物理、化学、生物学等学科学习，或者自己参与的科技活动，学习撰写并分享观察、实验研究报告。

(2)在心理健康、身体素质等方面，选择师生共同关心的问题，组织小课题组，开展校园调查，学习设计问卷、访谈、统计、分析，撰写并发布调查报告。

(3)在环境、安全、人口、资源、公共卫生等方面，选择感兴趣的社会热点问题，查找和阅读相关资料，记录重要内容，列出发言提纲，参加班级讨论。

(4)围绕仁爱诚信、天下为公、和谐包容、精忠报国、英勇奋斗、自强不息、明礼守法，以及科学理性、艺术精神等，选择专题，组建小组，开展学习与研究，运用多种形式分享学习与研究成果。

(5)组建文学艺术社团，开展相关文化活动，参与社区文化活动与文化建设；在参与过程中写出策划方案，制作海报，记录活动过程，运用多种媒介发布学习成果。

【教学提示】

(1)充分发挥跨学科学习的整体育人优势，增强跨学科学习的计划性和目标意识。根据不同学段学生生活的范围、学习兴趣和能力，精心选择学习主题和内容，组织、策划多样的学习活动。考虑每学期的课时安排，把握活动周期和难度。第四学段以设计、参与、调研、展示为主。

(2)要引导学生在广阔的学习和生活情境中学语文、用语文，提高交流沟通、团队协作和实践创新能力。注意引导学生掌握问题探究的基本步骤和方法，学会提炼、表达、呈现学习成果，着重培养学生综合运用多学科知识解决实际问题的能力。

(3)要拓展学习资源，增强跨学科学习的综合性和开放性。充分利用图书馆、互联网、社区生活场景、文化场馆等，为学生开展跨学科学习提供必要的支持；也可以结合学校和社区开展的文化活动进行语文跨学科学习。

(4)评价主要以学生在各类探究活动中的表现，以及活动过程中完成的方案、海报、调研报告、视频资料等学习成果为依据。教师可以针对主要学习环节和内容制订评价量表，邀请相关学科教师、家长、社会人士参与评价。评价要关注学生综合运用多学科知识思考问题、解决问题的态度和能力。评价以鼓励为主，既充分肯定学生的发现和创造，又引导学生自我反思提升，不断提高跨学科学习的质量。

五、学业质量

编者按：本部分为新增内容，2011年版中没有涉及。

考点 1 学业质量内涵

学业质量是学生在完成课程阶段性学习后的学业成就表现，反映核心素养要求。语文课程学业质量标准是以核心素养为主要维度，结合课程内容，对学生语文学业成就具体表现特征的整体刻画。依据义务教育四个学段，按照日常生活、文学体验、跨学科学习三类语言文字运用情境，整合识字与写字、阅读与鉴赏、表达与交流、梳理与探究等语文实践活动，描述学生语文学业成就的关键表现，体现学段结束时学生核心素养应达到的水平。四个学段的语文课程学业质量标准之间相互衔接，体现学生核心素养发展的进阶，为核心素养评价提供基本依据。

考点 2 学业质量描述

以下描述的是“六三”学制学业质量标准。“五四”学制学业质量标准参照学段要求研制。

第四学段（7～9年级）

能根据语境，借助工具书，认清字形、读准字音、正确理解汉字的意思。在学习与生活中，累计认识3500个左右常用汉字，能规范、端正、整洁地书写常用汉字；在日常记录中使用规范、通行的行楷字，提高书写的速度。有探究汉字规律的意识，在社会生活中能根据字音、字形、字义三者的关系准确认读、正确理解遇到的生字新词；发现并积累不同语境下具有个性化特征的词句和段落，能根据自己的表达需要和习惯选择使用。

在讨论问题过程中，能积极发表自己的看法，做到有中心，有根据，有条理；能耐心专注地倾听，复述、转述完整准确，要点突出；能就适当的话题作即席讲话和有准备的演讲，有自己的观点，有一定说服力。阅读新闻报道、说明性文字以及非连续性文本，能区分事实与观点；能提取、归纳、概括主要信息，把握信息之间的联系，得出有意义的结论；能利用掌握的多种证据判断信息的真实性与可信度，能运用文本信息解决具体问题。阅读简单议论性文章，能区分观点与材料，并能解释观点与材料之间的联系；能运用实证材料对他人观点作出价值判断。能多角度观察生活，抓住事物特征，选择恰当的表达方式，合理安排详略，条理清楚地表达自己的感受和认识；能用多种媒介形式交流沟通；能使用常用的标点符号，准确地表情达意；能就共同关注的热点问题搜集资料，提取信息，概括观点，确立学习活动主题；能用流程图、文字等形式呈现活动设计方案；能围绕学习活动开展调查，用文字、图表、图画、照片等形式呈现学习成果；能利用图书馆等多种渠道获取资料，整理相关学习内容，完善自己的认识，撰写活动总结。

广泛阅读古今中外的诗歌、小说、散文、戏剧等文学作品，在阅读过程中能把握主要内容，并通过朗读、概括、讲述等方式，表达对作品的理解；能理清行文思路，用多种形式介绍所读作品的基本脉络；能从多角度揣摩、品味经典作品中的重要词句和富有表现力的语言，通过圈点、批注等多种方法呈现对作品中语言、形

第二部分

象、情感、主题的理解。能分类整理富有表现力的词语、精彩段落和经典诗文名句，分析作品表现手法的作用；能从作品中找出值得借鉴的地方，对照他人的语言表达反思自己的语言实践；能通过对阅读过程的梳理、反思，总结不同类型文学作品的阅读经验和方法；能与他人分享自己获得的对自然、社会、人生的有益启示，能借鉴他人的经验调整自己的表达，能根据需要，运用积累的语言进行口头或书面表达。

能通过口头或书面方式，向他人推荐中华优秀传统文化经典、革命文化和社会主义先进文化作品；能概括文学作品中的典型形象特征和典型事件，并归纳总结出一些文化现象，了解基本的中国古代文化常识；能根据具体情境要求，选择合适的文本样式记录经历、见闻和体验，表达感受、认识与观点。参加文学体验活动，能聚焦活动过程中发现的问题，围绕问题搜集资料、梳理信息、整理他人的观点与认识，概括提炼他人解决问题的方法与策略，用以解决自己的问题；能记录探究过程，归纳概括自己的发现，条理清晰地呈现问题解决的过程，并汇集学习成果。

能针对学习和生活中的问题，开展跨学科学习，根据需要策划创意活动，从相关学科材料中搜集资料，整合信息，发现解决问题的线索；能通过多种方式获取资料；能广泛搜集信息，关注信息的权威性和科学性；能运用实证性材料对相关问题作出合理的解释与推断；能通过梳理、分析材料提炼出自己的看法；能有条理地列出提纲，用策划书、调查报告、小论文等形式发表研究成果，力求格式规范、内容完整、条理清晰。通过合作，能综合运用绘画、表演、创作等多种活动样式开展校园活动和社会活动。

六、课程实施

编者按：本部分内容与2011年版相比改动较大，并且新增了教学研究与教师培训的内容。

考点 1 教学建议

教师要准确理解义务教育语文课程的基本理念，把握学生核心素养发展的基本规律，根据课程目标、课程内容和学业质量的要求，创造性地开展语文教学，充分发挥语文学科独特的育人功能。

1. 立足核心素养，彰显教学目标以文化人的育人导向

教师应理解核心素养的内涵，全面把握语文教学的育人价值，突出文以载道、以文化人。把立德树人作为语文教学的根本任务，清晰、明确地体现教学目标的育人立意。引导学生在学习语言文字运用的过程中，逐步树立正确的世界观、人生观、价值观，体认和传承中华优秀传统文化、革命文化、社会主义先进文化，积淀深厚的文化底蕴，增强文化自信。

教师应充分认识语文课程工具性与人文性是统一的，从培养核心素养出发，把握四个方面整体交融的特点，设定教学目标时既有所侧重，又融为一体。注意在识字与写字、阅读与鉴赏、表达与交流、梳理与探究的过程中，整体提升学生的核心素养。注意教学目标之间的关联，避免将核心素养四个方面简单罗列。

2. 体现语文学习任务群特点，整体规划学习内容

教师要明确学习任务群的定位和功能，准确理解每个学习任务群的学习内容和教学提示。在此基础上，综合考虑教材内容和学生情况，设计不同类型的学习任务，依托学习任务整合学习情境、学习内容、学习方法和学习资源，安排连贯的语文实践活动。注重语文与生活的结合，注重听说读写的内在联系，追求语言、知识、技能和思想情感、文化修养等多方面、多层次发展的综合效应。

关注不同学习任务群之间的内在联系，以及同一学习任务群在不同学段的连续性和差异性；关注不同地区学校和学生的差异，合理安排学习内容，把握学习难度，组织学习活动。根据学生需求提供学习支持，引导学生在完成任务、解决问题的过程中积累语文学习经验，发展未来学习和生活所需的基本素养。注意减轻学生学习负担，避免死记硬背、机械训练；注意幼小衔接，减缓坡度，降低难度，增强学习的趣味性和吸引力。

3. 创设真实而富有意义的学习情境，凸显语文学习的实践性

学习情境的设置要符合核心素养整体提升和螺旋发展的一般规律。语文学习情境源于生活中语言文字运用的真实需求，服务于解决现实生活的真实问题。创设情境，应建立语文学习、社会生活和学生经验之间的关联，符合学生认知水平；应整合关键的语文知识和语文能力，体现运用语文解决典型问题的过程和方法。

创设学习情境，教师应利用无时不有、无处不在的语文学习资源与实践机会，引导学生关注家庭生活、校园生活、社会生活等相关经验，增强在各种场合学语文、用语文的意识，建设开放的语文学习空间，激发学生探究问题、解决问题的兴趣和热情，引导学生在多样的日常生活场景和社会实践活动中学习语言文字运用。

第二部分

4. 关注互联网时代语文生活的变化，探索语文教与学方式的变革

教师要关注互联网时代日常生活中语言文字运用的新现象和新特点，认识信息技术对学生阅读和表达交流等带来的深刻影响，把握信息技术与语文教学深度融合的趋势，充分发挥信息技术在语文教学变革中的价值和功能。

积极利用网络资源平台拓展学习空间，丰富学习资源，整合多种媒介的学习内容，提供多层面、多角度的阅读、表达和交流的机会，促进师生在语文学习中的多元互动。充分利用网络平台和信息技术工具，支持学生开展自主、合作、探究性学习，为学生的个性化、创造性学习提供条件。发挥大数据优势，分析和诊断学生学业表现，优化教学，提供及时、准确的反馈和个性化指导。积极关注教学流程、教与学方法、资源支持、学习评估等新变化，探索线上线下相结合的混合式语文学习。要正确认识信息技术对阅读习惯、写字能力、深度思考等可能产生的影响，扬长避短，使用适度，避免网络沉溺。

考点 2 评价建议

语文课程评价包括过程性评价和终结性评价。过程性评价贯串语文学习全过程，终结性评价包括学业水平考试和过程性评价的综合结果。

1. 过程性评价

过程性评价重点考察学生在语文学习过程中表现出来的学习态度、参与程度和核心素养的发展水平，应依据各学段的学习内容和学业质量要求，广泛收集课堂关键表现、典型作业和阶段性测试等数据，体现多元主体、多种方式的特点。

（1）过程性评价原则

过程性评价应有助于教与学的及时改进。教师要有意识地利用评价过程和结果发现学生语文学习的特点与问题，提出有针对性的指导意见，促进学生反思学习过程、改进学习方法。要依据评价结果反思日常教学的问题和不足，优化教学内容，改进教学设计，调整教学策略，完善教学过程。

过程性评价应统筹安排评价内容。评价内容应立足重点，关注各个学段的水平进阶。评价要真实、完整地记录学生参与语文实践活动的整体表现，关注学生在活动中表现出来的沟通、合作和创新能力。

过程性评价应发挥多元评价主体的积极作用。教师应为不同年级学生和不同学习内容选择恰当的评价方式，采用有针对性的评价工具。要充分尊重学生的主体地位，关注学生在兴趣、能力和学习基础等方面的个体差异，引导学生开展自我评价和相互评价。鼓励学校管理人员、班主任、家长参与过程性评价，通过多主体、多角度的评价反馈，帮助学生处理好语文学习和个人成长的关系，发掘自身潜能，学会自我反思和自我管理。

过程性评价应综合运用多种评价方法，增强评价的科学性、整体性。可通过课堂观察、对话交流、小组分享、学习反思等方式，收集和整理学生语文学习的过程性表现，如学生日常写字、读书、习作、讨论、汇报展示、朗读背诵、课本剧表演等方面的材料，记录学生核心素养发展的典型表现；了解学生的学习态度和个性特点，考察其内在学习品质的发展。鼓励有条件的地区和学校采取信息技术手段丰富评价资料搜集和分析的途径。应重视增值评价，关注学生个体的进步幅度，避免过度评价、无序评价对日常学习造成干扰，避免用评价结果的简单比较衡量学生的学业表现。

过程性评价要拓宽评价视野，倡导学科融合。把学生参与社会实践、志愿服务和跨学科主题活动的表现纳入评价范畴，着重考察学生在真实情境中表现出的情感态度和语言能力。要注重校内外评价的结合，关注学生在家庭生活和社会生活中的语言发展情况。

（2）课堂教学评价建议

课堂教学评价是过程性评价的主渠道。教师应树立“教—学—评”一体化的意识，科学选择评价方式，合理使用评价工具，妥善运用评价语言，注重鼓励学生，激发学习积极性。

在小组合作、汇报展示过程中，教师应提前设计评价量表、告知评价标准，引导学生合理使用评价工具，形成评价结果；要注意观察小组成员的分工方式、讨论程序和对不同意见的处理，关注学生在发言和倾听发言时的规则意识和交际修养，借助评价引导学生反思学习过程。组织学生互相评价时，教师要对同伴评价进行再评价，提出指导意见，引导学生内化评价标准、把握评价尺度，在评价中学会评价。

课堂互动中，教师要关注学生知识基础、认知过程、思维方式、态度情感等方面的表现，深入分析这些表现及其影响因素，及时给予有针对性的指导。

（3）作业评价建议

作业评价是过程性评价的重要组成部分，作业设计是作业评价的关键。教师要以促进学生核心素养发展为出发点和落脚点，精心设计作业，做到用词准确、表述规范、要求明确、难度适宜。要合理安排不同类型作业的比例，增强作业的可选择性，除写字、阅读、日记、习作等作业外，还应紧密结合课堂所学，关注学生校

第二部分

内外个人生活和社会发展中的热点问题，设计主题考察、跨媒介创意表达等多种类型的作业，培养学生自主学习和综合学习的能力。随着学段升高，作业设计要在识记、理解和应用的基础上加强综合性、探究性和开放性，为学生发挥创造力提供空间。教师要严格控制作业数量，用少量、优质的作业帮助学生获得典型而深刻的学习体验。教师要认真批改学生作业，针对学生素养水平和个性特点提出意见，及时反馈和讲评，激发学生的学习热情，保护学生的自尊心，尊重学生的个性差异；要对学生作业进行跟踪评价，梳理学生作业发展变化的轨迹，及时反馈不同阶段作业质量的整体情况。

(4)阶段性评价建议

阶段性评价是在教学关键节点开展的过程性评价，旨在考察班级整体学习情况和学生阶段性学习质量，是回顾、反思和改进教学的重要依据。阶段性评价应秉持素养立意，紧密结合四个学段的课程内容，关注内容之间的进阶关系和横向联系，合理设计评价工具。阶段性评价可以根据不同情况灵活选择评价手段，可以采取纸笔形式，也可以设计综合的学习任务，如诵读、演讲、书写展示、读书交流、戏剧表演、调查访谈等。纸笔测试要注意与日常教学的融合，增强测评题目的科学性、多样性，发挥阶段性评价的诊断、调节功能，避免消极影响和干扰日常教学；非纸笔测试要整体设计测评内容，科学制订评价标准，合理规划实施时间，并对学生个体作出及时反馈和有效指导。

应关注整本书阅读和跨学科学习的阶段性评价，采用读书笔记、读书报告会、读书分享会等方式引导学生高质量完成整本书的阅读；可通过观察报告、实验报告、研究报告等，评价学生跨学科学习的阶段性成果。

第二部分

真题面对面

[2022江西初中，单，1分]下面关于《义务教育语文课程标准》(2022年版)中课程实施评价建议的表述不正确的一项是( )

A. 作业设计是作业评价的关键，教师要以促进学生核心素养发展为出发点和落脚点，精心设计作业，做到用词准确、表述规范、要求明确、难度适宜。

B. 用大量、优质的作业帮助学生获得典型而深刻的学习体验，从而提升学生的语文素养。

C. 应紧密结合课堂所学，关注学生校内外个人生活和社会发展中的热点问题，设计主题考察、跨媒介创意表达等多种类型的作业，培养学生自主学习和综合学习的能力。

D. 语文作业评价是过程性评价的重要组成部分。教师要认真批改学生作业，针对学生素养水平和个性特点提出意见，及时反馈和讲评，尊重学生的个性差异。

答案：B。《义务教育语文课程标准》(2022年版)表明：教师要严格控制作业数量，用少量、优质的作业帮助学生获得典型而深刻的学习体验。

2. 学业水平考试

学业水平考试的目的主要是通过学生的学业质量表现检验学生在义务教育阶段结束时核心素养的发展水平，为高一级学校招生录取提供依据，为评价区域和学校教学质量、改进教学提供参考。

(1)命题原则

坚持素养立意。以核心素养为考查目标，通过识字与写字、阅读与鉴赏、表达与交流、梳理与探究等语文实践活动，全面考查学生核心素养的发展水平。

坚持依标命题。体现课程理念，严格依据学业质量要求命题，保证命题框架、试题情境、任务难度等符合学业质量要求。

坚持科学规范。题目表述简明、规范，材料选取具有典范性和多样性，评分标准有效反映学生核心素养发展水平，确保测试目的、测试内容、测试形式和评分标准的一致性。

(2)命题规划

重视命题规划，明确学业水平考试命题的目标要求，规定内容范围与水平标准；系统设计考试形式，一般采用纸笔测试，有条件的地区可以考虑逐步引入基于信息技术的考试形式。科学设计试卷结构，明确规定主观性和客观性试题的比例，倡导设计基于情境的探究性、开放性、综合性试题。对题型设计、题量和难度、评分标准等方面提出基本要求，充分展现学生在语文学习过程中形成的能力、方法，以及情感态度与价值观的综合发展情况。

(3)命题要求

考试命题应以情境为载体，依据学生在真实情境下解决问题的过程和结果评定其素养水平。命题情境可以从日常生活、文学体验、跨学科学习，也可以从个人、学校、社会等角度设置。日常生活情境指向真实具体的社会生活，关注学生在生活场景中的语言实践，凸显语言交际活动的对象、目的和表述方式。文学体验情境侧重强调学生在文学作品阅读中体验丰富的情感，尝试用不同的方式进行创意表达；强调参与当代文化生活，关注学生对社会主义先进文化、革命文化、中华优秀传统文化的体认。跨学科学习情境侧重强调学生综合运用多门课程知识和思想方法解决实际问题。命题应贴近学生生活经验和情感体验，抓住社会生活中常见但又值得深思的真实场景，创设新颖、有趣、内涵丰富的情境，设计多样的问题或任务，激发学生内在动机和探究欲望。

命题材料的选取要具有时代性、典型性和多样性，充分体现语文课程特点。命题材料要能够体现问题或任务的对象、目的与要求，能够启发学生调动既有知识和资源解决问题、完成任务，能够为学生解决问题、完成任务提供背景材料或知识支架。

问题或任务是题目的主体部分。根据语文实践活动的不同类型，问题或任务设计可以侧重阅读与鉴赏、表达与交流、梳理与探究中的某一方面，也可以设置综合型题目，让学生在复杂情境中充分展示核心素养的发展水平。阅读与鉴赏类问题或任务要立足文本信息的提取、归纳、概括，考查学生对作品思想内容、篇章结构、表现手法、语言风格的理解和把握，引导学生对作品的创作动机、表达效果作出合理评价。表达与交流类问题或任务要注重调动学生已有的知识积累和学习经验，记述生活经历，表达情感体验，就语言、文学、文化、生活等现象发表自己的看法。要在与学生实际生活经验密切关联的交际语境中，考查学生语言文字运用能力，思考问题的立场、观点和态度，以及思维发展水平。梳理与探究类问题或任务要从具体的文本材料出发，拟定有育人价值和探究空间的活动，考查学生提取信息、筛选分类、比较概括、归纳总结等思维能力;问题或任务设定要关注探究结果的合理性,关注学生思维品质的发展。综合型题目或任务要充分体现阅读与鉴赏、表达与交流、梳理与探究的整合,在命题材料和社会生活实际之间找到结合点,引导学生围绕话题或现象,深入思考探究,综合分析解决问题,在学以致用的过程中展现正确的世界观、人生观、价值观。

题干设计应规范。主观题题干要简洁、明确,便于学生捕捉问题的核心信息;客观题题干要注意事实性信息的科学性和准确性。试题形式力求创新,鼓励增加开放性试题比例,以避免导向新的应试模式。要健全主观性、开放性试题的评分标准,根据学生的认知发展水平,对简单结构作答和复杂结构作答实行分级赋分。

考点3 教材编写建议

1. 教材编写要以马克思主义为指导,坚持立德树人,体现社会主义核心价值观;坚持面向现代化、面向世界、面向未来;贯彻国家课程改革的精神,全面落实义务教育语文课程标准要求。

2. 教材编写要高度重视继承和弘扬中华优秀传统文化、革命文化、社会主义先进文化,赓续红色血脉,自觉维护国家统一和民族团结,理解和尊重多样文化;要有助于学生铸牢中华民族共同体意识,增强中华民族自尊心、爱国情感、集体意识和文化自信,形成正确的世界观、人生观、价值观。

3. 教材要体现时代特点和现代意识,要适应学生的认知特点和身心发展水平,密切联系学生的经验世界和想象世界;要有助于激发学生学习兴趣,培养创新精神,发展实践能力,形成健全人格。

4. 教材编写要充分体现义务教育语文学习的基础性、阶段性特征,做好各学段之间的衔接。要落实学习任务群要求,致力于学生核心素养的整体提升,以学生生活为基础,以语文实践活动为主线,创设丰富多样的学习情境,设计有意义的学习任务,引导学生自主学习、主动积累和积极探究。

5. 教材编写要系统规划和整体安排。要通过学习任务的综合性、挑战性以及学习过程的探究性,体现同一个学习任务群在不同学段的纵向发展过程与进阶。要根据六个学习任务群的特点,通过目标取向、文本选择、学习实践活动方式等体现不同学习任务群的特色;也可设置关联性的学习内容,实现同一学段不同学习任务群内容的整合。

6. 教材选文要体现正确的政治导向和价值取向,文质兼美,具有典范性,富有文化内涵和时代气息。题材、体裁、风格要丰富多样,各种类别配置适当,难易适度,适合学生学习。

7. 要把整本书阅读作为教材的重要有机组成部分,精选兼具思想性、艺术性和学段适应性的典范作品,以整本书阅读兴趣、阅读习惯的培养为基础,让学生逐渐建构不同类型整本书阅读经验;教材要组织和选取原著部分文本和辅助性阅读材料,创设综合型、阶梯式的学习问题和交流活动,提高学生理解和评价能力。其他学习任务群阅读材料的选择也要适当兼顾整本书。

8. 教材编写体例和呈现方式,要围绕学生生活实际和认知需求创设学习情境,以问题探究为导向,有机组合选文及辅助性学习资源,循序渐进地设计支架式的学习任务和活动,体现过程性评价,以促进学生自主、合作、探究学习。

9. 教材应具有开放性和选择性。在合理安排基本课程内容的基础上,关注不同区域教育实际,给地方、

学校和教师留有调整、开发的空间，也给学生留出选择和拓展的空间，满足不同学生学习和发展的需要。教材编写分为“六三”学制和“五四”学制两种版本。“五四”学制6年级教材体例、要求等应符合初中学生学习、生活特点。

10. 教材编写要有利于师生运用多种媒介和信息技术呈现学习内容，积极探索信息化环境下的教学变革，发挥传统纸质教材和线上学习资源各自的优势；创设线上与线下学习相结合的机会，引导教师积极调动各种资源创造性地开展教学活动。

考点4 课程资源开发与利用

1. 坚持目标导向，精选优质课程资源

课程资源的开发与利用应坚持正确的政治导向，把贯彻落实社会主义核心价值观、促进学生身心健康发展作为首要原则；要从核心素养形成和发展的内在规律出发，紧密结合语文教材内容，选择有利于组织和实施综合性语文实践活动的优质资源，构建开放多元的教学资源体系；要立足学生实际，注重遴选典范的现代白话文和古代文言经典作品，以文质兼美为选择标准，体现课程资源在文化传承方面的作用，充分发挥其促进学生发展的价值。

2. 调动多元主体，丰富课程资源类型

语文课程资源既包括纸质资源，也包括数字资源；既包括日常生活资源，也包括地域特色文化资源；既包括语文学习过程中生成的重要问题、学业成果等显性资源，也包括师生在语文学习方面的兴趣、爱好和特长等隐性资源。教师要充分发挥自身优势与潜力，积极利用和开发各类课程资源，不断增强课程资源意识。学校应积极争取社会各方面的支持，拓展资源领域、丰富资源类型；应重视信息化环境下的资源建设，关注语文学习过程中生成性资源的整理和加工，运用课程资源促进学习方式的转变。

3. 建立合作开发机制，实现课程资源的共建和共享

各地区、各学校应增强课程资源共建共享的意识，树立动态发展的资源观念，有计划地建设课程资源开发系统；应重视利用现代信息技术推进资源建设，通过开发阅读资源库、跨媒介阅读平台等数字资源，逐步建立地区、学校之间资源互补、共建与共享的机制；还可创造条件，建立中小学、高等院校和研究机构的资源建设共同体，建设、整理、优化课程资源库，持续更新课程资源，通过资源开发促进教师的专业发展。

4. 充分发挥课程资源的育人功能，优化教与学活动

课程资源的使用要以促进学生核心素养发展为目的，多角度挖掘其育人价值，与课程内容形成有机联系，促进课程目标全面达成。教师要多角度分析、使用课程资源，善于筛选、组合课程资源，利用课程资源创设学习情境，优化教与学活动，提高教学效益；学校要整合区域和地方特色资源，设计具有学校特色、区域特色的语文实践活动，落实学习任务群的目标要求，增强语文课程内容的丰富性和课程实施的开放性。

考点5 教学研究与教师培训

1. 坚持终身学习，提升专业素养

语文教师要养成良好的读书习惯，不断丰富语言学、文学、教育学、心理学等方面的知识，注重中华优秀传统文化积累，提升自身文化修养。要积极参加培训和研修活动，深入理解语文课程改革的理念和内容，准确把握语文教学规律，提高课程实施能力。要注意语文学科与其他学科的关联，提高跨学科整合课程资源的意识和能力。要主动将新理念、新方法、新技术应用到语文教学中，通过个人反思、同伴互助、专家引领等多种途径提高自己的专业水平。

2. 立足教学实践，提高教研水平

语文教师要勇于面对课程实施过程中遇到的新问题和新挑战，紧紧围绕课程标准实施和教材使用过程中出现的突出问题，立足学情，因地制宜，以研究的态度探索问题的解决办法，提高教学研究水平。要注意收集、借鉴优秀课例，在观摩和反思中增强自己的实践智慧，提高教学能力。

3. 适应时代要求，提升信息素养

语文教师要不断提升信息素养，合理利用网络资源，将语文教学的传统经验和现代信息技术有机结合，不断探索语文教学和信息技术深度融合的方式方法，充分发挥信息技术在学习情境设计、教学资源提供、个性化学习指导、学习证据收集等方面的优势，提高语文教学效益，增强课程育人效果。

4. 聚焦关键问题，推进校本教研

学校要充分重视并不断加强语文教研组建设，以教研组为依托，结合学校具体情况和学科发展趋势，围绕语文课程内容的选择、教学活动的组织、学习任务群的设计和实施等关键问题开展教学研究，落实课程标准要求，推动语文教学变革。要根据教师的研究兴趣和专长，组建形式多样的校本教研共同体，有计划地开展主题式校本教研活动，提高教研品质，促进教师发展。

5. 加强区域教研，推广典型经验

各级教研组织要不断加强语文学科教研力量，在深入调研的基础上，理清不同发展层次学校和不同发展水平教师遇到的典型问题，围绕这些问题开展合作研究和跟踪指导，为一线语文教师提供有力的教研支持。要悉心培育优秀语文教师和语文教研组，及时发现、总结、推广本区域语文教学改革的典型经验，发挥其辐射和引领作用。

6. 发挥制度优势，推进研修融合

要充分发挥我国教研制度的优势，整合各级教研组织和教师培训机构力量，将语文教师培训和语文学科教研结合起来，实现研修的一体化设计与实施。要在吸收语文学科教育理论研究成果的基础上，充分关注一线语文教师和教研员在理解和实施课程标准过程中积累的成果和经验，并及时将其纳入语文教师的研修和培训课程中，提高培训的实用性。

7. 依据课改理念，设计培训内容

教师培训要从新时代教育变革的总体方向和要求出发，明晰语文课程标准修订的背景和价值。要强调语文课程的素养导向和育人价值，明确语文课程标准中核心素养、课程目标、课程内容、课程实施、学业质量等部分的内在联系。要将学习任务群的设计理念和实施方法作为培训的重要内容，以课程内容及其组织形态的变革推动语文教学方式的变革。要关注人工智能、大数据等新知识和新业态，增强培训内容的时代性。

8. 采用多种方式，增强培训效果

各级培训，要根据语文学科特点和教师发展需要确定培训目标，精心选择培训内容，开拓培训思路，创新培训方式。要运用案例式、参与式、体验式等培训方式加强培训者与被培训者的互动，提高培训的针对性和实效性。要充分利用现代信息技术优势，将线上培训和线下培训相结合，整合培训资源，增强培训效果，扩大培训的受益面。

第三节　《义务教育语文课程标准》(2011年版)节选

一、前言　【单选】★★★

考点1　课程性质

《义务教育语文课程标准》(2011年版)

语文课程是一门学习语言文字运用的**综合性、实践性课程**。义务教育阶段的语文课程，应使学生初步学会运用祖国语言文字进行交流沟通，吸收古今中外优秀文化，提高思想文化修养，促进自身精神成长。工具性与人文性的统一，是语文课程的基本特点。

真题面对面

1. [2019重庆沙坪坝区，单，1分]语文课程的基本特点是(　　)

A. 工具性与实践性的统一　　B. 人文性与实践性的统一

C. 工具性与人文性的统一　　D. 可读性与实践性的统一

答案：C。《义务教育语文课程标准》(2011年版)指出，工具性与人文性的统一，是语文课程的基本特点。

2. [2019山东聊城，单，1分]语文课程的特点是(　　)和(　　)的统一。

A. 综合性、实践性　　B. 工具性、综合性

C. 人文性、实践性　　D. 工具性、人文性

答案：D。语文课程的特点是人文性与工具性的统一。

考点2　课程基本理念

1. 全面提高学生的语文素养

九年义务教育阶段的语文课程，必须面向全体学生，使学生获得基本的语文素养。

语文课程应激发和培育学生热爱祖国语文的思想感情，引导学生丰富语言积累，培养语感，发展思维，初步掌握学习语文的基本方法，养成良好的学习习惯，具有适应实际生活需要的识字写字能力、阅读能力、写作能力、口语交际能力，正确运用祖国语言文字。语文课程还应通过优秀文化的熏陶感染，促进学生和谐发展，使他们提高思想道德修养和审美情趣，逐步形成良好的个性和健全的人格。

2. 正确把握语文教育的特点

语文课程丰富的人文内涵对学生精神世界的影响是广泛而深刻的，学生对语文材料的感受和理解又往往是多元的。因此，应该重视语文课程对学生思想情感所起的熏陶感染作用，注意课程内容的价值取向，要继承和发扬中华优秀文化传统和革命传统，体现社会主义核心价值体系的引领作用，突出中国特色社会主义共同理想，弘扬以爱国主义为核心的民族精神和以改革创新为核心的时代精神，树立社会主义荣辱观，培养良好思想道德风尚，同时也要尊重学生在语文学习过程中的独特体验。

语文课程是实践性课程，应着重培养学生的**语文实践能力**，而培养这种能力的主要途径也应是语文实践。语文课程是学生学习运用祖国语言文字的课程，学习资源和实践机会无处不在，无时不有。因而，应该让学生多读多写，日积月累，在大量的语文实践中体会、把握运用语文的规律。

语文课程应特别关注汉语言文字的特点对学生识字写字、阅读、写作、口语交际和思维发展等方面的影响，在教学中尤其要重视培养良好的语感和整体把握的能力。

3. 积极倡导自主、合作、探究的学习方式

学生是学习的主体。语文课程必须根据学生身心发展和语文学习的特点，爱护学生的好奇心、求知欲，鼓励自主阅读、自由表达，充分激发他们的问题意识和进取精神，关注个体差异和不同的学习需求，积极倡导自主、合作、探究的学习方式。教学内容的确定，教学方法的选择，评价方式的设计，都应有助于这种学习方式的形成。

语文学习应注重听说读写的相互联系，注重语文与生活的联系，注重知识与能力、过程与方法、情感态度与价值观的整体发展。综合性学习既符合语文教育的传统，又具有现代社会的学习特征，有利于学生在感兴趣的自主活动中全面提高语文素养，有利于培养学生主动探究、团结合作、勇于创新的精神，应该积极提倡。

4. 努力建设开放而有活力的语文课程

语文课程的建设应继承我国语文教育的优良传统，注重读书、积累和感悟，注重整体把握和熏陶感染；同时应密切关注现代社会发展的需要。拓宽语文学习和运用的领域，注重跨学科的学习和现代科技手段的运用，使学生在不同内容和方法的相互交叉、渗透和整合中开阔视野，提高学习效率，初步养成现代社会所需要的语文素养。

语文课程应该是开放而富有创新活力的。要尽可能满足不同地区、不同学校、不同学生的需求，确立适应时代需要的课程目标，开发与之相适应的课程资源，形成相对稳定而又灵活的实施机制，不断地自我调节、更新发展。

二、课程目标与内容 【单选、填空】★★★

考点1 总体目标与内容

课程目标从知识与能力、过程与方法、情感态度与价值观三个方面设计。三者相互渗透，融为一体。目标的设计着眼于语文素养的整体提高。

1. 在语文学习过程中，培养爱国主义、集体主义、社会主义思想道德和健康的审美情趣，发展个性，培养创新精神和合作精神，逐步形成积极的人生态度和正确的世界观、价值观。

2. 认识中华文化的丰厚博大，汲取民族文化智慧。关心当代文化生活，尊重多样文化，吸收人类优秀文化的营养，提高文化品位。

3. 培育热爱祖国语言文字的情感，增强学习语文的自信心，养成良好的语文学习习惯，初步掌握学习语文的基本方法。

4. 在发展语言能力的同时，发展思维能力，学习科学的思想方法，逐步养成实事求是、崇尚真知的科学态度。

5. 能主动进行探究性学习，激发想象力和创造潜能，在实践中学习和运用语文。

6. 学会汉语拼音。能说普通话。认识3500个左右常用汉字。能正确工整地书写汉字，并有一定的速度。

7. 具有独立阅读的能力，学会运用多种阅读方法。有较为丰富的积累和良好的语感，注重情感体验，发展感受和理解的能力。能阅读日常的书报杂志，能初步鉴赏文学作品，丰富自己的精神世界。能借助工具书阅读浅易文言文。背诵优秀诗文240篇(段)。九年课外阅读总量应在400万字以上。

8. 能具体明确、文从字顺地表达自己的见闻、体验和想法。能根据需要，运用常见的表达方式写作，发展书面语言运用能力。

9. 具有日常口语交际的基本能力，学会倾听、表达与交流，初步学会运用口头语言文明地进行人际沟通和社会交往。

10. 学会使用常用的语文工具书。初步具备搜集和处理信息的能力，积极尝试运用新技术和多种媒体学习语文。

第二部分

考点2 学段目标与内容(7～9年级)

1. 识字与写字

(1)能熟练地使用字典、词典独立识字，会用多种检字方法。累计认识常用汉字3500个左右。

(2)在使用硬笔熟练地书写正楷字的基础上，学写规范、通行的行楷字，提高书写的速度。

(3)临摹名家书法，体会书法的审美价值。

(4)写字姿势正确，有良好的书写习惯。

2. 阅读

(1)能用普通话正确、流利、有感情地朗读。

(2)养成默读习惯，有一定的速度，阅读一般的现代文，每分钟不少于500字。能较熟练地运用略读和浏览的方法，扩大阅读范围。

(3)在通读课文的基础上，理清思路，理解、分析主要内容，体味和推敲重要词句在语言环境中的意义和作用。

(4)对课文的内容和表达有自己的心得，能提出自己的看法，并能运用合作的方式，共同探讨、分析、解决疑难问题。

(5)在阅读中了解叙述、描写、说明、议论、抒情等表达方式。

(6)能够区分写实作品与虚构作品,了解诗歌、散文、小说、戏剧等文学样式。

(7)欣赏文学作品,有自己的情感体验,初步领悟作品的内涵,从中获得对自然、社会、人生的有益启示。对作品中感人的情境和形象,能说出自己的体验;品味作品中富于表现力的语言。

(8)阅读简单的议论文,区分观点与材料(道理、事实、数据、图表等),发现观点与材料之间的联系,并通过自己的思考,作出判断。阅读新闻和说明性文章,能把握文章的基本观点,获取主要信息。阅读科技作品,还应注意领会作品中所体现的科学精神和科学思想方法。阅读由多种材料组合、较为复杂的非连续性文本,能领会文本的意思,得出有意义的结论。

(9)诵读古代诗词,阅读浅易文言文,能借助注释和工具书理解基本内容。注重积累、感悟和运用,提高自己的欣赏品位。

(10)随文学习基本的词汇、语法知识,用来帮助理解课文中的语言难点;了解常用的修辞方法,体会它们在课文中的表达效果。了解课文涉及的重要作家作品知识和文化常识。

(11)能利用图书馆、网络搜集自己需要的信息和资料,帮助阅读。

(12)学会制订自己的阅读计划,广泛阅读各种类型的读物,课外阅读总量不少于260万字,每学年阅读两三部名著。背诵优秀诗文80篇(段)。

3. 写作

(1)写作要有真情实感,力求表达自己对自然、社会、人生的感受、体验和思考。

(2)多角度观察生活,发现生活的丰富多彩,能抓住事物特征,有自己的感受和认识,表达力求有创意。

(3)注重写作过程中搜集素材、构思立意、列纲起草、修改加工等环节,提高独立写作的能力。

(4)写作时考虑不同的目的和对象。根据表达的需要,围绕表达中心,选择恰当的表达方式。合理安排内容的先后和详略,条理清楚地表达自己的意思。运用联想和想象,丰富表达的内容。正确使用常用的标点符号。

(5)写记叙性文章,表达意图明确,内容具体充实;写简单的说明性文章,做到明白清楚;写简单的议论性文章,做到观点明确,有理有据;根据生活需要,写常见应用文。

(6)能从文章中提取主要信息,进行缩写;能根据文章的基本内容和自己的合理想象,进行扩写;能变换文章的文体或表达方式等,进行改写。

(7)根据表达的需要,借助语感和语文常识,修改自己的作文,做到文从字顺。能与他人交流写作心得,互相评改作文,以分享感受,沟通见解。

(8)作文每学年一般不少于14次,其他练笔不少于1万字,45分钟能完成不少于500字的习作。

真题面对面

1. [2022安徽统考,课程理论,3分]根据《普通高中语文课程标准》(2017年版)和《义务教育语文课程标准》(2011年版)下列表述不正确的一项是( )

A. 普通高中语文课程应重视对学生情感、态度与价值观的正确引导。

B. 普通高中语文课程评价要把握学习任务群的特点，综合统筹评价过程。

C. 7～9年级养成默读习惯，有一定的速度，阅读一般的现代文，每分钟不少于500字。

D. 7～9年级学生作文每学年一般不少于14次，其他练笔不少于1万字，45分钟能完成不少于600字的习作。

答案：D。《义务教育语文课程标准》（2011年版）7～9年级写作目标规定：作文每学年一般不少于14次，其他练笔不少于1万字，45分钟能完成不少于500字的习作。

2.［2021江西初中，单，1分］下列不符合《义务教育语文课程标准》（2011年版）关于7～9年级目标和内容要求的一项是（　　）

A. 能熟练地使用字典、词典独立识字，会用多种检字方法。累计认识常用汉字3500个左右。

B. 养成默读习惯，有一定的速度，阅读一般的现代文，每分钟不少于500字。能较熟练地运用略读和浏览的方法，扩大阅读范围。

C. 学会制订自己的阅读计划，广泛阅读各种类型的读物，课外阅读总量不少于260万字，每学年阅读两三部名著。背诵优秀诗文80篇（段）。

D. 作文每学年一般不少于14次，其他练笔不少于1万字，45分钟能完成不少于600字的习作。

答案：D。D项，新课标中关于写作教学目标与内容要求："作文每学年一般不少于14次，其他练笔不少于1万字，45分钟能完成不少于500字的习作。"

4. 口语交际

（1）注意对象和场合，学习文明得体地交流。

（2）耐心专注地倾听，能根据对方的话语、表情、手势等，理解对方的观点和意图。

（3）自信、负责地表达自己的观点，做到清楚、连贯、不偏离话题。

（4）注意表情和语气，根据需要调整自己的表达内容和方式，不断提高应对能力，增强感染力和说服力。

（5）讲述见闻，内容具体、语言生动。复述转述，完整准确、突出要点。能就适当的话题作即席讲话和有准备的主题演讲，有自己的观点，有一定说服力。

（6）讨论问题，能积极发表自己的看法，有中心、有根据、有条理。能听出讨论的焦点，并能有针对性地发表意见。

5. 综合性学习

（1）自主组织文学活动，在办刊、演出、讨论等活动过程中，体验合作与成功的喜悦。

（2）能提出学习和生活中感兴趣的问题，共同讨论，选出研究主题，制订简单的研究计划。能从书刊或其他媒体中获取有关资料，讨论分析问题，独立或合作写出简单的研究报告。

（3）关心学校、本地区和国内外大事，就共同关注的热点问题，搜集资料，调查访问，相互讨论，能用文字、图表、图画、照片等展示学习成果。

（4）掌握查找资料、引用资料的基本方法，分清原始资料与间接资料的主要差别，学会注明所援引资料的出处。

三、实施建议 【单选、简答】★★★

考点 1 教学建议

1. 充分发挥师生双方在教学中的主动性和创造性

学生是语文学习的主体，教师是学习活动的组织者和引导者。语文教学应在师生平等对话的过程中进行。

语文教学应激发学生的学习兴趣，培养学生自主学习的意识和习惯，引导学生掌握语文学习的方法，为学生创设有利于自主、合作、探究学习的环境。应尊重学生的个体差异，鼓励学生选择适合自己的学习方式。

教师应确立适应社会发展和学生需求的语文教育观念，注重吸收新知识，不断提高自身的综合素养。应认真钻研教材，正确理解、把握教材内容，创造性地使用教材；积极开发、合理利用课程资源，灵活运用多种教学策略和现代教育技术，努力探索网络环境下新的教学方式；精心设计和组织教学活动，重视启发式、讨论式教学，启迪学生智慧，提高语文教学质量。

2. 教学中努力体现语文的实践性和综合性

教师应努力改进课堂教学，整体考虑知识与能力、过程与方法、情感态度与价值观的综合，注重听说读写之间的有机联系，加强教学内容的整合，统筹安排教学活动，促进学生语文素养的整体提高。

重视学生读书、写作、口语交际、搜集处理信息等语文实践，提倡多读多写，改变机械、粗糙、繁琐的作业方式，让学生在语文实践中学习语文，学会学习。善于通过专题学习等方式，沟通课堂内外，沟通听说读写，增加学生语文实践的机会。充分利用学校、家庭和社区等教育资源，开展综合性学习活动，拓宽学生的学习空间。

3. 重视情感、态度、价值观的正确导向

培养学生正确的思想观念、科学的思维方式、高尚的道德情操、健康的审美情趣和积极的人生态度，是与帮助他们掌握学习方法、提高语文能力的过程融为一体的，不应该当作外在的附加任务。应该根据语文学科的特点，注重熏陶感染，潜移默化，把这些内容渗透于日常的教学过程之中。

4. 重视培养学生的创新精神和实践能力

语文教学要注重语言的积累、感悟和运用，注重基本技能训练，让学生打好扎实的语文基础。尤其要注重激发学生的好奇心、求知欲，发展学生的思维，培养想象力，开发创造潜能，提高学生发现、分析和解决问题的能力，提高语文综合应用能力。

5. 具体建议

学生生理、心理以及语言能力的发展具有阶段性特征，不同内容的教学也有各自的规律，应该根据不同学段学生的特点和不同的教学内容，采取合适的教学策略。

(1)关于识字、写字与汉语拼音教学

识字、写字是阅读和写作的基础，是第一学段的教学重点，也是贯串整个义务教育阶段的重要教学内容。

低年级阶段学生“会认”与“会写”的字量要求有所不同。在教学过程中要“多认少写”，要求学生会认的字不一定同时要求会写。

识字教学要注意儿童特点，将学生熟识的语言因素作为主要材料，结合学生的生活经验，引导他们利用各种机会主动识字，力求识用结合。

要运用多种识字教学方法和形象直观的教学手段，创设丰富多彩的教学情境，提高识字教学效率。

按照规范要求认真写好汉字是教学的基本要求，练字的过程也是学生性情、态度、审美趣味养成的过程。每个学段都要指导学生写好汉字。要求学生写字姿势正确，指导学生掌握基本的书写技能，养成良好的书写习惯，提高书写质量。

汉语拼音教学要尽可能有趣味性，宜多采用活动和游戏的形式，应与学说普通话、识字教学相结合，注意汉语拼音在现实语言生活中的运用。

(2)关于阅读教学

阅读是运用语言文字获取信息、认识世界、发展思维、获得审美体验的重要途径。阅读教学是学生、教师、教科书编者、文本之间对话的过程。

阅读是学生的个性化行为。阅读教学应引导学生钻研文本，在**主动积极**的思维和情感活动中，加深理解和体验，有所感悟和思考，受到情感熏陶，获得思想启迪，享受审美乐趣。要珍视学生独特的感受、体验和理解。教师应加强对学生阅读的**指导、引领和点拨**，但不应以教师的分析来代替学生的阅读实践，不应以模式化的解读来代替学生的体验和思考；要善于通过合作学习解决阅读中的问题，但也要防止用集体讨论来代替个人阅读。

阅读教学应注重培养学生感受、理解、欣赏和评价的能力。这种综合能力的培养，各学段可以有所侧重，但不应把它们机械地割裂开来。

在理解课文的基础上，提倡多角度、有创意的阅读，利用阅读期待、阅读反思和批判等环节，拓展思维空间，提高阅读质量。但要防止逐字逐句的过深分析和远离文本的过度发挥。

各个学段的阅读教学都要重视朗读和默读。各学段关于朗读的目标中都要求“有感情地朗读”，这是指，要让学生在朗读中通过品味语言，体会作者及作品中的情感态度，学习用恰当的语气语调朗读，表现自己对作者及其作品情感态度的理解。朗读要提倡自然，要摒弃矫情做作的腔调。

应加强对阅读方法的指导，让学生逐步学会精读、略读和浏览。有些诗文应要求学生诵读，以利于丰富积累、增强体验，培养语感。

在阅读教学中，为了帮助理解课文，可以引导学生随文学习必要的语文知识，但不能脱离语文运用的实际去进行“系统”的讲授和操练，更不应要求学生死记硬背概念、定义。

要重视培养学生广泛的阅读兴趣，扩大阅读面，增加阅读量，提高阅读品位。提倡少做题，多读书，好读书，读好书，读整本的书。关注学生通过多种媒介的阅读，鼓励学生自主选择优秀的阅读材料。加强对课外阅读的指导，开展各种课外阅读活动，创造展示与交流的机会，营造人人爱读书的良好氛围。

(3)关于写作教学

写作是运用语言文字进行表达和交流的重要方式，是认识世界、认识自我、创造性表述的过程。写作能力是语文素养的综合体现。写作教学应贴近学生实际，让学生易于动笔，乐于表达，应引导学生关注现实，热爱生活，积极向上，表达真情实感。

在写作教学中，应注重培养学生观察、思考、表达和创造的能力。要求学生说真话、实话、心里话，不说假话、空话、套话，并且抵制抄袭行为。

为学生的自主写作提供有利条件和广阔空间，减少对学生写作的束缚，鼓励自由表达和有创意的表达。鼓励写想象中的事物，加强平时练笔指导，改进作文命题方式，提倡学生自主选题。

写作教学应抓住取材、立意、构思、起草、加工等环节，指导学生在写作实践中学会写作。重视引导学生在自我修改和相互修改的过程中提高写作能力。

要重视写作教学与阅读教学、口语交际教学之间的联系，善于将读与写、说与写有机结合，相互促进。要关注作文的书写质量，要使学生把作文的书写也当作练字的过程。

积极合理利用信息技术与网络的优势，丰富写作形式，激发写作兴趣，增加学生创造性表达、展示交流与互相评改的机会。

(4)关于口语交际教学

口语交际能力是现代公民的必备能力。应培养学生倾听、表达和应对的能力，使学生具有文明和谐地进行人际交流的素养。

口语交际是听与说双方的互动过程。教学活动主要应在具体的交际情境中进行，不宜采用大量讲授口语交际原则、要领的方式。应努力选择贴近生活的话题，采用灵活的形式组织教学。

重视在语文课堂教学中培养口语交际的能力，鼓励学生在各科教学活动以及日常生活中锻炼口语交际能力。

(5)关于综合性学习

综合性学习主要体现为语文知识的综合运用、听说读写能力的整体发展、语文课程与其他课程的沟通、书本学习与生活实践的紧密结合。

综合性学习应贴近现实生活。联系生活中的实际问题开展学习活动，在实现语文学习目标的同时，提高对自然、社会现象与问题的认识，追求积极、健康、和谐的生活方式，增强抵御风险和侵害的意识，增强在与自然、社会和他人互动中的应对能力。

综合性学习应突出学生的自主性，重视学生主动积极的参与精神，主要由学生自行设计和组织活动，特别注重探索和研究的过程，要加强教师在各环节中的指导作用。

综合性学习应强调合作精神，注意培养学生策划、组织、协调和实施的能力。

综合性学习的设计应开放、多元，提倡与其他课程相结合，开展跨领域学习。跨学科学习，也应以提高学生语文素养为目的。

积极构建网络环境下的学习平台，拓展学生学习和创造的空间，支持和丰富语文综合性学习。

(6)关于语法修辞知识

本标准“学段目标与内容”中涉及语音、文字、词汇、语法、修辞、文体、文学等丰富的知识内容。在教学中应根据语文运用的实际需要，从所遇到的具体语言实例出发进行指导和点拨。指导与点拨的目的是帮助学生更好地识字、写字、阅读与表达，形成一定的语言应用能力和良好的语感，而不在于对知识系统的记忆。因此，要避免脱离实际运用，围绕相关知识的概念、定义进行“系统、完整”的讲授与操练。

本标准通过所附的“语法修辞知识要点”对相关内容略加展开，大致规定教学中点拨的范围和难度；这一部分提到有关的名称，则便于教师在引导学生认识语言现象和问题时称说。关于语言结构和运用的规律，须让学生在具有比较丰富的语言积累和良好语感的基础上，在实际运用中逐步体味把握。

真题面对面

［2021福建统考，填空，2分］《义务教育语文课程标准》（2011年版）提出，口语交际能力是现代公民的必备能力，应培养学生________、表达和应对的能力。

答案：倾听

考点2 评价建议

语文课程评价的根本目的是促进学生学习，改善教师教学。语文课程评价应准确反映学生的学习水平和学习状况，全面落实语文课程目标。应充分发挥语文课程评价的多重功能，恰当运用多种评价方式，注重评价主体的多元与互动，突出语文课程评价的整体性和综合性。要根据不同年龄学生的学习特点，按照不同学段的课程目标，抓住关键，突出重点，采用合适方式，提高评价效率。语文课程评价应该改变过于重视甄别和选拔的状况，突出评价的诊断和发展功能。

1. 充分发挥语文课程评价的多种功能

语文课程评价具有检查、诊断、反馈、激励、甄别和选拔等多种功能，其目的是考察学生实现课程目标的程度，检验和改进学生的学习和教师的教学，改善课程设计，完善教学过程。应发挥语文课程评价的多种功能，尤其应注意发挥其诊断、反馈和激励的功能，有效地促进学生的发展。

2. 恰当运用多种评价方式

形成性评价关注学习过程，有利于及时揭示问题、及时反馈、及时改进教与学活动。终结性评价关注学习结果，有利于对教学活动作出总结性的结论。形成性评价和终结性评价都是必要的。应加强形成性评价，注意收集、积累能够反映学生语文学习与发展的资料，可采用成长记录袋等各种方式，记录学生的成长过程。对学生语文学习的日常表现，应以表扬、鼓励等积极的评价为主，采用激励性的评语，从正面加以引导。

要坚持定性评价和定量评价相结合，全面反映学生语文学习的状态及水平。评价方法除了纸笔测试以外，还有平时的行为观察与记录、问卷调查、面谈讨论等各种方法。语文学习具有重情感体验和感悟的特点，更应重视定性评价。学校和教师要对学生的成长记录和考试结果进行分析，评价结果的呈现方式除了等级或分数以外，还可用代表性的事实客观描述学生语文学习的进步，并提出建议。

各种评价方法都有其一定的适应性，在评价的客观性和深刻性上也各有差别，因此，评价设计要注重可行性和有效性，力戒繁琐，防止片面追求形式。

3. 注重评价主体的多元与互动

应注意将教师的评价、学生的自我评价及学生之间的相互评价相结合，加强学生的自我评价和相互评价，促进学生主动学习，自我反思。评价要理解和尊重学生的自我评价与相互评价。要尊重学生的个体差异，有利于每个学生的健康发展。

根据需要，可让学生家长、社区、专业人员等适当参与评价活动，争取社会对学生语文学习的更多关注和支持。

4. 突出语文课程评价的整体性和综合性

语文课程评价要体现语文课程目标的整体性和综合性，全面考察学生的语文素养。应注意识字与写字、阅读、写作、口语交际和综合性学习五个方面的有机联系，注意知识与能力、过程与方法、情感态度与价值观的交融、整合，避免只从知识、技能方面进行评价。

5. 具体建议

(1)关于识字与写字的评价

汉语拼音学习的评价，重在考察学生认读和拼读的能力，以及借助汉语拼音认读汉字、讲普通话、纠正地方音的情况。

识字的评价，要考察学生认清字形、读准字音、掌握汉字基本意义的情况，以及在具体语言环境中运用汉字的能力，借助字典、词典等工具书查检字词的能力。第一、第二学段应多关注学生主动识字的兴趣，第三、第四学段要重视考察学生独立识字的能力。

写字的评价，要考察学生对于要求"会写"的字的掌握情况，重视书写的正确、端正、整洁，在此基础上，逐步要求书写流利。第一学段要关注学生写好基本笔画、基本结构和基本字，第二、第三学段还要关注学生的毛笔书写，第四学段还要关注学生基本行楷字的书写和对名家书法作品的临摹。义务教育的各个学段的写字评价都要关注学生写字的姿势与习惯，引导学生提高书写质量。第三学段要求学生会写2500个字。

评价要有利于激发学生识字、写字的兴趣，帮助学生养成写规范字的习惯，减少错别字。

(2)关于阅读的评价

阅读的评价，要综合考察学生阅读过程中的感受、体验和理解，要关注其阅读兴趣与价值取向、阅读方法与习惯，也要关注其阅读面和阅读量，以及选择阅读材料的能力。重视对学生多角度、有创意阅读的评价。语文知识的学习重在运用，其概念不作为考试内容。

能用普通话正确、流利、有感情地朗读课文，是朗读评价的总要求。根据阶段目标，各学段的要求可以有所侧重。评价学生的朗读，可从语音、语调和语气等方面进行综合考察，评价"有感情地朗读"，要以对内容的理解与把握为基础，要防止矫情做作。

诵读的评价，重在提高学生的诵读兴趣，增加积累，发展语感，加深体验和领悟。在不同学段，可在诵读材料的内容、范围、数量、篇幅、类型等方面逐渐增加难度。

默读的评价，应从学生默读的方法、速度、效果和习惯等方面进行综合考察。

精读的评价，重点评价学生对阅读材料的综合理解能力，要重视评价学生的情感体验和创造性的理解。

第一学段可侧重考察对文章内容的初步感知和文中重要词句的理解、积累；第二学段侧重考察通过重要词句帮助理解文章，体会其表情达意的作用，以及对文章大意的把握；第三学段侧重考察对文章表达顺序和基本表达方法的了解领悟；第四学段侧重考察理清思路、概括要点、探究内容等方面的情况，以及读懂不同文体文章的能力。

略读的评价，重在考察学生能否把握阅读材料的大意。浏览的评价，重在考察学生能否从阅读材料中捕捉有用信息。

文学作品阅读的评价，着重考察学生感受形象、体验情感、品味语言的水平，对学生独特的感受和体验应加以鼓励。第一学段侧重考察学生能通过朗读和想象等手段，大体感受作品的情境、节奏和韵味；第二学段侧重考察在阅读全文基础上对重要段落和语句的细致阅读，具体感受作品的形象和语言；第三、第四学段可通过考察学生对形象、情感、语言的领悟程度，以及自己的体验，来评价学生初步鉴赏文学作品的水平。

评价学生阅读古代诗词和浅易文言文，重点考察学生的记诵积累，考察他们能否凭借注释和工具书理解诗文大意。词法、句法等方面的概念不作为考试内容。

要重视学生课外阅读的评价。应根据各学段的要求，通过小组和班级交流、学习成果展示等方式，了解学生的阅读量和阅读面，进而考察其阅读的兴趣、习惯、品位、方法和能力。

(3)关于写作的评价

写作的评价，应按照不同学段的目标要求，综合考察学生写作水平的发展状况。第一学段主要评价学生的写话兴趣；第二学段是习作的起始阶段，要鼓励学生大胆习作；第三、第四学段要通过多种评价，促进学生具体明确、文从字顺地表达自己的见闻、体验和想法。对于作文的评价还须关注学生汉字书写的情况。

写作的评价，要重视学生的写作兴趣和习惯，鼓励表达真情实感，鼓励有创意的表达，引导学生热爱生活，亲近自然，关注社会。

写作材料准备过程的评价，不仅要具体考察学生占有材料的丰富性、真实性，也要考察他们获取材料的方法。要引导学生通过观察、调查、访谈、阅读等途径，运用多种方法搜集材料。

重视对**作文修改**的评价。要考察学生对作文内容、文字表达的修改，也要关注学生修改作文的态度、过程和方法。要引导学生通过自改和互改，取长补短，促进相互了解和合作，共同提高写作水平。

评价结果的呈现方式，根据实际需要，可以是书面的，可以是口头的；可以用等级表示，也可以用评语表示；还可以采用展示、交流等多种方式。

提倡学生在成长记录中收存有代表性的课内外作文和有价值的典型案例分析，以反映写作的实际情况和发展过程。

(4)关于口语交际的评价

口语交际的评价，须注重提高学生对口语交际的认识和表达沟通的水平。考察口语交际水平的基本项目可以有讲述、应对、复述、转述、即席讲话、主题演讲、问题讨论等。

口语交际的评价，应按照不同学段的要求，综合考察学生的参与意识、情意态度和表达能力。第一学段主要评价学生口语交际的态度与习惯，重在鼓励学生自信地表达；第二、第三学段主要评价学生日常口语交际的基本能力，学会倾听、表达与交流；第四学段要通过多种评价方式，促进学生根据不同的对象和内容，文明地进行人际沟通和社会交往。评价宜在具体的交际情境中进行，让学生承担有实际意义的交际任务，并结合学生在日常生活和学习活动中的表现，综合考察学生真实的口语交际水平。

(5)关于综合性学习的评价

综合性学习的评价，应着重考察学生的语文综合运用能力、探究精神与合作态度。主要着眼于学生在综合性学习过程中的表现，如是否能积极参与活动，是否能主动提出问题，还有搜集整理材料、综合运用语文知识探究问题、展示与交流学习成果等方面的情况。第一、第二学段要较多地关注学生参与语文学习活动的兴趣与态度。第三、第四学段要多关注学生在语文活动中提出问题、探究问题以及展示学习活动成果的能力。各个学段综合性学习的评价都要着眼于促进学生提高语文水平的效率，并有助于他们扩大视野，更好地掌握学习语文的方法。

评价要尊重和保护学生学习的自主性和积极性，鼓励学生运用多种方法，从不同的角度进行探究。要充分注意学生解决问题的思路和方法。对有新意的思路和表达以及有特点的展示方式，尤其要给予足够的重视。除了教师的评价之外，要多让学生开展自我评价和相互评价。

真题面对面

1. [2022江西初中，单，1分]下列关于《义务教育语文课程标准》(2011年版)评价建议的表述不正确的一项是(　　)

A. 口语交际的评价，须注重提高学生对口语交际的认识和表达沟通的水平，考察基本项目有讲述、应对、复述、转述、即席讲话、主题演讲、问题讨论等。

B. 第四学段的口语交际评价要通过多种评价方式，促进学生根据不同的对象和内容，文明地进行人际沟通和社会交往。

C. 各个学段综合性学习的评价都要着眼于促进学生提高语文水平的效率，并有助于他们扩大视野，更好地掌握学习语文的方法。

D. 综合性学习的评价，应着重考察学生的语文综合运用能力、探究精神与合作态度。主要着眼于学生在综合性学习完成后的成果。

答案：D。《义务教育语文课程标准》(2011年版)评价建议要求：综合性学习的评价，应着重考察学生的语文综合运用能力、探究精神与合作态度。主要着眼于学生在综合性学习过程中的表现。

2. [2021江西初中，简答，8分]《义务教育语文课程标准》(2011年版)指出："写作的评价，应按照不同学段的目标要求，综合考查学生写作水平的发展状况。第一学段主要评价学生的写话兴趣；第二学段是习作的起始阶段，要鼓励学生大胆习作；第三、第四学段要通过多种评价，促进学生具体明确、文从字顺地表达自己的见闻、体验和想法。"请你谈谈如何有针对性地制订初中生写作的评价标准。

参考答案：(1)评价标准分类制订。平时的作文训练和考试作文应该采用不同的评价标准，考试时的作文评价标准和操作方法不适于照搬到日常的作文教学之中；不同的学习阶段、不同的写作学习目标应该有不同的评价标准；不同的学生应该采用不同的评价标准。

(2)评价内容多维化。评价的内容要努力全面反映学生的写作实际情况和发展过程，还要重视情感、态度、价值观的综合评价。

(3)评价主体多元化。学生的自我评价和学生互评最能体现学生作文评价的主体性。

第四节 《普通高中语文课程标准》(2017年版)节选

一、课程性质与基本理念 【单选、简答】★★★

《普通高中语文课程标准》(2017年版2020年修订)

考点1 课程性质

语言文字是人类社会最重要的交际工具和信息载体，是人类文化的重要组成部分。语言文字的运用，包括生活、工作和学习中的听说读写活动以及文学活动，存在于人类社会的各个领域。

语文课程是一门学习祖国语言文字运用的综合性、实践性课程。工具性与人文性的统一，是语文课程的基本特点。语文课程应引导学生在真实的语言运用情境中，通过自主的语言实践活动，积累言语经验，把握祖国语言文字的特点和运用规律，加深对祖国语言文字的理解与热爱，培养运用祖国语言文字的能力；同时，发展思辨能力，提升思维品质，培育社会主义核心价值观，培养高尚的审美情趣，积累丰厚的文化底蕴，理解文化多样性。

普通高中语文课程，应使全体学生在义务教育的基础上，进一步提高语文素养，形成良好的思想道德修养和科学人文修养，为终身学习奠定基础，为传承和发展中华文化、增强民族凝聚力和创造力发挥独特的功能，为培养德智体美劳全面发展的社会主义建设者和接班人发挥应有的作用。

考点2 基本理念

1. 坚持立德树人，增强文化自信，充分发挥语文课程的育人功能

祖国语文是中华儿女的精神家园，语文课程对继承和弘扬中华优秀传统文化、革命文化、社会主义先进文化，培养文化自信，推动文化的创新发展，具有不可替代的优势。

普通高中语文课程，必须以习近平新时代中国特色社会主义思想为指导，坚持立德树人，弘扬民族精神，融入社会主义核心价值观教育，培养热爱中华文明、热爱祖国、热爱人民、热爱中国共产党的深厚感情，以及热爱美好生活和奋发向上的人生态度，使学生逐步形成自己的思想、行为准则，增强为中华民族伟大复兴而努力的历史使命感和社会责任感。坚持加强语文课程内容与学生成长的联系，引导学生积极参与实践活动，学习认识自然、认识社会、认识自我、规划人生，在促进学生全面而有个性的发展方面发挥应有的功能。

2. 以核心素养为本，推进语文课程深层次的改革

随着社会和教育事业的发展，语文课程更加强调以核心素养为本。要进一步改革语文课程的目标和内容，既要关注知识技能的外显功能，更要重视课程的隐性价值，还要关注语文课程在社会信息化过程中新的内涵变化；通过改革，让学生多经历、体验各类启示性、陶冶性的语文学习活动，逐渐实现多方面要素的综合与内化，养成现代社会所需要的思想品质、精神面貌和行为方式。

普通高中语文课程应继续引导学生丰富语言积累，培养良好语感，掌握学习语文的基本方法，养成良好的学习习惯，提高运用祖国语言文字的能力；语言文字运用和思维密切相关，语文教育必须同时促进学生思维能力的发展与思维品质的提升；语文教育也是提高审美素养的重要途径，要让学生在语言文字运用的学习中受到美的熏陶，培养自觉的审美意识和高尚的审美情趣，培养审美感知和创造表现的能力；语言文字的运用体现时代的发展状况和人的文化修养，语文课程应该引导学生自觉继承中华优秀传统文化和革命文化，吸收世界各民族文化精华，积极参与中国特色社会主义先进文化的建设与传播。

3. 加强实践性，促进学生语文学习方式的转变

语文课程作为一门实践性课程，应着力在语文实践中培养学生的语言文字运用能力。学习运用祖国语言文字的资源和实践机会无处不在，应增强学生学语文、用语文的自觉意识，积极利用信息技术以及身边的各种资源和机会，通过阅读与鉴赏、表达与交流、梳理与探究等语文实践，积累言语经验，把握语文运用的规律，学会语文运用的方法，有效地提高语文能力，并在学习语言文字运用的过程中促进方法、习惯及情感、态度与价值观的综合发展。

语文课程还应当适应当代社会的发展需要，为培养创新人才发挥重要作用。要引导学生在语言文字运用的过程中发现问题，培养探究意识和发现问题的敏感性，探求解决问题和语言表达的创新路径。

4. 注重时代性，构建开放、多样、有序的语文课程

普通高中语文课程应适应社会对人才的多样化需求和学生对语文教育的不同期待，精选学习内容，变革学习方式，确保全体学生都获得必备的语文素养；帮助学生认识自己语文学习的已有基础、发展需求和方向，激发学习兴趣和潜能，在跨文化、跨媒介的语文实践中开阔视野，在更宽广的选择空间发展各自的语文特长和个性。

普通高中语文课程应具有相对稳定的结构和富有弹性的实施机制。应在课程标准的指导下，提高教师水平，发展教师特长，引导教师开发语文课程资源，有选择地、创造性地实施课程；把握信息时代新特点，积极利用新技术、新手段，建设开放、多样、有序的语文课程体系，使学生语文素养的发展与提升能适应社会进步新形势的需要。

真题面对面

[2019山东聊城，简答，5分]《普通高中语文课程标准》(2017年版)阐述的课程基本理念是怎样的？

参考答案：参见上文。

二、学科核心素养与课程目标 【单选、填空】★★★

考点 1 学科核心素养

学科核心素养是学科育人价值的集中体现，是学生通过学科学习而逐步形成的正确价值观、必备品格和关键能力。语文学科核心素养是学生在积极的语言实践活动中积累与构建起来，并在真实的语言运用情境中表现出来的语言能力及其品质；是学生在语文学习中获得的语言知识与语言能力，思维方法与思维品质，情感、态度与价值观的综合体现。主要包括“语言建构与运用”“思维发展与提升”“审美鉴赏与创造”“文化传承与理解”四个方面。

1. 语言建构与运用

语言建构与运用是指学生在丰富的语言实践中，通过主动的积累、梳理和整合，逐步掌握祖国语言文字特点及其运用规律，形成个体言语经验，发展在具体语言情境中正确有效地运用祖国语言文字进行交流沟通的能力。

2. 思维发展与提升

思维发展与提升是指学生在语文学习过程中，通过语言运用，获得直觉思维、形象思维、逻辑思维、辩证思维和创造思维的发展，促进深刻性、敏捷性、灵活性、批判性和独创性等思维品质的提升。

3. 审美鉴赏与创造

审美鉴赏与创造是指学生在语文学习中，通过审美体验、评价等活动形成正确的审美意识、健康向上的审美情趣与鉴赏品位，并在此过程中逐步掌握表现美、创造美的方法。

4. 文化传承与理解

文化传承与理解是指学生在语文学习中，继承和弘扬中华优秀传统文化、革命文化、社会主义先进文化，理解与借鉴不同民族和地区的文化，拓展文化视野，增强文化自觉，提升中国特色社会主义文化自信，热爱祖国语言文字，热爱中华文化，防止文化上的民族虚无主义。

语文学科核心素养的四个方面是一个整体。语言是重要的交际工具，也是重要的思维工具；语言的发展与思维的发展相互依存，相辅相成。语言文字是文化的载体，又是文化的重要组成部分；学习语言文字的过程也是文化获得的过程。语言文字作品是人类重要的审美对象，语文学习也是学生审美能力和审美品质发展的重要途径。语言建构与运用是语文学科核心素养的基础，在语文课程中，学生的思维发展与提升、审美鉴赏与创造、文化传承与理解，都是以语言的建构与运用为基础，并在学生个体言语经验发展过程中得以实现的。

真题面对面

1. [2022江西高中，单，1.5分]下列关于《普通高中语文课程标准》(2017年版)的表述不正确的一项是(　　)

A. 语文课程应引导学生在真实的语言运用情境中，通过自主的语言实践活动，积累言语经验，把握祖国语言文字的特点和运用规律，加深对祖国语言文字的理解与热爱，培养运用祖国语言文字的能力。

B. 语文课程强调以核心素养为本。要进一步改革语文课程的目标和内容，既要关注知识技能的外显功能，更要重视课程的隐性价值，还要关注语文课程在社会信息化过程中新的内涵变化。

C. 普通高中语文课程应精选学习内容，变革学习方式，激发学生的学习兴趣和潜能，帮助学生在跨文化、跨媒介的语文实践中开阔视野，在更宽广的选择空间发展学生的语文特长和个性。

D. 文化传承与理解是指学生在语文学习中，通过审美体验、评价等活动形成正确的审美意识、健康向上的审美情趣与鉴赏品位，拓展文化视野，增强文化自觉，提升中国特色社会主义文化自信。

答案：D。审美鉴赏与创造是指学生在语文学习中，通过审美体验、评价等活动形成正确的审美意识、健康向上的审美情趣与鉴赏品位，并在此过程中逐步掌握表现美、创造美的方法。

2. [2021福建统考，填空，2分]《普通高中语文课程标准》(2017年版)提出，语言是重要的________工具，也是重要的思维工具。

答案：交际

考点2 课程目标

学生通过阅读与鉴赏、表达与交流、梳理与探究等语文学习活动，在语言建构与运用、思维发展与提升、审美鉴赏与创造、文化传承与理解几个方面都获得进一步的发展；坚定文化自信，自觉弘扬社会主义核心价值观，树立积极向上的人生理想，为全面发展和终身发展奠定基础。

1. 语言积累与建构。积累较为丰富的语言材料和言语活动经验，形成良好的语感；在已经积累的语言材料间建立起有机的联系，在探究中理解、掌握祖国语言文字运用的基本规律。

2. 语言表达与交流。能凭借语感和对语言运用规律的把握，根据具体的语言情境和不同的对象，运用口头和书面语言文明得体地进行表达与交流；能将具体的语言文字作品置于特定的交际情境和历史文化情境中理解、分析和评价。

3. 语言梳理与整合。通过梳理和整合，将积累的语言材料和学习的语文知识结构化，将言语活动经验逐渐转化为具体的学习方法和策略，并能在语言实践中自觉地运用。

4. 增强形象思维能力。获得对语言和文学形象的直觉体验；在阅读与鉴赏、表达与交流、梳理与探究活动中运用联想和想象，丰富自己对现实生活和文学形象的感受与理解，丰富自己的经验与语言表达。

5. 发展逻辑思维。能够辨识、分析、比较、归纳和概括基本的语言现象和文学现象，并能有理有据地表达自己的观点和阐述自己的发现；运用基本的语言规律和逻辑规则，判别语言运用的正误，准确、生动、有逻辑地表达自己的认识；运用批判性思维审视语言文字作品，探究和发现语言现象和文学现象，形成自己对语言和文学的认识。

6. 提升思维品质。自觉分析和反思自己的语文实践活动经验，提高语言运用的能力，增强思维的深刻性、敏捷性、灵活性、批判性和独创性。

7. 增进对祖国语言文字的美感体验。感受祖国语言文字独特的美，增强热爱祖国语言文字的感情。

8. 鉴赏文学作品。感受和体验文学作品的语言、形象和情感之美，能欣赏、鉴别和评价不同时代、不同风格的作品，具有正确的价值观、高尚的审美情趣和审美品位。

9. 美的表达与创造。能运用祖国语言文字表达自己的审美体验，表达自己的情感、态度和观念，表现和创造自己心中的美好形象；讲究语言文字表达的效果及美感，具有创新意识。

10. 传承中华文化。通过学习运用祖国语言文字，体会中华文化的博大精深、源远流长，体会中华文化

的核心思想理念和人文精神，增强文化自信，理解、认同、热爱中华文化，继承、弘扬中华优秀传统文化和革命文化。

11. 理解多样文化。通过学习语言文字作品，懂得尊重和包容，初步理解和借鉴不同民族、不同区域、不同国家的优秀文化，吸收人类文化的精华。

12. 关注、参与当代文化。关注并积极参与当代文化传播与交流，在运用祖国语言文字的过程中，坚持文化自信，提高社会责任感，增强为中华民族伟大复兴而奋斗的使命感。

三、课程结构 【填空】★★★

考点 1 设计依据

1. 以中国特色社会主义理论体系为指导，落实立德树人根本任务，遵循教育规律，着力发展学生的核心素养，促进学生全面而有个性地发展，设计基础性与选择性相结合的课程。

2. 从祖国语文的特点和高中生学习语文的规律出发，以语文学科核心素养为纲，以学生的语文实践为主线，设计“语文学习任务群”。“语文学习任务群”以任务为导向，以学习项目为载体，整合学习情境、学习内容、学习方法和学习资源，引导学生在运用语言的过程中提升语文素养。若干学习项目组成学习任务群。学习任务所涉及的语言学习素材与运用范例、语文实践的话题与情境、语体与文体等，覆盖历来语文课程所包含的古今“实用类”“文学类”“论述类”等基本语篇类型。学习任务群的设计着眼于培养语言文字运用基础能力，充分顾及问题导向、跨文化、自主合作、个性化、创造性等因素，并关注语言文字运用的新现象和跨媒介运用的新特点。

3. 学习任务群以自主、合作、探究性学习为主要学习方式，凸显学生学习语文的根本途径。这些学习任务群追求语言、知识、技能和思想情感、文化修养等多方面、多层次目标发展的综合效应，而不是学科知识逐“点”解析、学科技能逐项训练的简单线性排列和连接。学习任务群的设计，旨在引领高中语文教学的改革，力求改变教师大量讲解分析的教学模式。

4. 整体设计，统筹安排，体现层次性与差异性。必修课程和选修课程均由若干学习任务群构成。不同学习任务群具体的学习内容有所区别，体现不同的学习要求；必修的学习任务群构成普通高中语文课程目标、内容的基本框架，体现高中阶段对每个学生基本、共同的语文素养要求；选修的学习任务群则是在此基础上的逐步延伸、拓展、提高和深化，以满足学生对不同发展方向、不同发展水平语文素养的要求。

真题面对面

[2021 安徽统考，填空，5 分]根据《普通高中语文课程标准》(2017 年版)，完成下列填空。

从祖国语文的特点和高中生学习语文的规律出发，以语文学科________为纲，以学生的________为主线，设计“语文学习任务群”。“语文学习任务群”以________为导向，以________为载体，整合________、学习内容、学习方法和学习资源，引导学生在运用语言的过程中提升语文素养。

答案：核心素养；语文实践；任务；学习项目；学习情境

第二部分

考点 2 结构

普通高中语文课程由必修、选择性必修、选修三类课程构成。三类课程分别安排7—9个学习任务群。中华优秀传统文化、革命文化和社会主义先进文化方面的内容始终贯串必修、选择性必修、选修。

必修课程7个："整本书阅读与研讨""当代文化参与""跨媒介阅读与交流""语言积累、梳理与探究""文学阅读与写作""思辨性阅读与表达""实用性阅读与交流"。

选择性必修课程9个："整本书阅读与研讨""当代文化参与""跨媒介阅读与交流""语言积累、梳理与探究""中华传统文化经典研习""中国革命传统作品研习""中国现当代作家作品研习""外国作家作品研习""科学与文化论著研习"。

选修课程9个："整本书阅读与研讨""当代文化参与""跨媒介阅读与交流""汉字汉语专题研讨""中华传统文化专题研讨""中国革命传统作品专题研讨""中国现当代作家作品专题研讨""跨文化专题研讨""学术论著专题研讨"。

考点 3 学分与选课

必修课程8学分；选择性必修课程6学分；选修课程设计12学分，供学生自由选择。

必修课程，每名高中学生必须修习；选择性必修课程，学生根据个人需求与升学考试要求选择修习；选修课程，学生可自由选择学习。对于选择性必修课程和选修课程，教师应根据学生个人未来发展的意愿和学业状况，有针对性地给予指导，使学生获得良好的发展方向和空间。

高中语文学习任务群的比重按学分计，安排如下。

普通高中语文课程结构及学分

必修（8学分）	选择性必修（6学分）	选修（任选）
整本书阅读与研讨（1学分）	（整本书阅读与研讨、当代文化参与、跨媒介阅读与交流在选择性必修和选修阶段不设学分，穿插在其他学习任务群中）	
当代文化参与（0.5学分）		
跨媒介阅读与交流（0.5学分）		
语言积累、梳理与探究（1学分）	语言积累、梳理与探究（1学分）	汉字汉语专题研讨（2学分）
文学阅读与写作（2.5学分）	中华传统文化经典研习（2学分）	中华传统文化专题研讨（2学分）
	中国革命传统作品研习（0.5学分）	中国革命传统作品专题研讨（2学分）
思辨性阅读与表达（1.5学分）	中国现当代作家作品研习（0.5学分）	中国现当代作家作品专题研讨（2学分）
	外国作家作品研习（1学分）	跨文化专题研讨（2学分）
实用性阅读与交流（1学分）	科学与文化论著研习（1学分）	学术论著专题研讨（2学分）

四、课程内容 【单选】★★★

考点 1 学习任务群

注：只展示前12个学习任务群的相关内容。

学习任务群1：整本书阅读与研讨

本任务群旨在引导学生通过阅读整本书，拓展阅读视野，建构阅读整本书的经验，形成适合自己的读书

方法，提升阅读鉴赏能力，养成良好的阅读习惯，促进学生对中华优秀传统文化、革命文化、社会主义先进文化的深入学习和思考，形成正确的世界观、人生观和价值观。

本任务群的学习贯串必修、选择性必修和选修三个阶段。

(1)学习目标与内容

①在阅读过程中，探索阅读整本书的门径，形成和积累自己阅读整本书的经验。重视学习前人的阅读经验，根据不同的阅读目的，综合运用精读、略读与浏览的方法阅读整本书，读懂文本，把握文本丰富的内涵和精髓。

②在指定范围内选择阅读一部长篇小说。通读全书，整体把握其思想内容和艺术特点。从最使自己感动的故事、人物、场景、语言等方面入手，反复阅读品味，深入探究，欣赏语言表达的精彩之处，梳理小说的感人场景乃至整体的艺术架构，理清人物关系，感受、欣赏人物形象，探究人物的精神世界，体会小说的主旨，研究小说的艺术价值。

③在指定范围内选择阅读一部学术著作。通读全书，勾画圈点，争取读懂；梳理全书大纲小目及其关联，做出全书内容提要；把握书中的重要观点和作者的价值取向。阅读与本书相关的资料，了解本书的学术思想及学术价值。通过反复阅读和思考，探究本书的语言特点和论述逻辑。

④利用书中的目录、序跋、注释等，学习检索作者信息、作品背景、相关评价等资料，深入研读作家作品。

⑤联系个人经验，深入理解作品；享受读书的愉悦，从作品中汲取营养，丰富自己的精神世界，逐步形成正确的世界观、人生观和价值观。用自己的语言撰写全书梗概或提要、读书笔记与作品评介，通过口头、书面形式或其他媒介与他人分享。

(2)教学提示

本任务群在必修阶段安排1学分，18课时。应完成一部长篇小说和一部学术著作的阅读，重在引导学生建构整本书的阅读经验与方法。在选择性必修和选修阶段要运用这些经验与方法阅读相关作品，不专门安排学分。

①指定阅读的作品，应语言典范，内涵丰富，具有较高的思想水平和文化价值。根据学生的生活实际和发展需要，注意选择反映中华优秀传统文化、革命文化和社会主义先进文化的作品。指定阅读的作品可从教材课文节选的长篇作品中选择，也可由师生共同商定3—5部作品，学生从中选择一部阅读；选择相同作品的学生可以自由组合，进行交流讨论。

②课时可安排在两个学期，宜集中使用，便于学生静下心来，集中时间和精力，认真阅读一本书。学生在反复阅读过程中，每读一遍，重点解决一两个问题，有些地方应仔细推敲，有些地方可以略读或浏览。阅读要有笔记，记下自己思考、探索、研究的心得。

③阅读整本书，应以学生利用课内外时间自主阅读、撰写笔记、交流讨论为主，不以教师的讲解代替或限制学生的阅读与思考。教师的主要任务是提出专题学习目标，组织学习活动，引导学生深入思考、讨论与交流。教师应以自己的阅读经验，平等地参与交流谈论，解答学生的疑惑。

④教师应善于发现学生阅读整本书的成功经验，及时组织交流与分享。应善于发现、保护和支持学生阅读中的独到见解。

学习任务群2：当代文化参与

本任务群旨在引导学生关注和参与当代文化生活，学习剖析、评价文化现象，积极参与中国特色社会主义先进文化的传播和交流，增强文化自信。

本任务群的学习贯串必修、选择性必修和选修三个阶段。

（1）学习目标与内容

①聚焦特定文化现象，自主梳理材料，确定调查问题，编制调查提纲，访问调查对象，记录调查内容，完成调查报告，就如何传播社会主义核心价值观、弘扬中华文化精神、反映中国人审美追求等专题展开交流研讨。

②关注当代文化生活，开展社区文化调查，搜集整理材料，对社区的文化生活方式、风俗习惯、思想观念、生活演变等进行分析讨论，增强弘扬社会主义核心价值观的自觉性。通过各种传媒，关注当代文化生活热点，聚焦并提炼问题，展开专题研讨，解释文化现象，积极参与社会主义先进文化建设，提高对各种文化现象的认识能力和阐释自己见解的能力。

③建设各类语文学习共同体（如文学社团、新闻社、读书会等），在阅读、表达中探析有关文化现象，拓展视野，培养多方面语文能力；通过社会调查、观看演出、参与文化公益活动等，丰富语文学习的方式，积极参与当代文化生活。

（2）教学提示

本任务群在必修阶段安排0.5学分，9课时；可由教师根据教材相关内容或学校实际情况，在三类学习内容中有选择地组织教学。在选择性必修和选修阶段不单设学分，可与其他学习任务群组合，设计一些课内外相结合的学习活动。

①以参与性、体验性、探究性的语文学习活动为主，增强课程内容与学生成长的联系，通过开放式学习，引导学生积极参与当代文化生活；注意调查访问与书面学习相结合，现状调查与比较研究相结合，分析研究与参与传播建设相结合，提高学生语文综合运用的能力。

②引导学生自主创建各类社团，开展各类语文学习活动，如读书交流、习作分享、辩论演说、诗歌朗诵、戏剧表演等。

③利用家庭资源以及学校图书馆、校史馆、档案馆等，研究社会生活中的文化现象；利用图书馆、博物馆、纪念馆、文化馆、美术馆、音乐厅、影剧院、名人故居、革命遗址、名胜古迹，以及其他文化遗产等，通过实地考察，深化对某一文化现象的认识。

真题面对面

［2022安徽统考，课程理论，2分］“当代文化参与”学习任务群旨在引导学生关注和参与当代文化生活，学习剖析、评价________，积极参与中国特色社会主义________的传播和交流，增强文化自信。

答案：文化现象；先进文化

学习任务群3:跨媒介阅读与交流

本任务群旨在引导学生学习跨媒介的信息获取、呈现与表达,观察、思考不同媒介语言文字运用的现象,梳理、探究其特点和规律,提高跨媒介分享与交流的能力,提高理解、辨析、评判媒介传播内容的水平,以正确的价值观审视信息的思想内涵,培养求真求实的态度。

本任务群的学习贯串必修、选择性必修和选修三个阶段。

(1)学习目标与内容

①了解常见媒介与语言辅助工具的特点。掌握利用不同媒介获取信息、处理信息、应用信息的能力。学习运用多种媒介展开有效的表达和交流。

②知道信息来源的多样性、真实性,辨识媒体立场,多角度分析问题,形成独立判断。

③关注当代网络文学和网络文化,坚持正确的价值导向,辩证分析网络对语言、文学的影响,提高语言、文学的鉴赏能力。

④建设跨媒介学习共同体,丰富语文学习的手段。

(2)教学提示

本任务群在必修阶段安排0.5学分,9课时,选择性必修和选修阶段不安排学分,渗透在其他任务群的学习过程之中。

①教师可引导学生自主选择有关跨媒介的普及性著作进行研习。通过纸质文本、电子文本的阅读,或参观展览等途径,了解跨媒介的特点。

②教师要在学生感兴趣的媒介应用领域,创设应用场景,引导学生在实践中了解有关媒介对人们学习、工作、生活等方面的影响,并归纳分析,形成学习成果。

③通过实例分析,研讨多种媒介信息存储、呈现与传递的特点,分析合理选择、恰当运用不同类型的媒介对表现主题、传递信息、促进交往所产生的影响,加以总结,形成结论。

④教师应主要引导学生理解多种媒介运用对语言的影响,提高学生综合运用多种媒介有效获取信息、表达交流的能力,培养学生求真求实的态度。

学习任务群4:语言积累、梳理与探究

本任务群旨在培养学生丰富语言积累、梳理语言现象的习惯,在观察、探索语言文字现象,发现语言文字运用问题的过程中,自主积累语文知识,探究语言文字运用规律,增强语言文字运用的敏感性,提高探究、发现的能力,感受祖国语言文字的独特魅力,增强热爱祖国语言文字的感情。

本任务群的学习贯串必修、选择性必修两个阶段。

(1)学习目标与内容

①在语文活动中,积累有关汉字、汉语的现象和理性认识,了解汉字在汉语发展和应用中的重要作用,巩固和加深义务教育阶段所学的汉字知识;体会汉字、汉语与中华传统文化的关系及汉语的民族特性,增强热爱祖国语言文字的感情。

②通过在语境中解读词汇、理解语义的过程,树立语言和言语的相关性和差别性的观念。

③通过文言文阅读，梳理文言词语在不同上下文中的词义和用法，把握古今汉语词义的异同，既能沟通古今词义的发展关系，又要避免用现代意义理解古义，做到对中华优秀传统文化作品的准确理解。

④在自主修改病句和分析句子结构的过程中，体会汉语句子的结构特点和虚词的作用，进一步领悟语法规律。在学习文学作品时，观察词语的活用、句子语序的变化等，体会文学语言的灵活性和创造性。

⑤在运用口语和书面语表达的过程中，对比两种语体用词和造句的差别，体会口语与书面语的风格差异。

⑥反思和总结自己写作时遣词造句的经验，建构初步的逻辑和修辞知识，提高语用能力，增强表达的个性化。

(2)教学提示

本任务群贯串整个高中阶段，既有课内活动，也应有课外任务。必修和选择性必修阶段，均安排1个学分，选修阶段不安排学分。

①积累、梳理要有系统、有计划，要有步骤地、持续地进行。积累既是丰富学生词汇、表达方式等的需要，也是为以后的梳理所做的准备。要有布置，有鼓励和督促，持之以恒。

②本任务群的课时，在必修和选择性必修阶段，可以有两种分配方式：或集中安排，或穿插在其他学习任务群中。如何分配课时，由教材编者设计或教师根据自己的教学计划安排。

③本任务群在必修和选择性必修阶段，应贯串其他所有的学习任务群，与各个学习任务群中阅读与鉴赏、表达与交流、梳理与探究的语文活动有机结合在一起。每一个学习任务群，都要为“语言积累、梳理与探究”学习任务群提出问题，提供资料，准备必要的条件；有些学习任务群也可以与本任务群共同完成。例如，在既有书面语读写，又有口语活动的学习任务群中，即可探讨语体风格的问题。

④积累、整合与探究，都要边积累，边记录。必修阶段主要写语言札记，随时记录点滴材料。选择性必修阶段可试写短文，整合和解释有关现象。

⑤本任务群重在过程的典型性，不论是积累、梳理还是探究，都注重发展语感，增强对语言规律的认识，不追求知识点的全面与系统，切忌违背学生自主学习的精神，生硬灌输一些语言学条文。

⑥在完成任务的过程中，针对学习内容，可通过专门文章的阅读，引导学生深入思考。

学习任务群5：文学阅读与写作

本任务群旨在引导学生阅读古今中外诗歌、散文、小说、剧本等不同体裁的优秀文学作品，使学生在感受形象、品味语言、体验情感的过程中提升文学欣赏能力，并尝试文学写作，撰写文学评论，借以提高审美鉴赏能力和表达交流能力。课内阅读篇目中中国古代优秀作品应占1/2。

(1)学习目标与内容

①精读古今中外优秀的文学作品，感受作品中的艺术形象，理解欣赏作品的语言表达，把握作品的内涵，理解作者的创作意图。结合自己的生活经验和阅读写作经历，发挥想象，加深对作品的理解，力求有自己的发现。

②根据诗歌、散文、小说、剧本不同的艺术表现方式，从语言、构思、形象、意蕴、情感等多个角度欣赏作

品，获得审美体验，认识作品的美学价值，发现作者独特的艺术创造。

③结合所阅读的作品，了解诗歌、散文、小说、剧本写作的一般规律。捕捉创作灵感，用自己喜欢的文体样式和表达方式写作，与同学交流写作体会。尝试续写或改写文学作品。

④养成写读书提要和笔记的习惯。根据需要，可选用杂感、随笔、评论、研究论文等方式，写出自己的阅读感受和见解，与他人分享，积累、丰富、提升文学鉴赏经验。

(2)教学提示

本任务群为2.5学分，45课时。写作次数不少于8次(不含读书笔记和提要)。

①运用专题阅读、比较阅读等方式，创设阅读情境，激发学生阅读兴趣，引导学生阅读、鉴赏、探究与写作。

②文学作品的阅读与写作，应以学生自主阅读、讨论、写作、交流为主。应结合作品的学习和写作实践，由学生自主梳理探究，使所学的文学知识结构化。

③教师应向学生提供有效的学习支持。如做好问题设计，提供阅读策略指导，适时组织经验分享和成果交流活动；在学习过程中相机进行指导点拨，组织并平等参与问题讨论；引导学生制订阅读计划，并要求阅读一定数量的经典文学作品，包括反映党领导人民进行革命、建设、改革伟大历程的作品，关心当代文学生活；鼓励和引导学生自主组织、举办诗歌朗诵会、读书报告会、话剧表演等活动，丰富学生的审美体验；创造更多展示交流学生作品的机会或平台，激发学生文学创作的成就感；引导学生进行自我反思性评价，为学生提供观察记录表、等级量表等自评互评的工具，促进学生不断进步。

学习任务群6：思辨性阅读与表达

本任务群旨在引导学生学习思辨性阅读和表达，发展实证、推理、批判与发现的能力，增强思维的逻辑性和深刻性，认清事物的本质，辨别是非、善恶、美丑，提高理性思维水平。课内阅读篇目中中国古代优秀作品不少于1/2。

(1)学习目标与内容

①阅读古今中外论说名篇，把握作者的观点、态度和语言特点，理解作者阐述观点的方法和逻辑。阅读近期重要的时事评论，学习作者评说国内外大事或社会热点问题的立场、观点、方法。在阅读各类文本时，分析质疑，多元解读，培养思辨能力。

②学习表达和阐发自己的观点，力求立论正确，语言准确，论据恰当，讲究逻辑。学习多角度思考问题。学习反驳，能够做到有理有据，以理服人。

③围绕感兴趣的话题开展讨论和辩论，能理性、有条理地表达自己的观点，平等商讨，有针对性、有风度、有礼貌地进行辩驳。

(2)教学提示

本任务群为1.5学分，27课时。写作3篇以上，专题讨论与辩论不少于3次。

①以专题性学习为主要方式。选择日常生活和学习中、历史或当今社会中学生共同关心的话题，要求学生通过阅读与鉴赏、表达与交流、梳理与探究等语文学习活动，阅读古今中外典型的思辨性文本，学习并

梳理论证方法,学习用口头与书面语言阐述和论证自己的观点,驳斥错误的观点。

②教学过程要注重对学生思维过程和思维方法的引导,注意发展学生的辩证思维和批判性思维,注重培养学生思维的逻辑性。结合学生阅读和表达中遇到的实际问题,适时适度地引导学生学习必要的逻辑知识;相关知识的教学要简明、实用,能有效地帮助学生解决概念、判断、推理等方面遇到的问题;避免进行不必要的、机械的训练。

学习任务群7:实用性阅读与交流

本任务群旨在引导学生学习当代社会生活中的实用性语文,包括实用性文本的独立阅读与理解,日常社会生活需要的口头与书面的表达交流。通过本任务群的学习,丰富学生的生活经历和情感体验,提高阅读与表达交流的水平,增强适应社会、服务社会的能力。

(1)学习目标与内容

①学习多角度观察社会生活,掌握当代社会常用的实用文本,善于学习并运用新的表达方式。

②学习运用简明生动的语言,介绍比较复杂的事物,说明比较复杂的事理。

③具体学习内容,可选择社会交往类的,如会谈、谈判、讨论及其纪要,活动策划书、计划、制度等常见文书,应聘面试的应对,面向大众的演讲、陈述和致辞;也可选择新闻传媒类的,如新闻、通讯、调查、访谈、述评,主持、电视演讲与讨论,网络新文体(包括比较复杂的非连续性文本);还可选择知识性读物类的,如复杂的说明文、科普读物、社会科学类通俗读物等。

(2)教学提示

本任务群为1学分,18课时。

①教学以社会情境中的学生探究性学习活动为主,合理安排阅读、调查、讨论、写作、口语交际等活动。

②社会交往类内容,在社会调查与研究过程中学习。

③新闻传媒类内容,在分析与研究当代社会传媒的过程中学习。如自主选择、分析研究一份报纸或一个网站一周的内容。分析其栏目设置、文体构成、内容的价值取向,撰写文字分析报告,多媒体展示交流。推荐最精彩的一个栏目、不同体裁的精彩文章若干篇,并说明理由。尝试选择传统媒体和新媒体写作。

④知识性读物类内容,自主选择一部介绍最新科技成果的科普作品或流行的社会科学通俗作品阅读研习。

学习任务群8:中华传统文化经典研习

本任务群旨在引导学生通过阅读中华传统文化经典作品,积累文言阅读经验,培养民族审美趣味,增进对中华优秀传统文化的理解,提升对中华民族文化的认同感、自豪感,增强文化自信,更好地继承和弘扬中华优秀传统文化。

(1)学习目标与内容

①选择中国文化史上不同时期、不同类型的一些代表性作品进行精读,体会其精神内涵、审美追求和文化价值。

②在特定的社会文化场景中考察传统文化经典作品，以客观、科学、礼敬的态度，认识作品对中国文化发展的贡献。

③梳理所学作品中常见的文言实词、虚词、特殊句式和文化常识，注意古今语言的异同。

④阅读作品应写出内容提要和阅读感受。选择一部(篇)作品，从一个或多个角度讨论分析，撰写评论。

⑤学习传统文化经典作品的表达艺术，提高自己的写作水平。

(2)教学提示

本任务群为2学分，36课时。

①重视诵读在培养学生语感、增进文本理解中的作用，引导学生积累古代作品的阅读经验。

②引导学生借助注释、工具书独立研读文本，并联系学习过的古代作品，梳理常用文言实词、虚词和特殊句式，提高阅读古代作品的能力。

③多角度、多层面地组织主题学习单元，引导学生合理运用精读、略读的方式，由点到面地体会中华传统文化的精深和丰富，初步认识所读作品在中国文化史上的贡献。

④组织学生在具有一定阅读量的基础上，展开交流和专题讨论，就传统文化的历史价值、时代意义和局限等问题，用历史和现代的观念进行审视，表达自己的看法。

⑤引导学生坚持在研读的过程中勤查资料，勤做笔记；围绕所读作品，利用图书馆、互联网查阅相关注释、评点等资料，加深和拓展对作品的理解；学习运用评点方法，记录自己的感受和见解，不断提高独立阅读能力。

学习任务群9：中国革命传统作品研习

本任务群旨在阅读和研讨语言典范、论辩深刻、时代精神突出的革命传统作品，深入体会革命志士以及广大群众为民族解放事业英勇奋斗、百折不挠的革命精神和革命人格；学习在社会主义革命、建设、改革过程中涌现的英雄模范事迹，感受其无私无畏的爱国精神，体认为社会主义建设无私奉献、辛勤劳动、不断创造的高尚品质；进一步发展语言运用能力、思维能力和审美鉴赏能力；陶冶性情，坚定志向，形成正确的世界观、人生观和价值观。

本任务群的学习内容贯串必修、选择性必修和选修三个阶段。

(1)学习目标与内容

①诵读革命先辈的名篇诗作，体会崇高的革命情怀。精读反映革命传统的优秀文学作品，特别注意选择反映党领导人民进行革命、建设、改革伟大历程的作品，感受作品中革命志士、英雄人物和劳动模范的艺术形象，弄清作品的时代背景，把握作品的内涵，理解作者的创作意图，获得审美体验。结合自己的生活经验和阅读写作经历，发挥想象，加深对作品的理解，力求有自己的独到认识。

②阅读阐发革命精神的优秀论文与杂文，特别注意选择具有理论高度和引领作用的论著，分析其中论证的逻辑性和深刻性，体会革命理论著作严密逻辑和崇高精神有机结合的特点，提高理性思维水平。

③阅读关于革命传统的新闻、通讯、报告、演讲、访谈、述评等实用性文体的优秀作品，联系思想实际和亲身见闻，以正确的价值观，深入理解其内容，学习其写作手法。

(2)教学提示

本任务群为0.5学分,9课时。

①在选择阅读材料时,既要关注作品的思想深刻性和语言规范性,又要尽量有针对性;同时要视野开阔,努力发掘新的材料,尤其是具有现实意义的新材料,使这一任务群的内容,逐渐丰富起来。

②教师应利用多种形式,针对学生思想实际,敏锐发现热门话题,开展研讨活动,增强学生的论辩能力。也可在学生充分发表不同意见的基础上,邀请观点正确、有影响力的专家来指导、答疑或总结,以引导学生形成正确的结论。

③重视对作品有关背景的深入了解,可通过实地考察、人物访谈等课外活动,获取真实资料,撰写读书笔记,整理采访记录,撰写学习体会和感想,以加深对革命活动背景和英雄人物思想境界的深刻理解。也可与历史课、地理课结合,组织跨学科的学习活动,在提高思想水平的同时,提高学生口头交流、现场记录、文稿整理、理论论证的能力和水平。

学习任务群10:中国现当代作家作品研习

本任务群研习中国现当代代表性作家作品,包括反映改革开放以来的社会主义先进文化的作品,旨在大体了解现当代作家作品概貌,培养阅读现当代文学作品的兴趣,以正确的价值观鉴赏文学作品,进一步提高文学阅读和写作能力,把握中国现当代文学作品思想性、艺术性、观赏性有机统一的价值取向。

(1)学习目标与内容

①精读代表性作家作品,把握其精神内涵与艺术价值。至少选读10位现当代代表性作家的诗歌、散文、小说、戏剧方面的作品,大体了解现当代文学的发展概貌。

②关注当代文学创作动态,选读新近发表的有影响的作品及相关评论。

③养成撰写读书笔记的习惯,阅读作品应写出内容提要和阅读感受。选择喜欢的作品,从不同角度撰写作品评论,发表自己的见解。

④可根据自己的兴趣,选择喜欢的文学体裁,练习创作短篇作品。

(2)教学提示

本任务群为0.5学分,9课时。

①阅读材料可以是单篇作品,包括作家作品专集的选篇,也可以是长篇著作的节选。建议从体裁特征、题材内容、文学发展阶段等不同角度,组织现当代作家作品研习的专题内容。其中,反映社会主义先进文化的作品要占一定比例。

②要有足够的课时保证学生独立自主阅读,设计促进学生个性化体验的阅读活动。如创设多样化的学习活动,丰富学习体验;朗诵不同流派或作家的诗歌、散文,体悟作品的情感特点和语言风格;阅读剧本,把握戏剧冲突,并选择片段尝试表演。

③要有一定的课时开展研讨活动,交流阅读和写作的体会与感悟。重视学生研读后的交流和评价活动。如为“现当代作家作品研习读书报告会”做一份文案设计;在读书报告会上,推荐一部现当代作家作品,并说明理由;制作一份“现当代作家作品研读情况”调查问卷。

真题面对面

[2019福建,单,1分]下列关于“学习任务群10:中国现当代作家作品研习”学习目标与内容的表述,不符合《普通高中语文课程标准》(2017年版)的一项是(　　)

A. 精读中国现当代文学代表性作家作品,把握其精神内涵与艺术价值。

B. 养成撰写读书笔记的良好习惯,阅读作品应写出内容提要和阅读感受。

C. 可以根据自己的兴趣,选择自己喜欢的文学体裁,练习创作长篇文艺作品。

D. 关注当代文学创作动态,选读新近发表的有影响的文学作品及相关评论。

答案:C。C项,《普通高中语文课程标准》(2017年版)指出:“可根据自己的兴趣,选择喜欢的文学体裁,练习创作短篇作品。”

学习任务群11:外国作家作品研习

本任务群旨在引导学生研习外国文学名著名篇,了解若干国家和民族不同时期的社会文化面貌,感受人类精神世界的丰富,培养阅读外国经典作品的兴趣和开放的文化心态。

(1)学习目标与内容

①阅读外国文学经典作品,认识所读作品的地位和价值。

②撰写读书笔记,阅读作品应写出内容提要和阅读感受。选择感兴趣的作家、作品或话题,撰写评论。

③尝试探讨不同民族文学之间的共同话题和文化差异,尊重文化多样性,提升文化鉴别力。

(2)教学提示

本任务群为1学分,18课时。

①引导学生深入阅读作品,整体把握作品的情感基调与思想内涵。设计有挑战性的学习任务,激发学生阅读外国文学作品的兴趣,引导学生广泛阅读不同时期、不同国家的优秀文学作品。

②调动学生关于世界历史、地理以及不同民族文化的知识,促进对外国文学作品中的社会生活及心灵世界的理解。

③组织学生选择自己感兴趣的作家作品或专题,充分利用各种学习资源,拓展阅读,研讨交流。

学习任务群12:科学与文化论著研习

本任务群研习自然科学和社会科学论文、著作,旨在引导学生体会和把握科学与文化论著表达的特点,提高阅读、理解科学与文化论著的能力,开阔视野,培养求真求实的科学态度和勇于探索创新的精神。

(1)学习目标与内容

①选择阅读简明易懂的自然科学和社会科学类论文、著作(节选),领会不同领域科学与文化论著的内容,培养科学态度和创新精神。

②撰写内容提要和读书笔记,学习体验概括、归纳、推理、实证等科学思维方法,把握科学与文化论著观点明确、逻辑严密、语言准确精练等特点。

(2)教学提示

本任务群为1学分,18课时。

①选择适合高中生阅读的有关科学技术和社会发展的论文和著作(节选),引导学生理解文本内容,体会科学与文化论著的表述方式,提高阅读科学与文化论著的能力。

②引导学生结合所学的其他学科知识,借助工具书、资料,了解文本中的基本概念和观点,理清文本结构脉络、论证逻辑;还可以通过撰写读书笔记,加深对论著的理解。

③组织交流和讨论,分享学习成果,研讨学习中遇到的问题。

…………

考点 2 学习要求

1. 必修课程学习要求

(1)多读多想多写,多角度地观察生活,多方面地增进语文积累,丰富自己的精神世界、生活经历和情感体验,完善自我人格,提升人生境界。培养广泛的阅读兴趣,努力扩大阅读视野。学会正确、自主地选择阅读材料,读好书,读整本书,多媒介获取信息,提高文化品位,提高阅读与表达能力。必修阶段各类文本的阅读量不低于150万字。学会灵活使用常用语文工具书和网络,检索所需的信息和资料。学会以多种形式表达和交流自己对自然、社会与人生的感受和思考。

(2)发展独立阅读的能力。灵活运用精读、略读、浏览等阅读方法,从整体上把握文本内容,理清思路,概括要点,理解文本所表达的思想、观点和感情。努力从不同的角度和层面进行阐发、评价和质疑,对文本作出自己的分析判断。能借助注释和工具书,阅读中国古代作品,读懂文章内容,背诵一定数量的名篇。注重个性化阅读,学习探究性阅读和创造性阅读。养成相互切磋的习惯,乐于与他人交流自己的阅读鉴赏心得,展示自己的学习成果。

(3)阅读实用类文本,能准确、迅速地把握主要内容和关键信息,对文本所涉及的材料有自己的思考和评判。阅读论述类文本,能准确把握和评价作者的观点与态度,辨析观点与材料(道理、事实、数据、图表等)之间的联系。阅读古今中外文学作品,注重审美体验,能感受形象,品味语言,领悟作品的丰富内涵,体会其艺术表现力;努力探索作品中蕴含的民族心理和时代精神,了解人类丰富的社会生活和情感世界,增强民族文化自信。

(4)自主写作,自由表达,以负责的态度陈述自己的看法,表达真情实感,培育科学理性精神。书面表达观点明确,内容充实,感情真实健康;思路清晰连贯,能围绕中心选取材料,合理安排结构;进一步提高运用记叙、说明、描写、议论、抒情等表达能力的能力,并努力学习综合运用多种表达方式,力求有个性、有创意地表达。能推敲、锤炼语言,表达力求准确、鲜明、生动。学会用现代信息技术辅助交流。能独立修改自己的文章,乐于相互展示和评价写作成果。45分钟能写600字左右的文章。课外练笔不少于2万字。

(5)增强人际交往能力,在口语交际中树立自信,尊重他人,文明得体,仪态大方,善于倾听,敏捷应对。注意口语的特点,能根据不同的交际场合和交际目的,恰当地进行表达。借助语调和语气、表情和手势,增强口语交际的效果。学会演讲,做到观点鲜明,材料充实、生动,有说服力和感染力,力求有个性和风度。在讨论或辩论中积极主动地发言，恰当地应对和辩驳。朗诵文学作品，能准确把握作品内容，传达作品的思想内涵和感情倾向，具有一定的感染力。

(6)在语文学习中养成有意识地积累的习惯，积累有利于丰富自己运用的字词句篇语文素材、语言运用典型案例等。在积累的过程中，注重梳理。通过归纳、分类，逐步领悟语文运用的规律，自主建构相关的知识。尝试梳理文学作品的基本样式和概念，了解文学鉴赏的基本方法，在文学阅读过程中领悟鉴赏和创作的规律。注意观察语言、文学和中外文化现象，学习从习以为常的事实和过程中发现问题，培养探究意识和发现问题的敏感性。在探究活动中，勇于提出自己的见解，尊重他人的成果，不断提高探究能力，逐步养成严谨、求实的学风。

真题面对面

[2019福建，单，1分]依据《普通高中语文课程标准》(2017年版)，下列关于普通高中语文必修课程学习要求的表述，正确的一项是(　　)

A. 自主写作，自由表达，以自由的态度陈述看法。

B. 能在老师的指导下统一选择阅读材料，读整本书。

C. 注重个性化阅读，学习探究性阅读和创造性阅读。

D. 在讨论中主动发言攻击他人，积极地应对和辩驳。

答案：C。A项，《普通高中语文课程标准》(2017年版)指出"自主写作，自由表达，以负责的态度陈述自己的看法"。B项，《普通高中语文课程标准》(2017年版)指出"学会正确、自主地选择阅读材料，读好书，读整本书"。D项，《普通高中语文课程标准》(2017年版)指出"在讨论或辩论中积极主动地发言，恰当地应对和辩驳"。

2. 选择性必修和选修课程学习要求

(1)学习多角度、多层次地阅读，对优秀作品能够常读常新，获得新的体验和发现。借助工具书、图书馆和网络查找有关资料，加深对作品的理解。选择性必修阶段各类文本的阅读总量不低于150万字。在阅读鉴赏中，了解诗歌、散文、小说、戏剧等文学体裁的基本特征及主要表现手法，了解相关的中国古代文化常识，丰富传统文化积累，汲取思想、情感和艺术的营养，培养健康高尚的审美情趣，丰富、深化对历史、社会和人生的认识。

(2)选读古今中外文化论著，在整体了解论著内容的基础上，把握论著的主要观点和基本倾向，了解用以支撑观点的关键材料，拓宽文化视野和思维空间，提高文化修养。以发展的眼光和开放的心态看待传统文化和外来文化，关注当代文化生活，能通过多种途径开展文化专题研讨。学会尊重、理解作品所体现的不同时代、不同民族、不同流派风格的文化，尝试对感兴趣的古今中外文学作品进行比较研究或专题研究，理解作品所表现出来的价值判断和审美取向，作出恰当的评价。

(3)注意在生活和跨学科的学习中学语文、用语文，在学习和运用的过程中提高表达、交流能力。能综合运用在语文与其他学科中获得的知识、能力和方法，运用多种方式展开交流和讨论。留心观察社会生活，丰富人生体验，有意识地积累写作素材，广泛搜集资料，根据表达需要和体裁要求，尝试多种文本的写作，相互交流。在实践活动中增强口头应用的能力，能根据交际的需要，选择恰当的时机和场合，提出话题，敏捷应对，注意表达效果。参加演讲与辩论，学习主持集会、演出等活动。

(4)了解语言文字法规的有关内容，增强规范意识，学会辨析和纠正错误，提高语言文字运用的正确性和有效性。掌握学习语文的基本方法，学会灵活运用合适的方法解决语言文字运用中的问题。根据自己的特点，借鉴经验，适时总结，逐步形成富有个性的语文学习方式。

五、学业质量 ★

考点 1 学业质量内涵

学业质量是学生在完成本学科课程学习后的学业成就表现。学业质量标准是以本学科核心素养及其表现水平为主要维度，结合课程内容，对学生学业成就表现的总体刻画。依据不同水平学业成就表现的关键特征，学业质量标准明确将学业质量划分为不同水平，并描述了不同水平学习结果的具体表现。

考点 2 学业质量水平

水平	质量描述
1	1-1 有主动积极的意识，不断扩展自己的语文积累，能对学过的各类语言材料进行归类；留心观察生活，记录对生活的观察和感受；能主动将自己的积累用于语言理解和表达。能注意语境与交流的关系，能根据具体的语言环境理解语言，能凭借语感和积累及时调整自己的语言表达，力求使语言表达准确清晰。有反思和总结自己语文学习经验的意识，关注语文学习方法的学习。 1-2 在理解语言时，能提取和概括主要信息，能区分事实和观点，分析各部分内容之间的关系，发现观点和材料之间的联系；能利用获得的信息解决具体的实际问题。在表达时，能做到观点明确、内容完整、结构清楚。 1-3 有欣赏文学作品的兴趣，能整体感受作品中的形象，把握作品的思想观点和情感倾向；能运用口头语言和书面语言传达自己对作品的感受和理解。在文学鉴赏中，有正确的价值观。 1-4 有通过语文学习理解文化的意愿，能通过阅读文学作品，扩展自己的视野，丰富自己的人生体验，感受和理解不同时代和地区的文化。能主动梳理语文课程中涉及的文化现象，了解其中包含的中国传统文化内容，重视优秀传统文化的继承。
2	2-1 具有主动积累的习惯，能进一步扩展语言积累，运用多种方法整理自己积累的语言材料，发现其中的联系。能凭借语感，结合具体语境理解重要词语的隐含意思，体会词句所表达的情感；能发现语言运用中存在的比较明显的问题，并运用自己掌握的语言知识予以纠正。具有反思并整理语文学习经验的意识。能用多种形式整理、记录自己学习、生活中的所得。 2-2 在理解语言时，能区分主要信息和次要信息，理解并准确概括其内容、观点和情感倾向；能对获得的信息及其表述逻辑作出评价；能利用获得的信息分析并解决具体问题。在表达时，能注意自己的语言运用，力求概念准确、判断合理、推理有逻辑。 2-3 喜欢欣赏文学作品，能整体感受作品的语言、形象和情感，展开合理的联想和想象；能对作品的内容和形式作出自己的评价。在文学鉴赏中，有正确的价值观，有追求高尚审美情趣和审美品位的意愿。 2-4 表现出对中华优秀传统文化的兴趣，喜欢学习汉语和汉字，喜欢积累优秀古代诗文，能主动梳理和探究语言材料中蕴含的中国传统文化内容。能在自己的表达中运用富有文化意蕴的语言材料和语言形式，增强语言的表现力。能理解各类作品中涉及的文化现象和观念，能理解和包容不同的文化观念，能运用所学的知识对学习中遇到的一些文化现象发表自己的看法。关注当代语言文化现象，积极参与相关的多种语文实践活动。

续表

水平	质量描述
3	3-1 在扩展和整理自己语文积累的过程中，能发现联系，探索规律，尝试结合具体的语言材料，说明自己对语言运用规则的理解。能借助已有的语言知识和语感，结合具体语境分辨词语语义和情感上的细微差别；能凭借语感推断结构比较复杂的语句的意思，能体味重要语句在语言环境中的意义和作用。能根据具体的语境和表达的目的、要求，运用口头和书面语言，文从字顺、清晰明了地表达自己的真情实感。在总结语文学习经验的基础上，能有意识地规划自己的语文学习，提高学习质量和效率。 3-2 在理解语言时，能准确概括观点和情感，能分析并解释观点和材料之间的关系；能比较两个文本或材料，能在各部分信息之间建立联系，把握主要信息，分析、说明复杂信息中可能存在的多种关系；能就文本内容和形式进行质疑，并能主动查找相关资料支持自己的观点，利用文本中的相关信息解决具体问题。在表达时，讲究逻辑，做到中心突出、内容具体、语篇连贯、语言简明通顺。 3-3 喜欢欣赏文学作品，借助联想和想象丰富自己对文学作品的体验和感受，能品味语言，感受语言的美；能运用多种形式表达自己的体验和感受；能对具体作品作出评论。在鉴赏中，能坚持正确的价值观，体现高雅的审美追求。 3-4 关注语言与文化的关系，有探究文化问题的意识；对汉语、汉字和中华优秀传统文化有较浓厚的兴趣，有主动积累、梳理、探究富有文化意蕴的语言材料的习惯。有比较、分析古今中外各类作品所反映的文化现象、文化观念的意识，能根据语文课程学到的内容，对阅读和表达交流中涉及的有关文化现象展开讨论，有依据、有逻辑地阐明自己的观点。关心当代语言文化现象，积极参与多种实践活动，通过调查访问、辩论演讲、专题讨论等活动发展自己的文化理解与探究能力。
4	4-1 能不断扩展自己的语文积累，自觉整理在学习中获得的语言材料和言语活动经验；在梳理的基础上，尝试进行专题探究，发现其中蕴含的语言运用规律，并能用自己的语言加以解释；能将发现的语言运用规律用于自己的语文学习实践。能敏锐地感受文本或交际对象的语言特点和情感特征，迅速判断其表达的正误与恰当程度，察觉其言外之意和隐含的情感倾向；能根据具体的语境和表达的目的、要求，运用口头和书面语言，文从字顺、准确生动地表达自己的真情实感。乐于与他人分享自己的学习经验，主动吸收他人成功的经验。 4-2 在理解语言时，能准确、清楚地分析和阐明观点与材料之间的关系，能就文本的内容或形式提出质疑，展开联想，并能找出相关证据材料支持自己的观点，反驳或补充解释文本的观点。能比较、概括多个文本的信息，发现其内容、观点、情感、材料组织与使用等方面的异同，尝试提出需要深入探究的问题。能用文本中提供的事实、观点、程序、策略和方法解决学习和生活实际中遇到的具体问题。在表达时，讲究逻辑，注重情感，能综合运用多种表达方式，从多个角度、多个方面表达自己的理解和感受，力求做到观点明确，内容丰富，思路清晰，感情真实健康，表达准确、生动。 4-3 在鉴赏活动中，能结合作品的具体内容，阐释作品的情感、形象、主题和思想内涵，能对作品的表现手法作出自己的评论。能比较两个以上的文学作品在主题、表现形式、作品风格上的异同，能对同一个文学作品的不同阐释提出自己的看法或质疑。喜欢尝试用不同的语言表现形式表达自己的思想和情感，尝试创作文学作品。在文学鉴赏和语言表达中，追求正确的价值观、高尚的审美情趣和审美品位。 4-4 有通过语言学习深入理解、探究文化问题的浓厚兴趣和意愿，能在阅读和表达交流中探析有关文化现象；能结合具体作品，分析、论述相关的文化现象和观念，比较、分析古今中外各类作品在文化观念上的异同。能主动参与语言文化问题的讨论和相关的社会实践活动，能综合运用所学的知识，对自己感兴趣的某些语言、文学、文化现象及社会热点问题进行专题探究，尝试撰写相关调查报告或专题研究报告，发展自己的文化理解与探究能力，主动吸收先进的文化，传承中华优秀传统文化。

续表

水平	质量描述
5	5-1 有探索语言运用规律的兴趣，能主动收集、整理、探究生活中常见的语言现象；能发现所学的语言文学作品中的各类联系，对学过的重要作品和具有典型性的语言材料进行分类整理，加深自己对各类作品的理解和领悟。在整理过程中，能提出自己感兴趣的问题，尝试用所学的知识解决相关问题。能根据具体的语境组织表达内容，选择合适的表达方式，有效地运用口头和书面语言实现沟通交流。能自觉、有效地规划自己的语文学习，乐于与同学分享自己的学习经验，主动帮助他人共同提高语文学习的质量和效率。 5-2 在理解语言时，能从多角度、多方面获得信息，有效地筛选信息，比较和分析其异同；能清晰地解释文本中事实、材料与观点、推断之间的关系，分析其推论的合理性，或揭示其可能存在的矛盾、模糊或故意混淆之处等；能依据多个信息来源，对文本信息、观点的真实性、可靠性作出自己的判断，并逻辑清晰地阐明自己的依据；能从多篇文本或一组信息材料中发现新的关联，推断、整合出新的信息或解决问题的策略、程序和方法，并运用于解决自己学习和生活中遇到的相关问题。能围绕某一方面的问题组织专题探讨，形成自己的观点。在表达时，讲究语言运用，追求独创性，力求用不同的词语准确表达概念，用多种语句形式表达自己的判断和推理；喜欢尝试用多种文体、语体、多种媒介，多样地表达自己的思想和情感，追求表达的准确性、深刻性、灵活性、生动性。 5-3 在鉴赏活动中，能从不同角度、不同层面鉴赏文学作品，能具体清晰地阐释自己对作品的情感、形象、主题和思想内涵、表现形式及作品风格的理解。能比较多个不同作品的异同，能对同一作品的不同阐释发表自己的观点，且内容具体，依据充分。能对作品的艺术形象及价值有独到的感悟和理解。有文学创作的兴趣和愿望，愿意用文学的形式表达自己的情感，追求正确的价值观、高尚的审美情趣和审美品位。 5-4 有通过语言学习深入理解、探究文化问题的浓厚兴趣和意愿，能在阅读和表达交流中探析有关文化现象；具有文化批判和反思的意识，能结合具体作品，从多角度、多层面分析、论述相关的文化现象和观念。能主动参与语言文化问题的讨论和相关的社会实践活动，能综合运用所学的知识，对生活中自己感兴趣的某些语言、文学、文化现象及社会热点问题进行专题探究，写相关调查报告或专题研究报告，组织专题讨论和报告会；尝试用历史眼光和现代观念，辩证地审视和评论古今中外语言文学作品的内容和思想倾向，对当代文化建设发表自己的见解。

考点 3 学业质量水平与考试评价的关系

本标准将学生的学习结果划分为五个级别的水平。水平一和水平二是必修课程学习的要求，水平三和水平四是选择性必修课程学习的要求，水平五是选修课程学习的要求。水平二是语文学科高中学业水平考试的依据，水平四是高校考试招生录取的依据，水平五则是为对语文课程更有兴趣的学生所设的较高要求，修习情况可供高校或用人单位参考。

六、实施建议 【单选】 ★

考点 1 教学与评价建议

1. 教学建议

(1)发挥语文课程的独特功能，促进学生语文学科核心素养全面发展。

普通高中语文课程应重视对学生情感、态度与价值观的正确引导。教学时应注意教学内容的价值取向，发挥语文课程的熏陶感染作用。尊重学生独特的学习体验，引导学生在语文学习中接受优秀文化的熏陶，获得丰富的审美体验，形成良好的人文修养，树立正确的世界观、人生观和价值观。

语文学科核心素养的四个方面既各自独立，又相互依存；既各有侧重，又相互融通。必修和选修课程都应该围绕核心素养，整合阅读与鉴赏、表达与交流、梳理与探究，引导学生积极参与丰富多彩的语文实践活动，促进学生在语言建构与运用、思维发展与提升、审美鉴赏与创造、文化传承与理解等方面的全面发展。

(2)充分理解学习任务群的特点，处理好学习任务群之间的关系。

普通高中语文课程设计了18个学习任务群，每个任务群都有各自的学习目标与内容，彼此之间又渗透融合、衔接延伸。教师可根据学习任务群的特点、学生的学习程度，结合自身的专业优势、教学风格，有规划、创造性地实施教学。教学中应统筹考虑各个学习任务群的特点，要明确不同学习任务群的定位和功能，妥善处理各个学习任务群之间的关系，避免遗漏缺失；要关注共同任务群在必修、选择性必修、选修课程中学习重点、呈现方式和深度广度的差异，避免简单重复。

(3)创设综合性学习情境，开展自主、合作、探究学习。

应关注学生学习方式的转变，做好学生语文学习活动的设计、引导和组织，注重学习的效果。根据学生的发展需求，围绕学习任务群创设能够引导学生广泛、深度参与的学习情境。可通过多样的语文实践活动，融合听说读写，跨越古今中外，打通语文学科和其他学科、语文学习和学生的生活世界，运用优质的素材和范例，激发学生的学习兴趣和动力，提高语言文字运用能力。加强课程实施的整合，通过主题阅读、比较阅读、专题学习、项目学习等方式，实现知识与能力，过程与方法，情感、态度与价值观的整合，整体提升学生的语文素养。

鼓励学生根据个人兴趣、能力和特长，自主选择学习内容和学习方式，学会自我监控和学习管理，探索个性化的学习方法。要坚守语文课程的基本要求，恰当把握教学容量，不任意增加学生的学习负担，同时也要鼓励对语文学习有兴趣而且学有余力的学生追求更高的目标。

要根据学生身心发展和语文学习的特点，保护学生的好奇心、求知欲，鼓励自主阅读、自由表达，激发问题意识，引导他们体验发现问题、解决问题的过程。积极倡导基于学习任务群的专题学习，围绕语言和文化、经典作家作品、科学论著等，组织学生开展合作探究、研讨交流活动，鼓励学生以各种形式相互协作，展示与交流学习成果。合理利用信息技术，优化整合课堂教学，促进知识的迁移与运用。教师要注意引导学生在自主学习的基础上，学会倾听和分享、沟通和协作，掌握探究学习的方法，提高实践和创新能力。

(4)整体把握必修和选修课程，加强课程之间的衔接和统整。

教学时要特别注意加强必修、选择性必修、选修三类课程之间的衔接和统整。既要整体把握必修和选修课程的关系，更要注意不同课程专属任务群和共同任务群的衔接。

必修课程的教学应立足于共同基础，重视日常语文积累，为学生学习选修课程奠定坚实根基。教学时要重点培养学生基本的语言文字运用、思考表达、文学作品阅读与鉴赏，以及文化传承、理解与创新等方面的素养。

选修课程的教学应突出差异性和层次性，鼓励开展个性探究，充分激发学生的学习兴趣和潜能。教学时要进一步培养学生的语言梳理和建构能力、文学作品的个性化体悟能力、科学思维和问题解决能力、文化理解和批判能力。选择性必修应注重学习“面”的广度，选修应注重学习“点”的深度。

(5)探索信息化背景下教与学方式的转变。

要改变因循守旧的语文教学习惯，也要打破唯技术至上的观念，把握好技术与语文的关系，合理利用信息技术。要创设运用语言文字的真实情境，形成有意义的互动学习环境，帮助学生有效投入语文实践；要借助信息技术优化整合课堂教学，引导学生经历多样化的学习过程，促进学生在更广阔的语言环境中主动学习，实现知识的迁移与运用。要积极探索基于网络的教学改革，利用具有交互功能的网络学习空间，创设线上线下一体化的“混合式”学习生态，为课堂教学和课外学习服务。在信息化环境下，需要进一步探索教学流程、资源支持、教学支持、学习评估等影响学生学习的各种要素所发生的新变化，积极探索信息化环境下的语文教学模式。

(6)提高课程开发与设计的能力，实现教师与课程同步发展。

教师要具有专业发展意识，努力建构教学共同体；应努力适应、积极参与语文课程改革，持续学习，更新观念，改进实践，提升教学水平；要善于与同行、学生合作，在集体备课、案例研讨等对话交流中学会自我反思，实现教学相长；应遵循语文学习任务群的教学规律，根据教学的实际需要，整合相关课程资源，拓展学生的学习视野，提高日常教学效率；要注意利用本学校、本地区的特色资源，关注教学过程中生成的资源，引导学生学习从现实生活中发现问题，提出活动主题，增强在各种场合学语文、用语文的意识，多方面地提高学生的语文素养。

真题面对面

[2021安徽亳州，单，1.2分]新课标把语文实践活动概括为三类，不包括(　　)

A. 应用与拓展　　B. 梳理与探究　　C. 阅读与鉴赏　　D. 表达与交流

答案：A。新课标教学建议指出：必修和选修课程都应该围绕核心素养，整合阅读与鉴赏、表达与交流、梳理与探究，引导学生积极参与丰富多彩的语文实践活动，促进学生在语言建构与运用、思维发展与提升、审美鉴赏与创造、文化传承与理解等方面的全面发展。

2. 评价建议

(1)着眼于核心素养的整体发展。

语文课程评价的根本目的在于全面提高学生的语文学科核心素养。评价的过程即学生学习的过程，应围绕阅读与鉴赏、表达与交流、梳理与探究等学习活动，在具体的语文学习情境和活动任务中，全面考查学生核心素养的发展情况。

语文课程评价要综合发挥检查、诊断、反馈、激励、甄别、选拔等多种功能，不宜片面强调评价的甄别和选拔功能。评价不仅要关注学生外在的学习结果，更要关注内在的学习品质。注意通过评价引导学生学会学习，自觉提升语文学科核心素养。

语文教师要有意识地利用评价过程与结果，发现学生学习的个性特点和具体问题，及时引导，提出有针对性的建议，激发学生学习的动力。同时，依据评价结果反思日常教学，优化教学内容，调整教学策略，完善教学过程，为学生语文学科核心素养的发展提供有力支持。

(2)全面把握学习任务群的特点。

语文课程评价要把握学习任务群的特点，综合统筹评价过程。每个任务群的学习目标与内容，各自独立又彼此关联。评价时既要突出每个任务群的学习重点，又要兼顾任务群之间的联系，体现学习目标、内容与评价的一致性。

评价时要充分考虑语文实践活动的特点，注意考查学生在活动中表现出来的参与程度、思维特征，以及沟通合作、解决问题、批判创新等能力，记录学生真实、完整的任务群学习过程。

(3)倡导评价主体的多元化。

语文课程评价应面向全体学生，尊重学生的主体地位。评价要注重展示学生自我发展的过程。在保证基本目标达成的基础上，评价要考虑学生的个体差异，关注学生的不同兴趣、表现，满足不同发展需求。在具体学习任务的评价中，语文教师应提供细致的描述性反馈，提出具有操作性的建议，引导学生通过评价反馈，调整学习进程，梳理学习方法，确立学习目标，制订学习规划。

鼓励学生、家长、教师、教学管理人员等参与课程评价。语文教师应利用不同主体的多角度反馈，帮助学生更好地认识语文学习与个人发展的关系，学会自我监控和管理。学校应创造条件，引导学生参与多种评价活动，建构学习与评价的共同体，学会持续反思、终身学习。

(4)选用恰当的评价方式。

语文学科核心素养需要在真实的语文学习任务情境中综合考查。语文教师应根据实际需要，整合诊断性评价、形成性评价、终结性评价等多种评价方式，考查学生核心素养的发展情况。每种评价方式都有自身的优势和局限，教师应根据特定的评价目的选择使用。可采用纸笔测试、现场观察、对话交流、小组分享、自我反思等多种评价方式，提高评价效率，增强评价的科学性和可靠性。对学生的评价，既要有对基本目标的确定性要求，确保底线；也要注意以恰当的方式对希望继续提高的学生予以引导。

学生语文学科核心素养的发展呈现鲜明的个体特点。教师要注意搜集学生在语文实践活动中产生的各类材料，如测试试卷、读书笔记、文学作品、小组研讨成果、调查报告、体验性表演活动和个人反思日志等。通过这些材料了解学生在任务群学习中表现出的个性品质和精神态度，建立完整的学习档案，全面记录学生核心素养的发展轨迹。有条件的地方，可以运用信息技术，丰富学生的表现性评价，形成多样化的学生成长记录，全面而科学地衡量学生的发展。

(5)明确必修和选修课程评价的重点和联系。

必修课程评价应立足于共同基础，考查学生在不同学习情境和实践活动中学习和运用语言文字的基本能力。重点考查学生语文学习过程中的体验和感受、学习策略，以及梳理、探究能力，尤其是基于社会情境的阅读、表达与交流的能力，读写活动中的思维表现以及不同体裁文学作品的审美感知、评价欣赏、独立创作情况；还要考查对多样文化的理解，对当代文化现象的关注和评析，以及对未来文化发展的思考和展望等。

选择性必修和选修课程评价，要在关注共同基础的前提下，突出差异性和层次性，以促进学生的个性发展。

选择性必修的评价应该更关注学生语文学习内容“面”的广度。评价重点包括：语言积累、梳理与迁移运用能力；在独立研习古今中外经典作品过程中阐释文本阅读体验的能力；语言实践中的逻辑推理能力和实证意识，以及运用科学思想方法解决实际问题的能力；古代文化遗产的辨别，中外文化要义的理解，以及对科技文化的理解与反思等。

选修的评价应更关注学生语文学习内容“点”的深度。评价要注重学生在专题研讨中对语言运用现象和规律的探究，对学术论著语言特点的把握，语文实践活动中思维的严密性、深刻性和批判性；注重学生个性化地理解古今中外经典作家作品及其思想内涵、艺术价值；注重学生的多样文化认知，跨文化理解，文化批判、反思和创造等。

要明确必修课程评价与选修课程评价的区别和联系，选修课程评价要注意与必修课程衔接，在衔接中呈现体系和梯度。尤其是“整本书阅读与研讨”“当代文化参与”“跨媒介阅读与交流”“语言积累、梳理与探究”四个学习任务群，它们贯串必修课程和选修课程，在两类课程中有不同的广度、深度和难度。评价要注意区分重点和层次，考查学生完成不同难度的学习任务时语文学科核心素养发展的不同表现。

真题面对面

[2021 安徽统考，单，3 分]下列表述不正确的一项是(　　)

A. 语文课程是实践性课程，应着重培养学生的语文实践能力，而培养这种能力的主要途径也应是语文实践。

B. 自然风光、文物古迹、革命传统、风俗民情、国内外的重要事件、日常生活的话题等，都可以成为语文课程的资源。

C. 高中语文整本书阅读教学，教师的主要任务是提出专题学习目标，组织学习活动，引导学生深入思考、讨论与交流。

D. 高中语文必修课程评价，要在关注共同基础的前提下，突出差异性和层次性，以促进学生的个性发展。

答案：D。D 项，选择性必修和选修课程评价，要在关注共同基础的前提下，突出差异性和层次性，以促进学生的个性发展。

考点 2　课程资源的利用与开发

1. 为满足普通高中语文课程多样化和选择性的需要，必须增强课程资源意识。语文课程资源形式多种多样，可以是纸质文本，也可以是多媒体资源、网络资源。各地区都蕴藏着自然、社会、人文等方面的语文课程资源，应积极利用和开发。自然风光、文物古迹、革命传统、风俗民情、国内外的重要事件、学生的家庭生活，以及日常生活话题等，都可以成为语文课程的资源。

2. 课程资源建设和学生的学习活动关联密切，既是师生动态运用资源的过程，也是不断生成资源的过程。应通过学习活动的设计，营造语言文字运用的情境，引导学生结合资源进行自主、合作、探究式学习。语文学习过程中随时生成的各种话题、问题、拓展材料以及学生成果等，也是非常有意义的课程资源。

3. 语文教师应充分发挥自身的潜力，参与必修课程和选修课程的建设，积极利用与开发各种课程资源，创造性地开展各类活动，提升自身的教学水平；应引导学生从现实生活中发现问题，提出活动主题，增强在各种场合学语文、用语文的意识，多方面地提高学生的语文素养；应聚焦课程目标，明确问题，整理、优化课程资源库，通过必要的精简、调整、补充，加强语文学习活动中内容和目标的整合，形成与教材相呼应的开放的教学格局，拓展学生的视野，促进学科核心素养的建构和发展。

4. 各地区、各学校应增强语文课程资源共建的意识，树立动态的资源观念，有计划地建设课程资源系统，精选教学案例、学习资源，通过点评、归纳与整理，完善资源库的建设；要让教师能够在教学中利用资源，优化教与学活动，推动课程教学的优化实施，促进语文课程教学的均衡发展、协调发展、特色发展；要通过校本教研、区域教研、网络教研等活动，以主题研修、课例研究等方式，引导教师分析问题、搜集材料、积累案例，不断丰富课程资源；要高度重视信息化环境下的资源建设，引导师生运用多种媒介和信息技术手段呈现学习内容，开展教学活动，促进教师自觉开发和利用语文课程资源，并为教学提供全方位的解决方案；可创造条件建立中小学、高校和研究机构联合的学习共同体，形成共建共享的资源建设机制。

5. 各地区、各学校的课程资源是有差别的，应认真分析本地和本校的资源特点，充分利用已有的资源，积极开发潜在的资源；应积极创造条件，努力为语文教学配置相应的硬件环境与资源系统；在充分利用已有资源，逐步推动语文课程新资源生成的同时，也应该注意学校之间资源的互补与共享；还应当争取社会各方面的支持，与社区、图书馆、博物馆、文化馆、科技馆、爱国主义教育基地等建立稳定的联系，给学生创设语文实践的环境，开展多种形式的语文学习活动。

核心考点回顾

1.《义务教育语文课程标准》(2022年版)的课程理念是什么?(参见本书P363)

2.《义务教育语文课程标准》(2022年版)课程内容的主题与载体形式是什么?(参见本书P368)

3.《义务教育语文课程标准》(2022年版)在课程实施中的教学建议是什么?(参见本书P375)

4.《义务教育语文课程标准》(2011年版)的课程基本理念是什么?(参见本书P383)

5.《义务教育语文课程标准》(2011年版)第四学段的学段目标与内容是什么?(参见本书P385)

6.《义务教育语文课程标准》(2011年版)的教学建议有哪些?(参见本书P388)

7.《普通高中语文课程标准》(2017年版)的课程性质与基本理念是什么?(参见本书P395)

8.《普通高中语文课程标准》(2017年版)的学科核心素养与课程目标有哪些内容?(参见本书P396)

9.《普通高中语文课程标准》(2017年版)的课程内容有哪些内容?(参见本书P400)

10.《普通高中语文课程标准》(2017年版)的教学与评价建议是什么?(参见本书P414)

达标测评

建议用时	实际用时	测评总分	实际得分
60分钟	____分钟	103分	____分

一、单项选择题(每小题3分,共60分)

根据《义务教育语文课程标准》(2022年版)内容,完成1～7题;根据《义务教育语文课程标准》(2011年版)内容,完成8～14题;根据《普通高中语文课程标准》(2017年版)内容,完成15～20题。

1. 下列关于《义务教育语文课程标准》(2022年版)中课程性质的表述不正确的一项是(　　)

A. 语言文字的运用,包括生活、工作和学习中的听说读写活动以及文学活动,存在于人类社会的各个领域。

B. 语文课程是一门学习国家通用语言文字运用的综合性、针对性课程。

C. 语文课程致力于全体学生核心素养的形成与发展,为学生学好其他课程打下基础。

D. 语文课程致力为学生形成正确的世界观、人生观、价值观,形成良好个性和健全人格打下基础。

2. 下列不属于学科核心素养内涵的一项是(　　)

A. 文化自信　　B. 语言表达　　C. 思维能力　　D. 审美创造

3. 《义务教育语文课程标准》(2022年版)将语文课程分为(　　)

A. 识字与写字、阅读、写作、口语交际、综合性学习

B. 识字与写字、阅读与写作、口语交际、综合性学习

C. 识字与写字、阅读与写作、表达与交流、梳理与探究

D. 识字与写字、阅读与鉴赏、表达与交流、梳理与探究

4. 下列不属于《义务教育语文课程标准》(2022年版)中表达的语文课程内容的主题与载体形式的一项是(　　)

A. 中国特色社会主义文化　　B. 中华优秀传统文化

C. 革命文化　　D. 社会主义先进文化

5. 下列选项中不属于《义务教育语文课程标准》(2022年版)规定的发展型学习任务群的一项是(　　)

A. 实用性阅读与交流　　B. 文学阅读与创意表达

C. 语言文字积累与梳理　　D. 思辨性阅读与表达

6. 下列选项中关于"语言文字积累与梳理"学习任务群教学提示的表述不正确的一项是(　　)

A. 引导学生在识字、写字、语言积累中感受中华文化的魅力,激发热爱中华文化的情感。

B. 识字与写字教学应结合学生的生活经验,采用形象直观的教学手段,创设丰富多彩的学习情境。

C. 第一学段应多认少写,要求学生会认的字不一定同时要求会写,合理安排识字与写字的量。

D. 在教学中应根据语言文字运用的实际需要,从具体的情境出发进行指导。

7. 下列关于“立足核心素养，彰显教学目标以文化人的育人导向”的表述不正确的一项是(　　)

A. 教师应理解核心素养的内涵，全面把握语文教学的育人价值，突出文以载道、以文化人。

B. 把培养核心素养作为语文教学的根本任务，清晰、明确地体现教学目标的育人立意。

C. 注意在识字与写字、阅读与鉴赏、表达与交流、梳理与探究的过程中，整体提升学生的核心素养。

D. 注意教学目标之间的关联，避免将核心素养四个方面简单罗列。

8. 下列句子中，表述不正确的一项是(　　)

A. 语言文字是人类社会最重要的交际工具和信息载体，是人类文化的重要组成部分。

B. 语文课程是一门学习祖国语言文字运用的综合性、实践性课程。

C. 语文课程的基本特点是工具性与文学性的统一。

D. 语文课程致力于培养学生的语言文字运用能力，提升学生的综合素养。

9. 根据《义务教育语文课程标准》(2011年版)的规定，7~9年级作文每学年的最少次数是(　　)

A. 14次　　B. 15次　　C. 10次　　D. 12次

10. 7~9年级语文课程目标的内容不包括(　　)

A. 识字与写字　　B. 综合性学习

C. 应用与拓展　　D. 口语交际

11. 下列关于初中语文课程目标与内容的表述，不符合《义务教育语文课程标准》(2011年版)的一项是(　　)

A. 养成朗读习惯，能灵活地运用精读和浏览的方法。

B. 欣赏文学作品，能品味作品中富于表现力的语言。

C. 能够就适当的话题作即席讲话和有准备的主题演讲。

D. 熟练使用字典、词典，独立识字，会用多种检字法。

12. 根据《义务教育语文课程标准》(2011年版)的规定，7~9年级阅读一般的现代文，每分钟不少于(　　)字。

A. 450　　B. 500　　C. 550　　D. 600

13. 下列关于语文课程在九年义务教育中奠基作用的表述，不正确的一项是(　　)

A. 培养学生的语言文字运用能力，为学好其他课程打下基础。

B. 为学生形成良好个性和健全人格打下基础。

C. 为学生的智力发展和终身发展打下基础。

D. 对增强民族凝聚力和创造力具有不可替代的优势。

14. 下列关于义务教育阶段写作的评价，表述正确的一项是(　　)

A. 写作评价要关注学生修改作文的态度、过程和方法。

B. 写作教学中要鼓励学生背诵好词、好句和作文模板。

C. 对作文的评价不必关注学生汉字书写的情况。

D. 作文评价结果的呈现方式应该是教师的书面评语。

15. 下列不属于《普通高中语文课程标准》(2017年版)基本理念的是(　　)

A. 以语文课程的特殊性为本,推进语文课程深层次的改革。

B. 坚持立德树人,增强文化自信,充分发挥语文课程的育人功能。

C. 注重时代性,构建开放、多样、有序的语文课程。

D. 加强实践性,促进学生语文学习方式的转变。

16. 下列有关《普通高中语文课程标准》(2017年版)的表述不正确的是(　　)

A. 学科核心素养是学科育人价值的集中体现。

B. 学科核心素养是教师通过学科学习而逐步形成的正确价值观念、必备品格和关键能力。

C. 语文学科核心素养是学生在积极的语言实践活动中积累与构建起来的。

D. 语文学科核心素养是学生在语文学习中获得的语言知识与语言能力,思维方法与思维品质,情感、态度与价值观的综合体现。

17. 下列不属于学科核心素养的是(　　)

A. 语言交际与运用　　B. 思维发展与提升

C. 审美鉴赏与创造　　D. 文化传承与理解

18. 下列有关《普通高中语文课程标准》(2017年版)"课程目标"的表述不正确的是(　　)

A. 积累较为丰富的语言材料和言语活动经验,形成良好的语感。

B. 能凭借语感和对语言运用规律的把握,根据具体的语言情境和不同的对象,运用口头和书面语言文明得体地进行表达与交流。

C. 能将具体的语言文字作品置于日常生活情境中理解、分析和评价。

D. 运用基本的语言规律和逻辑规则,判别语言运用的正误,准确、生动、有逻辑地表达自己的认识。

19. 下列不属于"整本书阅读与研讨"学习任务群学习目标与内容的表述的一项是(　　)

A. 在阅读过程中,探索阅读整本书的门径,形成和积累自己阅读整本书的经验。

B. 在指定范围内选择阅读一部长篇小说。通读全书,整体把握其思想内容和艺术特点。

C. 利用书中的目录、序跋、注释等,学习检索作者信息、作品背景、相关评价等资料,深入研读作家作品。

D. 根据需要,可选用杂感、随笔、评论、研究论文等方式,写出自己的阅读感受和见解,与他人分享,积累、丰富、提升文学鉴赏经验。

20. 语文课程评价的根本目的在于全面提高学生的语文学科(　　)

A. 育人价值　　B. 核心素养　　C. 学习水平　　D. 自主学习能力

二、填空题(每小题1分,共19分)

根据《义务教育语文课程标准》(2022年版)内容,完成1~7题;根据《义务教育语文课程标准》(2011年版)内容,完成8~14题;根据《普通高中语文课程标准》(2017年版)内容,完成15~19题。

1. "整本书阅读"学习任务群借助多种方式分享阅读心得,交流研讨阅读中的问题,积累整本书阅读经验,养成良好阅读习惯,提高________能力,丰富________。

2. 学习情境的设置要符合核心素养整体提升和________的一般规律。

3. 义务教育语文课程内容主要以________组织与呈现。

4. “语言文字积累与梳理”学习任务群旨在引导学生在语文实践活动中，积累________和________，形成良好语感。

5. 能借助不同媒介表达自己的见闻和感受，学习发现美、表现美和创造美，形成健康的________。

6. 义务教育语文课程评价要有利于促进学生学习，改进教师教学，全面落实________。

7.《义务教育语文课程标准》(2022年版)第四学段要求：每学年阅读两三部名著，探索________的阅读方法，分享阅读感受，开展专题探究，建构阅读________的经验。

8. 7~9年级语文课程目标从________、________、________三方面设计。

9. 义务教育阶段语文课程的基本理念：积极倡导自主、合作、________的学习方式。

10. 阅读的评价，要综合考查学生阅读过程中的感受、体验和理解，要关注其阅读兴趣与价值取向、________，也要关注其阅读面和________，以及选择阅读材料的能力。

11. 九年义务教育语文课程的总目标要求学生背诵优秀诗文________篇(段)。九年课外阅读总量应在________万字以上。

12. 评价要理解和尊重学生的自我评价与相互评价。要尊重学生的________，有利于每个学生的健康发展。

13. ________是指学生在语文学习中，通过审美体验、评价等活动形成正确的________、健康向上的审美情趣与鉴赏品位，并在此过程中逐步掌握表现美、创造美的方法。

14.《义务教育语文课程标准》(2011年版)明确指出，________是学习的主体，语文课程必须根据________和语文学习的特点，爱护学生的好奇心、求知欲，鼓励________、________，充分激发他们的问题意识和进取精神，关注个体差异和不同的学习需求。

15. 普通高中语文课程由必修、________、________三类课程构成。三类课程分别安排________个学习任务群。

16. “________”任务群旨在引导学生通过阅读整本书，拓展阅读视野，建构阅读整本书的经验，形成适合自己的读书方法，提升阅读鉴赏能力，养成良好的阅读习惯，促进学生对中华优秀传统文化、革命文化、________的深入学习和思考，形成正确的世界观、人生观和价值观。

17. ________是学科育人价值的集中体现，是学生通过学科学习而逐步形成的正确价值观、必备品格和关键能力。

18. 语文课程作为一门实践性课程，应着力在________中培养学生的语言文字运用能力。

19. 学习任务群以________学习为主要学习方式，凸显学生学习语文的根本途径。

三、简答题(每小题6分，共24分)

根据《义务教育语文课程标准》(2022年版)内容，完成1～2题；根据《义务教育语文课程标准》(2011年版)内容，完成3～4题；根据《普通高中语文课程标准》(2017年版)内容，完成5～6题。

1. 简述《义务教育语文课程标准》(2022年版)中的课程理念相关内容。

2.《义务教育语文课程标准》(2022年版)课程实施中的教学建议包括哪几方面?

3. 为什么说语文课程的本质属性是工具性与人文性的统一?

4. 初中学生在"口语交际"方面的阶段目标是什么?

5.《普通高中语文课程标准》(2017年版)的评价建议包括哪几方面?

6. 简述"跨媒介阅读与交流"任务群的学习目标与内容。

参考答案及解析

一、单项选择题

1. B [解析]《义务教育语文课程标准》(2022年版)指出:语文课程是一门学习国家通用语言文字运用的综合性、实践性课程。

2. B [解析]《义务教育语文课程标准》(2022年版)指出:义务教育语文课程培养的核心素养,是学生在积极的语文实践活动中积累、建构并在真实的语言运用情境中表现出来的,是文化自信和语言运用、思维能力、审美创造的综合体现。

3. D [解析]《义务教育语文课程标准》(2022年版)将语文课程分为识字与写字、阅读与鉴赏、表达与交流、梳理与探究四个模块。

4. A [解析]《义务教育语文课程标准》(2022年版)中表达的语文课程内容的主题与载体形式包括中华优秀传统文化、革命文化、社会主义先进文化。

5. C [解析]义务教育语文课程按照内容整合程度不断提升,分三个层面设置学习任务群,其中第一层设"语言文字积累与梳理"1个基础型学习任务群,第二层设"实用性阅读与交流""文学阅读与创意表达""思辨性阅读与表达"3个发展型学习任务群,第三层设"整本书阅读""跨学科学习"2个拓展型学习任务群。

6. D [解析]"语言文字积累与梳理"学习任务群教学提示指出:在教学中应根据语言文字运用的实际需要,从遇到的具体语言实例出发进行指导。

7. B [解析]《义务教育语文课程标准》(2022年版)关于"立足核心素养,彰显教学目标以文化人的育人导向"的表述指出:把立德树人作为语文教学的根本任务,清晰、明确地体现教学目标的育人立意。

8. C [解析]C项,《义务教育语文课程标准》(2011年版)指出:"语文课程的基本特点是工具性与人文性的统一。"

9. A [解析]《义务教育语文课程标准》(2011年版)中指出:"7~9年级作文每学年一般不少于14次。"

10. C [解析]初中语文课程目标包括识字与写字、阅读、写作、口语交际、综合性学习几方面的内容。

11. A [解析]A项,《义务教育语文课程标准》(2011年版)第四学段指出:"养成默读习惯,有一定的速度,阅读一般的现代文,每分钟不少于500字。能较熟练地运用略读和浏览的方法,扩大阅读范围。"

12. B [解析]《义务教育语文课程标准》(2011年版)对7~9年级阅读目标的规定是:"阅读一般的现代文,每分钟不少于500字。"

13. C [解析]C项,《义务教育语文课程标准》(2011年版)指出:“语文课程致力于培养学生的语言文字运用能力,提升学生的综合素养,为学好其他课程打下基础;为学生形成正确的世界观、人生观、价值观,形成良好个性和健全人格打下基础;为学生的全面发展和终身发展打下基础。语文课程对继承和弘扬中华民族优秀文化传统和革命传统,增强民族文化认同感,增强民族凝聚力和创造力,具有不可替代的优势。语文课程的多重功能和奠基作用,决定了它在九年义务教育中的重要地位。”

14. A [解析]B项,《义务教育语文课程标准》(2011年版)指出:“写作材料准备过程的评价,不仅要具体考查学生占有材料的丰富性、真实性,也要考查他们获取材料的方法。要引导学生通过观察、调查、访谈、阅读等途径,运用多种方法搜集材料。”C项,《义务教育语文课程标准》(2011年版)指出:“对于作文的评价还须关注学生汉字书写的情况。”D项,《义务教育语文课程标准》(2011年版)指出:“评价结果的呈现方式根据实际需要,可以是书面的,可以是口头的;可以用等级表示,也可以用评语表示,还可以采用展示、交流等多种方式。”

15.A [解析]A项,《普通高中语文课程标准》(2017年版)的基本理念为:以核心素养为本,推进语文课程深层次的改革。

16. B [解析]B项,《普通高中语文课程标准》(2017年版)中指出:学科核心素养是学科育人价值的集中体现,是学生通过学科学习而逐步形成的正确价值观念、必备品格和关键能力。

17. A [解析]A项,《普通高中语文课程标准》(2017年版)中指出:学科核心素养主要包括“语言建构与运用”“思维发展与提升”“审美鉴赏与创造”“文化传承与理解”四个方面。

18. C [解析]C项,《普通高中语文课程标准》(2017年版)中指出:能将具体的语言文字作品置于特定的交际情境和历史文化情境中理解、分析和评价。

19. D [解析]D项是“文学阅读与写作”学习任务群的学习目标与内容。

20. B [解析]语文课程评价的根本目的在于全面提高学生的语文学科核心素养。

二、填空题

1. 整体认知;精神世界
2. 螺旋发展
3. 学习任务群
4. 语言材料;语言经验
5. 审美情趣
6. 语文课程目标
7. 个性化;整本书
8. 知识与能力;过程与方法;情感态度与价值观
9. 探究
10. 阅读方法与习惯;阅读量
11. 240;400
12. 个体差异
13. 审美鉴赏与创造;审美意识
14. 学生;学生身心发展;自主阅读;自由表达
15. 选择性必修;选修;7~9
16. 整本书阅读与研讨;社会主义先进文化
17. 学科核心素养
18. 语文实践
19. 自主、合作、探究性

三、简答题

1.[参考答案](1)立足学生核心素养发展,充分发挥语文课程育人功能。

(2)构建语文学习任务群,注重课程的阶段性与发展性。

(3)突出课程内容的时代性和典范性,加强课程内容整合。

(4)增强课程实施的情境性和实践性,促进学习方式变革。

(5)倡导课程评价的过程性和整体性,重视评价的导向作用。

2.[参考答案](1)立足核心素养,彰显教学目标以文化人的育人导向。

(2)体现语文学习任务群特点,整体规划学习内容。

(3)创设真实而富有意义的学习情境,凸显语文学习的实践性。

(4)关注互联网时代语文生活的变化,探索语文教与学方式的变革。

3.[参考答案](1)语文作为文化的特殊性:本身既是文化,又是文化载体。

(2)语文作为工具的特殊性:是负载着人文性的工具。

(3)语文的工具性和人文性的对立统一,正是科学主义和人文主义的对立统一。

4.[参考答案](1)注意对象和场合,学习文明得体地交流。

(2)耐心专注地倾听,能根据对方的话语、表情、手势等,理解对方的观点和意图。

(3)自信、负责地表达自己的观点,做到清楚、连贯、不偏离话题。

(4)注意表情和语气,根据需要调整自己的表达内容和方式,不断提高应对能力,增强感染力和说服力。

(5)讲述见闻,内容具体、语言生动。复述转述,完整准确、突出要点。能就适当的话题作即席讲话和有准备的主题演讲,有自己的观点,有一定说服力。

(6)讨论问题,能积极发表自己的看法,有中心、有根据、有条理。能听出讨论的焦点,并能有针对性地发表意见。

5.[参考答案](1)着眼于核心素养的整体发展。

(2)全面把握学习任务群的特点。

(3)倡导评价主体的多元化。

(4)选用恰当的评价方式。

(5)明确必修和选修课程评价的重点和联系。

6.[参考答案](1)了解常见媒介与语言辅助工具的特点。掌握利用不同媒介获取信息、处理信息、应用信息的能力。学习运用多种媒介展开有效的表达和交流。

(2)知道信息来源的多样性、真实性,辨识媒体立场,多角度分析问题,形成独立判断。

(3)关注当代网络文学和网络文化,坚持正确的价值导向,辩证分析网络对语言、文学的影响,提高语言、文学的鉴赏能力。

(4)建设跨媒介学习共同体,丰富语文学习的手段。

第二章　教学设计与实施

思维导图

- 教学设计与实施
  - 教学的基本内容
    - 教学媒体的选用——选择教学媒体的原则、选择教学媒体的基本依据
    - 课堂教学的调控——课堂偶发事件的处理方法
    - 教学情境的创设
    - 课堂评价的实施
      - 课堂评价的方式
      - 有效评价的要求
  - 教学设计内容要素（重点）
    - 教学目标
      - 确定语文教学目标的依据
      - 设计语文教学目标的要求
      - 语文教学目标的正确陈述
    - 教学重难点
    - 教学方法
    - 导入语——直接导入、情境导入、故事导入
    - 课堂教学提问
    - 教学活动——诵读活动、探究活动、表演活动
    - 课堂结束语——总结式、悬念式、激情式
    - 板书——词语式、提纲式、对比式、表格式
    - 作业——积累式作业、实践性作业、趣味性作业、开放性作业、研究性作业
    - 教学反思
  - 各模块教学设计
    - 阅读（重点）
      - 教学设计流程
      - 教学切入点
    - 写作
    - 口语交际
  - 教学设计实操
    - 阅读（难点）
      - 补写教学设计
      - 句段教学设计
    - 写作
    - 口语交际
  - 案例分析答题指导（重点）
    - 案例分析评析内容
    - 答题方法
      - 解题思路
      - 答题技巧
      - 答题注意事项
    - 案例分析答题示例

考向分析

本章属于教材教法的运用性章节，特点为内容广泛，知识点琐碎，需要理解与运用的知识多，在考试中常以主观题的形式考查。现对本章考向分析如下：

高频考点	常考题型	能力层级	考查热度
课堂教学的调控	案例分析	运用	★★
教学目标	教学设计	运用	★★★
教学重难点	教学设计	运用	★★★
导入语	教学设计	运用	★★
课堂结束语	教学设计	运用	★★
板书	教学设计	运用	★★★
阅读	教学设计	运用	★★★
答题方法	案例分析	运用	★★★

核心考点

第一节 教学的基本内容

一、教学媒体的选用

所谓教学媒体，是指在传播知识或技能过程中显示信息的手段或工具。它有广义、狭义之分。狭义的教学媒体专指语言、粉笔、黑板、图片、模型等传统教学工具与投影、幻灯、电影、录像、多媒体电脑等现代化教学工具；广义的教学媒体还包括讲授、讨论、实验、参观等教学方法在内。以下着重讨论语文课堂教学媒体（狭义）的选用问题。

1. 选择教学媒体的原则

（1）依据教学目标的需要和教学实际情况，恰当选用多媒体。语文教学中是否选用多媒体，要根据教学目标的需要和教学内容的安排来确定。在具体运用过程中要把握好“度”，适量、适当运用。

（2）发挥多媒体在语文教学中的辅助作用，不可喧宾夺主。多媒体技术作为一种教学手段和语文教学的一种形式，是为语文教学内容服务的，教学形式不可以代替内容，更不可以无视教学内容而独立存在。因此，语文教学中多媒体技术的使用一定要为教学服务，或引起兴趣，或渲染气氛，或激发情感，或突出重点。

（3）多媒体教学手段与传统教学手段应配合使用。语文教师要善于将多媒体技术与传统教学手段相结合，根据教学目标的需要，在适当的地方灵活、合理地使用多媒体，使语文教学与多媒体技术有机整合，相得益彰，这样才能更好地发挥多媒体教学的优势，达到理想的教学效果。

考点 再拔高

▼ 课堂中音乐的运用

在语文课堂教学中运用音乐，要注意以下几点：

(1)选用乐曲的风格、基调应与授课精神保持一致，以此求得和谐。

(2)音量大小要适中，音量大小应以不淹没人声、又能给听众造成一定的听觉和心理冲击为标准。

(3)音乐播放时机要恰当，要根据教学内容和授课情况精心安排。

(4)音乐起用时长要恰当，对于过长的曲目最好剪辑，用多少留多少，实在不能剪辑时要记得在不用时随手关闭。

2. 选择教学媒体的基本依据

(1)依据教学目标。每门课程、每个单元、每节课都有一定的教学目标，为了达到不同的教学目标，常常需要使用不同的媒体去传递教学信息。比如要使学生知道某个概念，或理解某种原理，或掌握某项技能等，可选择图表、实物或三维动画等媒体。为了激发兴趣、升华情感可选取音频和视频等媒体。

(2)依据教学内容。不同的学科内容不同，对教学媒体也会有不同的要求。如在语文教学中，可以借助录像等视听媒体向学习者提供一定的情境，使学习者有身临其境的感受，以加深他们对课文的理解和体会。

(3)依据教学对象。不同年龄阶段的学习者对事物的接受能力不一样，选用教学媒体时必须考虑到他们的年龄和心理特征以及知识背景。另外，在两种效果接近的媒体中进行选择时，也可适当考虑学生的习惯和爱好。如为小学生可多选择动画、投影、视频媒体，为中学生选择媒体可增加一些分析、综合、抽象、概括等理性认识的分量，重点应放在揭示事物的规律上。

(4)依据媒体特征。各种教学媒体具有不同的适用性。在实际应用中，只有最适用的媒体，而没有最好的媒体。只有充分了解各种媒体的优点和局限性，才能在使用中扬长避短，对它们进行综合应用。

(5)依据教学条件。教学中能否选用某种媒体，还要看当时当地的具体条件，包括资源状况、经济能力、师生技能、使用环境、管理水平等因素。因此，理论上的最适用媒体，不等于实际上的最适用媒体。

二、课堂教学的调控 【案例分析】★★

课堂偶发事件是指与课堂教学目的、教学计划无关而出乎教师意料之外的、突然发生的、直接影响和干扰课堂教学过程的刺激事件。

考点1 课堂偶发事件的特点

(1)突发性，即它往往是突然发生、在意料之外的。

(2)偶然性，即它是偶然发生的，不是经常的和固定的。

(3)新异性，即它是课堂教学中一种无关的新异刺激，干扰或破坏课堂教学活动的正常进行。

(4)不定性，即它表现不一，有时明显，有时较为隐蔽。

(5)两极性，即对它的处理是否得当，将会带来积极或消极两种不同的结果。

考点2 课堂偶发事件的处理方法

1. 冷却处理法

冷却处理法是指教师在课堂上对一些偶发事件给予暂时冷却，仍按照原教学计划进行教学，等到课后的其他时间再作处理的方法。此法能使教师有比较充裕的时间去考虑，进而选择恰当的教育方案，能够冷静地处理偶发事件。例如课堂上的钉子事件：

（某班学生做完早操回到教室上课，忽然有人发出“哎哟”的叫声，老师发现原来有人在班干部的凳子上反钉了几个钉子）

师：请其他同学坐在自己的座位上，翻开课本，预习今天我们要学习的课文。（教师帮助学生把钉子敲平）现在我们开始上课。

…………

师：请同学们课下查找有关的安全知识，下节课我们一起召开“板凳上的钉子从何而来”的主题班会。

该教师面对这一课堂突发事件，没有立刻查找肇事者，而是选择了照常上课，将偶发事件暂时冻结，仍按原计划进行教学活动，课后处理，并召开了“板凳上的钉子从何而来”的主题班会，给肇事者反省自己的机会，体现了该教师的教育机智。

第二部分

2. 趁热打铁法

趁热打铁法是指在课堂教学中，当偶发事件发生时，教师应抓住时机，马上给予处理，以取得最佳的教育效果。此法往往能使偶发事件及时得到解决，并给学生强烈的思想震动和深刻影响，对日后偶发事件的产生起震慑作用。例如意外的作文课：

（教师刚跨进教室，发现学生都望着天花板，原来一个坐垫挂在天花板露在外面的电灯线上）

同学们都在看什么呢？原来是天花板上的坐垫啊！坐垫怎么会挂在天花板上呢？是它自己飞上去的吗？今天就让我们以此为题，写一篇命题作文吧！（板书《由坐垫飞到屋顶上谈起》）

该教师在课堂偶发事件发生时，抓住了机会，趁热打铁，让学生写一篇命题作文，收到了良好的效果。学生通过亲身的感受，写出的作文真实生动。但要注意的是趁热打铁法往往会占用一部分教学时间，甚至改变教师原有的教学计划，影响教学任务的完成，教师选择此法的时候应当注意该问题。

3. 以静制动法

面对课堂上的偶发事件，教师只有沉着冷静，才有可能找出解决问题的最佳方案。例如老师的画像：

（教师走进教室，发现黑板上画了一幅他的画像，引得课堂一阵骚乱）

师：画得多好啊，确实像我。希望这位同学以后为我们班的黑板报画画刊头、题花，大家说好吗？上课！

师：（下课铃响，教师惋惜地合上书本）唉，时间不够了。

该教师面对课堂偶发事件时，控制住了自己的情绪，以静制动，保证了正常的教学活动。下课时，以“时间不够了”作结，敏感的学生马上能听出教师的“弦外之音”，懂得了课堂出乱子会影响大家的学习。

4. 幽默带过法

课堂上有些偶发事件会使教师处于窘境，查处拖延时间，不理睬又损害教师威信。在这种情况下，教师可采用幽默法，暂时让自己摆脱窘境。例如扣错扣子：

（教师走上讲台，同学们忽然大笑起来）

生：老师，你的扣子扣错了。

（教师发现第四颗扣子扣在第五个扣眼里）

师：老师想心事了，匆匆赶着与你们——来——相——会（唱）。昨天我们有的同学做练习时，就是这样张冠李戴的。

该教师用幽默、自嘲的语言既为自己解了围，又点出了学生不认真做练习的错误行为，还活跃了课堂气氛。当然，运用幽默自嘲的语言必须注意分寸，不能伤害学生的自尊心，降低教师的威信。

5. 因势利导法

学生在上课时，往往会把由课前发生的事件所引发的情绪带到课堂上来，如果不因势利导，正确处理，就会影响整个课堂的教学气氛。例如课堂上的讨论：

（教师走上讲台，学生正在为昨夜看的奥运会比赛议论纷纷，激动不已）

师：同学们在讨论什么呀？讨论得这么激烈。

生：我们在讨论昨天晚上的奥运会比赛。

师：原来如此。老师昨天也看了奥运会比赛，中国奥运健儿的胜利为中国人争得了荣誉，证明了中国人的伟大。但是中国在科学技术、经济建设上仍需要进步，我们也要有中国奥运健儿这种拼搏精神，把我们的科学技术、经济建设搞上去！所以，从现在开始，我们就得好好学习，抓紧每一分钟，听好每一堂课。

在这则教学案例中，该教师抓住了学生在这个偶发事件中表现出的强烈的爱国情感，将之巧妙地引入教学中，调和了学生的情绪，使之趋于平静，专心听课。既顺应了学生的好奇心，满足了学生的求知欲，又保证了教学秩序，扩充了课堂教学信息。

6. 自然转移法

偶发事件中有这么一种情况，学生在课堂上会提出一些与教学联系不大或毫无联系的问题，如果教师围着学生的问题回答，往往影响正常教学。所以教师应该掌握主动权，伺机自然地转移话题。例如毫无关联的发问：

（教师在教学《少年闰土》一课）

生：跳鱼怎么会有青蛙似的两只脚呢？

师：是啊，鱼怎么会有脚？

生：有！

师：什么鱼啊？

生：娃娃鱼。（笑）

师：啊，你真见多识广！我想跳鱼也有两只脚，可我没有看到过，你们有谁看到过？

生：（齐）没有。

师：可是少年闰土就知道这种跳鱼，这说明了什么？

生：说明少年闰土见多识广，他“心里有无穷无尽的希奇的事，都是我往常的朋友所不知道的”。

该教师用巧妙的回避，自然的转移，圆满地解决了这样很难正面回答的问题。他从课堂偶发事件的积极因素出发，把偶发事件的处理服务于教学、教育活动。

7. 虚心宽容法

虚心宽容是处理课堂偶发事件的心理基础。宽容在处理偶发事件中的作用是极富艺术性的，宽容不是软弱无能；不是无原则的迁就，教师要使学生在心灵深处反省，要使学生体会到教师的仁厚和良苦用心，应给予学生更多的爱心和理解，促使学生自我反省、自我教育。

真题面对面

[2018浙江，案例分析，8分]阅读下面一则教学案例，谈谈你的看法。

陈老师是新入职的语文教师，对教学工作有极大的热情。这天，她执教人教版七年级上册第三单元的写作板块“写人要抓住特点”。她让学生选择一位熟悉的同学，用200字左右给他(她)“画”一幅肖像，写好后，读给同学们听，看看大家能否猜出写的是谁。陈老师特别强调要抓住人物与众不同的特点来落笔。陈老师的教案是按教材提示设计的，设计前也看过某位名师的同题写作指导课录像，因此她对这堂课充满信心。

当堂小练笔顺利完成，可没想到，一到习作交流环节就出了问题。一位男生自告奋勇地站起来，刚读了第一句：“她有一双圆滚滚的凸起的牛眼睛……”就引起哄堂大笑，同学们不约而同地把目光投向后排的一位女生。这时，有一位调皮的男生大声喊出她的名字，那位女生顿时涨红了脸，伏在课桌上哭出声来。

陈老师十分尴尬，指着那位男生说：“你怎么可以这样写同学？”男生一脸委屈地嘟囔：“我是按您的要求写的呀！”同学们议论纷纷，课堂几近失控。陈老师定了定神，走下讲台向哭泣的女生道歉，然后对大家说：“同学之间要彼此尊重，这是一条基本原则，写作也要体现这条原则。”课堂这才渐渐安静下来。

课后，陈老师又仔细观摩了一位名师同题课录像，这才发现，这位名师在写前指导时，就要求学生落笔要体现尊重和善意，而且在学生10分钟的课堂习作时也没闲着，不时查看学生习作情况并与之交流。陈老师思考了很多，写了好几页的教学反思。

参考答案：(1)由教学案例可以看出该教师在备课环节准备很不充分，没有做好课前预设。只考虑了教学目标和教材，没有进行学情分析，这节课注定是失败的。

(2)在课堂出现偶发事件时，该教师没有及时引导，而是一味地指责男生，打击了学生的学习积极性，对于女生也造成了一定的伤害。该教师应当利用教学机智，运用因势利导、幽默带过等方法及时化解该事件。既保护学生的自尊心，又能激发学生的学习积极性。

(3)该教师在课后及时进行反思，观看名师教学视频，找到了问题所在，体现了该教师善于利用教学反思提高教学能力，这种做法是非常值得借鉴的。

三、教学情境的创设

1. 创设生活情境，激发学生兴趣

"生活，是语文之源"，语文与生活联系密切。语文教材离不开作者对生活的感悟，学生自己在生活中的已有经验也影响着他们对文本的理解。从教材中寻找生活的痕迹，用与生活自然联系的情境去开启学生的情感，能引发学生对作品的感悟，引导学生走入语文学习的美好境界。

2. 创设活动情境，激发学生兴趣

语文是生活中的一种必要工具，它引导学生由单一的语文学习步入广阔的语文空间，教会学生在学语文的同时学做人，在长智力的同时养成习惯，在练就终身受用的语文本领的同时提高自身的思想素质、心理素质和作为现代人的社会交际素质，从而促进自我人格的全面完善。因此，应以语文能力训练为核心，开展一系列丰富多彩的语文活动。

3. 创设图画情境，激发学生兴趣

诗中有画，画中有诗，说明了诗与画之间的关系。语文教材中，借助图画可以再现课文情境，可以把课文内容具体化、形象化，收到"一图胜千言"的效果。

4. 创设音乐情境，激发学生兴趣

文学与音乐都属于文艺，其中自然有许多相通之处，所以在教学中利用音乐能使学生更快地进入课文情境，体会感情，感受意境。*如在教学《孔雀东南飞》之前，放《梁山伯与祝英台》中的一段音乐，那哀怨缠绵的曲调，如泣如诉的旋律，能深深地打动学生，使他们沉浸在对主人公命运的同情和怜惜之中。*

5. 创设情感情境，激发学生兴趣

教学是一门艺术，有些概念较晦涩，教师若照本宣科，学生就会觉得难学并开始厌学，面对此种情况，教师要因势利导，深入浅出，用生动形象的语言帮助学生理解深奥难懂的知识。

6. 创设多媒体情境，激发学生兴趣

随着现代化教学设施的引进和教学改革的不断更新，过去语文教师那种"夹着课本和粉笔进教室，一支粉笔一张嘴讲话"的形象有所改变，电子备课已基本取代书写教案，电脑已成为语文教师的备课工具，大多数教师都能够自己从网上下载教案和课件，许多教师还能亲自制作多媒体课件，进行上课、专题训练和实体讲评。学生也可以通过多媒体以及网络更加直接、快捷地去了解语文知识，扩大自己的知识面，因而学习兴趣也会有很大的提高。

7. 锤炼语言，描绘情境

前面所说的创设语文教学情境的几种方法，无论哪一种都必须靠教学语言来实现。离开了教学语言，就难以创设教学情境，即使有了某种情境，也不能发挥教学作用，实现情境的价值。教学语言是创设教学情境的基础，教学艺术最终也体现于教学语言中。"语不惊人死不休"，教师教学功夫的深浅就体现在教学语言的锤炼上。这就要求教师在课堂教学中使用的语言要准确、简洁、富有哲理而又不乏幽默风趣，给学生创造出一种轻松活泼的学习气氛，发挥教学语言惊人的魅力。

四、课堂评价的实施

课堂评价是指任课教师在教学过程中，为促进学生学习和改善教师教学而实施的对学生学习过程与结果的评价，是教师对学生在课堂中呈现出来的学习状态、情感价值观等的反馈与调控。如教师的一个表情、一个眼神、一个手势等都属于评价。

考点 1 课堂评价的方式

1. 评判式点评

评判式点评即教师对学生学习过程、思维方式、语言表达、情感态度等方面给予实事求是的评价。教师采取评判式点评时，首先要做到语言多样、态度真诚、评判有针对性。例如：

某老师执教《春》时，这样点评："说得真好！你对春天里的大自然有一种独特的体验。""你充满想象力的解说把我们也带进了那美丽而神秘的境界之中，谢谢你！""太好了！你是结合自己的生活在全方位地感受春天，感受作品。同学们是不是应该给他掌声？"

这样的点评，教师态度诚恳，语言丰富、生动，极具针对性，激发了学生的求知欲，增强了学生的自信心，效果十分明显。

其次要注重实事求是，既不能简单否决也不能一味迁就。新课程倡导要对文本多元解读，进行个性化阅读，这种理念毫无疑问是正确的。但当学生对文本解读有误时，教师一定要及时指出。当学生思维有偏差，要在肯定学生敢想敢说的同时，大胆巧妙地说"不"，同时纠误纠偏，拨正航向，从而引导学生会想会说。那种学生说什么都是"好"，答什么都是"对"，动不动就鼓掌喝彩的做法，不仅不能给学生积极的鼓励，持续下去，反而会给学生带来更多消极负面的影响。

2. 点拨式点评

课堂点评不仅要重"评"，评得客观、评得准确，而且要注重"点"，做到点拨得法。语文教师点评时，要根据学生思维活动的发展趋势，找准问题的症结，找到合适的切入点，调动学生已有的知识储备，由具体到抽象开拓学生思维，引导学生将一些零散的或表象的东西进行升格总结，让学生通过自己的主体活动获得知识，掌握方法，提高认识，增强能力。例如：

某教师执教《智取生辰纲》的对话教学时，让学生讨论武艺高强、精明能干的杨志失败的原因，学生提出的"天意弄人说"未能触及本质。为此教师进行了点拨、引导："大家还记得学过的《伶官传序》吗？文章开篇说'呜呼！盛衰之理，虽曰天命，岂非人事哉'，天意固然有弄人之处，但我们是否更应该从'人事'的角度去寻找一下杨志失败的深层原因呢？"通过教师的这一点拨，学生顿时豁然开朗，提出了"内部矛盾说"。

学生的聪明才智是无穷的，只要教师把学生学习中出现的错误作为财富，在关键处、在思辨中能适时又巧妙地加以点化，点拨学生走向完善，他们就会掌握正确的方法，学会自己拿着钥匙去打开知识宝库的大门。

3. 归要式点评

学生回答问题或对话交流时，由于年龄、学识水平等原因，往往词不达意，语言啰唆，条理性不强。教师点评时便要对学生的话进行归纳、整理，这就是归要式点评。例如：

某位教师教《回忆我的母亲》一课，讲到课文第六自然段时，向学生提问："第六自然段作者选择了哪些平凡的事例来表现母亲俭朴的美德？"有一个学生回答时，因不知如何归纳，仅仅将课文的一些语句读出来，教师是这样点评的："刚才这位同学都找对了，但是归纳不够简练，比如'我们用桐子榨油来点灯'这句就可以缩减为'点桐油灯'。"教师的这一归要式点评，启发了那位同学，她马上将其他事例概括出来了："吃杂粮饭、穿家织布。"

此外，当师生共同探讨某一问题，课堂教学进入了一个思维活跃、热情高涨的新境界时，教师在放手让学生各抒己见、各展其才后，要进行归要式点评，从而使学生理清思绪。

总而言之，采取归要式点评，教师首先必须认真倾听，尤其在面对表达不畅、话说不清楚的学生时，教师一定要耐心听完学生的发言，切不可粗暴打断或中止学生的发言。其次必须善于归纳，要准确完整概括出学生交流表达时的要点。唯有如此，学生才会学会归纳、学会概括、收获知识、增长智慧。

4. 补充式点评

当学生回答问题不够完整、比较片面时，教师可以进行补充式点评，既真诚地接纳、尊重学生独特的体验和发现，又恰到好处地进行补充。此外，当学生答问时提到一些特有的事物、现象、专业术语时，教师也可进行补充式点评，予以解释、说明。

考点2 有效评价的要求

教师的课堂评价，直接影响学生知识技能的掌握和思想感情的发展。有效的课堂教学评价是在整体深刻理解文本和学生实际后呈现的自然而然的创设和生成。在课堂教学中，教师要做到有效评价需注意：

1. 准确得体

教师的课堂教学评价应该委婉客观地指出学生的长处和存在的缺点，既不能一味地肯定，也不能一味地批评，要让学生知道哪儿是好的，哪儿是不好的；哪儿是对的，哪儿是错的，以及为什么。课堂教学评价还需教师关注课堂中生成的细节，及时提醒学生，有效地帮助学生纠正错误。

2. 机智应对

教师在进行课堂教学评价时，要根据学生的反馈信息、突发情况，进行快速反应，巧妙应对。教师课堂教学评价应因境、因事和因人而随机应变，创造性地进行评价，激励学生积极地参与到课堂教学活动中。

3. 捕捉亮点，学会赏识

在课堂教学中，教师应及时捕捉学生的闪光点，给以鼓励。不要吝啬对学生的赏识与赞许，要及时送上充满激励的评价，让学生不断获得前进的动力，增强自信心。

4. 尊重差异，期待成长

教师的评价要做到因人而异，要针对不同的学生采用不同的评价标准。

学生情况	应对方法
学习有困难的学生	要有鼓励性。从他们身上发现优点，进行准确的评价，使他们打消自卑心理，树立自信心。
感悟能力一般的学生	要有诚挚的欣赏性。他们需要听到恰如其分的评价，以了解自己的长处、短处，从而取长补短，完善自我。课堂评价语言应侧重对他们学习态度的鼓励与欣赏，对知识正误及学习方法的点评。在他们表现好的时候应给予最大限度的表扬，使其自信愉快地投入到课堂学习中。
感悟能力强的优等生	要有启迪性。感悟能力强的学生需要的是超越其他同学的对文本的理解深度，因此，教师要选择能使他们的学习进入更深层次的评价语言。教师的评价要从学习内容、学习习惯、学习方式、思维角度等方面出发，给优等生继续奋斗的动力，避免其满于现状。

第二节　教学设计内容要素

教学过程是一种特殊的认识过程，也是一个促进学生身心发展的过程。在教学过程中，教师要有目的、有计划地引导学生能动地进行认识活动，自觉调节自己的志趣和情感，循序渐进地掌握文化科学知识和基本技能，以促进学生智力、体力和社会主义品德、审美情趣的发展，并为学生奠定科学世界观的基础。

一、教学目标 【教学设计】★★★

语文教学目标是语文教学活动的方向，也是评价每一次教学是否有效的依据。

考点1 确定语文教学目标的依据

1. 基础教育课程改革的要求

基础教育课程改革要求构建素质教育的语文教学目标体系，要求语文课程必须面向全体学生，使学生获得基本的语文素养。

2. 语文课程总目标、阶段目标、单元目标与教学目标

《义务教育语文课程标准》(2022年版 / 2011年版)和《普通高中语文课程标准》(2017年版)中的语文课程总目标和阶段目标及语文教科书中的单元目标，是确定语文教学目标的依据。语文教学目标是特定目标，特定目标是一般性目标的具体化。

3. 语文师资水平和学生语文学习水平

我国地域辽阔，师资水平参差不齐，学生人数众多，必须从调查研究入手，以语文教学调查和语文教学改革实验为基础，以科研人员的研究成果为参照系，从现代化手段统计的材料中取得各种数据，作为确定语文教学目标的实践性依据。

考点2 设计语文教学目标的要求

1. 促进学生个性发展

现代教育理念要求，语文教育目标不应该只从培养语文能力着眼，而应该使每位学生的个性得到全面发展。每一个学生的才能、气质、理想、信念、思想、情操、意志等，都应得到培养和发展。

2. 体现语文学科的性质和特点

语文教学的各项具体目标，都要为全面提高学生的语文素养服务，包括热爱祖国语文的思想感情，正确理解和运用祖国语文，丰富语言积累，培养语感，发展思维，具有适应社会生活需要的识字与写字能力、阅读能力、写作能力、口语交际能力等。同时要提高学生的品德修养和审美情趣，逐步形成良好的个性和健全的人格。

3. 适应社会生活需要

语文教学必须与社会前进的步伐合拍，经济、科技发展极大地增加了整个社会的信息量，传播媒体也趋于多样化，这都要求人们提高吸收和处理信息的能力，从而促进人与社会、人与自然、科学与人文的和谐。

考点3 语文教学目标的正确陈述

一般情况下，语文教学目标陈述的基本要素有四个：行为主体、行为动词、行为条件、表现程度。语文教学目标的陈述应该注意以下几点：

1. 行为主体应是学生，而不是教师

因为判断教学效果的直接依据是学生有无具体的进步，而不是教师是否完成任务。因此，语文教学目标陈述必须从学生的角度出发，行为主体必须是学生。尽管有时行为主体"学生"两字没有出现，但也必须是隐含着的。以往我们习惯采用的"使学生……""提高学生……""培养学生……"等陈述方式都是不符合要求的。

2. 行为动词要尽可能是可测量、可评价、可理解的

目标的行为动词要尽可能具有质和量的具体规定，以便教学时把握和评价时使用。例如，有位教师这样设计《谈骨气》的教学目标："培养学生革命的骨气，提高学生写议论文的水平。"这种写法不仅主体不对，而且也无法测量和评价。

3. 行为目标陈述的两类基本方式

行为目标陈述有两类基本方式：结果性目标陈述方式、体验性或表现性目标陈述方式。

结果性目标陈述方式明确告诉人们，学生的学习结果是什么，所采用的行为动词要求明确，可测量、可评价。

体验性或表现性目标的陈述方式主要描述学生自己的心理感受、体验或明确安排学生表现的机会。所采用的行为动词往往是体验性、过程性的，这种方式指向无须结果化的或难以结果化的目标。

4. 必要时附上产生目标指向的结果行为条件

行为条件是影响学生产生学习结果的特定的限制或范围，为评价提供参照。如"借助汉语拼音……""结合上下文了解……""45分钟能写出……""课堂讨论时能……"。

5. 要有具体的表现程度

表现程度是指学生学习之后预期达到的最低表现水准，用以评价学习表现或学习结果所达到的程度。如"45分钟能完成不少于500字的习作"。

二、教学重难点 【教学设计】★★★

考点 1 教学重点

语文教学重点是指为了达到教学目标而必须着重引导学生理解和掌握的内容，是那些最重要、最基本的、带有规律性的语文知识。教材中的教学重点，可依据五个标准确定：

1. 最基本的，即基本性知识，如基本概念、基础知识、基本方法等。

2. 最核心的，即在知识的整体结构中居于核心的层次或地位的，因而能支配或影响知识的其他方面或部分。如一篇课文的主题思想，一句问话的真实含义等。

3. 最主要的。教材内容有主次之分，如主要章节、主要段落、主要问题、主要人物、主要词语等，应作为重点处理。

4. 最有用的。有些内容虽在教材内容体系中不是主要的或基本的，但对学生的心智发展却有着重要作用，也可作为重点来处理。

5. 最关键的。即对实现教学目标起到举足轻重作用的，能牵一发而动全身的那“一发”，要作重点处理。

以上五条标准有时不一致，要具体分析，做出合理的选择。

第二部分

考点 2 教学难点

语文教学难点是指教材中难度大，内容抽象或内容复杂、纷繁，学生理解困难、理不出头绪、抓不住要点、搞不明白的内容。教学难点可以从以下几方面分析：

1. 对于学习的内容，学生缺乏相应的感性认识，因而难以开展抽象思维活动，不能较快或较好地理解。

2. 在学习新的概念、新的模块时，缺少相应的知识基础，或学生对知识掌握得不准确、不清晰，使学生陷入了认知的困境。

3. 已学过的知识在对学习新知识时，起了干扰作用，学生不能顺利地把这些知识运用于新的学习之中。这类知识反而会成为难点。

4. 教材中一些综合性较强、时空跨越较大、变化较为复杂的内容，这些内容学生一时难以接受和理解，非一节课所能完成。

易混点辨析

教学重点和教学难点的区别

教学重点不同于教学难点，教学重点主要由它在知识结构中的特定地位和作用决定，教学难点则与学生的认知能力有关。

教材中出现的一些重点可能是难点，但并不是所有的重点都是难点，二者不能等同。难点有时可以通过点拨一次性解决。但因为其难，更多的时候更适宜于分散解决。

真题面对面

[2021贵州特岗,教学设计,10分]

茅屋为秋风所破歌

杜　甫

八月秋高风怒号,卷我屋上三重茅。茅飞渡江洒江郊,高者挂罥长林梢,下者飘转沉塘坳。

南村群童欺我老无力,忍能对面为盗贼。公然抱茅入竹去,唇焦口燥呼不得,归来倚杖自叹息。

俄顷风定云墨色,秋天漠漠向昏黑。布衾多年冷似铁,娇儿恶卧踏里裂。床头屋漏无干处,雨脚如麻未断绝。自经丧乱少睡眠,长夜沾湿何由彻!

安得广厦千万间,大庇天下寒士俱欢颜!风雨不动安如山。呜呼!何时眼前突兀见此屋,吾庐独破受冻死亦足!

1.根据文章的内容,设计教学目标和教学重难点。

2.设计一个教学片段,设身处地体会杜甫忧国忧民的心境。

参考答案:

1.(1)教学目标

①反复诵读并背诵,体会古体诗在句式、用韵等方面的特点。

②结合注释理解诗歌内容,感受诗中描述的社会现实,体会诗人从中传达出的忧国忧民的情怀。

③品味诗歌写作手法、语言等方面的精彩之处,并在写作中有所借鉴。

(2)教学重难点

①教学重点:通过朗读品味诗歌的意境,体会作者忧国忧民的情怀。

②教学难点:品味诗歌写作手法、语言等方面的精彩之处,并在写作中有所借鉴。

2.教学片段

(1)走近诗人——孤苦伶仃的苍老形象

①结合诗句,借助想象,说说你所"见"到的诗人是一副怎样的模样?

②堂堂一代诗圣,却落得如此境地。这是谁之过?仅是因为天灾?

③饱受"人祸"之苦的,仅是诗人一家吗?何以见得?

④你能借助平时积累的杜甫的诗句来加以回答吗?

(2)聆听心声——超越时空的伟大情怀

①当时的统治者诚然可憎,诗人的处境诚然可悲,但是,即便在这水深火热之中,我们的诗人也不失他的英雄本色!朗读课文,画出诗人于千疮百孔的心中发出呐喊的诗句。

②有感情地朗读画出的诗句。

③你从诗人的呐喊声中听出了什么?

(3)小结:小组讨论、探究,体会诗人从中传达出的忧国忧民的情怀。以小组为单位回答,教师相机指导、评价。

(4)有感情地朗读全诗,在读中体会杜甫忧国忧民的情怀。

三、教学方法

考点 1 教学方法类型

1. 讲授法

讲授法是教师通过语言(主要是口头语言)向学生系统地传授知识的方法,可分为讲述、讲解、讲演三种方式。讲述是教师向学生描绘学习对象、介绍学习材料、叙述事物变化的过程。讲解是教师对概念、原理、规律、公式等进行解释说明和论证的过程。讲解、讲述各有侧重,在教学中常常结合使用。讲演则是系统全面地描述事实,深入分析和论证事实并归纳、概括出科学的结论的过程。

讲授法的主要优点是:教师可以有效地驾驭课堂,充分把握课堂的节奏,系统深入地传授新知识,教师的语言表达、逻辑思辨能力会对学生起到示范作用。同时,可以培养学生的聆听能力和快速记录的能力。

讲授法的主要缺点是:课堂教学应是师生共同参与的活动,讲授法侧重于教师的教学活动,学生说的能力和写的能力不能得到充分的训练;学生处于被动"听"的状态,很容易陷入课堂倦怠。

2. 谈话法

谈话法也叫问答法,是以师生的相互谈话和问答为主要方式来组织课堂教学活动的方法。谈话法有助于激发学生的思维,调动学生学习的积极性,培养他们独立思考和语言表述的能力。谈话法可分为复习谈话和启发谈话两种。复习谈话是根据已学教材向学生提出一系列问题,通过师生问答形式以帮助学生复习、深化、系统化已学的知识。启发谈话则是通过向学生提出未思考过的问题,一步一步引导他们去深入思考和探索新知识。

第二部分

考点 再拔高

▼ 谈话法的基本要求

(1)要准备好问题和谈话计划。

(2)正确对待学生的提问。

(3)要善于启发诱导。

(4)要做好归纳、总结,使学生的知识系统化、科学化,并注意纠正一些不正确的认知,帮助他们准确掌握知识。

3. 讨论法

讨论法是学生在教师指导下为解决某个问题而进行探讨,辨明是非真伪,以获取知识的方法。其优点在于能更好地发挥学生的主动性、积极性,有利于培养学生的独立思考能力、口头表达能力,让学生能够灵活地运用知识。

4. 演示法

演示法是教师通过展示实物、直观教具、进行示范性实验或采取现代化视听手段等,指导学生获得知识或巩固知识的方法。演示的特点在于加强教学的**直观性**,演示不仅是帮助学生感知、理解基本知识的手段,也是学生获得知识、信息的重要来源。

5. 练习法

练习法是学生在教师指导下运用知识去完成一定的操作，并形成技能、技巧的方法。按培养学生不同方面的能力分为口头练习、书面练习、实际操作练习；按学生掌握技能、技巧的进程分为模仿性练习、独立性练习、创造性练习。其优点在于对巩固知识，引导学生把知识应用于实际，发展学生的能力以及形成学生的正确价值观等方面具有重要的作用。

6. 自学法

自学法也称自主学习法，是学生在教师指导下，以自主学习为主，培养自主学习能力和习惯的一种教学方法。教会学生自主学习，是推进课程改革、实施素质教育的重要任务，也是现代科技、继续教育对人的要求。学生在校期间初步学会学习，逐步形成独立的学习能力，是将来立足社会、适应生活的需要。这是一种很有意义的学习方法。

自主学习能力指学习者在已有知识与技能的基础上，一般不依赖于他人而能运用一定的学习方法和程序，独立获取知识并解决问题的能力。

7. “读·议·讲·练”法

“读·议·讲·练”法主要运用于阅读课的教学中。在课堂中，以学生为主体、教师为主导，按照让学生“读一读”，师生“议一议”，然后由教师“讲解”，最后由学生“练一练”的阅读教学方法进行教学。在整个过程中，“读”是基础，“议”是关键，“讲”是解疑，“练”是应用，教师的指导贯穿始终。

8. 朗读

朗读又称吟诵性阅读或品味性阅读，是把有形而无声的书面语言，借助形与声之间的特定关系，变成无形而有声的口头语言，两种语言同时作用于大脑而产生意念，把单纯的视觉活动转化为复杂的综合感知活动，从而加强对书面语言的感知和理解。汉语音调鲜明，音韵优美，富有音乐性，具有独特的魅力。朗读能使沉睡的语言符号跳动起来，能够增强阅读的感受力、理解力、欣赏力，而且可以激活思维，陶冶情操，培养语感。科学实验证明，在相同的时间里对于相同的语言材料，单纯通过视觉学习能接受语言的25%；通过视觉、运动觉、听觉的综合作用，能接受语言的65%。

朗读训练的基本要求就是语音和语调的规范化，语音包括读音正确，停顿恰当，音质自然，音量适中；语调包括高低适度，强弱适中，快慢适宜。其具体要求有：用标准的普通话，语言流畅，感情充沛，节奏鲜明等。

考点 再拔高

▼ 朗读训练的常用方式

(1)教师范读。示范胜过讲解，这是最好的指导方式。

(2)学生单读。带有考查性或学生示范性，这是最好的训练方式。

(3)学生齐读。适用于诗歌等音韵感和节奏感较强的作品。

(4)学生分角色读。适用于戏剧等人物个性鲜明的作品。

9. 背诵

背诵作为传统古诗文教学的基本环节，历来为语文教学所重视，并已经被证明是切实有效的语文教学方法。

(1)大声诵读

大声诵读是指导背诵的最基本的方法。大声诵读，并每篇连续诵读五遍以上，随着诵读遍数的增加就会逐渐加深对文章内容的理解。尤其对一些背诵准确度不高的同学而言，出声背诵是解决问题的最好方法。

(2)抓住关键词语

所谓关键词语，一是指需要背诵的文句、语段的领头字词；二是指作为联想背诵内容的支撑点的关键性动词。

(3)利用课文画面

如果文章画面感强，以画面形象来辅助记忆也是一种良好的方法，这有助于培养学生的联想和想象能力。

(4)遵循写作顺序

文章的写作顺序主要有时间顺序、空间顺序、逻辑顺序等。按照写作顺序来梳理文章的思路，寻找利于背诵的切入点的策略也是常见的背诵方法。

(5)整、分、联背诵法

整、分、联背诵法是指整体背诵法、分段背诵法与联合背诵法，这几种方法各有各的特点和用途，并有一定的联系。一般而言，整、分、联背诵法要求学生先对课文进行整体阅读，然后对每个语段进行分别背诵，将每个段落背熟记牢后，再将所有的段落联合起来进行记忆。对于篇幅较长的古诗文背诵篇目，这种方法是切实、有效而且便捷的。

(6)限时强制记忆

这是强制记忆法之一，要求在规定的某个时间段内完成对某些内容的快速记忆。用这种方法配合适当的检查就会强化背诵的效果。

10. 默写

默写是指凭记忆把读过的文字写出来或把观摩过的图画绘出来。

背熟文章之后，便要保证字的正确率，所以一定要重视默写。要把背诵与默写结合起来，根据知识近期遗忘最快的特点，每背诵完一册或一个阶段后，就进行默写，了解掌握情况，并及时评价，指出存在的问题，同时也要肯定成绩，表扬先进，以进一步调动学生的积极性。

11. 听写

除了默写外，为检测教学效果的落实情况，也可以采取听写的策略。听写是指由教师发音或朗读，学生不参考其他资料，凭记忆笔录。听写是对注意力集中的一种培养，也是有效的知识接受能力的训练。

考点 再拔高

▼ 听写的优点

(1)能面向全体学生,发挥每一位学生的主体作用。听写能调动每个学生的学习积极性,激发每个学生的学习兴趣,使每个学生的潜能都能得到充分发挥。

(2)能培养学生的语感。听写训练一方面要凭借语音感知唤起对相应字词的识记,另一方面又需迅速地将音、义转化成形、义并做出输出反应。这样,在训练中就可以不断强化学生的语感。

(3)能发展学生的智力。有效的听写训练,可以培养学生快捷的反应力,有助于学生注意力、记忆力等智力品质的开发与提高。

(4)能全面检验全体学生的学习效果,提高教学效率。

考点2 教学方法的选用

教学方法是在教学过程中所采用的手段,为了达到教学目标,必须科学地设计和运用教学方法。没有教学方法,教学内容就永远不能转化成学生的知识和能力。

1. 选择语文教学方法的依据

(1)依据教学目标与任务。每一节课都有具体的教学目标,目标不同,就需要采用不同的教学方法。

(2)依据教学内容。不同学科的知识内容与学习要求不同,不同阶段、不同单元、不同课时的内容与要求也不一致,这些都要求教学方法的选择具有多样性和灵活性的特点。

(3)依据教师素质。任何教学方法都必须通过教师的具体教学来实施。教师的素质结构包括知识结构、能力结构、心理结构、品德结构等,这些都与教学方法的选择有关。教学方法的选用,只有适应教师的素养条件,并能为教师所掌握,才能在实际教学活动中有效地发挥其功能和作用。因此,教师在选择教学方法时,还应当根据自己的实际优势,扬长避短,选择与自己最相适应的教学方法。

(4)依据学生特点。学生的实际特点直接制约着教师对教学方法的选择,这就要求教师能够科学而准确地研究分析学生的特点,有针对性地选择和运用相应的教学方法。

(5)依据教学的组织形式、时间、设备条件等。有些教学方法适用于小组教学或班级教学,而有些教学方法适用于个别教学。教学时间对教学方法的选择也有很大影响。现代科学技术手段向教学手段的渗透和转化,也引起了教学方法的重大变革。

(6)依据教学规律和教学原则。教学规律是不以人的意志为转移的客观存在,教学原则是教学规律的客观反映,是教学系统诸要素内在联系的理论概括。教学方法的选择和配合,要遵循教学规律和教学原则。

2. 选择语文教学方法的原则

(1)多样性原则。由于教学内容不同,教学对象各异,教学环境多变,各种教学方法有各自的适应性和局限性,所以,必须综合运用多种教学方法才能取得最佳效果。

(2)灵活性原则。教学方法的多样性和教学活动的多变性,决定了教学方法选择的灵活性。

(3)优化组合原则。对行之有效的教学方法进行优化组合，强化各自的积极方面，弥补各自的消极方面。

(4)教法与学法相统一原则。学法是教法的依据，教法是学法的示范。教法能促进学法的形成，学法也能促进教法的发展。这是教法与学法辩证统一的实质。

(5)创造性原则。在教学中根据实际情况对已有教学方法进行改造、组合，使之适应新的教学情境，从而发挥最大功能。教师应发挥其特长，应用自己擅长的教育技巧，通过各种途径，实现教学方法的创造。

四、导入语 【教学设计】 ★★

导入语设计得巧妙，就能起到先声夺人、拨动学生心弦、激发学习兴趣之功效，它要求教师依据教学和学生的实际，用最精练的语言、最短的时间使学生进入最佳的学习情境，引起其学习兴趣。

在语文教学实践中，教师常使用的导入方法有：

1. 直接导入

直接导入，即一上讲台就开门见山，教师的开场白直接点题，用准确精练的语言，主动提出一堂课的教学内容，给学生一个整体入微的感觉。例如《散步》：

今天我们开始学习《散步》，它选取生活的一角，通过几段描写，写了三代人之间的深沉的爱。是写家庭生活的温馨、和睦与关爱的。下面，我们就开始学习这篇散文。

2. 情境导入

情境导入法是指教师通过精彩的语言描绘，音乐、视频、图片、实物的呈现及学生的表演，创设切入主题的情境，从而使学生产生丰富的想象和身临其境的感受，激发学生浓厚的学习兴趣和强烈的情感体验，让他们情不自禁地进入学习的情境。例如教学《云南的歌会》时：

教师首先让学生欣赏有关云南民间歌舞的电影《五朵金花》，然后语言导入：云南是个多民族聚居区，歌唱几乎渗透到人们生活的各个领域，在云南的一些少数民族聚居的地方，每逢集会或节日，人们总是聚在一起，即兴歌唱、问答、游戏传情……那些古老的歌会，蕴含着浓郁的民间文化气息。今天，我们就跟随文学大师沈从文一起走进《云南的歌会》，来感受一下那里的民风民俗。

3. 故事导入

青少年都是故事迷，特别是那些科学性、哲理性很强的故事更受他们的欢迎。教师可通过寓言、故事、典故或传说等激发学生的兴趣，启迪学生的思维。在教学中，如果这种方法运用得巧妙，可收到很好的效果。例如一位教师在讲授《拿来主义》一课时，就以一个故事轻松导入：

一个记者问冯骥才："你们改革开放，学习西方资产阶级的东西，就不担心变成资本主义吗？"冯骥才立马回答："不！因为人吃了猪肉不会变成猪，吃了牛肉也不会变成牛。"他幽默机智的回答博得满堂喝彩。是的，我们学习资本主义的东西，不会变成资本主义。同样，我们在继承文化遗产时，只要遵循一定的原则，就一定能成功，这个原则就是"拿来主义"。

4. 引用导入

教师可以引用与教学内容相关的名言警句、诗词、成语、歇后语、对联、典故或广告来导入新课。这样导入新课不但能渲染一种诗情画意的典雅气氛，而且能创设“先声夺人”的审美情境，让课堂教学充满诗情画意，体现出鲜明的抒情格调，让学生接受美的熏陶，这种熏陶不仅有利于语文学习本身，而且还有利于激发学生的学习兴趣。例如某教师在讲授《爸爸的花儿落了》一课时，设计了这样的导入：

诗人汪静之有一首诗写得很美，我想和同学们一起分享其中的几句：“时间是一根铁鞭，生命是一树繁花；一朵一朵地击落，等到击完的时候，把满地残红踏入泥沙。”诗人对于生命的比喻，真的很美妙，“生命如花”，多么绚丽与多情啊！但纵然多情而美丽，有一天，它终会无奈地凋谢，在作家林海音儿时的记忆里，爸爸的花儿也落了。

5. 设疑导入

设疑导入就是抓住学生的好奇心，是在教学过程中为引入某疑难问题或一节课的难点而设置的。采用这种导入语，可以激发学生的求知欲，收到很好的课堂效果。设疑导入提出的问题要匠心独具，具有独创性、科学性、规范性。例如某教师在讲授《最后一课》时，设计了这样的导入语：

1976年，美籍华人丁肇中因发现J粒子而获得了诺贝尔物理学奖。在瑞典皇家科学院颁奖典礼上，这位美籍华人不用英语发言而用中文发言。这一异常举动，引起世界强烈的反响，感动了不同国家、不同肤色、使用不同语言的人们。他的这一举动，为什么会引起人们强烈的反响呢？学习了《最后一课》这篇文章后，我们就能揭晓其中的答案了。

6. 审题导入

上课伊始，教师先板书课题，然后从探讨题意入手，引导学生分析课题来导入新课。一般来说，语文课题都有一定的语法结构，教师可引导学生找出修饰语和中心语（题眼），中心语一般已指明文章的写作内容或中心思想。关键是教师要善于针对教材，围绕课题精心设计一系列问题，然后循循善诱，使学生思维迅速定向，很快进入对中心问题的探讨中。例如在讲解《土地的誓言》一课时：

教师先让学生独自分析题意，然后抛出问题：“你是如何理解这篇课文的题目的？”有学生说：“这个题目本身就有问题，土地怎么会发出誓言呢？”也有人说：“题目没问题，可以是拟人的修辞手法呀。”也有人说：“不能这样理解，应理解成作者面对土地时发出的誓言。”讨论愈演愈烈，教师马上接过话题：“题目到底该如何理解呢？通过这节课的学习我们马上就能见分晓了，请同学们翻开课本。”

7. 介绍作者导入

教师在讲解那些比较著名的作者的作品之前，可以先从介绍作者入手导入本课。这样的导语，由作者到作品，顺理成章，引入自然。例如在讲授《望岳》一课时就可以这样导入：

杜甫在25岁的时候，他父亲杜闲在山东兖州任司马，他曾借探亲之机去山东各处游历，《望岳》这首诗就是那个时期写的。我们读杜甫“安史之乱”后的诗作，往往会觉得他是个沉郁寡欢的老人。可是，读这首《望岳》感觉就全然不同，他的雄心，他的豪气都将使你感奋不已。

总之，教无定法，学无定法，课文的导入也没有一成不变的方法，就是同一篇文章，不同的教师在不同的对象面前也会采用不同的导入方法。语文教师应注意其知识性、趣味性、启发性和灵活性的统一。教师在具体的教学活动中，要根据学生的实际情况，结合具体的教学内容，采用灵活多变的方法导入新课，做到因人而异，因情况而异，以期收到良好的效果。

考点 再拔高

▼ 导入语注意事项

(1)要有针对性。有针对性才能满足学生的需要,要针对教学内容设计导入语,使它与教学相辅相成,不脱钩。另外,还要考虑学生的年龄特点、心理状态和知识能力的差异程度。

(2)要具有启发性。富有启发性的导入语可以发展学生的思维能力,积极的思维活动是课堂教学成功的关键。

(3)力求新颖性。只有具有创新性的导入语才能抓住学生的心理,才能更好地让学生集中注意力走进课文。

(4)注重简洁性。简洁的导入语能节约学生的听课时间。

五、课堂教学提问 ★

1. 课堂教学提问的主要方法

在课堂教学中,提问的方法多种多样,而启发式提问是最主要的方法。恰当地启发提问,能激发学生思考和求知的欲望,促进学生思维发展,培养学生发现、分析、解决问题的能力,其主要方法有:

(1)设疑式。教师有意识地提问设疑,能引起学生的思考。有意设疑,能激发学生积极主动地寻找问题的答案,做出正确回答,也有利于提高学生的学习兴趣。

(2)探究式。为了使学生能够认识事物的本质,需要教师设计由表及里,层层深入的问题。如鲁迅的《药》有如下片段:"忽然见华大妈坐在地上看他,便有些踌躇,惨白的脸上,现出些羞愧的颜色;但终于硬着头皮,走到左边的一座坟前,放下了篮子。"

教师要带领学生针对该片段描写的含义和作用进行探究,采用了如下几个有层次的提问:①这段文字对夏四奶奶做了哪些描写?②这反映了什么问题?③她儿子为革命而死,她应该感到骄傲,却为什么感到羞愧?④连母亲都不理解儿子的死,这说明了什么?

(3)对比式。在教学中,往往需要设计一些对比性问题向学生提问,有利于学生辨析知识的差异,认识知识的联系,使知识形成网络化。

(4)启发式。这种提问方式通常是针对教学中的重点、难点或实验教学而设计的。在课堂教学中,对于重点知识,尤其是学生觉得无疑的知识,他们往往理解肤浅,这时可以巧设疑问,启发、引导学生深入思考,反复描摹,从而达到深入理解的目的。而对于难点知识,只要设计合理性的提问,通过设疑问难、辨疑解难,就可以启发学生的思维,引导学生把握思维方向,简化、分解难点,尽快找到问题的突破口,达到释疑、排难的目的。

2. 课堂教学提问要遵循的原则

(1)精心设计问题入口。教师以设疑开讲,一开始就能扣人心弦,紧紧抓住学生的思绪,激发学生求知的欲望。启发学生思维"入口"的选择至关重要,如果选择有失妥当,势必导致学生思维活动东撞西突,或钻牛角尖。

(2)问题的难易度适当。教师提出的问题要是学生力所能及的，要符合学生的认识水平和实际能力。过难，易使学生产生畏惧心理，不利于调动学生的积极性；过易，又不能引起学生的重视。

(3)掌握问题设置的曲直性。提问时，变换角度设问，让学生思路转一个弯，从所提问题的侧面寻找思维的切入点，经过分析、综合、比较、判断、推理，形成新的暂时的神经系统，从而对不懂的知识进行正确的解答。

(4)定位问题设置的落脚点。就课堂教学而言，所提问题应围绕学习重点并着力设置在教学内容的重点上，包括关键处、疑难处、精妙处。然后教师引导学生学好重点，突破难点，以解决好关键。

六、教学活动 【教学设计】 ★

1. 诵读活动

可设计为听读、尝试读、示范读、分角色读、分组读、对抗读等形式，让学生在参与活动时掌握朗读的技巧，揣摩人物的情感，享受朗读的快乐。

2. 探究活动

对文本的探究可用“问题引路”的活动方式，根据文本的内容设计问题。具体操作为：

(1)示范提问，即教师示范提出问题，或把握文章的主旨，或突破文本的重难点，给学生思维指向。

(2)自主试问，可要求学生尝试发问，即学生模仿教师提问的方式，就文本内容或学习的重难点自主发问。

(3)因疑置问，即学生真正走进文本以后，对文中的某一问题理解不透彻或根本不理解，为了满足学习的需要而自主置疑。

另外，在探究活动中，可给学生指示方法。常用的方法有：标题切入法、导语切入法、要点引入法等。

3. 交流活动

如果是小组合作学习，可派小组代表交流本组的学习成果；对于小组学习中不能解决的问题，可采取生生交流、师生交流的方式，从而达到相互学习、取长补短、共同成长的目的。

4. 表演活动

表演活动就是将课文改编为剧本，以课本剧的形式呈现。课本剧的表演能形象地再现课文内容，展现文本所反映的现实生活，让学生很快走进文本。

5. 辩论活动

在课堂上可就文章的内容巧妙地组织一些辩论活动，从而活跃课堂气氛，同时又使学生的思辨能力得以提升。组织好课堂辩论活动需要：

(1)设计好辩题。辩题应是由课文中生发出来的，辩论活动的开展应是为学生解读文本、透彻理解文章的主旨服务的。

(2)确立辩论点。辩论时应尽量从文本中找理由，找依据，也可适当地让学生联系自己的生活。

(3)确定辩论目标。开展课堂辩论，目的是提高学生认识事物的水平，通过正反双方的辩论，最终观点应达成一致。

七、课堂结束语 【教学设计】★★

如何设计课堂的结束语，要根据不同的教学内容而定。

1. 总结式

这是教师常用的结束语。教师总结这节课所学的内容和学生的学习情况，再提出一定的要求和希望。例如，某教师在教学《春》时：

同学们，回去背诵这篇课文，细细体味作者遣词造句的妙处。《春》这篇文章，语言生动清新，像潺潺的小河水一样！我们要学习这种写景的方法。

这段结束语归纳总结了《春》这篇课文遣词造句的妙处。这是本课教学的目的和重点。教师的归纳和总结，对学生复习、巩固本课所学的知识，起到了强调和突出的作用。

2. 悬念式

课堂教学的结尾也应像文章的结尾一样，讲究悬念迭出，回味无穷，给人一种课已结束而意犹未尽的感受。因此，在课堂教学结束时，有时采用巧设悬念的方法，能收到“欲知后事如何，且听下回分解”的艺术效果。例如，某教师在教学《智取生辰纲》时：

这节课，同学们谈了对于小说《水浒传》的浏览领会，说得非常精彩。下一节课我们将学习的《智取生辰纲》就选自这部名著，许多精彩的内容等待我们去发现。大家能从中受到什么教益？能谈得比这节课更精彩吗？

这样“悬念式”的结束语，一般在上下节课之前提出，它预告了下一节课的教学重点，还让两节课过渡自然巧妙，效果较好。

3. 拓展式

一节课是无法将所有的内容都涵盖完的。为了拓展学生的思维，教师可以利用结束语，引领学生深入思考，或者布置一些阅读资料的任务，以拓宽教学内容。例如，某教师在教学《三峡》时：

学完《三峡》，三峡的美景尽收眼底。假如你是一位广告达人，结合课文内容，请为三峡景区设计一句广告词。(出示例句：猿鸣——男儿有泪也轻弹！)请大家课后也写一两句广告词。

这样的结束语激发了学生的兴趣，引导学生课后认真构思，进行个性化的创造，进一步理解课文内容。

4. 比较式

比较式结束语就是在一篇课文或一个单元教学内容的结束阶段，从文章的体裁、内容、结构、表达、立意等方面，有所侧重地与另一篇课文或一个单元进行对照分析，概括出它们的相似点与不同点，从中总结出规律，把握不同的风格和特点，有利于学生加深对课文的理解，有利于学生掌握多种知识和学会运用多角度的写作技巧。运用比较式结束语，关键是要选准相似的教学内容和文章结构，在找准共性之后，特别要强调它们的个性特色和不同的写作风格，讲明它们各自的长处和优势，切忌把相似点不甚明显的课文内容进行生搬硬套、牵强附会的比较。更不要毫无根据地说长道短，做厚此薄彼的随意评述。例如，某教师在教学《孔乙己》时：

我们上学期学习过《范进中举》这篇课文，大家还记得范进的形象是怎样的吗？请同学们课后对比《孔

乙己》和《范进中举》这两篇文章，分析其异同，下节课我们一起来讨论一下。

有比较，才有鉴别。该教师的课堂结束语有所侧重地将本节课学习的课文与以前学过的其他课文进行对比，同中求异，异中求同，从而加深了学生对课文的理解，并且对之前学习的内容有很好的复习作用。

5. 激情式

创设一种具有诗情的意境，激发学生的情感，撞击学生的心灵，引起学生的高度注意和进一步思考。这种激情式的教学结尾"如同撞钟一般，洪亮的钟声弥漫在课堂"，能收到"课已终而韵无穷"的效果。例如，某教师在教学《艰难的国运与雄健的国民》时：

同学们，每个国家，每个民族，乃至每个人在前进的道路上，都会遇到各种各样的困难，面对困难，我们要靠雄健的精神，冲破一切艰难险阻，像奔流不息的长江、黄河那样勇往直前。让我们牢记李大钊的一句名言吧：天下兴亡，匹夫有责！

这样的结束语用警句触及学生的心灵深处，使学生的内心激动不已，起到振奋人心的教学效果。

6. 活动式

一堂课上完了，可以根据本节课的内容适当地开展活动，这既能缓解课堂教学的沉闷，松弛学生的紧张情绪，又能有效地培养学生的学习兴趣和实践能力。例如，某教师在教学《口技》时：

师：请同学们课后用"甲生：我来问，你来答。某词的意思是什么？乙生：这个问题难不倒我……"的游戏形式来复习刚刚学过的文言知识点。下面先请一位同学和老师一起来示范。

师：我来问，你来答。"会宾客大宴"中"会"是不是指"开会"？

生：这个问题难不倒我。"会"是指"正赶上"。

师：同学们都明白了吗？

生：明白了！

师：课下请同学们和同桌互相练习，下节课我们一起分享大家的练习成果。

该教师用生动活泼的游戏娱乐来完成结束语。这种形式的结束语对消除学生上完一节课后的身心疲劳，巩固复习所学知识，有较好的效果。

八、板书 【教学设计】★★★

板书图示在语文教学中起着重要作用，教育信息化过程中如果采用多媒体演示，效果会更好。

1. 板书的要求

(1)目的明确，概括性强

设计板书要吃透教材，明确目的，选准内容。只有目的明确的板书才能发挥良好的作用。板书还要有高度的概括性。概括性有三个要求：①紧扣课文原意；②准确使用关键词语；③简洁完整。

(2)布局合理，条理清晰

布局合理就是要与内容相互呼应，能直观地反映出内容之间的逻辑联系。条理清晰就是要清楚明晰地体现课文的写作思路，也要体现教师教学的思路，促使学生较为顺畅地理解课文。

(3)书写正确、规范、美观

正确:不写错字、别字、病句,笔顺正确。

规范:不写任意简化字、不写繁体字,不生造词语。

美观:字迹大小匀称,排列整齐,疏密得当、行距合理。

2. 板书图示的能力要素

(1)硬笔书法能力和文明的书写习惯。教师虽然不一定是书法家,但必须具备硬笔书法的基础知识和基本能力,书写必须符合硬笔书法的基本规则,要做到工整、流利、醒目、美观。教师必须具有文明的书写习惯,如姿势端正、动作文雅、不写怪字等。

(2)版面设计能力。要根据教学内容设计版面结构,做到简明扼要、条理清楚、重点突出、结构完整。一幅板书图示,就是一幅能够供人欣赏的作品。

(3)一定的制图和绘画能力。

3. 板书的基本类型

(1)词语式。词语式是以文章重点词语为主而设计的一种板书。这种板书能促进学生更好地阅读课文,理解课文内容,有利于丰富学生的词汇,使用方便,便于设计,因此使用也最为普遍。例如,《荷塘月色》词语式板书:

月下荷塘
- 荷叶
  - 多 → 弥望 → 田田
  - 高 → 亭亭 → 舞女裙
  - 颜色 → 点缀 → 白花
- 荷花
  - 姿态 → 袅娜 → 开着(盛开)
  - 羞涩 → 打着朵儿(含苞)
  - 光亮 → 明珠 → 星星
- 荷香:渺茫的歌声
- 荷波:闪电、霎时、凝碧
- 流水:脉脉

(2)提纲式。提纲式是以反映文章写作提纲为主的一种板书形式,以事情的发展为序的文章常采用这种板书形式。这种板书能帮助学生总结、概括课文内容,指导学生写作构思,有利于选材和组织材料的训练。例如,《散步》提纲式板书:

散步→分歧
- 母亲　　走大路　　承上
- 我和妻子　　责任重大→使命感　—亲情
- 儿子　　走小路　　启下

(3)回环式。回环式指首尾相连,状如环形的一种板书形式。采用这种板书,能使课文线索更加清楚,更能展现课文的表现手法，能化难为易，清楚简洁地呈现课文的脉络，促进学生抽象思维和布局谋篇能力的发展。例如，《麦琪的礼物》回环式板书：

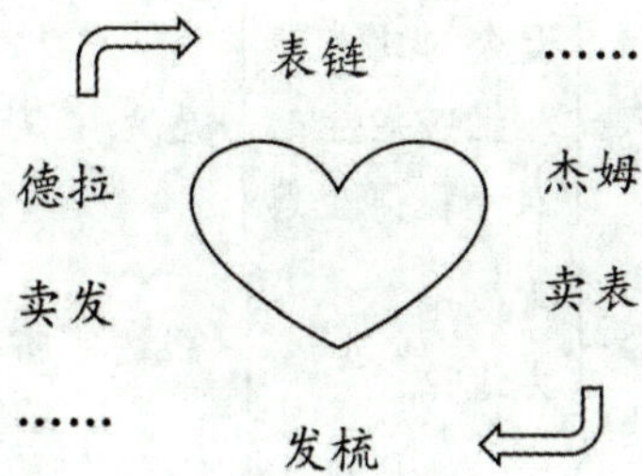

(4)对比式。对比式是教师把教学内容相互对立或对应的部分集中在一起呈现出来的板书形式。这种板书能突出教学内容之间的联系和区别，使之形成鲜明的对照，能启迪学生的思维，使其思考为什么会产生如此对立或对应的现象，有利于学生进行探究性的学习。例如，《从百草园到三味书屋》对比式板书：

百草园 { 赏美好景物 / 听神秘故事 / 捕觅食之鸟 } 自由、快乐

三味书屋 { 拜孔子　拜先生 / 勤读书　乐请教 / 做游戏　画画儿 } 无奈、快乐

(5)表格式。表格式是用简单的表格反映文章的结构内容的一种板书形式。这种板书能将课文内容简明扼要地展示出来，帮助学生理解段落间的内在联系，梳理课文的知识要点，以帮助学生更好地掌握课文内容。一般用于梳理事物各个方面的特征，事件发展过程中的各种情形，或比较不同对象在各个方面的异同等。例如，《药》表格式板书：

结构	情节	场景	线索	
			明线	暗线
第一部分	开端	刑场	老栓买药	夏瑜牺牲
第二部分	发展	茶馆	小栓吃药	鲜血被吃
第三部分	高潮	茶馆	茶客议药	狱中斗争
第四部分	结局	坟场	老母上坟	老母迷惘

(6)概括式。概括式板书即把课文的内容用精练、简洁的词语进行概括性地说明。这样处理，简单明了，条理性强，脉络清晰，有助于学生理清文章线索。板书的内容既体现了作者的写作思路，又反映了作者的写作意图。例如，《落花生》概括式板书：

种花生—收花生—吃花生—议花生

(7)线条式。线条式是以线条和文字配合组成的板书形式，不少板书都要辅之以线条。这类板书把课

文的情节线索，或根据作者的思想感情线索，以线条展示发展情形，直观地呈现在学生面前。例如，《赤壁赋》由“景→情→理”的写作思路设计的线条式板书：

自然风物　乐⇓悲　客三悲：古今对比生悲、人生苦短生悲、不可骤得生悲——虚无主义和消极人生观　失意

历史人文　⇓喜　主二论：何羡论、共适论——豁达宇宙观和人生观　⇓超脱

(8)综合式。综合式是文字、线条、标点、图案等各种方式综合运用设计的一种板书形式。以塑造各种强烈的视觉形象，诉诸学生的感官。这种板书图文并茂，能全面兼顾，突出主体，帮助学生理解，激发学生兴趣，发展学生思维能力。例如，《邹忌讽齐王纳谏》综合式板书：

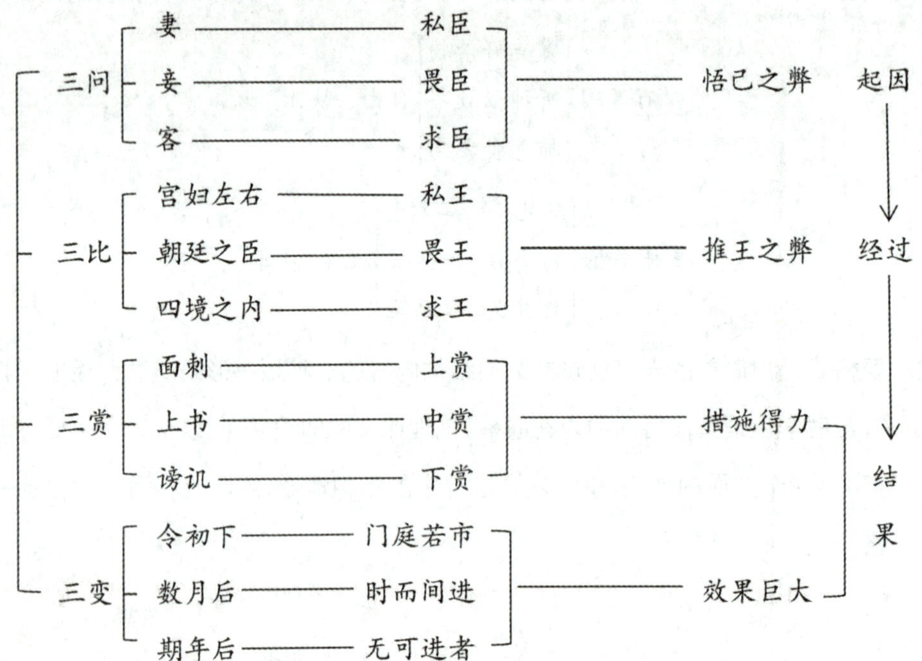

真题面对面

[2020云南特岗，教学设计，10分]

咏怀古迹(其三)

群山万壑赴荆门，生长明妃尚有村。

一去紫台连朔漠，独留青冢向黄昏。

画图省识春风面，环珮空归夜月魂。

千载琵琶作胡语，分明怨恨曲中论。

(1)请为这首诗设计教学思路。

(2)请为这首诗设计教学板书。

参考答案:(1)教学思路:

①导入新课

A.讲述昭君出塞故事。

B.解题。

C.背景、作者简介。

②整体感知

A.朗读诗歌,了解诗歌内容。

B.找出直接抒发情感的一个词语。

③赏析诗歌

A.思考:这首诗写的什么内容?怎么写的?为什么这样写?

B.解读诗歌,理解诗歌中的典故、内容及作者情感等。

C.讨论探究诗人表达情感的方式。

④鉴赏语言

A.进行字、句解读。

B.分析诗歌语言表达特色。

⑤课堂小结

教师总结诗歌的内容、表现手法、语言特色、思想情感。

⑥布置作业

就课文写一篇不少于500字的赏析文章。

(2)教学板书:

咏怀古迹(其三)

人物	昭君	诗人
起因	绝代佳人,入宫见妒	才华横溢,入朝见妒
经过	画图省识,远离汉宫	不分忠佞,无辜遭贬
结果	身死异国,环珮空归	漂泊西南,有家难归
情感体现	千载之怨	深沉怨愤

九、作业 【教学设计】★

考点 1 积累式作业

1.课内知识的积累

在每一单元的学习中,可要求学生做好以下的积累性作业:

(1)积累好词好句。主要是重要词语及新学到的成语的积累以及本单元课文中自己认为写得非常美的句子及理由。

(2)积累相关的文学常识。对本单元中重要作家作品的相关资料做好记录。

(3)积累能给自己启发的哲理性句子或名人名言,积累古诗词名句,等等。

2. 课外知识的积累

(1)课外阅读和摘抄。摘抄的内容为自己所读的课外书中的精彩语句、语段或文章,后面要附上自己的点评,点评的内容可以是摘抄的理由,也可以是自己的阅读体会,还可以是自己的疑问。

(2)做好资料的搜集与整理。要求学生在学习课文前,结合文章内容,查找相关资料增加课外知识。

(3)做好一些小故事的积累,这些小故事往往能给人一定的启发,能为学生的写作提供很好的素材。

考点 2 实践性作业

教师要充分利用现实生活中的语文教育资源,优化语文学习环境,开展丰富多彩的语文实践活动,拓宽语文学习内容、形式与渠道。使学生在广阔的空间里学语文、用语文,丰富知识,提高能力。例如:

学习了《雷雨(节选)》,让学生为这篇课文设计一个课本剧,并在班级中表演。学生在活动中进一步地理解了文章主旨和意义,加强了体验、感悟和表达,缩短了文字与情感的距离,浅化难点,学用结合。

此外在语文教学中还可以尝试让学生体验小老师、小记者、小播音员等角色,参加学校文学社各种文学活动,也可积极搭建“平台”,开展诸如春游、参观、演讲、辩论、手抄报等活动,以使学生在实践中活用知识、增长能力,提高语文素养。

考点 3 趣味性作业

趣味作业,可提高学科的凝聚力,激发学生学习语文的兴趣。

1. 注重多变性

教师在作业设计时要结合学生实际情况,多改变作业类型、作业方式,吸引学生独立思考,认真完成作业。例如:

学《动物笑谈》或《青蒿素:人类征服疾病的一小步》课文前,布置学生搜集与课文有关的图片、影像、文章等资料,教学时结合资料理解文章内容。在这样的学习过程中让学生主动求知,学会合作,学会搜索信息,提高处理信息的能力。

需要注意,作业的“多变性”并非指“乱变”,它应该符合大纲要求,借助于教材内容,并由教师引导才行。

2. 注重实践性

中学阶段的学生已初步掌握了语文的基础知识,对学语文的欲望已转入如何运用所学知识去解决学习、生活实际问题的尝试阶段。因此,语文作业的设计应多趋向于实践运用的题型训练,以达到“学以致用”的教学效果,满足学生的需要。例如:

教完《看云识天气》后,教师可及时引导学生:“根据课文所介绍的有关知识,去观察天上的云和光,并推断出近日的天气情况。”使学生通过观察、记录、推测、交流、展示及验证等亲身活动,去体验课文知识的真实性。这不但加深了学生对课本知识的理解,使他们掌握了有关天气的知识,还培养了学生的观察、判断及实践能力。

考点4 开放性作业

根据教材和学生实际情况的需要，根据课标中提倡的“自主、合作、探究”的新型学习方式，可设计如下几个类型的开放性作业：

1. 能力迁移性作业

(1)仿句练习

课文中有许多优美的句子，让学生仿照其句式造句能训练学生的语言表达能力。例如：

在学习《从百草园到三味书屋》时，让学生仿照“不必说……也不必说……单……”造句。

(2)想象

可让学生根据学习的课文进行适当的想象，可以是课文的延伸，也可以是结局的改写，或者是内容的转换，等等。例如：

在学习《天上的街市》一文时，学生知道诗人由街灯联想到明星，然后想象到天上的街市等。教师可设计相关练习让学生巩固对想象和联想的理解。

(3)语言表达运用

学习了比喻、拟人、排比等修辞手法或对比、衬托、情景交融、动静相生等表达技巧后，让学生写句子，并将所学的手法、技巧用上。

2. 体验感悟性作业

阅读是读者与作者、文本在情感上的个性交流与对话的过程。每个学生的阅读积淀不一样，他们的阅读体验和感悟也会有不同。因此，依据教学内容设计一些体验感悟性作业，能激活学生的思维，真正实现“相互交流、相互沟通、相互启发、相互补充”。例如：

在教《丑小鸭》一文时，教师设计了这样一道作业：当丑小鸭变成白天鹅之后，它最想告诉别人的是什么？请用丑小鸭心语的形式写出来。学生的体验不同，写出来的内容自然不一样。

3. 拓展阅读性作业

即根据所学课文向外拓展。例如：

学习老舍的《济南的冬天》时，课后可让学生去阅读《济南的秋天》及其他的老舍作品以感悟老舍的语言特色。

这种拓展性阅读作业的布置，对学生个性阅读能力的提高是非常有益的。作业是课堂教学的延伸，它的优化设计，可以最大限度地拓展学生的减负空间，丰富课余生活，使学生的个性得到张扬，使学生的人格得到尊重，使学生的语言综合能力得到发展……

考点5 研究性作业

新课程理念强调培养学生自主、合作、探究的学习方式。因此，教师在教学的各个环节都要鼓励学生主动探究，挖掘自身的创造潜能，让学生在学习的过程中获得成功的体验，真正成为个性健全发展的人。例如：

在教学诗词时，可结合课本上的综合学习，让学生自由组合，为自己喜欢的诗词选配音乐和图画，学生尝试着用音乐和图画来诠释自己对诗词的理解。

十、教学反思 ★

考点1 基本内容

1. 写教学体会

(1)写下自己的成功之处

详细记录的内容，可以供以后教学时参考使用，并可在此基础上不断地改进、完善、推陈出新。

(2)写下自己的败笔之处

尽管课前做了充分准备，但很难做到无懈可击。如课题引入不自然，内容衔接不流畅，重点呈现不成功，突破难点不得法，课堂设问不明确，知识准备不充分，师生配合不默契，学生精力不集中等。对它们进行回顾、梳理，并对其作深刻的反思、探究与剖析，使之成为以后再教该内容时应吸取的教训。

2. 写教学机智

课堂教学中，随着教学内容的进行，师生间思维的发展以及情感的交流，往往会因为一些偶发事件的发生而产生智慧的火花。这些随机产生的教学灵感，常常是不由自主、突然而至，若不及时利用课后反思去捕捉，便会因时过境迁而烟消云散，令人遗憾不已。

3. 写教学反馈

(1)记录学生的学情

传统意义的教学只注重教师的“教”，而忽略学生的“学”，及时捕捉来自学生方面的反馈信息，有助于教师更全面地了解学生，更深入地钻研教材。学生的反馈信息包括：学生对课堂的兴趣，对教学方法的意见和建议，对教学效果的评价，对某个问题的认识和见解，尤其是学生在课堂练习和回答问题中表现的不足和遗憾，这些要及时整理记载。

(2)保存学生的创新

学生是学习的主体，教师应当充分肯定学生在课堂上提出的一些独到的见解，这样不仅使学生的好方法、好思路得以推广，还可以拓宽教师的教学思路，提高教学水平。

(3)分析学生的作业和试卷

好的教学效果并不是通过教师自己感觉出来的，而是通过课堂上的作业与测试确定的。教师应在课后针对学生在作业和试卷中出现的问题，及时反思原因，寻求改进方法。如：对于不认真听讲和复习的学生应怎样加以教育，对于马虎出错及学习方法欠缺的学生应如何加以指点，对于自己没有讲清的知识点又该如何进行改进和补救等。

4. 写再教设计

一节课下来，静心沉思：摸索出了哪些教学规律，教法上有哪些大胆创新，知识点上有什么新的拓展，组

织教学方面有几条新的招式，启发是否得当，操练是否到位等。及时记下这些得失，并进行必要的归类与取舍，考虑一下再教这部分内容时应该如何做，写出再教设计。这样可以做到扬长避短、精益求精，让自己的教学水平有质的飞跃。

考点 2 阶段和方法

1. 教学反思阶段

教学反思阶段主要分为教学前、教学中、教学后三个阶段。一般来说，教师招聘考试中考查的多为教学后反思。教学后反思围绕教学内容、教学过程、教学策略进行。具体包括以下几方面：

(1)教学内容

确定教学目标的适用性；对目标所采取的教学策略做出判断。

(2)教学过程

①回忆教学是怎样进行的。

②对教学目标的反思：是否达到预期的教学效果。

③对学生的评价与反思：各类学生是否达到了预定目标。

④对执行教学计划情况的反思：改变计划的原因及其方法是否有效，采用别的活动和方法是否更有效。

⑤对改进措施的反思：教学计划怎样修改会更有效。

⑥对教学理论的反思：是否符合教与学的基本规律。

(3)教学策略

①感知环节：教师要意识到教学中存在的问题与自己密切相关。

②理解环节：教师要对自己的教学活动与倡导的理论，行为结果与期望进行比较，明确问题根源。

③重组环节：教师要重审教学思想，寻求新策略。

④验证环节：检验新思想、新策略、新方案是否更有效，形成新感知，发现新问题，开始新循环。

2. 教学反思的方法

(1)反思日记

写反思日记为有针对性地改进教学，积累了良好的素材：这种反思方式使教师不断提高自己的课堂陈述水平，并带动认知成分的延伸，最终帮助教师形成个人教学风格。

(2)叙事研究

叙事研究是教学反思非常重要的方法，通常包括：①对教育对象进行研究；②对教育活动进行研究；③对教育思想进行研究。

(3)行动研究

行动研究并不是一种独立的研究方法，而是一种教育研究活动，是一种教师为研究自己的工作而综合运用的各种有效的研究方法，是教师对事件采取的一种自我反思形式。

第三节　各模块教学设计

一、阅读 【教学设计】 ★★★

考点1 教学设计流程

1. 教学目标

可以根据前文讲述的"教学目标"相关内容确定。

2. 教学重难点

可以根据前文讲述的"教学重难点"相关内容确定。

3. 教学方法

可以根据前文讲述的"教学方法"相关内容确定。

教学设计流程针对的是"设计完整的教学过程""设计一篇教学简案""完成本篇文章的教学过程设计"类提问的题目。

4. 教学过程

(1)导入新课

除了前文介绍的几种常用的导入方式外,还可以随机加入以下内容进行导入:

①解题。解题的主要任务是揭示文章标题与内容之间的关系。

②介绍有关资料。包括作者生平、写作缘起、时代背景、社会影响等,这些可以作为理解课文的基础。

(2)初读课文,感知内容

①认识生字新词。训练学生自己利用工具书识字解词,以培养学生的自学能力。

②读课文。通过朗读、默读、教师范读、学生试读、自由阅读、分角色读、班级齐读等多种方式感知课文内容。

③对文章内容和形式的整体感知。

④引导学生为课文划分层次。

⑤批注评点、质疑问难。引导学生对不懂的地方进行提问,同时教师也要提出相应问题引导学生理解课文。

(3)再读课文,深入分析

①分析阶段

A. 结构分析。把握作者的思路,注意开头结尾、层次段落、过渡照应、详写略写等结构方式。

B. 内容要素分析。如记叙文特别是小说中的人物形象、故事情节,说明文中的事理,议论文中的论点、论据,诗歌中的意境,戏剧中的矛盾冲突,等等。

C. 写作技巧分析。如构思、剪裁的技巧,写人、写事、写景的方法,说明的方法,论证的方法,直接抒情和间接抒情的方法,等等。有些文章必须从写作方法的角度进行分析,才能深刻理解。

D. 语言分析。主要分析语言的规范性和艺术性,即语法分析、修辞分析、语言风格分析等。特别要注意

那些对表现思想内容有重要作用的关键性语句，有些文章，只要掌握了重点语句，就抓住了全文的关键。

E. 重点分析。

特点，一篇文章中使其具有存在价值的区别于其他文章的本质特征。

要点，能够显示文章主旨的精华所在。

难点，有关文章主旨而学生的能力难以达到，需要教师着重加以指导的地方。

疑点，文章中有关主旨而又需要加以辨析的地方。

②综合阶段

综合是在分析的基础上进行的，是由局部到整体的概括过程，由现象到本质的抽象过程。综合阶段的基本任务是概括中心思想和总结写作特点。

(4)拓展延伸

在教学中进行适当的拓展延伸，将课堂教学与课外知识、社会实践有机地联系起来有助于帮助学生灵活地运用课堂上学到的知识，体现语文的实践性和综合性。同时，适当的拓展延伸还有利于活跃课堂气氛，提高学生学习兴趣，为学生创造一个积极的学习氛围。

(5)课堂结束语

课堂小结即对本节课教学知识点的总结，有利于梳理学生的思路，明确教学重点，进一步加深学生对课文的理解。具体内容可以根据前文讲述的“课堂结束语”相关内容确定。

(6)作业

具体内容可以根据前文讲述的“作业”相关内容确定。

(7)板书

具体内容可以根据前文讲述的“板书”相关内容确定。

(8)教学反思

具体内容可以根据前文讲述的“教学反思”相关内容确定，且需注意，没有特别注明要求写教学反思的，考生可以略过该环节。

考点2 教学切入点

1. 散文教学的切入点

(1)体会作者的独特感悟

品读散文的关键是体会作者的个人性情和独特感悟，我们要注意作者的情感和思想在散文中是怎么表达的。

①着眼于作者主体的情思。触摸作者的情思，不能仅仅停留在所记叙、描写的客观事物上，谈论散文中叙述的那人、那事、那景、那物。

②抓住作者的独特感悟。

③找到作者最想表达的情思和理趣。对叙事散文中的人物形象的分析，一定要有别于对小说中的人物形象的分析。

④体察作者的胸襟和情怀。散文教学要让学生认识和理解作者的感受，或启迪学生对自己生活和人生的思考。

(2)整体把握散文的文脉

教师要讲好散文，就必须从抓住文眼、理清线索、分析句子三个角度入手，这样既可以把握文章思路，又可以深入理解作品内容，还能准确体会作品立意，为散文阅读教学设计提供新思路、新方法。

(3)品味富有意蕴的语言，感受语言的表现力

①感受语言

教师在课堂中应该努力调动学生情感意识和角色意识，教会学生有感情地朗读课文，同时还要对重点文句反复读，引导学生通过朗读深入到作品的内蕴中，走进文本。

②赏析语言

在散文教学设计中要抓住重点句进行品读，欣赏散文语言的表现力。品味散文语言要关注以下几点：

A. 关注形象化的语言，特别是一些运用修辞格的语句。

B. 关注一些内涵丰富或语义含蓄晦涩的语句。

C. 关注运用细节描写的语句，这些语句往往平中见奇，令人回味。

D. 关注抒情议论的语句，这些语句往往点明了文章的主旨和写作意图。

E. 关注作者的语言风格，不同作者由于成长经历不同，知识修养不同，性格特点不同，其语言特色也会有所不同。

③体味语言

对于文中的重点语句，教师可以通过替换、改动词语，或者师生对话的方式讨论、品味其中的内涵。

(4)鉴赏散文的审美特征

引导学生体会文中的表现手法与表达技巧，抓住文中运用的主要表现手法和表达技巧赏析文章，体会散文的审美特征，并注意感受其中的审美价值，联系思想内容和作者情感体会表现手法的表达效果。

2. 文言文教学设计的切入点

(1)诵读

在文言文教学设计中，诵读是一个重要环节。教师可以安排教师范读、名家范读、学生朗读等，也可以吟诵、齐读、轮读、分角色读等。

文言文诵读首先要读准字音。对文言文中的陌生字词，教师要提供正音指导。有些通假字的读音，同我们今天常见的读法不一样，要让学生特别注意。文言文诵读要读准句读，文言文教学还要指导学生读出文言文语言的节奏。

(2)积累文言知识

①积累文言知识，为以后能独立进行课外阅读打下良好的基础。

②在文言文课堂教学中，让学生进行自主阅读。

③对于一些重点实词，可以让学生通过查阅字典和词典解决，并自觉积累文言词汇。

④对于阅读中遇到的不懂或不确定的字词意思，学生可以辨析义项，在质疑和讨论中明确其在语境中的意思。

⑤对于一些通假字、词类活用和特殊句式等，学生可以随文感受，总结规律。

在教学设计中，文言知识的积累可以随文学习。学生可以在随文学习的过程中通过联系旧知和新知，悟得规律性的知识。

(3)理解文本

①理解文本内容，掌握文章写法，鉴赏文学价值。

②对于故事情节较强的记叙文，可让学生通过把握文章的事件探讨写作人物的方法去评价人物；对于阐述论点的论说文，可让学生体会作者的论说，思考论点是如何提出的，又是靠什么来支撑论点的；对于“赋”体文，要让学生体会“赋”体的特点；对于“游记体”散文，要体会其章法的自由性，或叙议结合，或写景状物，或抒发感情；对于人物传记，教师要教给学生传记的一般写法，并让学生通过人物言行等理解人物性格。

(4)言文合一，积淀传统文化

学习文言文的一个主要目的是滋养精神，传承古代文化，提高人文素养。因此在教学中必须将“言”与“文”结合起来。要学会通过对关键性字词句的辨析和推敲，引领学生达到对文章、文学、文化的深层次理解，从而触摸文本的精神内涵，获得精神成长。

3. 古代诗歌教学的切入点

(1)了解背景

每首诗的产生都是在一定的历史背景下，在某种机缘下触发而来，不仅带有个人内心独特的体验和感受，也承载着那个历史时代的某种特征或风貌。

(2)感知形象

古代诗歌中的形象往往是诗人借以表达思想感情的具体可感的人物、事物或画面。要通过品读和揣摩、联想和想象进入诗境，并通过分析和理解，感知诗歌形象，深入领会作者的感情。

(3)理解情感

鉴赏诗歌首先应进入作者的内心世界，鉴赏古代诗歌时要引导学生去体悟诗人心中的喜怒哀乐等感情。

(4)品味语言

①领会重点字词的意蕴，重视推敲诗歌中的动词、形容词、副词、数量词、表颜色的词、拟声词等。

②赏析诗歌的诗眼，抓住诗歌中最精练传神的词语或句子进行品味，看其在诗歌行文构思、拓展诗的意境和传达诗人情感上所起的作用。

③感受语言风格，对诗歌语言的格调、色彩、境界、情味等方面进行赏析。

(5)鉴赏表达技巧

判断诗歌所使用的表达手法，赏析这种手法有怎样的艺术效果，评价其对表现诗人的思想感情所起到的作用。

4. 现代诗歌教学的切入点

(1)从诗歌在教材中的价值入手。诗歌的“教学价值”一般蕴含在语言文字的深处,没有教师的点拨引导,学生自己很难发现并掌握。例如:

教学《沁园春·雪》,依据课程目标和单元目标,教师不应把大力气放在炼字、夸张等修辞上,或放在韵脚和格律上。而应引导学生反复诵读课文,把握情感与节奏,通过感受冰雪形象以及雪山、雪原的雄浑壮美,认识毛泽东的宏大气魄。

(2)从诗歌的文体特征分析。诗歌具有高度概括、想象丰富、语言凝练、声韵和谐、富有音乐美等特征,引导学生了解背景、吟哦讽诵、品味语言、体验情感、鉴赏内涵等,是诗歌教学的重点内容。

(3)了解诗歌背景知识。了解作者其人以及作者与作品的关系;了解作者所处的时代环境,了解他在什么情况下创作了诗歌。诗人的生活经历、感情气质、艺术素养不同,感情抒发就表现出各自独特的格调、气派、趣味、风格。对诗人流派的介绍,有利于学生更快地进入作品的感情世界。

(4)诗歌讲究抑扬顿挫,具有一定的音韵、节奏。所以诗歌教学较之于其他文体教学应更加注重诵读。要引导学生借诵读来品出诗歌的音乐美,更重要的是透过这音乐美,把不能“言传”的深邃的含情的思想“意会”出来。

(5)诗歌教学设计要通过对诗歌语言的解读,体会其所具有的形象性、情感性、含蓄性等特点,对学生进行文化的熏陶与审美情趣的陶冶。

(6)诗歌教学要引导学生体会其中所表达的思想感情、主旨及表达技巧等。

5. 小说教学的切入点

(1)在对话中分享小说的表达对象

一般来说,语文教材中选编的小说都有鲜明的人物形象、生动的情节结构和典型的环境特征,我们可以从小说三要素的角度进行设计,引导学生进入小说的艺术世界,激发他们对作品产生深刻的情感体验与共鸣,进而鉴赏小说的艺术特征、品质与成就。在从情节结构的角度进行教学设计时,可以梳理小说的情节,把握小说的开端、发展、高潮和结局。小说教学应该关注的是小说情节的变化与人物性格和主旨之间的关系;在根据情节设计教学时,教师还可与学生探讨情节的合理性。

(2)在讨论中把握作者的表现意图

小说以独特的方式反映社会现实的某一方面,直接或间接地表达了作者的情感态度,教师可以引导学生通过深入细致的阅读,感受作品所展示的社会现实生活,体会作者的感情,领悟作品的主题思想和道德内涵。在教学中,教师预设突破口是关键,在教学设计中教师可以根据学生的预习质疑,确立教学突破口,设计几个相互关联的问题,让学生带着问题仔细阅读小说。一篇小说中可以作为突破口的点很多,如从难点入手、从矛盾入手、从关键句入手、从题目入手等。

(3)在对照中把握小说的叙述视角

小说是叙事的艺术,它的本质特征是“叙述与虚构”,“叙述”是小说所有元素中唯一不能剔除的元素。

教师从小说叙事者、叙事视角切入设计教学，可以让学生获得解析小说结构的新角度和新方法，加深对小说艺术和主题的理解。

(4)在品读中体验小说的语言艺术

小说语言富有个性及表现力。在教学设计时，我们可以通过指导学生对小说的语句、句式、叙述语言、人物语言、细节等进行仔细的揣摩和体味，让学生充分领略小说作为文学语言艺术的魅力。

(5)在辨析中感受小说的艺术特征

小说教学的内容要根据小说的类型特征来确定。小说的类型特征是某一类小说所特有或特别突出的特色，如意识流小说、荒诞派小说等都有自己的类型特征。在教授这些类型的小说时，教师应考虑怎么解读这种类型的小说。

小说不仅有类型特征，而且有个性特征。小说的解读方式要随小说的具体体式变化，小说教学内容的确定，也需要研究这篇小说的文本体式，并据此来确定小说教学的内容，即具体的解读方式。

6. 戏剧教学的切入点

(1)聚焦冲突：在剧情中感受戏剧冲突。从人与人之间的尖锐冲突切入，从人物的性格冲突切入，从人与环境之间的冲突切入。

(2)品味语言：分析人物的思想性格。关注个性化的人物语言，揣摩人物语言的潜台词。

(3)设计表演：全身心体验戏剧。角色朗读，角色扮演，观看视频。

(4)专题研究：激发学生学习戏剧的兴趣。

7. 应用类文本教学的切入点

(1)以文本为基石，进行阅读理解，向纵深拓展，完成知识的构建。

(2)以知识为起点，进一步思考鉴赏，整合阅读的知识与能力，完成能力的建构。

(3)启发学生创新发现，丰富情感，提升文化和科学品位。

真题面对面

1. [2021江西初中，教学设计，20分]请依照《义务教育语文课程标准》(2011年版)的教学要求，为《行香子》这首词设计一个完整的教学简案。

行香子

秦　观

树绕村庄，水满陂塘。倚东风，豪兴徜徉。小园几许，收尽春光。有桃花红，李花白，菜花黄。

远远围墙，隐隐茅堂。飏青旗，流水桥旁。偶然乘兴，步过东冈。正莺儿啼，燕儿舞，蝶儿忙。

参考答案：

《行香子》教学简案

教学目标：

(1)了解作者生平背景，积累文中词语，背诵并默写这首词。

(2)正确、流利、有感情地朗读这首词,理解诗词大意,体会词中表达的情感。

(3)学习本词的表现手法并运用到写作中,能根据所学内容鉴赏这首词。

教学重点:

有感情地诵读本词,学会鉴赏,能够背诵与默写。

教学难点:

学习这首词的表现手法,并运用到实际中。

教学方法:

提问法、探究法、情境创设法、读书指导法、讨论法。

教学时间:

一课时。

教学过程:

一、问题导入

(1)导语:“春有百花秋有月,夏有凉风冬有雪。若无闲事挂心头,便是人间好时节。”这是宋朝无门慧开禅师所作的诗句,道尽了四季的美景和人间的真理。诗词就是有这样的魅力,在某一刻给你美的感受和智的启迪。“等闲识得东风面,万紫千红总是春”,这是美丽的春天;“流水落花春去也,天上人间”,这是伤感的春天。你们还知道有哪些描写春天的诗词名句吗?

(2)教师引导学生自由发言,并总结诗词名句内容。

(3)小结过渡:大家的古诗词储备非常丰富。总之,春天是个好时节,有千千万万的诗人为它欣喜,为它着迷,为它感伤。今天我们要学的这首古诗词,也与春天有关,作者的情感又是怎样的呢?希望在今天的学习中,大家能自己找到答案。

(4)引导学生根据课前预习,介绍作者及写作背景,教师补充引导。

二、诵读感知

(1)自由朗读,读准字音。

(2)指名朗读,注意语调语速。

(3)听录音范读,分析朗读情感;全班配乐齐读。

(4)传唱经典:播放凤凰传奇的《行香子·树绕村庄》歌曲。

提问:经典传唱,余音绕梁。在这美好的氛围中,有谁愿意谈一谈对这首词的初步理解?

三、词句理解

(1)引导学生小组讨论,尝试用自己的语言描摹词句内容。

(2)引导学生自选角度,对喜欢的句子或者是整首词作分析。(从修辞手法、写景顺序、动静结合、描写手法、作者情感等角度)

(3)教师总结。肯定学生正确的回答,指正学生错误的回答,点拨学生不理解的地方,总结全词内容。

四、拓展延伸

(1)秦观诗词名篇欣赏:

浣溪沙

漠漠轻寒上小楼,晓阴无赖似穷秋。淡烟流水画屏幽。

自在飞花轻似梦,无边丝雨细如愁。宝帘闲挂小银钩。

(2)比较诵读:比较秦观的《行香子》和《浣溪沙》在表达手法和思想感情方面有哪些异同。

(3)带领学生回顾学过的关于春天的诗句,积累课外的诗词名句。

五、课堂小结

秦观留给后人的词,多有浓雾一样化不开的忧愁,后人称他为"古之伤心人",这多与词人入仕后的困顿失意、仕途坎坷有关。但在今天的学习中,通过《行香子·树绕村庄》,我们却感受到了一个少年书生闲庭信步、悠游自得的喜悦之情。古人云"诗言情""诗言志",希望同学们也能在诵读诗词中产生情感的共鸣,这是学习诗词最好的方法。

六、课后作业

(1)背诵《行香子》。

(2)结合这首词,写一篇赏析的小练笔,不少于300字。

七、板书设计

行香子

秦　观

行香子
- 内容:田园春光
- 情感:欢快、愉悦
- 技巧
  - 白描
  - 定点观察
  - 色彩斑斓
  - 移步换景
  - (生机勃勃、动静结合)

2. [2019山东滨州阳信县,教学设计,10分]请针对《沁园春·长沙》一课的情景交融这一点做教学设计,体现教学设计的合理性、巧妙性和独特性,不超过500字,教学目标、导入、布置作业等环节无须阐述。

沁园春·长沙

毛泽东

独立寒秋,湘江北去,橘子洲头。看万山红遍,层林尽染;漫江碧透,百舸争流。鹰击长空,鱼翔浅底,万类霜天竞自由。怅寥廓,问苍茫大地,谁主沉浮?

携来百侣曾游,忆往昔峥嵘岁月稠。恰同学少年,风华正茂;书生意气,挥斥方遒。指点江山,激扬文字,粪土当年万户侯。曾记否,到中流击水,浪遏飞舟?

参考答案：教学过程：

(1)赏析上阕

①开头三句“独立寒秋，湘江北去，橘子洲头”，明确时间、地点和特定的环境，勾勒“独立寒秋图”。

②探究“独立”的意境。

③学生归纳作者视角变化和写景顺序的特色：看万山红遍，层林尽染——放眼望去(远眺)；漫江碧透，百舸争流——收回(近观)；鹰击长空——仰视(高景)；鱼翔浅底——俯视(低景)。

(2)赏析下阕

①找出下阕领字“忆”，回忆往事，以“抒情”方式回答“谁主沉浮”。

②分析最后三句“曾记否，到中流击水，浪遏飞舟”抒发的作者的感情。

(3)总结

①这首词运用的表现手法。

②根据情景的变化分析整首词的感情基调，探究该词运用情景交融体现诗人情感的方法。

二、写作 【教学设计】★

考点 1 写作教学的内容和方法

第二部分

1. 积累训练

学生写作，首先要胸中有积累。积累材料主要有如下途径：

途径	做法
观察与感受生活	引导学生注意观察大自然，观察社会，观察人，组织有意义的社会活动，培养学生对生活美的敏感性，让学生用自己的眼睛去看别人见过的东西，在别人司空见惯的东西上发现美。
广泛涉猎读物	①指导学生在阅读活动中定向摘抄和随兴采集文字材料。 ②引导学生坚持课外阅读，广泛涉猎各类读物，养成到图书馆查阅资料的习惯，并善于利用网络搜集自己所需要的资料。 ③引导学生坚持收集摘抄书报资料，坚持记读书笔记，使他们养成多读多记的好习惯。

2. 育人训练

(1)学生作文的主要问题

①内容空洞，文风不正。或不痛不痒，泛泛而谈，或闭门造车，不切实际，或刻意模仿，有抄袭之嫌。

②模式化、雷同化。例如：学生的作文几乎都写过扶老婆婆过街，给老师送伞，借同学橡皮之类的故事。学生编着一样的故事，然后套上时间、地点、人物三要素这样的格式。

③浮浅化、庸俗化。暴露出怕吃苦，爱攀比，慕虚荣，心理脆弱，不劳而获等问题。

(2)相应解决方法

①命题要切合学生思想实际，有一定的针对性和教育性。例如：要求学生举出实例，写一篇关于他们的心理承受力的文章。这样，把思想性巧妙地蕴含在题目和材料之中，学生在作文的过程中无疑已接受了一次优良思想和心理品质的洗礼。

②作文指导要全面，既指导作文，亦指导做人。发现学生作文中出现了思想问题，要善于通过批改和讲评，对症下药，及时对学生进行思想教育。例如：一位老师曾要求学生给父母进行一次肖像描写。结果，班里有不少同学的写作雷同。老师给他们的批语为“没写出真情实感”，“未抓住人物的特征”。在作文讲评课上老师又相机诱导：“我们的父母为子女、为社会努力工作，奉献青春，他们的优秀品质一定会在相貌上表现出来，只要你动真情实感，细心观察，就会抓住那鲜明的特征。”

(3)思维训练

写作教学中的思维训练主要是指导学生认识事物，理解生活。这是审题立意、驾驭题材等的基础。学生对生活的理解越具体、越全面、越深刻，写出来的文章就越有意义和价值。

①善于联想与想象

可以结合阅读训练，利用原材料进行改写、扩写、续写等；可以写看图作文，写童话、寓言故事、科幻文章等；可以根据现有事物进行接近联想、相似联想、对比联想。例如：请根据《卖炭翁》的内容，合理想象老翁的炭被抢走后的事，写一篇300字以下的文章。

②深入地思考生活

写文章不能就事论事，泛泛而谈。在写作教学中，教师要引导学生对写作材料进行深入细致、由表及里的思考，揭示事物的本质，培养学生思维的深刻性。

③辩证地看待问题，全面地认识事物

看问题不能以偏概全，要引导学生学会全面地、辩证地看问题，抓主要矛盾，训练学生思维的开阔性、周密性。

④多角度、多侧面地认识事物

看问题不能一成不变，在写作训练中应要求学生学会“换一种眼光”看待事物，用发展变化的眼光看待事物，从不同角度不同侧面来认识问题，使得文章推陈出新，不落俗套。

(4)语言训练

写作是语言的艺术。通过语言训练，努力使学生的书面语言达到准确、简明、得体、生动的标准。

(5)技能训练

技能训练即指导学生进行审题立意、选取素材、谋篇布局、遣词造句、运用表达方式、修改文章等的训练。这是写成一篇文章的基本能力训练。

(6)文体训练

在作文教学过程中要指导学生正确认识记叙文、议论文、说明文、应用文等的文体特点，避免在写作的过程中张冠李戴。

(7)速度训练

写作不仅要求学生能写出一篇优秀的作文，还要指导学生注意时间观念，能够在一定时间内写出一篇优秀作文。速度训练包括审题立意速度和写作速度，这两者教师都应考虑到。

写作速度训练的关键就在于强化思维训练，开发学生的思维潜能，使学生在认识客观事物和写作的全过程中，思维活跃，思想高度集中，一见到作文题，立即进入最佳思维状态，从而做到意到笔随，一挥而就。

考点 2 学生习作评改

要点	内容
作文批改的要点	①看作文格式是否正确;②看卷面是否整洁;③看标点是否基本正确;④看有没有错别字;⑤看作文语句是否通顺;⑥看中心是否明确,是否集中;⑦看选材是否围绕中心,是否真实,是否符合生活实际;⑧看结构、层次是否清晰,开头结尾是否相互照应,过渡是否自然;⑨看表达方式是否符合要求;⑩看语言是否简练、准确;等等。
作文批改的方式	①教师批改(包括:精批细改;边看边改,边批边改;全文轮改;当面批改);②学生批改(学生批改作文时,教师要提出明确具体的要求,使之具有鲜明的导向性和相对的可操作性);③师生共同批改(教师挑选一篇或几篇具有代表性的作文印发给学生或用幻灯片放映出来,组织全班集体评改)。
写好作文批语	①运用激励性语言进行表扬;②运用幽默的语言进行批评。

三、口语交际

考点 1 口语交际教学的内容

1. 口语交际的态度

(1)耐心专注地倾听

教师要指导学生尊重说话人发表意见的权利,耐心倾听,不随意插话和打断对方的话,即使不同意对方意见,也要有礼貌地等对方把话说完。如果听话的不只自己一人,还应尊重别人听话的权利。

教师要指导学生必须高度集中注意力,注意谈话人的表情、手势等,并及时用情态语或简短的话语向对方传递反馈信息,表示自己正在倾听或理解对方的意思,抑或尚未理解而急于知道等。

(2)自信、负责地表达

在说话活动中,要帮助学生克服怯于讲话的心理障碍,增强学生说话的勇气和自信心。可通过提高认识、激励评价等方式,培养学生一种健康的发表欲,使学生有话想说,有话敢说,自信、大方地表达。

2. 口语交际的能力

(1)倾听能力

要指导学生通过对语音的准确辨别来理解语音符号的含义,迅速而准确地捕捉说话人发出的每一个语音符号,从中理解说话人所发出的语言信息的整体内涵,并善于通过分析、综合、评价、判断对方话语的是非曲直、内容的真假,听出其谈话的本意及言外之意,从而决定自己应持的态度和应做的反应。

(2)表达能力

表达能力即"思考—造句—发声—表述"的能力。

(3)应对能力

应对能力即根据对方的谈话内容或已经变化的场景(如场内气氛、秩序、听众情绪、注意力是否集中等),机敏地改变思维路线,调整说话内容与方式。

考点 2 口语交际教学的形式

1. 讨论。组织讨论,要选择有价值、有吸引力的问题;要重视讨论过程中的指导和控制。

2. 演讲。它能有效地训练学生的口语表达技巧和心理素质。

3. 即席发言。这种训练方式可以训练学生克服在众人面前畏惧说话的心理，培养学生机敏思考和流畅表达的能力。

4. 讲故事、见闻。这种方式着重训练学生语言表达的连贯性、生动性和感染力，要做到内容具体，语言生动。

口语交际训练的方式方法除上述几种之外，还有听讲、诵读、复述、答问、口头作文、表演剧、模拟日常生活等方式，教师可根据具体情况灵活运用。

第四节　教学设计实操

一、阅读 【教学设计】 ★★★

考点1 补写教学设计

补写教学设计题有两种考查方式：一种是让考生写出某个环节的教学设计，考查考生的教学能力；一种是让考生根据教学环节中的要求，补写出与课文相关的内容，考查考生学科专业知识。

1. 补充教学设计或教学实录的具体环节

这个基于对教学设计和教学实录的组成部分以及各部分的功能有一定的了解，一般考查教学目标、教学重难点、课堂导入语、教学提问、课堂结束语、板书设计、作业布置等。学生作答时应根据初高中学段的不同要求，合理编写各部分内容。

(1)补充教学设计的依据

依据	解读
课文内容	补充教学设计题中的教学设计一般都是选自语文课本中的课文的教学设计，因此，考生在补写的时候首先要了解并分析课文内容，体会课文的内涵、情感、表达方式等。只有掌握了课文的重要内容，才有东西可写，才知道考查重点在哪里。
教学目标	一般的补充教学设计题都会给出教学目标。考生在补写的过程中首先要分析其他教学环节的内容是否成功地解决了教学目标的要求，未解决的教学目标有哪些。这些未解决的教学目标便是补充教学设计中需要考生填写的内容。
各环节总标题	在补充教学设计题的材料中一般会先给出该环节的总标题，这个总标题便是考生补写的依据。总标题中的信息能让考生确定教学方式是互动交流、小组讨论还是合作探究、朗读感悟；教学内容是课文主旨、思想感情还是人物形象、语言表达；教学环节是初步感悟、深入理解还是浏览大意、精读细读；等等。
标题下的具体内容	在补充教学设计题中有的会让考生根据环节内容补充环节标题，这类题型考生在答题时不仅要分析、总结环节内容，还要观察其他环节的标题的语言结构与表达方式，每个环节的标题结构要尽量保持一致。
材料后的问题	有时候，补写教学设计题答题空前后或问题中会为考生提供明确的答题方向，这个方向一般是比较具体的内容。

注：考生答题过程中要根据题干及材料、问题所给内容进行综合考虑。

(2)补写教学设计的答题技巧

①要以学生为学习的主体。②要体现教师的点拨、引导作用。③要根据前后文及材料后的问题确定补写内容的长或短、繁或简、具体或概括。

2. 补充理解课文的具体内容

补写教学设计题的另一种形式是补充考生对课文内容的理解的相关内容,这一类内容的考查实际上是另类的阅读鉴赏题。考生需要关注以下几个方面:

(1)古诗词,应着重关注诗词的形象、语言、表达技巧、诗人的思想感情等。

(2)文言文,应重点放在词语理解,尤其是实词、虚词的释义,文章内容的理解归纳,作者的观点态度等方面。

(3)现代文,须注意人物形象、文章主旨、句子赏析、文章内容理解、文章思想情感等方面。

这种考查方式的解题技巧可参考第一部分第三章"阅读与鉴赏"的相关内容。

考点 2 句段教学设计

1. 初次朗读,把握句段大意

句段教学首先要引导学生有感情地朗读,并通过对句段中重要的字、词、句意思的把握理解句段大意。

2. 再次朗读,品味句段语言

教师要指导学生抓住精彩句段中的关键词句来体会感悟,理解课文内涵。

3. 分析句段结构

分析句段的结构包括句段在文章中的结构和句段自身的结构。分析句段的结构有利于加深学生对文意的理解和把握。通过这样的教学,既能教给学生读的方法,又培养了学生的分析概括能力。

4. 句段应用

句段应用主要是指该句段在文章中的结构作用、表达效果、内容特色、主旨思想等内容,是对句段深层次的理解应用。

5. 知识积累与运用

对于有特色的句段,教师在教学的最后,可以让学生进行练习、仿写,加深理解,吸收运用,同时潜移默化地提高语言表达能力和写作水平。

考点 3 教学设计示例

示例 1

声声慢

李清照

寻寻觅觅,冷冷清清,凄凄惨惨戚戚。乍暖还寒时候,最难将息。三杯两盏淡酒,怎敌他、晚来风急!雁过也,正伤心,却是旧时相识。

满地黄花堆积,憔悴损,如今有谁堪摘?守着窗儿,独自怎生得黑!梧桐更兼细雨,到黄昏、点点滴滴。这次第,怎一个愁字了得!

1. 围绕理解情境,感受意境,体味情感,品味语言的教学目标,设计两道预习作业题。

2. 就"寻寻觅觅,冷冷清清,凄凄惨惨戚戚",写一份片段教学设计。

【设计示例】1. 作业设计:

(1)试着找出并分析本文直接抒情的两个句子。

答案示例:寻寻觅觅,冷冷清清,凄凄惨惨戚戚。

这次第,怎一个愁字了得!

(2)"酒"历来在中国文化中就是愁的代名词,在这首词中,作者也用到了这一意象,但作者却说是"淡酒",为什么?

答案示例:并非酒淡,愁情太重,酒力压不住心愁,自然也就觉得酒味淡,这是一种主观感受。一个"淡"字表明了作者晚年的凄凉惨淡。

2. 教学过程:

(1)引入

一提到《声声慢》,我们首先会想到哪一句诗词?

(2)整体感知

①王国维在《人间词话》中说:"有有我之境,有无我之境。……有我之境,以我观物,故物皆著我之色彩。无我之境,以物观物,故不知何者为我,何者为物。"请同学们有感情地朗读这句词,获得初步的情感体验,感受这句词的语言特点。

②这句词营造出了一种什么样的意境?

(3)逐句分析,详细感知叠字妙用

如果把"寻寻觅觅,冷冷清清,凄凄惨惨戚戚"换成"寻觅、冷清、凄惨"好不好?为什么?

(4)板书设计:

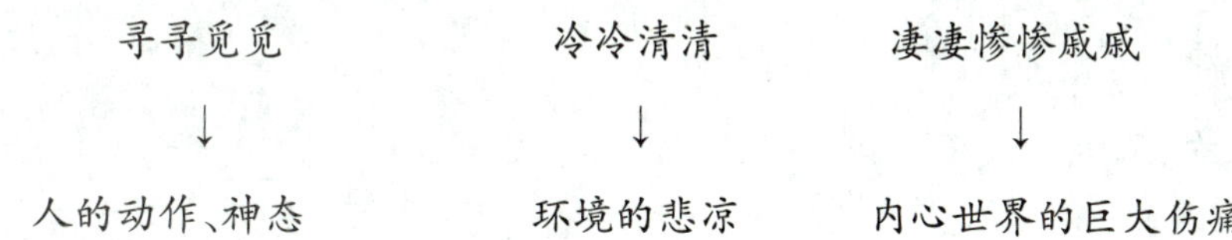

示例2

阅读下面的文言文,写出完整的教学设计。

烛之武退秦师

晋侯、秦伯围郑,以其无礼于晋,且贰于楚也。晋军函陵,秦军氾南。

佚之狐言于郑伯曰:"国危矣,若使烛之武见秦君,师必退。"公从之。辞曰:"臣之壮也,犹不如人;今老矣,无能为也已。"公曰:"吾不能早用子,今急而求子,是寡人之过也。然郑亡,子亦有不利焉。"许之。

夜缒而出,见秦伯,曰:"秦、晋围郑,郑既知亡矣。若亡郑而有益于君,敢以烦执事。越国以鄙远,君知其难也。焉用亡郑以陪邻?邻之厚,君之薄也。若舍郑以为东道主,行李之往来,共其乏困,君亦无所

第二部分

害。且君尝为晋君赐矣，许君焦、瑕，朝济而夕设版焉，君之所知也。夫晋，何厌之有？既东封郑，又欲肆其西封，若不阙秦，将焉取之？阙秦以利晋，唯君图之。”秦伯说，与郑人盟。使杞子、逢孙、杨孙戍之，乃还。

子犯请击之，公曰：“不可。微夫人之力不及此。因人之力而敝之，不仁；失其所与，不知；以乱易整，不武。吾其还也。”亦去之。

【设计示例】教学目标：

(1)①学习本文精彩的人物语言——说理透辟，善于辞令，以及起伏跌宕、生动活泼的情节。②掌握文章中出现的古代汉语常识，注意多义词在不同语境中的不同意义和用法，训练古文句读能力和概括能力。

(2)通过自主、合作、探究的学习方式，理解关键词句的含义，用现代汉语复述课文内容。

(3)①学习烛之武在国家危难之际置个人安危于不顾，维护国家安全的爱国主义精神。②了解烛之武说服秦伯的方法——善于利用矛盾，采取分化瓦解的方法，认识烛之武机智善辩的外交才能。

教学过程：

环节一：古诗回顾，导入新课

“老骥伏枥，志在千里。烈士暮年，壮心不已。”古往今来，有多少志存高远之士，不论社会、命运对他如何不公，到了紧要关头，都会挺身而出，为国家、为苍生献出自己的一份光和热。烛之武就是这样一个让我们敬佩不已的人，今天我们来学习《烛之武退秦师》。

环节二：学生自读，解决问题

(1)借助工具书，通读原文。

(2)初步了解故事情节，特别注意对烛之武这个中心人物的把握。

环节三：厘清层次

第一段：秦、晋围郑。

第二段：临危受命。

第三段：说退秦师。

第四段：迫晋退兵。

环节四：学生讨论

(1)主要人物在什么情况下出场？

(2)晋军为什么不愿向秦军进攻？

(3)烛之武是怎样一步一步说服秦穆公的？

环节五：分析课文中的人物形象

烛之武——志士、勇士、辩士。

郑君——善于纳谏、勇于自责、精于言辞。

佚之狐——是一个“慧眼识英雄”的伯乐，是一个胸藏韬略、临危不惧、遇事冷静、能谋善断、高瞻远瞩的杰出之士。

环节六：课外迁移

佚之狐知道烛之武很有才能，为什么以前不推荐给郑君，而在国难当头才想起烛之武？

环节七：板书设计

烛之武退秦师

文章脉络：秦晋围郑—临危受命—智退秦师—晋师撤离

劝说艺术：

第一步：欲扬先抑，以退为进(郑既知亡矣)

第二步：阐明利害，动摇秦君(邻之厚，君之薄也)

第三步：替秦着想，以利相诱(君亦无所害)

第四步：引史为例，挑拨秦晋(君之所知也)

第五步：推测未来，劝秦谨慎(唯君图之)

真题面对面

[2022江苏南京，教学设计，18分]根据所给文章，以六年级学生为教学对象，按要求完成相关教学设计。

故乡在远方

张抗抗

我总觉得自己是一个流浪者。

几十年来，我漂泊不定、浪迹天涯。我走过田野、穿过城市，我到过许多许多地方。

我从哪里来？哪儿是我的故园我的家乡？

我不知道。

19岁那年我离开了杭州城。水光潋滟、山色空蒙的西子湖畔是我的出生地。离杭州100里水路的江南小镇洛舍是我的外婆家。

然而，我只是杭州的一个过客，我的祖籍在广东新会。我长到30岁时，才同我的父母一起回过广东老家。老家有翡翠般的小河、密密的甘蔗林和神秘幽静的榕树岛。夕阳西下时，我看见大翅长脖的白鹳灰鹳急急盘旋回巢，巨大的榕树林上空遮天蔽日，鸟声盈盈。那就是闻名于世的小鸟天堂。新会县世为葵乡，小河碧绿的水波上，一串串细长的小船满载清香弥漫的葵叶，沉甸甸贴水而行，悠悠远去……

但老家于我，却已无故园的感觉。没有一个人认识我，我也并不真正认识一个人。我甚至说不出一句完整地道的家乡方言。我和我早年离家的父亲，犹如被放逐的弃儿，在陌生的乡音里，茫然寻找辨别着这块土地残留给自己的根性。

梦中常常出现的是江南的荷池莲塘，春天嫩绿的桑树地里透紫酸甜的桑葚儿，秋天金黄璀璨的柚子，冬天过年时挂满厅堂的酱肉粽子、鱼干，还有一锅喷香喷香的煮芋艿……

暑假寒假，坐小火轮去洛舍镇外婆家。镇东头有一座大石桥，夏天时许多光屁股的孩子从桥墩上往河里跳水，那小河连着烟波浩渺的洛舍漾，我曾经在桥下淘米，竹编的淘箩湿淋淋从水里拎起，珍珠般的白米上扑扑蹦跳着一条小鱼儿……

而外婆早已过世了。外婆走时就带走了故乡。其实外婆外公也不是地道的浙江人氏。听说外婆的祖上是江苏丹阳人，不知何年移来德清洛舍。又听说洛舍其名是早年此地曾有一支移民来自洛阳，洛阳人之舍，谓之洛舍。由此看来，外婆外公的祖籍也难以考证，我魂牵梦萦的江南小镇，又何为我的故乡？

所以对于我从小出生长大的杭州城，便有了一种隐隐的隔膜和猜疑。自然，我喜欢西湖的柔和淡泊，喜欢植物园的绿草地和春天时香得醉人的含笑花，喜欢冬天时满山的翠竹和苍郁的香樟树……但它们只是我摇篮上的饰带和点缀，我欣赏它们赞美它们，但它们不属于我。每次我回杭州探望父母，在嘈杂喧闹的街巷里，自己身上那种从遥远的异地带来的“生人味”，总使我觉得同这里的温馨和湿润格格不入……

我究竟来自何方？

更多的时候，我会凝神默想着那遥远的冰雪之地，想起笼罩在雾霭中的幽蓝色的小兴安岭群山。踏着没膝深的雪地进山去，灌木林里尚未封冻的山泉一路叮咚欢歌，偶有暖泉顺坡溢流，便把低洼地的塔头墩子水晶一般封存，可窥见冰层下碧玉般的青草。山里无风的日子，静谧的柞树林中轻轻慢慢地飘着小清雪，落在头巾上，不化，一会儿就亮晶晶地披了一肩，是雪女王送你的礼物。若闭上眼睛，能听见雪花亲吻着树叶的声音。那是我21岁的生命中，第一次发现原来落雪有声，如桑蚕啜叶，婴童吮乳，声声有情。

那时住帐篷，炉筒一夜夜燃着粗壮的大木棒，隆隆如森林火车，如林场的牵引拖拉机轰响，时时还夹着山脚下传来的咔咔冰崩声……山林里的早晨宁静而妩媚，坡上的林梢一抹玫瑰红，淡紫色的炊烟缠绵缭绕，门前的白雪地上，又印上了夜里悄悄来过的不知名的小动物一条条丝带般的脚印儿，细细辨认，如梅花如柳梢亦如一个个问号，清晰又杂乱地蜿蜒于雪原，消失于密林深处……

那些神秘的森林居民给予我无比的亲切感，曾使我觉得自己也是否应该从此留在这里。

小小的脚印沉浮于无边的雪野之上，恰如我们漂泊动荡的青春年华。我19岁便离开了我的出生地杭州城，走向遥远而寒冷的北大荒。

那时我曾日夜思念我的西湖，我的故园在温暖的南方。

但现在我知道，我已没有了故乡。我们总是在走，一边走一边播撒着全世界都能生长的种子。我们随遇而安，落地生根；既来则定，四海为家。我们像一群新时代的游牧民族，一群永无归宿的流浪移民。也许我走过了太多的地方，我已有了太多的第二故乡。

然而在城市闷热窒息的夏日里，我仍时时想起北方的原野，那融进了我们青春血汗的土地。那里的一切粗犷而质朴。20年的日月就把我这样一个纤弱的江南女子，磨砺得柔韧而坚实起来。以后的日子，我也许还会继续流浪，在这极大又极小的世界上，寻觅着、创造着自己精神的家园。

1. 作者到底有没有故乡，这会是困扰学生的问题。请设计三个问题帮助学生理解。

2. 请设计教学步骤，指导学生以校园景物的四季变化为写作对象，仿写文章的第6自然段。

3. 请为本课教学设计板书。

参考答案：1.(1)文中作者提及了四个故乡——“我的祖籍在广东新会”“水光潋滟、山色空蒙的西子湖畔是我的出生地”“离杭州100里水路的江南小镇洛舍是我的外婆家”“我19岁便离开了我的出生地杭州城，走向遥远而寒冷的北大荒”，这四个故乡的景色有哪些特点？作者对这些故乡怀有怎样的感情？

(2)作者每介绍完一个故乡，表达完对这个故乡的肯定以后，都紧跟着否定这个故乡，文中有四处表达了作者对故乡的否定态度，将这些内容与之前作者表达出肯定与喜爱的意思组合起来看，分析文章的行文思路。

(3)“故乡”在《现代汉语词典》中有三个义项：出生或长期居住过的地方；家乡；老家。表达三种义项的故乡都被作者否定了，那么作者试图表达的“故乡”的内涵是什么呢？

2. 教学过程：(1)学生齐读第6自然段，理解该段内容。

(2)学生就不理解的地方讨论，教师相机点拨、引导。

(3)小组内讨论，勾画出句中的写得比较好的词语及句子。

(4)小组内讨论，分析句式特点和景物描写的手法。

(5)个人踊跃发言，教师明确句式特点和景物描写的手法。

(6)教师展示校园景物相关图片，引导学生简单写出校园景物的特点以及四季变化。

(7)小组讨论、探究，怎样让自己的描写能像文中作者的描写一样精彩。(教师指导学生运用好词好句，运用不同的表现手法)

(8)仿写练习

①小组合作，根据第6自然段的句式特点和景物描写的手法，结合校园景物的特点以及四季变化进行仿写。

②教师巡视，相机指导。

③小组代表展示组内成果。

④小组互评。

⑤学生投票，选出仿写最佳的一组。

⑥教师针对各小组的仿写成果进行点评。

3. 板书设计：

故乡在远方

张抗抗

故乡在心中

祖籍　如弃儿

外婆家　魂牵梦萦

出生地　格格不入

工作地　有亲切感，时时想起

第二部分

二、写作

考点1 写作教学设计

1. 教师引导,学生定向

在每次写作训练前,教师要明确地向学生提出训练目标,激发学生的感受和表达的欲望。目标的设计,既要具体,切忌笼统空泛,又要有针对性,密切结合学生实际,充分估计学生的需要以及在写作中可能出现的问题,以便有的放矢,因势利导。

2. 教师指导,学生写作

(1)写前指导

①范文引路:可以是课文、课外作品、教师的"下水文"、学生的习作等,通过分析让学生理解一定的原则、方法。

②唤醒学生的生活积累、体验,开掘"胸中积蓄"。

③采用情境教学,使学生产生写作的欲望。

④进行提示、点拨。

⑤通过阅读来启迪智慧,激发写作热情。

(2)作文过程中的指导

学生动笔过程中要对学生随机指导,主要任务是:

①帮助学生解决行文过程中所遇到的遣词造句、书写格式及其他具体问题。

②如果发现学生动笔后在取材、立意、构思、文体等方面碰到新问题,教师也可继续进行指导。

指导的方式以个别为主,适当采用咨询、答疑的方法,有别于作文前的以集体为主的方式。在遇到带有全局性的较普遍的问题时,也可以做集体指导,不过采用这种方法不宜过多,如果经常在学生执笔过程中插入全班活动,会打乱学生的文思。

有的教师认为执笔作文是学生思考、写作的过程,教师只用等着批改和讲评。其实,这期间既需要个别指导,又需要集体指导。

3. 教师批改,学生参与

每批改一次作文,就是教师和学生进行的一次思想感情的交流。

4. 交流讲评,互相沟通

(1)每次讲评的内容要与命题、指导、批改的要求具有一致性和集中性。每次讲评要突出一个重点,而这个重点又能够纳入整个作文能力训练的体系中。

(2)作文讲评要引导学生透过具体材料把握作文的规律;要开拓学生的思路,发展学生的思维能力;要包括对学生写作态度、写作习惯和文德文风的评价。

(3)作文讲评要能调动学生的积极性,要恰当表扬,慎重批评,坚持正面教育,给予热情恳切的鼓励。

5. 归纳总结，再接再厉

(1)指导学生写作文后记，以总结本次作文的得失，消化批改和讲评。

(2)针对学生作文中的问题布置练习，如改病句的练习，拟标题的练习，根据主题安排结构的练习等。

(3)指导学生修改习作，使其得到公开发表的机会。

考点2 教学设计示例

示例
某教师进行主题是"微笑着面对生活"的写作教学，其目的是借此培养乐观的生活态度，正确对待生活中的挫折，学会善待他人。请你围绕该主题，自行确定写作训练题目，设计1课时的写作教学简案。

【设计示例】教学目标：

(1)积累有关"微笑着面对生活"的名人故事与名言警句；学会搜集整理素材，学习写演讲稿，能够有理有据地说服他人。

(2)学会通过多种方法，多种途径搜集整理素材，在自主合作中共享活动成果；根据主题活动提供的话题，写一篇演说稿，反复修改，在班内进行演讲。

(3)培养乐观的生活态度，正确对待生活中的挫折；学会善待他人。

教学过程：

(1)导入

微笑，标志着自信、雅量和大度，这是一种胸怀，一种境界。微笑着面对生活的人，失去的只是自己的烦恼，赢得的则是整个世界。有句名言："生活是一面镜子，你对它笑，它就对你笑；你对它哭，它就对你哭。"如果你要让生活对你微笑，只有一种办法，那就是你对它微笑。笑是人类最美丽的语言：笑，能融化坚冰，打破严寒；笑，能唤来春风，获得温馨。今天，就让我们一同来感受微笑神奇独特的魅力。

(2)收集资料

①霍金在牛津大学毕业，又到了剑桥大学读研究生，这时他被诊断患了"卢伽雷病"，不久，就完全瘫痪了。1985年，霍金又因肺炎进行了穿气管手术，此后，他完全不能说话，依靠安装在轮椅上的一个小对话机和语言合成器与人进行交谈；看书必须依赖一种翻书页的机器，读文献时需要请人将每一页都摊在大桌子上，然后他驱动轮椅如蚕吃桑叶般地逐页阅读……

②1998年7月22日桑兰在美国纽约市长岛举办的第四届友好运动会上，因赛前练习跳马时受外界干扰而重重地摔在地板上，最终因脊髓严重挫伤而瘫痪。在美国治疗期间，她以"桑兰微笑"征服了大洋彼岸的人们，并被美国著名的《人物》和《生活》杂志评选为年度英雄。继国际著名影星成龙之后，桑兰成为2008年申奥形象大使。

(3)收集名言警句

①生活是一面镜子，你对它笑，它就对你笑；你对它哭，它就对你哭。

②微笑，它不花费什么，但却收获了很多。它丰富了那些接受的人，而又不使那些给予的人变得贫瘠。它在一刹那间产生，却给人留下永恒的记忆。

③世界上最宽阔的是海洋，比海洋宽阔的是天空，比天空更宽阔的是人的胸怀。

(4)学生自由发表看法

(5)教师总结

微笑，它像阳光，拨开人生重重阴霾，不管是乌云密布，还是长夜绝境，都让人看见希望的温暖；它像雨露，滋润枯萎受伤的心灵，重新焕发青春的色彩；它像尖锐的剑戟，让弱者即使面对恶暴也敢于勇往直前……漫漫人生路，坎坷伴左右，微笑善待之，阳光风雨后。微笑地面对生活的困难与挫折，微笑地善待周围的人和事，你定能获得最灿烂的阳光，最美丽的人生！

就让我们微笑着唱起这首歌，就让我们微笑着走出今天的课堂，微笑着面对生活的每一天！

(6)欣赏歌曲《彩虹的微笑》

(7)布置写作

微笑是自信，微笑是宽容，微笑是人生乐曲中最美的音符……请以"微笑着面对生活"为话题，写一篇作文。

要求：①观点鲜明，材料充实。②条理清楚，层次分明。③语言流畅，有感染力。

三、口语交际

考点 1 口语交际教学的一般过程

1. 创设情境，引出话题

提供条件，创设情境，使学生产生交谈的愿望。例如：要练习介绍各自的家乡，可先以小组为单位，互相展示家乡美景的照片；要练习介绍最近开展过的活动，可先引起学生对活动情景的回忆等。

2. 在互动中练习听说

在互动中练习听说是口语交际训练的中心环节，要安排充裕的时间让学生进行交流。教师的引导要体现出层次，使学生的交谈逐步深入，说的内容越来越丰富；还要注意因势利导，善于发现学生中的典型，对出现的带共性的问题酌情点拨。为了让全班学生都有较多的练习机会，可采用全班交流、小组交流、自由组合交流等多种形式。

3. 总结讲评

总结讲评是练习的继续和提高。在口语交际课结束之前，一般应留出一些时间，对本节课进行总结讲评。可以师生共同回顾一下本节课的学习过程和主要收获，对表现好的和进步大的同学提出表扬，还可根据本节课的教学实际，适当布置课后的语言实践活动。

以上谈的是口语交际教学的一般过程。口语交际教学的方式多种多样，教师应根据具体情况，灵活地安排教学过程。

考点2 教学设计示例

示例
请以"讲述"为主题，自行确定口语交际训练题目，设计1课时的口语交际教学简案。

【设计示例】教学目标：

(1)掌握"讲述"的技巧，学会表达，与人交流。

(2)在讲述中提高口语交际能力。

(3)与人交流态度自然大方、有礼貌。

教学过程：

(1)导入

由"孔子讲学，弟子三千，贤者七十二""长妈妈讲美女蛇的传说"的故事导入新课。

(2)活动指导

①注意讲述的对象和场合、氛围。

②讲述时要重点突出，条理清楚。

③注意口语表达的特点。

(3)活动要求

①讲述故事，要交代清楚故事的来龙去脉、前因后果，还要把故事中的人物、时间、地点等表述清楚。

②讲述故事中的人物，可以选一些方面，如肖像、神态、行动、语言、心理等，要突出人物的某种性格特征或精神品质。

③根据讲述对象、环境的不同，选择不同的讲述方式。可以适当营造有利于讲述的氛围。

(4)活动示例："我经历过的一件事"

(5)材料链接

阅读下面的材料，完成后面小题。

【新闻事件】

四川达州八旬老人李某乘动车到成都看病，没有买到全程座位票。到达南充站后，老人被座位主人请了起来，老人女儿希望座位主人和老人挤一挤，遭到拒绝。之后，一中年男子为老人让了座。老人女儿说："年轻人应该多学学。"座位主人委屈回道："坐自己的座位错了吗？"

【网友评论】

悠然南山：从小老师就教育我们要尊老敬老，一个老态龙钟，一个风华正茂，该不该让座，还用考虑？

【专家观点】

《中华铁道网》评论员廖超：动车上不让座，于理有据，于情不合。老人的女儿在处理无座这件事上，其实有更好的做法。如果没有买到合适的座位票，可寻求乘务员的帮助。如今铁路正在开展"铁路客运服务质量年"活动，铁路员工一定会竭尽全力帮助旅客，让其实现"安全、方便、温馨"的出行。要求别人让座也未

第二部分

尝不可,但应用更好的方式去说服别人,比方说,可以告知座位主人自己的母亲需要坐多久,可以强调自己的母亲已经年满80,又是去成都看病的,能否帮个忙等。当然,也可以提出给予经济补偿。

【要求】

针对网友"悠然南山"的评论,小组合作,谈谈你不同的看法。

(6)总结收束

根据学生的回答,学生、教师点评。

第五节　案例分析答题指导

一、案例分析评析内容　【案例分析】★

考点1　教师教学方面分析与评价的内容

环节	内容
教学目标	①看教学目标是否体现学科核心素养。语文课程目标的设计应注意教学目标之间的整合及有机联系,重视语文核心素养的教学体现,同时应明确不同教学内容的教学目标的达成。 ②看教学目标是否明确。教学目标应该体现语文课程标准的要求,并根据学生的实际情况和各自特点,把体现在教材中的目标内容具体化和细化,做到明确、具体、可行。
教学内容	①选择的教学内容是否科学合理。 ②教师能否能动地驾驭教材,并根据学生的实际发展水平特点,创造性地使用教材,科学地阐发重点,合理地拆分难点。 ③教师是否重视教学内容的文化内涵,体现科学性、人文性和社会性的融合。
教学过程	①教学设计是否合理有效。 ②教学设计是否以学情估量为起点、以学习目标为终点。 ③教师能否为学生提供主动参与学习、合作学习和自主学习的时间和空间,创设具有挑战性的形式和方法,营造能够激发学生学习兴趣和求知欲望的氛围,培养学生由学会知识提升为学会学习。
教学方法	①教师是否注重个性能力的培养。 ②教师是否理解和尊重学生的个体差异和发展权利,对学生个性差异的诱导和个性能力的培养有无创造性。 ③教师是否做到因材施教,使每一个学生都在自己的最近发展区内获得进步。
教学能力	①教师是否有良好的教学组织能力,能顺利地引导学生发现问题、解决问题。 ②教师是否善于启发诱导,能激发学生学习兴趣。 ③教师是否能集中学生注意力,善于机智地处理偶发事件等。
教学评价	①评价语言是否具有鼓励与发展功能,是否能尊重学生的独特体验。 ②当学生的回答偏离正确导向时,教师是否能运用正确的方法引导学生回到正轨。 ③是否能够针对学生的回答及时做出反馈,对学生进行表扬、鼓励、纠正、引导等,调动学生学习的积极性。

考点2 学生学习方面分析与评价的内容

环节	评价内容
学习方式	①学生在学习时间、内容、方式等方面是否拥有较大的自主性,是否有自我评价学习的机会。 ②能否根据不同学生的个性、特长,组织开展合作学习,学生参与的热情、情感体验如何。 ③学生是否通过探究问题获取知识、学习有关技能和科学研究的方法,领悟科学的思想和精神。
参与程度	①参与的学生人数是否是大多数,是否涉及学生群体的各个层面。 ②学生是否参与课堂教学的各个环节,时间上是否有保证。 ③学生在参与教学活动中所解决的问题是否是深层次的问题,是以一种积极主动的姿态参与,还是被动地参与。
学习效果	①学生是否掌握了课程标准要求掌握的新知识,是否了解所学知识在生活中的应用,有关技能是否得到了有效的训练和提高,是否能在学习中生成新的问题。 ②学生通过探究活动获取知识的同时,他们的信息资料的搜集处理能力、合作交流能力和实践创新能力是否得到相应的发展和提高。 ③学生的学习兴趣、自信心是否进一步提高,与他人合作交流的愿望和求知欲是否增强,是否逐步形成各种良好的习惯与科学的价值观,师生间的关系是否更加融洽。

二、答题方法 【案例分析】★★★

考点1 解题思路

1. 以问题为出发点

分析评价型案例分析试题的问题多是要求评价案例中的现象或者是用理论解释案例中的现象等,所以提出的问题一般比较简短。在考试作答时,可以先看问题,这样在阅读案例时就能有较强的针对性,容易抓住重点,提高效率。

2. 分析材料,概括大意,把握关键点

从问题出发来分析案例,仔细阅读材料,概括大意,总结出案例问题的本质,这是解题的基础。

3. 立足案例,确定答题理论方向

案例分析题的基本答题思路为:从案例到理论,即根据案例现象定位到作答理论方向,把握作答理论方向是最为关键的一环。有以下两个问题需要特别注意:

(1)目前案例分析试题考查的理论存在多样化的趋势,即一个案例分析试题考查多个理论。所以一定要全面分析案例中的要点,并找出对应的理论与知识点。

(2)案例分析试题需要根据案例定位到考查的理论,在作答环节一定要注意需要从理论再回到案例,作答时需要理论结合材料进行阐述,避免单纯理论阐述。

考点2 答题技巧

1. 明确指出该案例题所考查的理论知识(课程标准相关内容)具体有哪些内容。

2. 结合案例中的内容,具体分析理论知识。

3. 总结案例中的教师行为的优劣和对学生学习方面的影响。

注:以上给出的答题模板适合大部分的案例分析题,但每道案例分析题都有自己的独特性,除了灵活套用答题模板之外,还需考生学会自主分析材料,这样才能交出一份满意的答卷。

考点3 答题注意事项

1. 考生在答题时需要结合题目给出的材料,切忌自己生搬硬套,无中生有。

2. 答题时,考生要逐条分析,分条列述,将答案的重点放在前面,让改卷老师一目了然。切忌一段话下来,重点不突出,条理不清晰。

3. 在需要结合课标进行答题时,可将课标放在最前面,并尽量使用课标中的原话进行回答,切忌用解读后的观点进行回答。

4. 在没有明确要求"结合课标"进行回答时,如果考生对课标内容背诵不熟练,也可以用理解性的语言进行回答。

真题面对面

[2021安徽亳州,案例分析,10分]阅读案例,完成问题。

大家对"十二钗"的说法都不陌生,但要罗列出来,又每每出错。十二钗到底是哪几个人?十二钗正册之首是哪一个?十二钗的排序有什么讲究吗?很多语文教师也常常弄不清,学生阅读时更是稀里糊涂。这些问题看似琐碎,却涉及作品的重要情感态度。

针对"红楼十二钗"的问题,刘老师在教学设计上确定了如下课堂环节:

1. 请你列出《红楼梦》中自己熟悉的年轻女性。(学生一个接一个在黑板上写出女子的名字)

2. 请从这些年轻女性中找出自己心目中的十二钗正册(学生写了满满一黑板的名字),并尝试排出顺序。

3. 阅读小说中关于十二钗正册的相关回目,找出自己所列的名册和曹雪芹的名册的同与异,并做出思考和解释。

4. 尝试回答问题:进入正册的统一标准是什么?

5. 十二钗正册排序的理由是什么?请谈谈自己的思考。

[问题]请对案例中刘老师设计的课堂环节进行评析。

参考答案:①该教师对《红楼梦》名著阅读的教学设计,是基于师生共同面对的阅读问题而提出的,整个过程具有针对性,能解决实际问题。②该教师关注学生的阅读过程,不以教师的讲解代替或限制学生的阅读与思考,有意识地将师生阅读体验整理成探究性问题,以探究性问题为引领,通过设置问题,让学生在精读细读上发挥更大的积极性。③该教师充分尊重了学生学习的主体地位,发挥了教师的点拨和引领作用,为学生创设了一个好学、乐学的学习氛围,让学生在新发现中增强阅读的乐趣,提高阅读的成就感。④该教师的教学设计让学生在解决问题的过程中,随之提升了提取信息的能力、品读鉴赏文句的能力和分析表达观点的能力。

三、案例分析答题示例

案例1

阅读下面一则案例，评析该教师的教学。

师：我觉得“浅浅的”用得不好，我想改为“深深的”，我这样一改就强调了台湾跟大陆隔离的状况，大家赞不赞成？赞成我的举手。呀！一个也没有。那不赞成的举手。哟，全都不赞成啊！那你们说说理由，要说服我！噢，这位学生已经举过多次手了。①

生1：因为“浅浅”的海峡，比喻一种可以逾越的希望，作者的希望是有一天台湾可以回归嘛！

师：回归？

生1：台湾回归到祖国母亲的怀抱！

师：特别地纠正一下，“回归祖国怀抱”说法不妥。香港、澳门被外国人占领了，后来回归到祖国的怀抱。台湾曾经被日本人占领，抗战胜利后，已经回到祖国的怀抱，现在是中国人在掌权呢，不是外国人，台湾与大陆是“统一”问题，不是“回归”祖国怀抱的问题。明白吗？这句话说得不妥当。但是，她表达的意思很好，觉得用“浅浅的”，祖国统一就有希望。②

生2：我觉得这是一种反衬手法，前面“小小的”“窄窄的”“矮矮的”都是反衬，“浅浅的”反衬出那一代人对回归祖国的乡愁的深度。

师：用“小小的”“窄窄的”“矮矮的”“浅浅的”反衬作者乡愁之浓、之深。还有没有？你们开始说服我了。确实是“浅浅的”好像更好，不仅是跟前面的用词取得一致，还说明台湾、大陆本来就没有不可逾越的鸿沟。现在的分裂完全是人为的原因。大陆和台湾一定要统一，一定会统一。③

①通过举手表示赞成或不赞成的态度，让全班学生都参与到了课堂教学中，体现了课标倡导的自主、合作、探究的学习方式。

②教师及时指出了学生表述方面的问题并给予指导，指出了只有一个中国的原则问题。

③通过分析“浅浅的”一词，使学生了解了反衬的修辞手法，引导学生理解本课的主题思想。

参考答案：(1)该案例中教师的教学行为能帮助学生理解《乡愁》的主题。通过对“浅浅的”一词的分析，学生明白了这个词比“深深的”一词好，还理解了反衬手法在这里的妙处，即反衬作者乡愁之浓、之深，进而引出对国家统一问题的认识。案例中教师引导学生探究得很到位。

(2)案例中教师要求学生通过举手表示赞成或不赞成的态度很值得在课堂上提倡。举手表达自己对问题的看法，是全班参与的方式之一，也是新课程倡导的自主、合作、探究的学习模式的体现。学生举手表达对问题的看法，是自主性学习的表现，很好地体现了学生的个性。《义务教育语文课程标准》(2011年版)强调：阅读是学生的个性化行为。在学习过程中学生要结合自己原有的知识水平和理解能力得到新的、独特的内心体验。要让学生乐学，教师就要做到乐教、善教，营造良好的课堂气氛，引起学生学习与探究的兴趣，促使他们达到求知的最佳境界，激发学生去自学，去设疑，然后用查资料、探讨等方法自行解决问题，逐步培养学生“自主学习”的习惯。

(3)案例中教师在学生思考发言过程中的引导点拨很成功。课堂要想引发学生的共鸣，引起学生的兴趣，光靠教师一个人在讲台上从头讲到尾是绝对不行的，教师必须精心设置一些问题，让学生也参与到课堂中来。上课时边讲课边提相应的问题，既锻炼了学生的思考能力，增强了他们的学习兴趣，也提高了教师的反应能力，因为学生的答案总是五花八门的，也不一定准确，教师必须加以引导点拨。事实证明，提问能有效地提高课堂的听课效率。

案例2

阅读下面两则案例，请分析两位教师导入的特点，指出你更喜欢哪个导入并说明理由。

甲：今天我们一起来学习《鸿门宴》这篇文章，本文节选自《史记·项羽本纪》。《史记》是我国第一部纪传体通史，记载了从传说中的黄帝到汉武帝三千年间的历史。《史记》不但具有很高的史学价值，而且具有很高的文学价值。这一点集中体现在《鸿门宴》一文中。“鸿门宴”是楚汉相争中重要的一环，是历史发展的转折点。司马迁把当时那种波谲云诡、险象环生的形势和剑拔弩张、杀机四伏的气氛，以及人物的行为描绘得淋漓尽致。①

①甲导入语运用了开门见山的导入方式，先点明今天所学的课文，再结合历史背景简要叙述课文内容。

乙：“力拔山兮气盖世，时不利兮骓不逝。骓不逝兮可奈何！虞兮虞兮奈若何！”这是楚霸王项羽在与刘邦进行殊死战斗前所作的绝命词——《垓下歌》。项羽在推翻暴秦统治的战斗中起了主要作用。他有举世无双的勇力，所向披靡的战绩，叱咤风云的伟业，他是反秦群雄的领袖，最有条件号令天下，却落得个四面楚歌、乌江自刎的结局。而最后统一全国，威震天下的却是刘邦。“大风起兮云飞扬，威加海内兮归故乡，安得猛士兮守四方！”刘邦的这首《大风歌》道尽了他荣归故里、衣锦还乡的荣耀与自豪。为什么拔山盖世的项羽会得到失败的结局？为什么原来只是项羽的一支小小盟军领袖的刘邦却坐上了皇帝的宝座？“鸿门宴”这一事件就是他们各自人生的转折点，也是历史发展的转折点。如果同学们认真阅读本文，便不难找到其中的答案。②

②乙导入语引用了诗句导入，这样做可以吸引学生的注意力，激发学生的学习兴趣。

[参考答案](1)我喜欢乙导入语。

(2)乙导入语引用项羽和刘邦的诗句能激发学生的兴趣，且在课前导入环节引入这两个历史人物能调动学生思考的主动性。中学生有很强的好奇心，他们在遇到矛盾，对问题产生疑问时，大脑便会出现特有的兴奋状态，于是他们会积极思考，不断地去探索其中的奥秘，以获得心理上的满足。

(3)乙教师针对教材的关键、重点和难点，巧妙设疑，提高了课堂的效率。

(也可从甲导入语入手，只要能自圆其说即可)

案例3

阅读下面的案例,评析该教师的教学。

某教师在执教《相信未来》一课时,按照教学参考及有关参考资料,分析诗歌中体现出来的作者那种在逆境中坚信未来的执着信念和不畏艰难的坚定信念,此时一学生在下面接嘴道:食指其实根本不相信未来。此言一出,班里顿时一片哗然。慢慢地,教室里形成了争议。[①]这是教师课前准备时根本没想到的。但当教师发现学生对这个问题表现出来的热情时,马上决定改变教学内容与步骤,临时安排了一个小辩论,辩题是“食指相信未来”(正方)和“食指不相信未来”(反方),先给学生三分钟时间讨论,最后通过自荐,正反双方各有三名学生进行课堂辩论。[②]辩论时间虽然只有五分钟,但同学们就诗歌的意象、情感基调、总体风格、历史背景及食指其他诗作如《我不知道》《热爱生命》《疯狗》以及深受其影响的北岛的诗作《回答》等进行比较,展开激辩。最后教师总结道,毫无疑问,食指确实是否定当时的现实的,但当时社会的黑暗也会令一个有理想有抱负的文学青年对未来产生疑问,这可以从他选择的那些表现易逝的意象中体会到。然而食指的可贵之处在于,虽然他对当时“四人帮”倒行逆施及中国的未来深感忧虑和担心,但仍然执着地坚持着中国文人的良知,因为只有让国人特别是深受摧残的知识分子相信未来,才能帮助他们顽强地生活下去,迎接光明的到来。[③]

①这属于课堂突发事件的一种,需要教师运用教学机智化解,既不伤害学生的自尊心和求知欲,又能激发学生的学习兴趣,将学生引入学习的正轨。

②临时采用辩论的方式组织教学活动,巧妙地化解了课堂突发事件,同时让学生自主讨论,成为学习的主体。

③教师及时对教学活动进行指导和总结,深化了课文的主旨,体现了以学生为主体,教师为主导的原则。

[参考答案](1)该教师让学生讨论食指是否相信未来很有价值。在课堂上遇到突发问题时,教师不应该马上阻止,要允许学生发表个人的意见。在课堂上进行“食指是否相信未来”的讨论,可以使学生形成正确的人生观,对于思想尚未成熟的中学生来说,这一讨论很有价值。

(2)这位教师处理课堂突发事件时,能因势利导,把突发问题生成为课堂资源,值得借鉴。在教学过程中,随着教学活动的展开,学生会根据自己的生活经验产生许多自己的想法,很多时候并不是教师课前所想的那样。此时教师要看准学生思想的症结和可能的走向并随时调整教学过程,使学生成为课堂教学的中心,引导学生走向正确的轨道。面对课堂突发事件,教师首先要保护当事人的尊严,不能使突发的事件损伤学生的身心健康。其次要在不影响其他学生的正常学习活动的前提下,巧妙而果断地将突发事件转化为有益的教育因素,使全体学生从中受到启发和教育。

(3)这位教师的总结很成功。对于课堂上学生提出的疑问,教师不仅要善于诱导启发,还要使学生明白问题的答案。通过对所提问题的讨论,学生自然得出应该相信未来的结论,从而使学生在思想上得到了一次洗礼。这一点,教师在总结时再一次点明,做得很到位。

真题面对面

[2019江苏南京,教学案例评析,10分]阅读以下教学设计,回答后面的问题。

教学内容:《红楼梦》整本书

教学对象:高一学生

学习资源:①书本资源,包括周汝昌《红楼小讲》、王昆仑《红楼梦人物论》、蒋和森《红楼梦论稿》、王蒙《红楼启示录》、朱一玄《红楼梦资料汇编》;②视频,包括电视剧《红楼梦》等。

导入:"一千个读者就有一千个哈姆莱特",阅读曹雪芹的《红楼梦》,你会有哪些独特见解呢?

活动设计:

活动①:教师提供长达六周的阅读进度表,布置学生自主阅读任务,要求学生在每页上都要有固定的批注次数和批注表述格式。

活动②:要求学生整理自己的批注情况,再次细读文本,完成"人物关系思维导图",并自定研究性主题,独立撰写2000字左右的研究报告。以上任务两周完成。

活动③:教师逐一点评学生撰写的研究报告,并督促学生修正、完善研究报告。

活动④:教师组织学生集体投票,推选优秀报告,予以班级表彰。

(1)简要评析上述教学设计的优点。

(2)针对"活动③",提出改进建议。

参考答案:

(1)①课标要求:感受和体验文学作品的语言、形象和情感之美,能欣赏、鉴别和评价不同时代、不同风格的作品,具有正确的价值观、高尚的审美情趣和审美品位。该教师引导学生深入理解文学名著《红楼梦》,有利于提高学生的审美鉴赏能力,感悟中华传统文化的魅力。

②整本书的阅读与研讨能引导学生通过阅读整本书,拓展阅读视野,建构阅读整本书的经验,形成适合自己的读书方法,提升阅读鉴赏能力,养成良好的阅读习惯。该教师在教学中让学生进行整本书的阅读与研讨,极大地提高了学生的学习能力。

③该教师创设综合性学习情境,让学生自主、合作、探究学习。该教师充分发挥学生的主体作用,围绕学习任务群创设能够引导学生广泛、深度参与的学习情境,整体提升学生的语文素养。

(2)①教师逐一点评学生撰写的研究报告虽然能够让学生知道自己的不足,但是不利于提高学生自主发现问题、解决问题的能力,且占用过多时间。教师应该引导学生相互评价、自主评价,让学生在评价中提升自身能力。这样也能够避免以教师的分析代替学生的理解。

②督促学生修正、完善研究报告容易让学生产生逆反心理,反而达不到预期效果。教师应以激励、评比等方法激发学生的积极性,引导学生自主进行修正、完善。

核心考点回顾

1. 教学媒体选用的依据有哪些?(参见本书P48)
2. 教学设计有哪些内容要素?(参见本书P436)
3. 阅读教学设计的设计流程是什么?(参见本书P458)
4. 阅读教学各类文体教学的切入点有哪些?(参见本书P459)
5. 案例分析评析内容及答题方法有哪些?(参见本书P480)

达标测评

建议用时	实际用时	测评总分	实际得分
80分钟	____分钟	102分	____分

一、单项选择题(每小题3分,共12分)

1. 讲授《故都的秋》时,学生赏析"秋蝉的衰弱的残声,更是北国的特产"一句,说道:"蝉声让人感到悲凉中的悲凉,突出了秋的静。"教师随即补充对"蝉"这个意象的理解,并引用了骆宾王、柳永等人的相关诗句。对该教师教学行为的评价恰当的是(　　)

A. 引导学生深入感悟作品中的艺术形象。

B. 引导学生设身处地去感受体验作品的内容。

C. 注重培养学生分析鉴赏散文作品的兴趣。

D. 帮助学生发现作品的丰富意蕴和深层意义。

2. 某教师在开学之初让学生以《我的爱好》为题写一篇作文,以便了解学生的兴趣及语文基础,这种做法(　　)

A. 侧重摸清学生的表达水平和阅读水平。

B. 属于形成性评价,全面了解学生的语文水平。

C. 属于诊断性评价,有利于语文教学的展开。

D. 定性评价和定量评价相结合,着重对语文基础知识的考查。

3. 某新任教师针对如何恰当地进行课堂教学评价这个问题,请教了若干教师,以下是几位教师的建议,其中对教学评价的表述恰当的一项是(　　)

A. 教师在进行评价的时候,一定要讲求语言的准确性。

B. 教师在听完学生的发言以后要马上作出判定,不必由学生来作出评价。

C. 评价应以表扬、激励为主,比如"你真棒""很好""真不错"。

D. 每个学生都有独特的个性,但我们应该以统一的标准去要求学生。

4. 教师在讲授《罗密欧与朱丽叶》时,不再像以前那样单纯给学生讲授,而是让学生分角色扮演剧本中的人物,学生从没做过这样的尝试,个个摩拳擦掌,跃跃欲试,认真地研究剧本。下列对这位教师的做法评析错误的一项是( )

A. 这种教学方式不仅激发了学生学习的兴趣,而且让学生很好地掌握了不同人物的性格。

B. 这种教学方式属于开放式教学,特别适合剧本类课文的教学。

C. 这种做法不值得提倡,课堂教学必须以教师为主。

D. 这种教学方式不同于传统的教学方式,可以在今后的教学中尝试。

二、案例分析题(每小题10分,共40分)

1. 阅读下面一则案例,并结合《义务教育语文课程标准》(2022年版)的相关理论进行评析。

师:同学们先听老师朗读一首诗:"采莲南塘秋,莲花过人头。低头弄莲子,莲子清如水。"这首诗写到了哪一种水生植物?(学生齐答:莲花)大家了解关于莲花的哪些知识?

生:莲花又名芙蓉、荷花。

生:补充一下,还有水宫仙子、君子花、玉环。

师:宋代大哲学家周敦颐也特别喜欢莲花,瞧,他还写了一篇《爱莲说》来表明自己的心志。今天我们就走进《爱莲说》,去了解一下这位文人为什么对莲花情有独钟。

(教师要求学生自由读课文,范读,听读,齐读,以各种方式训练学生如何把握朗读的节奏、语气)

师:作者爱莲,那么莲花的可爱之处表现在哪里?(学生默读课文)

生:"予独爱莲之出淤泥而不染……"

师:作者这样写,仅仅是在写莲吗?(学生答:写人)写哪种人呢?让老师给大家示范朗读这篇文章,同学们找出那些能给你信息的句子。

(教师有感情地朗诵课文后,学生回答"莲,花之君子者也")

师:作者是将莲花当作君子的化身了,是在写莲,也是在写君子。通过作者对莲花的描绘,你认为君子应该是什么样子的?

生:为人正直的。

生:君子如莲花,端庄高洁,不与世俗同流合污。

师:作者以花喻人,写君子的举止端庄,高洁傲岸。本文作者周敦颐人品非常高,胸襟广阔,他喜爱莲花,就是因为莲有如君子般洁身自好、不同流合污的高尚品德,爱莲其实是爱君子,所以莲以它的高洁、质朴被称为"君子花"。你们喜欢莲花吗?(生齐答:喜欢)那在当时社会喜欢莲花的人多吗?(生齐答:不多)这是什么原因呢?

生:有人喜欢牡丹,有人喜欢菊花。(分男女生读描写牡丹和菊花的句子)

师:这三种花儿,哪种最受欢迎?哪种受人冷落些?为什么呢?

生:牡丹最受欢迎,因为它是富贵的象征。

生:菊花和莲花都比较受冷落,菊花是"花之隐逸者也",但是却"陶后鲜有闻";而莲花是作者喜爱的,但是作者却找不到跟自己一样喜欢莲花的人。

师：陶渊明不愿为五斗米而折腰，于是隐居山林，过着“采菊东篱下，悠然见南山”的生活。菊花象征着隐士那种超凡脱俗的生活态度，正如作者所说，像陶渊明那样真正隐逸田园、不慕权贵的人是很少的。作者喜欢的莲花冰清玉洁，在污浊的社会中保持洁白的操守和正直的品德，那些对权势富贵趋之若鹜的人自然不会喜欢。

（有感情地朗读第二自然段）

师：（总结）“一花独放不是春，百花齐放春满园”，只要有坚定的目标，勇于发现自我，实现自我，都是一种超越进取的人生态度，不要再做温室里的花朵了，让我们到户外去接受风霜雪雨的洗礼吧！

2. 阅读某教师在教学《海燕》一课后的教学反思（片段），完成后面的问题。

[案例]

A生说：“我体会到了象征、对比手法的魅力。我觉得它们真了不起。”

B生说：“我特别喜欢这篇课文，它有如春天的旋律，时代的前奏曲，革命的宣言书。”

C生说：“我觉得最了不起的是高尔基。”

D生说：“我最喜欢文章中海燕的形象，它不仅是俄国无产阶级革命家的象征，更是一个面对困难能勇往直前的英雄的化身。”

听了D生的发言后，学生们都把手举得更高了，此时，我想这是个让学生充分展示自我，体现他们个性的时候，也是讨论交流的良好机会。接着，便做了个安静的手势，说：“同学们，在每个人的生活中，都既有温煦的爱的阳光照耀，又有各种各样‘暴风雨’的考验。面对生活中的暴风雨，你该怎样做呢？试就这个话题，与同学交流自己的想法。”

有的说：“我这一次月考成绩不尽人意，我绝不做海鸥、海鸭，我要做一只高傲的海燕。”

有的说：“无论遇到什么困难挫折，什么大风大浪，我都不会气馁的，我要像海燕一样高傲地飞翔，搏击生活的浪潮。”

又有一学生说：“我觉得《真心英雄》已经告诉我们答案了，它和《海燕》一样具有魅力。”（就这样你一言他一语的，下课的铃声响了。）

作为教师，让课内教学走向课外，让文本教育走向现实教育似乎是对原作的尊重，但从现实来看，凭空增添了距离感，反而让大多数学生逃离。阅读教学的起点应是“学生的心灵”。我认为主要还应从作品的文学性进行审美欣赏，从当代人的角度进行解读才能真正激发起对作家及作品的热爱，才能真正披文入情，以文化人。

[问题]请结合上述案例，简要谈谈你的见解。

3. 阅读下面一则案例（一位初中语文教师的自述），针对案例中出现的现象以及这位教师的思考，谈谈你对指导学生写好作文（比如教师评语等）的见解。

记得我读初中时，作文结尾总爱揭示一番“意义”：记一次劳动，要讲到对思想改造的意义；记一次春游，也要加一句“啊！我爱祖国的美丽和伟大”。我的语文老师有次在作文评语中写了一首诗：“不必刻意寻‘意义’，写出‘意思’乃本事。若要文章有意思，平常事中觅意趣。”这首关于“意义”和“意思”的小诗，一下子点醒了我。“意义”和“意思”虽一字之差，内涵却大不相同。一个能把世俗生活过得有意思、写得有意思的人，一定是懂得生活真谛，有审美趣味的人。

4. 阅读下面一则案例及相关说明，结合该案例中教师的教学活动，针对阅读课堂教学中，教师如何确定教学内容，以指导学生进行有效阅读的问题谈谈你的见解。

[案例]教学过程：

(一)自由诵读，把握全文大意

问题一：课文讲了一件什么事？

问题二：你觉得作者是带着什么情感来写这篇文章的？

(二)用点画评注的方式把握作者情感

请学生阅读下面两则评注的示例，在文中另找出一处或者两处加以评点，揣摩作者情感。评点后学生之间互相交流，并选择重点进行全班交流。

示例一

北京的冬季，地上还有积雪，灰黑色的秃树枝丫杈于晴朗的天空中。

评注：晴朗的、有积雪的冬季，是一幅色彩明丽的画面，让人感受到冬之美，但“灰黑色的秃树枝丫杈”却使得这幅画面的色彩陡然变得黯淡，这个词语在一开头就为文章添上沉重的一笔，使得晴朗的、有积雪的冬季变得寒气四射，作者感受的不是“冬日暖洋洋”的舒适，而是冬季的肃杀和寒冷。这种情感作者在后面一句直接点出了，即“在我是一种惊异和悲哀”。正所谓景为情生，一句景语蕴含着作者沉重悲哀的情感。

示例二

他只是很重很重地堕着，堕着。

评注：“重”“堕”用了反复的手法，与前面“心也仿佛同时变了铅块”相照应，可见作者当时心情是多么沉重，这沉重是由于虐杀了弟弟游戏的童心造成的，因为一直无法补过，所以这铅块始终压在心上，很重很重，堕着，堕着。“重”“堕”是第四声，读起来就有沉重的感觉。

(三)阅读下列几则对鲁迅作品语言风格和人格精神方面的评价资料，请在文中找到与这些评价相一致的地方，并加以评注，评注时要学会运用这些资料中的重要信息。(参照示例三)

【资料】关于鲁迅作品语言风格和人格精神方面的评论

(1)鲁迅先生创作态度严肃认真，语言准确精练，逐渐形成了他自己独特的语言风格，有人把它叫作“鲁迅风”。

(2)善于运用“白描”和“画眼睛”手法塑造人物形象，展现人物性格，是鲁迅作品语言的一大显著特点。

(3)准确地运用动词、形容词也是鲁迅作品比较突出的语言特色之一。

(4)鲁迅的散文不仅有独特的话题，还有独特的话语方式。……鲁迅先生曾说过：“我的确时时解剖别人，然而更多的是更无情面地解剖我自己。”

（5）《风筝》有一个突出的特点，就是通过联想注入作品生活的情趣，把抒情与叙事紧密地结合在一起。

示例三

又将风轮掷在地上，踏扁了。

评注：一个短句，两个动词“掷”“踏”，就把当时“我”粗暴地毁坏了弟弟的风筝的情景生动地再现出来，让人体验到第一则资料中说到的“鲁迅风”的语言：简洁、明快、直白、洗练。同时，“掷在地上”和“踏扁了”之间用了逗号，这里可以不用逗号，如果比较阅读一下，两个动词之间用了逗号之后，减慢了动作的过程，为什么要减慢动作的过程？我们可以想象作者当时在毁坏弟弟风筝时是快意解恨的，这两个动作是一气呵成、快速有力的。那么当二十多年后来回忆这一幕时，作者是带着深深的内疚、自责，似乎不愿意相信自己曾有过的事实，于是，记忆在作者的痛苦中慢慢展开，回忆这精神虐杀的一幕也恰如第四则资料中鲁迅先生曾说的“我的确时时解剖别人，然而更多的是更无情面地解剖我自己”。

（四）评点后学生之间再互相交流，并选择重点进行全班交流。

三、教学设计题（共50分）

1. 阅读下面这首散文诗，完成后面的问题。

荷叶·母亲

冰　心

父亲的朋友送给我们两缸莲花，一缸是红的，一缸是白的，都摆在院子里。

八年之久，我没有在院子里看莲花了——但故乡的园院里，却有许多；不但有并蒂的，还有三蒂的，四蒂的，都是红莲。

九年前的一个月夜，祖父和我在园里乘凉。祖父笑着和我说：“我们园里最初开三蒂莲的时候，正好我们大家庭中添了你们三个姊妹。大家都欢喜，说是应了花瑞。”

半夜里听见繁杂的雨声，早起是浓阴的天，我觉得有些烦闷。从窗内往外看时，那一朵白莲已经谢了，白瓣儿小船般散漂在水面。梗上只留个小小的莲蓬和几根淡黄色的花须。那一朵红莲，昨夜还是菡萏的，今晨却开满了，亭亭地在绿叶中间立着。

仍是不适意！——徘徊了一会子，窗外雷声作了，大雨接着就来，愈下愈大。那朵红莲，被那繁密的雨点，打得左右攲斜。在无遮蔽的天空之下，我不敢下阶去，也无法可想。

对屋里母亲唤着，我连忙走过去，坐在母亲旁边——一回头忽然看见红莲旁边的一个大荷叶，慢慢地倾侧了来，正覆盖在红莲上面……我不宁的心绪散尽了！

雨势并不减退，红莲却不摇动了。雨点不住地打着，只能在那勇敢慈怜的荷叶上面，聚了些流转无力的水珠。

我心中深深地受了感动——

母亲啊！你是荷叶，我是红莲。心中的雨点来了，除了你，谁是我在无遮拦天空下的荫蔽？

1922年7月21日

第二部分

(1)请说明本次教学的教学目标和重难点。(8分)

(2)为这篇课文设计一个完整的教学过程。(12分)

2. 如果你来给九年级学生执教高尔基的《海燕》(1课时),请按要求完成教学设计。

海　燕

高尔基

在苍茫的大海上,狂风卷集着乌云。在乌云和大海之间,海燕像黑色的闪电,在高傲地飞翔。

一会儿翅膀碰着波浪,一会儿箭一般地直冲向乌云,它叫喊着,——就在这鸟儿勇敢的叫喊声里,乌云听出了欢乐。

在这叫喊声里——充满着对暴风雨的渴望!在这叫喊声里,乌云听出了愤怒的力量、热情的火焰和胜利的信心。

海鸥在暴风雨来临之前呻吟着,——呻吟着,它们在大海上飞窜,想把自己对暴风雨的恐惧,掩藏到大海深处。

海鸭也在呻吟着,——它们这些海鸭啊,享受不了生活的战斗的欢乐:轰隆隆的雷声就把它们吓坏了。

蠢笨的企鹅,胆怯地把肥胖的身体躲藏在悬崖底下……只有那高傲的海燕,勇敢地,自由自在地,在泛起白沫的大海上飞翔!

乌云越来越暗,越来越低,向海面直压下来,而波浪一边歌唱,一边冲向高空,去迎接那雷声。

雷声轰响。波浪在愤怒的飞沫中呼叫,跟狂风争鸣。看吧,狂风紧紧抱起一层层巨浪,恶狠狠地把它们甩到悬崖上,把这些大块的翡翠摔成尘雾和碎末。

海燕叫喊着,飞翔着,像黑色的闪电,箭一般地穿过乌云,翅膀掠起波浪的飞沫。

看吧,它飞舞着,像个精灵,——高傲的、黑色的暴风雨的精灵,——它在大笑,它又在号叫……它笑那些乌云,它因为欢乐而号叫!

这个敏感的精灵,——它从雷声的震怒里,早就听出了困乏,它深信,乌云遮不住太阳,——是的,遮不住的!

狂风吼叫……雷声轰响……

一堆堆乌云,像青色的火焰,在无底的大海上燃烧。大海抓住闪电的箭光,把它们熄灭在自己的深渊里。这些闪电的影子,活像一条条火蛇,在大海里蜿蜒游动,一晃就消失了。

——暴风雨!暴风雨就要来啦!

这是勇敢的海燕,在怒吼的大海上,在闪电中间,高傲地飞翔;这是胜利的预言家在叫喊:

——让暴风雨来得更猛烈些吧!

(1)请对这篇课文的内容作简要说明。(3分)

(2)请为这篇课文设计教学目标。(5分)

(3)设计一个教学片段,引导学生通过朗读来理解课文。(7分)

(4)设计完整的板书。(5分)

3. 阅读《使至塞上》教学设计(节选),根据教学思路完成(1)~(5)题。(10分)

《使至塞上》教学设计(节选)

教学目标:

①以读促悟,品味诗词凝练、含蓄的语言美。

②评点、欣赏“大漠孤烟直,长河落日圆”一联所描绘的意境美。

③理解诗人写诗背景,感受诗人前后变化,培养乐观、豁达的人生观。

教学重点:

以读促悟,品味诗词凝练、含蓄的语言美。

教学难点:

评点、欣赏“大漠孤烟直,长河落日圆”一联所描绘的意境美。

教学过程:

一、导入新课,激发兴趣

由书法作品《使至塞上》导入,教师配乐朗读。

二、作者简介

王维,字摩诘,曾任尚书右丞等官职,世称“王右丞”,著《王右丞集》,唐朝著名诗人。王维的诗歌呈现丰富多彩的艺术特色,尤其是他创作的山水田园诗对后世影响深远。宋朝苏轼曾赞道:“味摩诘之诗,诗中有画;观摩诘之画,画中有诗。”(PPT展示)

三、反复诵读,以读促悟

(一)读一读

要求:读准字音,读出节奏,读出情感。

朗读:教师范读,学生试读,学生自读,学生齐读。

(二)品一品

“单”“征蓬”“孤”等字词透露出作者当时怎样的心境?

明确:(1)________________。

诗人在颈联中为我们描绘了怎样的大漠景色?

明确:(2)________________。

(三)悟一悟

评点、欣赏“大漠孤烟直,长河落日圆”一联所描绘的意境美。

明确:诗中有画,炼字精妙,诗的留白。“大”写诗人开阔的胸襟。沙漠浩瀚无边。“孤”描绘了(3)________________。“长”写出了诗人对横贯沙漠的黄河的真实感觉。“圆”写出了大漠观落日的特殊感受,亲切温暖,微带苍茫。该句勾勒出一幅极其雄浑、阔大、壮美的大漠黄昏落日图,表现了诗人开阔的胸襟。从侧面烘托了守边将士凄凉艰苦的生活环境,借以反映了他们(4)________________。

第二部分

(四)美在何处

构图美:近处烽烟、远处夕阳、大漠无边、长河奔流——空间扩大。

线条美:纵的是烟,横的是河,圆的是落日——层次丰富。

(5)________________——鲜明优美。

四、课堂小结

《使至塞上》以传神的笔墨刻画了奇特壮美的塞外风光,传达了诗人幽微难言的内心感情。

五、作业布置

在周记本上把本诗改编成第一人称叙述的故事,并把“大漠孤烟直,长河落日圆”的意境按照自己的理解画在周记本上。

参考答案及解析

一、单项选择题

1. A [解析]案例中的教师在学生提到“蝉”这一意象时,随即引申拓展到骆宾王、柳永等人的相关诗句,使学生对这一意象有了更深刻的理解,所以A项正确。

2. C [解析]诊断性评价是为查明学生的学习准备状况及影响学习的因素而实施的评价,一般是在教育、教学或学习计划实施的前期阶段开展。

第二部分

3. A [解析]B项,学生发言后,由学生作出评价不仅可以提高学生学习的积极性,也可以加深学生对问题的认知。C项,所举例的评价是一种没有实质内容的假评价。D项,每个学生都有独特的个性,我们不能以统一的标准去要求学生,要允许学生有不同的见解,鼓励学生从不同角度思考问题,尊重他们对文本进行个性化解读,尊重他们在学习上形成的独特感受。

4. C [解析]这种教学方式值得提倡,课堂教学应由以教师单纯的教为主向以学生的学为主转变。

二、案例分析题

1. [参考答案](1)新课标要求:注意整合听说读写,引导学生综合运用朗读、默读、诵读、复述、评述等方法学习作品。在教学设计中,教师采取了多种方式的朗读,让朗读贯穿课文始终。教学过程中的各种方式的朗读其实都是在为熟读成诵打基础,在这节课的教学中,教师以读来带动学生粗知课文大意,在理解文意的基础上体会课文中包含的情感,进而分析课文,这点是可取的。

(2)学生是学习的主体,要求教师不但要备好上课的教学内容,还要备好学生这一头,学生才是教学的关键性因素,需要教师有很强的应变能力,能够随时面对学生的问题或是抓住学生回答的有效信息为教学所用。教师应不断更新知识,扩展视野,用心去观察学生,用自身的创新意识去激发学生的学习热情,开启他们求知的心窗。

(3)语文教师的根本职责是培养学生具有一定的学科核心素养,提高他们的文化底蕴,引导学生多方面接触语文学习材料,丰富语言的积累,进而培养学生的语感。该教师通过多种朗读,针对课文提出若干问题,或让学生作答或是共同探讨,其间以学生的口头表达为主,揭示出文章的主旨,这种教学方式轻松有趣,有利于学生在理解的基础上加强记忆,将知识转化为能力,这才是教师教学工作的关键所在。让学生尽可能地贴近课文,进入课文,并有所触动,从而达到与文本的合二为一,有自己独到的心灵体验。

2. [参考答案](1)该案例体现了以学生为主体的原则。学生成了课堂的主人翁,教师成了课堂的组织者和引导者。在该片段中教师自始至终没有去干涉学生的学习行为,充分体现了以学生为主,让学生在课堂中交流、讨论、争辩、质疑。教师只是在规范学生的学习行为,维护课堂秩序方面,作了适当的引导。学生在课堂上尽情地发言,抒发对课文的感悟与见解。学生从不同的角度发表了自己的看法,有的谈课文的写法,有的谈心灵的感悟。真正体现了以学生为主体,使课堂成为他们学习的演练场。

(2)该案例凸显了语文课程的人文性。语文课程的人文性,强调语文的学习过程,既是学生实现自我成长的过程,也是激发学生创造力和生命力的过程。在语文教学中,要引导学生走进文本,让学生与文本对话,尊重学生的个人感受和独特体验,鼓励学生发表富有个性的见解,这既是提高学生的语文能力的需要,也是发展学生个性品质,培养学生创新能力的需要。

(3)该案例体现了开放式的教学思想。该教师的教学体现了学生对课文多角度、多方位的理解,从不同角度去欣赏。对学生的评价不再是以教师一言定论,而是建立了生生、师生等交互网式的评价,还将评价空间由课内延伸到课外。

3. [参考答案](1)指导学生尽量表达自己的真实感受,抒发真情实感。文章以情动人,这"情"指真情实感。要使文章的思想感情真实,用词造句就要准确、实在、恰如其分。

(2)指导学生广泛阅读课外书籍,积累书本上的知识。学生书读得多了,既从中汲取了知识,也开阔了眼界,丰富了语言,还能学到一些他人的写作技巧。写作时,学生自然觉得思路开阔,得心应手。

(3)指导学生留心观察生活,培养学生敏锐的观察力。只有积累了丰富的写作材料,才能为文章的内容提供取之不尽的源泉。

(4)开展形式多样的活动,丰富学生的生活,培养学生的写作兴趣。

(5)多用激励性语言鼓励学生,提高学生写作的积极性。

4. [参考答案]确定教学内容,要依据以下几个方面的内容:

(1)依据新课标的学段要求。在确定具体的阅读教学内容之前,教师要对新课标内容非常熟悉,尤其是对学段要求要了如指掌,否则就会造成教学内容确定的失当。

(2)依据各单元的单元导语。一篇文章,其内涵固然丰厚,语言固然精妙,涉及的语文知识点固然繁多,但哪些是这篇课文的教学重点,哪些是这一课时要解决、训练的,应根据单元重点与编者意图来定。认真阅读单元导语,明确教材的编写意图是设计教学内容时不可忽略的环节。

(3)依据课文特征和课后练习。在确定教学内容时,要特别注意课文特征与课后练习。一篇课文的内容是极为庞杂的,我们要选择那些最能体现课文特征的内容来教,而课后练习是语文课程内容建设一个不可或缺的组成部分。它的重要性在语文课程中要远远高于其他学科,对其他学科而言,练习题最多只是课程内容的重现,有的只属于教学领域,作为一种教学手段,对课程本身并没有很大影响。但语文课程不同,语文课"教什么"在很大程度上是由课后练习或明或暗指示给教师的。

三、教学设计题

1.[参考答案](1)教学目标:

①正确、流利、有感情地朗读课文。

②多种方式品味本文朴实、清丽的语言。

③学习诗歌托物抒情的写法。

④体验人间真情,受到美的熏陶,在生活中学会感恩。

教学重点:

①体味诗歌思想感情,把握诗歌托物抒情的写法。

②体验人间亲情并能表达出来。

教学难点:

深层品味诗歌语言,体会字里行间所蕴涵的思想感情。

(2)《荷叶·母亲》教学过程

环节一:导入课文

①情感铺垫。

有一个人,她永远占据在你内心最柔软的地方,你愿用自己的一生去爱她;有一种爱,它让你肆意的索取、享用,却不要你任何的回报……这一个人,叫“母亲”;这一种爱,叫“母爱”!

今天我们将有幸学习著名作家冰心的一首歌颂母爱的诗歌——《荷叶·母亲》。

②作者简介。

冰心,原名谢婉莹,中国现代著名女作家,儿童文学家。代表作有:散文集《寄小读者》,诗集《繁星》《春水》。冰心的创作内容大致包括:母爱、童真、自然三个方面。以宣扬“爱的哲学”著称,而母爱,就是“爱的哲学”的根本出发点。

环节二:读“荷”

①自由朗读课文,自主梳理生字词。

请同学们自由朗读课文,明确大屏幕上的生字词,做到读准字词,读畅文句,尽量做到有感情朗读课文。

②老师配乐朗读课文。

老师很喜欢这首诗歌,请允许我为大家朗读一遍。同学们在听的过程中,注意老师如何处理朗读的轻、重、缓、急,并且在老师朗读完之后,给老师做个评价。

③学生再次朗读课文,做到有感情地朗读。

请同学们仔细揣摩作者的情感,有感情地再一次自由朗读课文。

④学生和乐朗读课文。

接下来请同学们和着这悠扬的音乐,朗读这篇美文。

环节三:品“荷”与悟情

同学们,你们读得很好,将作者的情感读出来了。那么,你们感受到作者的情感变化了吗?

①作者的心情有何变化？请在文中找出相关的语句。

②作者因何烦闷？试作分析。

③作者还因什么事烦闷？她看到了什么？

④此时的红莲出场了，它又是怎么样的呢？

⑤红莲的盛开，相较于白莲，似乎是让人欣喜的一幕，它有没有缓解作者烦闷的心情呢？为什么？

⑥红莲的命运有没有出现转机？

⑦此时的作者应该是很高兴的，但为什么高兴会成为感动？

⑧作者怎么就想起母亲了呢？分析第7段体现的情感。

⑨作者这种借助荷叶来写母亲的写法叫什么？

环节四：赏“荷”

作者借助圣洁美丽的景物赞美了世上至善至美的亲情，美丽的景和感人的情是通过优美的语言传达给我们的，你认为哪句话写得美？找出来赏析一下。

环节五：赞“荷”

①老师根据课文内容出了对联中的上联，请大家凭借对课文的理解，齐心协力对出下联。

上联：荷叶护红莲抗风抗雨勇敢慈怜

②作者借赞美荷叶来赞美母亲，赞颂母爱，“母爱”是冰心作品的三大主题之一，请同学们结合课前搜集到的冰心的其他小诗再次感受冰心作品中的母爱，体会借物抒情的妙处。

环节六：小结

母爱是一缕阳光，让你的心灵即使在寒冷的冬天也能感到温暖如春；母爱是一泓清泉，让你的情感即使蒙上岁月的风尘也依然纯洁明净。相信我们的生命中总会有一张为我们遮蔽风雨的荷叶——我们的母亲。让我们在平淡的生活中，留心感受并回报这份至真至纯的母爱。

环节七：板书

荷叶·母亲

冰　心

荷叶护红莲

对母爱的赞颂

母亲爱子女

（借物抒情）

2. [参考答案]（1）《海燕》是高尔基创作的一篇著名散文诗。海燕在暴风雨来临之前，常在海面上飞翔。因此，在俄文里，“海燕”一词含有“暴风雨的预言者”之意。这篇课文按海面景象的发展变化分成三部分，描绘了海燕面临狂风暴雨和波涛翻腾的大海时的壮丽场景。作者通过对海燕在暴风雨来临之际勇敢欢乐的形象的描写，深刻反映了俄国革命前夕急剧发展的革命形势，热情歌颂了俄国无产阶级革命先驱坚强无畏的战斗精神，预言沙皇的黑暗统治必将崩溃，预示无产阶级革命即将到来并必将取得胜利的前景，并且号召广大劳动人民积极行动起来,迎接伟大的革命斗争。

(2)教学目标:

①初步了解作者及课文的写作背景,整体感知课文。

②理解象征、烘托、对比手法在课文中的运用。

③品味语言、体会作品表达的思想感情,培养勇敢、顽强、乐观、自信的品质,培养积极的情感态度。

(3)教学片段:

①师范读课文。

②感受形象,体味情感。

A. 这是一只怎样的海燕?表现了作者怎样的情感态度?

B. 课文写了哪几幅画面?海燕各有怎样的表现?

③指名学生朗读第4~6段,用文段中的词句概述这些海鸟在暴风雨来临之前的种种丑态,思考作者为什么要描写这些海鸟。

④作者对这些海鸟怀有怎样的思想感情?

⑤再读课文,找出自己喜欢的语句赏析。

⑥联系社会生活:在每个人的生活中,都既有温煦的爱的阳光照耀,也有各种各样的"暴风雨"的考验,结合自己的实际,想一想,《海燕》给我们的生活带来什么启示?(把握形象,展开联想、想象,然后作出有条理的分析,同学们可以根据自己的理解,大胆地发表看法,言之有理即可)

(4)板书:

海燕
- 感:三个方面
  - 来临
  - 逼近
  - 到来
- 品:海燕形象
  - 搏击风浪的勇士
  - 英勇无畏的精灵
  - 胜利的预言家
- 悟:写作手法
  - 象征手法
  - 正面和侧面描写
  - 修辞手法

3. [参考答案](1)孤寂、愤懑

(2)苍茫辽阔、浩瀚无边

(3)边塞荒凉,烽火台燃起的浓烟格外醒目而单调

(4)不畏艰苦,积极保卫边疆的爱国主义精神

(5)色彩美:黄沙漫漫、夕晖橘红、白烟一缕、河水闪闪

附录　中国文学史上的第一

类别	内容
工具书类	中国第一部诗歌总集:《诗经》
	中国第一部字典:《说文解字》(东汉·许慎)
	中国第一部系统讨论文学创作问题的专著:《文赋》(西晋·陆机)
	中国第一部文学批评专著:《典论·论文》(三国魏·曹丕)
	中国第一部有严密体系的文学理论和评论专著:《文心雕龙》(南朝梁·刘勰)
	中国第一部诗歌理论和评论专著:《诗品》(南朝·钟嵘)
	中国第一部字书:《字通》(南宋·李从周)
史书类	中国第一部纪传体通史:《史记》(西汉·司马迁)
	中国第一部编年体史书:《春秋》
	中国第一部编年体通史:《资治通鉴》(宋·司马光)
	中国第一部国别体史书:《国语》
	中国第一部纪传体断代史:《汉书》(东汉·班固)
	中国第一部叙事详尽的编年体史书:《左传》(相传为春秋时期鲁国史官左丘明编著)
著名诗篇	中国第一首长篇叙事诗:《孔雀东南飞》(乐府)
	中国第一首长篇政治抒情诗:《离骚》(战国·屈原)
其他	中国第一篇报告文学作品:《包身工》(夏衍)
	中国第一部语录体儒家经典散文作品:《论语》(由孔子的弟子及其再传弟子所作)
	中国第一部记录谋臣策士门客言行的专集:《战国策》(西汉·刘向)
	中国第一部文言志怪神话小说:《搜神记》(东晋·干宝)
	中国第一部笔记体小说集:《世说新语》(南朝·刘义庆)
	中国第一部日记体游记:《徐霞客游记》(明·徐霞客)
	中国第一部神话集:《山海经》
	中国第一部浪漫主义长篇神话(神魔)小说:《西游记》(明·吴承恩)
	中国第一部长篇讽刺小说:《儒林外史》(清·吴敬梓)
	中国第一部个人创作的文言短篇小说集:《聊斋志异》(清·蒲松龄)
	中国现代文学史上第一篇白话小说:《狂人日记》(鲁迅)
	中国第一部长篇历史章回小说:《三国演义》(元末明初·罗贯中)
	中国第一部文人独立创作的章回体长篇世情小说:《金瓶梅》(明·相传为兰陵笑笑生)

图书反馈

重磅！真题重奖征集！

「凡提供当年度考试真题者，根据真题完整度，可获得0~500元现金奖励。」

具体请联系QQ:1831595423

（温馨提示：所提供真题须是当年度考试真题，且真实有效。最终解释权归山香教育所有）

亲爱的考生：

感谢您对山香教育的信任和支持，您的建议是我们前进的动力！为进一步提高图书质量，我们特向全国各地的考生开展有奖反馈活动。

1. **凡通过研发部QQ提供山香图书错题反馈者，均能获得价值99元的山香网课《高频考点》（基础版）大礼包1份。**
2. **凡通过图书反馈链接提供山香图书意见反馈者，可获得价值299元的山香网课《高频考点》（豪华版）超级大礼包1份。**

¥99 大礼包

¥299 超级大礼包

图书反馈链接

研发部QQ：1831595423

招教网
招考资讯抢先知晓

山香官网
一站式考编服务平台

山香网校
线上学习方便快捷

图书订正链接
全面勘误及时更新